QingPu

年鉴2021

QINGPU NIANJIAN

《青浦年鉴》编纂委员会 编

上海文化出版社

图书在版编目(CIP)数据

青浦年鉴. 2021/《青浦年鉴》编纂委员会编. —
上海:上海文化出版社,2021.12
ISBN 978-7-5535-2452-8

Ⅰ. ①青… Ⅱ. ①青… Ⅲ. ①青浦区—2021—年鉴
Ⅳ. ①Z525.13

中国版本图书馆CIP数据核字(2021)第247337号

出 版 人 姜逸青
责任编辑 郑 梅
装帧设计 王 茵

书 名 青浦年鉴(2021)
编 者 《青浦年鉴》编纂委员会
出 版 上海世纪出版集团 上海文化出版社
地 址 上海市闵行区号景路159弄A座2楼 201101
发 行 上海文艺出版社发行中心
上海市闵行区号景路159弄A座2楼206室 201101
印 刷 上海信老印刷厂
开 本 890×1240 1/16
印 张 29 插页12
版 次 2021年12月第一版 2021年12月第一次印刷
书 号 ISBN 978-7-5535-2452-8/Z·044
定 价 220.00元

《青浦年鉴》编纂委员会

《青浦年鉴2021》编辑人员

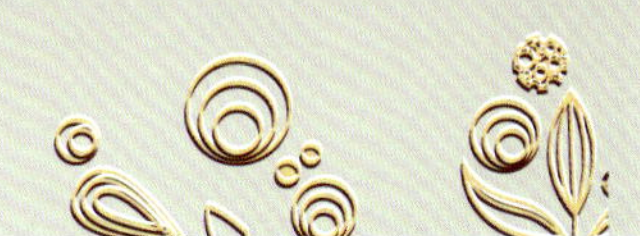

11月5日，青浦区企业晋声（上海）贸易有限公司与“进博会”参展企业冠捷投资有限公司达成采购意向订单，成为第三届中国国际进口博览会上海交易团首单

（区融媒体中心供稿）

11月5日，上海奥净贸易有限公司办理第三届中国国际进口博览会首张营业执照和食品经营许可证　（区融媒体中心供稿）

11月5—10日，第三届中国国际进口博览会在国家会展中心举行。图为国家会展中心南广场

（区融媒体中心供稿）

11月8日，“共享进博会溢出效应·助力长三角高质量发展——2020青浦区招商推介会”举行

（区融媒体中心供稿）

五件海外文物珍品在第三届中国国际进口博览会服务贸易展馆（8.2馆）亮相，系海外文物首次借助“进博会”平台进行展示和交易（区融媒体中心供稿）

第三届中国国际进口博览会展区现场

（区融媒体中心供稿）

第三届中国国际进口博览会体育主题展馆（5.1馆）最大面积展区——首次入驻“进博会”的NBA展区

（区融媒体中心供稿）

4月1日，长三角生态绿色一体化发展示范区首期“创新工场”活动举行

（区融媒体中心供稿）

6月2日，“消除事故隐患·筑牢安全防线”长三角一体化示范区“安全生产月”活动启动暨应急管理协同发展签约仪式在上海市公共安全教育实训基地举行

（区融媒体中心供稿）

6月5日，长三角淀山湖生态修复基地揭牌仪式暨长三角示范区环境资源司法保护、智慧法院信息资源共享平台应用建设研讨会在青浦区举行

（区融媒体中心供稿）

8月2日，长三角生态绿色一体化发展示范区首个省际对接基础设施工程东航路（沪青平公路—江苏省界）新改建工程最后一块预制箱梁吊装成功，青浦元荡桥顺利合拢

（青浦发展集团供稿）

9月13日，2020年长三角生态绿色一体化发展示范区国家网络安全宣传周启动仪式举行

（区融媒体中心供稿）

10月22日，长三角生态绿色一体化示范区教育联盟启动仪式举行（区融媒体中心供稿）

10月29日，2020年上海市青浦区职业技能竞赛长三角核心区餐饮服务技能比武展示活动在华新镇举行

（区融媒体中心供稿）

10月31日，长三角生态绿色一体化发展示范区建设工作现场会在青浦区举行　（区融媒体中心供稿）

11月30日，2020年长三角生态绿色一体化发展示范区法治文化节文艺汇演暨宪法宣传周活动启动仪式在金泽镇举行

（区融媒体中心供稿）

1月24日，青浦区首批援鄂医疗队出征仪式举行，26日进驻武汉金银潭医院北二病区

（中山医院青浦分院供稿）

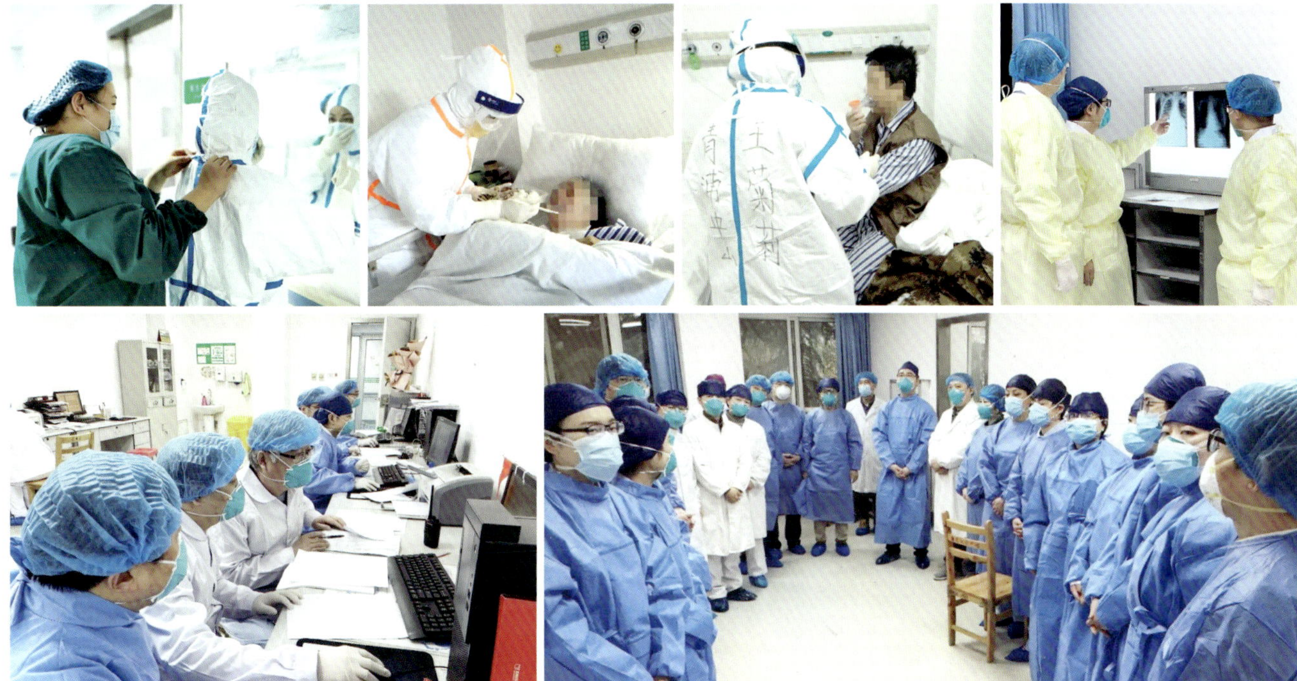

青浦区援鄂医疗队武汉工作现场

（区融媒体中心供稿）

4月17日，欢迎青浦区援鄂医疗队队员胜利凯旋座谈会在区委党校召开。图为援鄂医疗队队员与区领导合影留念

（区融媒体中心供稿）

1月24日，上海市启动重大突发公共卫生事件一级响应机制，青浦区召开新型冠状病毒肺炎疫情防控工作领导小组会议，部署疫情防控工作　（区融媒体中心供稿）

1月27日，上海市启动高速公路入沪通道省界公安检查站新型冠状病毒肺炎防疫查控，按照“逢车必检”工作要求做好防疫查控工作。图为2月12日位于青浦区的G50汾湖检查站俯瞰　（谢继恩摄）

2月6日，青浦区“双守双共”区级战“疫”支援队出征仪式举行　（区融媒体中心供稿）

2月，区级机关等部门以及各街镇、村居组建以党员为骨干的突击队在上海入城道口参与疫情防控工作

（区委组织部供稿）

2月，快递业成为疫情爆发后最先复工复产的行业。图为中通快递上海转运中心　（中通快递供稿）

3月，青浦南新、陈东、雪米三村与苏州东联村、东浜村统筹整合各方力量，加强合作协同，实现“五村两守两封闭”（区委组织部供稿）

3月5日，青浦区疫情防控期间金融支持政策发布会举行，会上区内10家银行共同提供55亿“防疫紧急纾困融资额度”支持企业发展

（区融媒体中心供稿）

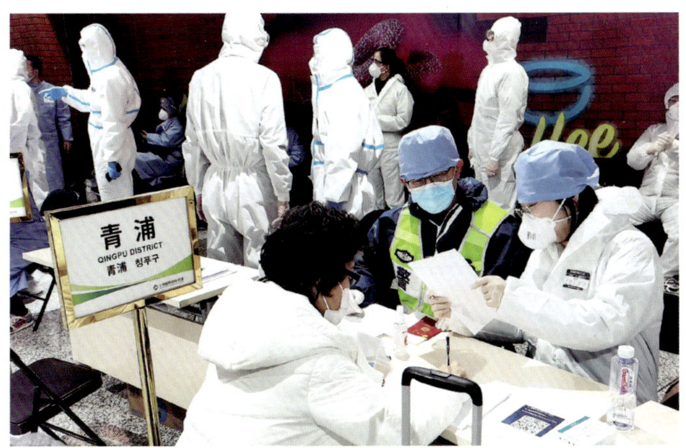

3月6日起，青浦区按照全市统一部署派出人员在虹桥、浦东两大机场24小时驻点值守，专人专车接送需居家隔离观察的入境人员，实现入境管理到社区管理无缝衔接（区融媒体中心供稿）

3月，青浦区市场监管局工作人员在饭店检查复工情况（区融媒体中心供稿）

3月11日，经过一系列复工准备，崧泽高架西延伸工程进入实质性复工复产阶段

（区融媒体中心供稿）

环城水系公园之青溪园　　（青浦新城公司供稿）

环城水系公园之上善桥　　（青浦新城公司供稿）

位于朱家角镇张马村的“寻梦源”

9月，淀山湖防洪大堤及湖滨生态工程　　（区融媒体中心供稿）

11月，元荡生态修复及岸线贯通工程　　（区融媒体中心供稿）

（区农业农村委供稿）

国家会展中心

夏阳湖

（区融媒体中心供稿）

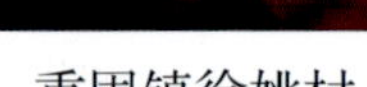

重固镇徐姚村

重固镇

（重固镇供稿）

（区融媒体中心供稿）

（区融媒体中心供稿）

练塘镇东庄村

（青浦新城公司供稿）

夏阳街道王仙村

（区融媒体中心供稿）

3月31日，2020年上海市重大产业项目集中签约暨特色产业园区推介活动在上海展览中心举行

（西虹桥商务区供稿）

4月17日，第三届中国国际进口博览会技术装备展区展前推介会在青浦区举行

（青浦工业园区供稿）

5月7日，上海市国际贸易促进委员会和阿里巴巴集团共建云上会展有限公司签约仪式举行，公司落户青浦，注册资金1亿元

（西虹桥商务区供稿）

8月23—29日，2020年青浦科技节举行
（区融媒体中心供稿）

9月27日，上海市政府与华为公司深化战略合作框架协议签约暨华为青浦研发中心项目开工仪式举行
（区融媒体中心供稿）

12月17日，长三角一体化示范区（上海）金融产业园开园仪式举行 （区融媒体中心供稿）

青浦工业园区沁园湖商务区 （区融媒体中心供稿）

上海市西软件信息园 （区融媒体中心供稿）

1月1日，由青浦区体育局、淀山湖新城公司主办的2020年青浦区元旦迎新徒步活动暨环城水系公园全线贯通仪式在水城门举行

（区融媒体中心供稿）

3月28日，2020第十一届上海青浦白鹤草莓文化节暨"互联网+"活动开幕式举行

（区融媒体中心供稿）

7月21—23日，2020上海国际广告节举行

（西虹桥商务区供稿）

9月22日，来自青浦及周边地区的73名游泳爱好者和120位公安干警从蔡浜村的淀山湖堤岸出发，开展横渡淀山湖迎国庆活动
（区融媒体中心供稿）

10月3日，2020年上海青浦淀山湖文化艺术节暨旅游购物节开幕式暨朱家角水乡音乐节在朱家角镇举行
（区融媒体中心供稿）

10月31日，长三角一体化示范区周年赛光明乳业“百帆迎客，桨下江南”活动在元荡湖青浦吴江贯通水域举行
（区融媒体中心供稿）

上海市青少年校外活动营地——东方绿舟

（区融媒体中心供稿）

11月8日，青浦区首届主持人大赛决赛在夏阳街道文体中心举行

（区融媒体中心供稿）

11月21日，2020年“环意 RIDE LIKE A PRO”长三角公开赛开幕仪式举行

（区融媒体中心供稿）

12月12日，青浦区首届“江南国潮节”在大观园举行

（区融媒体中心供稿）

1月11日，青浦区人民政府与复旦大学签署合作共建“复旦青浦医学园区”和“复旦青浦国际医疗中心”框架协议

（区融媒体中心供稿）

4月28日，“五五购物节”青浦购物季启动仪式在百联奥特莱斯广场举行

（区商务委供稿）

10月，建设中的复旦大学附属妇产科医院青浦分院

（区融媒体中心供稿）

10月24日，位于朱家角镇的长三角（上海）智慧互联网医院投入运行

（朱家角镇供稿）

12月16日，青浦区第六届“中华杯”职业技能竞赛在移动智地产业园举行

（区融媒体中心供稿）

12月28日，上海青浦区淀山湖福利院揭牌仪式举行　（区融媒体中心供稿）

12月下旬，青浦首个剧场型主题乐园——蛙城部分公共区域向市民开放

（区融媒体中心供稿）

2020 青浦便览

QINGPU BIANLAN

人口状况

户籍人口数
50.3万人
其中：非农业人口
38.3万人

常住人口数
127.1万人
其中：外来常住人口数
72.4万人

地区生产总值(GDP)

增长2.4%

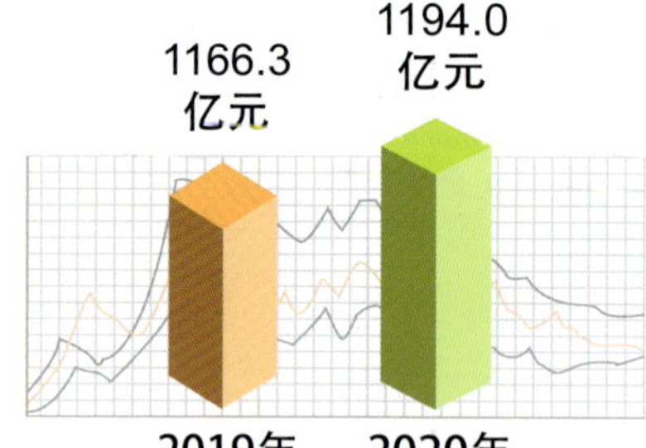

地区生产总值结构

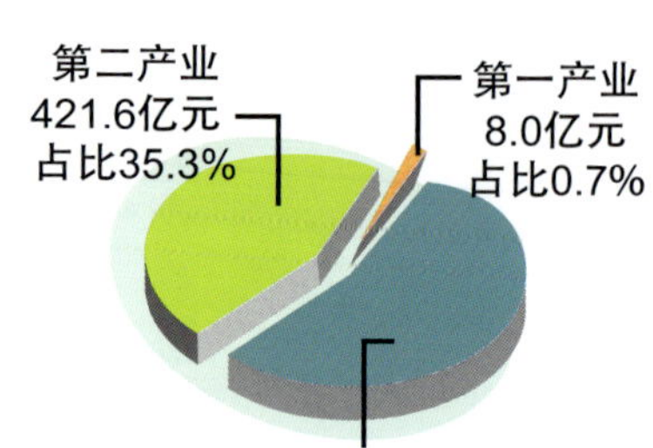

工业总产值

增长0.04%

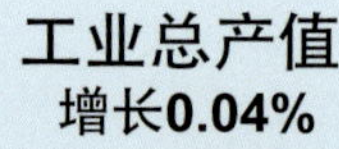

农业总产值

增长7.8%

财政收入

增长0.4%

合同外资额

增长41.4%

社会消费品零售总额

增长-4.3%

2019年

2020年

全社会固定资产投资总额

增长1.1%

2019年　591.9亿元

2020年　598.6亿元

城乡居民人均可支配收入

增长4.2%

年末城乡居民储蓄余额

增长17.4%

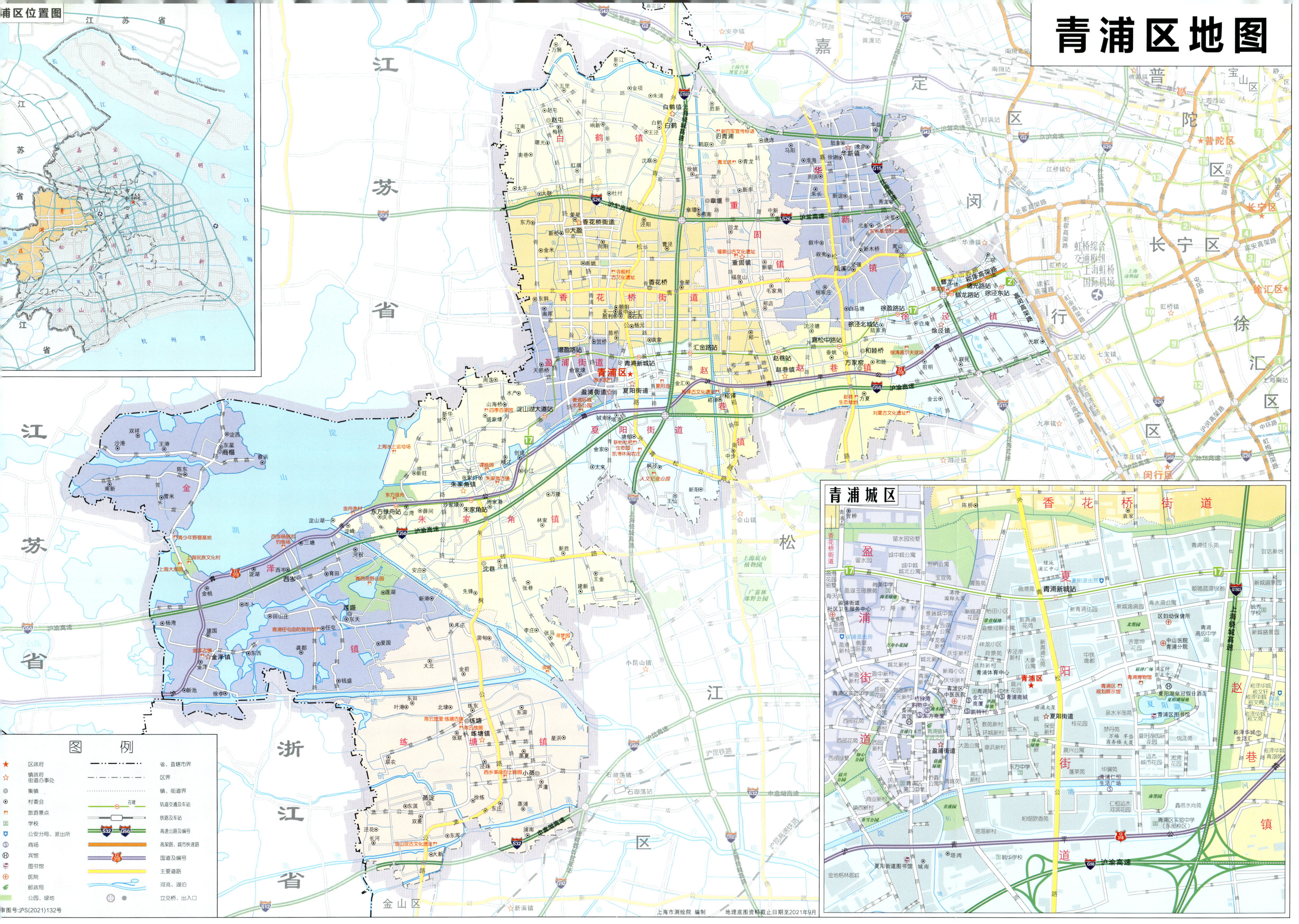

青浦区地图
青浦区位置图
青浦城区
香花桥街道
夏阳街道
盈浦街道
赵巷镇
白鹤镇
重固镇
华新镇
徐泾镇
朱家角镇
金泽镇
练塘镇
青浦区
江苏省
浙江省
嘉定区
闵行区
松江区
金山区
普陀区
长宁区
徐汇区
虹桥综合交通枢纽
上海虹桥国际机场
淀山湖
沪渝高速
图例
区政府
镇政府 街道办事处
集镇
村委会
旅游景点
学校
公安分局、派出所
商场
宾馆
图书馆
医院
邮政局
公园、绿地
省、直辖市界
区界
镇、街道界
轨道交通及车站
铁路及车站
高速公路及编号
高架路、城市快速路
国道及编号
主要道路
河流、湖泊
立交桥、出入口
审图号：沪S(2021)132号
上海市测绘院 编制
地理底图资料截止日期至2021年9月

编辑说明

一、《青浦年鉴(2021)》是中共青浦区委、青浦区人民政府主办的年度综合性地方文献,记载2020年度青浦区自然、政治、经济、文化、社会、生态文明建设等方面的情况,为各级党政机关、有关部门和社会各界人士及中外投资者了解青浦提供比较全面、系统的信息资料,并为青浦区今后的编史修志工作做好资料积累。

二、《青浦年鉴(2021)》以马克思列宁主义、毛泽东思想、邓小平理论、"三个代表"重要思想、科学发展观、习近平新时代中国特色社会主义思想为指导,全面、客观地记载2020年青浦区加强新冠肺炎疫情防控、推进经济社会高质量发展现状,服务于现实,供后人借鉴。

三、《青浦年鉴(2021)》框架主要按类目、分目、条目3个层次设计,以条目为主要载体,共收录条目1287条(不包括概述性条目)。全书共设31个类目,依次为特载、专记、专文、大事记、概貌、中共上海市青浦区委员会、上海市青浦区人民代表大会、上海市青浦区人民政府、政协上海市青浦区委员会、纪检·监察、民主党派·工商联、群众团体、法治·军事、农业·农村、工业·建筑业、旅游业、商贸·服务业、民营经济·开发区、金融、综合经济管理、环境·水务、公用事业、住房保障和房屋管理、城乡建设与管理、信息业与信息化建设、教育·科技、文化·媒体、卫生·体育、社会保障、社会生活和镇·街道。卷首安排反映2020年青浦区重大活动等照片、2020年青浦区主要经济指标示例图及青浦区行政区划图。卷末设荣誉榜、重要文件目录、统计资料和索引。

四、《青浦年鉴(2021)》所刊数据,除国家统计部门正式公布的外,均由区内各相关单位提供,并经供稿单位审核。内容中如有个别数据与统计部门不一致的,应以统计部门正式公布的数据为准。

五、全书中出现的青浦区各相关单位全称,在书中"概貌"类目下《区领导班子成员和区级机构负责人名录》中基本覆盖,且括注简称,在其前后如出现,一般用简称;如无特殊情况,则其对应的上级单位也用简称。全书中专业术语,首次出现时用全称,随文括注简称,此后再出现时一般用简称。

六、《青浦年鉴(2021)》收录内容时限为2020年1月1日至12月31日。个别内容为反映其发生、发展的全过程作适当的上溯或下延。

七、《青浦年鉴(2021)》中之"上年",即为2019年;之"年末""至年底",即为2020年年底。

八、《青浦年鉴(2021)》中之"市"或个别特殊地方之"本市",即指上海市。

《青浦年鉴》编辑部

2021年10月

目　录

特　载

专　记

专　文

大事记

概　貌

中共上海市青浦区委员会

上海市青浦区人民政府

政协上海市青浦区委员会

纪检·监察

民主党派·工商联

群众团体

法治·军事

农业·农村

工业·建筑业

旅游业

商贸·服务业

民营经济·开发区

金 融

综合经济管理

环境·水务

城乡建设与管理

公用事业

住房保障和房屋管理

信息业与信息化建设

教育·科技

文化·媒体

卫生·体育

社会保障

社会生活

镇·街道

荣 誉 榜

重要文件目录

统计资料

中共上海市青浦区委员会常务委员会工作报告

中共上海市青浦区委五届十一次全会

（2020 年 12 月 18 日）

中共上海市青浦区委书记　赵惠琴

2020 年，区委常委会始终坚持以习近平新时代中国特色社会主义思想为指导，全面贯彻落实党的十九大和十九届二中、三中、四中、五中全会精神，深入贯彻落实习近平总书记考察上海和在浦东开发开放 30 周年庆祝大会上的重要讲话精神，认真贯彻落实市第十一次党代会和十一届市委历次全会精神，坚持稳中求进工作总基调，统筹新冠肺炎疫情防控和经济社会发展工作，大力抓好“六稳”（即稳就业、稳金融、稳外贸、稳外资、稳投资、稳预期）“六保”（即保居民就业、保基本民生、保市场主体、保粮食能源安全、保产业链供应链稳定、保基层运转）工作，深入践行“人民城市人民建，人民城市为人民”重要理念，发扬“抢拼实善”新时代青浦奋斗精神，全区经济建设、政治建设、文化建设、社会建设、生态文明建设和党的建设取得了新进展，年度目标任务和“十三五”规划主要目标任务预计顺利完成。

一、深入贯彻落实习近平总书记考察上海重要讲话精神

党的十九大以来，习近平总书记连续四年亲临上海，发表了一系列重要讲话、作出了一系列重要指示，为上海发展指明了前进方向。前不久，习近平总书记在浦东开发开放 30 周年庆祝大会上的讲话，赋予了上海推进浦东高水平改革开放、打造社会主义现代化建设引领区的重大使命，这也极大地鼓舞了地处长三角一体化示范区、进博会永久举办地的青浦广大干部群众干事创业的信心和决心。区委常委会全方位、多角度抓好学习贯彻落实，以习近平总书记考察上海重要讲话精神为根本遵循，把“人民城市人民建，人民城市为人民”重要理念贯穿到统领区域治理、服务国家战略、编制中长期规划等方方面面，推动青浦发展始终紧紧围绕中心、自觉服务大局。一是创新提出党建统领区域治理战略。着眼贯彻落实“人民城市人民建，人民城市为人民”重要理念，制定实施提升党领导区域治理的能力和水平、加快实现全面跨越式高质量发展的意见，突出党建统领战略，优化党委领导下体系完备、决策高效、运行通畅、执行有力的区域治理制度机制，促进党的领导力与政治力、发展力、组织力相统一的强大治理力加快形成，推动全面从严治党、地区治理、

城市治理、经济治理、社会治理协同并进。分区推进区域治理成效明显,城市功能和核心竞争力进一步提升。二是全面加快示范区建设步伐。青吴嘉三地党委共同开展示范区庆祝建党99周年活动,共同制定示范区党建高质量创新发展"1+2"系列文件("1"指《关于以组织体系建设为重点推进长三角生态绿色一体化发展示范区党建高质量创新发展的意见》;"2"指《关于在长三角生态绿色一体化发展示范区进行党建系统集成创新的实施意见》《关于在长三角生态绿色一体化发展示范区先行启动区推进"城镇圈"党建工作的实施意见》),积极探索在党建引领下跨行政区域共同发展新路径;加强示范区干部人才交流,与吴江互派2名优秀年轻干部。设立长三角金融产业园,长三角投资公司顺利落户青浦并签署战略合作协议。西岑科创中心、华为研发中心和人才公寓动迁安置基地、东航路、长三角(上海)智慧互联网医院、蓝色珠链水环境治理等一批基础设施、公共服务、生态环境工程有序推进。三是持续放大进博会溢出效应。妥善应对疫情防控特殊形势,圆满完成第三届进博会服务保障,实现"两个一流"(即一流的城市环境、一流的服务保障)"两个万无一失"(即疫情防控做到万无一失、社会面安全稳定做到万无一失)。落实24个进博会配套保障项目,城市运行"一网统管"工作获首届"上海城市治理最佳案例奖"。挂牌建设会展产业园,启动西虹桥科创中心建设,进一步做实"6+365"功能性平台(即根据《中国国际进口博览会实施方案》,由上海市政府负责建设,推进进口博览会"6天+365天"专业服务的运作模式,实现"参展一周、服务一年"),大力发展保税租赁、保税物流、保税展示展销、跨境电商等新产业。承办2020中国国际公共采购论坛。四是高质量编制"十四五"发展规划。坚持开门搞规划,聚焦经济社会发展中的基础性、根本性、关键性问题,区委主要领导带头分批开展面向社会各界的大讨论、建言献策等活动,广泛听取老领导、专家学者、代表委员和基层群众的意见建议,最大程度汇聚智慧、凝聚共识。对标对表中央、市委关于"十四五"规划和2035年远景目标的建议,始终以落实国家战略为牵引,以打造社会主义现代化国际大都市的门户城市为目标方向,切实把习近平总书记重要讲话精神和党中央、市委重大决策部署转化为推动"十四五"规划乃至更长时期青浦发展的创新思路和务实举措。

二、坚决扛起抗击新冠肺炎疫情政治责任

新冠肺炎疫情发生以来,区委常委会坚持"人民至上、生命至上",深入贯彻落实党中央和市委决策部署,紧紧依靠全区人民,坚决打赢疫情防控的人民战争、总体战、阻击战。一是迅速构建坚强有力的指挥动员体系。区委先后对区疫情防控工作领导小组进行三次升级,形成了区委、区政府主要领导任双组长、"一办九组"(即办公室、社区防控组、复工复产组、学校复课组、口岸检疫组、维护稳定组、疾控医疗组、环境整治组、舆论宣传组、综合保障组)协同运作的工作架构,统筹抓好全区疫情防控,全面落实全流程闭环管理。先后组织22名医务人员星夜驰援武汉,65名护士、一大批社区工作者坚守浦东机场防控一线。开展"双守双共(即守护家园、守望相助、共筑防线、共抗疫情)、联防联控"行动,组建战"疫"支援队,动员1.85万名党员到社区"再报到",1250支党员突击队和党员志愿服务队始终奋战在疫情防控最前沿。全区4.4万名党员踊跃主动捐款944万元,社会各界踊跃捐款捐物2000余万元,有力支持疫情防控工作。二是全力推动复工复产复课。区四套班子领导带头集中开展重点企业走访,全区各级领导干部累计走访企业1.6万余次,努力帮助企业解决实际困难,助力经济恢复平稳运行。制定实施分类复工复产复市方案,积极落实市抗疫惠企政策,出台"青惠十七条"(即《关于抗击新冠肺炎疫情支持企业健康发展的十七条意见》)扶持政策,倾斜财政资金5.3亿元,协调区内银行联合提供"防疫紧急纾困融资",为137家企业发放贷款32亿元。全力保持主副食品、生活必需品市场供应和价格平稳,确保防疫物资保障落实到位。在线教学、分步复课、中高考等工作有序推进。"五五购物节"青浦购物季活动成效显著。三是坚持抓好常态化疫情防控。紧盯"入城口、落脚点、流动中、就业岗、学校门、监测哨"等关键点,持续抓实重点场所、重点人群、重大活动和特殊机构防控措施,构筑起覆盖全区的疫情"防火墙"。针对抗击疫情中暴露出的问题,及时补短板、堵漏洞、强弱项、固机制。加大公共卫生投入力度,全面推进公共卫生应急管理体系与疾控体系建设。加强疫情风险监测,落实应急预案,强化集中隔离点、冷链物流仓储、农贸市场等排查管控。

三、着力推动经济高质量发展

面对复杂严峻的外部环境,区委常委会始终坚持贯彻新发展理念,努力在危机中育先机、于变局中开新局,最大限度减少疫情造成的损失,全力推动经济高质量发展。在全区上下共同努力下,全年预计实现地区生产总值1210.6亿元,增长3.8%;区级一般公共预算收入210.1亿元,增长1.4%;全社会固定资产投资540亿元;合同外资20.5亿美元、实到外资9亿美元。一是深化创新驱动战略和布局未来产业。立足服务新发展格局,持续做强城市功能。推进国家物流枢纽建设,快递物流业完成1100亿元、成为首个千亿产业集群。研究制定促进在线新经济发展行动方案,软件信息业快速增长,市西软件信息园等特色园区发展态势良好。积极布局未来产业,研究制定氢能规划和相关产业政策。二是持续抓好招商引资和扩大有效投资。始终把招商引资作为经济工作的"牛鼻子",深化"一把手"工程,推动全域招商、全时招商、全员招商,引进美的、德邦等一批龙头企业。实施支持经济小区健康发展若干措施、联系服务经济小区工作方案,大力促进民营经济发展。出台新型基础设施建设行动方案,总投资约470亿元。持续深化产融对接,成功入围第二批国家产融合作试点城市。三是坚持全面深化改革和优化营商环境。建立健全全面深化改革统筹协调、考核评估、动态管理、信息沟通等机制,重点攻坚突破区域经济发展、公共服务供给等改革任务,着力打造成为长三角最具制度竞争力的地区之一。积极落实本市优化营商环境3.0版,进一步完善联系服务企业工作机制。坚决落实疫情防控税收优惠政策,进一步巩固扩大减税降费成效。

四、不断增强城市治理效能

区委常委会始终坚持"一流城市一流治理",坚持以人为本、安全为先、管建并重、精细智能,持续提升全覆盖、全过程、全天候城市治理能力。一是构建新时代"一城两翼"战略布局。围绕加快提升城市能级和核心竞争力,聚焦青中、青东、青西不同特点,提出青中融合发展、青东联动发展、青西协同发展战略。通过明确实施意见、行动计划和项目清单等,各有侧重地塑造板块功能,推动镇域经济向区域经济的更高质量更高能级发展。新城空间规划布局和教育、医疗、住房等六大领域项目库基本形成。青东联动"1+5"("1"指1个区级专项基金;"5"指5个镇级专项基金)专项基金设立,"1+X"(以盘活存量、平衡总量、优化流量为目标,通过设立"青东联动发展1+5专项基金",综合运用政策性融资、企业专项债、ABS、REITs等"X"项融资工具,形成青东联动发展"1+X"投融资体系,创新多种融资方式,剥离与土地出让金预算的联系,规避隐形负债,助推青东五镇建设进程)投融资体系基本形成。青西规划展示馆建设方案基本确定。二是推进"全生命周期"城市规划建设。坚持把全生命周期管理理念贯穿城市规划、建设、管理全过程各环节,重固镇总体规划获批,白鹤镇总体规划、重固195区域控详规划形成报批成果,朱家角、金泽郊野单元(村庄)规划形成草案。配合做好轨道交通17号线西延伸、轨道交通2号线西延伸等市级重大交通项目研究,崧泽高架西延伸、环城水系治理三期、上海青浦兰生复旦学校、长三角演艺中心、上达河城市公园、海棠公园等重点项目有序推进。集建区外建设用地减量化立项200公顷、完成214.7公顷。三是推动"两张网"精细管理。以绣花般功夫推进城市管理精细化,成立区城市运行"一网统管"领导小组,抓好区、街镇城运平台、联勤联动工作站和应急处置队伍建设。围绕"高效办成一件事",不断深化"一网通办"(即将面向企业和群众的所有线上线下服务事项做到一网受理,直跑一次,一次办成),顺利完成"双减半"(即行政审批事项办理时限减少一半、提交材料减少一半)"两个免于提交"(指在政务服务和监管执法场景中,通过告知承诺、数据共享和核验、行政协助等方式,实行"本市政府部门核发的材料,原则上免于提交;凡是能够提供电子证照的原则上免于提交实体证照")任务,加快从"能办"向"好办"转变。稳步推进"智慧青浦"建设,建成区大数据资源平台一期,试运行政务云扩容项目,推动数据标准统一、整合共享、深度运用。四是打造"生态绿色"宜居环境。统筹推进公共安全、人居环境和生态环境"三大整治"(即公共安全整治、生态环境综合整治及人居环境整治)和"美丽街区""美丽家园""美丽乡村"建设,无违建先进街镇创建成效明显,入选全国农村人居环境整治激励县。深入创建国家生态文明建设示范区,全面推进蓝天、碧水、净土保卫战,顺利迎接长江经济带环保审计和市级环保督察回头看,完成"苏四期"(即苏州河环境综合整治四期工程)治理、青松生态走廊等重点任务,环境质量持续好转,国考、市考河道断面全部达标。河长制、湖长制持续深化。

五、精心打造"幸福社区"社会治理新样板

区委常委会始终坚持把人民对美好生活的向往作为奋斗目标,努力为老百姓衣食住行、安居乐业提供更好的服务,不断提升群众的获得感、满意度。一是稳步提升民生保障水平。推进第三轮社会事业三年行动计划,重固九年一贯制学校、徐泾北大居体育中心等28个项目开工,淀山湖福利院等项目完成竣工验收。扎实做好稳就业、助创业、保民生,进一步完善促进就业政策体系,新增就业2.3万人、完成全年目标的124.5%。开展教育系统"强基行动",出台全面深化教师队伍建设改革实施办法,教师队伍能力作风进一步提升。加强青少年思想政治教育,创设"上善思政大讲堂",区委主要领导上第一课。召开健康青浦建设暨公共卫生建设大会,发布实施《健康青浦2030规划纲要》,完善"东—中—西"区域医疗服务圈建设。深化完善养老服务格局,持续推动医养结合。区、街镇、村居三级退役军人服务保障体系建设实现"全覆盖"。统筹对口帮扶各项工作,助力对口五县市如期高质量打赢脱贫攻坚战。二是创新开展幸福社区建设。出台新时代幸福社区建设工作意见,推动社区服务向精准化共享化转变、社区管理向精细化规范化转变、社区发展向精致化现代化转变。聚焦解决社区突出问题、增强乡村治理效能、打造幸福社区建设枢纽平台,积极推进社区中心试点,探索推进"幸福云""幸福指数"设计,助力基层解决急难愁盼问题。引导党员志愿者进一步参与社区治理。探索党建引领放心物业。做好第七次全国人口普查。三是持续深化乡村振兴战略。不断完善领导一线指挥攻坚机制,统筹推进乡村振兴各项任务,徐姚、张马、东庄成功创建第二批市级乡村振兴示范村,和睦等4村启动新一轮市级创建,美丽乡村建设有序推进。粮食生产安全持续强化,农业发展质量稳步提升。区域公用品牌"淀湖源味"影响力进一步提升。继续加强农村综合帮扶工作。持续推进农业招商,积极推动中建、衡山集团等国资国企参与乡村产业振兴。完善农民建房政策,推进农民相对集中居住,探索闲置宅基地盘活利用试点。四是积极推进平安青浦创建。深入学习习近平法治思想,坚持和加强党对政法工作的绝对领导。创设平安青浦指标体系,坚持和发展新时代"枫桥经验",持续完善"家门口"信访服务体系,健全矛盾纠纷多元化解机制。坚持国家总体安全观,加强对全区国家安全重点领域重大风险隐患的全领域排查、化解和有效掌控。完成扫黑除恶各项任务。获评上海市双拥模范区。

六、持续提升城市文化软实力

区委常委会始终坚持走中国特色社会主义文化发展道路,充分发挥青浦江南文化底蕴深厚的特点和优势,积极推动长三角江南文化示范区建设,着力打响"上海之门"城市品牌。一是全面加强舆论宣传引导。围绕举旗帜、聚民心、育新人、兴文化、展形象的使命任务,持续推动核心价值观教育和中华优秀传统文化教育进教材、进课堂、进课外、进网络、进队伍建设和进评价体系。持续建设"上善系列"课程,打造"上善"大讲堂品牌。举办"新时代青浦奋斗奖"评比表彰活动,开展抗击疫情先进事迹宣传展示。推进"制止餐饮浪费"专项行动,倡导厉行节约、反对浪费。成立区级新时代文明实践中心,打造覆盖区、街镇、村居的文明实践阵地体系。构建"1+11+9"的融媒体集群工作框架(指1个区级融媒体中心、11个街镇融媒体分中心、9个委办局融媒体分中心),"绿色青浦"移动客户端下载量人口占比名列全市第三。二是成功创建全国文明城区。以“抢拼实善”的新时代青浦奋斗精神为引领，不断扩大干部群众参与文明创建的覆盖面，激发群众创建主体意识，最大程度地凝聚全社会正能量，形成全区上下“一盘棋”的创建格局。区四套班子领导带头开展实地巡查、材料审核等，深入推进小区环境等专项行动和顽症治理。通过全区干部群众的共同努力，成功摘得第六届全国文明城区荣誉称号。成功创建一批全国文明单位，获评数量为历届之最。三是不断凸显江南文化特色。建成运营区体育文化中心，建设青溪知道书院暨青浦名人馆，设立“青浦—复旦江南文化研究院”等一批江南文化名家工作室。“环意 RIDE LIKE A PRO”长三角自行车公开赛顺利举办，淀山湖文化艺术节暨旅游购物节、朱家角水乡音乐节等活动成功开展，江南文化名城独特魅力持续彰显。推动文旅融合发展，成功创建第二批国家全域旅游示范区，淀山湖旅游度假区成功创建首批市级旅游度假区，国家会展中心都市旅游区、环城水系公园成功创建首批市级全域旅游特色示范区域。

七、进一步提高党的建设质量和水平

区委常委会始终坚持把党的政治建设摆在首位，努力为服务国家战略、决胜全面跨越提供坚强政治保证。一是深入开展“四史”（即中国共产党史、中华人民共和国史、改革开放史、社会主义发展史）学习教育。坚持把“四史”学习教育作为学习贯彻习近平新时代中国特色社会主义思想和贯彻落实习近平总书记考察上海重要讲话精神的重要抓手，从讲政治的高度跨前谋划、整体推动。成立由区委主要领导亲自挂帅的领导小组，区委常委会先后开展 17 次中心组学习，带头“一史一史学”、带头开展专题研讨交流、带头赴红色革命遗址瞻仰、带头深入开展调研走访，同时广泛开展知识竞赛、创新推出一批特色课程和教材，着力打响青浦“四史”学习教育特色品牌，不断推动全区党员干部把学习教育成果转化为干事创业、克难前行的精神动力和自觉实践。二是全面加强社会主义民主法治建设。坚持把全过程民主、实质性民主贯穿到各个方面，团结凝聚全社会推进改革发展、维护社会和谐稳定的共识和力量。召开区人大工作会议，支持人大健全制度规则、依法履行职权，切实发挥人大在推进区域治理现代化中的作用。召开区委政协工作会议，支持政协就疫情防控、乡村振兴等开展专题协商、专项监督，推动政协高质量发展。完善大统战工作格局，不断加强党外知识分子、新的社会阶层人士、港澳台海外、民营经济等领域统战工作。制定实施法治政府建设责任制实施办法，将履行推进法治政府建设第一责任人职责列入各级党政负责人年终述法内容。探索打造“青群荟”群团服务平台，群团改革持续深化。三是不断强化基层党的建设。落实《党组工作条例》，规范调整党委、党组设置。优化调整农村党组织设置，命名一批区级党支部建设示范点，推进一批党群服务阵地规范化建设。健全以居民区党组织为核心，居委会、业委会、物业公司“三驾马车”协调运转的工作机制，增强动员群众参与社会治理创新的能力。开展机关党建“先领行动”，发挥机关党员“走在前、作表率”作用。全面落实国企党建重点任务，深化学校和公立医院党建，持续推进“两新”组织（即新经济组织和新社会组织）“两个覆盖”（即党的组织覆盖和工作覆盖）。四是着力激发干部人才队伍活力。深入推动干部精准培养，创设示范区大课堂，干部队伍知识结构进一步优化。着眼 2021 年村居两委集中换届，提前谋划、加强调研，稳步推进村居书记、主任“一肩挑”。选派优秀年轻干部到文明创建、进博保障、示范区建设、青东五镇联动发展、重大项目建设等一线进行重点培养锻炼。注重在疫情防控一线加强考察识别干部，20 名干部得到提拔重用或晋升职级。推出“青峰”系列人才政策（即“1 + 5 + X”政策。“1”为《关于推动人才高质量发展服务长三角生态绿色一体化发展示范区建设的若干意见》；“5”为涉及人才发展的五项重点政策；“X”为教育、卫生、文旅、体育等领域的专项政策）。五是纵深推进全面从严治党。制定区委落实全面从严治党主体责任实施方案，推动全面从严治党不断向纵深推进、向基层延伸。开展落实全面从严治党主体责任专项检查和党组织书记落实全面从严治党主体责任述责评议，考核评估机制进一步完善。注重以问责倒逼责任落实，问责精准性、实效性有效提升。全面净化党内政治生态，深入落实中央八项规定精神，加快构建一体推进不敢腐、不能腐、不想腐体制机制，反腐败斗争压倒性胜利进一步巩固发展。

以上这些工作的开展和成绩的取得，是我们严格贯彻落实习近平总书记治国理政新理念新思想新战略的结果，是我们严格贯彻落实市委、市政府重大战略部署和得到市委、市政府大力支持的结果，是区四套班子团结协作、全区干部奋力拼搏、广大群众共同奋战的结果，同时也凝结着各位区委委员、候补委员的智慧和辛劳。

在总结工作的同时，我们也清醒看到，对照更高要求，我们的工作还存在一些短板和不足。主要是：对照夺取疫情防控和经济社会发展双胜利的形势任务，攻坚突破的方法路径还需要进一步探索；对标“人民城市”的新要求，还需进一步采取创造性、针对性举措增强群众的获得感、幸福感、安全感。对于这些问题，我们将准确认识发展形势，牢牢把握发展新内涵，把产生问题的症结找准，把解决问题的办法想好，理清思路、扭住关键、精准发力，一件一件抓落实、促解决，努力开创青浦发展的新局面。

上海市青浦区人民代表大会常务委员会工作报告

上海市青浦区第五届人民代表大会第六次会议

(2020年1月9日)

上海市青浦区人大常委会主任 朱明福

各位代表：

我受青浦区第五届人民代表大会常务委员会的委托，向大会报告工作，请予审议，并请列席会议的同志提出意见。

一、2019年工作回顾

2019年，区人大常委会(以下简称“常委会”)坚持以习近平新时代中国特色社会主义思想为指导，贯彻落实党的十九大和十九届二中、三中、四中全会精神，在中共青浦区委的坚强领导下，紧紧围绕“担当时代使命、服务国家战略、建设上海之门”的总体目标，践行初心使命，履行法定职责，为推进青浦全面跨越式高质量发展和社会主义民主政治建设作出了人大贡献。

年内，举行常委会会议12次，依法就有关重大事项作出决议决定8项，依法任免本区国家机关工作人员190人次、区法院人民陪审员94人次。听取和审议“一府两院”专项工作报告12项，对4名“一府两院”被任命人员开展了履职评议和满意度测评。召开常委会主任会议25次，主任会议成员集体调研“一府两院”重点工作9项，组织代表听取“一府两院”专项工作报告11项。对《上海市居民委员会工作条例》《上海市社会信用条例》《上海市台湾同胞投资权益保护规定》等3部法律法规实施情况开展了执法检查和调研，对5件区政府行政规范性文件进行了备案审查。各专门委员会、工作委员会开展监督调研和跟踪监督21项。完成区人大机构改革，新设立区人大社会建设委员会、内务司法委员会更名为监察和司法委员会。组织7名市人大代表和57名区人大代表向原选区选民和单位报告履职情况。围绕实体经济民营企业、垃圾分类、乡村振兴等6项重点工作开展了市、区、镇三级人大联动监督。

(一)落实国家战略，服务中心大局开创新局面

立足人大职责、主动跨前服务，全力支持和保障本区积极承接两大国家战略。

聚焦长三角生态绿色一体化发展示范区建设。为保障常委会组成人员及时了解把握《长三角一体化发展规划纲要》《长三角生态绿色一体化发展示范区总体方案》精神，通过常委会专题学习报告会等形式，加大常委会学习力度。年内两次开展常委会主任会议成员集体调研，听取本区工作进展情况，建议区政府及相关职能部门要认真贯彻市委书记李强同志提出的打造“四个新高地”(即改革开放新高地、生态价值新高地、创新经济新高地、人居品质新高地)的要求，深化区域协同创新，加快推进“两个率先”(即《长江三角洲区域一体化发展规划纲要》中指出的率先把生态优势转化为经济社会发展优势，率先从区域项目协同走向区域一体化制度创新)。主动赴吴江、嘉善人大调研对接，召开两次三地人大常委会主任例会，与吴江、嘉善人大常委会签署合作框架协议，围绕三地人大助推一体化发展示范区建设，加强工作联动、力量联合、感情联络。协办长三角“三省一市”人大法制委、监察司法委和财经委工作会议，配合开展长三角“三省一市”人大水资源环境保护监督调研，为“三省一市”人大工作协同提供服务保障。

聚焦承接放大进博会溢出效应。组织代表专题听取区政府关于承接进博会溢出效应情况的报告，建议区政府在全力保障服务进博会的同时，努力完善“6+365”展示交易平台的对外贸易功能，大力提升会展文旅知名度，强化产业发展和城市规划的联动对接。开展进博会服务保障工作专项监督，督促区政府提升城市管理精细化水平，以一流的城市环境和服务保障经受进博会的实战检验。根据区委要求，常委会主动参与进博会服务保障工作，常委会相关副主任进驻进博会一线靠前指挥，积极引导广大市、区、镇三级人大代表和人大干部，立足岗位实际，宣传进博、服务进博、建功进博，形成人大上下踊跃助力进博会的浓厚氛围。

聚焦乡村振兴战略实施。常委会听取审议区政府关于贯彻都市现代绿色农业发展三年行动计划(2018—2020年)推进情况的报告，建议区政府着力在政策聚焦、科技创新、品牌打造等方面下功夫，完善支撑体系，促进绿色农业与产业融合，推动都市绿色农业和区域经济持续发展。监督调研乡村振兴战略推进工作，围绕生态宜居、农民增收、农民住房解困、青西地区农民非农就业等热点问题，督促区政府强化分类施策，建立健全城乡融合发展的政策体系和体制机制，促进乡村振兴与生态建设相融合，让良好生态成为乡村振兴的有力支撑。

（二）监督与支持相结合，助力全面跨越式高质量发展取得新成效

坚持“稳中求进”工作总基调，抓住重点领域和关键环节开展监督检查，充分发挥人大监督的支持和保障作用。

着力助推高质量发展。围绕促进转型发展的“新路子”，召开由区政府职能部门、经济小区、实地型企业等参加的座谈会，联动开展了“实体经济50条”（即2017年7月市政府印发的《关于创新驱动发展巩固提升实体经济能级的若干意见》50条措施）和“民营经济27条”（即2018年11月市委、市政府印发的《关于全面提升民营经济活力大力促进民营经济发展的若干意见》27条举措）贯彻实施情况专项调研，监督调研产业结构调整和转型升级、建设用地减量、产业项目建设等推进情况，提出培育壮大新动能、加强创新支撑、优化产业布局等意见建议，支持区政府推动政策落地，进一步释放发展潜能和活力。围绕摸清国有资产的“家底子”，积极贯彻《中共中央关于建立国务院向全国人大常委会报告国有资产管理情况的意见》精神，年内常委会首次听取审议本区国有资产管理和企业国有资产管理工作报告，提出加强国有资产管理、促进国有资产保值增值、深化国有企业改革等审议意见，努力推动国有企业经济效益和社会效益“双提升”。围绕管好人民的“钱袋子”，常委会依法审查批准2018年区本级决算和2019年区本级预算调整方案，监督检查2019年全区计划和预算执行以及2020年计划和预算编制情况，听取审议区本级审计发现问题及整改情况的报告，积极推进审计整改工作。监督调研预算绩效管理工作，加强政府性投资项目监督，启动预算联网监督系统项目建设，推动预算审查监督重点向支出预算和政策拓展，督促区政府加快形成全过程、全方位、全覆盖的预算绩效管理体系。

着力助推生态文明建设。常委会全力助推创建全国文明城区迎检攻坚战，向全体区人大代表发出支持参与创建倡议书，积极深入创建一线明查暗访、督导检查，营造了良好的创建氛围。及时作出相关决议，有力支持国家生态文明建设示范区创建工作。听取区政府关于生活垃圾分类整区域创建、“苏四期”推进、全区环境状况和环境保护目标完成情况等报告，开展生活垃圾全程分类管理专项监督，广泛发动市、区、镇三级人大代表，共同推动《上海市生活垃圾管理条例》在本区得到有效贯彻实施。引入专业机构评估中小河道综合整治和垃圾分类处置“两网融合”（即生活垃圾分类收运体系和生活源再生资源回收体系的融合，实现生活源再生资源与其他类别生活垃圾的统一分类交投、分类收运和资源循环利用）成效，增强人大监督工作的科学性、精准性和实效性。监督调研本区全域旅游示范区建设，推动区政府相关部门进一步落实有效举措，营造全域共创氛围，提升旅游服务水平。

着力助推基层社会治理。开展《上海市居民委员会工作条例》执法检查，广泛听取基层干部群众、物业服务企业、社会组织团体、政府职能部门等各方面的意见。对全区居委会开展全覆盖抽样问卷调查，对7个居委会进行“解剖麻雀”式的实地调研，全方位检视问题和不足，形成有针对性、操作性的执法检查报告，推动条例正确有效实施。着眼基层治理样板区建设，开展监督调研，建议相关部门加强党建引领，下沉工作力量，做优“三网融合”（即基层党建网、城市管理网、综合治理网的融合）平台。助推扫黑除恶专项斗争，专题听取区委政法委情况通报，向全体代表发出支持和宣传“扫黑除恶”专项斗争的倡议书。常委会领导调研联系区监察委，听取相关情况通报。组织代表听取区法院关于商事审判情况报告，旁听商事案件庭审，推动提升审判质效，着力营造法治化的营商环境。听取审议区检察院公益诉讼工作，建议区政府、区检察院形成工作合力，夯实公益保护基础。监督调研司法建议、检察建议落实情况，支持区法院、区检察院积极参与社会综合治理。探索对区法院、区检察院被任命人员履职评议和满意度测评，促进司法人员公正司法。

（三）回应人民群众关切，推动民生改善取得新进展

坚持以人民为中心的发展思想，提高社会民生监督的精准度，切实维护好、实现好、发展好人民群众的根本利益。

推动为民实事工程和社会事业设施建设。组织代表专题听取区政府关于为民实事工程建设情况，建议区政府相关职能部门进一步改进实事项目确定的征询方式，充分发挥人大代表的桥梁纽带作用，确保为民实事工程更好惠及人民群众。支持和鼓励镇人大持续探索为民实事工程“人大代表票决制”。专题听取区政府关于实施第二轮社会事业设施建设三年行动计划和新一轮三年行动计划编制情况的报告，建议相关部门进一步广泛听取意见、注重与规划衔接、加大项目储备，合力推进项目落地。持续监督菜场食品安全监管工作，督促相关职能部门进一步优化监管机制，加快添置和更新设施设备，进一步加大对违法行为的惩治力度，确保人民群众“舌尖上的安全”。

促进教育、卫生和养老等民生事业发展。以开展区教育局局长履职评议为契机，建议进一步关注人民群众对优质教育的期盼，深化教育综合改革，加强教育人才队伍建设。听取审议区政府关于本区职业教育发展情况报告，要求着力加强宣传引导、强化职业教育规划，加快打造“双师型”职业教育人才队伍，以改革创新促进提升职业教育办学水平。组织代表专题听取区政府关于家庭医生签约服务议案办理情况的报告，提出了以人才队伍、配套服务、信息化建设为发力点，进一步将家庭医生签约服务工作做细做实的建议。专题调研社区养老工作，建议区政府加强服务设施网络建设，促进供需精准对接，提高社区养老服务质量。

高度重视群众民生诉求。围绕区委大调研和“不忘初心、牢记使命”主题教育课题调研，常委会领导和区人大机关干部深入基层、走村入户，认真倾听居民群众反映的民生热点，形成了5篇大调研专题报告和21篇主题教育调研报告，积极推进调研成果的转化运用。常委会领导参与区委定期信访接待，把信访作为履行人大监督职能、收集群众诉求的重要渠道。全年受理信访121件（批）132人次，依法转交“一府两院”和有关街镇进行处理，督促办理单位及时答复信访群众。

（四）优化服务保障，发挥代表主体作用实现新提升

以“凝心聚力促发展、担当作为再出发”代表履职实践活动为引领，不断提高代表工作水平，积极支持、规范和保障代表依法履职，激发代表履职动力，凸显代表主体作用。

切实提高代表履职能力。大力开展“凝心聚力促发展、担当作为再出发”代表履职实践活动，精心部署、广泛动员，围绕区政府重点工作“挂图作战”、生活垃圾分类处置、乡村振兴战略实施等专题，组织代表开展“七个一”（即一次学习交流、一次视察调研、一次执法检查、一次联系走访、一次履职评议、一次爱国主题宣传、一次社区志愿服务）行动，推动代表履职更具活力、更有成效。立足全区工作大局和重点工作，举办4次代表专题学习报告会，安排90人次代表列席常委会会议，提高代表对常委会工作的参与度，拓展代表知情知政广度。不断优化和改进代表履职APP功能，充分利用《青浦人大》等载体平台，展现人大代表履职风采。

深入开展联系走访活动。完善常委会组成人员联系代表、各专工委联系相关领域代表和专业代表小组、代表联系选民的“三联系”网络，加强代表联系群众阵地建设，不断提高代表进社区联系选民群众活动的成效。年内共有354人次的市、区人大代表围绕“老小旧远”等民生问题，深入社区与选民群众开展座谈交流，先后梳理汇总4份情况报告上报区委、抄送区政府。

加大代表建议督办力度。坚持常委会领导领衔督办、各专工委分类督办、代表工作室综合督办的机制，综合运用常委会会议听取报告审议督办、主任会议成员调研督办、工作会议现场督办、明察暗访随机督办等方式，促进承办单位加大办理力度，提高办理质量。区五届人大四次会议以来的137件代表建议已经全部办理完毕，“解决采纳”109件，解决采纳率达到79.6%，呈现逐年上升的良好势头，这既体现了区政府对代表意见建议办理的实效，也体现了常委会监督办理的成效，更体现了代表履职能力和水平的长足提升。

（五）认真开展主题教育，践行初心使命展现新形象

加强常委会自身建设，强化党建引领，扎实开展“不忘初心、牢记使命”主题教育，切实增强“四个意识”、坚定“四个自信”，做到“两个维护”。

学习教育入脑入心。聚焦主题教育学习主线，先后开展16次集中学习研讨。常委会党组和班子成员带头自学、带头交流，形成党组领学、机关共学、支部促学、党员自学的生动局面。建立学前引导、学中辅导、学后督导的学习机制，取得良好的学习效果。组织区人大机关干部赴陈云纪念馆等红色教育基地开展现场教学、聆听党课、参观巡展，促进区人大全体党员干部坚定理想信念、牢记初心使命。

调查研究求真求实。围绕区委大调研、督办代表建议、走访区内百强企业、联系社区选民、“创全”督查等工作，广泛收集问题情况，积极回应人民群众的重点关切。围绕农村老年人日间照料中心建设运行、“长护险”试点等课题，常委会领导和机关干部深入基层、深入群众，看现场、查问题、听意见，积极提出针对性的对策建议。

检视整改从严从细。先后召开各街镇人大、常委会不驻会委员、区人大代表座谈会听取意见，通过谈心谈话、代表履职APP、设置意见箱、发放意见征求表等方式征求代表和群众意见，汇总形成常委会党组班子问题清单6条、常委会党组成员问题清单48条。坚持整改落实贯穿始终，明确每个问题的整改责任、整改举措和整改时限，形成即知即改、清单化整改、持续整改的工作格局，确保整改工作落地见效。

一年来，常委会贯彻落实新时代党的建设总要求，充分发挥常委会党组的领导核心作用，切实增强全面从严治党的紧迫感和责任感，严格落实“四责协同”（即党委主体责任、纪委监督责任、党委书记第一责任以及班子成员一岗双责之间相互协同）“一岗双责”（指一个领导干部既要对所在岗位应当承担的具体业务工作负责，又要对所在岗位应当承担的党风廉政建设）要求，着力将管党治党主体责任落到实处。认真落实区委部署，严格执行重大事项请示报告制度，确保人大工作更好服务中心大局。切实推进常委会班子廉政风险责任项目，有效防控区人大机关廉政风险。完善人大机关年度工作目标管理机制，实行年度82项工作任务“挂图作战、列表推进”，激励全体人大干部积极进取、担当作为。丰富“走进人大”系列活动，邀请60人次市民代表、青年学生、新社会阶层人士、社区志愿者、市人大选调生旁听常委会会议、走进人大机关，扩大公众了解参与人大工作的广度和深度。

各位代表，常委会工作取得的进展和成效，是在中共青浦区委的坚强领导下，全体区人大代表和常委会组成人员依法履职、共同努力的结果，是“一府一委两院”主动接受监督、协同配合的结果，是各街镇人大上下联动、鼎力支持的结果，是区政协、各民主党派和社会各界热情协助的结果，也是各位老领导老同志关心帮助的结果。在此，我谨代表区人大常委会，向大家表示衷心的感谢！

回顾一年来的工作，我们也清醒地看到，常委会工作与新时代人大工作的要求，还存在着差距和不足，主要表现在：全面贯彻党的十九届四中全会精神，在推进国家治理体系和能力现代化的大背景下如何更好地发挥人大制度优势、履行人大职责还需要深入思考；监督工作的深度和精准度还需要进一步提升；人大预算监督向支出预算和政策拓展还需要进一步加强；与代表、选民群众的联系还需要进一步密切；督办代表建议的实效还需要进一步提高等。对于这些问题，我们将高度重视、认真研究，努力加以改进。

二、2020年主要工作

2020年是全面建成小康社会和“十三五”规划的收官之年，也是青浦紧紧围绕国家战略使命担当，大力提升区域治理能力水平，奋力创造全面跨越式高质量发展新奇迹的开局之年。常委会要坚持以习近平新时代中国特色社会主义思想为指导，全面贯彻落实党的十九大和十九届二中、三中、四中全会和习近平总书记考察上海重要讲话、坚持和完善人民代表大会制度重要论述精神，全面贯彻落实区第五次党代会、五届区委历次全会特别是五届区委九次全会精神，坚持党的领导、人民当家作主、依法治国有机统一，在中共青浦区委的坚强领导下，紧扣“五条主线”（即2019年12月26日中国共产党上海市青浦区第五届委员会第九次全体会议提出，要紧扣加快城乡和区域一体化发展这条主线，全面提高地区治理能力和水平；紧扣推进供给侧结构性改革这条主线，全面提高经济治理能力和水平；紧扣提升城市能级和核心竞争力这条主线，全面提高城市治理能力和水平；紧扣增强群众获得感幸福感安全感这条主线，全面提高社会治理能力和水平；紧扣加强党的长期执政能力和先进性纯洁性建设这条主线，全面提高党的领导能力和水平），切实发挥人大及其常委会“两个机关”（即党的十九大报告中指出，各级人大及其常委会要成为全面担负起宪法法律赋予的各项职责的工作机关，成为同人民群众保持密切联系的代表机关）和“四个角色”（指2017年1月8日区委书记赵惠琴在区五届人大一次会议闭幕式上讲话时提出，人大常委会党组要在把党的主张变成国家意志过程中当好保障者，在使党的主张成为全民行动过程中当好推动者，在党委制定重大决策过程中当好社情民意的收集者，在深入推进全面从严治党过程中当好先行者）作用，为创造青浦全面跨越式高质量发展新奇迹作出新的贡献。

（一）担当时代使命，进一步服务保障国家战略

坚持围绕中心、服务大局，聚焦服务国家战略打造功能组团等重点，积极履职、凝聚力量，充分发挥人大的支持保障作用。一是助推全面跨越式高质量发展。听取审议“十三五”规划实施和“十四五”规划纲要编制情况，督促区政府总结“十三五”规划实施的经验成果，大力推动高标准、高质量编制“十四五”规划。聚焦放大进博会溢出效应，持续关注会展、物流、文旅健康等产业发展，促进青东地区依托虹桥商务区和进博会平台，实施联动发展。持续监督优化营商环境，推动优化营商环境各项政策举措落地见效。以履职实践活动为载体，继续组织引导区人大代表参与进博、服务进博、保障进博、奉献进博。二是助力长三角生态绿色一体化发展示范区建设。牢牢把握“生态优势转化新标杆、绿色创新发展新高地、一体化制度创新试验田、人与自然和谐宜居新典范”的战略定位，监督支持一体化发展示范区总体方案贯彻落实。加强青吴嘉三地人大工作协同，推动三地人大常委会主任例会机制和委室工作联络常态化。坚持共商工作、共享机遇、共同发力，开展联动调研，推动示范区生态优势加快转化为经济社会发展优势。积极贯彻市人大基层立法联系点工作推进会精神，全力支持金泽镇人大主动承接市人大基层立法联系点工作，充分发挥基层立法联系点的作用，挖掘立法需求、反馈立法意见、推动立法协同，努力把立法联系点打造成示范区法治建设的重要窗口。三是提高预算监督质量。优化预算和决算审查监督工作，适时启动预算联网监督系统运行试点，推进预算和决算线上审查工作，推动人大预算审查监督重点向支出预算和政策拓展。听取审议2020年度区本级预算执行和审计发现问题及整改情况报告。深化区政府向区人大常委会报告国有资产管理工作，重点听取和审议行政事业性国有资产管理情况专项报告，促进本区进一步提高行政事业单位资产使用效率和资产监督管理水平。

（二）坚持以人民为中心的发展思想，进一步推动区域治理能力提升

聚焦“老小旧远”等民生问题，发挥人大代表紧密联系人民群众的天然优势，广泛参与社会治理，积极回应人民群众对美好生活的期待，不断增强群众获得感、幸福感和安全感。一是持续助推保障和改善民生。监督检查促进就业工作，推进本区进一步完善就业服务机制，加强就业援助力度，促进经济发展与扩大就业相协调。持续跟踪老年人日间照料中心建设运营、长护险实施等养老服务工作，切实增强老年人获得感、幸福感。开展中医药发展情况专项监督，促进卫生健康事业发展，切实维护人民群众健康权益。监督调研村居文化活动室运行、学校体育设施向社会开放、科学知识普及工作等情况。围绕0－3岁儿童早期教育发展实施专项监督，督促本区大力发展覆盖城乡、公平普惠的学前教育，推动科教文卫体事业更好服务人民群众。继续跟踪监督为民实事工程、食品安全监管、安全生产、职业教育发展等情况。二是持续助推提升城市能级和核心竞争力。坚持规划引领，推进青浦“2035总规”落地。加强跟踪监督，助力打造城市精细化管理样板，推广进博会城市管理经验，践行“人民城市人民建、人民城市为人民”的理念。紧盯国家生态文明示范区创建工作，加强对第七轮环保三年行动计划实施情况的监督，持续推进生态环境综合治理，巩固中小河道整治成果。围绕2020年全面实现生活垃圾全程分类建设体系的目标，进一步加大对《上海市生活垃圾管理条例》贯彻实施情况的监督力度，支持打好生活垃圾全程分类攻坚战、持久战。专项监督农民相对集中居住推进工作，优化城乡空间布局，改善农村人居环境、满足农民现实需求。三是持续推进法治建设。听取审议区法院环境资源审判工作，督促区法院进一步延伸司法职能，运用法治手段保护生态环境。继续开展“一府两院”被任命人员履职评议，将司法建议、检察建议落实情况纳入评议内容，进一步促进被评议人员提升依法行政、公正司法水平。持续跟踪监督上海市居民委员会工作条例、华侨权益保护条例、台湾同胞投资权益保护规定、宗教事务条例、少数民族权益保障条例实施和公益诉讼检察情况，助力提升区域法治建设能力和水平。

（三）深化代表履职实践活动，进一步增强代表工作活跃度

以“凝心聚力促发展，担当作为再出发”代表履职实践活动为抓手，坚持典型引领，努力提升代表工作质效，建设同人民群众保持密切联系的“代表机关”。一是着力督办代表议案和建议。健全代表议案和建议督办机制，尤其是对跨年度办理的代表建议，进行重点调研督办。制定对口督办责任清单，发挥各专门委员会和工作委员会的专业优势，夯实工作责任，形成督办合力。开展代表建议办理情况“回头看”，通过组织代表视察、专题调研、听取专项报告等方式，检查督促办理工作，推动代表建议有效落实。加强代表与各承办单位的联系沟通，提升反映和处理代表建议的及时性、有效性。二是着力优化代表履职服务。始终把代表履职能力建设作为一项基础性工作，组织代表开展专题学习培训，进一步提升代表履职的能力和水平。健全代表履职服务网络，拓宽常委会联系代表的渠道。进一步完善人大代表联络机构建设的指导性意见，着力打造代表工作示范站点的升级版，不断增强代表联络“室、站、点”在民意收集、学习交流、联系接待、服务协调、宣传展示等方面的功能作用。继续优化代表履职APP功能，提高服务代表履职的智能化水平。坚持“引进来”与“走出去”相结合，围绕长三角生态绿色一体化发展示范区建设等专题，加强代表工作的学习交流。三是着力丰富代表履职活动。围绕区委中心工作，持续推进履职实践活动，丰富活动内容、创新活动方式。组织开展各代表小组间的联组活动，增强街镇代表小组、代表专业小组的履职活力。开展好市、区人大代表集中进社区联系人民群众活动，积极反映群众诉求，促进代表密切联系群众制度化、常态化、经常化。进一步拓展渠道，提升代表参与常委会工作的广度和深度。大力推进代表向原选区选民报告履职工作，不断增强代表履职的责任意识。

（四）强化常委会自身建设，进一步提升依法履职水平

根据人大工作发展的新形势，配合区委召开人大工作会议，贯彻落实区委对人大工作的新要求，持续抓好常委会和机关自身建设，进一步深化对坚持党的领导、人民当家作主、依法治国有机统一的认识和把握，切实增强制度自信和工作自信。一是坚持政治统领。把学习贯彻习近平新时代中国特色社会主义思想作为首要政治任务，深入学习贯彻党的十九届四中全会精神，进一步增强“四个意识”、坚定“四个自信”、做到“两个维护”，切实在学懂弄通做实上下功夫，进一步提高运用党的创新理论指导实践、破解难题、推动工作的能力，确保中央、市委和区委决策部署在人大得到有效贯彻落实。二是坚守初心使命。巩固“不忘初心、牢记使命”主题教育成果，紧密结合人大工作实际，推进主题教育常态化制度化，以坚定的初心使命，自觉做习近平新时代中国特色社会主义思想的坚定信仰者和忠实实践者。三是完善制度建设。弘扬法治精神，倡导法治思维，推进法治建设，巩固本区人大制度建设成果。全面梳理、及时修订常委会各项工作规则和制度，完善区人大机关“四责协同”机制和廉政风险责任项目推进机制，着力提升人大履职制度化、规范化水平。四是提升工作实效。围绕区委督战人大工作和常委会年度重点工作任务，坚持“挂图作战、列表推进”。按照区委关于《进一步激励广大干部在抢抓两大国家战略机遇中担当作为的实施意见》的要求，激励人大干部发扬“抢拼实”精神，做到“干事创业充满激情，面对困难富于创造，迎接挑战勇于担当”。五是加强上下联动。进一步重视基层人大工作，坚持街镇人大工作例会制度，联动开展执法检查、专项监督、服务代表等工作。六是做好人大宣传工作。落实市人大新闻宣传工作会议精神，举办人大宣传工作培训班，制作常委会履职专题片，丰富“走进人大”系列活动，提升人大宣传工作实效。积极借助区融媒体中心平台，讲述好“人大故事”、传播好“人大声音”。

各位代表，百舸争流奋楫者先，千帆竞发勇敢者胜。五届区委九次全会向全区人民发出了“紧紧围绕国家战略使命担当、大力提升区域治理能力水平，奋力创造青浦全面跨越式高质量发展新奇迹”的动员令，区人大常委会将坚持以习近平新时代中国特色社会主义思想为指导，在中共青浦区委的坚强领导下，团结和凝聚全体人大代表，不忘初心、牢记使命，戮力同心、扎实工作，切实担负起党的主张转化为全民行动推动者的职责，为创造青浦全面跨越式高质量发展新奇迹、人民群众幸福美好新生活而努力奋斗！

上海市青浦区人民政府工作报告

上海市青浦区第五届人民代表大会第六次会议

（2020 年 1 月 8 日）

上海市青浦区人民政府区长　余旭峰

各位代表：

现在，我代表青浦区人民政府，向大会报告政府工作，请予审议。请政协委员和其他列席人员提出意见。

一、2019 年工作回顾

过去一年，我们在区委坚强领导下，坚持以习近平新时代中国特色社会主义思想为指导，认真贯彻习近平总书记考察上海重要讲话精神，全面落实党中央国务院、市委市政府和区委部署，不忘初心、牢记使命，深入贯彻两大国家战略，实施重点工作挂图作战，抓落实、抓推进、抓突破，经济社会保持平稳健康发展，基本完成区五届人大四次会议确定的目标任务。预计地区生产总值增长 5.7%。实现税收总收入 539.5 亿元、增长 2.1%。区级一般公共预算收入 207.2 亿元、增长 2.0%，总量全市第七、增幅第四。预计全社会固定资产投资完成 540 亿元。合同外资、实到外资分别为 14 亿美元、8 亿美元，创历史新高。预计城乡居民人均可支配收入 51500 元、增长 8.8%，增幅高于全市平均水平。

（一）两大国家战略全面推进

长三角生态绿色一体化发展示范区建设启动。示范区正式揭牌，总体方案发布，国土空间规划形成初步成果。落实深度融入长三角一体化发展意见，举行示范区誓师大会暨产业项目启动仪式。青吴嘉共同制定一体化发展年度工作方案，签订一体化生态环境综合治理框架协议。举办重大项目启航大会，涉及 128 个项目、总投资 1458 亿元。省界对接道路复兴路、胜利路、东航路项目分别完成总体工程量的 39.5%、46.8% 和 22%，外青松公路项目正动迁腾地，5 条示范区公交线路开通。发放跨区域通办营业执照 9 张，首个跨省异地就医登记备案在青浦办结。二级水源保护区内 194 家工业企业全部关停、已清拆 162 家。

第二届进博会服务保障任务圆满完成。完善前线指挥部靠前指挥、扁平化决策、挂图作战等工作机制。28 个政府性投资项目全面完成，19 个社会投资项目按节点推进。落实三级巡查机制，深化“1 + 8”工作架构，累计巡查 1.1 万人次。开展道路、绿化、管线等专项治理。落实安保圈层和责任区管理，强化风险排查、隐患化解和社会面稳控。进博会溢出效应持续放大，青浦交易分团交易额位列全市第二，9 家企业入选“6 + 365”展示交易服务平台、数量位居全市第一。国家会展中心全年展览面积 573 万平方米、客流量 700 万人次，引进绿地汉诺威等会展产业链企业 24 家，会展业实现税收 1.5 亿元。青浦综合保税区顺利通过验收、正式挂牌，保税物流中心跨境电商平台完成出货 440 万单。

（二）经济发展动能日益增强

招商引资扎实推进。区委、区政府制定“一号文件”，把招商引资和产业项目推进作为“一把手”工程。举办 2019 年招商推介会，集中签约一批优质项目、总投资达 534.8 亿元。特色产业、平台经济加快集聚。快递物流业务收入 980 亿元、增长 28%，华新镇入选首批国家物流枢纽建设名单；民用航空、软件信息业税收增长 40% 和 33.9%，北斗西虹桥基地、哈工大人工智能产业园新引进企业 40 家和 74 家，华为海思纳税 2.4 亿元、产业链招商 15 户。出台支持经济小区高质量发展的若干意见，经济小区注册企业总数增长 5.4%。“四个一批”（即出让一批、开工一批、竣工一批、投产一批）重点产业项目扎实推进，完成土地出让 25 个、开工 17 个、竣工 28 个、投产 36 个。华为研发中心、安踏集团总部开工，网易文创科技园完成土地出让，海克斯康公司区域总部、美的集团第二总部签约落户。强化产业结构调整、园区二次开发和企业分类管理，完成产业结构调整 650 项、233.33 公顷，关停 D 类企业 423 家。完成土地出让 255 公顷，区级土地出让收入 151.5 亿元。

营商环境进一步优化。制定优化营商环境年度工作要点，落实“双减半”“双零”“双一百”和两个“无差别”（指审批事项和审批时间减半，企业和个人提交材料减半；在“双减半”基础上，不少于 10% 的事项实现零材料，40% 的事项实现零跑动；新增 100 项审批事项实现流程革命性再造，新增 100 项个人事项实现全市通办，政务数据实现 100% 归集和 100% 共享；同一事项实现无差别受理、审批，线上线下无差别受理、审批）要求，实施“有求必应、无事不扰”试行意见。大数据资源平台一期建成，政务服务“一网通办”可办率、办结率达到 100% 和

41.3%，电子证照应用率达到60.2%。设立产业政策咨询受理专窗，开通企业服务热线，企业开办服务实现一窗发放。设立社会投资项目审批审查中心，实行"一窗受理、并联办理"。启用建设工程联审共享平台，全面实行综合验收、多验合一，全流程审批时间压缩至100天。落实新一轮"减税降费"举措，全年减税约78亿元，停征、取消区级行政事业性收费1亿余元。科技创新不断增强，新认定国家级科技企业孵化器1家、市级科技企业孵化器2家、市科技小巨人（含培育）企业16家、高新技术企业282家。新增上市企业2家、累计25家。深入落实"1+1+5"人才政策（指一个规划，《青浦区"十三五"人才发展规划》；一个计划，《青浦区人才发展三年行动计划（2017—2019年）》；五大政策，《关于促进创新创业人才发展的暂行办法》以及实施细则、《青浦区人才公寓供应实施办法（试行）》《青浦区人才开发激励办法（试行）》《青浦区人才积分管理办法（试行）》），人才流入加快，办理"居转户"611人、增长22%，直接户籍引进185人、增长23%。

全面深化改革不断深入。完成机构改革，改革后区政府共设置32个机构。统筹推进多领域综合行政执法改革，深化事业单位改革。继续深化区管国有企业下属公司改革，完成市场化改革3家、关闭12家、划转7家、合并16家。出台全面预算绩效管理实施方案、镇级财政专项资金监督管理办法，深化国库集中支付制度改革，区本级一般性支出预算压缩13.6%，区级预算单位电子化支付全覆盖。行政事业单位办公用房信息管理系统建成，国有企业房屋资产系统登记率100%，通过合理调配为30余家行政事业单位落实公共服务用房。落实审计报告"问题清单""整改清单"，严肃整改标准，取消承诺整改，推动审计与巡察、稽查衔接，加强政府性投资项目审计闭环管理，制定区管领导干部任期经济责任审计结果运用办法。

（三）城市功能品质持续提升

城镇规划建设取得新进展。青浦2035总规、赵巷和徐泾新市镇总规获批，新城中1中2单元增补图则、市西软件信息园及周边地块、新城复兴路以西区域、哈工大和启迪地块等一批控规获批，海绵城市建设规划通过专家评审。诸光路（崧泽大道—区界）建成通车，G318跨嘉松公路人行天桥完工，崧泽高架西延伸项目完成建安量的37%，青浦大道、华青南路、港俞路、港周路等新改建项目正在进行土路基、桥梁桩基施工。环城水系公园二期、区应急联动中心竣工，区档案馆建成启用，万达茂、沃尔玛山姆会员店、绿地缤纷城开业。盈浦"城中村"改造公建配套项目开工，徐泾蟠龙"城中村"改造第一批经营性用地摘牌，徐泾老集镇"城中村"改造动迁安置房开工，重固"城中村"改造动迁安置房交付、第一批经营性用地摘牌。完成49个存量基地和12个新开基地征收补偿。完成集建区外建设用地减量化验收275.3公顷。

城市精细化管理持续深化。实施十大专项行动，全国文明城区创建接受第二年度测评。"美丽街区"2个市级区域完成创建，集镇地区一体化保洁养护实现全覆盖，农村区域试点取得阶段性成效。"美丽家园"建设完成66万平方米旧区改造和旧住房修缮，开展房屋安全隐患专项整治"百日行动"，首幢多层住宅加装电梯开工。"三大整治"大力推进，累计拆除违法建筑86.6万平方米、2个街镇通过市无违先进街镇考核验收，13个区级重点整治地块完成7个、清退"散乱污"企业200家，264个村居通过人居环境整治考核验收，全面开展公共安全综合整治，累计检查企业7.2万余处、查处隐患4.3万处。生活垃圾分类全覆盖，湿垃圾分出量增长429.1%、干垃圾处置量减少30.3%，新增"两网融合"再生资源回收点322个，重固、赵巷、盈浦、徐泾、练塘、香花桥成功创建上海市生活垃圾分类示范街镇。加强防汛工作，成功防御"利奇马"等多次台风。

智慧城市建设扎实推进。编制新型智慧城市顶层设计（2019—2025年）和三年行动计划，先行启动智慧教育、智慧交通、智慧文旅等11个项目。发挥"智慧公安"效应，统一城市图像监控系统运维保障，新增90个智能安防自然村、64栋智能安防楼宇，完成奥特莱斯、朱家角古镇等智慧安防商圈（景区）建设。建成5G网络基站502个。

（四）民生保障和社会治理不断加强

社会事业发展持续深化。社会事业设施建设三年行动计划（2017—2019年）54个项目中25个投用、17个开工。召开教育大会，制定教育现代化行动计划，8个镇紧密型学区化办学格局初步构建，青浦一中特色普通高中创建进入市级评审。全区公（民）办幼儿园提供托幼名额600余个，32所小学实施课后看护，爱心暑托班增加10%。青浦协和双语学校开学，上海青浦兰生复旦学校开工，青浦二中迁入新址，重固镇九年一贯制学校加快建设。医疗卫生服务不断完善，实施华新、重固、赵巷、练塘社区卫生服务中心提标升级，复旦大学附属妇产科医院青浦分院开工建设，促进德达医院、冬雷脑科医院等社会办医健康发展。完成"上海之源"古文化走廊专题规划研究，福泉山遗址保护规划通过市级评审，青龙镇遗址入选第八批全国重点文物保护单位。区体育文化中心建成，区图书馆二期扩容完工，村居综合文化活动室标准化建设实现全覆盖。成功举办"环意RIDE LIKE A PRO"长三角自行车公开赛、淀山湖文化艺术节暨旅游购物节等重大活动。

基本民生保障不断加强。完善"西劳外输"就业政策，建成就业服务移动平台，村居就业服务网络全覆盖，新增就业岗位18500个、其中非农就业岗位5050个。拓展大重病医疗保险覆盖范围。帮扶3560名农村困难残疾人实现劳动增收。制定养老服务行动计划，新增养老床位940张，新建社区综合为老服务中心6家、老年人日间服务中心6家、社区助餐点10家，淀山湖福利院、联实逸浦荟养老项目加快建设。动迁安置房竣工16万平方米、安置731户，新增公共租赁房源4621套、代理经租房源4672套，新增廉租房租金补贴84户。出台农村村民住房建设管理实施细则，启动金泽试点。出台农民相对集中居住实施办法，完成签约1407户，夏阳安置基地开工。加强退役军人服务保障，"光荣之家"挂牌率100%。

社会治理水平持续提升。扫黑除恶专项斗争深入开展，累计打击涉恶集团6个、涉恶团伙16个、破获各类案件154起、抓获犯罪嫌疑人406人。严厉打击刑事犯罪，全年报警类"110"处警数下降24.7%，违法犯罪类案件接报数下降16.9%、其中偷盗类案件接报数下降50.0%。深入推进"三网融合"，不断加强"12345"市民服务热线、网格化管理与大调研事项办理联动，网格化管理工作考核居郊区前列。召开加强群众工作暨信访代理工作现场会，总结推广经验做法，全区突出信访矛盾综合销项率93.6%，信访批次下降17.6%、人次下降28.6%。有序清退P2P等问题企业，严厉打击'套路贷'、非法集资等违法犯罪行为。对口扶贫、妇女儿童、民族宗教、港澳台侨、外事工作进一步加强。

（五）乡村振兴和生态建设深入推进

*乡村振兴战略全面实施。*区委、区政府成立乡村振兴战略工作领导小组和示范村建设指挥部，加强统筹推进。基本完成村庄布局规划、郊野单元（村庄）规划、农村公路建设规划。首批市级乡村振兴示范村莲湖村通过验收，第二批张马村、东庄村、徐姚村开工建设，统筹规划朱家角沈太路、练塘朱枫公路、重固北部等3个乡村振兴示范片区。启动7个区级美丽乡村示范村建设、累计达47个，成功创建5个市级美丽乡村示范村、累计达19个，张马村国家4A级旅游景区挂牌。农业发展水平不断提升，农产品“淀湖源味”品牌完成国家商标注册，绿色食品认证率提高至22.9%，4个粮食烘干中心和11个农机服务中心建成启用。深化集体经济“造血”机制，区镇村三级平台已有179个经济合作社参与、覆盖率93.7%。区级平台“百村基金”确定2个参投项目；镇村平台运行项目40个、总投资17.6亿元，其中29个已产生收益、年化收益率9.6%。完成综合帮扶项目建设方案备案，总投资7.4亿元、年度到位4.4亿元。“阳光村务”实现全覆盖。

*生态建设和环境保护持续加强。*认真落实中央、市级环保督察、长江经济带生态保护审计等反馈问题整改。国家生态文明建设示范区创建全面推进，第七轮环保三年行动计划完成14项、开工启动68项。完成164台燃油燃气锅炉提标改造、145家企业挥发性有机物（VOCs）源头替代，环境空气质量指数（AQI）优良率77.5%、较上年提高4.9个百分点，细颗粒物（PM2.5）年平均浓度41微克/立方米、与上年持平。完成小区雨污混接改造60万平方米、中小河道整治154公里、断头河治理79条、6186户农村生活污水治理和187公里中小河道轮疏，有序推进太湖流域水环境综合治理和“苏四期”项目。持续深化河（湖）长制，国考、市考断面水质全部达标，劣V类河道基本消除。完成重点生态廊道建设400公顷、公园绿地71.9公顷、绿道15公里，森林覆盖率（陆域）达到17.2%、建成区绿化覆盖率41.55%、人均公园绿地面积9.5平方米。环境执法检查企业2934户次，查处177户、罚款1526.7万元，行刑衔接5件、追究刑责12人。

过去一年，我们认真落实区委部署，牢固树立“四个意识”、坚定“四个自信”、坚决做到“两个维护”，切实履行全面从严治党“三个责任制”，深入落实中央八项规定精神及实施细则，扎实开展“不忘初心、牢记使命”主题教育，着力加强政府自身建设。结合主题教育课题调研，着力解决群众急难愁盼问题。办理人大代表建议137件，解决采纳109件；办理政协提案164件，解决或采纳129件。实施重点工作挂图作战，71项重点任务完成58项、未完成13项。印发提高政府系统工作效能意见，进一步完善会议管理、简化文件报送、减少事务性活动，切实为基层减负。加强行政规范性文件备案管理，推进政务公开，加强行政监督，全面正确履行政府职能。

各位代表，过去一年，我区经济社会发展持续保持良好势头，这是市委、市政府和区委坚强领导的结果，是全区上下共同努力的结果。在此，我代表青浦区人民政府，向大家致以衷心的感谢！

过去一年，青浦经济社会发展取得了新的成绩，但也面临不少挑战、存在一些不足：外部环境复杂严峻，经济下行压力加大，地区生产总值、财税收入持续增长以及工业稳增长压力进一步加大；经济密度总体水平较低，创新驱动仍然不足，新旧动能转换还需加大力度；对应群众期盼，城乡统筹、城市功能、民生保障、城市治理等还有很大提升空间；政府职能转变和效能提升需要进一步深化。对这些问题，我们将高度重视，认真研究、努力改进。

二、2020年主要任务

2020年是全面建成小康社会和“十三五”规划收官之年，也是青浦服务落实国家战略、全面跨越式高质量发展的关键之年。我们要以习近平新时代中国特色社会主义思想为指导，全面贯彻党的十九大，十九届二中、三中、四中全会，中央经济工作会议和习近平总书记考察上海重要讲话精神，认真落实市委、区委全会精神，在市委、市政府和区委的坚强领导下，不忘初心、牢记使命，坚持新发展理念，坚持稳中求进工作总基调，紧扣全面建成小康社会目标任务，紧扣“一体化”和“高质量”两个关键，发扬“抢拼实”作风，深入落实两大国家战略，统筹推进稳增长、促改革、调结构、惠民生、防风险、保稳定，大力提高区域治理能力和水平，推动青浦全面跨越式高质量发展，加快建设“上海之门”。

综合各方面因素，建议2020年全区经济社会发展的主要预期目标是：实现地区生产总值增长6%，区级一般公共预算收入213.4亿元、增长3%，全社会固定资产投资450亿元，合同外资和实到外资分别为8亿美元、6亿美元，城乡居民人均可支配收入领先经济增长，城镇登记失业人数控制在市下达指标数以内，单位生产总值综合能耗下降率、大气主要污染物排放量削减率确保完成市下达目标。

我们要一手抓长远，紧紧抓住全市三个重点区域尤其是虹桥商务区和一体化示范区的发展机遇，深入思考面临的战略性、基础性和关键性问题，谋划好本区重点区域、重大平台、重大项目、重要政策，高质量编制好“十四五”规划；一手抓当前，以实打实、硬碰硬的工作成效，确保全面建成小康社会和“十三五”规划圆满收官，确保经济持续健康发展和社会大局稳定。

（一）全力推进示范区建设

围绕“新标杆、新高地、试验田、新典范”（即生态优势转化新标杆，绿色创新发展新高地，一体化制度创新试验田，人与自然和谐宜居新典范）战略定位，以更大格局、更宽视野落实“四个迅速”（指市委书记李强2019年12月来青调研一体化发展示范区建设推进情况时强调的要迅速推动政策举措落地，迅速彰显集聚度显示度，迅速提升联动示范效应，迅速形成各方工作合力）要求，高水平、高质量建设好示范区。

*大力加强生态建设和环境保护。*加强对青西三镇现状梳理，实施最严格的生态管控。加快空间腾退，结合“城中村”改造、农民集中居住等政策，深化细化方案。聚焦淀山湖、元荡、太浦河、蓝色珠链等区域，大力推进周边及沿岸地区污染治理，加快推进淀山湖环湖岸线贯通工程。明确近期任务清单，项目化推进青吴嘉三地一体化生态环境综合治理合作。

*加强规划引领和工作对接。*结合长三角一体化发展规划纲要、示范区建设总体方案和国土空间规划，加强功能布局、交通体系、重点区域规划研究，做好与青浦2035总规、郊野单元（村庄）规划的衔接，开展控规修编。加强与示范区执委会的沟通对接，结合示范区重大项目清单和产业发展清单，形成

项目库、资金池和政策包，并推动落实落地。促进产业准入标准、生态环境标准、公共信用体系统一。深化金泽和朱家角古镇研究，完成朱家角中国特色小镇规划，加强示范区内古镇联动，提升江南文化品牌效应。深入落实与复旦大学全面战略合作，加快推进相关项目建设。

大力发展创新经济、数字经济、绿色经济。加快华为项目推进，做好华为产业链生态圈研究，重点围绕上海西岑科创中心定位，推进精准招商，促进西岑“科创＋”产业集群发展。先行建设金融产业园，加强政策聚焦，促进蓝色珠链“金融＋”产业集群发展。研究金泽地区江南水乡客厅产业定位，加强产业规划和布局。探索形成更加符合发展需要和产业导向的人才政策，积极构建人才高地。

（二）持续放大进博会效益

深化落实虹桥主城片区规划，积极对接虹桥商务区建设实施方案，按照“进口商品集散地”“国际会展之都承载区”目标，在承接溢出效应方面争取更大进步。

不断提升服务保障水平。对照“办出水平、办出成效、越办越好”要求，查找并改进不足，进一步提升项目建设、城市管理、社会面管理水平。大力推进西虹桥区域已拿地的社会投资项目建设，尽快出形象。完善市政设施、公共配套布局，持续深化一体化保洁养护，提升城市形象。

着力承接溢出带动效应。围绕虹桥商务区国际开放枢纽、国际化中央商务区、国际贸易中心新平台定位，拓展提升青东地区功能。加快完善会展产业、平台经济、国际贸易、商品集散等配套服务，做好“大会展＋大商贸”文章。深化“6＋365”功能性平台建设，促进绿地全球商品贸易港等常年展示交易平台打响品牌。完善轨交17号线沿线奥特莱斯、宝龙、万达茂、朱家角古镇等区域的商业服务配套，提质增效。培育新型消费模式，促进夜间经济发展。争创国家全域旅游示范区。推进青浦综合保税区高质量发展，促进会展商贸与保税服务、跨境电商、融资租赁等业务深度融合。

（三）狠抓经济高质量发展

坚持以供给侧结构性改革为主线，全面落实“六稳”工作要求，对标“四个论英雄”（指《中共上海市委关于面向全球面向未来提升上海城市能级和核心竞争力的意见》中提出的形成“以亩产论英雄”“以效益论英雄”“以能耗论英雄”“以环境论英雄”的激励约束机制）导向，做强战略性新兴产业和先进制造业，提升服务业能级和核心竞争力，在提高区域发展能级、经济密度方面持续用力。

进一步加强招商引资。继续出台“一号文件”，坚持招商引资“一把手”工程，用好国家战略窗口期、机遇期，以更大力度“引进来”“走出去”。针对现有产业基础，加强产业细分，积极开展华为海思产业链、市西软件信息园、西虹桥会展商贸等主题招商，加强德、日资先进制造业项目招商，扎实推进华新国家物流枢纽建设，加快培育“千百亿”产业集群。做好招商项目跟踪和需求对接，加强存量厂房、楼宇和特色产业园区招商。把促进经济小区发展、做大做强民营经济摆在突出位置，完善中小企业发展政策体系。围绕项目落地、建设、产出各环节，实施闭环管理，加强税源分析和税收征管，重点推进在地实体型企业、已拿地企业和准备拿地企业的税收落地。

持续推动项目落地见效。在拓宽投资领域、深化产业扶持、加强金融服务等方面完善配套政策，不断推动社会投资、扩大有效投资。大力推进“四个一批”产业项目，加强滞后项目协调、对接、督办，力争完成工业（研发）项目土地出让15个、开工20个、竣工15个、投产9个，商办项目土地出让8个、开工9个、竣工7个、投产3个，房地产（住宅类）项目土地出让6个、开工15个、预售21个、交付26个。落实项目达产承诺综合评价，并将评价结果作为产业扶持、财政支持的重要依据。合理控制政府投资规模，大力提质增效。

推进重点产业区块转型升级。注重运用市场化、专业化力量，创新转型模式，推动青浦工业园区、华新工业区成片转型和二次开发，加快发展德、日资集聚的专业园区。大力推进西虹桥和市西软件信息园征收补偿，加快产业项目和配套设施落地。加快徐泾产业社区、华新凤溪社区和原民兴工业区、重固北青公路以南区域的控规修编、征收补偿和空间腾退，完善配套设施，推进整体转型，努力打造总部经济、科创产业集聚区。加强企业服务，支持设备更新、技改和智能化改造，促进产业升级。完成产业结构调整和转型升级三年行动计划（2018—2020年），全年实现产业结构调整300项、133.33公顷，完成D类企业调整。

（四）深入推进重点领域改革

积极谋划一批先行先试改革事项，发挥好示范区重大改革“试验田”作用，力争把青浦打造成长三角最具核心竞争力的地区之一。

持续优化营商环境。落实新颁布的《外商投资法》《优化营商环境条例》和本市优化营商环境3.0版方案，对照“两个免于提交”和“两转变”（指“一网通办”从“侧重行政权力事项”向“行政权力和公共服务并重”转变，工作目标从“能办”向追求“好办”转变）工作要求，持续找差距、补短板。深化“放管服”改革和“一网、一窗、一次”改革（“一网”是指依托全流程一体化在线政务服务平台和线下办事窗口，整合公共数据资源，加强业务协同办理，优化政务服务流程，推动群众和企业办事线上一个总门户、一次登录、全网通办；“一窗”是指推动行政服务中心、社区事务受理服务中心分领域设立跨部门综合窗口，形成以综合窗口服务为主、部门专业窗口服务为辅的综合服务模式，建立一窗受理、分类审批、一口发证的新型政务服务机制；“一次”是指通过优化办理流程、整合政务资源、融合线上线下、借助新兴手段等方式，群众和企业到政府办理“一件事”在申请材料齐全、符合法定受理条件时，从政府部门受理申请到作出办理决定、形成办理结果的全过程最多一次上门），进一步提升网上受理、办理、办结比例，实现全部审批事项进驻综合窗口。深化公共数据治理，加快数据标准化、整合共享和深度运用。按照“最少时间、最少环节、最简材料”优化流程，推进青吴嘉“一件事”套餐服务改革，扩展政务服务互联互通事项。全面梳理惠企政策和涉企事务，深化产融对接，完善多层次、宽领域金融服务。落实减税降费政策，减轻企业负担。全面加强知识产权保护，完善失信联合惩戒机制。有序推进“僵尸企业”处置。

深入落实国企改革举措。加快完善公司治理结构，强化分类监管，分类定责、分类授权、分类考核。围绕资金运转高效、激励考核有效、资产管理规范目标，完善企业管理制度，公用费用支出压缩10%。鼓励区管企业按照市场配置资源方式积极服务区域发展。落实促进镇企联动实施方案，助力青东五镇联动发展和一体化示范区建设。

深化“三资一项目”管理（指国有资金、资产、资源管理和政府性投资项目管理）。推进区与镇财政事权和支出责任划分改革，基本形成框架。在区本级实施全方位、全过程、全覆盖预算绩效管理，压缩一般性支出、保障基本民生支出。加快制订“镇财区管”管理办法并在全区推广。严格规范第三方服务管理。深化行政事业单位和区管企业用房集约化管理，提升使用效益。严格执行政府性投资项目“1 + 8”管理办法（指由1个总办法、8个子办法组成的《〈青浦区政府性投资项目管理办法〉及其配套办法》。总办法为青浦区政府性投资项目管理办法，8个子办法分别为：青浦区政府投资项目的储备管理办法、委托评估管理办法、资金和财务监督管理办法、投融资管理办法、稽查办法、审计监督管理办法、后评价管理办法、行政责任追究办法），落实计划管理和代建制，加强项目稽查，强化建设单位主体责任和行业主管单位监管责任。优化审计全覆盖，推进大数据运用，进一步加大审计结果利用，推动内审提质增效。强化储备项目专业评估，深入推进土地资源高效利用。加强“批而未供”“供而未用”“用而未尽”土地清理，继续大力开展集建区外建设用地减量。

（五）统筹推进新型城镇化建设

深化“一城两翼、一带三核”空间布局。《青浦区总体规划暨土地利用总体规划（2017—2035）》中提出，青浦区以全面建设生态宜居的现代化新青浦为总体目标，打造上海对外服务的门户城市和长三角更高质量一体化发展的示范城市。该总体规划明确了青浦的空间布局结构：“一城”即青浦新城，是上海推动长三角更高质量一体化发展的综合性节点城市，引领示范长三角协同创新、绿色发展、文化传承的生态宜居之城；“东翼”即徐泾、华新、赵巷、重固、白鹤五镇，将以打造国际一流的现代服务业集聚区为目标；“西翼”即青西三镇，将重点打造宜居宜业宜游的长三角一体化协同创新区；“一带”是指沪湖复合功能发展带；“三核”是指青浦新城、虹桥主城片区（青浦部分）、朱家角，加快完善城乡规划体系，促进区域协调发展。

完善道路交通基础设施。重点推进崧泽高架西延伸项目建设，加快推进漕盈路南延伸等新开道路以及复兴路、胜利路、青浦大道等续建道路建设。围绕西虹桥商务区、赵巷商业商务区、青浦新城等重点区域，进一步优化公交线路、提高公交服务水平。积极推进G50新增道口（青浦大道）及锦商公路、新太路等省界对接道路前期工作。

加快青浦新城功能提升和城市更新。统筹考虑水网、路网、绿网、管网建设，优化公共服务布局，不断完善“15分钟社区生活圈”。以环城水系公园建成为新起点，推进后续项目规划建设，进一步提升24平方公里新城核心区品质品位。持续推进夏阳、盈浦“美丽街区”“美丽家园”建设和“城中村”改造，深化老城厢风貌保护。推进青浦工业园区与新城一体化规划、建设、管理，深化产城融合示范区域建设。

促进青东五镇联动发展。围绕区域发展定位、规划布局、产业准入、人居品质，加快战略统筹、顶层设计、政策协调、方案把关和项目推进。加快重固、白鹤新市镇总规编制。加快完善青东区域交通路网体系。推进华新凤溪以及徐泾老集镇的城市更新和“城中村”改造。持续推进重固新型城镇化项目。优化赵巷商业商务区城市设计和功能配套，提升发展能级。

（六）持续保障和改善民生

找准面上问题，突出抓好民生大事难事急事，着力解决“老小旧远”问题，在更高水平上实现幼有所育、学有所教、劳有所得、病有所医、老有所养、住有所居、弱有所扶。

促进就业和综合帮扶。完善“1 + 1 + N”就业政策体系（指《青浦区关于做好当前和今后一段时期就业创业工作的实施意见》《青浦区关于推进乡村振兴战略促进农村富余劳动力就业创业的行动计划》；“N”是在此基础上完善创业、见习、特殊人群扶持等具体政策），稳定就业总量，改善就业结构，提升就业质量。聚焦失业青年、应届大学生、退役军人等重点群体，搭建区级平台，做优公共就业服务。加强农民非农职业技能培训，促进本地就业。积极备战第46届世界技能大赛。聚焦经济相对薄弱地区生活困难户，对排摸认定的1793户、3415人建立一户一档，实施精准帮扶。规范社会救助流程，完善认定规则，做好关键时点、困难人群的基本生活保障。

完善托底保障。实施养老服务行动计划，新增6家老年人日间服务中心、25家标准化老年活动室、3家社区综合为老服务中心分中心、10家社区助餐点、1000张养老床位。加强养老机构管理，加快发展社区嵌入式养老、农村养老服务。建成淀山湖福利院，支持康养产业发展。落实医疗保险、生育保险、医疗救助等保障制度，规范长护险管理。全面落实长效管理调控机制，促进房地产市场平稳健康发展。持续完善住房保障体系，建设、盘活一批公共租赁房和人才公寓。完成“美丽家园”三年行动计划（2018—2020年），实施64万平方米老旧小区综合改造，完成10处多层住宅加装电梯。积极破解物业管理存在难题，加强信用管理，完善考核评价和退出机制。加大动迁安置房建设力度。落实农民建房实施细则，推动各街镇制定农民建房引导和管控办法。继续做好东西部扶贫协作和对口支援工作，助力打赢脱贫攻坚战。

持续推动社会事业优质均衡发展。加快编制相关专项规划，制定实施新一轮社会事业设施建设三年行动计划。深化教育领域综合改革，全面完成5大行动、28项综改任务。促进义务教育优质均衡发展，积极申报全国县域义务教育优质均衡发展区。完善名优校长和教师培养使用管理机制，提升师资整体水平。落实托育服务“1 + 2”政策（即《关于促进和加强本市3岁以下幼儿托育服务工作的指导意见》《上海市3岁以下幼儿托育机构管理暂行办法》《上海市3岁以下幼儿托育机构设置标准（试行）》），加快建设普惠安全、托幼一体的托育服务体系，实现街镇全覆盖。启动实施学前教育三年行动计划（2020—2022年），做大做强各类教育集团，促进公办、民办教育融合发展。加强教育培训市场监管。创建全国健康促进区。全面提升医疗服务满意度。建立复旦（青浦）长三角远程会诊中心，加快中山医院青浦分院创建成为复旦大学附属医院，加快复旦大学附属妇产科医院青浦分院建设。深化社区卫生综合改革，加强社区卫生服务中心标准化建设，提高村级卫生室服务水平。加强公共文旅设施建设，复建青溪书院，推动区体育文化中心市场化、专业化运营。加强退役军人服务保障，争创全国双拥模范城区。

（七）深入推进乡村振兴

在点上示范引领的基础上，加强成片实施、全面推进，做好乡村振兴大文章，争当长三角乡村振兴先行区。

完善规划、标准和政策体系。坚持以规划为引领，全面完成郊野单元(村庄)规划编制。对标一流,统筹考虑河、湖、林、田,高标准制定建设方案。优化布局、提升标准,推进农林水设施高水平、一体化建设,促进生态修复,夯实生态本底。对标乡村振兴示范村项目清单,落实建设导则,开展重点区域村庄设计,提升江南水乡风貌。

推进国家农业绿色发展先行区创建。深化农业供给侧结构性改革,大力发展特色农业、精品农业、绿色农业,促进一二三产融合发展。创新投融资机制,加强农业招商,鼓励各类社会资本参与乡村振兴。落实新一轮综合帮扶。用好区镇村三级平台,盘活富余资金,推进相关项目建设。

加快美丽乡村和乡村振兴示范村建设。强化示范引领,制订行动方案。10个村申报创建市级美丽乡村示范村,力争三年内完成青西三镇保留保护村全域创建市级美丽乡村示范村。对示范区先行启动区内有条件的村庄,加快市级乡村振兴示范村和示范片区创建。有序推进2019年已签约农民相对集中居住工作,完成2020年1000户签约任务。

(八)提升生态价值优势

牢固树立和践行绿水青山就是金山银山的理念,努力把生态优势转化为发展优势。

大力推进"三大整治"。整合执法资源,落实销项管理,着力解决生态环境突出问题。持之以恒推进"五违四必"整治("五违"指违法用地、违法建筑、违法经营、违法排污、违法居住;"四必"指安全隐患必须消除、违法无证建筑必须拆除、脏乱现象必须整治、违法经营必须取缔),巩固无违村居创建成效,全面完成11个街镇的"无违建先进街镇"市级验收,实现"五个归零"(即新增违建归零、重点类型存量违建归零、新增违法用地归零、严重污染环境的违法排污归零、用于出租经营的无证无照各类堆场归零)目标。坚持验收标准、逐一过关,全面完成各村居的人居环境整治任务,巩固提升整治成效。深入推进区镇两级公共安全综合整治,明确任务清单,逐一推动落实。

坚决打赢污染防治攻坚战。加快推进"苏四期"治理工程,新谊河、新塘港、新通波塘等骨干河道治理全面开工,研究形成一体化示范区水生态治理方案,实现国考、市考断面水质达标率100%,稳定消除劣V类水体。深入推进中小锅炉提标改造、重点行业企业挥发性有机物(VOCs)源头替代和末端治理、"散乱污"企业整治和扬尘治理。实行建设用地土壤污染风险管控和修复名录制度,推进农用地分类管理,进一步提升工业固废管理水平。全面落实第二轮中央环保督察反馈问题整改。

推进重点领域生态建设。落实国家生态文明建设示范区实施方案,全面完成示范镇创建达标。全面完成第七轮环保三年行动计划74个市级项目。全年新增绿地60公顷、造林300公顷,完成青松走廊等市级生态廊道建设。人均公园绿地面积达到10平方米,建成区绿化覆盖率达到42.0%,森林覆盖率(陆域)达到18%。

(九)提升城市治理水平

坚持以人民为中心的发展思想,坚持共建共治共享,坚持重心下移、力量下沉,努力打造长三角社会治理样板区。

精心打造智慧城市。落实智慧城市建设三年行动计划,加快先行启动项目特别是电子政务云以及数据交换、视频共享、城市运管等平台建设。完成青浦城市指挥中心建设,推动城市运行"一网统管",加强公共数据和信息系统安全管理。深入抓好"智慧公安"建设和运用,着力增强数据利用、安防实战、服务群众能力,推动现代警务流程再造,继续完善社会面安防体系。加强与三大运营商和铁塔公司的合作,加快通信基础设施布局建设,新建5G网络基站1000个,持续扩大无线网络覆盖面。

加强和创新社会治理。聚焦"三大整治"等工作,强化效果导向,优化村居转移支付、"以奖代拨"考核办法。促进"一站两中心"(即村居党建服务站、综治中心、社区事务服务中心)提质增效,增强村居干部下楼开放式集中办公实效。持续深化"三网融合",加快构建社会治理智能"一张网",开展崧润路派出所"1+X"试点(指以崧润路派出所为试点,基于"智慧公安"一个平台,围绕政务服务、公共安全、社会民生、生态环境等领域,实现数据上云共享,融合各类智能算法、模型,实现对辖区整体态势的实时感知和运行监测,最终实现"一网统管")和工业园区"X+2"执法一体化联动试点("X"是指消防、城市管理、建设管理、市场监管、环保、规划资源等区级有执法权的部门,"2"是指香花桥街道和青浦工业园区目前的监督检查工作力量)。探索开展市域社会治理现代化试点。持续梳理排查、防范化解重大风险。规范初次信访办理,健全突出信访矛盾销项攻坚和问题线索移送机制。认真落实扫黑除恶专项斗争"回头看"整改措施,在"有黑扫黑、有恶除恶"基础上将"有乱治乱"进行到底。加强人口管理和服务,做好第七次全国人口普查工作。

持续加强城市精细化管理。落实专项行动和常态管理,全力冲刺全国文明城区创建。迎接第四轮国家卫生区复审,确保通过。全面完成城市管理精细化工作三年行动计划。滚动推进"美丽街区"建设,重点整治提升市政道路、背街小巷等薄弱区域。提升青浦城区和集镇地区一体化保洁养护实效,制定农村地区指导意见并实现全覆盖。深化疑难工单沟通办理、投诉工单部门联处等机制,进一步提升"12345"热线实际解决率和市民满意率。持续推进生活垃圾分类达标(示范)街镇创建,加快完善"两网融合"收运体系,创建垃圾分类示范区。加强人员密集场所管理,加强重点领域监督检查、隐患排查,健全消防应急救援体系,切实保障城市安全、稳定运行。落实食品安全党政同责,持续推进市民满意的食品安全城区建设。

各位代表,我们将不忘初心、牢记使命,坚决落实全面从严治党要求,持续加强政府自身建设,创新行政方式,提高政府治理能力,努力建设廉洁政府、效能政府、法治政府、服务型政府。持续强化作风建设,坚决克服形式主义、官僚主义,深入推进挂图作战。贯彻新修订的政府信息公开条例,全面推进政务公开标准化规范化。

各位代表,青浦承载两大国家战略,迎来了历史性机遇,进入了全新发展阶段。让我们更加紧密地团结在以习近平同志为核心的党中央周围,在市委、市政府和区委坚强领导下,狠抓落实、善作善成,奋力创造青浦全面跨越式高质量发展的新奇迹!

政协上海市青浦区第五届委员会常务委员会工作报告

政协上海市青浦区第五届委员会第四次会议

(2020 年 1 月 7 日)

上海市青浦区政协主席　李华桂

各位委员:

我代表中国人民政治协商会议上海市青浦区第五届委员会常务委员会,向大会作工作报告,请予审议。

一、2019 年工作回顾

2019 年是中华人民共和国成立七十周年和人民政协成立七十周年。区政协以习近平新时代中国特色社会主义思想为指导,深入学习贯彻中共十九大和十九届二中、三中、四中全会精神,习近平总书记关于加强和改进人民政协工作的重要思想,准确把握新时代人民政协新方位新使命,在中共青浦区委的坚强领导下,坚持团结和民主两大主题,积极履行政治协商、民主监督、参政议政职能,切实发挥协商民主重要渠道和专门协商机构作用,为青浦加快建设"上海之门"、推动青浦全面跨越式高质量发展作出了积极贡献。

(一)坚持党的全面领导,夯实共同的思想政治基础

一年来,常委会深入学习党的创新理论,坚持党对政协工作的全面领导,进一步强化思想政治引领,切实增进了合作奋进、携手前行的共识和基础。

不断深化党的建设。按照加强新时代人民政协党的建设工作和区委全面从严治党要求,充分发挥政协党组领导核心作用,认真开展"不忘初心、牢记使命"主题教育,以党的政治建设为统领全面推进政协工作。根据中央、市委加强政协党的建设工作文件精神,建立全会临时党组织,推动党的组织和党的工作在全会的有效覆盖,确保了全会顺利召开。首次制定实施《关于新时代发挥中共党员政协委员先锋模范作用的实施意见(试行)》,明确政治引领、理论学习、发扬民主、合作共事、履职尽责、改进作风的"六个模范"要求。举办中共党员委员专题培训班,围绕加强政协党建、发挥示范引领作用开展大讨论,推动中共党员委员牢记党员"第一身份",增强带头履职的责任意识。

突出思想政治引领。坚持常委会学习制度,依托专委会、界别、地区委员活动小组经常性学习活动,深入学习贯彻习近平新时代中国特色社会主义思想,把握核心要义、精神实质、实践要求,推动委员切实提高政治站位,不断强化制度意识、坚定制度自信,做到学思用贯通、知信行统一。引导政协委员和参加政协的各党派团体,不忘多党合作初心,不断增进对中国共产党和中国特色社会主义的政治认同、思想认同、理论认同、情感认同,切实增强"四个意识"、坚定"四个自信"、做到"两个维护"。重点围绕青浦服务和落实国家战略任务,按照全面提升思想格局、城市格局、发展格局"三个格局"的要求,强化思想引领,为全区发展汇聚共识。开展政协理论进党校,宣传多党合作和政治协商制度。

准确把握形势任务。认真学习贯彻中共十九届四中全会精神,学习贯彻习近平总书记考察上海重要讲话精神,深刻领会总书记关于上海发展总体要求、城市治理的科学指导、三项新的重大任务等,切实增强政治自觉、思想自觉和行动自觉。组织学习中央、市委政协工作会议精神,进一步明确新时代地方政协"是什么""干什么""怎么干"。举办新时代政协新使命新担当、国际形势、经济形势等学习报告会,邀请区委、区政府领导通报全区经济社会发展、党风廉政建设和反腐败工作、生态环境建设、城市更新等情况,邀请区法院、区检察院通报全年工作,帮助委员更好地开阔视野、知情明政,准确把握发展形势和任务。

(二)始终聚焦中心任务,凸显专门协商机构的作用

紧扣服务两大国家战略、推动全面跨越式高质量发展和增进社会民生福祉,全年开展协商活动 25 场、重点课题调研 8 项,其中 2 项重点课题调研成果形成常委会建议案报送区委区政府决策参考,努力发挥专门协商机构作用。

围绕生态绿色一体化发展示范区建设资政建言。以"示范区建设背景下产业定位与发展战略"为课题,市政协首次与区级政协联动开展重点课题调研,联合课题组深入调查研究,提出构建"多中心、组团式、网络化、集约型"产业空间等三方面18条建议，得到区委主要领导的肯定，调研成果在市政协新闻通气会上向媒体公开发布，相关意见建议报送市委、市政府领导决策参考。依托市政协主席重点提案办理协商，围绕“提升文化软实力，打造引领长三角更高质量发展的新引擎”主题，积极建言献策。承办市政协首次远程协商青浦分会场活动，组织委员聚焦“四个新高地”战略定位协商建言，得到市政协领导的充分肯定。围绕大力实施乡村振兴战略开展常委会议协商，为打造长三角乡村振兴先行区建言献策。开展江南文化品牌建设等专委会课题调研和对口协商，助力长三角江南文化示范区建设。

围绕跨越式高质量发展出谋划策。深入开展“打造优化营商环境制度高地”重点课题调研，提出建设营商环境制度特色高地、集成高地、创新高地等三方面共20条建议，供区委、区政府参考。围绕科创产业发展和重大产业项目开展常委会议协商，委员们从指导企业科创板上市、推动华为项目集群发展、加强科技人才队伍建设等方面进行建言。开展水环境治理长效机制、进博会溢出效应、民营科技园区发展等主席集体调研和专委会调研。开展土地征收出让和建设用地减量化、民营企业健康发展、发挥新侨作用、财政预算编制等对口协商和界别协商，助力区域经济高质量发展。引导和鼓励企业家委员积极支持，以实际行动参与乡村振兴战略的实施。

围绕改善社会民生献计出力。开展优化区域医疗卫生资源配置、美丽街区和美丽家园创建、社会事业发展三年行动计划实施情况等主席集体调研，开展优化公共服务、满足非公企业职工需求专委会课题调研，深入了解全区社会事业发展和民生改善情况。结合“不忘初心、牢记使命”主题教育，认真开展课题调研和落实整改，为解决赵巷镇污水管道冒溢、“6+365”常年展示交易平台建设、华新镇小幼教育资源短缺等问题提出建议。开展社区卫生服务中心提升工程、加强道路交通管理等对口协商，以及完善垃圾分类、推进养老保障体系建设、长护险试点、幼托市场健康发展等界别协商，充分发挥专委会和界别优势特色，为持续改善社会民生、提升城市精细化管理水平献计献策。

（三）助推决策部署落实，发挥民主监督的独特作用

准确把握协商式监督性质定位，重点围绕区委、区政府重要决策部署贯彻落实情况，不断完善民主监督形式、探索民主监督实践，协助党委政府解决问题、推动工作。

认真开展“三网融合”和“创全”会议监督。组织开展“推进城市精细化管理，深化‘三网融合’发展”常委会议监督，委员们从促进“三网”融合度、做实基层党建引领作用、加快建设智能化信息平台、提高群众感受度和满意度等9个方面提出监督性意见建议，协商专报得到区政府分管领导批示。组织开展“全国文明城区创建工作”专题议政会议监督，成立议政调研组和公共场所、道路交通、未成年人点位、窗口单位、社区点位等5个工作组，历时三个多月，委员们冒着酷暑开展明察暗访、问题反馈、集中视察，在协商议政中提出了加强落实“门责制”、大力推广智慧交通、加大对物业的考核监管、开展扁平化管理等25条建议，为“创全”凝聚共识、献计出力。

2. 持续加强提案和社情民意信息监督。聚焦经济高质量发展、城乡建设管理、民生和社会事业发展等领域，选择20件重点提案，开展主席会议成员和专委会督办以及同类提案集中协商，以点带面，推动提案整体办理水平提高。首次开展提案办理评估督查，督查报告得到了区委、区政府相关领导的批示。区政协五届三次会议以来，收到提案182件，经审查立案167件，全部办复，解决采纳和列入计划拟解决占比90.4%。强化社情民意信息监督，试点成立反映社情民意信息工作室，取得了良好效果，全年收集社情民意信息703篇，报送市政协446篇，数量和质量均取得历史性突破，综合得分在全市8个郊区中排名第三。《关于深化农村公共基础设施管护体制改革》《用经济杠杆减缓长假高速交通滞堵现象》等被全国政协采用，《关于改善进博会相关人员密集场所安全检查工作的建议》《关于尽早布局地下空间5G智能应用的建议》等被市政协录用或转送市有关部门，《进一步发挥社区社会组织作用，助力〈上海市居民委员会工作条例〉实施》等得到市领导批示。

探索开展挂图作战督查测评等监督工作。受区政府委托，对16家承担区政府挂图作战重点工作的非牵头单位，组织委员认真开展挂图作战季度督查测评工作，形成督查测评情况报告，为区政府重点工作推进、考核提供客观公正的参考依据。围绕“市西软件园建设情况”开展专题视察，委员们围绕园区规划、市政配套、产业招商、企业服务，不断打造品牌影响力和竞争力、创新管理服务体制机制等方面提出意见建议，视察专报得到区政府分管领导批示。聚焦政府性投资项目和实事工程建设情况，创新工作方式，与区人大联合开展年末大视察。结合多层协商活动，全年累计开展18次各类知情视察活动。

（四）广泛凝聚各界共识，汇聚改革发展智慧和力量

积极发挥统一战线组织功能，坚持大团结大联合，坚持一致性和多样性统一，广泛凝聚共识，为青浦落实国家战略、推动跨越式发展凝聚了人心、汇聚了力量。

认真开展“辉煌七十年”系列庆祝活动。成立“政协之声”合唱团，积极参加青浦区“波澜壮阔70年·砥砺奋进20载”——庆祝中华人民共和国成立70周年暨纪念撤县建区20周年系列活动，引导各界人士讴歌辉煌成就、共谋未来发展。召开庆祝人民政协成立70周年座谈会，区委主要领导高度重视、出席会议并作重要讲话，部分政协老领导、党派团体和委组界别代表深情回顾政协光辉历程，畅谈感悟感受，激励委员不忘初心再出发。组织编撰“辉煌七十年”优秀摄影作品集，全方位、多角度展现新中国成立以来我区取得的发展成就。邀请著名舞蹈家举办“现代舞蹈艺术赏析”文化沙龙，丰富委员生活、感受文化魅力。

广泛联系和团结社会各界。承办市政协首次“外籍人士走近政协界别委员”活动，30多位受邀驻沪领馆总领事、领事、白玉兰奖获得者代表、各国友城驻沪代表等外籍人士，来青视察乡村振兴实践上海样本，受到市政协专函感谢，同时市区两级政协联动叠加效应得到了市委、市政府主要领导的充分肯定。不断扩大长三角“朋友圈”，牵头建立青浦、吴江、嘉善三地政协联动工作机制，此项工作得到区委联系领导高度重视，出席见证签约仪式并提出工作要求，首次举办三地企业家委员沙龙、墨舞江南——三地书画联展，促进交融交流。坚持主席会议成员走访委员制度，加强与党派团体联系沟通，努力实践“新型政党制度”。大力支持政协之友社工作，关心老同志学习、生活，为社员发挥余热搭建各类平台，积极推动开展“放飞希望”等慈善公益活动，充分体现社员老有所为、老有所乐。

鼓励委员服务社会和群众。积极发挥联系广泛、渠道畅通的优势，动员全体委员和机关干部，开展“上善先锋行·护航进博会”主题系列活动，为进博会“越办越好”营造氛围。继续推进“委员进社区全覆盖”，各街镇委员活动小组不断创新工作方法，探索委员进农户、村（居）民情联系点等工作机制，了解民情民意。联合相关单位和部门，举办退役军人就业招聘洽谈会，动员企业家委员提供工作岗位，引导企业家委员参加对口支援和东西部扶贫协作工作，积极承担社会责任。鼓励委组界别、政协委员积极开展促进就业、捐资助学、医疗服务等公益活动，多家委员企业、多名政协委员荣获“青浦区慈善之星”集体和个人荣誉称号。

（五）扎实抓好自身建设，提升政协履职能力和水平

着力新时代新任务新要求，建立健全工作制度，实施重点工作“挂图推进”机制，不断加强政协委员和机关干部队伍建设，切实提高了履职能力和水平。

强化区政协制度化规范化建设。根据中央、市委和区委关于加强和改进新时代人民政协工作的相关文件要求，结合自身实际，修订《区政协全体会议工作规则》《区政协常委会议工作规则》《区政协特约监督员工作规则》《加强和改进界别工作更好发挥界别作用的办法（试行）》，制定出台《区政协常委述职办法（试行）》等7个方面制度，进一步健全了区政协工作制度体系。狠抓制度落实和规范化建设，把制度建设的成效落到实处。

着力加强“两支队伍”建设。召开委组界别工作座谈会，明确委组界别任务要求，加强日常工作督促指导，委组界别基础性代表性作用得到进一步发挥。落实区委深化机构改革的决策部署，调整专门委员会设置，优化专委会干部队伍，组织基础得到进一步夯实。加强精细化管理，认真落实履职规则，推动委员主动履职。会同区委组织部、统战部，及时调整充实委员队伍，举办新委员培训班，上好委员履职“第一课”。按照从严教育、从严要求、从严管理、从严监督“四个从严”，加强机关干部队伍建设，激发干事创业激情，提高服务能力和水平。

认真讲好政协履职故事。积极运用新媒体和传统媒体平台，在《联合时报》、政协头条等市级媒体和微信公众号上宣传报道履职活动和委员履职风采130篇，其中《共襄“一体化”》《探索提案办理工作新机制》等9篇在头版报道，《助力打造“上海之门”》《抢占科创产业发展高地》《紧扣时代脉搏，提升履职实效》《长三角发展示范区青浦产业定位与发展战略研究》等进行重点报道，许多委员在经济社会发展一线和政协履职工作中的各类荣誉、感人事迹和风采得到广泛宣传。及时反映政协动态，依托政务平台和刊物、网站、APP客户端，发布信息300余条。

各位委员，一年来的成绩，是中共青浦区委高度重视、坚强领导的结果，是区人大、区政府和社会各方面大力支持的结果，是参加区政协的各党派团体、各界人士和全体委员共同努力的结果。在此，我代表区政协常委会，向关心支持区政协工作的全区各级党政组织和社会各界人士，向一年来为区政协工作作出积极贡献的各党派团体和全体委员，表示衷心的感谢和崇高的敬意！

同时，我们要清醒地看到，有些工作与新时代加强和改进人民政协工作的新要求，与人民群众的新期待相比，还存在一些不足。主要是：在发挥人民政协作为社会主义协商民主重要渠道和专门协商机构作用的能力还需要进一步提升；在丰富协商形式，完善以全体会议为龙头，以专题议政性常务委员会会议和专题协商会、协商座谈会、网上议政等为重点的协商议政格局还需要进一步提升；在强化委员使命担当，增强人民政协是国家治理体系重要组成部分的意识，组织委员自觉投身“四个第一线”的责任还需要进一步提升。这些问题必须高度重视，认真加以解决。

二、2020年主要任务

2020年是我国全面建成小康社会和“十三五”规划的收官之年，也是青浦服务落实国家战略任务，实现全面跨越式高质量发展的关键之年。区政协工作的总体要求是：以习近平新时代中国特色社会主义思想为指导，全面贯彻落实中共十九大，十九届二中、三中、四中全会，中央经济工作会议精神和习近平总书记考察上海重要讲话精神，深入学习贯彻习近平总书记关于加强和改进人民政协工作的重要思想，深入学习贯彻中央政协工作会议和市委政协工作会议精神，在中共青浦区委的坚强领导下，带领广大政协委员，把加强思想政治引领、广泛凝聚共识作为中心环节，坚持团结和民主两大主题，紧紧围绕中共十一届市委八次全会和五届区委九次全会确定的目标任务，聚焦紧扣“五条主线”、提高治理能力和水平，更加积极主动地肩负新时代人民政协的新使命，弘扬“抢拼实”的青浦精神，认真履行政治协商、民主监督、参政议政职能，切实发挥专门协商机构作用，在助力青浦服务国家战略、创造全面跨越式高质量发展新奇迹中展现新担当、实现新作为、交出新答卷。为此，我们要做好以下工作。

（一）坚持党的领导，在党建引领上有新举措

强化创新理论武装。始终把理论学习放在突出位置，特别是要把深入学习贯彻中共十九届四中全会、十一届市委八次全会、五届区委九次全会，以及中央和市委政协工作会议精神作为重大政治任务，教育引导政协委员和参加政协各党派团体，进一步坚定中国特色社会主义制度自信，做尊崇制度、执行制度、维护制度的表率；进一步适应推进国家治理体系和治理能力现代化的需要，发挥好政协联系广泛、渠道畅通的优势，推动政协制度优势更好地转化为治理效能。学习时事政策和中共党史、中华人民共和国史、统一战线历史、人民政协历史，树立正确的历史观和大局观，不忘多党合作初心，凝聚强大思想共识。

加强政协党的建设。认真贯彻新时代党的建设总要求，巩固“不忘初心、牢记使命”主题教育成果，落实中办、市委关于加强新时代人民政协党的建设工作的文件精神，以及区委全面从严治党"三个责任制""四责协同"等工作部署和要求，以党的政治建设为统领，推进政协党的各项建设。加强政协党组、机关党组和全会临时党组织建设，强化党组织政治功能，制定实施中共党员委员联系党外委员办法，探索建立专委会中共党员委员活动小组，实现党的组织对党员委员的全覆盖、党的工作对政协委员的全覆盖。协助区委开好政协工作会议，推动出台加强政协党的建设实施细则、加强和改进人民政协工作的实施意见，进一步完善落实党对人民政协工作全面领导的制度，确保区委决策部署和对政协工作的要求得到贯彻落实。

增强委员学习实效。坚持完善学习制度和体系，以政协党组学习为引领，主席会议集体学习、常委会学习、委员培训、委组界别学习、报告会等相结合，继续完善委员服务管理和学习宣传一体化移动平台，确保学习内容系统全面、学习对象全员覆盖。继续强化学习和履职的深度融合，把学习教育同视察考察、专题调研、协商议政等履职实践结合起来，举办政协在社会治理体系和治理能力现代化中如何发挥作用、国际形势、区块链和数字货币等专题学习报告会，以及区情通报会，帮助委员感受新成就、领悟新思想，进一步把准履职方向。

（二）坚持服务中心，在协商建言上有新成效

健全协商机制和流程。不断完善政协专门协商机构制度，健全建言资政和凝聚共识双向发力的程序机制，努力"专"出特色、"专"出质量、"专"出水平。认真编制协商计划，围绕区委全会决策部署，聚焦全区中心工作，关注百姓操心事、烦心事，多方征集、精心选择议题，做到议题与形式相匹配，努力提高协商针对性和有效性。完善协商议政格局，切实增强网络议政实效，探索地区委员活动小组协商新方式，推动政协协商向基层延伸、与社会治理结合，进一步拓展协商参与面、提高实效性。探索完善政协协商工作规则和流程，进一步推动协商活动提质增效。

精心组织协商活动。紧扣推动高质量发展和经济治理、加强基层组织建设和地区治理、提升人居环境品质和城市治理、创造群众幸福生活和社会治理等重要方面，开展广泛多层协商。围绕"持续优化营商环境，激发经济活力""'十四五'规划编制"等议题，精心组织开展常委会议协商和专题议政会议协商，夯实知情明政和调查研究基础，切实提高协商建言质量。围绕促进"长护险"健康发展、加强招商引资和推动重大项目落地见效、垃圾分类工作、加强医卫队伍建设、城市空间文化设施建设、农村集体资产保值增值、公办幼托工作、推动社区共治自治协调发展等议题，听取专题情况通报，开展对口协商和界别协商，与有关部门深入交流、反映群众诉求、提出建设性意见建议，切实助推民生福祉持续改善。

深入开展调查研究。调查研究是建言资政的基础，坚持调查研究在协商议政、民主监督之前。聚焦长三角生态绿色一体化发展示范区建设、乡村振兴战略、城市治理中存在的瓶颈问题，选择党政所需、群众所盼、政协所能的议题，认真开展重点课题调研，深入分析论证，提出具有前瞻性、全局性、可操作性的意见建议。充分发挥专委会和界别特色优势，围绕社会和群众普遍关注的人才、教育、就业、产业发展等问题，积极开展委组界别专题调研，采取多种调研形式，摸清实情、提出建议。开展主席会议成员集体调研，了解进博会溢出效应、产业转型和园区二次开发、加强生态建设和环境保护、优化体育设施布局等情况。

（三）坚持质量导向，在民主监督上有新成果

完善民主监督机制。贯彻落实中央、市委和区委加强和改进政协民主监督工作文件精神，努力实践政协民主监督是社会主义监督体系的重要组成部分、是社会主义协商民主重要实现形式的要求，继续强化民主监督职能，坚持发挥协商式监督特色优势，融协商、监督、参与、合作于一体。不断规范民主监督程序，精心组织监督活动，认真梳理和报送监督意见建议，跟踪落实监督意见办理。不断健全民主监督工作机制，完善知情明政、协调落实、办理反馈、权益保障等机制，确保民主监督精准发力，提高民主监督水平和实效。

突出民主监督重点。准确把握民主监督性质定位、指导思想和基本原则，坚持问题导向、目标导向和效果导向，围绕贯彻落实区委、区政府重要决策部署和民生改善情况开展民主监督。围绕"紧扣'三个化'要求，提升城市治理能力和水平""加强物业管理，提升群众满意度"等议题，认真开展常委会议监督、专题议政会议监督和专项监督等。结合青浦、吴江、嘉善三地政协年度工作安排，探索开展联动民主监督。统筹开展特约监督，探索开展界别监督、地区委员活动小组监督等其他监督。

深化民主监督实效。聚焦重大改革发展举措和民生项目落实情况，组织委员开展视察监督，发现问题、提出建议。继续加强提案和社情民意信息工作，进一步拓展渠道，积极报送监督性提案和社情民意信息，开展重点提案跟踪督办，继续深化提案办理评估督查工作，持续推进提案公开，推动提案成果转化，拓展和提升社情民意信息工作室成效，提高社情民意信息质量，不断放大监督效应。着力深入调查研究，提出切实可行的建议，推动解决问题、改进工作、增进团结、凝心聚力。

（四）坚持团结联谊，在凝聚共识上有新作为

加强合作共事。发挥人民政协作为实行新型政党制度重要政治形式和组织形式的作用，继续加强与区人大、区委统战部工作协同联动，定期召开党派团体负责人座谈会，定期走访联系党派团体、委组界别负责人，关心工作和生活、通报工作情况、听取意见建议、共同提高履职成效。积极为党派团体开展工作、在政协更好发挥作用创造条件，大力支持开展联合调研、视察等活动，引导优秀调研成果和意见建议进行成果转化，供区委、区政府和有关方面参考。坚持青浦、吴江、嘉善三地政协主席联席会议机制、秘书长工作会议机制，紧扣"长三角生态绿色一体化发展示范区建设"和"政协工作新定位新使命新担当"等共同关心的主题，持续深化三地政协交流合作。

团结社会各界。发挥统一战线组织功能，努力成为在共同思想政治基础上化解矛盾和凝聚共识的重要渠道。健全同党外知识分子、非公有制经济人士、新的社会阶层人士的沟通联络机制，密切联系区内少数民族和宗教界、港澳台侨界人士。坚持双向发力，把凝聚共识融入调查研究、协商议政等履职活动中。坚持走访联系委员制度，听取意见建议，沟通思想、增进共识。完善委员联系界别群众制度，增强界别代表性，更好反映各界各方面愿望诉求。积极运用政协APP、政协头条等新媒体，把党的主张转化为社会各界的共识。开展企业家委员沙龙、文化沙龙等特色活动，加强团结联谊和互动交流。持续讲好政协履职故事、传播正能量。

促进和谐稳定。坚持人民政协为人民，坚持走访委员、委员进社区“两个全覆盖”，认真组织开展组团式联系服务群众和企业活动，依托地区活动小组，积极推进委员进村居，认真倾听群众呼声，反映群众愿望，协助区委、区政府做好协调关系、理顺情绪、化解矛盾等工作。鼓励和支持委组界别和委员，在乡村振兴、促进就业、捐资助学、扶贫帮困、医疗服务、法律咨询等方面，更好地服务社会和群众。支持政协之友社秉持“学习提高、团结联谊”的宗旨，有序开展知情明政、增进共识、反映社情民意信息等活动，以及形式多样、内容丰富的小组特色活动，为青浦发展和政协事业发挥余热。

（五）坚持创新发展，在履职能力上有新提升

健全工作制度和机制。坚决落实区委对区政协实施领导的制度规定，严格执行重大问题请示报告制度。建立健全以政协章程为基础，以协商制度为主干，覆盖政协党的建设、履职工作、组织管理、内部运行等各方面的制度。不断健全发挥新型政党制度优势的机制，做好政协协商同政党协商有关活动的衔接工作。不断完善会议组织、履职活动等规则，加强专委会工作制度建设，更好发挥基础性作用。不断健全提案工作条例、视察调研、反映社情民意信息等经常性工作制度。

深化委组界别建设。以完成机构改革工作为契机，推动专委会工作凸显特色。健全专委会联系界别工作机制，不断创新载体、完善机制，推动委组界别协同联动。加强对街镇委员活动小组的指导，在履职方向和原则、工作思路和计划等方面，总结推广典型经验，研究解决共性问题，督促推动委员履职与基层社会治理相结合、与服务基层群众相结合。切实增强界别工作责任感、使命感，创新工作思路和机制，坚持分类施策和“界别＋”理念，推动界别工作开创新局面。

强化委员责任担当。不断强化政治责任，增强“四个意识”、坚定“四个自信”、做到“两个维护”。不断强化当好人民政协制度参与者、实践者、推动者的责任，切实增强政协是国家治理体系重要组成部分的意识，积极参与地区治理、经济治理、城市治理和社会治理。不断强化落实“懂政协、会协商、善议政，守纪律、讲规矩、重品行”要求的责任，全面增强履职本领，努力提高政治把握、调查研究、联系群众、合作共事的能力，自觉遵守宪法法律、践行社会主义核心价值观，以模范行动展现新时代责任委员的风采。强化团结引导界别群众责任，自觉做党的政策宣传者、群众利益维护者、社会和谐促进者。

各位委员、同志们！思想引领时代，奋斗成就梦想。站在新的历史方位，人民政协任重道远；担负新的使命任务，人民政协要有新作为。让我们更加紧密地团结在以习近平同志为核心的中共中央周围，高举中国特色社会主义伟大旗帜，不断提高政治协商、民主监督、参政议政水平，更好凝聚共识，在中共青浦区委的坚强领导下，同心同德、同舟共济，奋发进取、善作善成，为大力提升区域治理能力水平、奋力创造青浦全面跨越式高质量发展新奇迹作出新的更大的贡献。

青浦区创建第六届全国文明城区工作纪实

创建全国文明城市(区)(简称"创文"或"创全")周期为三年一届,每年开展创建测评,前两年为年度测评,第三年为综合测评,具体开展实地检查、材料申报、问卷调查三项测评,三年成绩分别按15%、25%、60%的比例相加得出总成绩,依据总成绩确定全国文明城市(区)名单。

2018年2月14日,中央文明办确定2018—2020年创建周期全国文明城区提名区名单,青浦区获得创建第六届全国文明城区提名资格。2018—2020年,在中共青浦区委、区政府的坚强领导下,全国文明城区创建工作对标《全国文明城市测评体系》《全国未成年人思想道德建设工作测评体系》等文件要求,牢牢把握"创建为民、创建惠民、创建靠民"的宗旨,围绕组织领导、材料指导、实地检查、社会动员、未成年人工作等方面压实推进,推动创建工作各项指标任务落实落细。2020年11月10日,中央文明办公布第六届全国文明城市入选城市名单和复查确认保留荣誉称号的前五届全国文明城市名单,青浦区入选第六届全国文明城市。

一、加强组织领导、全面统筹协调,完善工作体系、压实创建责任

2018年4月4日,青浦区创建全国文明城区动员大会召开。中共青浦区委书记、区文明委主任赵惠琴在会上强调要在思想上高度重视,做好攻坚准备;在项目上要统筹力量,抓好系统规划;在管理上要完善机制,聚好推进合力,全力推进全国文明城区创建各项工作。制定《青浦区创建全国文明城区三年行动计划(2018—2020)》,明确"以培育和践行社会主义核心价值观为引领,通过扎实的创建活动,实现青浦市民素质和社会文明程度显著提高,力争到2020年获得'全国文明城区'称号"的创建总体目标,并围绕每年每阶段设立分目标(即2018年为夯实基础阶段、2019年为全面达标阶段、2020年为冲刺迎检阶段),同步下发《青浦区创建全国文明城区任务分解表》《2018年创建全国文明城区工作方案》《2018年青浦创建全国文明城区项目安排表》等系列指导性文件,明确责任分工,细化任务指标,以项目化形式抓好各项创建工作。4月18日,区委、区政府下发《关于调整青浦区创建全国文明城区工作领导小组的通知》(青委〔2018〕40号),调整青浦区创建全国文明城区工作领导小组,赵惠琴任组长。领导小组下设"一办六个指挥部"(即区创建全国文明城区领导小组办公室和督查保障指挥部、安全保序指挥部、社会动员指挥部、市容环境指挥部、未成年人工作指挥部),明确区创建全国文明城区领导小组办公室(简称"区创文办")和各指挥部工作职责,协调推进创建工组各项任务有效落地。

2019年6月25日,2019年青浦区精神文明建设暨创建全国文明城区推进大会召开。赵惠琴强调要振奋精神、鼓足干劲,重整行装再出发,用大视野、大格局、大担当打响"文明青浦"品牌,为推动青浦精神文明建设在上新台阶、成功创建全国文明城区而努力奋斗。8月23日,区委、区政府成立青浦区创建第六届全国文明城区工作指挥部,下发《关于成立青浦区创建第六届全国文明城区工作指挥部的通知》(青委〔2019〕190号),区委副书记、区长余旭峰任总指挥,区委副书记杨小菁任第一副总指挥,区委常委、宣传部部长姜道荣任常务副总指挥,7名区领导担任副总指挥。指挥部下设办公室,内设实地督查、材料审核两个小组,统筹协调推进各项工作。由总指挥、第一副总指挥定期或不定期牵头召集指挥部会议,指挥部办公室每1-2周召开工作例会。迎检冲刺阶段,指挥部办公室每天召开实地检查视频晨会,确保各项工作上通下达、有效落地。建立落实工作例会、沟通联络、督查整改、考核评价、责任约谈等工作机制,形成工作指挥体系。

2020年6月11日,2020年青浦区精神文明建设工作会议暨创建全国文明城区推进会召开。赵惠琴指出要深刻认识精神文明建设的重大意义,全面提升精神文明建设的工作实效,全力打赢全国文明城区创建决胜战。区委、区政府调整青浦区创建第六届全国文明城区工作指挥部组成人员,优

6月11日,2020年青浦区精神文明建设工作会议暨创建全国文明城区推进会召开 (区委宣传部供稿)

化指挥部工作机构。区创文办下设综合协调组、材料指导组、实地检查组、社会动员组、未成年人工作组,抽调处级领导担任组长,从街镇、职能部门借调骨干人员,充实工作力量。印发《2020年青浦区创建全国文明城区行动方案》,健全街镇、相关职能部门点位"门责制"和公共点位"双点位长"责任制,构建区、街镇、居村"纵向到底、横向到边、全面包干",职能部门与街镇"条块结合、属地为主"的创建点位责任工作协同机制。

二、加强材料指导、精准对标达标,完善审核体系、提升申报成效

网上材料申报涉及说明报告类、图片资料类、部门评价类、数据表格类、正式发文类等。2018年度网上材料平台涉及109项测评内容;2019年网上材料平台涉及115项测评内容;2020年网上材料平台涉及233项具体测评内容,于2020年8月31日完成最终材料上传工作。

加强材料指导力度。明确材料指导工作职责,细化材料收集、联络指导、审核提升、定稿上报等工作流程。2020年6月,根据2018年、2019年材料测评指标体系,形成《2020年材料申报任务分解表(征求意见稿)》下发至责任部门。在业务培训指导的基础上,完成两轮材料收集工作。7月7日,完成了第一轮材料收集、指导和修改工作。7月11日,根据中央最新下发的《2020年全国文明城区直辖市的测评指标体系》,调整明确67家牵头单位及其配合单位,优化指标落实,完成全覆盖指导,并于7月21日完成第二轮的指标材料收集、审核、修改和综合评价。以通报形式向67家责任单位反馈第二轮材料收集的评价等级、主要问题等情况。

落实材料主体责任。设立联络指导和审核提升两类材料工作专岗,组建上门综合指导专班,对各项指标和各申报单位实行专人定向对接,实时跟进材料申报工作的推进情况,确保材料申报工作实效。建立以各材料责任单位主要领导亲自抓、工作专员具体抓的材料上报责任机制,落实工作专员、分管领导、主要领导"三签字"制度,履行材料申报工作主体责任。实行材料工作四级评价机制,根据材料申报的真实性、及时性、符合性、精准性,分别作出A、B、C、D四级评价结果。

实行材料轮审工作。区委副书记、区长余旭峰牵头召集相关责任单位主要领导,先后五次召开材料专题推进会,对119篇说明报告进行逐一研究、逐一过关。区委副书记杨小菁,区委常委、宣传部部长姜道荣以及相关分管副区长多次牵头召开材料工作专题协调会。通过协调各责任单位逐条逐项面对面会商,对指标材料研磨提升,动态补全材料数据库,做好所有材料指标的优化、销项、入库工作。2020年网上材料共上报大项12个、指标88项和具体测评内容233项,其中说明报告类119项、图片资料类70项、部门评价类30项、数据表格6项、正式发文类8项。

三、加强专项治理、改善市容市貌,推动实地检查、巩固创建成果

为破解城市治理堵点、难点、痛点,各街镇、相关部门集中实施市容市貌整治行动,加大城市精细化管理,促使城市环境干净、整洁、有序。

实施城市面貌"擦亮"行动。一是推进"三大整治"行动。抓好无违村居创建,提升人居环境和公共安全整治成效。推动重要点位二维码的智能化运用,加强长效常态管理。二是推进"美丽街区"行动。立足"做减法、全要素、一体化"目标要求,加快"美丽街区"建设的推进落实,完成"美丽街区"建设工程实施面积15余万平方米。巩固集镇地区一体化养护保洁作业实效,优化中心城区单元作业或班组作业模式,完成20条道路按席地而坐标准实施精细化保洁作业,提升道路保洁质量。三是推进"美丽家园"行动。开展老旧小区的综合治理工作和综合改造工程,完成住宅小区"美丽家园"综合改造232余万平方米。四是推进垃圾分类"新时尚"行动。强化硬件设施提升,落实定时定点投放。完成垃圾房改造801座、分类投放点提标改造1275个。

实施十大专项治理行动。一是推进小区环境专项治理行动。由各街镇牵头负责,着力提升小区管理水平和品质。二是推进道路环境专项治理行动。由区绿容局、区建设管理委牵头负责,对主次干道整体环境进行再美化再提升。三是推进街面秩序专项治理行动。由区城管执法局牵头负责,强化非机动车乱停放、乱设摊、跨门营业等街面薄弱点治理,开展执法检查数量418次,教育劝阻1087次,开具整改通知书682份,共查处整治各类案件95件,处罚金额15.4万元,提升商业大街及点位周边区域街面的秩序水平。四是推进集贸市场、商场专项治理行动。由区商务委牵头负责,推动辖区集贸市场规范化和常态化管理,着力打造"合理规划、环境整洁、井然有序、安全消费"的市场秩序。五是推进校园周边网吧等娱乐场所专项治理行动。由区文旅局牵头负责持,重点实施校园周边200米范围、网吧规范治理,全力提升娱乐

场所规范管理水平。六是推进餐饮文明专项治理行动。由区市场监管局牵头负责，加大规范经营整治，深入推进“文明餐桌”“光盘行动”，营造文明用餐社会风尚。七是推进交通文明专项治理行动。由公安青浦分局牵头负责，整治交通不文明行为7585起，开展上门宣传30余场，发放宣传资料40万份不断提升交通文明水平。八是推进背街小巷环境专项治理行动。由各街镇牵头负责，重点改善硬件设施，全面提升背街小巷整体环境。九是推进建筑工地专项治理行动。由区建设管理委牵头负责，对98个工地开展实地检查，增强围挡公益广告氛围布置面积约22.93平方米，督促建筑工地做好周边环境管理。十是推进文明养宠专项治理行动。由公安青浦分局牵头负责，聚焦重点场所开展文明养宠整治，累计办理犬证320张，处罚违法行为84起，发放宣传资料1.5万余份，着力改善养宠陋习。三年来，增加停车泊位2000余个，增设道路交通标志1500余块，重新漆划道路标线139.9公里，公共设施管理不断完善。新建公园绿地面积82公顷，新增文化设施面积10余万平方米，在100余个公共场所部署公共WiFi网络及高速网络服务。

实施五大动态顽症攻坚行动。一是开展行人乱穿马路攻坚行动。由公安青浦分局牵头负责，依托一线综合执法，全警大力整治行人不文明行为，广泛开展文明出行宣传活动，提高行人文明出行素养。二是开展车辆乱停放攻坚行动。由区住房保障房屋管理局、公安青浦分局牵头负责，聚焦小区和交通道路重点区域，全面制定住宅小区停车管理方案，落实管理措施，确保车辆停放有序，消防及生命通道畅通无阻。公安青浦分局牵头街面严抓，以严管、严查的执法力度，促使交通环境明显改观。三是开展街面随意开挖攻坚行动。由区建设管理委、区城管执法局牵头负责严控，区建设管理委对各相关单位列入年度建设计划涉及掘路施工的项目进行摸排，合理安排本年度道路开挖计划并以文件形式予以明确。对在巡查中发现的违法违规行为，及时告知区城管执法局。区城管执法局加大执法处置力度，遏制随意开挖街面的乱象，确保道路通行完整通畅。四是开展小区架空线随意拉接管线攻坚行动。由区住房保障房屋管理局、区城管执法局牵头负责严查，全面实施“美丽家园”综合改造小区架空线入地工程，着力推进小区电动自行车充电棚的建设进程，有效地解决小区居民充电难问题。区城管执法局对小区内“私拉乱接”加大执法力度，根本性的转变私拉乱接的状况。五是建筑工地围挡建造攻坚行动。由区建设管理委牵头负责严管，规范工地围挡建造和宣传氛围统一标准、统一布置，不定期开展“回头看”，确保建筑工地安全整洁到位、氛围布置到位。

实施联查联改行动。一是建立三级巡查机制。建立区四套班子领导督查、区创文办检查、第三方模拟测评、区市民巡访团暗访等巡查机制，科学制定实地点位巡查安排，在巡查的频度、密度和强度上持续增强，保持点位的常态固守。2018年，每月定期对全区点位实行毛毯式检查，发现问题近5000个，问题整改率达到95%以上；2019年，针对全区418个测评点位和随机点位，统筹安排12轮全覆盖巡查任务，发现问题8052处，整改率达80%。2020年，对全区407个点位、389个非点位小区、以及背街小巷、网吧、小餐饮共开展7轮检查，共发现创建点位问题9293件，反馈率达100%，整改率达99.6%以上。二是启动“网格巡查”。2020年，将创建点位同步纳入网格化管理体系，共划分69个责任网格、394个管理网格，并把“10+X”类高发、易发创建问题列为重点巡查事项。全年共开展5轮区级网格督查，累计发现相关案件10万余件，均得到有效处置。三是启动“智慧巡查”。2019年，依托公安AR“创全”视频巡控系统和PE视频软件，实现区、街镇两级视频巡控，每天对重点点位进行视频轮巡，减轻人力投入。在原有553个监控点位基础上，2020年根据点位测评标准，将重点关注的背街小巷、街道办事处及镇政府周边1500米范围501个视频监控纳入巡查预案，大幅扩大巡控覆盖面。开发“青浦·城市之眼”手机轻应用，实现视频巡查从电脑端向移动端的延伸，可一键查看相关视频监控图像。试点研发运用视频应用场景，在夏阳街道的两个路口（公园路/青安路、公园路/外青松公路）试点设置视频智能化应用场景，就行人乱穿马路和机非混行问题进行系统的自动发现、自动派单。四是启动四级评价。建立点位达标四级评价机制，对创建点位达标记过以优、良、中、差四个等级进行排定，以绿、黄、蓝、红四级标明达标程度，并将结果通过工作简报、指挥部会议等形式予以通报。

四、加强社会动员、形成创建共识，深化文明修身，涵育文明素养

为进一步发挥市民群众作为创建主体的力量，以群众喜闻乐见的方式，广泛开展形式多样的社会宣传，激发群众创建主体意识，营造浓厚的全民创建氛围。

7月17日，“上善筑梦·文明有我”2020年青浦区创建全国文明城区迎决战宣言系列主题活动举行　（区委宣传部供稿）

开展主题宣传活动。区创文办统筹推进，联动街镇、职能部门，以及全区各级党组织、群团组织等，全面开展"1（区级）+11（街镇）+10（十大专项行动牵头单位）+X（其他单位、部门）"主题宣传活动。2018年5月25日，启动以"为创全加油·为进博添彩"为主题的青浦区群团组织"创全"志愿服务大放送集中行动，发布7项群团组织集中行动。2019年8月30日，举办"荟文明之美，筑上善之城"——2019年青浦区创建全国文明城区创建再出发主题系列活动启动仪式，推出7项主题活动清单，发布《上善城·文明行》公益宣传片。2020年7月17日，举办"上善筑梦·文明有我"2020年青浦区创建全国文明城区迎决战宣言系列主题活动，发布《乘风波浪吧！青浦》动员片，集中发布"上善"文明新风等47项创建行动项目。8月17日，举办"聚力向善·决胜创全"2020年青浦区创建全国文明城区迎决战冲刺誓师大会。赵惠琴作动员讲话，要求要坚定必胜信心，咬定目标不放松；要做好充分准备，争分夺秒克难关；要凝聚最大合力，众志成城迎决战。全区各级党组织和广大驻区单位党组织积极开展"上善先锋行，创全 Let's go"主题活动，主动与社区党组织结对共建。开展"决胜全面小康，决战脱贫攻坚"青浦区主题宣传教育活动暨创建全国文明城区文艺巡演，在11个街镇以及环城水系水城门公园、古塔公园、小外滩绿地广场等开展14场巡演，活动参与人数达3000余人。

做好城市形象氛围提升。完成全区域全国文明城区创建系列VI视觉系统设计。在主城区统筹推进整体氛围布局，2020年新增布置道旗3000余组、道路隔离设施宣传展板3000余块、大型景观造型6处、绿化小景400余个、草丛牌500余个，完成公交车身、公交车站和地铁站的公益广告布置。向重点行业配发宣传镜框2300余幅、宣传海报30000余张、台卡3000余个，进一步强化同城效应。统筹指导全区面上两轮入户宣传品发放工作，共累计发放入户宣传品公筷公勺11万余份、蛙稻米11万余包、宣传扇36万余把、各类宣传资料73万余份，做到入户宣传全覆盖。

扩大媒体宣传效应。联合上海新闻广播电台推出《上善之声·润泽青浦》公益之声系列节目，推出19期990电台音频宣传。发挥区融媒体平台优势，打通"报、台、网、微、端"等媒介，开设专题专栏，"绿色青浦"两微一端发布相关内容740余条，《青浦报》刊登报道239篇，青浦电视台播发相关报道超300条。设计推出"为青浦创全加油"知识答题活动小程序，在全区各街镇、村居进行宣传推广，参与人次68.7万次。在"绿色青浦"微信公众号发布《一份与青浦的美丽约定》《向您致敬，以文明青浦之名》感谢信，并以纸质形式送至全区市民群众手中。开展公益短信、视频彩铃宣传，有效覆盖全区财政供养人员以及部分劳动就业年龄段人员，以每周两次的频率推送公益短信，覆盖人群达13万余人。

深化典型引领。扎实做好群众性精神文明系列创建工作，徐泾镇、金泽镇莲湖村、赵巷镇中步村、练塘镇大新村等4家单位获评第六届全国文明村镇；青浦区人民检察院、国家税务总局上海市青浦区税务局第一税务所、盈浦街道办事处等3家单位获评第六届全国文明单位；丁昆源家庭获评第二届全国文明家庭名单；青浦区实验小学获评第二届全国文明校园名单。加强先进典型培育。加大道德模范、好人好事等系列评选表彰，陈劭龙荣获第七届全国道德模范提名，1人荣获"上海市精神文明好人好事"提名，3人荣获2018—2019年度上海市新时代好少年称号。

深化市民修身行动。深入推进志愿服务工作，将每月5日、15日定为全区"志愿服务创全行动日"，深入社区、村居、学校、景区景点等，开展植绿护林、文明宣传、生态环保、垃圾分类等志愿服务活动，共有20.2万余名志愿者参与文明城区创建志愿服务，服务时长达407.5万余小时。2019年，徐泾镇"微笑四叶草"志愿项目获评全国志愿服务先进"四个100"最佳志愿服务项目。制定"上善讲堂"三年行动计划，广泛开展社会公德、职业道德、家庭美德、个人品德教育，累计完成300场课程配送，受益人群达15万人次以上。开展"上善·崇美德""上善·好家风""上善·行文明""上善·优传承""上善·筑诚信""上善·文明游"等"上善"系列主题活动，引导人们养成文明、守纪、礼让、关爱的良好习惯。围绕"文明健康有你有我"核心主题，推出《文明伴·健康行》6集动画宣传片，开展"公勺公筷""文明用餐""光盘行动"等制止餐饮浪费行动，累计参与人群1.2万余人次。推出"上海之门"系列人文修身行走路线，涵盖红色印记、文化传承、绿色生态、悦读腾飞四条线路10个修身点，感受青浦城市发展，彰显城市品位和人文底蕴。

五、加强未成年人工作、深化立德树人，细化责任任务、实现精准达标

未成年人思想道德建设工作是创建全国文明城市（区）的前置条件，得分低于85分，即取消全国文明城市（区）提名资格。第三年综合测评，将未成年人思想道德建设测评成绩纳入"创文"的总评分，占分达12%。对标《全国未成年人思想道德建设工作测评体系》标准要求，未成年人工作组下设组织协调、实地检查、宣传报道、优化撰审4个工作专班。2020年度，未成年人网上申报材料共有47项（一项直辖市不用测），其中说明报告38篇、照片或网络截图41张、文件9项，涉及责任部门31家。

召开材料"系列培训会"、发布"工作提示"。按照"把准节点、守好指标"为基本要求，先后召开未成年人材料系列培训会议，及时发布"工作提示"。6月23日，召开了教育局机关科室"创文"及未成年人思想道德建设测评材料上报收集工作培训会议，确保教育系统材料上报的高效性和准确性；6月23日，向全区未成年人工作的各责任单位下发了收集材料的工作通知；6月30日，未成年人材料组全体成员进行了业务培训；7月16日，与区创文材料组联合召开材料申报工作培训会，明确了工作推进和材料收集要求；7月至8月，材料组共向各责任部门发布工作提示7次，分别对阶段性材料的撰写、收集提出了明确的要求。31个责任单位在规定的时间内完成了指标材料的上报，做到了"部门负责人落实、分管领导主抓、主要领导把关"的工作机制，层层压实责任，完成全区未成年人思想道德建设工作的材料上报。

开展点位"大检查"。根据2020年"创文"指标要求与形势变化，6月以来，先后两次修改完善了2020版《青浦区教育系统创建全国文明城区工作现场检查情况记录表》，涉及5大项目22条指标，进一步明确实地检查的任务清单。同时，全面、认真地开展"创文"检查。一是重点点位加强检查。在教育系统开展3轮"地毯式"全覆盖检查的同时，8月4—5

日，未成年人工作组会同区实地检查组，对45个重点点位进行再检查再督促。8月20日起，督促教育系统各重点点位单位实行每日巡查制度，每日巡查至少2次，巡查范围涉及校园每个角落、学校大门口及围墙四周等，所有单位严格落实“三个”机制（门卫严守机制、师生诵背机制、日常巡查整改机制）。9月1日起，严格实行点位长驻点值守制度，全力确保迎检工作的积极、有序、到位。二是社区点位反复查。先后3次对社区未成年人点位开展“回头看”检查，涉及全区9个街镇文体活动中心、67个社区综合文化服务中心、4个公共广场，共发现并督办问题157项，指导、规范社区家长学校和社区未成年人活动室制度完善、活动组织、台账记录等工作。

11月20日，区委书记赵惠琴（左七）代表青浦参加全国精神文明建设表彰大会，领取“全国文明城区”奖牌。图为区领导持“全国文明城区”奖牌与相关单位领导合影

（区委宣传部供稿）

强化宣传氛围营造。强化重点领域宣传。2020年6月15日起，召开青浦区教育系统创建全国文明城区工作推进会5次。8月5日，召开社会力量办学机构“创文”工作推进会。通过“创文宣传小贴士”“致学生（家长）的一封信”“微视频”等学生喜闻乐见的形式宣传“创文”知识，进一步发挥教育系统“小手牵大手”的宣传优势。相继开展“家书抵万金，创文携手行”主题活动，发动中小学生以“建设上善青浦，争做文明市民”为主题，围绕“创建文明城区，我该做什么”，与父母长辈互通书信，将文明创建的成果内化于心、外化于行；开展“荟文明之美，创上善之城”公益宣传原创作品征集活动，将优秀作品通过“青浦教育”微信公众号进行推送展示。重点向各教育单位分发了1920份海报、58000张印有核心价值观24字的课程表，以及校外培训机构1680份海报。2020年8月9日，区未保委牵头区文明办、区妇联、区教育局、夏阳街道共同主办“送教进社区，合力助创文”家庭教育志愿服务活动，组织教师志愿者130余人，形成177个家教课程，深入全区各个社区家长学校，开展各类亲子互动、指导家庭教育等活动。各责任部门、街镇充分用好各类宣传主阵地，开展了如区妇联举办“童声颂党恩·音韵树新风”纳凉晚会、“追寻伟人足迹传承红色基因”主题活动；区机关工委开展“读书励志”“宣讲·筑魂”“寻访溯源”“观影·致敬”“实践·修身”系列活动的线上互动教学；赵巷镇开展“外教进社区——24字核心价值观学习”助力“创全”系列活动；练塘镇以“青春筑未来，乡村共振兴”为主题启动暑期未成年人系列活动等，多频段、广覆盖宣传未成年人保护工作，形成了浓厚的宣传氛围。

六、接续砥砺奋进、实现首创首成，着力抢拼实善、弘扬奋斗精神

2020年11月20日，中共中央总书记、国家主席、中央军委主席习近平亲切会见参加大会的新一届全国文明城市、文明村镇、文明单位、文明家庭、文明校园以及未成年人思想道德建设工作先进代表，并合影留念。中共中央政治局常委、中央文明委主任王沪宁参加会见并在表彰大会上讲话。赵惠琴代表青浦参会并领回“全国文明城区”奖牌。当晚，区委副书记、区长余旭峰，区人大常委会主任朱明福，区政协主席李华桂，区委常委、宣传部部长姜道荣赴机场迎接，区领导与“全国文明城区”奖牌共同合影。赵惠琴向全区人民表示感谢，向四套班子领导表示感谢，向各个街镇、各委办局、各村居表示感谢，希望大家珍惜荣誉、保住荣誉、巩固荣誉。

2020年11月20日，区委、区政府下发《关于开展2020年度“新时代青浦奋斗奖”评选推荐的通知》，设置文明创建、进博保障、疫情防控三个板块，评选先进集体50个、先进个人100名。其中文明创建板块评选先进集体20个、先进个人40名。

全国文明城区创建过程中，区委、区政府凝心聚力，深入贯彻“人民城市”理念，以惠民、利民为创建初心，依靠群众、发动群众，掀起“创全”热潮。100多万青浦人民发扬“抢拼实善”的新时代青浦奋斗精神，交出一份“首创首成”的完美答卷。

（许 磊）

青浦区新型冠状病毒肺炎防控工作纪实

2020年1月21日、1月23日召开疫情防控会议，开启青浦区新型冠状病毒肺炎疫情防控工作。2020年全年，青浦区贯彻落实习近平总书记关于打赢疫情防控人民战争、总体战、阻击战的重要指示精神，不断完善工作机制，层层压实工作责任，一手抓疫情防控，一手抓经济社会发展。强化党建统领，充分发挥各级党组织战斗堡垒作用。建立"临时党支部+工作组+党员突击队"工作机制，组建46个临时党组织和1230支党员先锋队、突击队，1.5万名党员奋战在疫情防控最前线。开展"双守双共联防联控"行动，组建1.3万人防控志愿者队伍，全面实行网格分片包干、小区封闭管理、街面综合巡查、问题闭环处置的群防群治、联动联防机制，累计排查抵青人员59万人、排摸出租屋15万幢。完善公共卫生应急管理体系，广泛开展爱国卫生运动，强化发热门诊和哨点作用，建立村居"户长包干制"(村居几十户设立户长，由户长负责到底)、社区"三人工作小组"(卫健委、公安、社区各派一名工作人员)的工作组，构建入境人员全流程闭环管理模式和确保区内"7+7"(即7天集中隔离健康观察然后7天居家隔离健康观察)模式适用人员闭环转运，并配合做好外籍人员"快捷通道"工作，加强国内中高风险地区抵青人员排查。做好居家隔离人员信息核查和集中隔离点多部门的组织框架机制，建立领导结对机制强化管理，实施"双点位长制"(每家集中隔离点实行面上和业务上双点位长制，由街镇和社区卫生服务中心分管主任担任，分别负责协调、安保等点位日常工作和消毒、健康观察、转运等业务工作)，确保酒店防控万无一失。全面落实菜市场、商场、卖场等场所开展自查整改工作。全面开展冷冻冷藏食品风险排查，确保疫情防控常抓不懈、常态长效。同时进一步强化核酸检测能力。压紧压实展览活动举办单位、场所单位等疫情防控责任，加强防疫培训，确保各展会零失误。加快复工复产，努力夺取疫情防控和经济社会发展"双胜利"。制定实施分类复工复产复市方案，落实条件管理和防控措施，加强对重点企业、重大项目协调服务。制定落实开学工作方案，平稳有序开展在线教学、分步复课等工作。

一、强化组织领导，完善体制机制

*加强顶层设计，落实防疫要求。*2020年1月，成立了区新冠肺炎疫情防控工作领导小组，下设9个疫情防控专项小组，形成"一办九组"工作架构。先后进行三次升级，强化组织架构。领导小组由区委书记赵惠琴和区委副书记、区长余旭峰担任小组组长，杨小菁、姜爱锋、赵明、蒋仁辉、孙挺、王翔、姜道荣、刘辽军、王凌宇、倪向军、金俊峰、顾骏、姚少杰、彭一浩、饶斐文担任副组长。冠状病毒肺炎疫情防控工作领导小组下设办公室于区委，由杨小菁任办公室主任，孙挺、金俊峰任办公室副主任，承担文件起草、会务组织、运行保障、联络沟通、信息综合、督促协调等工作职责。社区防控组工作由杨小菁、刘辽军、金俊峰负责，承担建立工作机制、开展全面排查、发动广泛宣传、实行居家隔离、落实环境保障等工作职责。统筹推进落实组织动员、健康教育、信息告知、疫区返回人员管理、环境卫生治理、物资准备、密切接触者管理、加强消毒、疫区封锁、限制人员聚集等社区联防联控和群防群控措施。复工复产组工作由姜爱锋、倪向军、金俊峰、顾骏、彭一浩负责，承担有序促进企业复工复产服务保障、用工保障和为企业优化服务营商环境等工作职责。学校复课组工作由杨小菁、孙挺、王凌宇负责，承担各中小学校(含各类教育培训机构、托幼机构)、涉外学校复课等各项工作职责。口岸检疫组工作由赵明、姚少杰负责，承担道口检测、来沪人员信息登记、维护交通运行秩序等工作职责。维护稳定组工作由赵明负责，承担协调处理社会面安全稳定等工作职责。依法处置与疫情相关的社会治安突发事件，严厉打击利用疫情哄抬物价、囤积居奇、制售假劣药品、医疗器械、医用卫生材料等扰乱市场秩序、社会秩序的违法犯罪行为；严惩殴打伤害医务人员、疾控和社区工作人员等扰乱医疗秩序、防疫秩序违法犯罪行为。疾控医疗组工作由孙挺、饶斐文负责，承担居家和集中医学观察、医疗保障和做好全区疫情防控和人员诊治等工作职责。对有隐瞒病史、重点地区旅行史、与患者或疑似患者接触史、逃避隔离医学观察等行为，协调有关部门推进失信惩戒等措施。物防环境组工作由顾骏负责，承担"五违四必"、公共安全整治、人居环境常态长效管理及相关督查等工作职责。负责统筹协调物品疫情防控各项工作，根据疫情变化和物防相关要求，落实防控措施。舆论宣传组工作由姜道荣负责，承担社会面信息发布、政策及科普宣传教育、正面引导及舆情监测等工作职责。综合保障组工作由彭一浩负责，承担与疫情防控相关的物资供应保障和蔬菜、肉蛋奶、粮油等居民生活必需品的市场供给保障等工作职责。2020年共召开新型冠状病毒肺炎疫情防控工作领导小组会议40次，研究部署全区疫情防控各项工作。

*完善体制机制，注重监督检查。*2020年1月，制定《中共青浦区委关于切实加强党的领导为打赢疫情防控阻击战提供坚强政治保证的通知》。8月，制定《青浦区关于做好严防聚集性疫情和加强秋冬季疫情防控的工作方案》《青浦区关于展览活动新冠肺炎疫情常态化防控工作的实施方案》。11月，制定《关于成立青浦区批发市场疫情防控工作督导小组的实施方案》《青浦区高风险岗位人员新冠病毒核酸检测筛查工作方案》《青浦区进口冷链食品疫情防控工作方案》。12月，制定《青浦区重点人群新型冠状病毒疫苗接种工作实施方案》等。

对发热门诊发热哨点诊室疫情防控工作、入境人员"7+

7”健康管理工作和冷链冷库全覆盖排查，建立日常检查督查机制。截至12月31日，累计出动执法人员3189人次，累计检查冷链食品生产经营单位14868户次，累计到达青浦区“第一存放点3657车（箱），查验3544车（箱），采集样本24592件，出具核酸检测结果24302件。

12月17日，启动第7轮监测。截至12月29日，覆盖监测点65个，采集检测样品1624件，新冠核酸检测结果均为阴性。

按照市疫情防控办关于印发《上海市集会类活动新冠肺炎疫情常态化防控工作指导意见》的通知245号文件、《关于进一步做好2021年元旦和春节期间新冠肺炎疫情防控工作的通知》299号文件要求，以及区疫情领导小组会议精神，办公室根据实际情况制定《青浦区集会类活动工作提示》，要求区各级党政机关、区属企事业单位主办的超过100人集会，以及除上述单位主办以外在区内举办的超过500人集会报区防控办审批。区防控办会同卫健委、公安局、行业主管部门和各街镇，对申报的活动开展分类联合审批，其他一般集会由行业主管部门或街镇审批。

*融合区域一体化，发挥合力作用。*加强长三角区域联防联控，同浙江省嘉兴市嘉善县、江苏省苏州市吴江区等开展三地协同联动，实行健康码互认通用等措施，建立毗邻区域跨省通勤机制。与江苏省苏州市昆山市、吴江区及浙江省嘉兴市嘉善县签订联防联控备忘录，实行通勤证互认，方便居民跨省市上下班通勤。2月21日，发放首批三地通勤证。经指定道口入沪时，只需测量体温并出示通勤证及本人身份证，查验一致即可放行。区检察院同吴江、嘉善检察院出台涉疫犯罪惩治等一体化协作10条举措，推动建立公益诉讼、经济金融知识产权犯罪等检察工作联动机制。区法院、区司法局召开诉调对接工作座谈会，推动完善非诉讼纠纷高效化解机制，推进在线立案和在线庭审，加强区域协同，会同吴江、嘉善法院联合发布合作做好涉疫案件审执工作意见，明确12项工作举措。

二、坚持全面防控，强化闭环管理

*严密实行封闭管理。*加强村居（小区）出入管控，按照一个小区或一个村只开通一个出入口原则，将全区原有2900多个小区门口和村级道口压缩为1349个，每日凌晨时间段实行封闭式管理。所有小区、入村道口门岗全面落实“有横杆隔断、有居民提示板、有视频系统、有记录手册、有告知书、有专人”六有要求。严格落实“三不进”（即非本辖区车辆不进；非本辖区人员不进；新进人员不进），做到“三询问”（你从哪里来；你去过重点地区吗；你是否有发热症状），执行“三登记”（来青人员必登记，重点地区、重点关注地区人员必登记，身体发热人员必登记）。严格实行“凡进必测”“凭票凭证”。407个小区和184个农村实施入口测体温，本地居住人员检测体温正常后持两证（即本人身份证、社区通行证）合一方可进入。住户亲友、服务维修人员、快递人员、外来租户等按照管控口径的调整经信息登记、体温检测正常后进入社区。

*严密查控入沪通道。*3月6日起，协调机场工作组、集中隔离点、街镇三人组（公安、卫健委、社区），形成机场口岸—集中隔离点—社区居住地之间转运工作的闭环，确保“7+7”“3+11”（“7+7”是指对目的地为上海市的入境人员，仍实施有条件的7天集中、7天居家隔离措施；对沪苏浙皖以外的入境人员，仍按现有做法一律在沪集中隔离14天。“3+11”是指对目的地为苏浙皖三省的入境人员，在沪集中隔离3天后，闭环转运至当地，继续集中隔离11天。即在定点隔离的第4天，由三省安排专人专车将符合转运要求的相关人员，从隔离点闭环转运至三省目的地，继续实施后续健康观察至14天期满）隔离模式人员、“快捷通道”入境人员接收无缝衔接。截至2020年12月31日，派驻机场志愿者共10批，机场志愿者人数总计241人。留验点共3批，志愿者人数总计34人。截至到2020年12月31日，机场专班累计接收入境人员5494人，中国籍4414人，外籍1080人。其中集中隔离2895人，居家隔离2599人。1月24日8:30时启动道口防疫检查措施，坚持“逢车必查、查必开箱、逐人登记、逐人测温”工作标准，严格把好“入城口”。1月27日14时起，21个高速收费口前移至3个省界原高速检查站。截至2020年12月31日，累计投入公安民警、辅警2.89万人次。3个高速公路省界卡口，5个地面公安检查站，19个等外道口以及4个水域卡口，累计检查车辆194.43万辆次、船舶8400余艘次、人员457.27万人次。妥善处置体温异常人员142人，劝返车辆6000余辆次、人员1.1万余人次。

*全力预防科学救治。*截至2020年12月31日，累计确诊本地病例6例（治愈6例，3月9日清零）、境外输入性确诊病例38例，无新增本地和境外输入性疑似病例。疫情初期，成立医疗救治专家组，负责全区医疗救治专家会诊、医务人员培训、重症患者抢救、指导等工作。积极开展心理援助。梳理细化居家隔离、集中隔离、预检分检等工作流程。指定全区发热门诊单位6家，中山青浦分院作为区内收治新冠肺炎患者定点医疗机构，增设发热哨点诊室8个。区疾控中心注重提升流行病学调查工作质量，严格排查和管理密切接触者，切实做好病例样本转运和检测工作等。加强医疗卫生队伍应急保障，组织22名医务人员奔赴武汉抗疫前线。1月24日，青浦区援鄂医疗队15人出发。1月27日，增补护理人员3人。2月21日，派出心理医生3人。2月22日派出疾控消毒病媒科1人援鄂。指定休整点7家为援鄂返沪医务人员提供健康管理、检测样品采样送检等服务，累计完成援鄂医务人员接待及健康医学观察1399名。组织护士99人支援海关核酸采样。其中，第一批为7月6日至8月6日，共29人；第二批为11月23日至12月23日，共35人，两批合计64人。

2020年12月，开始稳步推进重点人员新冠疫苗接种工作，截至12月底累计排摸72086人，意愿接种28685人，累计接种6752人次。其中卫生健康系统3150人次，冷链从业人员357人次，公安2004人次。

*严密管控隔离观察。*按照市疫情防控办《调整入境来沪人员隔离健康观察措施的工作要求》要求，对全部入境来沪人员实施“7天集中隔离健康观察+7天居家隔离健康观察”，每日投入18名警力驻守机场登机和护送留验，持续强化集中隔离点的监管措施，进行严密管控。根据上海市公安局《关于进一步加强协同联动严密隔离健康观察措施的通知》要求，会同属地街镇政府对实施居家隔离观察的住户，加

装智能门磁或监控摄像头等智能设备，第一时间感知异动、快速处置，确保居家隔离人员“足不出户”，并要求各派出所进一步加强被居家隔离人员教育告知。对未如实申报信息、违反居家隔离健康观察义务的，一律送至集中隔离点进行隔离，并依法进行教育告知；对情节严重的，严格依法追究责任，形成震慑效应。2020年全区筹建并投入使用19个集中医学观察点，根据疫情需要，截至2020年12月31日，在用8个观察点，其他暂时停用，由区集中医学观察场所保障组负责筹建运营及服务保障。2020年全年累计集中隔离29469人，其中境外26172人。加强居家观察人员管理，全年累计居家隔离38955人，其中境外入沪人员4095人。截至12月29日，累计解除集中隔离点观察28456人，累计解除居家隔离观察13550人。

三、持续政策扶持，推进复工复产

政策落实到位，指导有序复工。2月6日，出台青“惠”十七条，分为“加大金融支持”“稳定职工队伍”“减轻企业负担”、“优化营商环境”四部分。具体内容是：提供企业信贷支持；加强名单企业信贷支持；鼓励金融机构做好服务；实施失业保险返还政策；延长社保登记缴费期限；推迟调整社保缴费基数；实施培训费用补贴政策；加大属地财政倾斜力度；减免疫情影响企业税费；延缓疫情影响企业缴税；减免各类中小企业房租；加大技改投资补助；加强外贸企业支持；积极推行“不见面”服务；加快各类退税业务办理；支持重点企业、重点园区发展；落实企业“有求必应”制度。制定落实非常时期助力企业复工复市相关举措，涵盖交通秩序保障、货运绿色通道、重点企业帮扶、企业用工管理、涉企舆情应对，境外人员服务等多个方面。

开展集中走访全区重点企业。截至12月底，共走访160家重点规上企业，指导福维克、昭和高分子、妮维雅、奎克化学、熊猫机械、申昆混凝土等企业通过统计在制品、委托外地加工、加快生产等方式增加产值共约25亿元。聚焦“新企”（新成立的企业），2家新成立企业成功入统，共计产值约为1.5亿元；聚焦“外支”（外地分支机构），通过走访排查以及比对营业收入及成本等方式，加强产值入统工作，预计统入外地分支机构产值约1亿元；聚焦“百鸟”（指公司注册在外区，但是生产、经营等占用青浦资源，税收效益都是在外区的企业），重点与区统计部门合力做好人民电器的产值入统工作，已完成产值从静安区至青浦区的迁移工作，1月至11月的产值约为11亿元；聚焦“明年”（指一些企业今年是服务业，但明年改造成制造业，然后算的是明年的产值），完成华测导航的转库工作，成功转入规上工业库，将于明年产值入统。

青浦区商务委针对商场、菜场、快递物流企业、会展企业、商务楼宇等行业，持续推进分片包干、全覆盖走访等机制，及时了解企业诉求。建立健全青浦区外商投资企业投诉工作机制，不断优化外资企业服务工作。加强建立联系走访企业常态化机制，积极听取企业、公众意见，畅通社情民意表达和反映渠道。同时，区经委、商务委对接区府办公室（外事办公室），审核区内企业外籍人士入境商务签证事宜。已办理涉及青浦区190家企业、共220批690人次的“来华”邀请申请，对后续企业申请情况加快核实，助力企业尽快复工复产、保障经贸活动正常开展。

按照商务部、公安部、国家卫生健康委员会《关于展览活动新冠肺炎疫情常态化防控工作的指导意见》为指导思想，结合《上海市会展行业新冠肺炎疫情防控指南》相关规定，办公室制定了青浦区《关于展览活动新冠肺炎疫情常态化防控工作的实施方案》。截至2020年12月31日，共收到国展中心展会申请24个。其中2021年将举办的有2个展会，分别为长三角国际应急博览会（上海市应急管理局主办，举办时间为2021年5月7—9日）和第十九届上海国际汽车工业展览会（上海市国际贸易促进委员会、上海市国际展览有限公司主办，举办时间为2021年4月19—28日）。

织密组织体系，优化营商环境。建管委牵头成立“11+2”专项检查组（11个建筑工地防控复工检查组和道路市政防控复工检查组、航运码头防控复工检查组2个检查组），对全区建设项目复工复产情况开展排摸检查。组织召开区内建设项目复工复产专项检查工作部署会，明确检查内容、检查范围，对全区227个工地，包括供应链码头、搅拌企业进行全覆盖、全方位、无死角排摸检查。落实“一站式”施工许可新要求，大力推进多图联审、工规证和施工许可证工程建设联审平台办理模式，全程网办并实施电子证照要求。做好综合竣工验收工作，落实牵头部门责任，协调各专业验收部门限时办结房屋建设工程竣工验收及竣工备案工作。进一步推进装饰装修管理办法实施后一般类、特殊类装饰装修项目施工许可、竣工验收工作。

四、广泛宣传动员，把握舆论导向

上下全面宣传，全情投入抗疫。开展疫情防控政策宣传、知识普及等社会面宣传，实现重点区域、农村地区和入户宣传三个全覆盖。发动区核心、二级网评员及各街镇网评员转发疫情防控相关报道，注重负面舆情和谣言的处置应对，加强舆情监测和上报等工作。

立体多面报道，注重导向实效。统筹区内区外媒体资源，宣传青浦区在统筹推进疫情防控和经济社会发展工作中的实际成效和典型经验，展现全区党员干部群众守好上海“西大门”的大局意识和责任担当。积极发挥央媒和市媒“生力军”作用，截至12月31日，在中央及市级重要主流媒体上发布相关报道7227条，“绿色青浦”APP发布相关宣传报道1564条，在“绿色青浦”APP同步直播国家新闻办相关新闻发布会18场。“绿色青浦”APP上线“疫情防控工作意见和建议征集”平台征集意见建议81条。“绿色青浦”微信公众号发布信息1515条，“绿色青浦”微博发布信息4294条，制作短视频151条，青浦报发文435篇，青浦电视新闻发布信息1140条。区委网信办发动网评员转发“绿色青浦”“青浦卫健新声”相关报道8000余条，动员区自媒体联盟成员发布相关报道1300余条。

注重典型宣传，构建疏导机制。2020年2月3日，下发《关于报送疫情防控一线先进人物和典型事例的通知》，建立先进典型每周一报机制，挖掘各行各业的疫情防控先进典型。累计收集到各单位报送先进典型245个，挑选上报市委宣传部52个。其中，入选全市疫情防控先进典型人物3个，典型事例3个，推荐青浦区市场监管局注册许可科为2020年度“新时代奋斗者”媒体集中宣传报道对象。依托新时代文明实践三级阵地网络，启动新时代文明实践中心系列活动之一未成年人心理疏导大课堂120讲"行动，推动区职工心理培训课程送课进基层、"心晴行动"—"幸福'家'年华—打卡齐修身"线上亲子活动、"用心微笑，阳光成长"学生暑期心灵成长加油站心理团辅系列公益活动等。推出疫情下的心理健康与家庭关系等4大类16节微课程，实现送教入家，培训人数达15000余人。

五、做好资源整合，提高保障力度

集聚人力物力，提供坚强保障。截至4月12日，全区累计发布各类疫情防控志愿服务项目374个，注册志愿者26347名，参与志愿服务时长达290余万小时（不含全区各村居组织的志愿者）。严格落实在岗志愿者防疫物资配备，并为在上海志愿者网注册的疫情防控工作志愿者提供最高保额50万元的"守护志愿者特定保险"，为志愿服务工作持续开展提供保障。第一时间安排人员驻守道口实行检疫，最多时共开放25个道口，每天派驻近144名医务人员，实行3班制，每班8小时进行轮换。投资700余万元，建成热成像体温快速筛查保障系统、网络视频会议系统。坚持政府保障、学校自购、师生自备、社会捐赠等多元渠道，做好防护物资储备。截至12月30日，综合保障组总计入库7类25个品种333批次的民用防疫物资，其中口罩1294万只。综合保障组已向各部门、各街镇分发防疫储备物资3035批次。向卫健委调拨口罩25.23万只、防护服2.7万件、手套2万只等防疫物资，向教育系统调拨口罩481万只，向菜场、商场、农贸市场、旅馆酒店、沿街商铺调拨发放口罩47.48万只、额温枪190把、消毒液2.3吨等物资，向公共交通、绿化环卫行业调拨发放口罩58.7万只、额温枪130把、消毒液9吨，向园区、街镇调拨复工口罩97.54万只。

保供主副食品，保持平稳价格。全区主副食品供需基本稳定，货源较为充足。12月底34种蔬菜零售均价为5.27元/500克，环比上周上涨0.4%，与去年同期相比上涨6.25%，34种蔬菜品种10跌9平15涨，近期寒潮来临有一定影响，但是价格涨幅不大。猪肉零售均价为28.49元/500克，环比上周小幅上涨1.85%，较去年同期（31.57元/500克）下跌10.81%；鸡蛋价格零售均价为4.66元/500克，环比上涨1.53%，与去年同期相比下跌28.31%。水产品平均零售价格为19.52元/500克，环比上周小幅上涨1.46%，与去年同期相比下跌3.84%。全区蔬菜在田面积4万亩，其中绿叶菜2.1万亩，日上市量约1200吨。

加强环卫保障，落实废物处置。对接11个街镇对居家隔离观察户和集中隔离点生活废弃物管理及收运处开展检查、指导和督促。累计出动检查人员1500余人次，检查村居点位1800余个次，对存在问题迅速提出整改要求。一是落实公厕、垃圾箱房、中转站、环卫作业车辆的消毒工作（要求作业公司每天不少于4次）。截止到2020年12月31日，共对公厕消毒323426次、垃圾中转站消毒21990次、环卫作业车辆消毒198833次、垃圾箱房消毒47503次；清运集中观察点垃圾677.56吨、居家隔离垃圾240.99吨、企业隔离点垃圾17.23吨、宾馆隔离点垃圾378.18吨。

化解重大风险，维护社会稳定。健全完善决策风险评估、风险防控协同、风险防控责任机制，防范应对社会安全重大风险"倒灌效应、合流效应、叠加效应、联动效应、放大效应、诱导效应"。建立全区社会安全工作协调机制，按照"4+32+X"（"4"指信访维稳组、综合协调组、涉法涉诉组、政治安全组；32指32个成员单位；X是指涉及的街镇）组织架构，形成新冠肺炎疫情防控社会稳定工作协调机制。明确职责任务，健全制度机制，加强信息共享，密切协同配合，全面提升防范化解重大风险能力。建立政治安全、社会安全和反邪教专项工作协调机制，完善区委国安委重点领域国家安全工作协调机制例会制度，着力提升防范化解重大风险能力。4月9日，制定《青浦区关于防范化解和妥善处置群体性事件的实施意见》，建立"1+3+7+11"（"1"是指复工复产大调解工作机制；"3"是指房管局、人社局、教育局三个重点行业主管部门；"7"是指七大重点领域牵头单位；"11"是指11个街镇）责任体系；会同司法局制定下发《青浦区关于建立复工复产复市大调解工作机制的实施意见》，妥善化解社会矛盾纠纷，积极为复工复产复市创造安全稳定的社会环境。会同区金融办积极防范化解金融风险，加快推进区内"P2P"网贷机构清退工作，加强投资受损类群体排摸，持续推进银科创展、"原油宝"风险舆情化解工作。

围绕督查问题，及时整改解决。在冻虾专项督查中，家乐福徐泾店、漕盈路店及世纪联华三家卖场发现南美冻虾产品6个批次，共计198.3公斤。现场采取下架封存措施，经疾控抽样检测结果均为阴性。对部分市场经营者、摊主、营业员、食品加工人员等有口罩未佩戴或佩戴不规范等问题加强管理。建立巡查制度，各单位根据职责开展了每月一次的专项检查，形成检查问题情况报告并报送至区商务委。

对货品和人员新冠病毒核酸检测阳性五起事件在第一时间进行妥善处置，未发生任何疫情扩散以及其他不良负面情况。通过全面学习贯彻落实习近平总书记关于疫情防控的重要指示精神，全区上下思想和行动统一到中央部署要求上来，各项工作在疫情大考中经受检验、磨炼和提升。

（鲁越凡）

2020年青浦区新型冠状病毒肺炎疫情防控工作领导小组办公室文件目录

表1

文号	文 件 名 称	发文日期
青肺炎防控办〔2020〕2号	青浦区新型冠状病毒肺炎疫情防控工作领导小组办公室关于印发《青浦区新型冠状病毒肺炎疫情防控工作领导小组议事规则》的通知	2020年3月1日
青肺炎防控办〔2020〕3号	关于印发《青浦区关于展览活动新冠肺炎疫情常态化防控工作的实施方案》的通知	2020年8月27日

（续表）

文号	文 件 名 称	发文日期
青肺炎防控办〔2020〕4号	关于印发《青浦区关于做好严防聚集性疫情和加强秋冬季疫情防控的工作方案》的通知	2010年9月1日
青肺炎防控办〔2020〕5号	关于印发《青浦区冷链食品相关从业人员新冠病毒核酸检测工作方案》的通知	2020年9月15日
青肺炎防控办〔2020〕6号	关于加强节假日和秋冬季疫情防控工作的通知	2020年9月30日
青肺炎防控办〔2020〕7号	关于成立青浦区批发市场疫情防控工作督导小组的实施方案	2020年12月8日
青肺炎防控办〔2020〕8号	关于调整青浦区新冠肺炎疫情防控工作领导小组相关工作组的通知	2020年12月21日
青肺炎防控办〔2020〕9号	关于印发《青浦区高风险岗位人员新冠病毒核酸检测筛查工作方案》的通知	2020年12月22日
青肺炎防控办〔2020〕10号	关于印发《青浦区重点人群新型冠状病毒疫苗接种工作实施方案》的通知	2020年12月29日
青肺炎防控办〔2020〕11号	关于印发《青浦区进口冷链食品疫情防控工作方案》的通知	2020年12月30日
青肺炎防控办〔2020〕12号	关于进一步做好2021年元旦和春节期间新冠肺炎疫情防控工作的通知	2020年12月31日

青浦区扫黑除恶专项斗争工作

2018年1月，中央决定在全国开展为期三年的扫黑除恶专项斗争。青浦区扫黑除恶专项斗争工作围绕中央、市委、区委和上海市扫黑除恶专项斗争领导小组的部署要求，紧扣三年为期总目标，依托服务两大国家战略区位优势，坚持高规格发动、深层次排查、严标准惩处、全方位治理，“六清行动”（指线索清仓、逃犯清零、案件清结、伞网清除、黑财清底、行业清源六项行动）顺利完成，行业整治实质化推进，青浦区扫黑除恶专项斗争取得阶段性成果。

一、工作开展情况

（一）提高政治站位

青浦区以承担两大国家战略为使命，致力于打造长三角一体化社会治理样板区，加强组织领导，坚决打赢扫黑除恶专项斗争整体战。

1. *主动担当*。坚持从巩固政权的高度，强化对扫黑除恶专项斗争的认识，积极主动部署落实。区委常委会专题会先后7次专题研究扫黑除恶专项斗争工作。2018年2月26日，区常委会召开常委会议，专题研究部署扫黑除恶专项斗争工作。2018年12月24日，区委常委会听取关于扫黑除恶专项斗争开展情况及督导反馈情况报告，审议扫黑除恶专项斗争督导反馈问题整改方案。2019年5月8日，区委常委会研究部署关于配合做好中央扫黑除恶督导等相关工作。2019年8月23日，区委常委会听取关于扫黑除恶中央督导组反馈问题整改及移交线索办理情况。2019年10月28日，区委常委会听取关于开展扫黑除恶专项斗争情况的汇报。2020年6月2日，区委常委会研究部署关于开展扫黑除恶专项斗争推进情况。2020年6月16日，区委常委会听取关于配合做好市扫黑除恶重点督导工作等方案的汇报，包括关于配合做好市扫黑除恶重点督导工作的方案；关于落实市扫黑办挂牌督办案件包案分工方案；关于落实区、街镇涉黑涉恶问题排查整治工作责任的实施意见。

区委书记赵惠琴作为青浦区扫黑除恶专项斗争第一责任人，结合服务保障“进博会”对扫黑除恶专项斗争作出重要批示：“严格贯彻落实习总书记重要指示精神，深入开展扫黑除恶专项斗争，举全区之力办好进口博览会。”

扫黑除恶专项斗争与区情紧密结合，把“平安青浦”建设纳入乡村振兴重要内容；把强占土地、破坏生态行为列入涉黑涉恶重点打击对象；把强化系统治理、综合治理、依法治理作为保护特色产业发展的重要举措。

2. *细化方案*。2018年2月12日，青浦区召开扫黑除恶专项斗争动员部署会，全面部署开展扫黑除恶专项斗争工作。区委常委、政法委书记赵明强调，把扫黑除恶专项斗争作为服务保障“进博会”、推动长三角一体化发展两大国家战略重要抓手，以点带面、持续用力。把解决思想认识问题、组织领导问题作为深入推进扫黑除恶专项斗争的首要前提。制定《关于在青浦区深入开展扫黑除恶专项斗争的工作方案》，将工作细化到每个环节，把任务明确到每个成员单位。区扫黑办有针对性地指导督促各成员单位和街镇开展工作。

3. *加强组织领导*。坚持把扫黑除恶专项斗争作为区委、区政府的重大政治责任和“一把手”工程，由区委书记任组长，区长任第一副组长，区委副书记、政法委书记、组织部部长、纪委书记、公安分局局长、法院院长、检察长任副组长。从公安、检察院、法院、司法局抽调7名精干力量，成立区扫黑除恶专项斗争领导小组办公室，开展扫黑除恶日常工作。各街镇落实党委、政府主要负责人第一责任，均参照区级层面建立领导小组及办公室，制定青浦区域扫黑除恶工作方案。

（二）深入宣传发动

为切实贯彻落实中央、市委对扫黑除恶专项斗争决策部署，进一步推动扫黑除恶专项斗争走向深入，青浦区结合实际，掀起扫黑除恶宣传高潮。

1. *宣传全区域覆盖*。发布《青浦区扫黑除恶专项斗争领导小组办公室公告》，明确扫黑除恶专项斗争打击重点，公布举报电话、微信、公众号、邮箱、来信来访等形式多样的举报方式，并通过电视、报纸、网络发布、公众号推送、实地张贴等方式发布宣传。各街镇、村居张贴5万余份《公告》到居民楼道、集贸市场、娱乐场所等各类公共场所，提高人民群众对扫黑除恶专项斗争的知晓率。

2. 宣传形式多样。制作扫黑除恶宣传海报、入户宣传单、易拉宝和折页。利用机关、企事业、公共交通、工业园区、学校、医院、银行、各商圈、村居等场所电子显示屏、广告牌以及微信公众号、微信群、各政府网站等平台大力开展宣传。特别在2020年新冠疫情期间，将宣传阵地前移，将村居疫情防控卡点作为一线宣传的主阵地，组织村居干部、平安志愿者等，在开展外来人员入户排查、卡点检测、科普宣教的同时，加强扫黑除恶宣传和线索摸排，实现防疫和扫黑除恶宣传“两结合、两不误”。先后下发入户宣传单5.6万份，海报12.3万份，折页5万份，易拉宝2100个。

3. 宣传推动持续化。青浦区扫黑办牵头各成员单位进行广泛宣传，印发《扫黑除恶应知应会》6000册，利用“平安青浦”等微信公众号、短信等方式开展宣传，引导全区干部职工和群众了解扫黑除恶专项斗争动态，熟悉应知应会内容，积极参与专项斗争，实现群防群治、共建共享。

（三）规范线索管理

青浦区制定《涉黑涉恶违法犯罪线索管理办法》《涉黑涉恶线索排查制度》等机制，规范线索排摸、上报、研判、核查、反馈流程，确保线索规范管理。

1. 明确线索排查种类。在中央和市委明确的10类需要重点打击黑恶势力的基础上，结合青浦区实际增加了2类需要重点打击的黑恶势力行为：一是物色即将动迁对象，教唆、引诱其参与赌博，通过非法高利放贷方式向动迁对象提供赌资的黑恶势力；二是违法违规占用已征土地、房屋，违法违规占用动迁房，动迁之前抢栽、抢种、抢养名贵动植物或以其他违法违规方式骗取高额补偿款的黑恶势力。

2. 拓宽线索排摸渠道。行政执法部门联动发力，挖掘和收集问题线索，通过各种专项监督检查、巡察、审计等工作，拓宽线索来源。加强对易滋生黑恶势力的重点地区、重点行业、重点领域的系统排查和综合整治，挤压涉黑涉恶犯罪组织滋生空间。区各监管部门落实日常行业监管职责，加强对建筑工程、交通运输、集贸市场、娱乐场所等行业、领域长效动态排查，及时发现涉黑涉恶问题线索。

3. 提升线索核查质效。建立线索研判制度，对每一件线索均开展分析研判，确定线索性质、核查单位。落实实名举报反馈要求，对反复举报的，与举报人“面对面”进一步了解、核实举报人诉求，做到全面细致，不留死角。按时按质办结每条线索，确保核查程序规范、手续完备、报告完整、结论明确。

（四）严格依法办案

区委政法委作为牵头单位主动与区纪委监委、区委组织部、公安分局、检察院、法院、司法局等单位沟通协调，建立信息沟通、双向移送、同步介入、同步立案、同步调查、核查反馈机制，确保“扫黑”与“打伞”同步进行，形成扫黑除恶专项斗争“一体化”工作模式。对重大涉黑涉恶案件，政法各部门均跨前一步，提前介入，做到“打得快、诉得出、判得了”，依法办理了“央督001号”纪彪等10人非法拘禁、寻衅滋事案，孙良华等6人寻衅滋事、敲诈勒索案。

1. 依法开展侦查。公安青浦分局始终坚持“打早打小、露头就打”的严打方针，通过开展专项打击工作，有效提高破案打击率，保持对涉黑涉恶违法犯罪活动的严打高压态势，降压全区各类违法犯罪警情。三年中，公安共办理涉恶案件21件127人，其中，涉恶集团10件56人。

2. 完善检察办案模式。区检察院针对涉黑涉恶案件，在抽调业务骨干办理案件的基础上，构建“侦、捕、诉、防”一体化办案模式，利用沟通会商机制和联合督办机制，将每一起案件办成铁案。区检察院向法院提起公诉26件71人，其中涉恶集团19件47人。

3. 推进案件清结。针对在侦在办的涉黑涉恶案件，围绕案件定性、法律适用、政策运用及办案过程中存在的疑点、难点等方面进行讨论、研究，区扫黑办召开案件会商会32次。“六清行动”召开推进会34次。区法院选派业务骨干，采取定人、定案、定指标、定结案时间的措施，推进案件清结。截至2020年12月15日，青浦区法院一审判决涉恶案件19件55人，其中，被判处十年以上有期徒刑13人，判处5年到10年有期徒刑17人。

（五）坚持源头治理

把源头治理作为扫黑除恶的治本之策，坚持开展对十大重点行业领域的滚动排查和滚动整治。政法机关与行业领域监管部门加强信息共享和工作联动，对发现的行业乱象和监管漏洞及时制发监察建议书、司法建议书、检察建议书、公安提示函（下简称“三书一函”），并强化跟踪问效，实现工作闭环。市场监管局、建设和管理委员会、生态环境局等45家成员单位围绕社会治安、乡村治理、金融放贷、工程建设、交通运输、市场流通、资源环保、信息网络、文化旅游、教育卫生等十大行业领域开展62个专项整治工作。

1. 开展“治乱”专项整治。坚持问题导向，切实关注治安秩序混乱地区、黑恶问题多发行业、基层建设薄弱环节，对损害群众利益的问题，例如侵占土地、违法建筑等，通过“治乱”专项行动，切实根治社会治理顽症。畅通群众举报渠道，及时核查反馈，集中解决一批人民群众反映强烈的“金融套路贷”、侵犯公民个人信息、“医美贷”等突出问题。

2. 严厉打击“套路贷”和网络犯罪。开展打击惩治“套路贷”专项行动，明确推进路线图、时间表，加强部门间协作配合，加大举报线索排摸核查，对“套路贷”案件进行“大起底”，进一步加大打击整治力度。对利用信息网络实施涉黑涉恶等有组织违法犯罪开展专项整治，紧盯当前涉黑涉恶问题新动向，深入摸清、梳理涉信息网络黑恶违法犯罪现状，将扫黑除恶专项斗争向信息网络延伸，推动建立健全预防惩治信息网络犯罪长效治理机制，坚决维护网络环境和良好社会秩序。

3.“三书一函”助推长效机制建设。落实“三书一函”，深入梳理案件暴露出来的深层次问题，及时向监管部门通报，专题研究落实相关建议，切实加强和改进工作，形成工作闭环。截至2020年12月15日，青浦区针对涉恶行业领域发送“三书一函”18份，其中，监察建议书4份，司法建议书2份，检察建议书6份，公安提示函6份。各部门结合“三书一函”的意见建议，结合各自业务职责，制订了一批打击、整治、管理、建设的长效机制。截至2020年11月底,青浦区共建立长效机制64份。

(六)强化督导检查

坚持抓早抓小、防微杜渐,紧盯难点堵点,强化督导检查,全力推进扫黑除恶专项斗争。

1. *落实问题整改*。2018年6月5日至14日,中央督导组来青督导。对中央督导组反馈的27项具体个性问题全面认领、逐条整改,印发《青浦区落实中央扫黑除恶第16督导组第一轮下沉督导要求立行立改工作方案》。22家单位制定27项个性问题清单,全部整改完毕。组织专项督查2次,督导检查单位53家,切实解决工作进展不平衡、线索排摸不彻底等突出问题。

2. *做实日常督导*。区委书记、区扫黑除恶专项斗争领导小组组长赵惠琴对中央督导组反馈问题、"回头看"工作、"六清行动"和十大行业领域专项整治等扫黑除恶工作提出具体要求。区扫黑办牵头各副组长带队督导,通过听取汇报、调阅资料、个别谈话、现场抽查、实地勘察等方式开展检查,确保中央督导组指出问题、"六清行动"和十大行业领域专项整治等工作落实到位。截至2020年12月15日,组织开展全覆盖督查3次,专项督查6次。

3. *注重压力传导*。区扫黑除恶专项斗争领导小组主持召开部署会议和联席会议7次,区扫黑办召开协调会42次,研究部署推进情况,协调指导工作进度,解决重大疑难问题。实行线索排查周报制度,党委、党组主要领导签字上报。领导小组副组长、扫黑办主任赵明同志带领纪委、组织部、公检法等单位先后至建管委、市场监管局、文旅局等重要成员单位以及全区11个街镇开展实地督导调研,对各成员单位扫黑除恶专项斗争工作逐一进行督导调研,督促层层传导压力,确保责任落实到位。

二、主要成效

1. *依法打击各类违法犯罪*。截至2020年12月15日,青浦区共打击恶势力犯罪集团10个56人,恶势力犯罪团伙15个101人,破获刑事案件155件,扣押涉案资产28830.19万元。公诉涉恶案件26件71人。审判涉恶案件19件55人,生效判决财产刑金额311万元,执行132.62万元,占42.64%;判决追缴、没收违法财产金额566.62万元,执行336.52万元,占59.39%。立案查处涉黑涉恶腐败和"保护伞"案件29件,党纪政务处分21人,移送司法机关4人。

2. *规范处理各类线索*。青浦区共收到中央督导组督办线索152件,办结152件,办结率100%。全国扫黑办12337平台线索56件,办结56件,办结率100%;市扫黑办下发督办线索55件,办结55件,办结率100%。区扫黑办自专项斗争开展以来收到线索1785条,经研判核查线索1079条,办结1067条。

3. *全面清理行业乱象*。青浦区38家成员单位围绕社会治安、乡村治理、金融放贷、工程建设、交通运输、市场流通、资源环保、信息网络、文化旅游、教育卫生等十大行业领域开展62个专项整治工作。共建立长效机制64个,制发"三书一函"18件,已完成整改18件,整改率100%。

4. *基层基础得到夯实*。持续推进基层基础薄弱环节整治和村"两委"成员资格区级联审,持续加强基层民主机制建设,推进平安乡村建设。持续完善农村矛盾纠纷排查调处化解机制,切实化解基层矛盾。基层党组织战斗力得到增强,基层政权得到巩固。

5. *群众安全感达到优秀*。聘请第三方评估公司,每年开展二次问卷调查,对各街镇群众安全感进行评估,确保扫黑除恶专项斗争始终合民意、护民利、得民心。2020全区公众安全感处于优秀水平,分值为91.72%。三年来,公众对居住地警察满意度达到优秀水平,分别为:85.78%、86.92%、87.76%,且呈逐年上升趋势。

下一步,扫黑除恶专项斗争工作将围绕建立健全源头治理"六大机制"、贯彻落实《反有组织犯罪法》等重点工作,深入开展常态化扫黑除恶工作,巩固专项斗争成果,实现长效常治。 (韦贵莲)

1 月

1 日　2020 年青浦区元旦迎新徒步活动暨环城水系公园全线贯通仪式在水城门举行。区四套班子领导及全区各行业干部群众 2020 人参加活动。

7 日　下午，中国人民政治协商会议上海市青浦区第五届委员会第四次会议在区会务中心开幕。会议于 1 月 10 日上午闭幕。

8 日　下午，上海市青浦区第五届人民代表大会第六次会议在区会务中心开幕。会议于 1 月 10 日下午闭幕。

11 日　青浦区人民政府与复旦大学签署合作共建“复旦青浦医学园区”和“复旦青浦国际医疗中心”框架协议。根据协议，双方依托长三角一体化高质量发展国家战略，结合青浦发展规划，借鉴国际先进医学院运行模式，全力打造“医、教、研、产”四位一体的“复旦青浦医学园区”和“复旦青浦国际医疗中心”整体规划、分期建设。

22 日　中共上海市青浦区第五届纪律检查委员会第五次全体会议在区会务中心举行。

24 日　上海市启动重大突发公共卫生事件一级响应机制，青浦区即刻召开新型冠状病毒肺炎疫情防控工作领导小组会议，听取相关情况汇报，安排部署疫情防控工作。

是日　青浦区第一批援鄂医疗团队前往武汉支援当地疫情防控工作，共 15 人。第二、第三、第四批队员分别于 1 月 27 日、2 月 21 日、2 月 23 日出发前往武汉。3 月 31 日，青浦区 22 名援鄂医疗队员圆满完成各项医疗救治任务陆续返回青浦。

26 日　青浦区召开新型冠状病毒肺炎疫情防控工作领导小组电视电话会议，对各项防控工作再部署、再落实。

是月　江苏省、浙江省和上海市联合签署太湖流域一体化生态保护合作协议。三地政府在不打破原有行政区划的基础上，签署太浦河水源地保护、一体化生态环境综合治理、一体化示范区监测信息共享等合作协议，并设立市、镇、村三级河长联合跨区域巡河机制。

2 月

1 日　青浦区召开新型冠状病毒肺炎疫情防控工作领导小组第二次会议，落实党中央、国务院部署和市委、市政府精神要求，持续强化依法防控、科学防控、联防联控，全力应对返沪大客流，保障城市运行，守护人民群众生命安全和身体健康。

6 日　青浦区新型冠状病毒肺炎疫情防控工作领导小组（扩大）会议召开。会议听取疫情防控工作领导小组关于社会面防控、道口管控、物资保障、企业复工等工作情况汇报，研究、部署下阶段工作。

是日　青浦区发布《关于抗击新冠肺炎疫情支持企业健康发展的十七条意见》。《意见》从加大金融支持、稳定职工队伍、减轻企业负担、优化营商环境 4 大方面，明确支持企业健康发展的 17 项具体举措。

17 日　中共中央政治局委员、上海市委书记李强到青浦区调研。李强一行在区领导赵惠琴、余旭峰等陪同下，先后察看入沪道口、产业园区和复工企业，实地检查调研新冠肺炎疫情防控工作落实和企业有序复工情况，看望慰问抗疫一线工作人员。

21 日　中共上海市委常委、统战部部长郑钢森到青浦区调研，先后走访报国寺、朱家角中学新疆内高班、力康生物医疗科技控股集团，看望慰问宗教界人士、少数民族师生、民营经济人士，实地了解疫情防控和复工复产工作情况。区领导赵惠琴、孙挺、王凌宇、倪向军等陪同。

3 月

5 日　上海市人大常委会主任蒋卓庆到青浦区调研长三角生态绿色一体化发展示范区建设情况。蒋卓庆一行在区领导赵惠琴、朱明福、杨小菁等陪同下，先后走访华为研发中心项目基地、金泽镇莲湖村和复兴路贯通工程。

17 日　青浦区成立入境人员临时集中留验点，根据疫情防控要求，先后划分重点国家和非重点国家两大工作区域，来自区内相关单位的59名志愿者进行24小时驻守。

是日　青浦区人民政府与上海建工集团签署战略合作协议，双方将利用各自的资源与优势，在青浦城市建设、更新、运营等方面开展全面战略合作，助力青浦实现全面跨越式高质量发展。

18日　青浦区人民政府与中国铁塔股份有限公司上海市分公司签署战略合作框架协议。根据协议，双方将继续加大区域内无线规划与建设力度，加强信息沟通和资源协调，推进5G网络建设和应用发展，进一步完善青浦区无线信号覆盖质量，重点推进产业园区的无线覆盖，探索区内重大项目、重点场所的移动互联网应用及信息服务发展新模式。

19日　青浦区召开属地高校、行业中高职院校加强新冠肺炎疫情联防联控工作会议。会上，青浦区人民政府与上海国家会计学院、上海政法学院等高校、市属行业中高职校签订备忘录，进一步完善机制、明确措施、落实责任，区校之间强化属地责任和学校主体责任，全方位开展联防联控。

24日　上海市副市长宗明等一行先后到中信泰富朱家角锦江酒店、朱家角皇家郁金香花园酒店看望慰问回沪援鄂医疗队员。青浦区领导赵惠琴、孙挺、饶斐文等陪同。

28日　2020年第十一届上海青浦白鹤草莓文化节暨“互联网＋”活动在白鹤镇开幕。草莓节以“互联网＋”为创新，打造“莓”好新愿景数字化品牌，先后推出“助农献爱心——草莓产销对接公益服务”“涨知识、学技能”——草莓种植网络培训暨市民热点回应微视频、“白鹤草莓庄园”小程序游戏、白鹤草莓形象宣传——专题片《国家农产品地理标志：白鹤草莓》推介暨真人秀微视频等活动。

31日　2020年上海市重大产业项目集中签约暨特色产业园区推介活动在上海展览中心举行。活动现场，青浦区与美的集团、金发科技等18个项目进行云签约，总投资超过200亿元，项目主要集中在人工智能、新材料、智能制造等产业领域。

是月　为统筹做好疫情防控和经济社会发展工作，青浦区开展领导干部集中走访企业活动。至3月31日，全区领导干部累计走访企业4383家。其中：区四套班子领导累计走访企业640家；各街镇、委办局累计走访企业2814家；各街镇、部分委办局、区属公司的部门负责人累计走访名单外中小企业929家。

4月

14日　位于中山医院青浦分院内的青浦区核酸检测点正式开放，首批35家企业的100名员工完成核酸检测样本采集。

15日　中共青浦区委政协工作会议在区政府会议室举行。会上，青浦区政协委员镇（街道）协商联络站揭牌成立。

是日　《文汇报》《新民晚报》、上海广播电台、东方网等多家市级媒体的记者到青浦区走访朱家角镇淀峰村、金泽镇任屯村，实地感受开展“三大整治”后青浦乡村人居环境发生的巨大变化。

24日　2020年青浦区知识产权联席会议工作大会召开，上海市青浦区、江苏省苏州市吴江区、浙江省嘉兴市嘉善县市场监管部门签订长三角示范区知识产权保护合作备忘录，并发布第一批《青吴嘉三地重点商标保护名录》。

28日—6月30日　2020年青浦购物季举行。活动以“乐享生活 · 逛购青浦”为主题，区内12大商业综合体及130多家重点百货、商场、超市、餐饮、家电、汽车专卖、农业合作社、旅游景（区）等参与，在青浦全境通过线上线下双轮驱动的方式，先后开展启动仪式，开设3条购物专线，推出12大主题65项专场活动等，进一步推动全区“衣食住行游购娱”等全方位消费复苏。

30日　青浦区“一网通办”“一网统管”工作推进会暨区城运中心揭牌仪式在区政府会议室举行。会上，青浦区城市运行管理中心揭牌成立。

是日　青浦区召开建设新时代文明实践中心试点工作动员会。会上，青浦区新时代文明实践中心揭牌成立。

5月

1日　“榜样 · 力量 · 梦想”——2020年青浦区庆“五一”劳模工匠讲坛首场宣讲活动在区会务中心举行。全国劳动模范、华东师范大学国际航运物流研究院院长、上海市工匠学院院长包起帆，全国五一奖章获得者、上海市劳动模范、上海金发科技发展有限公司产品研发中心技术经理、高级工程师孙刚应邀出席活动并作主题宣讲。

7日　青东联动发展领导小组全体会议暨“一办五组”（即领导小组办公室和规划引领与政策创新协调组、资源整合与项目建设组、社会治理与社区管理组、人居品质与公共服务组、产业发展与招商引资组）实体化运作大会举行。

12日　上海市浙江商会走进长三角生态绿色一体化发展示范区（青浦）活动在青浦区举行。

14日　“今天，我们战在‘疫’起——示范区战‘疫’之声”情景党课在青浦区教师进修学院报告厅举行。活动展示自新冠肺炎疫情发生以来，示范区三地各级党组织坚持党建引领，广大共产党员积极投身疫情防控，以“一体化、一条心、一起守”的担当共护示范区，有效遏制疫情蔓延，稳步推进复工复产，有力推动示范区建设的战“疫”故事。

15日　中共青浦区委“四史”学习教育中心组学习会在区政府会议室举行。会议邀请中共上海市委党校常务副校长徐建刚作“党史”专题辅导报告。6月24日，青浦区委“四史”学习教育中心组举行学习会，邀请市委党校马克思主义学院执行院长王公龙作“中华人民共和国简史”专题辅导报告。7月7日，青浦区委中心组举行学习（扩大）会，邀请原浦东新区管理委员会主任、国务院新闻办主任赵启正围绕“改革开放史”作专题辅导报告。7月29日，中共青浦区委中心组举行学习会，邀请上海市社科界联合会《学术月刊》总编辑、上海市习近平新时代中国特色社会主义思想研究中心特聘研究员姜佑福作“社会主义发展史”专题辅导报告。

27日　青浦区人民政府与上海理工大学举行战略合作协议签约仪式。根据协议,双方将进一步加强对接、深化方案,共同推动青浦加快打造长三角生态绿色一体化发展示范区科技创新产业的新高地,推动上海理工大学加快建设高水平的地方大学,促进地区产业快速转型升级。

是日　青浦区机关党建“先领”行动“十大”特色活动启动仪式暨机关党组织书记专题培训会在区会务中心举行。会上发布“牢记初心使命·服务国家战略”“四史”知识竞赛、“服务国家战略·引领跨越发展”商务英语展示大赛、“上善先锋行·创全 Let's go”主题活动、机关党建高质量内涵式发展研讨会等10项“先领”特色活动。

29日　长三角城市管理与综合执法一体化工作会议在浙江省嘉兴市嘉善县西塘镇举行。会上,上海市青浦区、江苏省苏州市、浙江省嘉兴市三地城市管理和综合执法部门共同签署《推进长三角城市管理与综合执法一体化发展十二条合作指引》。

是月　青浦区首个自动喷淋消毒除臭垃圾房在重固镇佳兆业小区投入使用。

6月

5日　长三角淀山湖生态修复基地揭牌仪式暨长三角示范区环境资源司法保护、智慧法院信息资源共享平台应用建设研讨会在青浦区举行。会上,长三角淀山湖生态修复基地揭牌成立。

11日　2020年青浦区精神文明建设工作会议暨创建全国文明城区推进会在区会务中心举行。会议通报青浦区荣获2018—2019年度上海市文明镇、文明社区、文明家庭和2019年度上海市社会主义精神文明好人好事的情况,宣读《关于命名表彰2018—2019年度青浦区志愿服务和新冠疫情防控志愿服务先进个人、集体的决定》。

16日　中共中央政治局委员、上海市委书记李强到青浦区调研基层社区建设情况,并看望慰问奋战在基层一线的社区工作者。李强一行在区委书记赵惠琴等陪同下,先后到赵巷镇中步村村委会和千步泾河畔,听取该村利用科技力量推动乡村管理工作精细化、智能化情况汇报,察看村民自治整治河道环境、深化美丽乡村建设情况。

是日　青浦区服务保障第三届中国国际进口博览会前线指挥部第一次全体会议在西虹桥管理中心举行。会议分别就配套保障项目、产业对接、城市管理、安全保障、维护稳定、舆论宣传等工作进行部署。至2020年底,青浦区服务保障第三届进口博览会前线指挥部共召开全体会议16次。

18日　中共青浦区委中心组与上海市国资委党委中心组就“开展党建联建,推动战略合作,加快推进长三角生态绿色一体化发展示范区建设”举行联组学习,并签订《实施党建联建推动战略合作框架协议》。

19日　青浦区创建第六届全国文明城区工作指挥部召开第一次会议,全面部署推进“创文”各项工作。8月17日,青浦区举办“聚力向善决胜创全”2020年青浦区创建全国文明城区迎决战冲刺誓师大会。9月初,国家检查组到青浦区开展创建全国文明城区评审工作。11月10日,中央文明办公布第六届全国文明城市入选城市名单,青浦区入选第六届全国文明城区。20日,全国精神文明建设表彰大会在北京举行,区委书记赵惠琴代表青浦参会并捧回“全国文明城区”奖牌。

29日　中共上海市青浦区第五届委员会第十次全体会议在区会务中心举行。区委书记赵惠琴传达十一届市委九次全会精神,就《中共青浦区委关于深入贯彻落实“人民城市人民建,人民城市为人民”重要理念,提升党领导区域治理的能力和水平,加快实现全面跨越式高质量发展的意见(讨论稿)》作说明,并就贯彻落实全会精神和做好下阶段工作作讲话。全会审议通过《中共青浦区委关于深入贯彻落实“人民城市人民建,人民城市为人民”重要理念,提升党领导区域治理的能力和水平,加快实现全面跨越式高质量发展的意见》和《中国共产党上海市青浦区第五届委员会第十次全体会议决议》。

30日　青浦区纪念建党99周年座谈会暨第2期“服务两大国家战略,担当新时代新使命”中青年干部专题培训班和“示范区大课堂”开班仪式在区会务中心举行。区委书记赵惠琴出席会议并为全体与会人员上了一堂主题为《加强党的领导与区域治理的关系》的党课。区委副书记、区长余旭峰主持座谈会。会议通过远程教育平台向中青年干部专题培训班学员、示范区大课堂学员及全区基层党组织、党员进行直播。

是月　上海市首家考古工作站——上海博物馆青龙镇遗址考古工作站在青浦区白鹤镇挂牌成立。

是月　青浦区赵巷镇、徐泾镇、重固镇、朱家角镇、金泽镇被上海市河长制办公室授予全市首批“河长制标准化街镇”称号。

7月

1日　上海市青浦区、江苏省苏州市吴江区、浙江省嘉兴市嘉善县共同举办庆祝建党99周年活动。会上,三地共同签署发布《关于以提升组织力为重点推进长三角生态绿色一体化发展示范区党建高质量创新发展的意见》《关于在长三角生态绿色一体化示范区进行党建系统集成创新的实施意见》《关于在长三角生态绿色一体化发展示范区先行启动区推进“城镇圈”党建工作的实施意见》三份文件,选定30个党群服务阵地作为一体化示范区首批党群服务示范阵地。

2日　“上善荣光、爱的力量”青浦区抗击新冠肺炎疫情先进事迹宣传展示活动在区文体中心举行。

是日　中福会小伙伴学校青浦校区正式面向社会招生。学校位于青浦区大盈浦路1500弄2号,首批开设18门课程,涵盖舞蹈、合唱、美术、表演、科技、情商、国学7个方面。

11日　在2020年世界人工智能大会云端峰会上，青浦区人民政府与北京影谱科技股份有限公司签订合作协议。根据协议，北京影谱科技将在青浦区设立影谱科技智慧产业示范区，具体包括建立全球智能影像研究中心、智能影像高等研究院、智慧影像中枢以及以技术商业化、生活化、平民化为目标的影谷。

15日　青浦区第五届人大常委会第三十六次会议（扩大）在区会务中心举行。区委副书记、区长余旭峰代表区政府报告上半年经济社会发展情况和下半年重点工作安排。全体与会的区人大代表对政府工作报告进行分组评议。

是日　长三角一体化示范区产业发展新闻通气会召开。会上介绍《长三角生态绿色一体化发展示范区产业发展指导目录（2020年版）》和《长三角生态绿色一体化发展示范区先行启动区产业项目准入标准（试行）》的主要内容。

19日　青浦区人民政府与复旦大学附属中山医院举行签约仪式，双方合作共建“长三角智慧医院”。通过区、院合作共建模式，依托复旦大学附属中山医院在临床医学、医学教育和医学研究等各方面的优势资源和青浦区的区位优势，将医院建设成为立足青浦、服务长三角、面向全国的公立三级综合性医院和率先探索制度改革创新的试验田。医院拟定床位800张，建筑面积约16万平方米。10月24日，长三角（上海）智慧互联网医院正式投入运行。

22日　上海正心谷投资管理有限公司正式落户长三角一体化示范区（上海）金融产业园，成为产业园内首家落户的金融企业。

27日　中共中央政治局委员、上海市委书记李强和市委副书记、市长龚正到国家会展中心（上海）实地检查第三届进口博览会筹备工作推进情况。区领导余旭峰、姚少杰等陪同。

27—30日　中共青浦区委书记赵惠琴率区党政代表团到云南省德宏州学习考察，慰问青浦区援滇干部人才，并与德宏州召开青浦区与德宏州第七次东西部扶贫协作联席会议。会上，青浦区与结对帮扶的梁河县、盈江县、陇川县和芒市签订2020年帮扶协议。考察期间，代表团一行先后到梁河县遮岛镇九年一贯制学校，盈江县铜壁关乡建边村大、小浪速村寨，陇川县桑枝木耳扶贫车间，芒市工业园区调研教育帮扶、贫困村改造、产业帮扶、消费扶贫等工作，实地了解帮扶项目运行状况，并与贫困群众座谈交流，了解生产生活情况和后续帮扶措施。

8月

6日　2020年青浦区“三大整治”之公共安全整治现场推进会在华新镇北新村召开。会议表彰“三大整治”之人居环境先进村居。会前，与会人员实地踏勘华新镇宝祥地块和北新村，现场查看整治工作实效。

12日　青浦区人民政府与保利发展控股集团股份有限公司举行战略合作协议签约仪式。根据协议，双方将在城市建设、公共服务设施、城中村改造和城市更新、城市社区管理等多个方面展开全面合作。

18日　2020年青浦工业园区重点产业项目集中签约、集中开工仪式举行，22个项目集中签约，总投资约216亿元；32个项目集中开工，开工总面积128万平方米，总投资约129亿元。此次集体签约、开工的项目，涵盖人工智能产业、生物医药产业、高端装备产业、新材料产业、跨境电商产业、新基建项目、研发总部项目以及存量工业地块的二次开发项目等。

18—21日　青浦区代表团到青海省果洛州班玛县学习考察。其间，代表团一行先后深入班玛县藏雪茶公司、疾控中心、多贡麻乡有机肥厂等青浦区援建项目进行实地调研，详细了解班玛特色产业发展，援建项目运行情况及建设进度，并慰问青浦区援外驻外干部。

24日　上海市青浦区、江苏省苏州市吴江区、浙江省嘉兴市嘉善县实现长三角一体化示范区医保一卡通2.0版。三地共有85家医保定点医疗机构接入门急诊联网结算系统，市民在这些机构异地就诊时无需备案可以直接刷社保卡看病，医保待遇与参保地保持一致。

26日　长三角生态绿色一体化发展示范区开发者大会在国家会展中心（上海）举行。中国城市规划设计研究院、中国工程院院士、清华大学教授、上海城投集团、华为智慧城市等专家、学者以及高技术人才等参加。会议围绕精心谋划高质量基础设施和公共服务、绿色示范区水生态与水环境科技创新的思考、城市大脑助力长三角一体化示范区数字化治理与服务能力建设、新基建背景下的智慧水务建设等话题进行讨论。

27日　长三角生态绿色一体化发展示范区联合执法启动暨青浦、吴江、嘉善卫生监督综合执法联动办公室成立大会在青浦区举行。长三角生态绿色一体化发展示范区青浦、吴江、嘉善卫生监督综合执法联动办公室揭牌成立，该办公室由青浦区、吴江区、嘉善县三地卫生健康委（局）、卫生监督机构组成。

28日　上海市人大常委会基层立法联系点（金泽镇人大）揭牌成立。仪式上，金泽镇人大与上海政法学院签署共建协议。

9月

1日　青浦区外国人来华工作、居留许可“单一窗口”正式揭牌启用，两窗口合并办理后时长从17个工作日缩短至7个工作日。

2日　青西协同发展领导小组第一次全体会议在金泽镇召开。会议围绕青西地区（朱家角镇、练塘镇、金泽镇）产业转型和招商引资、规划建设和人居环境、社会治理和公共服务、生态文明和污染防治、乡村振兴和农民增收、党建统领和江南文化协同等工作开展交流讨论。

8日　由上海市市场监督管理局、青浦区市场监督管理局和上海市青少年校外活动营地共建的“东方绿舟食品药品科普站”揭牌，标志着当时全市最大的青少年食品药品科普基地正式对外开放运行。该科普站位于东方绿舟内，涵盖互动体验、科普宣传、快速检测、便民服务等功能区域。

是日　青浦区慈善超市正式开业运营。该超市位于青浦区城中东路494—498号，内设经常性捐赠、爱心义卖、对口扶贫农产品展示以及文创中心、志愿者中心、福利彩票销售等。

10日　青浦区首家“法理堂”在华新镇杨家庄村揭牌启用。“法理堂”以“大事讲法、小事讲理、杂事讲情”为建设初衷，坚持“法治与情理相融合、法治与德治相结合”的思想理念，打造具有地域特色的法治文化阵地。

13日　以“网络安全为人民，网络安全靠人民”为主题的2020年长三角生态绿色一体化发展示范区国家网络安全宣传周在青浦区徐泾镇举行。现场首次发布青浦、吴江、嘉善三地“网络安全小达人”卡通形象“青小萱”“吴小e”“善善”。

16日　上海市青浦区、浙江省台州市、新民晚报社举行深化战略合作座谈会。会上，西郊国际与黄岩交通旅游投资集团，新民晚报社时政新闻中心与台州市黄岩区，青浦区、台州市、新民晚报社分别签订合作协议。根据协作，青浦区与台州市将开展区域联动，借助新民晚报品牌影响力，进一步打通两地政策、人才、资源通道，推动两地在绿色发展、乡村振兴、产业经济、休闲旅游、政务服务、社会治理、公益帮扶等多领域互利互惠、合作共赢。

是日　由中国国际工业博览会组委会主办，上海市电子商务行业协会、东浩兰生（集团）上海工业商务展览有限公司承办的“2020中国·上海工业电商暨产业互联网领袖论坛”在国家会展中心（上海）举行。会上，上海西虹桥商务开发有限公司与爱姆意云商（上海）数字科技有限公司就共同打造“西虹桥产业互联网总部基地”达成战略合作并签约。

26日　上海市第一届农民体育健身活动周农民龙舟比赛暨2020年青浦区龙舟公开赛在青浦环城水系河畔举行。比赛设400米城市标准12人龙舟直道竞速赛和400米传统22人龙舟直道竞速赛，全市35支龙舟队伍的400余名运动员参赛。

27日　上海市人民政府与华为公司深化战略合作框架协议签约暨华为青浦研发中心项目开工仪式举行。华为青浦研发中心项目位于青浦区金泽镇，总用地面积约160公顷。

9月30日—10月4日　2020年上海练塘茭白节暨古镇旅游丰收购物节在练塘镇举行。活动以“千‘茭’百态游练塘”为主题，挖掘练塘文化底蕴、结合本土特色资源、引入互联网新经济模式，推动线上线下融合，为当地农产品提供多渠道销售平台。茭白节期间，在东庄村设立“田间超市”，并推出美丽乡村“红色一日游”路线。

10月

3—30日　2020年上海青浦淀山湖文化艺术节暨旅游购物节举行。购物节以“金秋江南乐游购，美好生活‘艺’起享”为主题，先后开展文艺演出、艺术展览、征文比赛、市民讲座、才艺展示、购物旅游等11项重点特色活动和43项系列活动，共吸引近百万人次参与。

11日　青浦区开展第七次全国人口普查入户摸底工作，全区共有5000余名普查指导员和普查员上岗。

21日　青浦区人民政府与华东建筑集团签署战略合作协议。根据协议，双方将在优势互补、互利共赢的基础上，在长三角示范区发展、青浦美丽乡村建设等方面开展深入合作。

22日　青浦区与国泰君安、长三角投资公司开展联组学习，就推动长三角一体化发展进行交流。会上，青浦区人民政府分别与国泰君安和长三角投资公司签订战略合作协议。

23—25日　首届“唯实杯”全国青少年足球邀请赛在青浦区朱家角镇举行。有上海上港U13男队、苏州体育运动学校U13男队、浙江绿城U13男队、上海U15女足4支队伍参赛。经过比赛，苏州体育运动学校U13男队获得冠军。

29日　青浦区服务保障第三届中国国际进口博览会城市运行“一网统管”巡查工作启动仪式暨实战动员大会在西虹桥地区社会管理服务中心举行。

31日　长三角生态绿色一体化发展示范区建设工作现场会在青浦区举行。推动长三角一体化发展领导小组副组长、办公室主任、国家发展改革委主任何立峰，推动长三角一体化发展领导小组副组长、上海市委书记李强出席会议并讲话。会后，与会人员在一体化示范区实地调研长三角（上海）智慧互联网医院和华为青浦研发中心项目。

11月

4日　第三届中国国际进口博览会暨虹桥国际经济论坛开幕式在上海举行。中共中央总书记、国家主席、中央军委主席习近平通过视频方式发表题为《在开放中创造机遇，在合作中破解难题》的主旨演讲。

5—10日　第三届中国国际进口博览会在国家会展中心（上海）举行。该届进博会共吸引124个国家、地区和国际组织参会，2600多家企业参加企业展，超过40万名境内外专业采购商到会洽谈采购，展览面积36万平方米，比第二届增加近3万平方米。

7日　中共青浦区委书记赵惠琴在区市场监管局服务保障进博会办公室向上海芮居科技有限公司颁发营业执照。这是长三角一体化示范区成立以来，青浦首次颁发的示范区“一址多照”“一照多址”营业执照。

9日　长三角生态绿色一体化示范区康力大道——东

航路通车仪式举行，标志着示范区成立后的首条省际断头路正式打通。东航路对接康力大道工程东航路部分段东起沪青平公路，向西跨越元荡湖与吴江区康力大道对接，全长约2.27公里，为双向四快二慢车道，总投资约2.4亿元。项目于2019年初开工建设，2020年9月底竣工，通车后青浦到吴江的交通时间由40分钟缩短为5分钟。

26日　2020年青浦区食品安全工作暨进口食品疫情防控工作部署会在区会务中心举行。会议结合秋冬季节疫情防控形势，部署安排进口冷链食品疫情防控工作。

是月　青浦区成功创建为“国家全域旅游示范区”。自2016年入选首批国家全域旅游示范区创建单位后，青浦区以全域景区化、景区公园化、生态经济化为目标，依托区位优势、资源禀赋和人文底蕴，积极挖掘、整合、优化全域旅游资源，着力构建“东部以环国家会展中心都市旅游区为引领（结合生产）、中部以环城水系公园景城一体为特色（结合生活）、西部以淀山湖旅游度假区为核心（结合生态）”的全域旅游发展大格局。

12月

2日　长三角生态绿色一体化发展示范区基层法治建设论坛在青浦区朱家角镇举行。示范区三地的村居、街镇、司法行政系统工作人员代表及法学会、院校、律协专家学者代表参加活动。论坛分村居组、街镇组、专家组3个层面，围绕“强化基层法治建设促进三地法治融合”主题展开研讨交流。

17日　位于朱家角镇的长三角一体化示范区（上海）金融产业园正式开园。仪式上，中国投资协会绿色发展中心长三角一体化分部、上海股权托管交易中心青浦服务中心和长三角一体化支付清算协同发展研究组揭牌成立，长三角地区金融产业园协同发展联盟揭幕宣布成立。仪式还发布《长三角一体化示范区绿色金融支持碳中和行动方案倡议书》。

18日　中共上海市青浦区第五届委员会第十一次全体会议在区会务中心举行。区委书记赵惠琴作《中共青浦区委关于制定青浦区国民经济和社会发展第十四个五年规划和二〇三五年远景目标的建议（讨论稿）》的说明，并代表区委常委会向大会作主题报告。全会审议通过《中共青浦区委关于制定青浦区国民经济和社会发展第十四个五年规划和二〇三五年远景目标的建议》《中共青浦区委常委会2021年工作要点》以及《中国共产党上海市青浦区第五届委员会第十一次全体会议决议》。

28日　青浦区淀山湖福利院揭牌仪式举行。该福利院位于朱家角镇东圩河路28号，占地面积约3.8万平方米，总建筑面积4.1万平方米，设置床位1000张，内设护理院、养老院、残疾人养护中心、退役军人及烈属养护中心、儿童福利中心、认知症照护中心等，可满足不同人群的多元化需求。

是日　青浦区的可·美术馆、环城水系公园上善广场、薄荷香文苑书屋3个场所入选首批上海市民“家门口的好去处”名单。

是月　位于重固镇的章堰文化馆入选意大利设计网站designboom“2020十佳博物馆及文化中心”榜单，全国共有4家上榜。

12月，位于重固镇的章堰文化馆入选意大利设计网站designboom“2020十佳博物馆及文化中心”榜单　（区融媒体中心供稿）

地域、行政区划、人口

■地域 青浦区位于北纬30°59'—31°16'、东经120°53'—121°17'之间，地处上海市西南部，太湖下游，黄浦江上游。东与虹桥综合交通枢纽毗邻，西连江苏省的吴江、昆山两市，南与松江区、金山区及浙江省嘉善县接壤，北与嘉定区相接，地处长江三角洲经济圈中心地带。总面积668.49平方公里。地形东西两翼宽阔，中心区域狭长，形如展翅飞翔的蝴蝶。地势平坦，平均海拔高度在2.8米—3.5米之间。境内江河纵横交错，湖泊星罗棋布，内河航运具有得天独厚的优势，可通行50吨—300吨货船，是苏浙沪的重要水上通道。陆路交通十分便捷，有6条高速公路在境内通过：南北向有15国道（G15）沈海高速和1503国道（G1503）上海绕城高速；东西向有50国道（G50）沪渝高速、42国道（G42）沪蓉高速、32省道（S32）申嘉湖高速、26省道（S26）沪常高速。嘉闵高架和崧泽高架直通虹桥综合交通枢纽。

■行政区划 至年末，全区共有8个镇、3个街道，分别是赵巷镇、徐泾镇、华新镇、重固镇、白鹤镇、朱家角镇、练塘镇、金泽镇和夏阳街道、盈浦街道、香花桥街道。辖184个行政村和146个居民委员会。

■人口 至年末，全区有常住人口127.14万人，其中：外来常住人口72.41万人，比上年末增加0.98万人，占常住人口的56.95%。户籍人口50.31万人，总户数18.32万户，平均每户人口3人。户籍人口中，男性24.76万人、女性25.55万人；农业人口12.02万人、非农业人口38.29万人。年内，户籍人口实际出生2624人，出生率5.25‰；死亡4004人，死亡率8.01‰，自然增长率-2.76‰。年末，60岁以上人口16.52万人，占户籍人口比重的32.83%，比上年提高0.62%。

气象、水文

■气候特点 2020年气温比常年明显偏高。年降水与汛期降水量均较常年偏多，梅雨期降水量较常年显著偏多。日照比常年略偏少。年内，影响全区的台风1个。

年平均气温17.6℃，比常年偏高1.3℃。全年≥35℃高温日数23天（常年为10天），≥37℃酷暑日数3天。年最高气温37.6℃，出现在8月14日；年最低气温零下6.3℃，出现在12月31日。各季度气温状况：冬季（2019年12月—2020年2月）平均气温7.9℃，比常年异常偏高2.5℃。春季（3—5月）平均气温16.5℃，比常年显著偏高1.7℃。夏季（6—8月）平均气温27.5℃，比常年略偏高0.8℃。秋季（9—11月）平均气温19.1℃，比常年略偏高0.8℃。

年降水量1423.1毫米，比常年偏多26%。降水日数138天，比常年偏多6%。日降水量≥50毫米暴雨日数6天；≥100毫米暴雨日数1天，出现在8月5日。汛期（6—9月）降水量929.1毫米，较常年偏多。梅雨量526.1毫米，较常年显著偏多。梅雨日数42天，梅雨期为6月9日—7月21日，梅雨期多降水过程，雨量分布不均。

年日照1616.0小时，为常年的93%。12月14日出现初雪，年内降雪日数4天，比常年偏少。（胡伟田）

■强对流天气过程实况 年内，受第4号台风"黑格比"影响，全区普降暴雨，局部大暴雨。受其影响，8月4日18时—5日11时，青浦站降水量118.1毫米；区域站中最大累积雨量135.8毫米，出现在重固；小时最大雨量29.4毫米（重固，8月5日08—09时）；最大阵风8级（金泽蒋都，18.6米/秒）。

（胡伟田）

■2020年气温、降水量、日照与历史资料对比分析

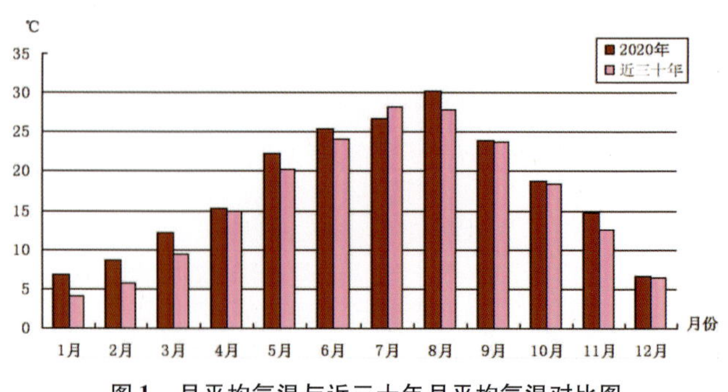

图1 月平均气温与近三十年月平均气温对比图

说明:年内,1月、2月、3月、5月、8月、11月的平均气温比常年异常偏高2.1℃—2.9℃;6月的平均气温比常年偏高1.3℃;4月、9月、10月、12月的平均气温与常年基本持平;7月的平均气温比常年偏低1.4℃

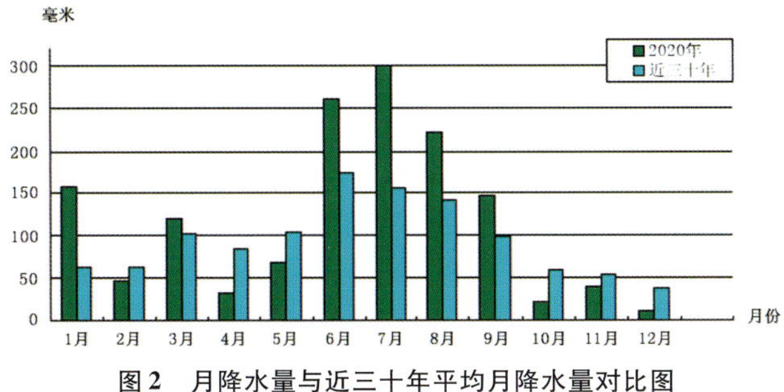

图2　月降水量与近三十年平均月降水量对比图

说明:年内,1月、7月的降水量比常年异常偏多155%、93%;6月、8月、9月的降水量比常年显著偏多50%—59%;3月的降水量与常年持平;2月、5月、11月的降水量比常年偏少26%—34%;4月、10月、12月的降水量比常年显著偏少60%—72%

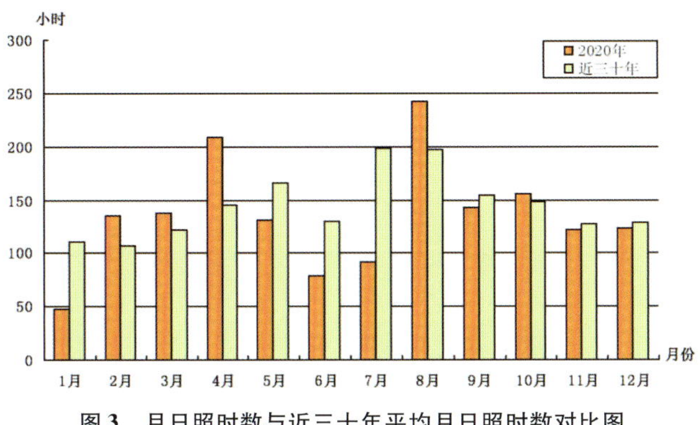

图3　月日照时数与近三十年平均月日照时数对比图

说明:年内,2月、3月、4月、8月的日照比常年同期偏多;9月、10月、11月、12月的日照与常年持平;其余月份的日照比常年同期偏少

(胡伟田)

■水文　青浦区位于长江三角洲太湖平原东侧,地处苏、浙、沪两省一市交界处,属黄浦江水系。境内河网密布、河道纵横交错,水流交互贯通。至2020年底,河湖总面积计125.27平方公里,占全区总面积的18.69%;河流总长度2507.87公里,其中市管河流102.70公里、区管河流324.20公里、镇管河流320.62公里、村级河流1674.32公里、其他河道86.03公里,河网密度为每平方公里3.74公里。西部地区湖荡簇聚,主要河流多东西走向或西北东南走向;东部地区水面积较少,主要河流多南北走向。境内市管河流有吴淞江、油墩港、太浦河、红旗塘—大蒸塘—圆泄泾、淀浦河、拦路港—泖河—斜塘等6条河流,区管河流有急水港、莲盛竖河、俞汇塘、范塘(青浦段)、泖阳港、北横港、南横港、朱泖河、淀山港、西大盈港、华田泾、东大盈港、柘泽塘等69条河流,镇管河流136条、村级河流1736条。其中,太浦河是太湖洪水东泄的主要通道,源于江苏省太湖,汇入青浦境内泖河;淀浦河是连接青浦、松江、闵行三区,横穿青浦腹地的骨干河道,源于淀山湖,汇入黄浦江;拦路港是连接淀山湖和黄浦江的南北向主要通道。按水文情势分,青浦境内水系可分为三类:一是感潮较强地区,为泖河、大蒸塘及两侧河流;二是感潮较弱地区,为青浦腹部地区河流;三是感潮极弱地区,为商榻地区河流。

2020年,青浦区地表水环境质量持续改善。其中,淀山湖综合营养状态指数58.9,为轻度—富营养化水平;饮用水源地水质评价为"优",达到Ⅱ类水质标准要求;应急饮用水源地水质评价为"优",达到Ⅲ类水质标准要求;19个市级考核以上断面(含国控)均已达到Ⅳ类水质标准要求,氨氮、总磷较2019年分别改善19.7和15.7个百分点,水质目标达标率为100%。

(郑　鎏　王小娇)

国民经济和社会发展综述

2020年,面对严峻复杂的国际形势、新冠肺炎疫情严重冲击,青浦区以习近平新时代中国特色社会主义思想为指导,全面贯彻党的十九大和十九届二中、三中、四中、五中全会精神,坚持新发展理念,坚持稳中求进工作总基调,统筹疫情防控和经济社会发展,大力推进两大国家战略,全区经济平稳增长、社会和谐稳定。

1. 综合实力持续提升。全年实现地区生产总值1194.01亿元,按可比价格计算,比上年增长3.8%,增幅列全市第三。其中:第一产业增加值7.97亿元,比上年增长5.6%;第二产业增加值421.62亿元,比上年下降1.5%;第三产业增加值764.42亿元,比上年增长7.1%。三次产业增加值占地区生产总值的比重分别为0.7%、35.3%和64.0%。全年一般公共预算收入583.09亿元,比上年增长0.4%。其中:区级一般公共预算收入210.10亿元,比上年增长1.4%,总量和增幅均位居全市第七位。全年一般公共预算支出336.76亿元,比上年下降0.9%。其中:社会保障和就业支出25.22亿元,比上年增长4.0%;卫生健康支出15.89亿元,比上年增长7.8%;教育支出31.12亿元,比上年增长7.3%;公共安全支出13.84亿元,比上年增长31.2%;节能环保支出6.98亿元,比上年增长60.1%;科学技术支出4.76亿元,比上年增长21.1%;文化旅游体育与传媒支出3.13亿元,比上年增长16.5%;资源勘探信息等支出44.60亿元,比上年增长10.2%。全年税收收入534.80亿元,比上年下降0.9%。其中:区级税收收入177.83亿元,与上年持平。完成全社会固定资产投资598.55亿元,比上年增长1.1%。其中:第一产业完成投资0.04亿元,下降63.1%;第二产业完成投资65.89亿元,增长40.9%;第三产业完成投资532.62亿元,下降2.3%。

2. 经济运行总体平稳。全年实现农业总产值21.26亿元,比上年增长7.8%。其中:种植业14.16亿元,增长4.4%;林业2.27亿元,增长39.5%;牧业0.03亿元,下降89.3%;渔业2.93亿元,下降2.3%;农林牧渔服务业1.86亿元,增长51.5%。全年实现工业增加值401.06亿元,比上年下降1.7%。完成规模工业总产值1590.89亿元,比上年下降2.6%。其中:青浦工业园区1025.27亿元,占全区规模工业产值比重64.4%。全年实现建筑业总产值136.09亿元,比上年增长12.5%。全区合同外资、实到外资分别完成19.8亿美元和9.0亿美元,创历史新高,比上年分别增长41.4%和12.5%。外贸进出口总额完成707.39亿元,比上年下降

8.0%。其中:出口额390.45亿元,比上年下降9.5%;进口额316.94亿元,比上年下降6.0%。一季度受疫情冲击严重,二季度起随着常态化防控措施有效实施,企业复工复产全面推进,政府出台多项扶持生产和刺激消费政策,促进市场消费稳步恢复。全年实现社会消费品零售总额519.08亿元,比上年下降4.3%。制定《青浦区关于展览活动新冠肺炎疫情常态化防控》相关制度,推进保障30个展会有序复展。引入云上会展、国际展览公司等落地,打造线上线下融合的会展新业态。自7月1日复展以来,2020年度共举办展览活动44个,展览总面积428.8万平方米,观展近300万人次,实现安全生产零事故,疫情防控零报告。成功创建第二批国家全域旅游示范区。开展首批市级旅游度假区和全域旅游特色示范区域创建工作,淀山湖旅游度假区成功创建首批市级旅游度假区,青浦西虹桥环国家会展中心都市旅游区、青浦环城水系公园成功创建首批市级全域旅游特色示范区域。年内,全区统计范围内的景区(点)、酒店、旅行社共接待游客约772.35万人次。全年实现交通运输和仓储业增加值134.57亿元,比上年增长9.8%。实现信息传输、软件和信息技术服务业增加值161.72亿元,比上年增长51.6%。

3. 民生保障持续改善。全年新增就业人数26778人,重点关注农村富余劳动力,针对性输送岗位,拓宽就业补贴范围,年内全区农村富余劳动力新增就业9410人,其中青西三镇(朱家角、练塘、金泽)占比54%。全年累计提供就业岗位64557个,开展各类招聘活动262场。年内,帮助成功创业530人,完成农民非农就业技能培训8279人;全区应届高校毕业生就业率达85.3%,帮助长期失业青年实现就业创业243人。城镇登记失业人数控制在市下达的指标之内。至年末,全区有养老机构22家,养老床位8069张,有1722名助老员为6109名老人提供政府托底的居家养老服务,社区老年人日间服务中心133家,社区老年人助餐点35个,市级标准化老年活动室282个。全年新(改)建市级标准化老年活动室25家,助餐点10家。全年发放特困人员实物救助744人次,累计金额2.98万元;发放重残无业人员生活补助金41729人次,累计金额5883.61万元;发放粮油帮困供应卡券55099人次,累计金额387.17万元;发放城乡居民最低生活保障金50436人次,累计金额5333.55万元。

4. 实事工程和重大项目建设扎实推进。基本完成年度10项实事工程项目,其中1项(爱心暑托班)因疫情停办。具体为:完成改扩建老年活动室25家、新增老年人日间服务中心6家、老年人助餐点10家、综合为老服务中心分中心3家、认知症照护床位100张;完成残疾人家庭无障碍设施改造250户;促进残疾人就业增收400人。新增智慧健康小屋6个、急救分站1家;新增AED急救设备100台,新建AED急救设备管理系统,开展培训4000人。开设爱心暑托班30个,提供2000名青浦学籍小学生暑期看护服务(因疫情原因调出);开设公办幼儿园托班16班。完成户籍新增就业人数19000人,其中农村富余劳动力4000人;帮助成功创业450人;农民非农就业技能培训7000人。完成农村生活污水改造3441户。新改建公交候车亭305座(其中新建205座、更新100座)、公交港湾式站台12座。完成居民住宅二次供水设施改造1000户。改造城区街心花园面积10000平方米。完成老旧小区综合改造47万平方米,新增住宅小区电动车充电设施500个。开放使用环城水系驿站17个,投入使用青溪书院1个。年内,全区共安排重大项目128项(其中在青浦建设的市重大项目20项),储备项目24项。全年计划开工35项,实际开工30项,开工率85.7%;计划竣工39项,实际竣工35项,竣工率89.7%;计划完成投资294.8亿元,实际完成投资230.0亿元,投资完成率78.0%。

5. 环境保护和绿化建设持续加强。全年空气质量指数(AQI)达到二级及优于二级的天数313天,空气质量指数优良率85.5%,比上年提高8.0个百分点。水环境持续保持,19个市考核断面达标率100%,与上年相同。年内,成功通过垃圾分类示范区复核。全年干垃圾日均量488.33吨,比市级指标700吨/日减少30%;湿垃圾日均量569.73吨,比市级指标381吨/日增加50%;干、湿垃圾分类实效明显提升;村居累计设置再生资源回收点605个,建成中转站8座、集散场1座,"两网融合"(指生活垃圾清运体系与再生资源回收体系两个网络有效衔接并融合发展,从而实现垃圾分类后的减量化和资源化)收运处体系逐步健全,日收运量319.41吨,比市级指标255吨/日增加25%。建立和完善市、区、街镇和第三方四级垃圾分类监督检查机制,全年对全区683个居住小区、184个农村社区及381个"六类场所"(指党政机关、医院、学校、商场、饭店、菜场)实现全覆盖检查和指导。

至年末,全区绿地总面积6956.77万平方米,其中园林绿地面积4029.15万平方米、生产绿地面积2927.62万平方米。全区绿化覆盖总面积6998.22万平方米,其中园林绿化覆盖面积4070.60万平方米、生产绿地面积2927.62万平方米。全区公共绿地面积1212.41万平方米,绿地率43.05%,绿化覆盖率43.31%,人均公共绿地面积10平方米/人。

6. 教科文卫体协调发展。至年末,全区有教育单位(含民办)191个,其中幼儿园92所、义务教育阶段学校55所、高中6所、特殊教育2所、中职教育3所、其他教育事业单位8所。在校生90144人,其中在园幼儿28242人、义务教育在校生52135人、高中在校生6087人、特殊教育在校生292人、中职在校生3388人。

实施科技型企业培育发展计划,积极培育民营科技企业、高新技术企业、小巨人企业等科技型企业队伍。年内,认定高新技术企业301家,全区有效高新技术企业累计达758家;7家企业被认定为市科技小巨人(含培育)企业,全区累计认定市科技小巨人(含培育)企业126家。全年申报获批院士(专家)工作站4家,全区院士(专家)工作站累计41家,其中院士站3家、专家站38家。

立足惠民为民宗旨,开展市民文化节活动,首次推出云上服务,以直播的形式带领市民观展,累计点击量187628人次,位列全市第二。丰富线上线下文化资源服务,利用"文化青浦云"推出"文化e站"线上观赏栏目,年内访问用户数8000人次,视频点击量约11万次。青浦区博物馆全年接待观众91890人次,其中青少年31267人次、外宾389人次。青浦区图书馆举办各类读书活动130余场,参与人数4万多人次;完成市、区两级文艺配送217场,区级文化配送205场。

全年共配送农村公益电影4166场、公益流动电影1465场，对153个农家书屋配送图书12938册。

至年末，全区有各级各类卫生机构413所，卫生技术人员6143人。各级各类卫生机构门急诊人次数523.99万人次，比上年下降15.53%；出院病人数53435人，比上年下降5.12%；手术人次数37200人次，比上年增长14.63%；床位使用率75.96%，比上年下降11.95个百分点。全区医疗资源总体布局持续优化，复旦大学附属妇产科医院青浦分院加快建设，长三角（上海）智慧互联网医院投入运行，徐泾北大居社区卫生服务中心按时开业，继续实施《青浦区基层医疗卫生服务机构标准化建设三年行动计划（2019—2021）》，建设乡村振兴市级示范村卫生室。持续深化公立医院改革和社区卫生综合改革试点，开展分级诊疗和医联体建设，做实家庭医生签约服务。

年内，积极参加上海市第三届市民运动会，承办舞龙舞狮、空手道、跳绳、龙舟、帆船等6项市级总决赛，组织参加市级赛事活动81项（次）。全年组织开展各类区级赛事282项（次），参与人数15.03万人次。累计开放体育场所（设施）4100余小时、接待健身群众27.6万余人次，其中免费接待12.2万余人次。开展科学健身“进机关”“进企业”活动，共有1000余人次参加。年内，新增注册运动员475人，全区注册运动员累计达1532人，向上输送运动员20人。全年有752名运动员参加各级各类体育赛事，共获得26金40银43铜。

7. 公共服务和基础设施建设进一步提升。年内，“上海青浦”政府网站首页访问量1.44亿次、页面总访问量2.38亿次、总点击数5.32亿次；政府网站累计发布信息稿件10789条，其中门户网站发布各类信息5439条、政务公开发布各类信息5350条、视频专栏发布新闻信息及专题片等各类视频1135条。全年区行政服务中心各窗口共接待30.57万人次，受理事项558358件，办结项目506662件；全区11个街镇社区事务受理服务中心共接待84.79万人次，受理事项841123件，办结项目832951件。

至年末，全区已投运110千伏变电站16座，合计容量1921兆伏安；投运35千伏变电站39座，合计容量1880.5兆伏安。全区共有10千伏及以上高压架空线路484条，长度2469.3公里；380伏低压架空线路5188条，长度2483.1公里；10千伏及以上高压电缆645条，长度4232.2公里；380伏低压电缆63628根，长度4414.4公里。年内，全区用电客户数48.87万户，全年用电量66.79亿千瓦时，比上年下降0.02%。其中：第一产业用电量0.38亿千瓦时，比上年下降3.61%；第二产业用电量32.96亿千瓦时，比上年下降2.06%；第三产业用电量20.54亿千瓦时，比上年下降0.47%；城乡居民生活用电12.90亿千瓦时，比上年增长6.49%。全区自来水供水能力70万立方米/日，与上年持平。全年供水总量1.58亿立方米，比上年下降3.06%；售水总量1.24亿立方米，比上年下降3.87%。其中：工业用水量0.23亿立方米，比上年下降14.81%；生活用水量0.59亿立方米，比上年增长3.50%。至年末，全区天然气管道总长度1671公里，销售天然气总量18514万立方米，其中工业用气量11156万立方米、家庭用气量5009万立方米，用气总户数210457户，其中家庭用气208909户。全年供应液化气总量5535.3吨，其中家庭用气量4982.3吨；用气总户数12.4万户，其中家庭用户12.0万户。至年末，区管城市道路111.4公里，桥梁149座，总长度8313米。全区公路总里程992.27公里，其中区管公路205.34公里、农村公路786.93公里；桥梁1329座，总长度48181.67米。

区领导班子成员和区级机构负责人名录

中共上海市青浦区委员会（简称区委）

书　记：赵惠琴（女）

副书记：余旭峰　杨小菁（女）

常　委：姜爱锋　赵　明　蒋仁辉　孙　挺（女）　王　翔　姜道荣　刘辽军　王凌宇

上海市青浦区人民代表大会常务委员会（简称区人大常委会）

主　任：朱明福

副主任：陶夏芳（女）　胡海民　何　强　赵宏林

上海市青浦区人民政府（简称区政府）

区　长：余旭峰

副区长：姜爱锋　孙　挺（女）　倪向军（女）　金俊峰　顾　骏　姚少杰　彭一浩

市管二级巡视员：徐　英（女）

中国人民政治协商会议上海市青浦区委员会（简称区政协）

主　席：李华桂（女）

副主席：顾啸流　董永元　王海青（女）　饶斐文

中共上海市青浦区委办公室（简称区委办）

主　任：陈汇青（区委机要局局长）

副主任：潘勇强（区委督查室主任）　徐卫华（援滇）　汤马欢（2020年5月免）　陈　杰（区委保密办主任、区保密局局长）　柏海峰　马琳琦（2020年5月任）

中共上海市青浦区委研究室（简称区委研究室）

主　任：朱加军

副主任：於依凭（2020年5月任）

区人大及其常委会各委室

办公室

主　任：许　峰

副主任：俞全明　陶　磊（女，2020年7月任）

研究室

主　任：许　峰

副主任：陶　磊（女）

法制委员会

主任委员：张丽莉（女）

副主任委员：张　备

监察和司法委员会

主任委员：张丽莉（女）

副主任委员：张　备

社会建设委员会
主任委员:张丽莉(女)
副主任委员:黄春明　宋　波
财政经济委员会
主任委员:徐一军
副主任委员:尤佳秋
教育科学文化卫生工作委员会
主　任:印国荣
副主任:庄惠元　周敏华(女)
华侨民族宗教事务工作委员会
主　任:印国荣
副主任:庄惠元
城市建设环境保护工作委员会
主　任:陈　达
副主任:孙海铭
农业与农村工作委员会
主　任:陈　达
副主任:汤福明
预算工作委员会
主　任:华　琼(女)
副主任:杨莉炯(女)
代表资格审查委员会
主任委员:陆志斌
副主任委员:徐一军(2020 年 3 月免)
金国宏(2020 年 3 月任)
人事工作委员会
主　任:陆志斌
副主任:金国宏
代表工作室
主　任:金国宏
副主任:徐　新(女)
夏阳街道工作委员会
主　任:陈　达(2020 年 5 月免)
凌　敏(2020 年 5 月任)
副主任:李明生
盈浦街道工作委员会
主　任:徐孝芳(女)
副主任:唐培元
香花桥街道工作委员会
主　任:张　兵
副主任:王金荣(2020 年 7 月免)
顾军燕(女,2020 年 7 月任)

上海市青浦区人民政府办公室(简称区政府办)

主　任:李　欢(女,区政府研究室主任、区政府外办主任、区政府合作交流办主任、区地区办主任)
副主任:余　翔　李柏青
陈　阳(2020 年 10 月免)
钱卫红(女,2020 年 11 月任)
王　滨　孙　茂(2020 年 5 月免)
蒋晓敏(2020 年 7 月任)
徐烈宏(挂职,2020 年 8 月任)

上海市青浦区机关事务管理局(简称区机管局)

书记、局长:戴秀河
副局长:计红星　盛　斌

区政协

秘书长、办公室主任:张正华(女)
专委办主任、副秘书长:诸福先
副秘书长:高　峰　徐海燕(女)
办公室副主任:钱震杰(2020 年 6 月免)
专委办副主任:张　亮
提案委员会
主　任:顾啸流
副主任:王　滨　徐连光　诸福先
经济委员会
主　任:徐　农
副主任:干建平　叶丽君(女)　池学聪　虞　骏
人口资源环境建设委员会
主　任:池春燕
副主任:吴金英(女)　邱宝荣　倪达锋　雷　鹏
教科卫体委员会
主　任:刘　敏
副主任:王翠玲(女)　姚明明　顾爱根
社会和法制委员会
主　任:高　峰
副主任:吴　春(2020 年 9 月免)
徐卫军　黄海忠　戴秀河
文化文史和学习委员会
主　任:周思琴(女,2020 年 9 月免)
吴　春(2020 年 9 月任)
副主任:周思琴(女,2020 年 9 月任)
王　辉　田惠敏　徐　斌
农业和农村委员会
主　任:周文娟(女)
副主任:龚海明　程光宇
民族宗教和港澳台侨委员会
主　任:张　静(女)
副主任:田春红(女)　杭　萍(女)

中共上海市青浦区纪律检查委员会、上海市青浦区监察委员会(简称区纪委监委)

书记、主任:王　翔
副书记、副主任:胡元强　仲吉宇
常　委:徐　飞　童　伟(女)　金　平(女)
第一派驻纪检监察组组长:夏剑群(女)
第二派驻纪检监察组组长:林夫珍(女)
第三派驻纪检监察组组长:章红军
第四派驻纪检监察组组长:杨雪虹(女)
第五派驻纪检监察组组长:曾庆奎
第六派驻纪检监察组组长:许秋凤(女)
第七派驻纪检监察组组长:张跃春
第八派驻纪检监察组组长:穆华平

第九派驻纪检监察组组长：章亮亮（女）

中共上海市青浦区委组织部（简称区委组织部）

部　长：蒋仁辉

副部长：陆志斌　徐连光（区委编办主任）

孙鸿根　沈秋英（女，2020 年 5 月免）

徐　慧（女，2020 年 5 月任）

黄励峰（区公务员局局长）

区委编办副主任：张永刚

赵兴昌（挂职，2020 年 8 月任）

中共上海市青浦区社会工作委员会（简称区社会工作党委）

书　记：沈秋英（女，2020 年 5 月免）

徐　慧（女，2020 年 5 月任）

副书记：施　音（女）

中共上海市青浦区委宣传部（简称区委宣传部）

部　长：姜道荣

副部长：周思琴（女，区新闻办主任，区委网信办主任）

俞　峰（区文明办主任）

陈　涛　沈旖婷（女）

中共上海市青浦区委统一战线工作部（简称区委统战部）

部　长：王凌宇

副部长：曹　杰　张　静（女）　汤宏波　石惠军

上海市青浦区民族和宗教事务办公室（简称区民宗办）

主　任：汤宏波

副主任：沈　英（女）

上海市青浦区人民政府侨务办公室（简称区侨办）

主　任：曹　杰（2020 年 5 月免）

石惠军（2020 年 5 月任）

上海市青浦区人民政府台湾事务办公室（简称区台办）

主　任：石惠军

副主任：冯永强

上海市青浦区社会主义学院（简称区社院）

院　长：王凌宇

副院长：陈　冰（女）　周敏华（女）

中共上海市青浦区委政法委员会（简称区委政法委）

书　记：赵　明

副书记：周剑峰　曹秋龙　郭爱民　陈　钢

中共上海市青浦区区级机关工作委员会（简称区级机关工作党委）

书　记：李建明

副书记：王丽霞（女）

纪工委书记：王丽霞（女，2020 年 12 月免）

郑　斌（2020 年 12 月任）

中共上海市青浦区委老干部局（简称区委老干部局）

局　长：孙鸿根

副局长：顾军燕（女，2020 年 6 月免）　仇加鸿

中共上海市青浦区委、青浦区人民政府信访办公室（简称区信访办）

主　任：徐学军

副主任：徐险峰（2020 年 5 月免）

钱　斌　孙文萍（女）

谭卫春（2020 年 7 月任）

上海市青浦区档案局（简称区档案局）

书记、局长：周锦忠（档案馆馆长）

副局长：苏备备（女）　胡国新

档案馆副馆长：柴　飚　戴晓萍（女）

中共上海市青浦区委党校（简称区委党校）

校　长：杨小菁（女）

常务副校长：陈菊英（女）

副校长：武志华　李继力

中共上海市青浦区委员会党史研究室、上海市青浦区地方志办公室（简称区史志办）

主　任：胡爱明

副主任：毛雪明　郭　华（2020 年 12 月任）

上海市青浦区融媒体中心（简称区融媒体中心）

书记、主任：徐　珏（女）

副书记：李仁荣

副主任：陈金辉　徐　斌　高　群（女）　贾彦秋

王晓洁（女，挂职，2020 年 8 月任）

上海市青浦区总工会（简称区总工会）

主　席：赵宏林

书　记：吴　春（2020 年 9 月免）

陈　阳（2020 年 9 月任）

常务副主席：吴　春（2020 年 10 月免）

陈　阳（2020 年 10 月任）

副主席：倪　健（女）　蔡学锋　张　维（女，挂职）

周振波（兼）　黄　敏（女，兼）

中国共产主义青年团上海市青浦区委员会（简称团区委）

书　记：沈竹林

副书记：宋　波　陈舒艺（女）　董汉成（挂职）

张福奇（兼）　白敬轩（兼）

上海市青浦区妇女联合会（简称区妇联）

书记、主席：张国妹（女）

副主席：谢　华（女）　郭慧清（女）　庄伟华（女，挂职）

周　瑜（女，兼）　顾　峻（女，兼）

上海市青浦区工商业联合会（简称区工商联）

书记、常务副主席：曹　杰

主　席：池学聪

专职副主席：汪　清　蒋　华

上海市青浦区文学艺术界联合会（简称区文联）

主　席：曹伟明

专职副主席：盛玲芳（女）

副主席：范林元　张　军　金　璀（女）　瞿关松

上海市青浦区归国华侨联合会（简称区侨联）

书记、主席：杭　萍（女）

专职副主席：袁曦敏（女，兼任秘书长）

兼职副主席：刘　敏　沈钦华　谢松峰　刘严雄

汪　清

上海市青浦区残疾人联合会（简称区残联）

书记、理事长：陆惠星

副理事长：许建忠　陈　燕（女）　周明浩（兼）

董旭华（女，兼）

上海市青浦区人民检察院（简称区检察院）
书记、检察长：郑永生
副检察长：周红亚（女，2020年9月免）
徐庆天　刘华敏
政治部主任：周少华（女）
上海市青浦区人民法院（简称青浦法院）
书记、院长：麦　珏（女）
副院长：钱　燕（女，2020年7月任）　王贤诚　张富泉
政治部主任：周向东
中国人民解放军上海市青浦区人民武装部（简称区人武部）
政　委：刘辽军
部　长：李会林（2020年4月免）
段晓明（2020年4月任）
副部长：王海涛（2020年7月免）
崔晓龙（2020年8月任）
上海市青浦区发展和改革委员会（简称区发展改革委）
书　记：朱正伟
主　任：朱正伟（2020年7月免）
卫　星（女，2020年7月任）
副书记：卫　星（女，2020年1月任）
蒋金坤（2020年9月免）
柏培峰（2020年9月任）
副主任：卫　星（女，2020年7月免）
叶　慧（女，2020年10月免）
柏培峰（2020年10月任）
陈小玉　费晓勤（女）
朱　丰（2020年11月任）
王奇卉（女，挂职，2020年8月任）
上海市青浦区经济委员会（简称区经委）
书记、主任：朱要武
副书记：杨河生
副主任：杨河生（2020年11月任）
陆蓓蕾（女）　许　诺　董　敏（女）
上海市青浦区商务委员会（简称区商务委）
书　记：谭　伟（2020年8月免）
潘慧敏（女，2020年8月任）
主　任：谭　伟（2020年9月免）
潘慧敏（女，2020年9月任）
副书记、副主任：杨　波（挂职，2020年8月任）
副主任：张正义　叶丽君（女）　肖晓平
上海市青浦区农业农村委员会（简称区农业农村委）
书记、主任：谢　辉
副书记：沈玲英（女）
副书记、副主任：茶正林（挂职，2020年8月任）
副主任：沈玲英（女，2020年11月任）
龚海明　邓春兴　朱雪生　夏亚刚
黄元杰（挂职）
上海市青浦区建设和管理委员会（简称区建设管理委）
书记、主任：陆章一
副书记：许卫民
副主任：许卫民（2020年11月任）
张　诚　倪达锋　浦浩良　耿伟荣
上海市青浦区重大项目建设办公室（简称区重大办）
主　任：姜爱锋
常务副主任：陆章一
副主任：张　诚　李柏青（兼）　费晓勤（女，兼）
朱永强（兼）　刘少峰（兼）
上海市青浦区科学技术委员会、上海市青浦区科学技术协会（简称区科委、区科协）
书记、主任、主席：张宏洲
副书记：奚玉麟（2020年6月免）
副主席：庄惠元
副主任、副主席：沈备云（2020年6月任）
副主任：凌雪庆（2020年6月免）　刘志斌
陈锦花（女，2020年6月任）　沈　峰
上海市青浦区国有资产监督管理委员会（简称区国资委）
书记、主任：虞　骏
副书记：李成芳（女）
副主任：王锡璟　江　辉
上海市公安局青浦分局（简称公安青浦分局）
书记、局长、督察长：姚少杰
副书记、政委：杨　俊
副书记、副局长：周　萍（女）
副局长：成玉之　华　钢　刘懿骏　陈永强　赵　熠
政治处主任：沈红开
纪委书记：张　欣
指挥处处长：谢云川
上海市青浦区司法局（简称区司法局）
书记、局长：朱建忠
副书记：尤建华
副局长：尤海东　谢天凡　夏家喜　姚晓平
施　彦（女，挂职，2020年8月任）
上海市青浦区人力资源和社会保障局（简称区人力资源社会保障局）
书记、局长：俞藕英（女）
副书记：缪琦珺
副局长：缪琦珺（2020年11月任）
唐金龙　周维平　杨惠芳（女）　吴　薇（女）
上海市青浦区医疗保障局（简称区医保局）
书记、局长：徐春余
副局长：钟　青（女）
上海市青浦区民政局（简称区民政局）
书记、局长：施剑文
副书记：徐建青
副局长：黄海忠　沈纪国　庄　娟（女）
徐建青（2020年11月任）
木娅莉（女，挂职，2020年8月任）
上海市青浦区退役军人事务局（简称区退役军人局）
书记、局长：赵　峰
副局长：徐卫军　陈　海（2020年12月任）

纪委书记、副总经理:何　伟
副总经理:张　力(2020 年 6 月免)
王　辉　谭新华(2020 年 6 月任)

上海市青浦区烟草专卖局、上海烟草集团青浦烟草糖酒有限公司(简称青浦烟草)
书记、局长、总经理:冯永铿
副书记:曲志兵
副局长:陈　康　沈　艳(女,2020 年 8 月免)

国网上海市电力公司青浦供电公司(简称青浦供电公司)
书　记:鲍长庚
总经理:任春萌
纪委书记:沈海东
副总经理:陈超杰　吴伟东　黄昂军
总工程师:黄晨宏

中国电信股份有限公司上海青浦电信局(简称中国电信上海公司青浦局)
书记、局长:季宏锋
副局长、纪委书记:姚晓华(女)
副局长:祝晓剑　茅海荣

中国移动通信集团上海有限公司青浦分公司(简称上海移动青浦分公司)
书记、总经理:吴　勇(2020 年 3 月免)
吉鸿雁(2020 年 3 月任)
副总经理:李海燕(女,2020 年 5 月免)

中国联合网络通信有限公司上海市青浦区分公司(简称上海联通青浦分公司)
总经理:梅红芳(女)
副总经理:任　杰　李鹏飞

镇、街道负责人名录

中共上海市青浦区赵巷镇委员会、上海市青浦区赵巷镇人民政府(简称赵巷镇)
书　记:王玲锦(女)
副书记、镇长:张　炜
人大主席:刘益民
副书记:沈　健　吴建英(女)
纪委书记、监察办公室主任:徐栋栋(女)
副镇长:钱永林(2020 年 4 月免)　夏继东　周雄文
王　萍(女)　刘　磊(2020 年 6 月任)

中共上海市青浦区徐泾镇委员会、上海市青浦区徐泾镇人民政府(简称徐泾镇)
书　记:潘恩华
副书记、镇长:陈　瑜
人大主席:陆彩娥(女)
副书记:沈永连　潘雪明
纪委书记、监察办公室主任:王永飞
副镇长:朱　勤(女)　陆　辉(援青)
沈　激　张　隽　衡晓勇

中共上海市青浦区华新镇委员会、上海市青浦区华新镇人民政府(简称华新镇)
书　记:陆　青
副书记、镇长:林　峰
人大主席:吴希铭
副书记:朱红珍(女)　陈爱明
纪委书记、监察办公室主任:邵　云
副镇长:尤洪明　胡永青(援滇)　高雪峰
徐剑峰(女)　王　劼

中共上海市青浦区重固镇委员会、上海市青浦区重固镇人民政府(简称重固镇)
书　记:金　彪
副书记、镇长:顾荷英(女)
人大主席:张惠娟(女)
副书记:方伟忠　杨　嵘
纪委书记、监察办公室主任:朱　琦(女)
副镇长:庄爱军　陆全林　刘静俊　金圣君

中共上海市青浦区白鹤镇委员会、上海市青浦区白鹤镇人民政府(简称白鹤镇)
书　记:朱磊明
副书记、镇长:陈卫群
人大主席:蔡双琪
副书记:张卫兴　叶　岚
纪委书记、监察办公室主任:黄　涛
副镇长:庄祥华　陈栋辉　潘桢栋　陈飞飞(女)

中共上海市青浦区朱家角镇委员会、上海市青浦区朱家角镇人民政府(简称朱家角镇)
书　记:高　健
副书记、镇长:乔惠锋
人大主席:诸建芳(女)
副书记:张小英(女)　管文军
纪委书记、监察办公室主任:杨　钦
副镇长:陆小龙　沈　培　季　靓(女)　顾　晨

中共上海市青浦区练塘镇委员会、上海市青浦区练塘镇人民政府(简称练塘镇)
书　记:王永根
副书记、镇长:范国强
人大主席:陆桂芳(女)
副书记:陆秋根　汤马欢(2020 年 5 月任)
纪委书记、监察办公室主任:刘成涛
副镇长:钱闪星　胡晓东　印　剑(援滇)
肖　菁(女)　倪争艳(女)

中共上海市青浦区金泽镇委员会、上海市青浦区金泽镇人民政府(简称金泽镇)
书　记:方志坚
副书记、镇长:凌　敏(2020 年 5 月免)

孙　茂(2020 年 5 月任)
人大主席:徐福星
副书记:郭正梁　徐　慧(女,2020 年 5 月免)
徐险峰(2020 年 5 月任)
纪委书记、监察办公室主任:费金卫云
副镇长:朱卫东　庄跃华(2020 年 11 月免)
陆慧明　吴建芳(女)
吕　剑(2020 年 11 月任)

中共上海市青浦区夏阳街道党工委、上海市青浦区人民政府夏阳街道办事处(简称夏阳街道)
书　记:陈　达(2020 年 5 月免)
凌　敏(2020 年 5 月任)
副书记、办事处主任:潘慧敏(女,2020 年 8 月免)
徐　川(2020 年 8 月任)
副书记:肖　飞　任建荣
纪工委书记、监察办公室主任:王　娟(女)
办事处副主任:孙　蔚　陈　冰　邹　梅(女)　盛　钢

中共上海市青浦区盈浦街道党工委、上海市青浦区人民政府盈浦街道办事处(简称盈浦街道)
书　记:徐孝芳(女)
副书记、办事处主任:李宾徐
副书记:章国新　江　怀
纪工委书记、监察办公室主任:许芳群(女)
办事处副主任:朱春健　沈丽萍(女)　陆广军　喻晓东

中共上海市青浦区香花桥街道党工委、上海市青浦区人民政府香花桥街道办事处(简称香花桥街道)
书　记:张　兵
副书记、办事处主任:许伟明
副书记:陈金新　金　红
纪工委书记、监察办公室主任:许　华(女)
办事处副主任:徐文芳　姚伟明
沈备云(2020 年 6 月免)
王金荣(2020 年 6 月任)
姜维维(女)

民主党派负责人名录

中国国民党革命委员会上海市青浦区委员会(简称民革区委)
主任委员:沈伯明
副主任委员:朱国君

中国民主同盟上海市青浦区委员会(简称民盟区委)
主任委员:王海青(女)
副主任委员:高晓生　宋伟倩　康军平

中国民主建国会上海市青浦区委员会(简称民建区委)
主任委员:高　峰
副主任委员:钱　珏(女)　卢伟光　李　峰

中国民主促进会上海市青浦区总支委员会(简称民进总支)
主任委员:姚伟明
副主任委员:顾桂芳(女,2020 年 12 月任)
裘德荣　郑湘竹(女)

中国农工民主党上海市青浦区委员会(简称农工党区委)
主任委员:饶斐文
副主任委员:田惠敏　朱　斌

中国致公党上海市青浦区总支部委员会(简称致公党总支)
副主任委员:周敏华(女,主持工作)　沈卫星

九三学社上海市青浦区委员会(简称九三学社区委)
主任委员:朱国健
副主任委员:袁永坤　田春红(女)
朱　勤(女,2020 年 11 月任)

金融机构负责人名录

中国农业银行股份有限公司上海青浦支行(简称农业银行青浦支行)
书记、行长:张　凡
纪委书记:刘　嫣(女)
副行长:周　斌(2020 年 9 月免)
沈　健　陈　炎　王铮岳(2020 年 9 月任)

中国建设银行股份有限公司上海长三角一体化示范区支行(简称建设银行长三角一体化示范区支行)
书记、行长:张　悦
副行长:高　驰(2020 年 11 月免)
朱利锋(2020 年 1 月免)　王星耀　戴　巍
蔡昱嘉(2020 年 1 月任)
万方达(2020 年 11 月任)
纪检组组长:俞晓东

中国工商银行股份有限公司上海长三角一体化示范区支行(简称工商银行长三角一体化示范区支行)
行　长:叶明雯(女)
纪委书记:范　锋(2020 年 4 月任)
副行长:金　伟　丁钰杰(女)

中国银行股份有限公司上海市青浦支行(简称中国银行青浦支行)
行　长:宋一兵
副行长:赵　明　杨　震(2020 年 5 月免)　徐成豪

上海银行股份有限公司青浦支行(简称上海银行青浦支行)
行　长:沈　喆(2020 年 12 月免)
副行长:俞惠萍(女,2020 年 12 月任,主持工作)　徐伟新

中国光大银行股份有限公司上海青浦支行(简称光大银行青浦支行)
行　长:马红兵
副行长:王　琳(女)　沈立萍(女)
交通银行股份有限公司上海长三角一体化示范区分行(简称交通银行长三角一体化示范区分行)
行　长:张　波
副行长:顾　伟　张　霆　张振元　夏　颖(女)
上海农村商业银行股份有限公司青浦支行(简称上海农商银行青浦支行)
书记、行长:占玲灵(女)
副行长:吴莉芳(女,2020 年 8 月任)
张云根　蔡夏晰(女,2020 年 8 月免)
上海浦东发展银行股份有限公司青浦支行(简称浦发银行青浦支行)
行　长:宋志青(2020 年 3 月免)
李宗宁(2020 年 7 月任)
副行长:罗　森　乐　华　周近勇
中国农业发展银行上海市青浦区支行(简称农发行青浦支行)
行　长:史斌全(2020 年 11 月免)
杨桂芳(女,2020 年 11 月任)
副行长:管　超(2020 年 11 月免)
王　欣(2020 年 12 月任)
平安银行股份有限公司上海青浦支行(简称平安银行青浦支行)
行　长:王盛华(2020 年 7 月免)
高金芳(女,2020 年 7 月任)
兴业银行股份有限公司上海青浦支行(简称兴业银行青浦支行)
行　长:王家骏(2020 年 12 月免)
鲍雯君(女,2020 年 12 月任)
中国民生银行股份有限公司上海青浦支行(简称民生银行青浦支行)
行　长:朱丽青(女)
副行长:陆　斌
中国邮政储蓄银行股份有限公司上海青浦区支行(简称邮储银行青浦区支行)
副行长:姚　健(主持工作)
乔辉华(女,2020 年 2 月任)　王彩妹(女)
中信银行股份有限公司上海青浦支行(简称中信银行青浦支行)
书　记:章珂杰(2020 年 12 月免)
行　长:张　伟
副行长:罗帮胜
广发银行上海青浦支行(简称广发青浦支行)
行　长:张　俊
杭州银行股份有限公司上海青浦支行(简称杭州银行青浦支行)
副行长:宋伟宁　陆卫东　唐彩萍(女)
华夏银行股份有限公司上海青浦支行(简称华夏银行上海青浦支行)
行　长:顾　静(女,2020 年 3 月免)
吴春云(2020 年 3 月任)
副行长:姚　虹(女)
招商银行股份有限公司上海青浦支行(简称招商银行青浦支行)
行　长:宋铭琦
副行长:王　润　薛韵婷(女)
浙江泰隆商业银行股份有限公司上海青浦支行(简称泰隆银行青浦支行)
行　长:马　岛
浙江稠州商业银行股份有限公司上海青浦支行(简称稠州银行青浦支行)
行　长:浦浩军(2020 年 8 月任)
副行长:陈丹丹(女,主持工作,2020 年 8 月免)
浙江民泰商业银行股份有限公司上海青浦支行(简称民泰银行青浦支行)
行　长:邵灵彬(2020 年 3 月免)
叶　圣(2020 年 3 月任)
大连银行股份有限公司青浦支行(简称大连银行青浦支行)
行　长:张　坚
副行长:胡益鸣
北京银行股份有限公司青浦支行(简称北京银行青浦支行)
行　长:沈　燕(女)
副行长:贾　涛　郁文刚
宁波通商银行股份有限公司上海青浦支行(简称宁波通商银行青浦支行)
行　长:顾徐浩
副行长:潘伟强　邬革革(女)
宁波银行股份有限公司上海青浦支行(简称宁波银行青浦支行)
行　长:项　军(2020 年 4 月任、10 月免)
范益红(女,2020 年 10 月任)
上海青浦惠金村镇银行股份有限公司(简称青浦惠金村镇银行)
董事长:杨清波(2020 年 2 月任)
行　长:叶树平(2020 年 5 月免)
杨　帆(2020 年 7 月任)
副行长:黄荣胜(2020 年 2 月任)　张　斌(女)
中国人民财产保险股份有限公司上海市青浦支公司(简称人保财险青浦支公司)
总经理:金建平(2020 年 12 月免)
副总经理:陈家康(2020 年 12 月任,主持工作)
徐　辉(女)　张　璇(女,2020 年 5 月任)
中国人寿保险股份有限公司上海市青浦支公司(简称人寿保险青浦支公司)
总经理:朱筱安(2020 年 5 月免)
副总经理:吴文杰(2020 年 6 月任,主持工作)
中国太平洋财产保险股份有限公司上海市青浦支公司(简称太平洋产险青浦支公司)
总经理:陆宏信
副总经理:徐　清
安信农业保险股份有限公司上海青浦支公司(简称安信青浦支公司)
总经理:王　策(2020 年 2 月免)
朱　毅(2020 年 2 月任)
副总经理:张秀红(女)

综 述

2020年,区委常委会始终坚持以习近平新时代中国特色社会主义思想为指导,全面贯彻落实党的十九大和十九届四中、五中全会精神,深入贯彻落实习近平总书记考察上海和在浦东开发开放30周年庆祝大会上的重要讲话精神,认真贯彻落实市第十一次党代会和十一届市委历次全会精神,坚持稳中求进工作总基调,统筹新冠肺炎疫情防控和经济社会发展工作,大力抓好"六稳""六保"工作,深入践行"人民城市人民建,人民城市为人民"重要理念,发扬"抢拼实善"新时代青浦奋斗精神,全区经济建设、政治建设、文化建设、社会建设、生态文明建设和党的建设取得新进展,年度目标任务和"十三五"规划主要目标任务顺利完成。一是深入贯彻落实习近平总书记考察上海重要讲话精神。制定实施提升党领导区域治理的能力和水平、加快实现全面跨越式高质量发展的意见。分步推进区域治理成效明显,城市功能和核心竞争力进一步提升。青、吴、嘉三地党委共同制定示范区党建高质量创新发展"1+2"系列文件,设立长三角金融产业园,长三角投资公司顺利落户青浦并签署战略合作协议。妥善应对疫情防控特殊形势,圆满完成第三届"进博会"服务保障,实现"两个一流""两个万无一失"。以打造社会主义现代化国际大都市的门户城市为目标方向,切实把习近平总书记重要讲话精神和党中央、市委重大决策部署转化为推动"十四五"规划乃至更长时期青浦发展的创新思路和务实举措。二是坚决扛起抗击新冠肺炎疫情政治责任。形成了区委、区政府主要领导任双组长、"一办九组"协同运作的工作架构,统筹抓好全区疫情防控工作,全面落实全流程闭环管理。制定实施分类复工复产复市方案,积极落实市抗疫惠企政策,出台"青惠十七条"扶持政策。加大公共卫生投入力度,全面推进公共卫生应急管理体系与疾控体系建设。三是着力推动经济高质量发展。研究制定促进在线新经济发展行动方案,软件信息业快速增长,市西软件信息园等特色园区发展态势良好。实施支持经济小区健康发展若干措施、联系服务经济小区工作方案,大力促进民营经济发展。积极落实上海市优化营商环境3.0版,进一步完善联系服务企业工作机制。坚决落实疫情防控税收优惠政策,进一步巩固扩大减税降费成效。四是不断增强城市治理效能。提出青中融合发展、青东联动发展、青西协同发展战略,推动镇域经济向区域经济的更高质量更高能级发展。配合做好轨道交通17号线西延伸、2号线西延伸等市级重大交通项目研究,崧泽高架西延伸、环城水系治理三期、上海青浦兰生复旦学校、长三角演艺中心、上达河城市公园、海棠公园等重点项目有序推进。围绕"高效办成一件事",不断深化"一网通办",顺利完成"双减半""两个免于提交"任务,加快从"能办"向"好办"转变。深入创建国家生态文明建设示范区,全面推进蓝天、碧水、净土保卫战。五是精心打造"幸福社区"社会治理新样板。扎实做好稳就业、助创业、保民生,进一步完善促进就业政策体系,新增就业2.3万人,完成全年目标124.5%。聚焦解决社区突出问题、增强乡村治理效能、打造幸福社区建设枢纽平台,积极推进社区中心试点。统筹推进乡村振兴各项任务,徐姚村、张马村、东庄村成功创建第二批市级乡村振兴示范村,和睦村等4个村启动新一轮市级创建,"美丽乡村"建设有序推进。创设平安青浦指标体系,坚持和发展新时代"枫桥经验",持续完善"家门口"信访服务体系,健全矛盾纠纷多元化解机制。六是持续提升城市文化软实力。持续建设"上善系列"课程,打造"上善"大讲堂品牌。成立区级新时代文明实践中心,打造覆盖区、街镇、村居的文明实践阵地体系。通过全区干部群众的共同努力,成功获得第六届全国文明城区荣誉称号。"环意 RIDE LIKE A PRO"长三角自行车公开赛顺利举办,淀山湖文化艺术节暨旅游购物节、朱家角水乡音乐节等活动成功开展,江南文化名城独特魅力持续彰显。七是进一步提高党的建设质量和水平。广泛开展知识竞赛、创新推出一批特色课程和教材,着力打响青浦"四史"学习教育特色品牌。制定实施法治建设责任制实施办法,将履行推进法治建设第一责任人职责列入各级党政负责人年终述法内容。健全以居民区党组织为核心,居委会、业委会、物业公司"三驾马车"协调运转的工作机制,增强动员群众参与社会治理创新的能力。推出"青峰"系列人才政策。制定区委落实全面从严治党主体责任实施方案,推动全面从严治党不断向纵深推进、向基层延伸。 (蒋汝岱)

重要活动

■五届区委十次全会 该会于6月29日召开。全会由区委常委会主持。区委书记赵惠琴传达十一届市委九次全会精神，就《中共青浦区委关于深入贯彻落实“人民城市人民建，人民城市为人民”重要理念，提升党领导区域治理的能力和水平，加快实现全面跨越式高质量发展的意见（讨论稿）》作了说明，并就贯彻落实全会精神和做好下阶段工作做了讲话。区委副书记、区长余旭峰，区委副书记杨小菁，区委常委姜爱锋、赵明、蒋仁辉、孙挺、王翔、姜道荣、刘辽军、王凌宇出席会议。全会审议通过《中国共产党上海市青浦区第五届委员会第十次全体会议决议》。（蒋汝岱）

6月29日，中国共产党上海市青浦区第五届委员会第十次全体会议在区会务中心召开（区委办供稿）

■2021年工作务虚会　该会于12月1—2日召开。区委书记赵惠琴，区委副书记、区长余旭峰，区人大常委会主任朱明福，区政协主席李华桂等四套班子领导参加。会议围绕着眼“两个大局”和立足新发展阶段、全面提高党领导区域治理的能力和水平，全面贯彻新发展理念主动服务新发展格局、更好地推动现代化高质量发展，围绕长三角一体化示范区建设的战略要求、更好地打造现代化高能级城市，坚持把人民群众对美好生活的向往作为奋斗目标、更好地创造现代化高品质生活，积极践行“人民城市人民建，人民城市为人民”重要理念、更好地推进现代化高效能治理五大主题，结合各自工作实际讲“干货”出“实招”，提出有针对性、建设性、启发性的意见、建议。（蒋汝岱）

■五届区委十一次全会　该会于12月18日召开。全会由区委常委会主持。审议通过《中共青浦区委关于制定青浦区国民经济和社会发展第十四个五年规划和二〇三五年远景目标的建议》《区委常委会2021年工作要点》《中国共产党上海市青浦区第五届委员会第十一次全体会议决议》。区委书记赵惠琴作关于《中共青浦区委关于制定青浦区国民经济和社会发展第十四个五年规划和二〇三五年远景目标的建议（讨论稿）》的说明，并代表常委会作大会主题报告。（蒋汝岱）

■市委领导调研　2月17日，中央政治局委员、上海市委书记李强到青浦区察看入沪道口、产业园区和复工企业，实地检查调研新冠肺炎疫情防控工作落实和企业有序复工情况，看望慰问抗疫一线工作人员。市委常委、市委秘书长诸葛宇杰，副市长汤志平参加调研，区委书记赵惠琴，区委副书记、区长余旭峰等陪同调研。李强指出，城市运行正逐步转向常态，防输入丝毫不能掉以轻心，防扩散任务依然艰巨繁重。必须坚决贯彻落实习近平总书记关于疫情防控的重要讲话和指示批示精神，动态防控要精准有效，群防群控要严格周密，压紧压实属地责任、企业责任，坚决打赢疫情防控的人民战争、总体战、阻击战，努力保持经济平稳运行和社会和谐稳定。

11月2日，中央政治局委员、上海市委书记李强，市委副书记、市长龚正到国家会展中心（上海）等处，实地检查和了解第三届“进博会”城市服务保障、疫情防控及企业布展情况。商务部副部长王炳南，市领导陈寅、诸葛宇杰、宗明参加调研。区领导赵惠琴、余旭峰陪同调研。（蒋汝岱）

2020年中共青浦区委重要会议和主要活动情况表

表2

名称	时间	主要内容
2020年青浦区民营企业家迎新会	1月2日	区委书记赵惠琴，市委统战部副部长、市工商联党组书记赵福禧出席并讲话。区领导孙挺、王凌宇、何强、彭一浩、顾啸流等参加
青浦区优化营商环境、加强招商引资暨投资促进会	1月6日	区委书记赵惠琴出席会议并讲话。区委副书记、区长余旭峰部署优化营商环境、招商引资和投资促进工作。区委副书记杨小菁主持会议。区领导姜爱锋、孙挺、何强、倪向军、金俊峰、顾骏、彭一浩、顾啸流、郑永生、徐英出席会议
青浦区“不忘初心牢记使命”主题教育总结大会	1月10日	区领导赵惠琴、余旭峰、朱明福、李华桂等出席。区委书记赵惠琴作总结讲话，市委第六巡回指导组副组长马列坚出席会议并讲话，区委副书记杨小菁主持会议
区委常委会第一百一十次会议	2月3日	区委书记赵惠琴主持会议。会议传达市委常委会扩大会议精神；听取疫情防控有关工作情况汇报

（续表）

名称	时间	主要内容
青浦区新型冠状病毒感染的肺炎疫情防控工作领导小组（扩大）会议	2月6日	区委书记赵惠琴主持会议，传达学习市委常委会、市新型冠状病毒感染的肺炎疫情防控工作领导小组会议精神，听取有关情况汇报、部署下一步疫情防控工作。区领导余旭峰、朱明福、李华桂、杨小菁等出席
区委常委会扩大会议	2月18日	区委书记赵惠琴主持会议。学习贯彻习近平总书记在中央政治局常务委员会会议上的重要讲话精神和习近平总书记关于安全生产工作的重要批示精神；传达李强书记在青检查疫情防控工作领导小组会议、市新冠肺炎疫情防控工作电视电话会议精神；听取疫情防控有关工作情况汇报
区疫情防控工作领导小组视频会议	2月20日	区委书记赵惠琴主持会议，传达市疫情防控工作领导小组会议精神和国务院应对疫情联防联控机制工作指导组来青检查指导精神，研究部署有关工作
青浦区统筹推进新冠肺炎疫情防控和经济社会发展工作电视电话会议暨疫情防控工作领导小组第十一次会议	2月25日	区委书记赵惠琴主持会议。区委副书记、区长余旭峰通报青浦区疫情防控和复工复产基本情况
青浦区新冠肺炎疫情防控工作领导小组第十二次会议	3月3日	区委书记赵惠琴主持会议，传达市委常委会、市新冠肺炎疫情防控工作领导小组会议及市新冠肺炎疫情防控工作电视电话会议精神
青浦区新冠肺炎疫情防控工作领导小组第十三次会议	3月10日	区委书记赵惠琴主持会议并讲话，听取各工作组相关情况汇报
青浦区新冠肺炎疫情防控工作领导小组第十四次会议	3月17日	区委书记赵惠琴主持会议并讲话，听取各工作组相关情况汇报
青浦区组织宣传统战工作暨机关党建工作会议	3月18日	区委书记赵惠琴出席会议并讲话。区委副书记杨小菁主持会议并部署机关党建工作。区领导蒋仁辉、姜道荣、王凌宇分别就组织、宣传、统战工作进行总结部署
青浦区新冠肺炎疫情防控工作领导小组第十五次会议	3月24日	区委书记赵惠琴主持会议并讲话，听取各工作组相关情况汇报
青浦区政法、信访和武装工作会议	3月25日	区委书记赵惠琴出席会议并讲话。区委副书记、区长余旭峰主持会议。区领导赵明、刘辽军分别作工作部署。区领导胡海民、金俊峰、姚少杰、董永元、麦珏、郑永生参加会议
区委财经工作委员会会议	3月26日	区委书记赵惠琴主持会议。区领导余旭峰、杨小菁、彭一浩、徐英参加会议
区委审计委员会会议	3月26日	区委书记赵惠琴主持会议。区领导余旭峰、杨小菁、蒋仁辉、王翔、彭一浩、徐英参加会议
青浦区新冠肺炎疫情防控工作领导小组第十六次会议	3月31日	区委书记赵惠琴主持会议并讲话，听取各工作组相关情况汇报
区委依法治区委员会会议	4月1日	区委书记赵惠琴主持会议。区领导余旭峰、朱明福、杨小菁、赵明、姜道荣、胡海民、姚少杰、麦珏、郑永生参加会议
区委国家安全委员会会议	4月1日	区委书记赵惠琴主持会议。区领导余旭峰、杨小菁、赵明、姜道荣、刘辽军、姚少杰参加会议
区委网络安全和信息化委员会会议	4月1日	区委书记赵惠琴主持会议。区领导余旭峰、杨小菁、赵明、姜道荣、倪向军、姚少杰参加会议
区委"统筹推进新冠肺炎疫情防控和经济社会发展"政党协商会	4月2日	区委书记赵惠琴出席会议。区委常委、统战部部长王凌宇主持会议
区委常委会第一百一十七次会议	4月3日	区委书记赵惠琴主持会议。会议传达市委季度工作会议暨市疫情防控工作领导小组会议精神，听取《关于贯彻落实〈2019—2023年全国党政领导班子建设规划纲要〉的实施意见》《关于贯彻落实〈中国共产党农村基层组织工作工作条例〉的实施意见》的解读，审议《2020年青浦区创新社会治理加强基层建设工作要点》和《中共青浦区委全面深化改革委员会2020年工作要点》，听取关于第八轮巡查情况、第九轮巡查方案的汇报等
青浦区新冠肺炎疫情防控工作领导小组第十七次会议	4月7日	区委书记赵惠琴主持会议并讲话，听取各工作组相关情况汇报
街镇党（工）委书记工作例会青西片会议	4月9日	区委书记赵惠琴主持会议并讲话。区领导杨小菁、姜爱锋、赵明、金俊峰、顾骏、彭一浩参加

（续表）

名称	时间	主要内容
中共青浦区委政协工作会议	4月15日	区委书记赵惠琴出席会议并讲话。区委副书记杨小菁主持会议。区领导余旭峰、朱明福等参加。区政协主席李华桂作工作部署
区委欢迎青浦援鄂医疗队队员座谈会	4月17日	区委书记赵惠琴出席会议并讲话，指出青浦援鄂医疗队是逆行出征的时代英雄，是白衣执甲的无畏勇士，是感动青浦的精神坐标，并代表区四套班子和青浦人民向英雄及其家属表示敬意和感谢
区委常委会第一百一十八次会议	4月23日	区委书记赵惠琴主持召开会议。会议学习中央关于党委党组落实全面从严治党主体责任的规定；听取《关于完善重大疫情防控体制机制健全公共卫生应急管理体系的若干意见》的解读；听取关于《土地管理法》《关于加强容积率管理全面推进土地资源高质量利用的实施细则》的解读；听取关于河长制湖长制工作情况汇报及《上海市排水与污水处理条例》的解读；审议关于推动青东联动发展的若干意见；审议2020年青浦区实施乡村振兴战略重点工作方案
街镇党（工）委书记工作例会（青东片）	4月24日	区委书记赵惠琴主持会议。区领导杨小菁、姜爱锋、赵明、顾骏参加。会前，赵惠琴等一行实地踏勘金狮塑胶地块、上海活塞厂分厂等整治地块
青东联动发展领导小组全体会议暨“一办五组”实体化运作大会	5月7日	区委书记赵惠琴出席并讲话。区委副书记杨小菁主持会议。区委副书记、区长余旭峰作工作部署。区领导朱明福、李华桂、姜爱锋、赵明、蒋仁辉、孙挺、王凌宇、倪向军、顾骏、姚少杰、彭一浩、徐英参加
区委常委会第一百一十九次会议	5月14日	区委书记赵惠琴主持会议。会议传达全市区委书记座谈会精神，听取《中共上海市委关于贯彻〈中国共产党宣传工作条例〉的实施意见》《关于进一步推进服务业改革开放发展的指导意见》《关于推动基础设施高质量发展的意见》的解读，审议《青浦区扩大有效投资稳定经济发展行动方案》和《关于推动人才高质量发展服务长三角生态绿色一体化发展示范区建设的若干意见》等新一轮人才政策
区委常委会第一百二十次会议	5月21日	区委书记赵惠琴主持会议。会议听取《关于切实做好我市请示报告工作的实施方案》《关于建立上海市国土空间规划体系并监督实施的意见》的解读；听取关于重大项目建设推进情况的汇报；听取关于第二轮中央生态环境保护督察意见反馈和整改落实情况的汇报
青浦区新冠肺炎疫情防控工作领导小组第二十次会议	5月26日	区委书记赵惠琴主持会议并讲话，听取各组相关情况汇报
区委常委会第一百二十一次会议	6月2日	区委书记赵惠琴主持会议。会议传达近期市委有关会议精神，听取《关于加快社会治理现代化开创平安中国建设新局面》《关于加强党委国家安全干部队伍建设的意见》的解读和《关于我区开展扫黑除恶专项斗争推进情况》的汇报
青东联动发展领导小组第三次全体会议	6月5日	区委书记赵惠琴主持会议，听取一办五组和青东五镇前阶段工作汇报，共同谋划下阶段工作。区领导余旭峰、朱明福、李华桂、杨小菁、赵明、蒋仁辉、孙挺、姜道荣、倪向军、金俊峰、姚少杰、彭一浩、徐英参加
“四史”学习教育专题学习	6月10日	区领导赵惠琴、朱明福、李华桂、杨小菁等前往上海市部分红色革命遗址瞻仰，回望峥嵘岁月，激发奋进力量
2020年青浦区精神文明建设工作会议暨创建全国文明城区推进会	6月11日	区领导赵惠琴、余旭峰、杨小菁等出席。区委书记赵惠琴作重要讲话。市委宣传部副部长、市文明办主任潘敏到会指导。区委副书记、区长余旭峰主持会议
青浦区服务保障第三届“进博会”前线指挥部第一次全体会议	6月16日	区委书记赵惠琴主持召开服务保障第三届“进博会”前线指挥部第一次全体会议。区领导朱明福、李华桂、杨小菁、赵明、蒋仁辉、孙挺、王翔、刘辽军、王凌宇、陶夏芳、胡海民、何强、赵宏林、倪向军、金俊峰、顾骏、姚少杰、彭一浩、顾啸流、董永元、王海青、饶斐文、徐英等参加
区委常委会第一百二十二次会议	6月16日	区委书记赵惠琴主持会议。会议传达李强书记来青调研相关精神；听取《关于配合做好市扫黑除恶重点督导工作的方案》等三个文件的说明；听取关于新冠肺炎疫情防控工作的汇报；听取区人大常委会党组、区政府党组、区政协党组、区法院党组、区检察院党组及各常委部门《关于2020年上半年工作情况和下半年工作安排的报告》的汇报；听取关于五届区委十次全会有关安排的汇报
中共青浦区委中心组与上海市国资委党委中心组举行联组学习	6月18日	区委书记赵惠琴，上海市国资委党委书记、主任白廷辉出席会议并讲话。区委副书记、区长余旭峰介绍了青浦区经济社会发展情况，市国资委党委副书记董勤介绍了上海市国资国企改革发展的党建情况，双方签订《中共上海市青浦区委员会与中共上海市国资委委员会实施党建联建推动战略合作框架协议》。区人大常委会主任朱明福、区政协主席李华桂出席。区委副书记杨小菁主持会议。区领导姜爱锋、赵明、蒋仁辉、孙挺、王翔、姜道荣、刘辽军、王凌宇、倪向军、金俊峰、顾骏、彭一浩参加。会前，区领导和市国资委领导一起前往漕河泾赵巷园区，实地了解企业建设和运行情况

（续表）

名称	时间	主要内容
区委常委会第一百二十三次会议	6月24日	区委书记赵惠琴主持会议。会议听取关于2020年中考和高考工作的情况汇报；审议关于推进示范区党建高质量创新发展的实施意见；审议《区委关于深入贯彻落实“人民城市人民建人民城市为人民”重要理念，提升党领导区域治理的能力和水平，加快实现全面跨越式高质量发展的意见》；听取关于五届区委十次全会有关材料起草情况的汇报
长三角生态绿色一体化发展示范区庆祝建党99周年活动	7月1日	区委书记赵惠琴出席活动并讲话。区领导杨小菁、蒋仁辉参加
区委常委会第一百二十四次会议	7月3日	区委书记赵惠琴主持会议。会议传达市委季度工作会议精神；听取市委组织部反馈2019年度区委选人用人工作民主评议结果、近期巡察工作、区五届人大常委会第三十六次会议（扩大）等有关情况的汇报；听取《党委（党组）意识形态工作责任制实施办法》《关于进一步深化科技创新中心建设的若干意见》的解读
区委财经工作委员会第三次会议	7月13日	区领导赵惠琴、余旭峰、杨小菁、姜爱锋、倪向军、彭一浩、徐英等出席
区委审计委员会第三次会议	7月13日	区领导赵惠琴、余旭峰、杨小菁、蒋仁辉、王翔、彭一浩、徐英等出席
青浦区服务保障第三届“进博会”前线指挥部第二次全体会议	7月15日	区委书记赵惠琴主持会议并讲话。区领导余旭峰、姜爱锋、赵明、蒋仁辉、孙挺、王翔、倪向军、姚少杰、顾啸流出席会议。会议传达学习中国国际进口博览会城市服务保障领导小组会议精神
青东联动发展领导小组专题会议	7月15日	区委书记赵惠琴出席会议并讲话。区领导余旭峰、姜爱锋、赵明、孙挺、倪向军、顾骏、姚少杰出席
区委常委会第一百二十五次会议暨全面深化改革委员会第三次会议	7月17日	区委书记赵惠琴主持会议。会议学习中央和市委深改委有关会议精神、中央和市委有关重要文件精神；审议《区委全面深化改革重点工作推进情况及贯彻落实区委全会精神的责任分工方案》《区“十四五”区级专项规划编制导则》《关于开展区“十四五”大讨论的方案》《健康青浦2030规划纲要》《健康青浦行动2020—2030》《区党政机关办公用房管理实施办法》；听取区新冠肺炎疫情防控工作有关情况汇报
2020年青浦区经济工作座谈会	7月22日	区委书记赵惠琴出席座谈会并讲话。区委副书记、区长余旭峰作工作部署。区领导姜爱锋、倪向军、顾骏、彭一浩、徐英参加
青浦区党政代表团到德宏州学习考察	7月27—30日	区委书记赵惠琴率青浦区党政代表团到德宏州学习考察。代表团一行深入边境村寨，了解贫困户生产生活情况，走进扶贫车间，实地调研帮扶项目运行状况，并与德宏州召开青浦区德宏州东西部扶贫协作联席会议，共叙两地合作情谊，共商脱贫攻坚大计
区委常委会第一百二十六次会议	7月31日	区委书记赵惠琴主持会议。会议学习习近平总书记在中央政治局第二十一次集体学习时的讲话精神；学习上海市《关于加强新时代退役军人工作的实施意见》；审议《关于完善重大疫情防控体制机制健全公共卫生应急管理体系的实施意见》《关于加强本区疾病预防控制体系现代化建设的实施办法》；听取关于基层减负工作推进情况的汇报
“聚力向善决胜创全”2020年青浦区创建全国文明城区迎决战冲刺誓师大会	8月17日	区委书记赵惠琴，区委副书记、区长余旭峰，区人大常委会主任朱明福，区政协主席李华桂，区委副书记杨小菁等区四套班子领导，区法院院长、区检察院检察长、市管二级巡视员、全区各单位党政领导干部出席
到嘉定区学习考察乡村振兴示范村建设	8月20日	区委书记赵惠琴率队到嘉定区学习考察乡村振兴示范村建设，在嘉定区区委书记陆方舟陪同下，学习考察华亭镇联一村和毛桥村。区领导余旭峰、杨小菁、姜爱锋、赵明、金俊峰等参加
区委常委会第一百二十七次会议	8月21日	区委书记赵惠琴主持会议。会议听取关于学习《习近平谈治国理政》第三卷的方案汇报；听取关于提高我市自然灾害防治能力的意见解读、关于贯彻落实中央防范和惩治统计造假弄虚作假决策部署的相关文件解读、关于重大项目建设推进情况的汇报；审议《全面深化新时代教师队伍建设改革的实施办法》
青西协同发展领导小组第一次全体会议	9月2日	区委书记赵惠琴主持会议并讲话。区领导朱明福、李华桂、杨小菁、姜爱锋、孙挺、姜道荣、王凌宇、倪向军、金俊峰、顾骏、姚少杰、彭一浩、徐英等出席会议。与会人员围绕青西产业转型和招商引资、青西规划建设和人居环境、青西社会治理和公共服务、青西生态文明和污染防治、青西乡村振兴和农民增收、党建统领和江南文化协同等工作开展深入交流讨论

（续表）

名称	时间	主要内容
全面依法治区委员会第三次会议	9月14日	区委书记赵惠琴主持会议。听取上年度法治政府建设情况的汇报；听取本区开展党政主要负责人履行推进法治建设第一责任人职责及法治政府建设全面督查相关情况的汇报；听取关于全面加强和改进本区基层法治建设实施意见起草情况的汇报；审议本区法治政府建设示范创建实施方案（2020—2021）。区领导朱明福、杨小菁、王翔、姜道荣、姚少杰、麦珏、郑永生等参加会议
青浦区、台州市、新民晚报社举行深化战略合作座谈会	9月16日	区委书记赵惠琴，台州市委书记李跃旗，新民晚报社党委书记、社长朱国顺，台州市市委常委、常务副市长蔡永波，区副区长顾骏等出席
区委常委会第一百二十九次会议	9月25日	区委书记赵惠琴主持会议。学习李强在上海警备区党委第十三届五次全体（扩大）会议上的讲话精神；听取近期国家安全工作情况的汇报；审议《关于落实意识形态工作责任制的实施细则》《关于储备粮管理体制机制改革方案》《关于全面加强和改进本区基层法治建设的实施意见》
西乡革命烈士陵园举行烈士纪念日公祭活动	9月30日	区领导赵惠琴、余旭峰、朱明福、李华桂、杨小菁等与社会各界代表一起，深切缅怀革命先烈的丰功伟绩，弘扬先烈的崇高精神
区委理论学习中心组专题学习会	10月15日	区委书记赵惠琴主持学习会。会议专门邀请华东政法大学法律学院院长金可可教授作《〈民法典〉的制订历程、历史意义暨增修若干重点亮点解析》的专题辅导报告。区领导朱明福、李华桂、姜爱锋、赵明、蒋仁辉、孙挺、王翔、姜道荣、刘辽军、王凌宇等出席
区委常委会第一百三十次会议	10月16日	区委书记赵惠琴主持会议。会议传达习近平总书记在深圳经济特区建立40周年庆祝大会上的重要讲话精神、市委季度工作例会和中央巡视组巡视上海市工作动员会议精神；学习习近平总书记在中央政治局第二十三次集体学习时的讲话精神；审议《中共青浦区委、青浦区人民政府关于高质量建设新时代幸福社区推进社区治理体系和治理能力现代化的意见》；审议《青浦区公共服务人才引培激励方法》《青浦区新闻传媒人才引培激励方法》和《青浦区高层次人才队伍选拔管理实施办法》；听取关于青浦区开展“四史”学习教育工作情况的汇报、围绕“四史”和《习近平谈治国理政》第三卷开展学习交流
区委常委会第一百三十一次会议	10月22日	区委书记赵惠琴主持会议。审议区委关于落实全面从严治党主体责任的实施方案；审议关于完善街道乡镇管理体制工作方案及关于统筹优化事业编制资源配置工作方案；审议区委关于贯彻《中国共产党宣传工作条例》的实施细则
青浦区与国泰君安、长三角投资公司开展联组学习	10月22日	青浦区与国泰君安、长三角投资公司开展联组学习，就推动长三角一体化发展展开交流，并签署战略合作协议。区委书记赵惠琴，国泰君安党委书记、董事长贺青，长三角投资公司党委书记、董事长池洪出席并讲话。区委副书记、区长余旭峰，国泰君安总裁王松，长三角投资公司总裁桂恩亮分别围绕各自工作重点，交流了下一步推动示范区建设、加快长三角一体化发展的工作打算。区人大常委会主任朱明福、区政协主席李华桂及区领导姜爱锋、赵明、蒋仁辉、姜道荣、王凌宇、倪向军、金俊峰、顾骏、彭一浩出席
青浦区服务保障第三届进口博览会前线指挥部第八次全体会议	10月27日	区委书记赵惠琴主持会议并强调，服务保障第三届“进博会”全面进入决战状态，全区上下要对标对表最高要求，坚决克服麻痹思想，以身作则，发扬“抢拼实善”新时代青浦奋斗精神，确保各项工作有力有序，全力做好疫情防控常态化下的“进博会”服务保障工作。区领导余旭峰、姜爱锋、赵明、蒋仁辉、孙挺、姜道荣、王凌宇等参加
区委常委会第一百三十二次会议	11月2日	区委书记赵惠琴主持会议。会议学习传达党的十九届五中全会、全市党员负责干部会议、示范区建设工作现场会精神；学习习近平总书记在中央政治局第二十四次集体学习时的重要讲话精神；听取关于区服务保障第三届“进博会”工作情况汇报；听取关于区疫情防控工作情况汇报；审议区委关于加强新时代人大工作，充分发挥人大在推进区域治理现代化、加快实现青浦全面跨越式高质量发展中的作用的实施意见；审议关于本区部分党委、党组设置调整方案；听取关于成立区委农村工作领导小组有关情况的汇报
区委常委会第一百三十三次会议	11月11日	区委书记赵惠琴主持会议。会议学习《上海市关于推进贸易高质量发展的实施意见》；听取关于区服务保障第三届“进博会”工作情况汇报；听取关于区疫情防控工作情况汇报；听取关于依法治市办对青浦区党政主要负责人履行推进法治建设第一责任人职责及法治政府建设情况实地督察反馈情况的汇报
青浦区领导干部会议	11月13日	区委书记赵惠琴主持会议，传达浦东开发开放30周年庆祝大会和市委常委会会议精神。区领导余旭峰、朱明福、李华桂等出席
青浦幸福社区工作会议	11月17日	区领导赵惠琴、余旭峰、朱明福、李华桂、赵明、蒋仁辉、孙挺、姜道荣、刘辽军、王凌宇等出席

（续表）

名称	时间	主要内容
区委工作部门2021年工作务虚会	11月26日	区委书记赵惠琴主持。会议围绕提升党的领导能力和水平，推进全面跨越式高质量发展，开启全面现代化新征程这一主题谋划明年和“十四五”时期工作。区领导赵明、蒋仁辉、王翔、姜道荣、王凌宇出席
青浦区领导干部会议	12月1日	区委书记赵惠琴传达十一届市委十次全会精神并强调，要全面贯彻落实《中共上海市委关于深入学习贯彻习近平总书记在浦东开发开放30周年庆祝大会上重要讲话精神的决定》和《中共上海市委关于制定上海市国民经济和社会发展第十四个五年规划和二〇三五年远景目标的建议》，持续推进青浦更高水平改革开放，谋划推动青浦“十四五”发展，以更大力度、更实举措抓好收官和开局工作。区领导余旭峰、姜爱锋、赵明、蒋仁辉、孙挺、王翔、姜道荣、刘辽军、王凌宇出席
区委常委会第一百三十四次会议	12月4日	区委书记赵惠琴主持会议。会议听取区人大、区政府、区政协、区法院、区检察院党组、区委工作部门及从严治党办的年度工作报告；听取2020年度干部选拔任用工作报告、党费收缴使用和管理情况报告；听取关于五届区委十一次全会安排的汇报等
区委常委会第一百三十五次会议	12月11日	区委书记赵惠琴主持会议。会议学习习近平总书记在中央政治局第二十五次集体学习时的重要讲话精神；传达区委书记座谈会精神；听取关于落实长江经济带生态环境保护相关工作的汇报；讨论区委关于制定青浦区国民经济和社会发展第十四个五年规划和2035年远景目标的建议
区委常委会第一百三十六次会议	12月25日	区委书记赵惠琴主持会议，传达中央经济工作会议、全市领导干部会议和市委学习讨论会会议精神，学习尤权在全国民族团结进步创建经验交流现场会上的讲话精神和《国家民委关于印发〈国家民委做好铸牢中华民族共同体意识的工作意见〉的通知》《上海市各级党政领导干部食品安全工作责任清单》，听取关于青浦区食品安全工作专题汇报、安全生产和消防安全情况的汇报
区委常委会第一百三十七次会议	12月31日	区委书记赵惠琴主持会议，听取疫情防控有关情况汇报；听取人大、政府、政协、法院、检察院党组和区委常委落实全面从严治党主体责任述责等

（蒋汝岱）

组织工作

■概况 2020年，全区组织系统深入贯彻落实新时代党的组织路线，坚持围绕中心、服务大局，不断深化组织体系建设，着力提升组织力，扎实推进“四史”学习教育，抓好干部和人才队伍建设，推动组织工作高质量创新发展，为青浦服务国家战略，实现全面跨越式高质量发展提供坚强组织保证。

全区共有基层党组织2811个，其中党委62个、党组45个、党工委8个；党总支248个、党支部2501个。全区共有党员47783名，全年新发展党员637名。

（李宓斯）

■开展“四史”学习教育 制定青浦区“四史”学习教育推进方案，把“四史”学习教育作为党员干部教育培训和“三会一课”（即支部党员大会、支部委员会、党小组和党课）、主题党日等组织生活的重要内容。丰富学习载体，设立24个“四史”学习教育基地，组织开展“四史”知识竞赛，全区5万余名党员群众参加线上线下学习活动，2000余人参加“学‘四史’明初心，担使命助跨越”电影党课。深挖本土红色资源，选聘38名“四史”学习教育党课主讲人，发布54门专题党课，设计10条精品学习教育线路，开展“走红示范区”互学打卡活动。拍摄4集微党课，共同编纂《青浦“四史”资料选编》《红色家书》等本土学习教材。持续推进“不忘初心、牢记使命”主题教育期间问题整改落实，区委领导牵头推进5个重点项目，全区共梳理各类重点问题226条，其中“老小旧远”问题115个。（李宓斯）

■保障疫情防控 建立健全疫情防控工作机制，深入开展“双守双共、联防联控”行动，全区共1.85万余名在职党员主动到社区“再报到”，组建1250余支党员突击队和志愿服务队。全区4.44万名党员自愿捐款共计944万余元。做好全国和上海市疫情防控先进个人和先进集体推荐工作，在全区通报表扬疫情防控优秀共产党员200名和先进基层党组织100家。牵头组建区级战“疫”支援队，动员1300余人次到街镇、机场和各留验点开展疫情防控相关工作。制定下发《关于在疫情防控一线加强干部培养发现考察等工作的通知》，20名干部因在疫情期间表现突出，得到提拔重用或晋升职级。加强疫情期间对人才的关心联系，主动走访20余家高层次人才所在企业，对入住人才公寓的118名疫情防控相关人才予以租金适当减免，共计48.33万元。（李宓斯）

■服务两大国家战略 会同江苏省苏州市吴江区、浙江省嘉兴市嘉善县共同制定《关于以提升组织力为重点推进长三角生态绿色一体化发展示范区党建高质量创新发展的意见》等示范区党建文件，共同命名30个示范区党群服务阵地。推进示范区城市基层党建组织力学院建设，共同举办示范区村居党组织书记培训班，联合开展“上善书记汇”活动。全面实施先行启动区毗邻村兼职委员制度，互派36名农村干部到毗邻村担任兼职委员。组织实施先行启动区“青蓝”工程，互派跟岗锻炼干部，青浦派出6人，接受来青锻炼6人。拟订《关于在长三角生态绿色一体化发展示范区试点开展干部交流工作的实施意见（试行）》，青浦、吴江互派2名优秀年轻干部交流任职。开设“示范区大课堂”，首期参加干部1500人次。做好上海市“海聚英才创业大赛”示范区分赛场相关工作，其中6个项目进入半决赛。深化“上善先锋行·护航进博会”主题活动经验做法，制定实施新一轮187项护航行动，全区基层党组织累计开展“进博先锋·党员行动”1.25万余次，12.8万余人次参加。（李宓斯）

7月1日，长三角生态绿色一体化发展示范区庆祝建党99周年活动举办（区委组织部供稿）

■加强干部选拔任用 深入贯彻《2019—2023年全国党政领导班子建设规划纲要》，着眼2021年街镇换届，加强分析研判和动态培育。落实市委对青浦区党政领导班子建设意见要求，严把政治首关，在干部选拔任用中突出政治素质考察，实施干部政治表现正反向测评。全年共提任、调整交流干部216人次（含党委党组改设调整85人），其中新提拔任用干部42人（提职提级33人、提职9人）。（李宓斯）

■深化干部培养锻炼 落实青浦区激励干部担当作为“1+5”制度精神，健全干部一线考察识别机制，深入重点工作一线考准考实干部。选派优秀年轻干部到区创文办、进博办、重大办、从严治党办、大调研办、巡察办等一线部门及示范区建设等重点区域培养锻炼。拟定区委与市国资委党建联建合作协议以及干部挂岗锻炼方案，选派3名干部到市国有企业挂职，接收4名市国资系统干部到青浦区挂职。选派4名优秀干部人才到新疆维吾尔自治区克拉玛依市工作，接收24名外省市干部到青浦区培养锻炼。加快干部精准培养，举办1期处级领导干部进修班、第2期“服务两大国家战略，担当新时代新使命”中青年干部专题培训班、示范区青年干部培训班暨青浦区第3期青年干部培训班、1期新晋升科级公务员培训班、1期新录用公务员区情教育专题培训班。（李宓斯）

■从严监督管理干部 指导全区633名处级领导干部填报个人有关事项，按照规定比例抽查核实60人，对7名漏报人员进行组织批评。开展领导干部社团兼职专项整治，完成违规兼职整改工作。结合区委年度巡察安排，对11家单位开展选人用人专项检查。推进党政同责、同责同审和经济责任审计全覆盖，对8家单位、12名处级干部开展经济责任审计。做实干部选任职责离任检查工作，对2名离任党委书记开展检查。持续做好“12380”干部监督信访举报受理工作，加大查核力度。做好领导干部社团兼职审批、因私出国（境）审批等工作，推动日常监督管理落细落小。（李宓斯）

10月29日，学“史”铭初心，奋进展“新”颜——“冲锋吧！党员”长三角一体化示范区“两新”党组织红色寻访主题活动举办（区委组织部供稿）

■持续规范公务员管理 牵头做好区级绩效考核工作，加强对区职能部门派出机构的考核，进一步理顺全区职能部门和街道条块关系，认真开展机关科级及以下工作人员年度考核及行政奖励工作。完成4名选调生和79名公务员招录工作，做好优秀退役运动员安置工作。进一步规范公务员职务与职级并行工作，全年共晋升一级至四级调研员职级人员137人，一级至四级主任科员职级人员370余人。落实安置过渡任务，完成62名区交通运输和生态环境综合行政执法改革人员的考核考试过渡。（李宓斯）

■推动各领域党建开拓创新 开展“两新”组织“两个覆盖”大排摸工作。全年全区新增“两新”党组织63家，新增组织覆盖单位716家，新经济组织党组织覆盖率提升 13.8%，社会组织党组织覆盖率提升 8.9%。完善“两新”组织党建工作协调机制，建立运行规则，明确职责清单和任务清单。积极打造“红领”党建品牌，深化农民专业合作社、商务楼宇、各类园区、商圈市场等新兴领域党建工作，培育 13 个“两新”党建品牌项目、14 个直接联系点、9 个农民专业合作社党建工作典型。牵头制定实施全区机关党建“1＋1”文件，开展机关党建“先领”行动。认真落实国企党建 30 项重点任务，深化学校和公立医院党建，推进党建工作要求进章程，完善议事规则和“双培养”机制。（李宓斯）

6 月 8 日，青浦区召开“青峰聚英才，共创新未来”2020 年人才大会（区委组织部供稿）

■加强基层党组织建设 做好青浦区部分党委、党组设置调整工作，健全完善机关组织体系建设。深化党支部规范化建设，持续推进党组织分类定级、晋位升级和党员分类管理、积分考核，选树 30 家党支部建设示范点。全面落实党支部联系点制度，全区党委（党工委、党组）班子成员累计建立联系点 791 个。全覆盖开展村居“两委”换届调研工作，认真落实村居书记区级备案管理和“两委”班子调整区级部门联审机制，累计联审 224 人次。制定落实“一村一方案”，持续推进村党组织书记、主任“一肩挑”，“一肩挑”比例提升至 70% 以上。严格落实全区发展党员工作制度，开展农村发展党员违规违纪问题排查整顿。全面落实党组织书记每年集中轮训和党员分批轮训要求，累计培训书记 2400 余人次、党员 2.2 万余人次。（李宓斯）

■深化党建引领基层治理 健全城市基层党建工作体系，丰富“上善先锋行”党建品牌内涵，做实区域化党建片区联动，常态化开展志愿服务，增强党建引领实效。制定街镇社区党群服务阵地规范化建设实施意见、服务规范化三年行动计划及相关考核细则，明确党群服务阵地规范化建设要求。大力实施“红色领航”工程，持续推进“结对百镇千村，助推乡村振兴”，深化党建项目化帮扶。谋划制定抓党建促美丽乡村示范村创建及农村人居环境整治工作要求，系统整合示范村党建机制，着力打响工作品牌。继续发挥好驻村指导员、挂村联系员作用，打造驻村指导在线新经济。（李宓斯）

6 月 9 日，区委组织部到嘉兴南湖开展主题党日活动（区委组织部供稿）

■加快构建人才政策体系 研究制定青浦区第三轮人才政策即“青峰”系列人才政策，举办“青峰聚英才，共创新未来”青浦人才大会和“青峰”人才政策新闻发布会，开展人才政策宣讲活动，提升政策知晓度和吸引力。科学编制《青浦区人才发展“十四五”规划》，进一步明确“十四五”期间青浦人才发展的重点任务和措施，完善工作机制、强化服务保障、搭建创新平台，营造良好人才发展环境。加大人才引进和培育力度，引进市海外高层次人才 1 人，申报市海外高层次人才 3 人、青年创业英才 3 人。加强顶层设计和统筹协调，开展第三届青浦领军人才和第五届青浦区拔尖人才选拔工作，组织评选领军人才 15 人、拔尖人才 60 人。开展创新创业优秀人才团队奖评审，对入选的 69 家企业代表进行表彰，共发放资金 5080 万元，营造支持创新创业的浓厚氛围。（李宓斯）

■自身建设 带头开展“四史”学习教育，将中心组理论学习引领与支部学习有机结合，丰富学习内容和形式，印发专题学习资料11期，开展交流研讨，推动教育成果有效转化。带头执行机关党建“先领”实施意见和行动方案，创建“上善组工·引领先锋”品牌，严格执行“三会一课”等制度。完成新一届部风监督员选聘工作，主动接受群众监督，自觉改进作风。积极参与抗疫志愿服务，部机关11名党员参加入沪道口志愿服务，6名党员参加区战“疫”支援队，全体党员到社区报到并参加志愿服务。实施组工干部“能力提升”工程，开展组工干部能力建设专题调研，举办组工干部业务培训班，完善组工课堂形式内容，开展多层次的专题培训。增强调研工作实效，调研工作取得新突破，年度调研课题报告获市组一等奖和优秀奖各1篇。对标两大国家战略，围绕疫情防控、创建全国文明城区等区委重点工作，实施挂图作战机制，强化组织保障，推动责任落实，展现组工干部使命担当。（李宓斯）

宣传工作与精神文明建设

概况 2020年，青浦区宣传思想文化系统以习近平新时代中国特色社会主义思想为指导，全面贯彻落实党的十九大和十九届二中、三中、四中、五中全会精神，深入学习贯彻习近平总书记考察上海重要讲话、在浦东开发开放30周年庆祝大会上的重要讲话、在第三届中国国际进口博览会开幕式上发表的主旨演讲精神，以学习贯彻《中国共产党宣传工作条例》为主线，紧扣决胜全面建成小康社会主题，牢牢扭住打造理论武装、重大活动、对外宣传、文明青浦、江南文化等“五大品牌”总体目标，大力弘扬“抢拼实善”新时代青浦奋斗精神，有效开展新冠肺炎疫情防控舆论宣传和社会动员，坚决打赢第六届全国文明城区创建决胜战，精准推动“上海之门”城市品牌战略落地见效，为青浦实现全面跨越式高质量发展提供坚强思想保证和强大精神动力。（谢　薇）

理论武装和思想引领 制定年度区委中心组学习计划和处级单位中心组学习意见，共开展区委中心组学习16次，编发学习参考11期。做好《习近平谈治国理政》第三卷等重要理论读物的征订学习工作，引导党员干部读原著学原文悟原理。结合“四史”学习教育，举办主题宣讲展演活动，组织拍摄学习贯彻党的十九届四中全会精神微宣讲、“学‘四史’、守初心”系列微党课，提升理论宣讲实效。推广运用“学习强国”学习平台，召开学习达人分享会，开展积分购书优惠活动，做好供稿工作，在全国和上海平台共录用稿件1200余篇。修订《关于落实意识形态工作责任制的实施细则》，制定《青浦区意识形态安全工作协调机制实施方案》，进一步强化责任落实，防范化解意识形态领域风险。开展全区意识形态阵地调研，排摸梳理10类重要意识形态阵地。结合区委巡察和“三个责任制”检查工作，开展意识形态工作责任制专项检查，强化问题督促整改。（谢　薇）

新闻宣传和舆论监督 深化与主流媒体的战略合作，在《解放日报》推出青浦系列专版，策划开展《周末来打卡——发现青浦》系列节目，在中央、市级主流纸媒组织策划主题宣传报道1880余篇次（其中头版报道359篇，整版报道31篇），在广播电视媒体播发新闻680余条，在新媒体刊发报道19300余条。建立“区级例行＋专题系列”新闻发布机制，组织召开9场新闻发布会和新闻通气会。推进媒体集中采访机制，开展40余次媒体集中采访活动。配合做好“全面建成小康社会”系列市政府新闻发布会和集中采访青浦专场活动，围绕全面建成小康社会、服务保障第三届“进博会”、示范区开发者大会、示范区建设工作现场会、“四史”学习教育等重点工作开展宣传报道，营造浓厚舆论氛围。配合做好“潮涌长三角，共建进行时”网络传播主题活动，全面展示一体化发展成果。修订完善《青浦区落实网络意识形态工作责任制正面清单和负面清单》和《青浦区网络安全应急预案》，加强网络安全检查，切实维护网络意识形态安全和城市运行安全。加强网络舆情监测，落实第三届“进博会”等重要敏感时期网络安全保障措施，及时处置突发网络舆情事件。举办2020年国家网络安全宣传周青浦区活动，提升全民网络安全意识和防护技能。调整充实三级网评员队伍，健全网络安全培训体系，建立每月通报和积分管理制度，深化网络自媒体教育引导，确保网络空间正能量充盈。（谢　薇）

先进典型选树 在全市率先探索建立区级先进典型资源库，推动典型宣传走向常态化制度化规范化。举办“上善荣光·爱的力量”——青浦区抗击新冠肺炎疫情先进事迹宣传展示活动，弘扬伟大抗疫精神。开展“上善荣

7月2日，青浦区抗击新冠肺炎疫情先进事迹宣传展示活动在青浦区体文中心举行（区委宣传部供稿）

光——欢迎英雄回家”专题氛围布置等工作，建立疫情防控先进典型周报机制，拍摄、展播“上善荣光——战‘疫’青浦”8集系列微视频，发挥先进典型示范引领作用，全区入选全市疫情防控先进典型人物3个、典型事例3个。开设“上善荣光——榜样的力量”典型宣传专栏，累计推出10期短视频和41篇宣传报道。开展2020年度“上善荣光”系列微电影、微视频征集评选活动，评选出优秀微电影、微视频作品34部，向第七届上海市民微电影（微视频）主题活动报送优秀微电影（微视频）作品17部。推荐市场监管局注册许可科作为2020年上海市“新时代奋斗者”媒体集中宣传报道对象。1人获评2019年上海市社会主义好人好事提名，3名青浦学生获评2018—2019年度上海市新时代好少年。启动第二届青浦区道德模范评选，开展道德模范慰问帮扶活动。（谢　薇）

8月17日，青浦区“聚力向善·决胜创全”2020年青浦区创建全国文明城区迎决战冲刺誓师大会在青浦区体文中心举行（区委宣传部供稿）

■重大主题宣传　制定年度社会宣传工作方案，细化具体工作任务28项，统领全区社会宣传各项工作。以打造重大活动品牌为目标，制定《“上善荣光”典型宣传系列活动实施方案》，策划实施“五个一”工程。设计制作青浦区服务保障第三届“进博会”宣传主画面，统筹全区开展氛围布置。在长三角生态绿色一体化发展示范区成立一周年之际，完成示范区建设工作现场会、示范区开发者大会等重大活动的氛围布置工作，对青西三镇5处宣传阵地进行景观提升，全面展现青浦服务国家战略的时代风采。高质量开展疫情防控社会面宣传，在最短时间实现重点区域、农村地区和入户宣传三个全覆盖。组织开展“决胜全面小康，决战脱贫攻坚”主题宣传教育活动，唱响决胜小康、共庆小康的动人旋律。结合国庆、抗战胜利75周年、志愿军抗美援朝出国作战70周年等重要节点，开展致敬革命先烈、广泛悬挂国旗、公益广告展播、开发国庆美食等8项主题活动，打造爱国活动周活动品牌。（谢　薇）

■文明创建　制定印发《2020年青浦区创建全国文明城区行动方案》，优化组织架构，加强力量配备和组织保障。以健全机制为核心，依托网格管理，强化科技赋能，区领导巡查、实地日常巡查监督、网格化巡检、智慧公安巡检等多位一体的全覆盖多层次巡查机制，做深做实四级达标评价和通报机制。持续推进10项“创全”专项行动和5大顽症治理，结合城市文明进步指数测评和第三方模拟测评，督促问题整改，确保点位对标达标。落实材料申报“三签字”制度，压实工作责任，确保按时按质推进。举办创建全国文明城区迎决战冲刺誓师大会，凝聚强大的凝聚力、向心力、战斗力。统筹开展氛围宣传、新闻宣传、活动宣传、网络宣传、公益短信和视频彩铃宣传、文艺宣传，营造决战决胜浓厚氛围。历经三年创建，青浦成功入选第六届全国文明城区名单。全区3家文明单位、1个文明镇、3个文明村、1家文明校园、1户文明家庭成功入围全国文明系列创建候选名单，入围数为历届之最。全区获评2018—2019年度市级文明镇7个、市级文明社区3个、市级文明家庭10户。（谢　薇）

11月20日，全国精神文明建设表彰大会在北京举行，区委书记赵惠琴（左三）代表青浦参会并捧回“全国文明城区”奖牌（区委宣传部供稿）

■培育和践行社会主义核心价值观　推进“制止餐饮浪费行为，培养节约习惯”专项行动，大力营造浪费可耻、节约为荣的浓厚氛围。开展“文明健康·有你有我”系列主题活动，传播文明理念，弘扬时代新风。持续开展“上善讲堂”

百场活动,举办"我们的节日"系列主题活动7场,弘扬中华优秀传统文化。区级新时代文明实践中心成立,11个街镇分中心、330个村居实践站完成挂牌,"1+11+330+X"文明实践阵地体系逐步完善。 (谢 薇)

未成年人思想道德建设 举办"这场战役,感谢有你"长三角地区未成年人抗疫艺术展示活动,活动总参与人数17万余人,征集作品总数33000余件。依托区未成年人心理健康辅导中心、学校心理辅导室,开设QQ群、微信群以及"24小时学生心理热线4001600525"等线上渠道。开展2020年"上善'云'讲堂"、新时代文明实践未成年人心理疏导大课堂120讲、"上善"父母学堂等互动实践课程。组织中小学心理教师分学段研发线上辅导课程,分别为中小学生送上定制战"疫"锦囊累计26个。围绕"生命·责任·家国"主题,开展"在战役中成长"系列主题"云"班会21节。打造"青苹果'上善'云课堂"平台,把法治教育、平安教育融入到云课堂,通过官方微信公众号,向全区156所中小学(幼儿园)86000余名学生推送。 (谢 薇)

志愿者服务 发布疫情防控志愿服务项目,抓好志愿者招募储备,强化志愿者保障激励。做好服务保障第三届"进博会"志愿者招募工作,共计招募进博志愿者1395人,进驻157个点位,提供志愿服务66481人次。2312名志愿者参与服务保障"环意 RIDE LIKE A PRO"长三角自行车公开赛,进驻674个点位,提供起终点周边社会交通指引、疫情防控服务、5.7公里绕圈赛道外围远端管控和89公里公路赛道属地远端管控等志愿服务。"微笑四叶草"获评上海市优秀志愿服务品牌项目,青浦区获评第二届"进博会"优秀志愿者6人、先进集体2个。 (谢 薇)

文旅协同发展 设立"青浦—复旦江南文化研究院"文化名家工作室,拟定江南文化研究课题,推进江南文化研究院实体化运作可行性研究。筹建青溪知道书院暨青浦名人馆,传承青浦名人文化,塑造人文城市地标。举办长三角"非遗"嘉年华、"相约七夕·打卡青吴嘉"、三地文物保护馆际交流等活动,加强跨区域交流展示和合作对接。优化审批业务流程,加强新闻出版和电影市场管理工作。积极开展文创资金、旅游专项资金申报工作,提升文旅产业发展能级。完成现代服务业实施细则文旅产业政策修订,健全文旅产业政策支撑体系。加快推动市级品牌文创园区建设,全区共入选"上海品牌园区"1家、"上海品牌特色园区"2家、"上海品牌园区优秀掌门人"1人。深入开展"扫黄打非"工作,维护文化市场安全。强化文旅市场监管,筑牢疫情防控安全防线。举办淀山湖文化艺术节暨旅游购物节、朱家角水乡音乐节等节展活动。积极推动长三角地区借阅服务"一卡通"落地。起草编制《青浦区文物事业"十四五"发展规划》,协助上海博物馆成立青龙镇遗址考古工作站,积极推动青龙镇遗址保护规划编制工作。强化非遗保护传承,"吴歌"项目被评为市"非遗在社区"示范项目。 (谢 薇)

文联工作 上海青浦、江苏吴江、浙江嘉善三地文联共同发起、创办展示本地域历史人文、自然风土、民俗人情的文艺微信公众号"湖海边"。举办长三角一体化示范区"艺·江南"展,共计展出的36件展品。邀请本土作家、画家参与撰写、创作青浦历史名人童年故事绘画本系列,其中《夏瑞芳童年故事》已完成文稿和绘画创作。举办"丹青绘青浦"第四届青浦区美术作品大展、"舞动新江南"青浦区原创舞蹈大赛等一系列文艺特色活动。全年出版5期《湖畔》杂志,发表约40万字的文稿内容,近300篇(首)小说、散文、诗歌作品。 (谢 薇)

10月27日,第三届中国国际进口博览会青浦区志愿者上岗誓师大会在国家会展中心举行 (区委宣传部供稿)

统战工作

概况 2020年,全区统战工作在区委领导下,坚持以习近平新时代中国特色社会主义思想为指导,认真贯彻落实区委各项决策部署,充分发挥统一战线智力密集、人才荟萃独特优势,为青浦全面跨越式高质量发展贡献力量。全区大统战口共包括6个处级单位,实行合署办公,分别为:区委统战部(挂区人民政府侨务办公室牌子)、区民族宗教事务办公室、区台湾事务办公室(挂区人民政府台湾事务办公室牌子)、区工商联、区侨联和区社会主义学院。一部二办(区委统战部、区民族宗教事务办公室、区台湾事务办公室)合计公务员行政编制19人,内设机构5个。 (朱圣聪)

完善大统战工作格局 区委常委会、区委书记专题会多次专题研究统战工作,区委书记赵惠琴带头出席统一战线重要活动,并多次对统战工作作出批示、指示。开展统战全领域调研交流,着力提升全区统战干部的统战思维,进一步推动各级党委做好新时代统战工

作的自觉性和主动性。（朱圣聪）

■思想建设 围绕党的十九大、十九届五中全会精神及"四史"和统一战线多党合作史的学习，举办辅导讲座，组织专题研讨。深化"立足统战为全局、凝心聚力促跨越"主题活动，在民主党派、无党派人士中开展"不忘合作初心、继续携手前进"主题教育活动，在民营经济人士中有序开展理想信念教育，在侨界人士中开展"不忘初心、同圆梦想"主题活动等。全年共开展各类主题教育近1500次，参与6万余人次。创新网络线上培训方式，举办民主党派支部（社）班子成员等培训班4个，累计1900余人次参加。（朱圣聪）

■助力疫情防控 深入学习贯彻习近平总书记关于新冠肺炎疫情防控重要讲话精神，引导统战成员和社会各界将思想认识统一到市委、区委决策部署上来。鼓励支持医务工作者发挥专业特长，65名民主党派成员投身疫情防控救治第一线。第一时间开通防控疫情建言献策信息24小时在线微信投稿通道，上报关于疫情建言献策155篇，其他建言献策85篇，编发《统战专报》10期，其中3篇建言献策获得中央、市委领导批示。号召民营企业及各领域人士为抗击疫情作贡献，累计捐款3924万元、捐物折合1410万元。落实"同心善行"服务社会项目108个，推动宗教活动场所有序恢复开放，引导工商联会员企业、民主党派企业家及时转产防控物资，有序开展"侨爱心健康包"发放等工作，为疫情防控发挥积极作用。举办"统战有约·企业'战疫'云沙龙"，开展沪28条、青惠17条宣传。协助处理台胞猝死善后事宜及全市首例台胞隔离工作。树立统战系统25个疫情防控典型人物。（朱圣聪）

■服务国家战略 协助做好"进博会"参展企业登记等工作，为有意向参展及采购的企业搭建桥梁。开展"迎进博、庆双节"宗教活动场所安全大检查。组织49名统战成员开展"进博会"志愿服务，做好"进博会"服务保障工作。组织知联会会员围绕"智汇长三角、健康一体化"开展专题调研。与市国资委知联会开展"携手奋进新时代、同心聚力示范区"合作共建，联合民建市委举办"生态绿色促进高质量发展"上海民建浦江论坛，协助九三学社市委举办"长三角一体化生态治理"论坛，会同青、吴、嘉三地启动南社文化交流联盟、民营经济人士"四史"学习教育联盟等。（朱圣聪）

■新型政党制度优势发挥 按照年度区委政党协商计划，围绕长三角生态绿色一体化发展示范区、"上海之门"城市品牌打造、农民相对集中居住等主题召开政党协商会7次，整理上报意见、建议40余条。受区委委托，协助7个民主党派对口16家单位开展"一网通办""一网统管"专项民主监督，各民主党派广泛开展调研走访，提出意见、建议36条。区"两会"期间，党外代表人士共提交政协集体提案86件、个人提案29件，区人大书面意见21件。（朱圣聪）

2月21日，市委常委、统战部部长郑钢森（左二）到青浦区走访报国寺、朱家角中学新疆内高班、力康生物医疗科技控股集团，看望慰问宗教界人士、少数民族师生、民营经济人士，实地了解疫情防控和复工复产工作情况

（区委统战部供稿）

■党外知识分子和新的社会阶层人士统战工作 组织党外知识分子参观爱国主义教育基地，走进虹桥商务区、长三角一体化发展示范区。承办市第八届"中华杯"职业技能竞赛启动仪式暨长三角总厨中式烹饪比赛，举办第六届区"中华杯"职业技能竞赛。坚持新联会会长例会制度，指导各级新联会有序开展"海上新力量·爱青浦"等活动，加强尚都里水岸联盟全国实践创新基地建设。（朱圣聪）

■民族宗教工作 落实"三级网络两级责任制"和"一网两清单"机制，推进民族宗教"两个创建"，压实基层民族宗教工作法定职责。做好开斋节"走公坟"活动保障，定期摸排涉及民族宗教因素突发事件和隐患矛盾，维护民族宗教界人士合法权益。完成全市首单"全流程无接触网上办理"民族成分变更行政确认，实现材料时间"双减半"。创设少数民族大学生就业创业支持等项目，加大对少数民族群众的服务力度。开展第十二届宗教界讲经讲道活动，坚定践行宗教中国化方向两个责任。推进非正常宗教活动治理，对全区民间信仰点、非正常宗教活动点实现100%纳入村居管理。（朱圣聪）

■民营经济统战工作 以"两个健康"引领民营经济高质量发展。组织企业家代表参加青年企业家专题研修班。开展民营经济代表人士谈心活动，促进代表人士健康成长。推进民营企业"两个覆盖"，指导14家会员企业完成党建品牌培育。实施商会"一会一品牌"建设，开展"四好"商会认定推荐，提升商会组织建设水平。搭建"政会银企"四方合作平台，建立"区工商联、

法院、司法局”优化法治营商环境三方合作机制，营造良好法治环境。

（朱圣聪）

■港澳台海外统战工作 运用互联网平台，举办青浦万华“云”相聚两地一线分享会、网上侨法宣传月、涉台知识竞赛等活动，创新载体平台突破疫情影响。组织朱家角小学、徐泾小学华文教育基地教师录制传统文化课程视频供海外华校选择使用，向德国勒沃库森市市立图书馆捐赠中文图书并设立中文图书角，传承推广中国传统文化。协助开展涉台涉侨纠纷协调，处理涉台案件10余起、涉侨信访2件。开展港澳台企业数据调查摸底，完成区侨办政务服务事项办事指南集中修订。召开市欧美同学会青浦分会理事会，加强社团影响力和号召力。（朱圣聪）

12月16日，全国政协委员、上海中华职教社副主任胡卫（左三）参加青浦区第六届“中华杯”职业技能竞赛启动仪式（区委统战部供稿）

政法工作

■概况 2020年，全区政法工作全面贯彻落实党的十九大及十九届四中、五中全会精神，以习近平新时代中国特色社会主义思想为指导，以全生命周期管理理念为引领，以创新完善体制机制为抓手，一手抓疫情防控，一手抓社会稳定，着力防范化解重大风险，全力保障第三届“进博会”安定有序，持续推进长三角一体化法治建设，扎实推动市域社会治理现代化试点，全面深化政法领域各项改革，切实加强政法队伍建设，为统筹推进疫情防控和经济社会发展创造良好环境，为决胜全面建成小康社会、推动青浦实现全面跨越式高质量发展提供新时代政法保障。（陆诗怡）

2020年中共青浦区委政法委主要会议情况表

表3

时间	会议、活动主题及主要内容	参会主要领导
1月10日	政法形象宣传片暨“猎影行动”微电影启动发布会	区委常委、政法委书记赵明，副区长、公安分局局长姚少杰，区法院院长麦珏，区检察院院长郑永生出席会议；区司法局、国安分局主要领导；区委政法委班子领导；区融媒体中心主任；公安分局党委班子领导；公、检、法、司以及国安分局宣传工作分管领导、部门负责人、宣传干部；各街镇政法书记、派出所教导员、平安办（综治办）主任、宣传干部、区委政法委各科室负责同志；所有参演人员和专案组民警代表；青浦新媒体代表、平安志愿者、市民群众代表参加会议
1月15日	青浦区扫黑除恶专项斗争暨防范电信网络诈骗专项行动部署会	区委常委、政法委书记赵明，副区长、公安分局局长姚少杰出席并讲话；区扫黑除恶专项斗争领导小组各成员单位分管领导；区委政法委分管领导及相关科室负责人；公安分局各派出所所长；各街镇综治办专职副主任；扫黑办全体工作人员参加会议
2月24日	“区新冠肺炎疫情防控工作领导小组社会稳定工作协调机制”第一次会议	区委常委、政法委书记赵明主持并讲话；区委政法委副书记；“区新冠肺炎疫情防控工作领导小组社会稳定工作协调机制”各成员单位分管负责同志；各街镇分管政法副书记；区委政法委各科室负责人参加会议
3月13日 5月15日 11月24日	2020年区委政法委员会全体委员（扩大）会议	区委常委、政法委书记赵明，副区长金俊峰，副区长、公安分局局长姚少杰，法院院长麦珏，检察院检察长郑永生出席并讲话；区委政法委副书记，信访办主任，司法局局长，国安分局局长；各街镇党（工）委副书记；区委政法委各科室负责人参加会议
3月25日	2020年青浦区政法、信访和武装工作会议	主会场：区委书记赵惠琴出席并讲话，区委副书记、区长余旭峰主持，区委常委、政法委书记赵明及区委常委、人武部政委刘辽军分别作工作报告；区领导胡海民、金俊峰、姚少杰、董永元，法院院长麦珏，检察院检察长郑永生；各部委办局、区直属事业单位、区属公司主要负责人；各人民团体主要负责人；区委政法委、信访办、法院、检察院、人武部、公安分局、司法局、国安分局分管负责人参加会议。 街镇分会场：各街镇党委（党工委）书记、镇长（主任）、分管政法副书记、武装部部长、综治办专职副主任、信访办主任、派出所所长、司法所所长参加会议
4月1日	青浦区委国家安全委员会议	区委书记赵惠琴主持会议；区委副书记、区长余旭峰，区委副书记杨小菁，区委领导赵明、姜道荣、刘辽军、姚少杰出席会议
4月10日	街镇政法书记工作例会	区委常委、政法委书记赵明出席并讲话；区委政法委班子成员，信访办主要领导，各街镇分管政法副书记参加会议

（续表）

时间	会议、活动主题及主要内容	参会主要领导
4月23日	中共上海市青浦区委全面依法治区委员会司法协调小组2020年度第一次会议	区委常委、政法委书记赵明主持并讲话；法院院长麦珏，检察院检察长郑永生；协调小组成员单位分管领导及联络员；区委政法委、信访办分管领导；各街镇分管领导参加会议
5月11日	“区新冠肺炎疫情防控社会稳定工作协调机制”例会暨全国“两会”信访稳定工作动员部署会	区委常委、政法委书记赵明主持并讲话；区委政法委副书记，区信访办主要领导；“区新冠肺炎疫情防控社会稳定工作协调机制”各成员单位分管领导；区农业农村委、国资委、规划资源局，区属公司分管领导；各街镇分管政法副书记；各派出所负责人；区委政法委、区信访办相关科室负责人参加会议
5月27日	涉法涉诉信访积案排查化解暨法院落实立案登记制改革“回头看”专项工作部署会	区委常委、政法委书记赵明出席会议并讲话；区委政法委、公安分局、检察院、法院、司法局分管领导；区委政法委政法室，公安分局信访办，检察院第五检察部、第六检察部，法院立案庭、审判监督庭，司法局律公科等科室负责人参加会议
5月28日	2020年青浦区政法宣传工作会议	区委常委、政法委书记赵明，区委常委、宣传部部长姜道荣出席并讲话；区委政法委、宣传部分管领导；区政法各单位分管领导、相关科室负责人、宣传干部、网军代表；各街镇党委（党工委）政法、宣传工作分管领导和党群办负责人，综治办专职副主任，网军代表；区融媒体中心主要领导、分管领导（报纸、电视、广播、移动媒体）和相关科室（报纸、电视、广播、移动媒体）负责人；区委政法委各科室、宣传部相关科室负责人参加会议
5月29日	青浦区禁毒工作会议	区委常委、政法委书记赵明出席并讲话，副区长、公安分局局长姚少杰主持；区禁毒委副主任；区禁毒委委员；各街镇禁毒工作领导小组组长、禁毒专职干部；区禁毒办全体同志、区禁毒社工站站长参加会议
5月29日	社会面智能安防建设推进会	区委常委、政法委书记赵明出席并讲话，副区长、公安分局局长姚少杰；区委政法委、公安分局、教育局、财政局、卫健委、文旅局、民宗办分管领导；各街镇党（工）委副书记（政法）；各派出所所长；区委政法委、公安分局相关科室负责人参加会议
6月2日	青东五镇社会治理联动发展工作推进会	区委常委、政法委书记赵明出席并讲话；副区长、公安分局局长姚少杰，副区长彭一浩；区委政法委、区发改委、区公安分局分管领导和相关科室负责人；赵巷镇、徐泾镇、华新镇、重固镇、白鹤镇分管副书记参加会议
6月18日	服务保障进口博览会前线指挥部维护稳定组工作例会	区委常委、政法委书记赵明出席并讲话；区委政法委分管领导；信访办主要领导和分管领导；民宗办、法院、检察院、公安分局、司法局、卫健委、建管委、国安分局、农业农村委、人社局、房管局、民政局分管领导；各街镇党（工）委分管政法副书记参加会议
7月2日	青东联动发展社会治理组工作推进会	区委常委、政法委书记赵明主持并讲话；区委政法委分管副书记；青东五镇政法书记，综治办主任；青东联动发展综合办公室专职副主任、社会治理组组长及相关工作人员参加会议
8月12日	青浦区扫黑除恶专项斗争领导小组会议	区委常委、政法委书记赵明，区委常委、区纪委书记、区监委主任王翔，副区长、公安分局局长姚少杰，法院院长麦珏，检察院检察长郑永生出席并讲话；区扫黑办常务副主任；区扫黑除恶专项斗争领导小组各成员单位分管领导；区扫黑办工作人员参加会议
8月28日	“青吴嘉”政法系统推进更高质量平安法治建设合作启动仪式	区委常委、政法委书记赵明出席并讲话；副区长、公安分局局长姚少杰，法院院长麦珏，检察院检察长郑永生；区委政法委副书记；司法局、信访办主要领导参加会议
10月12日	前线指挥部维护稳定组暨街镇政法书记例会	区委常委、政法委书记赵明出席并讲话；区委政法委分管副书记，信访办主要领导和分管领导，区金融办分管领导；维护稳定组成员单位分管领导；各街镇党（工）委分管政法副书记；公安分局治安支队分管领导，各街镇派出所分管所长参加会议
10月15日	青浦区国家安全人民防线专项工作机制第一次全体会议	区委常委、政法委书记赵明出席并讲话；区委政法委分管副书记、国安分局局长；区国家安全人民防线专项工作机制成员单位分管领导参加会议
10月21日	第三届“进博会”治安管理服务中心踏勘暨相关工作协调会	区委常委、政法委书记赵明出席并讲话；区委政法委、区信访办、卫健委、公安分局、徐泾镇分管领导及有关负责人参加会议
11月1日－11月12日	青浦区服务保障中国国际进口博览会前线指挥部区维护稳定组和安全保障组每日视频会议	区委常委、政法委书记赵明，副区长金俊峰，副区长、公安分局局长姚少杰出席；区委政法委、公安分局、区人武部分管领导，区信访办、建管委、农业农村委、卫健委、民宗办、民政局、房管局、应急局、人社局、法院、检察院、司法局、国安分局、消防支队主要领导；各街镇分管政法副书记、分管安全生产副镇长、派出所所长参加会议
11月30日	2020年长三角生态绿色一体化发展示范区法治文化节汇演暨宪法宣传周活动启动仪式	区委常委、政法委书记赵明，副区长、公安分局局长姚少杰；青浦区、吴江区、嘉善县司法局局长及三地司法行政系统工作人员、青浦区各部委办局、街镇、村居代表参加活动
12月17日	青浦区关于“三非人员”（非法入境、非法居留、非法就业境外人员）专项治理工作部署会	区委常委、政法委书记赵明出席并讲话；区委政法委副书记；区公安分局、教育局、科委、民政局、司法局、人社局、建管委、文化旅游局、卫生健康委、市场监管局、区府办（外事）、各街镇分管领导参加会议

（续表）

时间	会议、活动主题及主要内容	参会主要领导
11 月 27 日	2021 年工作务虚会	区委常委、政法委书记赵明，副区长、公安分局局长姚少杰，法院院长麦珏，检察院检察长郑永生出席并讲话；区委政法委全体班子成员；司法局、国安分局主要领导；各街镇分管政法副书记参加会议
12 月 22 日	青浦区防范化解重大风险工作协调机制第四季度例会暨平安青浦建设协调小组会议	区委常委、政法委书记赵明出席并讲话；区委政法委分管副书记；纪委监委、区委组织部、区委宣传部、人武部、法院、检察院、公安分局、司法局、国安分局、信访办、区委网信办、区府办（外办）、发改委、科委、经委、建管委、农业农村委、卫健委、商务委、社会工作党委、教育局、民政局、人社局、应急局、生态环境局、绿化市容局、市场监管局、水务局、房管局、文旅局、退役军人局、区委研究室、总工会、团区委、妇联、工业园区、新城公司、西虹桥公司、青发集团、农业园区、供销社分管领导；各街镇党委副书记（政法）；政法委科室负责人参加会议
12 月 28 日	2021 年元旦春节期间社会面防控工作会议暨区信访工作联席会议全体（扩大）会议	区委常委、政法委书记赵明，副区长金俊峰，副区长、公安分局局长姚少杰出席并讲话；区委政法委副书记；区信访办主要领导、分管领导；区发改委、房管局、规划资源局、人社局、卫健委、教育局、民政局、农业农村委、“三大整治”办公室、法院、检察院、公安分局、司法局、商务委、建管委、应急管理局、生态环境局、城管执法局、市场监管局、总工会、医保局、社保中心分管领导、信访部门负责人；区纪委监委、组织部、宣传部、区委办、人大办、区府办、政协办、区委研究室、经委、财政局、绿化市容局、水务局、国资委、民宗办、国安分局、文旅局、退役军人局、消防救援支队、团区委、妇联分管领导；各镇、街道党委（党工委）分管领导、信访办主任；区委政法委全体科室负责人、区信访办相关科室负责人参加会议

（陆诗怡）

■领导调研 2 月 20 日，区委常委、政法委书记赵明到练塘镇检查指导疫情防控工作，慰问抗疫一线志愿者。赵明先后前往北埭村、太北村、朱庄村、泖甸村和金前村，详细询问各村防疫工作开展情况并实地指导防控工作及一线志愿者工作情况。练塘镇党委副书记陪同。

2 月 23 日，区委常委、政法委书记赵明，副区长、公安青浦分局局长姚少杰到香花桥街道东斜村，对沪苏交界无名道口疫情防控工作进行实地检查。赵明重点检查值守人员配备、防控措施落实等情况，并与现场值守人员亲切交谈，了解工作中遇到的困难，对他们坚守岗位、守护家园的奉献精神表示感谢。香花桥街道党工委书记张兵，党工委副书记金红，党工委委员、办事处副主任等陪同。

3 月 7 日，区委常委、政法委书记赵明带队到香花桥街道对疫情期间矛盾纠纷排查研判、调处化解工作进行调研。在听取汇报后，赵明对街道扎实开展矛盾排查化解、确保社会和谐稳定给予充分肯定，同时对下阶段工作作出要求。香花桥街道党工委副书记、青浦工业园区副总经理、街道办事处副主任参加调研。

5 月，区委常委、政法委书记赵明带队到徐泾镇开展信访维稳专项督查工作。会上，听取徐泾镇信访维稳工作的专题汇报，并详细了解近期各项信访工作开展情况。徐泾镇党委副书记等陪同。

5 月，市委政法委副书记章华到朱家角镇，就古镇景区节假日客流安全管控情况进行调研，区委常委、政法委书记赵明陪同调研。章华副书记一行先后对朱家角古镇课植园、景区游客停车场、游客服务中心、景区综合办公室、数据中心、出入口管理等情况进行实地踏勘视察。座谈会上，章华听取了工作汇报并对朱家角镇在节假日期间社会面稳定防控方面做出的工作表示充分肯定，随后提出三点建议，一是对

2 月 20 日，区委常委、政法委书记赵明（右二）到练塘镇检查指导疫情防控工作（区委政法委供稿）

2 月 23 日，副区长、公安青浦分局局长姚少杰（右五）到香花桥街道东斜村，对沪苏交界无名道口疫情防控工作进行实地检查（区委政法委供稿）

5月,市委政法委副书记章华(前右一)到朱家角镇,就古镇景区节假日客流安全管控情况进行调研,区委常委、政法委书记赵明(前左一)陪同调研

(区委政法委供稿)

于情报、信息要充分重视,对于可能发生的突发事件要防患于未然;二是矛盾纠纷要着力化解,调配力量,组建队伍进行关注,把引发矛盾的内在因素进行梳理并逐一化解;三是加强稳控,要对盲点、薄弱环节特别关注,对乱象、违法行为加强打击力度。朱家角镇党委书记、党委副书记参加调研。

7月7日,区委常委、政法委书记赵明带队到金泽镇调研。会上,听取汇报社会面整体情况及市信访办交办重点事项办理情况工作。

7月8日,区委常委、政法委书记赵明带领区委政法委班子成员到法院调研工作。会上交流扫黑除恶专项斗争、司法体制改革、涉法涉诉信访积案化解和服务保障第三届进口博览会等工作。法院院长麦玨及相关分管领导参加会议。

7月16日,市扫黑除恶专项斗争第二督导组到青浦区开展专项督导工作。会上,区委常委、政法委书记赵明汇报青浦区扫黑除恶总体情况,区纪委监委、公安分局、法院、检察院、市场监管局、建管委主要领导进行专题汇报,督导组组长张华提出工作要求。

8月6日,区委常委、政法委书记赵明带队到夏阳街道开展青东农场区域(东江公司)接收调研会。会上,夏阳街道汇报相关工作情况,相关单位作交流发言。夏阳街道主要领导及分管领导参加。

8月,区委常委、政法委书记赵明到夏阳街道检查“创全”工作。赵明实地检查了社区、银行、大型商超、背街小巷、“美丽家园”建设工地、学校、菜市场等20个点位,听取各点位“创全”工作推进进度。街道党工委副书记、街道平安办、城管中队、相关居委会负责人等陪同。

5—8月,区委常委、政法委书记赵明带队到各街镇、相关委办局开展信访维稳工作专项督查。

10月23日,市联席办、信访办副主任吴波一行到白鹤镇召开青浦区信访工作联席会议暨“家门口”服务体系建设推进会。吴波对近年来青浦区信访工作所取得的成效表示肯定,并就打造信访工作“家门口”服务体系工作提出三点希望:一要坚持以人民为中心的发展理念,努力做实信访工作践行群众路线;二要坚持群众满意的第一标准,持续提升信访工作水平和服务能级;三要坚持勇担防范化解风险的职责使命,全力维护社会大局稳定。区委常委、政法委书记赵明,副区长金俊峰参加会议。

(陆诗怡)

■综治工作 围绕二个重要平台,即市域社会治理现代化试点和平安青浦建设协调机制,以平安青浦指标考核和群众安全感满意度为两大抓手,全面推进各项工作。推进市域社会治理现代化试点,成功申报第一期全国市域社会治理现代化试点地区,研究制订青浦区开展市域社会治理现代化试点工作的实施方案,根据108项基本要求,细化237项具体工作。完善平安建设协调机制,成立平安青浦建设协调领导小组,下设8个专项组,明确工作职责及主要任务,统筹协调各方资源,综合应对各类风险挑战。开展平安青浦指标体系考核,设置“3+9+56”(“3”即3项一级指标:社会安全、政治安全、特色工作;“9”即9项二级指标:社会治安情况、公共安全、特殊人群服务管理、维稳工作、司法工

8月,区委常委、政法委书记赵明(前右二)到夏阳街道检查“创全”工作

(区委政法委供稿)

作、信访工作、国安工作、反邪教工作、特色工作;"56"即56项三级指标:网办违法犯罪案件接报数同比、刑事案件立案数同比、入室盗窃类刑事案件立案数同比等)三级指标体系并纳入年度平安建设考核。完成2次安全感满意度第三方测评。持续推进社会治安防控体系建设,完成区级"雪亮工程"视频共享平台建设,提前实现与市级平台视频联网。完成157个开放式住宅小区、79幢商务楼宇智能安防建设。建成区—街镇—村居三级综治视频会议系统,覆盖11个街镇307个村居综治中心。落实社会治安重点地区排查整治,35个社会治安重点地区全部完成整治。组织发动平安志愿者参与疫情防控、第三届"进博会"社会面防控等工作,同时做好严重精神障碍患者"以奖代补"。探索跨区域深度合作模式,签订《青吴嘉政法系统推进高质量平安法治一体化合作框架协议》,联合打造"C位长安"品牌。 (陆诗怡)

■政法综治宣传工作 研究制定《青浦区街镇政法综治宣传考核办法(2020版)试行》和《青浦区公检法司政法综治宣传考核办法(2020版)试行》,组织第五届平安中国"三微"比赛暨优秀政法文化作品征集评选活动和2020年"四叶草"杯防范电信网络诈骗优秀公益短视频征集活动。利用新媒体开展宣传,青浦政法综治网发文11880篇,平安青浦微信公众号发文1320余篇。牵头公检法司联合制作首部微电影《猎影行动》,不仅在青浦吾悦广场大光明影城对外公映,还在各大新媒体平台在快手、B站、抖音、微博微信和人民网、中国警察网、看看新闻网等平台同步上线,总点击阅读量超过400万,点赞数超过10万。牵头公安青浦分局、卫健委、消防支队、检察院、法院、司法局等部门连续拍摄制作了《开学第一课》《约定》两部法治宣传短片。在"平安青浦"微信公众号组织开展"4.15"全民国家安全教育日网络知识竞赛活动,举办为期5天的禁毒有奖答题活动,吸引万余人参加。联合吴江区、嘉善县政法委依托政法宣传调研联动机制,联合组织开展《民法典》慕课式(大型在线教育形式)讲座。 (陆诗怡)

■执法监督工作 服务"进博会"和长三角生态绿色一体化发展两大国家战略,把握形势、勇于作为,进一步加强执法司法监督检查,完成法院立案登记制改革"回头看"、检察环节退出案件监督、执法司法突出问题案件评查等各类专项行动,共评查案件950件次,有效强化执法能力建设,有力促进严格执法公正司法;加大涉法涉诉信访积案化解力度,成功化解历史积案24件,化解率达61.5%;优化法治营商环境,建立"青浦区企业法治保障服务协调机制",为抗击"新冠肺炎"、企业复工复产复市提供坚强政法保障;加快推进示范区执法司法一体化建设,打造"C位长安"品牌。 (陆诗怡)

■禁毒工作 贯彻习近平总书记关于禁毒工作重要批示精神,全面落实《青浦区2020—2022年禁毒工作三年行动计划》,围绕服务"进博会"和长三角一体化发展两大国家战略,切实把抗疫与禁毒斗争相结合,以"净边2020""禁毒2020两打两控""示范创建""禁毒智能化管理服务预警平台项目建设"等重点工作为牵引,不断强化工作职责,狠抓工作落实。先后开展"春运"、6月宣传月、12月宣传周系列宣传活动;开展涉毒隐患排查、社会面吸毒人员分类评估、综合干预、关爱涉毒未成年子女、禁种铲毒、易制毒化学品(设备)管理、毒驾筛查、打击在食品中添加罂粟等专项行动,提升毒品综合治理效能,推动禁毒工作不断取得新成效。 (陆诗怡)

■服务保障第三届中国国际进口博览会 区委政法委贯彻市委、区委维稳工作决策部署,以第三届"进博会"等重大活动和敏感节点维稳安保工作为主线,牵头落实防风险、促安全、保稳定各项措施,实现"五个坚决防止"和"零滋扰""零上访""零焚烧"的目标,确保全区社会大局持续稳定。聚焦劳动关系等14个重点领域,开展影响社会稳定突出矛盾摸排化解专项行动,先后将259件突出信访矛盾纳入销项攻坚,累计销项238件,综合销项率91.89%。加强特殊人群服务管控,确保"零肇事""零滋扰"。扎实开展社会稳定风险评估,源头防范突出矛盾风险,将环城水系三期等36个项目(区级9个、街镇27个)列入稳评范围,完成评估100%。适时启动圈层防护措施,做好疏访分流工作,确保核心区安全。先后组织发动6200余名平安志愿者参与道口管控等12项社会面防控工作,累计执勤20余万人次。协调签订《青吴嘉政法系统推进高质量平安法治一体化合作框架协议》,共同做好道口河口管控、来沪人车安检、重点人群稳控、维稳情报交流等工作。制定9个专项预案,围绕"维稳处突"等课题组织实战演练,建立劳资纠纷应急处置机制,加强值班备勤,适时启动"一日两报""每日晨会"等战时机制,有效防范各类群体性、突发性事件。 (陆诗怡)

■疫情防控工作 疫情期间,机关在职党员全员到各自社区党组织报到,参与社区疫情防控工作。5名青年志愿者参加青年志愿者突击队,2名志愿者到朱家角镇如家疫情隔离点开展志愿服务。1名党员积极参与"双守双共"区级战"疫"志愿队。与祥龙社区开展共战"疫"线,践初心主题结对活动。共参与志愿服务20余次,参与志愿服务党员群众42人,累计参与活动152人次。机关在职党员和退休老党员累计捐款12100元。 (陆诗怡)

督查工作

■概况 2020年,区委督查工作深入践行"人民城市人民建,人民城市为人民"重要理念,发扬"抢拼实善"新时代青浦奋斗精神,围绕区五次党代会和历次全会明确的奋斗目标,聚焦服务两大国家战略,加强统筹协调,精心组织谋划,扎实开展督促检查工作,着力推动区委各项决策部署落地见效。全年牵头落实回复市委主要领导批示件60余件,开展和配合开展市、区级专项督查20余项。 (陆　超)

■督查区委、区政府重点工作目标任务 围绕区委工作大局,结合区委常委会工作要点和区政府重点工作安排,协助制订区委、区政府重点工作任务分工方案,确定全年35项94条重点督查工作。发挥区委督查领导小组统筹协调作用,推动成员单位对重点工作及时开展集中专项督查。先后对疫情防控、贯彻执

行“中央八项规定”精神，“进博会”期间信访维稳、“一网通办”等重点工作开展专项督查。（陆　超）

■配合做好市委各专项督查任务　认真对标上级要求，配合开展好市委各项督查任务，助推全区重点工作有效落实。全年配合开展城市运行安全、基层减负、环保三年行动计划、虹桥商务区建设、公共卫生体系建设、“苏四期”整治工程、“早餐工程”、防范化解重大风险和加强社会面防控、规范移动互联网应用程序等专项督查。（陆　超）

■完善督查工作体制机制　积极探索完善分级负责机制、统筹协调机制、反馈通报机制和评价激励机制。根据上级要求制定《青浦区2020年度区级层面督查检查考核计划》并抓好贯彻落实，按照“能并则并、能简则简”原则，对计划中性质相似、内容相近、对象相同的事项予以统筹合并调整，增强工作的系统性、科学性、预见性，避免重复督查、多头督查。（陆　超）

党校工作

■概况　2020年，区委党校坚持以习近平新时代中国特色社会主义思想为指导，深入学习贯彻习近平总书记关于党校办学治校系列重要指示精神，全面贯彻落实《中国共产党党校（行政学院）工作条例》和全国党校（行政学院）校（院）长会议精神，围绕中心，服务大局，坚持疫情防控与教学科研两手抓两手硬，推进教学、科研、行政后勤、队伍建设和机关党建各项工作。全年共举办和承办各级各类干部培训班45期，培训5652人次。重点举办示范区大课堂6讲、“服务两大国家战略，担当新时代新使命”中青年干部专题培训班1期，还举办了处级领导干部进修班1期、示范区青干班1期、青年干部成长班1期、新晋科级公务员班1期、新录用公务员培训班1期，村居党组织书记培训班1期及党的基础知识培训班2期。开展党的十九届四中、五中全会精神和习近平总书记在浦东开发开放30周年庆祝大会上的重要讲话精神等宣讲活动，全年共开展基层宣讲152次。（施静君）

■主体班教学　在主体班开展“为民解忧、为党分忧”先进人物访谈教学，长三角生态绿色一体化示范区青年干部培训班开展“服务国家战略，担当时代使命”主题学员论坛，激发青年干部干事创业热情，提升培训实效。（施静君）

■“抢拼实善”新时代青浦奋斗精神主题教育馆　重点打造“新时代青浦奋斗精神”主题教育馆，全方位展示广大党员干部“抢、拼、实、善”奋斗精神。充分发挥主题教育馆的党性教育平台优势，提升党性教育的吸引力感染力，自2020年11月开馆至今，共接待45批1400余人次参观。（施静君）

10月14日，“服务国家战略，担当时代使命”长三角生态绿色一体化示范区青年干部培训班主题论坛在区委党校举办（区委党校供稿）

■理论宣讲　围绕学习贯彻十九届四中全会主题，推出“讲好中国制度故事”8集微党课。推出的80后青年教师“讲党史、映初心”6集微党课获得上海市基层理论宣讲优秀微党课，专题课《带您走进“不一般”的进博会》入选中联部涉外培训网络课程。宣讲报告《实现中华民族伟大复兴中国梦的行动指南——学习贯彻习近平新时代中国特色社会主义思想》被评为2019—2020年度上海市优秀理论宣讲报告。（施静君）

■科研工作　聚焦青浦经济社会发展的重点热点难点问题。开展《党建统领基层治理》《党建引领“三驾马车”协调机制研究》《“三网融合”工作中党建引领作用的发挥》以及区纪委相关重点课题研究。其中，《关于长三角一体化党建高质量创新发展研究》课题获得上海市委组织部重点课题一等奖，《“三网融合”工作中党建引领作用的发挥》课题获得副区长批示。开展疫情防控案例编撰，《双守双共，联防联控》和《织密入沪防控网，守好上海西大门》两篇案例入选市委组织部案例集。三项课题获得市委党校课题立项，《＜资本论＞经济思想及其中国化实践》课题获得国家社科基金后期资助项目立项。全年共立项并结项课题4项，教研人员公开发表论文33篇，参与学术会议23次，区级专题调研4项。经市委党校评估，中共青浦区委党校获得2018——2019上海市委党校（行政学院）系统科研咨询工作组织奖。（施静君）

■学术研讨　9月17日，与西南片区党校协作体共同举办“推进党校课程体系建设”研讨会。10月23日，与市委党校党史党建教研部、青浦区区级机关党工委联合举办“新时代机关党建高质量内涵式发展”研讨会，深入探讨推进机关党建内涵式发展思路。11月10日，与市委党校公共管理教研部联合举办“学习贯彻十九届五中全会精神”学术沙龙等。（施静君）

■开放办学　坚持开放办学，举办“示范区大课堂”，邀请江苏省苏州市吴江区、浙江省嘉兴市嘉善县两地领导干部共同参加，切实提高领导干部推动示范区建设的创新能力，努力打造具有地区特色和区域影响力的干部教育培训品牌。举办青浦、吴江、嘉善党校青年教师成长论坛暨青年教师联合培养启动仪式，发布《青浦、吴江、嘉善三地党校青年教师联合培养计划》。与吴江、嘉善党校联合召开长三角一体化示范区党校联盟座谈会暨科研工作高质量发展论坛，进一步完善示范区党校教学合作机制、科研协作机制、资源共享机制、信息互通机制、联席会议机制，提升示范区党校整体办学能力和水平。

（施静君）

■“四史”学习教育 精心设计“四史”教育课程，推出25堂“四史”专题课程清单，为基层“四史”学习教育提供菜单式服务。围绕青浦“四史”的重要人物、重大事件，分别以“烽火年代中的红色记忆”“峥嵘岁月中的改天换地”“改革奋进中的敢为人先”“全面跨越中的发愤图强”为主题，录制4集“四史”微党课，讲好青浦四个时期的鲜活故事。深入挖掘青浦在攻坚克难、创新发展、服务两大国家战略及疫情防控等方面的典型案例，汇编成《追赶·跨越——新时代青浦实践案例集》，作为干部教育案例教材。编辑《红色家书》，作为干部“四史”教育读本。与区委组织部、区级机关党工委、团区委、区委党史研究室、区融媒体中心等单位开展“四史”学习教育联组学习。

（施静君）

■疫情防控 组织23名在职党员成立疫情防控党员志愿服务队，到隔离点和社区开展防疫志愿服务，其中，18人次到G50高速道口开展志愿服务，服务时长达144小时；3名党员报名参加区“双守双共”志愿服务队，下沉村基层，开展疫情防控工作。广大党员共缴纳特殊党费29300元，教职工支部获得青浦区疫情防控工作先进基层党组织称号。

（施静君）

■宣传阵地建设 通过一报（即《青浦党校通讯》）、一网（即党校门户网站）、一刊（即《青浦党校文苑》）、一公众号（即青浦党校微信公众号），及时向社会各界宣传党校工作。向市委党校报送信息145篇，录用101篇，在全市区级党校名列前茅；向区委办《每日要讯》报送信息212条，录用142条，在C类单位中名列第一。

（施静君）

调查研究

■概况 2020年，区委研究室围绕区委中心工作，主动作为、求实创新，不断提高工作水平，着力提高以文辅政职能作用，完成各项目标任务，整体工作推进稳步有序。参与区委年度重点工作的统筹规划，承担区委重要文件、文稿、文案的研究起草和综合协调任务，研究起草《中共青浦区委关于深入贯彻落实“人民城市人民建，人民城市为人民”重要理念，提升党领导区域治理的能力和水平，加快实现全面跨越式高质量发展的意见》，协助区委制定“五力合一”党建统领战略，总体形成区委全面跨越式高质量发展的“1+5”战略体系；协助区委制定《中共青浦区委关于制定青浦区国民经济和社会发展第十四个五年规划和二〇三五年远景目标的建议》，研究起草区委全会报告、服务保障第三届“进博会”报告、青东联动发展领导小组方案、青西协同发展领导小组方案等区委重要文件、文稿120余篇，共70万余字；发挥辅助决策作用，审核把关区委重要政策文件33份，服务召开区委常委会会议、区委全面深化改革委员会会议和区委书记专题会议67次、343个议题；研究起草各类学习解读材料17份；编辑起草《青浦改革研究》《一周调研动态》49期。参与区委重点专项工作的协调推进，承担区委全面深化改革等6项区委专项工作的统筹谋划和综合协调任务，牵头或参与各项专项工作方案设计、日常推进和督查考核等工作。

（曹庆宇）

■重大文稿起草和重大工作方案设计 研究制定《区委常委会2020年工作要点》《区委常委会2020年工作报告》，经区委全会讨论通过。起草《中共青浦区委全面深化改革委员会2020年工作要点》，细化为137项工作任务，15项重点攻坚任务实施挂图作战；制定《青浦区创新社会治理加强基层建设2020年工作要点》，研究出台《关于高质量建设新时代青浦幸福社区推进社区治理体系和治理能力现代化的意见》及工作任务一览表等；研究起草《关于设立中共青浦区委“四史”学习教育领导小组的通知》《关于深入贯彻执行中央八项规定精神和持续解决形式主义突出问题为基层减负的通知》《关于调整青浦区新型冠状病毒肺炎疫情防控工作领导小组及职责分工的通知》《青浦区新型冠状病毒肺炎疫情防控工作领导小组议事规则》《青浦区社区中心建设工作方案》等区委重要工作方案和工作机制，经区委常委会审议通过。

（曹庆宇）

■完成区委专项工作协调推进任务 承担区委全面深化改革委员会办公室职能，负责处理委员会日常事务工作，组织开展全面深化改革重大问题的政策研究，统筹协调有关方面提出改革方案和措施，注重改革任务推进落实，年中向区委常委会汇报改革推进情况；强化工作考核，将改革工作及15项攻坚任务纳入区级机关绩效考核体系。承担区委全面从严治党工作领导小组办公室职能，协助制定区委落实全面从严治党主体责任实施方案，推动全面从严治党不断纵深推进、向基层延伸；进一步完善考核评估机制，推动开展落实全面从严治党主体责任专项检查和党组织书记落实全面从严治党主体责任述责评议。承担区委大调研领导小组办公室职能，聚焦疫情防控和经济社会发展、全面跨越式高质量发展、人才服务能级提升、社会民生热点、党建等重点工作，坚持大调研工作常态化制度化开展，全区累计开展调研23103次，累计走访企业19199家，事业单位、社会组织1110家，社区居民、农户家庭41950户，共发现收集各类问题2443个，已解决2170个，解决率88.8%。承担区加强和创新社会治理领导小组办公室及推进办职能，协助召开专题推进会议2次；围绕新时代青浦幸福社区建设，召开十余次专题会议集中推进；针对“一网统管”“社区云”、街镇下派居村工作人员情况、居村“两委”班子、大学生村官等人员情况、居村挂牌情况等开展调查研究，为区加强和创新基层社会治理工作提供有力支撑。承担区地方群团改革试点领导小组办公室职能，加大群团服务品牌培育、宣传力度，“青群荟”

群团服务品牌持续打响。承担区委常设议事协调机构日常联络职能，加强与区委“7+2”议事协调机构的沟通联络，推动区委各常设议事协调机构更好发挥职能作用。（曹庆宇）

老干部工作

■概况 2020年，青浦区老干部工作学习贯彻习近平新时代中国特色社会主义思想，加强离退休干部党的建设，引导老同志为党和人民事业增添正能量，持续做好离退休干部服务管理工作，围绕老干部工作高质量创新发展目标，稳妥有序推进各项工作，努力推动老干部工作再提升、再优化。

青浦区共有离休干部79人，其中由青浦区直接管理的离休干部75人（包括：易地安置在青浦3人、易地安置到外地4人）、代管4人。全区离休干部中，享局级、原四套班子离休干部3人，参局级离休干部3人，享处级离休干部39人，一般离休干部34人。年龄在80—89岁之间45人，90—99岁34人。年龄最高98岁，最低86岁，平均年龄90.27岁。抗日战争前期参加革命3人，抗日战争后期参加革命17人，解放战争时期参加革命59人。居住在夏阳街道20人、盈浦街道46人、乡镇6人、上海市区6人、外省市1人。年内，共病故离休干部10人。原四套班子退休干部34人，年龄最高97岁，最低62岁。年内，共病故四套班子退休干部2人。（戴思聪）

■加强离退休干部政治思想引领和党组织建设 一是加强离退休干部政治建设。疫情防控期间，通过“青溪晚霞”微信公众号平台及时推送习近平总书记关于疫情防控的重要指示精神，组织在线观看微视频《总书记指挥这场人民战争》、“示范区战‘疫’之声情景党课”和“共战‘疫’线践初心”专题片，邀请青浦区援鄂医疗队员周峰医生分享抗击疫情心路历程，广泛宣传援鄂医务人员的英雄事迹。二是加强离退休干部思想建设。在全区离退休干部中组织开展“四史”学习教育活动，召开离退休干部“四史”学习教育推进会，举办“学四史、践初心、助发展”离退休干部“四史”知识竞赛，开展“讲学习，践初心”“说故事，铭历史”“传精神，助成长”“看变化，赞发展”等4个系列活动；举办老干部通报工作会2次，安排6位退休干部参加2期市局老干部读书班，组织离退休干部收看在线形势报告会9场；推进全区11个街镇全部完成“社区离退休干部之家”挂牌工作。三是加强离退休干部党组织建设。制定《青浦区离退休干部党支部规范化建设考评办法》，落实离退休干部党组织考评机制，举办离退休干部党支部书记培训班、在线学习会、在线工作例会，开展《夺冠》《一点就到家》电影党课，组织参观中国劳动组合书记部旧址陈列馆、毛泽东旧居陈列馆和福寿园人文纪念公园，开展“上善先锋行·创全Let’sgo”主题志愿服务活动。（戴思聪）

4月21日，示范党支部参观上海淞沪抗战纪念碑（区委老干部局供稿）

■凝聚离退休干部正能量 一是动员老同志参与疫情防控。及时发出《致全区离退休干部党组织、党员的倡议书》，据统计，在疫情防控期间，全区离退休干部共捐款46万余元，299名离退休干部在社区担任防控知识宣传、人员排摸、小区巡防值守等志愿服务工作；制作《致全区广大离退休干部志愿者的感谢信》和“上善银辉”社区公益护照疫情防控纪念版，发放给在疫情防控一线坚守的离退休干部志愿者；组织离退休干部创作抗“疫”主题书画作品24件，并在微信公众号上集中展示宣传。二是开展正能量主题活动。开展“学习先进典型、助力跨越发展”主题活动，举办“服务国家战略”“助力基层治理”等“六个系列”活动；开展“上善银辉”离退休干部“双先”评选表彰工作，评选先进集体10家、先进个人22名；联合区党建服务中心开展“听老党员讲初心”系列微党课活动，推荐6位老同志参与微党课宣讲工作，推荐2位老同志成为区“四史”宣讲团成员，5位老同志的宣讲课题被列入青浦区“上善初心课堂”“四史”学习教育党课清单；“四史”学习教育开展以来，老同志累计开展宣讲140场，听众近9000人次；积极开展“青梁心连心，牵手微公益”活动，共60位老同志认领“微心愿”。三是打造区、街镇、社区三级离退休干部正能量志愿服务体系。举办青浦区“上善银辉”离退休干部志愿服务大队成立仪式，组建理论宣讲、文明督导、关爱帮扶、医疗服务、法律服务等5个功能型离退休干部志愿服务团队，制定《青浦区“上善银辉”离退休干部志愿服务大队建设管理制度》等“1+5”志愿服务管理制度；目前，全区已建立离退休干部志愿服务组织77个，已登记离退休干部志愿者874名。四是推进关心下一代工作。组织开展2020年度“从石库门再出发——学习党史国史，传承红色基因，争做时代新人”主题教育活动，举办“读书·励志”“宣讲·筑魂”“寻访·溯源”“观影·致敬”“实践·修身”5个系列活动;做好市关心下一代工作先进评选表彰推荐工作,报送先进集体2个、先进工作者5名,开展“云览陈云纪念馆”活动,举办直播讲座和征文比赛,邀请8位老同志录制“四史”精品课程;以云课堂等形式进行教育宣讲,联合区文旅局向云南省德宏傣族景颇族自治州梁河一中捐赠新书8000册。（戴思聪）

7月17日,原区(县)四套班子退休干部到金泽镇开展“四史”专题考察活动
（区委老干部局供稿）

■**提升离退休干部幸福感和满意度** 一是落实老干部各项待遇。做好疫情防控期间老同志服务保障工作,依托全区社会组织,设立战“疫”老同志热线22137799,开展疫情防控知识宣传和政策解读咨询、心理关怀疏导等服务工作。联系全区农业合作组织,为老同志提供大米、新鲜蔬菜配送到家服务;采取分批预约方式,解决老同志理发、扦脚难题;积极协调社会组织,为有需求老同志开展应急维修服务;落实疫情期间医疗服务保障工作,协调社区卫生服务中心为有困难离休干部送药上门。二是为老干部办实事、做好事。继续推进离休干部长护险工作,先后为245位离休干部申请办理长护险,已有112人通过评估接受上门服务;将离休干部纳入上海市家庭医生“1+1+1”签约体系,为老同志提供延伸处方、长处方、优先转诊等服务,签约率达100%;按规定将离休干部特殊医疗经费补贴标准提高至90%,做好易地安置离休干部医药费报销工作,为50位老同志解决特殊用药补贴20余万元;认真做好纪念“中国人民抗日战争暨世界反法西战争胜利75周年”走访慰问和“中国人民志愿军抗美援朝出国作战70周年”纪念章发放工作,分别对16位抗战老战士和14位抗美援朝参战离休干部进行上门走访;加强困难老同志帮扶工作,制定《特殊困难离退休干部帮扶实施办法》,全年帮扶特殊困难离退休干部9人,帮扶金额3万元;举办健康知识讲座3期、中医咨询服务9次,为50余位离退休干部开展健康体检;举办现场法律咨询3次,免费为3位老干部提供上门法律咨询服务;为12位老同志更新安装家庭安全扶手,通过购买服务,为1976人次开展“六助”(即医、行、听、读、修、洁)服务。三是丰富老干部精神文化生活。精心开展老干部共庆传统佳节文化活动,举办迎新送福、迎春联欢、扑克联谊、中秋故事会、重阳献爱心联谊等丰富多彩的文娱活动,联合闵行区和嘉定区共同举办《我们在一起·乐龄奔小康》——闵嘉青老干部书画联展活动;与区体育局、老年体协协调,组队参加市第十一届老年人运动会“高智尔球”比赛;与区退役军人事务管理局开展“文化进军营”活动,组织书画组向青浦癌症协会送“福”;为区退管所新装修大楼赠送书画作品。积极开展“三看”活动,组织老同志到自贸区临港新片区、上海中心、老城隍庙、市红十字救灾备灾中心等参观考察。（戴思聪）

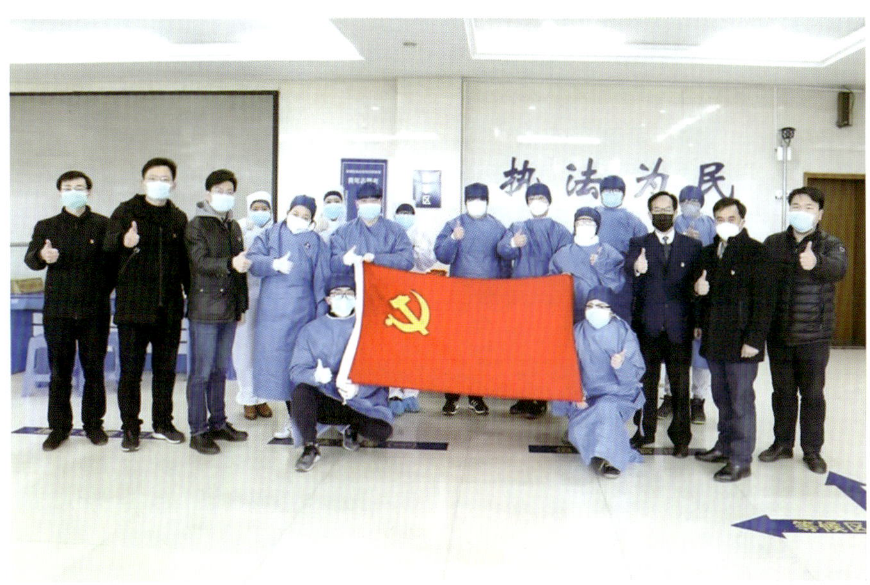

2月7日,青浦区抗击新型冠状病毒青年志愿者突击队临时党总支正式成立
（区区级机关党工委供稿）

区级机关党建工作

■**概况** 2020年,区级机关工作党委坚持围绕中心、建设队伍、服务群众,深入开展机关党建“先领”行动,不断推进机关党的建设高质量内涵式发展。（董镜茹）

■**疫情防控** 下发《机关党组织和党员在疫情防控阻击战中走在前、作表率的通知》和《关于在打赢疫情防控阻击战中开展‘三看三比三带头’专项行动的

通知》，号召机关党组织和广大党员把疫情防控工作作为践行初心使命的大战场、大考场。发出“热血战疫，爱心同行”无偿献血倡议，机关党员累计献血50多人。组织开展捐款，累计捐款金额达70多万元。成立“疫”战队伍。组建青浦区抗击新型冠状病毒青年志愿者突击队临时党总支，累计3000多名机关党员青年参与疫情防控工作。成立500多名机关党员疫情防控志愿者服务队，深入全区3家定点集中医学观察场所，做好隔离人员思想安抚工作。深化“双报到”“双报告”制度，64家机关党组织和3000多名党员前往50多个社区开展疫情防控工作。（董镜茹）

6月23日，青浦区“牢记初心使命，服务国家战略”“四史”知识竞赛决赛举行

（区区级机关党工委供稿）

■党的建设 制定下发《2020年度青浦区机关党建“先领”行动工作要点》，细化分解全年28项“先领”行动重点任务。召开2020年区级机关党的建设工作暨机关党建“先领”行动推进会议，部署推进六大“先领”行动。通过组织举办机关党建研讨会、开展“先领”示范党支部和党员创评活动、开展5·20“上善之约，缘聚青浦”交友活动、建立“先领”温暖基金等“十大”特色“先领”活动，推动机关党建“先领”行动落到实处。召开“进博先锋”党建联盟工作推进会，启动27项党建联盟重点工作项目。开展“先领作表率，创文见行动”主题活动，64家机关党组织联合“创文”结对社区党组织开展“四个一”志愿服务500余次，1200多名在职党员主动到居住地报名参加楼组党员志愿队，在服务中心工作中彰显机关党建作为。（董镜茹）

■“四史”教育 举行“四史”知识竞赛活动，开展“学四史、作表率、推进机关党的建设高质量内涵式发展”等联组学习活动3次，举办“四史”专题辅导报告4次，迅速在区级机关兴起“四史”学习热潮。举办“学习《习近平谈治国理政》第三卷”和“奋力谱写新时代人民城市建设新篇章”专题讲座，进一步提高党员干部思想政治素质。大力实施机关青年理论武装工程，组织参与“阅读马拉松超级赛”，培树理论学习标兵。培育选树疫情防控先进基层党组织10个和优秀共产党员16个，党支部建设示范点2个，示范型“三星”机关党组织10个，优秀书记项目15个，优秀支部工作法15个，优秀主题党日案例38个，做好各类先进典型事迹宣传。（董镜茹）

10月29日，2020年青浦区区级机关党员轮训班在区委党校举行

（区区级机关党工委供稿）

■组织建设 开展机关基层党组织建设调研，形成《青浦区机关党建工作调研报告》。开展支部标准化规范化建设专题培训，制作下发《机关党支部工作汇编材料》《机关党支部工作记录本》，提升支部“一五五”品牌建设质量。加强对15家党委改党组单位机关党委（党总支）建立、党组织选举、党费管理、党员发展、组织关系转接等工作指导。全年共发展党员26人，上报2021年发展对象68人。开展“先领”关怀行动，慰问疫情防控一线等党员干部4000多人。举办“机关党建政治巡察突出问题及整改建议”专题辅导报告，推动解决机关党建突出问题。推动“廉动一刻”正风肃纪教育，举办“以案说纪，忏悔与警醒”专题讲座，推动全面从严治党向基层延伸。（董镜茹）

保密工作

■概况 2020年，青浦区保密工作按照中共上海市委保密委员会全体会议要求，在上海市国家保密局的业务指导下，结合青浦区保密工作实际，在保密教育培训、保密技术防范、保密督查等方面进一步加强工作力度，不断提升保

密管理能力和保密工作水平，顺利完成年度保密工作任务。（方友凯）

保密教育培训 5月，组织召开中共上海市青浦区委保密委员会全体会议。6月，组织召开青浦区保密工作会议。8月，组织青浦区各单位保密分管领导到上海市保密教育实训平台参加轮训。9月，组织开办青浦区保密工作专题会议。10月，组织青浦区初任保密干部参加上海市初任保密干部培训和考试。年内，在"415全民国家安全教育日""《保密法》修订实施十周年"等时间节点，开展全区保密宣传和普法工作。（方友凯）

单位保密管理 明确全区各单位各级各职领导干部和涉密人员的保密职责，年内组织签订各类承诺书和责任书，落实保密工作责任。加强相关场所保密管理，严格开展考核，强化安全保密措施。加强涉密文件、资料等的保密管理，规范涉密载体清理、清退、归档、销毁工作。（方友凯）

保密专项检查 年内，陆续开展青浦区机关单位互联网门户网站、微信和邮箱、涉密载体印制、国家秘密事项数据统计等的专项检查工作，指导落实青浦区各单位保密自查自评及督查等工作，并顺利完成任务。（方友凯）

机构编制

概况 2020年，开展《中国共产党机构编制工作条例》宣贯。统筹优化机构职能体系，深化党政机构改革，拟订完善街镇管理体制整合街镇管理服务资源工作方案。推进事业单位改革，全面完成承担行政职能、从事生产经营活动的事业单位改革。拟订优化事业编制资源配置方案，继续开展事业单位机构编制评估和"三定"工作。强化机构编制监督检查。加强长三角一体化示范区机构编制部门学习交流。（陆鑫炎）

《中国共产党机构编制工作条例》宣贯 严格机构编制管理权限程序，全年筹备召开编委会议4次，研究审议机构改革和机构编制事项。制定青浦区学习贯彻《条例》及2020年工作任务清单。协调相关部门，落实《条例》学习宣传，部署各街镇和区级部门开展学习宣传和贯彻执行《条例》，全面开展宣贯情况自查。梳理全区机构编制管理有关规定，拟定修订完善制度规定计划。举办机构编制系统《条例》专题学习班，协调相关部门将《条例》纳入党委（党工委、党组）理论学习中心组和区委党校（行政学院）学习课程。邀请吴江、嘉善机构编制部门共学。（陆鑫炎）

深化党政机构改革 完成建设管理委"三定"修订，调整优化区统战部、民政局、农业农村委、科委、经委、司法局、政协机关以及部分单位机关党委机构编制事项。跟踪了解机构改革后各部门运行情况和"三定"规定执行情况，重点对区商务委、区域发展办、政务服务办等因地制宜设置机构走访调研。聚焦街镇"减负、增能、赋权"，牵头拟订《青浦区关于完善街镇管理体制整合街镇管理服务资源的实施方案》，明确街镇职责定位，调整优化街镇机构职能。完善党政内设机构、事业单位机构体系，理顺派驻机构设置。推动执法事项向街镇下沉，组建街镇综合行政执法队伍。新增街镇居民区党组织书记专用事业编制10名。新增居民区专用社区工作者额度8名。（陆鑫炎）

事业单位改革 全面完成承担行政职能的事业单位改革以及从事生产经营活动的事业单位改革。完善公益类事业单位机构职能，新建3家事业单位（宣传教育服务中心、思源小学、白鹤第二幼儿园），撤销6家事业单位建制（科技孵化服务中心、市场监督管理局机关服务中心、安全防范服务中心、青浦投资有限公司、水环境监测中心青浦分中心、河道水闸管理所），制发4家事业单位（河湖管理事务中心、党建服务中心、人才服务中心、宣传教育服务中心）"三定"规定，明确区政府和社会资本合作管理中心等12家事业单位分类，调整教育、卫生健康系统及城市网格化综合管理中心等事业机构编制事项。研究拟订青浦区优化事业编制资源配置方案，指导推动区水务局、科委、农业农村委、房管局、卫生健康委等部门开展事业单位优化整合和"三定"工作。对区卫生健康委、教育局所属15家事业单位开展机构编制评估。对已开展机构编制评估的农业农村委等部门所属44家单位开展评估"回头看"自查。加强事业单位登记管理工作，完成区属事业单位设立登记5家，变更登记101家，注销登记9家，补证1家、换证2家。严格事业单位用编审核，受理并批复事业单位招聘用编计划774名，交流用编计划628名。（陆鑫炎）

机构编制监督检查 组织实施超审批权限设置机构等机构编制问题自查自纠。配合开展对区委宣传部、政法委等9个部门的选人用人专项检查。会商财政局、人社局等部门，指导推动教育、卫生健康系统完成编制外用工清理规范。（陆鑫炎）

档案工作

概况 2020年，区档案局在区委、区政府领导下，在市档案局指导下，以"抢拼实善"新时代青浦奋斗精神，推进档案工作走向依法治理、走向开放、走向现代化，助力青浦全面跨越式高质量发展，完成了2020年各项工作任务。全年共接待查档者7056人（次），利用档案7524卷（件），其中长三角一体化查阅12人（次）。同时，继续做好政府信息公开接待咨询工作，全年集中受理依申请政府信息公开11人次。全年完成8家单位移交档案进行清点和接收，合计案卷级586卷、一文一件23439件、专题档案5533件、会计档案847册、荣誉档案140件、照片834张、光盘222张。同时，收集到41家政府信息公开成员单位主动公开信息1583条，依申请公开信息71条，免于公开信息182条。（蔡佳诚）

开展档案数字化工作 根据上海市公共数据治理要求和青浦区大数据工作部署，积极参与电子政务建设。全年档案数字化扫描合计73536页，校对条目232658条，共计1337872页。6月，组织开展数字档案馆室一体化平台系统操作培训会，共有12家单位参加。10月，完成进馆单位档案数据的核查及系统导入工作，并完成10家单位的数据导入。（蔡佳诚）

做好档案校对鉴定划控 做好馆藏民国档案的校对工作，全年完成案卷

6143卷、文件条目数41330条。做好鉴定划控工作，对馆藏1989年档案进行重新鉴定划控，共6191卷，并对馆藏1990—1995年的档案进行梳理，共46904条。（蔡佳诚）

■加强档案文化影响传播力 2020年，完成《从上海之源到上海之门——青浦建城500年档案史料展》，多视角展示青浦悠久的历史文化、光荣的红色革命传统和改革开放四十周年取得的一系列成就。完成《不能忘却的记忆——记青浦敌后抗战史》《传承家乡红色革命基因，服务华为（西岑）科创中心》两堂专题党课，为基层党员干部和群众授课8次。围绕抗击新冠肺炎疫情、青浦历史等方面，全年共发布各类微信文章56篇。（蔡佳诚）

■开展档案征集编研工作 全年共征集档案342件，其中疫情类档案314件、百岁老人档案2件、血防类档案11件、陈云与评弹档案15件。6月，完成《从上海之门到上海之源——青浦建城500年档案史料汇编》。8月，完成《上善青浦2019》编印。（蔡佳诚）

■加强档案业务指导 2020年，青浦档案馆通过档案事业综合评价检查，并指导华新镇完成上海市“样板档案室”创建工作。推行档案行业标准《归档文件整理规则》DA/T－2015，并推进新档案室系统应用，全年落实10家单位试用新系统。完成6家单位档案星级认定。同时加大对一级单位监督指导力度，全年对22家单位开展重点指导。（蔡佳诚）

史志工作

■概况 2020年，区史志办贯彻落实党中央、国务院和市级主管部门有关精神，围绕区委、区政府中心工作，坚持以“存史、资政、育人”为根本任务，发挥部门职能作用，开展史志征编工作。编纂发行《青浦年鉴2020》《青浦的责任》《青浦“四史”资料选编》，推进《中共青浦党史大事记（1991.1—2020.12）》《百年逐梦——中国共产党在青浦图史》编纂工作。协助市地方志办公室完成7部上海市志分志的评议审稿任务和《方志学述论》“方志学理论基础”章节编写任务。完成本区16处红色革命旧址、遗址的复核工作和《党史信息报》“对口支援·青浦篇”材料整理工作。按时保质保量完成《党史大事记》双月刊信息的报送，以及《党史信息报》《上海党史与党建》年度征订任务。开展“地方志与全面小康社会”地方志法规宣传活动。协助江苏省苏州市方志编纂委员会办公室，认真做好国家方志馆江南分馆展陈大纲《千年一曲咏江南》补充完善工作。协助江苏省苏州市吴江区党史办修改完善《吴江党史纪念馆深化设计方案》《中共吴江党史馆展示内容大纲》。积极服务全区“四史”学习教育，为区级部门提供相关资料支持。（陈松青）

■地方志法规宣传活动 5月，开展地方志法规宣传活动。配合上海市地方地办公室“云展示”，提供青浦区地情文献总体情况介绍、《青浦地区地情文献书名目录》和电子版网站链接。组织收看上海市地方志办公室举办的“上海地方志论坛”主旨报告。组织参加“地方志使用度调查”活动，结合上海市地方志办公室“云调查”，通过“青浦史志”网站、青浦官媒公众号“绿色青浦”，开展2020年地方志使用微信问卷调查，展示历年来全区编修的志书、年鉴、地情资料等地方志文献。（陈松青）

■《青浦“四史”资料选编》发行 7月23日，《青浦“四史”资料选编》编印发行。该书共67篇文章，随文照184张。主要包含“先进榜样”篇、“重要会议”篇、“重大事件”篇、“重大成就”篇。其中：“先进榜样”篇选录在青浦乃至全国革命与社会主义建设的20位先进代表人物和1家先进集体；“重要会议”篇选录党在青浦成立组织后召开的对青浦革命与建设有重要意义的16次重要会议；“重大事件”篇选录在青浦革命与社会主义建设各阶段具有重大影响的10件事项（革命活动、社会事变）；“重大成就”篇选录青浦社会主义建设阶段经济和社会发展建设的20项重大成就。该书列为全区“四史”学习教育干部辅助学习读本，发行至全区基层党组织。（陈松青）

■《青浦的责任》出版发行 11月，《青浦的责任》由上海人民出版社、学林出版社出版发行。全书共收录文章39篇，以对口支援为主题，采用口述史的形式，通过对主管部门同志、援建干部、受援地干部群众的采访，反映了青浦对口支援工作的历程。该书为中共上海市委党史研究室组织全市各区党史部门编写的“上海助力打赢脱贫攻坚战口述系列丛书”。（陈松青）

■《青浦年鉴2020》出版 12月，《青浦年鉴2020》由上海文化出版社出版发行。该年鉴共设类目31个，分目212个，条目1323个（不包括概述性条目），照片438帧（其中卷首80帧、随文照片358帧），图4张，表112张，总字数139.5万字。（陈松青）

综　述

2020年，区人大常委会坚持以习近平新时代中国特色社会主义思想为指导，贯彻落实党的十九大和十九届二中、三中、四中、五中全会精神，全面落实十一届市委、五届区委历次全会精神，在中共青浦区委的坚强领导下，紧紧围绕全区工作大局，积极履行宪法和法律赋予的职责，充分发挥人民代表大会制度优势，为推进青浦区社会主义民主政治建设，加快实现青浦全面跨越式高质量发展做出贡献。

一年来，区人大常委会贯彻落实区委决策部署，立足全局谋划推进人大工作，坚持围绕中心、主动作为、依法履职，助力全区经济持续高质量发展。按照“六稳”“六保”要求，持续推动就业、教育、医疗、养老、文化等各项社会保障和公共服务工作。以“凝心聚力促发展，担当作为再出发”履职实践活动为载体，不断充实代表活动内容、丰富代表活动形式，支持代表更好地发挥主体作用。立足人大政治机关、工作机关、代表机关定位，发扬“抢拼实善”新时代青浦奋斗精神，与时俱进推进自身建设，切实提升工作效能。

年内，先后举行常委会会议7次，听取和审议“一府两院”专项工作报告11项，形成常委会审议意见11份，依法就有关重大事项作出决议决定7项；任免全区国家机关工作人员41人次；对3名区政府组成部门主要负责人和1名区检察院副检察长开展履职评议。对《上海市生活垃圾管理条例》等7部法律法规实施情况开展执法检查和调研。召开常委会主任会议20次，主任会议成员集体调研“一府两院”重点工作5项，组织代表听取“一府两院”专项工作报告7项，各专门委员会、工作委员会开展监督调研工作24项。　（孙　盈）

人民代表大会及其常务委员会会议

■区第五届人民代表大会第六次会议

1月8—10日，青浦区第五届人民代表大会第六次会议在区会议中心举行。8日下午，举行大会开幕式，会前召开预备会议。本次会议出席代表210名（实有代表216名）。会议听取和审议区长余旭峰关于青浦区人民政府工作报告；审议青浦区2019年国民经济和社会发展计划执行情况与2020年国民经济和社会发展计划草案的报告；审查和批准青浦区2019年国民经济和社会发展计划执行情况的报告及2020年国民经济和社会发展计划。审议青浦区2019年预算执行情况和2020年预算草案的报告；审查和批准青浦区2019年预算执行情况的报告及2020年区本级预算。会议听取和审议区人大常委会主任朱明福所作的青浦区人民代表大会常务委员会工作报告、区人民法院院长麦玨所作的青浦区人民法院工作报告和区人民检察院检察长郑永生所作的青浦区人民检察院工作报告，并通过相关决议。会议补选陈达、金国宏、黄春明为青浦区第五届人民代表大会常务委员会委员。

（孙　盈）

2020年青浦区人民代表大会常务委员会会议情况表

表4

会议名称	时间	主要内容
区五届人大常委会第三十三次会议	2月20日	审议区人大常委会2020年度工作要点（草案）；听取和审议区政府关于提请审议青浦区重固镇国土空间总体规划（2017—2035）的议案；书面审议区人大法制委关于2019年规范性文件备案审查情况的报告；审议人事任免事项
区五届人大常委会第三十四次会议	3月26日	听取区政府关于做好新冠肺炎疫情防控工作情况的报告，区法院、区检察院书面报告新型冠状病毒肺炎疫情防控工作；听取和审议区五届人大六次会议主席团交付议案审议结果的报告；听取区检察院副检察长履职情况的报告，开展满意度测评；听取和审议区法院关于增补人民陪审员名额的议案，并作出决定；审议人事任免事项

（续表）

会议名称	时间	主要内容
区五届人大常委会第三十五次会议	5月28日	审议人事任免事项；听取和审议区政府关于本区中医药发展情况的报告；听取区人力资源社会保障局局长履职情况的报告，开展满意度测评；听取和审议青浦区第五届人民代表大会常务委员会代表资格审查委员会关于李会林、宋志青代表资格的报告；听取和审议区政府关于2019年本区环境保护工作和环境保护目标完成情况的报告；审议区人大常委会主任会议关于区人大常委会开展《上海市生活垃圾管理条例》执法检查的议案；书面审议区政府关于本区促进就业工作情况的报告
区五届人大常委会第三十六次会议	7月15日	审议人事任免事项；听取区经委主任、区市场监管局局长履职情况的报告，开展满意度测评；审议区人大常委会关于接受个别代表辞去青浦区第五届人民代表大会代表职务请求的决定（草案）；听取与评议区政府关于上半年工作情况的报告；书面报告区人大常委会、区法院、区检察院上半年工作；听取和审议区政府关于2019年决算（草案）、2020年上半年预算执行情况和2019年度本级预算执行及其他财政收支审计工作的报告，审查和批准2019年区本级决算；书面审议区政府、区法院关于代表建议办理情况的报告；书面审议区政府关于2020年上半年计划执行情况的报告
区五届人大常委会第三十七次会议	9月29日	书面审议区政府关于本区国有资产管理情况综合报告，听取和审议区政府关于本区行政事业性国有资产管理情况专项报告；听取和审议区法院关于环境资源审判工作情况的报告；审议区人大常委会关于确认张凡等同志青浦区第五届人民代表大会代表资格的决定（草案）；审议区人大常委会关于接受潘慧敏辞去青浦区第五届人民代表大会代表职务请求的决定（草案）；审议人事任免事项；听取和审议区政府关于本区实施乡村振兴战略推进产业兴旺情况的报告；听取2名市人大代表履职情况的报告
区五届人大常委会第三十八次会议	11月25日	审议人事任免事项；听取和审议区政府关于2019年度本级预算执行和其他财政收支审计整改情况的报告；听取和审议区政府关于2020年区本级预算调整方案（草案）的议案，审查和批准2020年区本级预算调整方案；听取和审议区政府关于代表建议办理情况的报告；听取2名市人大代表履职情况的报告；审议决定召开区第五届人民代表大会第七次会议；听取区政府关于办理落实《区五届人大常委会第二十八次会议关于本区贯彻实施<上海市居民委员会工作条例>情况的审议意见》情况的报告，开展满意度测评；听取和审议关于检查本区《上海市生活垃圾管理条例》实施情况暨垃圾分类工作代表议案办理情况的报告；书面审议区政府关于本区推进生活垃圾全程分类体系建设情况的报告；听取和审议区政府关于白鹤镇总体规划的议案并作出决议
区五届人大常委会第三十九会议	12月30日	审议人事任免事项；听取和审议区政府关于“十三五”规划执行和“十四五”规划纲要编制情况的报告；审议区人大常委会代表资格审查委员会关于青浦区第五届人民代表大会代表变动情况的报告；审议区人大常委会工作报告（草案），决定提交区五届人大七次会议审议；听取和审议关于召开青浦区第五届人民代表大会第七次会议筹备工作情况的报告，提出会议有关事项的草案

（孙　盈）

7月15日，区五届人大常委会第三十六次会议在区会议中心召开

（区人大供稿）

监督工作

■概况　2020年，区人大常委会坚持围绕中心、主动作为、依法履职，通过与市人大上下联动、与示范区人大协同联动，组织代表通过视察检查、监督调研、明察暗访等方式，推进监督工作。同时，对年度重点监督工作实施挂图作战、列表推进，服务中心大局，持续推动民生福祉改善，推进生态环境建设，推动区域治理创新。（孙　盈）

■疫情防控工作　贯彻落实市人大有关疫情防控决定，由区人大常委会领导带队深入基层社区明察暗访240多次，并专题听取“一府两院”疫情防控专项报告，督促落实各项防控措施。第一时间向广大代表发出助力疫情防控倡议，

全区700余名全国、市、区、镇四级人大代表以实际行动践行责任担当。按照区复工复产工作部署要求，开展复工复产综合检查，累计检查督导企业、合作社、建设工地、商业综合体、中小园区、办公楼宇等215处，收集反映诉求建议78条。（孙　盈）

■保障区域重大发展战略贯彻实施 贯彻落实区委决策部署，立足承接进博溢出效应、青浦新城建设、生态绿色一体化发展示范区建设，充分发挥人大职能作用，通过开展专题调研、主任会议成员集体调研、依法就区域规划作出决议，与江苏省苏州市吴江区、浙江省嘉兴市嘉善县人大开展协同调研等方式，服务全区工作大局，保障区域重大发展战略贯彻实施，促进青东联动、青中融合、青西协同发展。（孙　盈）

4月8日，青浦、吴江、嘉善三地人大常委会第三次主任例会在吴江召开，会议通过《“青吴嘉”三地人大2020年度协同联动项目工作方案》（区人大供稿）

■推进经济持续发展 高度关注《上海市优化营商环境条例》实施工作，综合开展监督调研，推动政府制定“青浦惠企17条”，助推商事制度改革和海外人才政策先行先试，促进“高效办成一件事”。听取审议区政府关于实施乡村振兴战略推进产业兴旺情况的报告，围绕供给侧结构性改革、农业政策供给等积极建言，推动构建现代农业产业体系和农村一二三产业融合发展。依法加强对国民经济和社会发展计划编制、执行情况的审查和监督。（孙　盈）

■推进生态文明建设 围绕生活垃圾分类管理工作，结合推进垃圾分类工作代表议案办理，将执法检查和议案办理紧密结合，加强与市人大和街镇人大联合联动、与各专工委的协同配合，对垃圾分类收运处各个环节进行全覆盖、全过程、全方位监督，持续跟踪监督全区生活垃圾全程分类处置工作。听取审议区法院环境资源审判工作，推进区法院进一步强化“三合一”归口审判功效，推动区政府加快生态环境标准体系建设，不断增强环境资源保护合力。与市人大联动检查野生动物保护法和土壤防治法实施情况，推动全区禁猎野生动物、加快构建土壤防治工作体系。（孙　盈）

■高度重视促进就业工作 深入开展专题调研，从全区产业发展、劳动力资源市场等实际情况出发，认真分析促进就业工作面临的困难挑战，从强政策“领”就业、优服务“稳”就业、抓培训“增”就业、助农民“保”就业等四个方面提出意见、建议。专题调研区就业和社会保障“十四五”规划编制工作，建议区政府加强就业趋势研判，以科学的规划来全面指导“十四五”稳就业促就业工作。组织代表集中视察长三角人力资源市场，积极推动就业环境改善。（孙　盈）

10月26日，区人大常委会主任会议成员集体调研全区0—3岁儿童早期教育发展情况（区人大供稿）

■积极回应“老小旧远”民生问题 围绕推进老年人日间照料中心建设运营和长护险工作，组织人大代表和区政府职能部门面对面交流。听取审议中医药发展情况专项报告，建议进一步明晰中医药事业特别是区中医院的发展定位，全面提升中医药人才专业能力，加强政策扶持保障，夯实新时代中医药事业传承和发展的基础。调研全区0—3岁儿童早期教育发展工作，提出健全托育服务体系、加强早教托育市场监管等建议。组织代表听取青浦区“美丽家园”三年行动计划落实情况报告，推进老旧住房改造、加装电梯等民生工作，让发展成果惠及更多群众。调研村居文化活动室运行情况，助力打造基层文化阵地。组织代表听取科普工作报告，推动在全社会积极营造讲科学、爱科学、学科学、用科学的良好氛围。（孙　盈）

■开展审议意见办理满意度测评　把实行正确监督、有效监督作为人大监督工作的基本遵循，围绕《上海市居民委员会工作条例》的有效贯彻落实，在2019年开展执法检查的基础上，2020年继续对该法规进行跟踪监督。跟踪监督主要聚焦执法检查审议意见整改落实情况，由专门委员会组建监督小组，常委会领导带队开展相关督促检查。在调研的基础上，常委会会议专题听取和审议政府及职能部门办理落实工作情况报告，并同步对办理工作进行满意度测评。（孙　盈）

■推进基层社会治理　推动在金泽镇人大设立市人大基层立法联系点，制定支持和保障立法联系点建设的实施意见。参与上海市地方立法工作，完成《上海市公共文化服务保障与促进条例》等4部法律法规（草案）的意见征询工作。跟踪监督《上海市居民委员会工作条例》实施情况，并开展满意度测评。监督调研全区应急管理体制机制运行和安全隐患风险防控工作，开展《上海市急救医疗服务条例》执法调研，促进提高全区应急管理和急救医疗服务水平。持续监督调研上海市宗教事务条例、少数民族权益保障条例、华侨权益保护条例和台湾同胞投资权益保护规定落实情况。高度重视人大信访工作，全年共受理信访197件、240人次，积极回应群众诉求。（孙　盈）

■推进预算审计和国有资产管理　依法开展对预算编制、执行、调整、决算的全过程审查监督，支持区政府更好发挥财政政策作用，提高财政资金使用效益。依法审查批准2019年区本级决算和2020年区本级预算调整方案，监督检查2020年全区计划和预算执行以及2021年计划和预算编制情况，听取审议区本级审计发现问题及整改情况的报告，积极推进审计整改工作，统筹推进疫情防控和经济社会发展工作，确保重点领域、重大项目资金需求。审议区政府国有资产管理综合工作报告和行政事业性国有资产管理专项报告，督促区政府加快厘清权属关系、理顺管理体制，确保全面准确掌握全区国有资产“家底”。注重发挥审计作用，关注审计查出问题整改的措施和力度，提出强化审计闭环管理、加强审计基础建设等意见建议，促进审计整改取得新成效。积极助推全区预算绩效管理工作，完成预算联网监督系统建设，发挥预算联网监督实时预警功能，为人大代表开展政府预算和部门预算审查提供保障。（孙　盈）

7月7日，区人大常委会组织区人大代表开展年中视察。图为代表视察农贸市场（区人大供稿）

讨论、决定重大事项

■概况　区人大常委会履行重大事项决定权，围绕“十四五”规划编制、财政预决算及预算调整、债务限额、城镇规划等进行调查研究，作出相关决议决定。（孙　盈）

■表决通过“十四五”规划和二〇三五年远景目标纲要　学习贯彻习近平总书记关于“十四五”规划编制工作的重要指示精神，把“十三五”规划执行和“十四五”规划编制作为年度重点监督工作予以挂图作战、列表推进。启动“十四五”规划编制专题调研，促进调研成果转化运用。听取审议“十四五”规划和二〇三五年远景目标纲要（草案）编制情况专项报告，围绕“十三五”规划目标任务落实和“十四五”规划纲要编制中的重大问题建言献策。组织市、区、镇三级人大代表大讨论活动，充分发挥代表主体作用，广泛收集人大代表和人民群众意见建议200多条，夯实“十四五”规划编制民意基础。（孙　盈）

■批准青浦区2019年区本级决算　结合审议审计工作报告，对《青浦区2019年财政决算（草案）》和《关于青浦区2019年财政决算及2020年1—6月预算执行情况的报告》进行审查。同意区人大财政经济委员会提出的《关于青浦区2019年区本级决算审查结果的报告》，批准了《青浦区2019年区本级决算》。（孙　盈）

■批准青浦区2020年预算调整方案　听取审议区政府关于2020年区本级预算调整方案（草案）的议案，审查和批准2020年区本级预算调整方案。（孙　盈）

■批准青浦区2020年地方政府债务限额　批准区人民政府2020年地方政府债务限额为151.0亿元，其中一般债务84.8亿元，专项债务66.2亿元。（孙　盈）

■批准区域重大规划编制实施　聚焦青浦新一轮总体规划编制工作，听取和审议区政府有关情况说明，同时结合前期调研情况，审议通过《青浦区重固镇国土空间总体规划（2017—2035）》《青浦区白鹤镇国土空间总体规划（2019—2035）》。（孙　盈）

代表工作

■概况　区人大常委会坚持以“凝心聚力促发展，担当作为再出发”履职实践活动为载体，不断充实代表活动内容、丰富代表活动形式，拓展代表联系群众渠道，支持代表更好发挥主体作用。（孙　盈）

■增进履职实践活动实效　聚焦全区中心工作，引导代表在疫情防控、护航进博、创建全国文明城区中发挥示范引领、担当作为、岗位建功作用。深化“学习交流、视察调研、联系走访、代表建议、履职评议、主题宣传、社区志愿服务”等“七个一”活动，召开履职实践活动推进会，加强工作交流和经验总结，完善代表履职活动组织和服务保障工作。（孙　盈）

10月10日，区人大常委会举办2020年青浦区人大代表培训班
（区人大供稿）

■推进“家站点”履职平台建设　指导各街镇人大建立形式多样的代表联系点，优化代表联系网络，不断扩大代表联系覆盖面，推动代表联系群众工作制度化、常态化。坚持常委会组成人员定期走访联系区人大代表、市区人大代表定期集中进社区联系群众、各级人大代表经常性联系群众等“三联系”制度，进一步畅通代表倾听群众呼声的渠道。落实代表向选民报告履职情况制度，全年共安排9名青浦区选举产生的市人大代表向区人大常委会、73名区人大代表向原选区选民报告履职情况。（孙　盈）

■提高代表建议督办质量　坚持分层分类督办机制，强化常委会领导重点督办、各专工委分类督办、代表工作室综合督办工作力度，完善网上办理系统功能，动态跟踪办理进度，确保代表建议按时办结。搭建承办单位和代表的对话平台，对承办数量较多的部门单位，通过召开座谈会、现场督办等方式，深入听取代表的意见、建议，提高办理实效。区五届人大六次会议以来，共收到代表建议133件，办理结果为解决采纳的101件，占总数的75.9%；计划解决的9件，占总数的6.8%；留作参考的23件，占总数的17.3%。（孙　盈）

3月5日，市人大常委会主任蒋卓庆（前排左五）到青浦区调研，区委书记赵惠琴（左一）、区人大常委会主任朱明福（左二）、区委副书记杨小菁（左四）等陪同调研
（区人大供稿）

■完善代表履职服务保障　举办“履职为民促发展、护航进博展新姿”人大代表学习班。充分利用市人大培训中心优质资源，分层分批培训代表120多人次参加学习培训。支持各代表专业小组经常性开展活动，发挥代表专业优势，为常委会履职提供智力支撑。不断扩大代表参与常委会工作的广度和深度，先后组织990余人次代表参与常委会专题审议、视察检查、监督调研等活动，为代表进一步了解全区经济社会发展情况创造了条件。通过《青浦人大》简报、青浦人大网站、代表履职APP和区镇融媒体中心等平台，加大宣传报道力度，展示代表履职风采。开展形式多样的“走进人大”活动，运用宣传资源和媒介，以人民群众喜闻乐见、通俗易懂的形式和语言，做好人大新闻报道工

作，不断提升宣传实效。（孙　盈）

人事任免

■概况　坚持党管干部和人大依法行使人事任免权的有机统一，做好有关人事任免工作，推动宪法宣誓制度落实。全力推进被任命人员向常委会报告履职情况并接受满意度测评，先后听取区人民检察院副检察长、区人力资源社会保障局局长、区经委主任、区市场监管局局长的履职报告，跟踪监督已评议人员后续整改情况，强化对被任命人员的任后监督，增强被任命人员依法履职、为民尽责的责任感、使命感。（孙　盈）

2020 年青浦区人大常委会和“一府一委两院”工作人员任命情况表

表 5

姓名	任命职务	任命日期
金国宏	青浦区人民代表大会常务委员会代表资格审查委员会副主任委员	3 月 26 日
凌　敏	青浦区人大常委会夏阳街道工作委员会主任	5 月 28 日
潘志峰	上海市青浦区人民检察院检察委员会委员	5 月 28 日
薛文琦	上海市青浦区人民检察院检察委员会委员	5 月 28 日
卫　星	青浦区发展和改革委员会主任	7 月 15 日
钱　燕	上海市青浦区人民法院副院长、审判委员会委员、审判员	7 月 15 日
杨晶晶	上海市青浦区人民法院执行裁判庭庭长	7 月 15 日
陶　磊	青浦区人大常委会办公室副主任	7 月 15 日
顾军燕	青浦区人大常委会香花桥街道工作委员会副主任	7 月 15 日
潘慧敏	青浦区商务委员会主任	9 月 29 日
蔡红兰	上海市青浦区人民法院审判委员会委员	9 月 29 日
黄春明	青浦区人民代表大会法制委员会委员	11 月 25 日
顾军燕	青浦区人民代表大会监察和司法委员会委员	11 月 25 日
张　凡	青浦区人民代表大会常务委员会预算工作委员会委员	11 月 25 日
王明明	青浦区人民法院审判员	12 月 30 日
朱　俊	青浦区人民法院审判员	12 月 30 日
严文琪	青浦区人民法院审判员	12 月 30 日
周　莹	青浦区人民法院审判员	12 月 30 日
庞建琴	青浦区人民法院审判员	12 月 30 日
倪圣哲	青浦区人民法院审判员	12 月 30 日
唐　新	青浦区人民法院审判员	12 月 30 日
涂　哺	青浦区人民法院审判员	12 月 30 日
黄　婕	青浦区人民法院审判员	12 月 30 日

（孙　盈）

2020 年青浦区人大常委会和“一府一委两院”工作人员免职情况表

表 6

姓名	免去职务	免职日期
夏鑫德	上海市青浦区人民法院执行裁判庭庭长	2 月 20 日
徐一军	青浦区人民代表大会常务委员会代表资格审查委员会副主任委员	3 月 26 日
陈达	青浦区人大常委会夏阳街道工作委员会主任	5 月 28 日
陈晓星	青浦区人民法院审判员	5 月 28 日
刘根娣	上海市青浦区人民检察院检察委员会委员	5 月 28 日
夏海东	上海市青浦区人民检察院检察委员会委员	5 月 28 日
朱正伟	青浦区发展和改革委员会主任	7 月 15 日
杨晶晶	上海市青浦区人民法院执行裁判庭副庭长	7 月 15 日
王金荣	青浦区人大常委会香花桥街道工作委员会副主任	7 月 15 日
谭　伟	青浦区商务委员会主任	9 月 29 日
唐诗婕	上海市青浦区人民法院审判员	9 月 29 日
周红亚	上海市青浦区人民检察院副检察长、检察委员会委员、检察员	9 月 29 日
黄　晖	青浦区人民代表大会常务委员会城市建设环境保护工作委员会委员	12 月 30 日

（孙　盈）

2020 年青浦区人大常委会人民陪审员免职情况表

表 7

姓名	免去职务	免职日期
李雪峰	青浦区人民法院人民陪审员	5 月 28 日

（孙　盈）

附：

上海市青浦区第五届人民代表大会常务委员会主任、副主任、委员和各代表团名单

区人大常委会主任：

朱明福

区人大常委会副主任：

陶夏芳（女）　胡海民　何　强
赵宏林

区人大常委会委员：

丁峰雷　尤佳秋　印国荣
华　琼（女）　庄惠元　汤福明
许　峰　孙海铭　李　峰　李建明
杨莉炯（女）　沈伯明　宋　波
宋伟倩　张　备　张丽莉（女）
张国妹（女）　陆志斌　陈　达
易宏勋　金国宏　周敏华（女）
郝　民（女）　袁永坤　徐一军
徐福星　黄春明　蒋家敏　覃远辉

赵巷镇代表团：

王玲锦（女）　尤佳秋　毛永龙
方建英（女）　成笃生　刘益民
吴雪芳（女）　宋　波　张　炜
陈雪云　金　萍（女）　项美君（女）
赵宏林　秦　培　桂恩亮
钱美芳（女）　徐春荣　盛　丽（女）

徐泾镇代表团：

王　平　王永兴　邓丽琼（女）
卢建军　叶　新　何　强　沈伯明
张建明　陆文辉（女）　陆彩娥（女）
陈　瑜　钱春妹（女）　徐一军
黄银庆　潘恩华　薛云逸
戴飞琴（女）

华新镇代表团：

刘晓丽（女）　吴希铭　张　凡
张　备　陆　青　陈伊玲（女）
林　峰　金任群　赵惠琴（女）
俞正娟（女）　秦庆忠　钱志强
徐　洁（女）　徐兴根　徐建萍（女）
曹　辉　康军平　戴国良
张凡（2020 年 9 月 29 日确认代表资格）

重固镇代表团：

任　芳（女）　余旭峰　沈志强
宋伟倩　张惠娟（女）　陆爱民
陈新梅（女）　金　彪　郑小菊（女）
胡小强　顾荷英（女）　徐志荣
蒋仁辉　储小彬

白鹤镇代表团：

马国忠　印国荣　朱磊明　衣琴俭
孙海铭　麦　珏（女）　杨　琴（女）
吴荣泉　陆夏娟（女）　陆德生
陈卫群　陈秀萍（女）　金凤英（女）
金国宏　金洪元　周雪娟（女）
郝　民（女）　钱月芳（女）　萧　岗
蔡双其

朱家角镇、部队代表团：

丁峰雷　王惠华（女）　朱惠根
乔惠锋　庄惠元　汤明根
许彩英（女）　吴小龙　沈生忠
张伟华（女）　张国妹（女）　张瑞忠
陈春英（女）　邵芳菲（女）　周惠根
胡燕平　桂　林　顾小华　高　健
诸建芳（女）　戚春芳（女）　蔡文彬
薛顺德

部队代表：

段晓明　李会林（2020 年 5 月 28 日确认其辞去代表职务）　段晓明（2020 年 9 月 29 日确认代表资格）

练塘镇代表团：

王永根　王连君　尤卫东
方　芳（女）　孙昌荣　李军英（女）
李建明　杨小菁（女）　沈红梅（女）
陆　叶（女）　陆桂芳（女）　范立涛
范国强　周敏华（女）　周新华
姚家琦　钱　丽（女）　徐玉兰（女）
徐梅芳（女）　蔡春辉　管鲁骏

金泽镇代表团：

王　英（女）　方志坚　包伟民
朱明福　池菊林　许　峰　许永青
孙　茂　李　峰　杨莉炯（女）
怀晓华　沈　芬（女）　沈培芳（女）
张丽杰（女）　张海生　金　勋
金维康　周　峰　周梅林　顾旺根
徐福星　黄春明　曹　红（女）
蒋祥生　孙茂（2020 年 9 月 29 日确认代表资格）　凌敏（2020 年 5 月 28 日从金泽代表团转出到夏阳代表团）
黄晖（2020 年 12 月 30 日确认其辞去代表职务）

夏阳街道代表团：

冯　崖（女）　孙　浩　杜春玲（女）
杜曙英（女）　李玉红（女）　李明生
李春霞（女）　沈振明　陆志斌
陈　达　陈剑中　郑永生　袁永坤
夏　妍（女）　顾惠军　钱继新（女）
凌　敏　彭　曦（女）　潘牧天
凌敏（2020 年 5 月 28 日从金泽代表团转入到夏阳代表团）　潘慧敏（2020 年 9 月 29 日确认其辞去代表职务）

盈浦街道代表团：

王向华（女）　王彩凤（女）　汤福明
李宗宁　李宾徐　杨　俊　吴　斌
张　敏（女）　张丽莉（女）
张德梅（女）　陆　欢（女）　陈　枫
范　璆　胡海民　夏　云
顾月仙（女）　徐　仙（女）
徐孝芳（女）　唐培元　覃远辉
缪双英（女）　宋志青（2020 年 5 月 28 日确认其辞去代表职务）
李宗宁（2020 年 9 月 29 日确认代表资格）

香花桥街道代表团：

王雪林　华　琼（女）　汤丹琼（女）
许伟明　沈　萍（女）　沈雪峰（女）
张　兵　易宏勋　周建芳（女）
周春林　胡伟明　顾凤凤（女）
顾军燕（女）　倪翠红（女）
郭东方（女）　唐永琴（女）
陶夏芳（女）　曹林云　董朝峰
蒋家敏　王金荣（2020 年 7 月 15 日确认其辞去代表职务）　顾军燕（2020 年 9 月 29 日确认代表资格）

（孙　盈）

综 述

2020年,区政府在区委坚强领导下,以习近平新时代中国特色社会主义思想为指导,深入贯彻习近平总书记考察上海重要讲话精神,认真落实党中央国务院、市委、市政府和区委决策部署,统筹疫情防控和经济社会发展,大力推进两大国家战略,抓好"六稳""六保"工作,谋划好"十四五"发展,经济平稳增长,社会和谐稳定,基本完成五届人大六次会议确定的目标任务。实现地区生产总值1194.01亿元,比上年增长3.8%,增幅列全市第三;税收总收入534.8亿元,比上年下降0.9%;一般公共预算收入实现583.09亿元,比上年增长0.4%,其中区级一般公共预算收入210.1亿元,比上年增长1.4%,总量和增幅均位居全市第7位;全社会固定资产投资完成598.55亿元,比上年增长1.1%;合同外资、实到外资分别为19.8亿美元、9亿美元,创历史新高;城乡居民人均可支配收入53744元,比上年增长4.2%。成功创建全国文明城区、国家全域旅游示范区,获评上海市双拥模范区。

新型冠状肺炎疫情防控取得阶段性成果。一是打好疫情防控阻击战。区委、区政府成立领导小组,严防输入、严防扩散反弹,守好陆路道口、水上卡口,加强长三角联防联控,开展"双守双共"行动,建立"租管家"信息平台,强化群防群控。成立医疗救治专家组和应急保障医疗卫生队伍,组织驰援武汉抗疫一线、支援浦东机场守好国门。建立健全发热门诊、哨点诊室、集中医学观察点、集中留验点,在全市率先实现确诊病例和疑似病例动态清零。二是积极应对疫情严重冲击。出台"青浦惠企17条",开展援企稳岗稳就业行动,区财政拨付倾斜资金5.3亿元,区内商业银行提供低利率贷款55亿元,落实就业补贴1.1亿元。在线教学、分步复课、中高考工作平稳有序。接受捐款捐物约2800万元,加强防疫物资生产筹措、捐赠物资管理使用。三是落实疫情常态化防控要求。紧盯"入城口、落脚点、流动中、就业岗、学校门、监测哨"等关键点,构筑完善疫情防控链。对入境来沪人员实施闭环管理。坚持人物同防,加强冷链食品、重点场所、重点人群、重大活动疫情防控。强化秋冬季疫情风险监测。实施重点人群新冠疫苗接种。

服务两大国家战略体现新作为。一是示范区建设进入密集施工期。一批示范项目加快推进,元荡1.2公里生态岸线贯通,东航路建成通车,华为研发中心项目正式开工。长三角示范区金融产业园成立,基金规模突破千亿元。朱家角古镇创建国家AAAAA级景区通过景观质量评审。示范区"一网通办"企业服务事项达299个。二是"进博会"溢出效应进一步显现。服务保障第三届"进博会"实现"两个一流""两个万无一失"。24个配套项目按期完成,市容环境、市政设施、公共配套不断完善。"进博会"城市运行"一网统管"模式获上海市首届"城市治理最佳案例奖"。首届中国国际公共采购论坛顺利举办。"6+365"功能性平台税收1.6亿元。综合保税区完成跨境订单481万单。三是区域发展格局进一步优化。制定实施青东联动发展若干意见、三年行动计划以及专项工作方案,形成国土空间规划优化、综合交通规划研究初步成果。制订加快推进青浦新城高质量发展的实施意见、行动方案,明确空间布局和"1+3"近期重点推进区域。拟订青西协同发展若干意见、重点任务和项目清单。

经济社会发展保持良好势头。一是稳增长力度加大。"四个一批"产业项目加快推进,完成网易等土地出让项目21个、华为等开工项目29个、书香门地等竣工项目23个、申通快递等投产项目12个。支持经济小区健康发展,新注册企业户数增长6.7%。开展"五五购物节"青浦购物季活动。二是特色产业加快集聚发展。快递物流业成为首个千亿产业集群。推进上海商贸服务型国家物流枢纽20个重点项目建设。软件信息业收入700亿元、增长64%。北斗西虹桥基地税收增长50%,入选首批市级特色产业园区。民用航空产业税收增长30%。积极推动生物医药、医疗器械、氢能等产业发展。三是改革创新动力增强。深化"一网通办",完成大数据资源平台一期建设,政务数据归集率达95%,网上办结率达61.5%。国有企业二级子公司由81家精简至57家。改革地方储备粮国有储备管理机制。组建青浦文旅发展(集团)公司。实施基本公共服务区镇财政事权和支出责任划分改革。推进审计全覆盖和整改闭环管理。成为中国人民银行第二批数字货币试点区域。发布"青峰"人才政策,兑现人才奖励资金1.3亿元。四是城镇规划建设取得新进展。新市镇总规除白鹤、郊野单元(村庄)规划除朱家角及金泽外实现全覆盖,华新凤溪社区等一批重点转型区域控规编制完成。128个重大项目稳步推进。轨道交通2号线西延伸、13号线西延伸、17号线西延伸项目完成工可编制。复兴路北延伸段基本完工。新建5G基站1514个。13个"美丽街区"建设任务基本完成。"美丽家园"建设完成48万平方米旧住房综合改造。4个城中村改造项目有序推进。完成13个存量基地和38个新开基地征收补偿。集建区外建设用地减量化立项214.7万平方米、验收201.1万平方米。五是民生保障不断夯实。新增就业岗位19000个、完成目标105.6%,城镇登记失业4123人。新增养老床位1049张、社区综合为老服务中心2家,区淀山湖福利院竣工。落实长护险试点实施方案,严格政策标准,完善评估体系。动迁安置房项目开工7个、竣工2个,完成动迁过渡安置1361户。农民相对集中居住签约1005户、农村低收入户危旧房改造14户。多层住宅加装电梯开工3部、建成1部。对口帮扶5个贫困县全部摘帽。六是社会事业稳步发展。第三轮社会事业三年行动计划66个项目开工28个,完成既定目标。教育综改28项改革试验项目顺利完成。实施第三轮"托幼一体化"试点,累计开设幼儿园托班38个。上海青浦兰生复旦学校主体结构完成90%。家庭医生服务重点人群签约率83.4%。组建示范区中医医联体,建立青吴嘉三地急救联盟。长三角(上海)智慧互联网医院运营,复旦大学附属妇产科医院青浦分院加快建设。推进全国健康促进区创建。评设江南文化名家工作室10个,完成青浦图书馆二期扩容、青溪园知道书院建设。成功举办"环意RIDE LIKE A PRO"长三角自行车公开赛、淀山湖文化艺术节暨旅游购物节等重大赛事活动。七是乡村振兴战略深入实施。完成农村人居环境整治试点区建设,获国务院农村人居环境整治专项奖励。启动8个区级"美丽乡村"示范村建设,成功创建7个市级"美丽乡村"示范村。第二批3个乡村振兴示范村通过市级验收,第三批4个完成50%建设任务。强化粮食生产安全,水稻种植面积8200万平方米,绿色农产品认证率达28%。"淀湖源味"品牌产值突破5亿元。深化农村综合改革,持续推进农民增收。规范农村土地经营权流转管理。农村集体经济组织帮扶3个"造血"项目加快建设。八是生态绿色优势进一步巩固。第七轮环保三年行动计划74个市级项目全部完成。继续保持19个国考、市考水质断面和309个市河长办考核断面全部达标。"苏四期"治理工程完工,年内完成32公里中小河道整治、18条断头河治理、333万平方米小区雨污混接改造。农村生活污水处理基本全覆盖。环境空气质量指数(AQI)优良率85.5%、较上年提高8个百分点,细颗粒物(PM2.5)年平均浓度34微克/立方米、较上年下降17.1%,完成工业挥发性有机物(VOCs)治理58家。完成重点生态廊道建设300万平方米,陆域森林覆盖率达18.2%、建成区绿化覆盖率43.1%、人均公园绿地10平方米。九是城市精细化管理不断加强。深化"一网统管",成立区城运中心,城市运行管理平台建设基本完成,推进12类智能化应用场景。网格化管理考核全市第一,12345市民服务热线工作保持良好水平。深化"三大整治",拆除违法建筑97.4万平方米;开展"1+5+8"安全综合整治("1"为成片区域整治;"5"为五大区域性问题整治,包括工业企业、各类市场和废品收购站、建筑工地、房屋安全、大客流安全;"8"为八大易发事故行业领域问题整治,包括消防、用气用油、危化品、高空坠物、防汛、环境、特种设备、交通等领域),65个成片整治地块已完成47个。强化青浦工业园区一体化综合执法。出台创建住宅小区"放心物业"实施意见。通过国家卫生区市级检查。生活垃圾回收利用率达35%。加强危险化学品、建筑施工、交通运输、食品药品、消防等安全治理,做好防汛防台防冻工作,城市安全总体可控。十是社会治理水平持续提升。开展市域社会治理现代化试点。启动幸福社区建设,开展社区中心建设试点,客堂间(睦邻点)实现村级全覆盖。全面启动第七次全国人口普查工作。深入推进扫黑除恶。创设"平安青浦"指标体系。启用应急联动中心。完成65个开放式社区、137个自然村落智能安防建设。违法犯罪类案件接报数下降37.2%。持续完善"家门口"信访服务体系。建立金融投资类机构准入机制,金融风险平稳受控。 (吴 悦)

2020年上级领导到青浦区调研及活动情况表

表8

日期	调研主题及活动情况	主要领导
1月8日	实地察看金泽古镇和朱家角人民医院,并就示范区医疗卫生中心建设和全域旅游创建等工作进行座谈交流	副市长宗明、市政府副秘书长顾洪辉一行。区委副书记、区长余旭峰,区委常委、副区长孙挺陪同调研
3月3日	查看部分企业疫情防控及复工复产情况	市委常委、副市长吴清。区委副书记、区长余旭峰,副区长倪向军陪同调研
3月10日	走访部分企业,实地检查企业疫情防控工作和复工复产情况,并慰问企业一线干部职工	副市长陈群一行。区委副书记、区长余旭峰,区委常委、副区长孙挺,副区长倪向军陪同调研
3月24日	调研疫情防控及朱家角人民医院互联网医院建设,并慰问回沪援鄂医疗队员	副市长宗明等一行。区委书记赵惠琴,区委常委、副区长孙挺,区政协副主席饶斐文陪同调研
4月21日	调研长三角生态绿色一体化发展示范区和虹桥商务区	市委副书记、代市长龚正,市委常委、常务副市长陈寅,市政府秘书长陈靖,市政府副秘书长、市发改委主任、示范区执委会主任马春雷。区委书记赵惠琴,区委副书记、区长余旭峰参加

（续表）

日期	调研主题及活动情况	主要领导
4月22日	调研重固镇徐姚村和练塘镇东庄村乡村振兴示范村建设工作	副市长彭沉雷。区委副书记、区长余旭峰，副区长金俊峰参加
4月27日	调研长三角生态绿色一体化发展示范区	第十三届全国政协外事委副主任、原上海市市长杨雄一行。区委书记赵惠琴，区委常委、副区长姜爱锋陪同调研
5月25日	调研“十四五”重点工作发展思路	市委常委、常务副市长陈寅，市政府副秘书长、市发改委主任马春雷。区委书记赵惠琴，区委副书记、区长余旭峰，副区长彭一浩参加
5月28日	调研疫情防控、落实全市公共卫生大会精神以及长三角（上海）智慧互联网医院项目等工作	副市长宗明、市政府副秘书长顾洪辉等一行。区委副书记、区长余旭峰，区委常委、副区长孙挺，区政协副主席饶斐文参加
6月29日	网易上海国际文创科技园项目开工仪式	市政府副秘书长陈鸣波出席仪式并讲话，区委书记赵惠琴、网易CEO丁磊致辞，区委副书记、区长余旭峰，区委常委、副区长姜爱锋，副区长倪向军、彭一浩出席
7月9日	调研长三角生态绿色一体化发展示范区高校合作，实地查看复旦大学创新学院选址和华为研发中心项目基地	副市长陈群、市政府副秘书长虞丽娟一行。区委副书记、区长余旭峰，区委常委、副区长孙挺陪同调研
7月14日	检查防汛工作，实地察看淀浦河西闸工程	市委副书记、代市长龚正，市委常委、常务副市长陈寅，副市长汤志平。区委副书记、区长余旭峰陪同
7月27日	检查进口博览会倒计时100天筹备工作	市委书记李强，市委副书记、市长龚正，市委常委、市委秘书长诸葛宇杰，副市长许昆林、龚道安。区委副书记、区长余旭峰，副区长姚少杰参加
7月31日	调研长三角文化旅游一体化发展及文旅“十四五”规划工作	市政府党组成员陈通。区委副书记、区长余旭峰，副区长倪向军陪同调研
8月13日	走访企业，实地查看日立电梯公司、杜尔涂装公司、家化联合公司、尤妮佳公司复产情况并了解企业需求	副市长陈群。区委常委、副区长孙挺陪同调研
8月18日	调研长三角生态绿色一体化发展示范区	国家生态环境部党组书记、副部长孙金龙。区委副书记、区长余旭峰，区委常委、副区长姜爱锋陪同调研
8月21日	走访企业	副市长陈群、市政府副秘书长虞丽娟。区委副书记、区长余旭峰，区委常委、副区长孙挺陪同
9月2日	调研华为研发中心项目并召开项目推进现场会	市政府副秘书长陈鸣波。区委常委、副区长姜爱锋，副区长倪向军陪同调研
9月8日	走访企业并调研长三角生态绿色一体化发展示范区高校合作工作	副市长陈群、市政府副秘书长虞丽娟。区委副书记、区长余旭峰，区委常委、副区长孙挺陪同调研
9月8日	走访上海九如城企业（集团）有限公司	副市长彭沉雷。副区长金俊峰陪同
9月15日	调研部分企业	市委常委、副市长吴清。区委副书记、区长余旭峰，副区长倪向军陪同调研
9月17日	走访企业并调研稳增长工作	副市长陈群、市政府副秘书长虞丽娟。区委副书记、区长余旭峰，区委常委、副区长孙挺陪同
10月10日	检查“进博会”接待酒店准备工作	副市长陈通。区委副书记、区长余旭峰参加
10月11日	调研全域旅游创建有关工作	文化和旅游部党组成员王晓峰一行。副市长陈通，区委副书记、区长余旭峰，副区长倪向军陪同调研
10月12日	调研“进博会”筹备和疫情防控相关工作	副市长宗明。区委常委、副区长孙挺陪同调研
10月16日	到华为项目工地、东航路调研长三角生态绿色一体化发展示范区建设相关情况	国务院督查组组长、民政部副部长唐承沛一行。区委常委、副区长姜爱锋陪同调研
10月17日	调研青浦新城规划建设情况	市委常委、常务副市长陈寅，副市长汤志平，市政府副秘书长马春雷、黄融等一行。区委书记赵惠琴，区委副书记、区长余旭峰，区委常委、副区长姜爱锋，副区长彭一浩陪同调研
10月23日	调研长三角生态绿色一体化发展示范区，出席长三角投资公司成立揭牌暨战略合作签约仪式	市委常委、常务副市长陈寅，市政府副秘书长、市发改委主任、示范区执委会主任马春雷。区委书记赵惠琴，区委副书记、区长余旭峰，区委常委、副区长姜爱锋参加

（续表）

日期	调研主题及活动情况	主要领导
10月25日	参加长三角（上海）智慧互联网医院试运行仪式及青浦新城三甲医院规划选址活动	副市长宗明，市政府副秘书长马春雷、顾洪辉一行。区委书记赵惠琴，区委副书记、区长余旭峰，区委常委、副区长孙挺，复旦大学附属中山医院院长樊嘉陪同
10月26日	调研乡村振兴示范村建设工作	副市长彭沉雷、市政府副秘书长赵祝平一行。区委副书记、区长余旭峰，副区长金俊峰参加
10月26日	召开长三角生态绿色一体化发展示范区慈善工作研讨会	市慈善基金会理事长钟燕群、示范区执委会主任马春雷、区委书记赵惠琴，副区长倪向军出席
10月27日	调研长三角生态绿色一体化发展示范区建设	国家发改委地区司副司长张东强，市政府副秘书长、市发改委主任、示范区执委会主任马春雷一行。区委副书记、区长余旭峰陪同调研
10月28日	调研长三角（上海）智慧互联网医院	国家发改委地区司副司长张东强、市发改委副主任、示范区执行委员会副主任张忠伟。区委常委、副区长孙挺陪同调研
10月28日	开展第三届“进博会”安全生产与消防专项督查	市委副秘书长、市政府副秘书长赵奇。副区长姚少杰陪同
10月29日	调研第三届“进博会”安全及消防保障等工作	国家应急管理部副部长刘伟。区委副书记、区长余旭峰，区委常委、副区长姜爱锋陪同调研
10月29日	调研区服务综合体建设和规范居村挂牌工作	市委副秘书长燕爽。副区长金俊峰陪同调研
10月29日	调研第三届“进博会”安保工作	公安部副部长林锐。副区长姚少杰陪同调研
10月30日	检查第三届“进博会”市容环境和交通保障工作	副市长汤志平。区委副书记、区长余旭峰陪同
10月30日	到青浦区信访服务大厅调研信访工作	国家信访局副局长林完红一行。副区长金俊峰陪同
11月2日	考察国家会展中心及周边区域环境和绿化景观改造提升情况	市委书记李强，市委副书记、市长龚正。区委书记赵惠琴，区委副书记、区长余旭峰，副区长顾骏陪同
11月5日	调研青浦文化旅游发展工作	文化和旅游部党组成员王晓峰一行。区委副书记、区长余旭峰，副区长倪向军陪同调研
11月16日	调研文化旅游和市场监管工作	副市长陈通、市政府副秘书长顾洪辉。区委副书记、区长余旭峰，副区长倪向军、顾骏陪同调研
11月19日	到上海市水上运动中心观摩2020年全国赛艇锦标赛决赛暨2021年世界赛艇锦标赛测试赛	副市长陈群、市政府副秘书长虞丽娟等一行，区委常委、副区长孙挺陪同
11月20日	检查冷库疫情防控工作	市政府副秘书长尚玉英。副区长顾骏陪同
12月1日	调研稳增长工作	市委常委、副市长吴清一行。区委副书记、区长余旭峰，副区长倪向军陪同调研
12月5日	检查农贸市场和冷库疫情防控工作	副市长陈通、市政府副秘书长尚玉英。副区长顾骏陪同

（吴　悦）

重要政务活动

■重要会议和活动　1月6日，青浦区优化营商环境、加强招商引资暨投资促进会议在区委党校举行。区委书记赵惠琴出席会议并讲话，区委副书记、区长余旭峰作工作部署，区委副书记杨小菁主持会议。区委常委、副区长姜爱锋、孙挺，区人大常委会副主任何强，副区长倪向军、金俊峰、顾骏、彭一浩，区政协副主席顾啸流，区检察院检察长郑永生，市管二级巡视员徐英出席会议。

1月13日，“服务国家战略，共绘梦想蓝图——2020年青浦区百强企业和创新创业人才表彰会”在国家会展中心举行。区委书记赵惠琴，区委副书记、区长余旭峰，区人大常委会主任朱明福，区政协主席李华桂，区委副书记杨小菁等区四套班子领导出席会议。

1月17日，“向人民汇报”——2020年青浦公安迎春特别活动在区文化馆文化剧场举行。区委书记赵惠琴，区委副书记、区长余旭峰，区委副书记杨小菁，区委常委、政法委书记赵明，区委常委、宣传部部长姜道荣，副区长姚少杰，区检察院检察长郑永生出席。

4月28日，“乐享生活·逛购青浦”——2020青浦购物季启动仪式在百联奥特莱斯广场举行。区委副书记、区长余旭峰，市商务委副主任刘敏，副区长金俊峰、彭一浩，百联集团副总裁杨宏杰出席。

6月8日，青浦区2020年人才大会在东方绿舟绿舟剧院举行。区委书记、区人才工作领导小组组长赵惠琴，市委组织部副部长、市人才办主任冷伟青出席并讲话，区委副书记、区长、区人才工作领导小组第一副组长余旭峰致辞，区人大常委会主任朱明福，区政协主席李华桂，区委副书记、区人才工作领导小组常务副组长杨小菁等区四套班子领导，市人社局副局长余成斌，长三角生态绿色一体化发展示范区执委会副主任唐晓东，吴江区委常委、组织部部长杨斌，嘉善县委常委、组织部部长沈伟强等出席活动。

7月2日，“上善荣光、爱的力量”青浦区抗击新冠肺炎疫情先进事迹宣传展示活动在区文体中心举行。区委书记赵惠琴，区委副书记、区长余旭峰，区人大常委会主任朱明福，区政协主席李华柱，区委副书记杨小菁等区领导出席。

7月20日，区委副书记、区长余旭峰参加“2020夏令热线”区长访谈活动。

7月22日，2020年青浦区经济工作座谈会在区委党校召开。区委书记赵惠琴，区委副书记、区长余旭峰，区委常委、副区长姜爱锋，副区长倪向军、顾骏、彭一浩，市管二级巡视员徐英出席会议。

8月17日，“聚力向善，决胜创全”——2020年青浦区创建全国文明城区迎决战冲刺誓师大会在区体育文化活动中心举行。区委书记赵惠琴，区委副书记、区长余旭峰，区人大常委会主任朱明福，区政协主席李华柱，区委副书记杨小菁等区领导出席。

8月19日，2020年健康青浦建设暨公共卫生建设大会在区委党校召开。区委书记赵惠琴，区委副书记、区长余旭峰，区政协主席李华柱等区领导出席会议。

9月8日，区委副书记、区长余旭峰，副区长金俊峰陪同市民政局局长朱勤皓、副局长蒋蕊出席青浦区慈善超市开业仪式。

9月9日，青浦区首届教书育人楷模表彰会暨青浦区庆祝第36个教师节主题活动在复旦大学附属中学青浦分校举行。区委副书记杨小菁，区委常委、副区长孙挺，区人大常委会副主任陶夏芳，区政协副主席董永元出席。

（吴　悦）

■签约合作　3月17日，青浦区人民政府与上海建工集团在区会务中心签署战略合作框架协议，区委书记赵惠琴，区委常委、副区长姜爱锋，副区长彭一浩出席签约仪式。

3月18日，青浦区人民政府与铁塔上海市分公司在区会务中心签署战略合作框架协议，区委副书记、区长余旭峰，区委常委、副区长姜爱锋，副区长倪向军出席签约仪式。

3月24日，青浦区人民政府与瑞典海克斯康公司以视频会议的形式签署投资意向协议，区委书记赵惠琴、副区长彭一浩出席视频签约仪式。

5月27日，青浦区人民政府与上海理工大学在区会务中心签署战略合作框架协议，区委书记赵惠琴，区委副书记、区长余旭峰，区委副书记杨小菁，副区长倪向军出席签约仪式。

8月12日，青浦区人民政府与保利发展控股集团股份有限公司在西虹桥商务区签署战略合作协议，区委书记赵惠琴，区委常委、副区长姜爱锋，副区长顾骏、彭一浩出席签约仪式。

10月30日，2020年青浦区氢能规划发布会暨氢能产业项目签约仪式在上海卓越铂尔曼大酒店举行，区委书记赵惠琴，区委常委、副区长姜爱锋，副区长倪向军等出席签约仪式。

（吴　悦）

2020年青浦区人民政府专题会议和主要活动情况表

表9

日期	会议、活动主题	主要领导
1月3日	徐泾镇重点地块征收补偿专题会	区委副书记、区长余旭峰，区委常委、副区长姜爱锋，副区长顾骏、彭一浩参加会议
1月14日	专题研究崧润路派出所“1+X”试点、工业园区“X+2”执法一体化联动试点和土地房屋征收补偿货币化安置等工作	区委副书记、区长余旭峰，区委常委、副区长姜爱锋，副区长倪向军、顾骏、姚少杰、彭一浩参加会议
4月15日	2020年“三大整治”和征收补偿工作现场推进会	区委副书记、区长余旭峰，区委常委、副区长姜爱锋，副区长金俊峰、顾骏出席会议
4月16日	区对口支援与合作交流工作领导小组专题会议	区委副书记、区长余旭峰，副区长顾骏参加会议
4月23日	“一网通办”工作专题会	区委副书记、区长余旭峰，副区长彭一浩参加会议
4月26日	“一网统管”工作专题会	区委副书记、区长余旭峰，副区长顾骏参加会议
5月28日	专题研究“进博会”配套保障项目和新基建实施方案会议	区委副书记、区长余旭峰，副区长顾骏、姚少杰、彭一浩参加会议
7月10日	专题调研盈浦街道征收补偿工作	区委副书记、区长余旭峰、副区长顾骏参加会议
9月3日	专题研究盈浦街道农民集中居住相关工作	区委副书记、区长余旭峰，区委常委、副区长姜爱锋参加会议
9月4日	专题研究示范区规划馆方案	区委副书记、区长余旭峰参加会议
10月28日	专题研究2021年土地出让、建设用地减量化等重点工作计划安排	区委副书记、区长余旭峰、区委常委、副区长姜爱锋参加会议
11月4日	专题研究2021年美丽街区建设和征收补偿计划	区委副书记、区长余旭峰，副区长顾骏参加会议
12月16日	长江经济带生态环境突出问题整改专题会	区委副书记、区长余旭峰，区委常委、副区长姜爱锋、顾骏参加会议

（吴　悦）

■市级调研与督查 2020年,区委副书记、区长余旭峰陪同市级各部门到青浦区调研交流工作共10次,重点围绕"十四五"规划、医保、疫情防控、区域性医疗中心和智慧医院建设、乡村产业及乡村振兴示范村创建、养老服务、农村乱占耕地建房、产业发展等工作,区委副书记杨小菁,区委常委、副区长姜爱锋,区委常委、副区长孙挺,副区长倪向军、金俊峰、顾骏等陪同调研。

11月19日,区委副书记、区长余旭峰,区委常委、副区长姜爱锋陪同市政府"解决在外过渡动迁居民安置工作"督查组一行到青浦区督查。(吴 悦)

■实施乡村振兴战略 2020年,区委副书记、区长余旭峰共召开5次专题会(分别为4月3日、5月12日、8月6日、9月4日、11月10日),研究乡村振兴成片打造方案、"美丽乡村"建设和重点片区乡村振兴示范村建设等工作,区委副书记杨小菁,副区长金俊峰、彭一浩等出席会议。

区政府共召开7次乡村振兴示范村指挥部会议(分别为4月29日、5月13日、5月27日、6月10日、7月3日、7月28日、10月13日)。

5月22日,区委副书记、区长余旭峰,副区长金俊峰到重固镇章堰村调研乡村振兴示范村建设工作。

8月20日,区委书记赵惠琴,区委副书记、区长余旭峰,区委副书记杨小菁,区委常委、副区长姜爱锋,区委常委、区委政法委书记赵明,副区长金俊峰到嘉定区学习考察乡村振兴示范村。(吴 悦)

■创建全国文明城区 2020年,区政府领导共召开4次指挥部会议(分别为6月19日、7月10日、7月29日、8月25日),区委副书记、区长余旭峰,区委副书记杨小菁,区委常委、副区长姜爱锋、孙挺,区委常委、区委宣传部部长姜道荣,副区长倪向军、金俊峰、顾骏、姚少杰、彭一浩等出席会议。

共开展10次"创文"巡查(分别为6月18日、7月22日、7月30日、8月4日、8月5日、8月6日、8月7日、8月29—30日、9月1日),区委副书记、区长余旭峰,区委副书记杨小菁,副区长顾骏参加巡查。

共召开"创文"专题会9次(分别为1月3日、6月9日、7月28日、8月4日、8月21日、8月24日、8月26日、8月27日、8月28日),专题研究全国文明城区创建相关材料和迎检准备工作,区委副书记、区长余旭峰,区委副书记杨小菁,区委常委、副区长姜爱锋、孙挺,区委常委、区委宣传部部长姜道荣,副区长倪向军、金俊峰、顾骏、姚少杰、彭一浩等出席会议。(吴 悦)

■维护城市运行安全 3月21日,区委副书记、区长余旭峰,区委常委、副区长姜爱锋召开区安全生产工作专题部署会。

4月14日,区委副书记、区长余旭峰主持召开区安全生产委员会第一次工作例会。余旭峰要求,做实安全生产委员会机制、推进落实安全综合整治工作方案、加强安全基础工作。区委常委、副区长姜爱锋传达4月10日全国安全生产电视电话会议及上海分会场会议精神并部署近期安全生产重点工作,副区长顾骏、姚少杰出席会议。会议还研究推进区域重点整治地块和重点点位的安全综合整治工作。

4月15日,区委副书记、区长余旭峰,区委常委、副区长姜爱锋,副区长金俊峰、顾骏召开"三大整治"征收补偿工作动员会。

5月21日,区委副书记、区长余旭峰主持召开区安全生产委员会第二次工作例会,区委常委、副区长姜爱锋,副区长倪向军、顾骏、姚少杰出席会议。会议学习《上海市安全生产专项整治三年行动实施方案》,听取第一批点位整治进展情况的汇报,研究部署第二批点位的整治工作。

7月9日,区委副书记、区长余旭峰主持召开区安全生产委员会第三次工作例会,区委常委、副区长姜爱锋,副区长倪向军、姚少杰出席会议。会议研究部署了区"1+5+8"公共安全综合整治工作和第二轮中央生态环保督察整改工作。

7月14日,区委副书记、区长余旭峰,区委常委、副区长姜爱锋检查防汛工作,要求进一步完善各项工作预案、压实责任,持续开展隐患排查,强化应急值守,充分发挥城市运行"一网统管"作用,坚决守住城市汛期安全防线。

8月6日,区委副书记、区长余旭峰,区委常委、副区长姜爱锋,副区长金俊峰、顾骏召开"三大整治"之公共安全整治现场推进会。

9月18日,区委副书记、区长余旭峰,副区长金俊峰、彭一浩召开粮食安全工作专题会。

9月29日,区委副书记、区长余旭峰主持召开区安全生产委员会第四次工作例会,区委常委、副区长姜爱锋,副区长倪向军、顾骏出席会议。余旭峰要求,狠抓深化推进、狠抓整治标准、狠抓国庆中秋期间大客流应对等重点工作。

9月29日,区委副书记、区长余旭峰到华新镇开展节前安全生产检查。

12月30日,区委书记赵惠琴,区委副书记、区长余旭峰,区人大常委会主任朱明福,区政协主席李华桂等区四套班子领导开展节前安全生产检查。(吴 悦)

■推进"一城两翼"建设 2020年,区委、区政府共召开3次青东联动发展领导小组全体会议(分别为3月12日、5月7日、8月5日),区委书记赵惠琴,区委副书记、区长余旭峰,区人大常委会主任朱明福,区政协主席李华桂,区委副书记杨小菁等区领导出席会议。

共召开3次青东联动发展领导小组专题会议(分别为4月24日、7月15日、10月28日),区委书记赵惠琴,区委副书记、区长余旭峰,区人大常委会主任朱明福,区政协主席李华桂等区领导出席会议。

9月2日,召开青西协同发展领导小组全体会议,区委书记赵惠琴,区人大常委会主任朱明福,区政协主席李华桂,区委副书记杨小菁,区委常委、副区长姜爱锋、孙挺等区领导出席会议。

共召开10次青浦新城建设专题会(分别为10月14日、10月22日、10月29日、11月3日、11月7日、11月9日、11月10日、11月20日、11月27日、12月28日),专题研究工业园区创建国家级经济开发区及青浦新城规划建设、生态建设、公共服务领域建设等相关工作。区委副书记、区长余旭峰,区委常委、副区长姜爱锋、孙挺,副区长倪向军、金俊峰、顾骏,市管二级巡视员徐英出席会议。(吴 悦)

■**推进政府性投资项目建设** 11月6日，区委副书记、区长余旭峰，副区长彭一浩专题研究2021年政府性投资项目计划和重点经济指标。

12月8日，区委书记赵惠琴，区委常委、副区长姜爱锋、孙挺，副区长彭一浩召开专题会议，研究2021年青东五镇政府性投资项目计划安排，并踏勘部分项目现场。

12月15日，区委书记赵惠琴，区委常委、副区长姜爱锋，副区长彭一浩召开专题会议，研究2021年青西地区政府性投资项目计划安排，并踏勘部分项目现场。

12月24日，区委书记赵惠琴，区委常委、副区长姜爱锋，副区长彭一浩召开专题会议，研究2021年青中地区政府性投资项目计划安排，并踏勘部分项目现场。（吴　悦）

■**促进经济高质量发展** 4月7日，区委副书记、区长余旭峰主持召开稳增长促投资专题会，区委常委、副区长姜爱锋，副区长倪向军、彭一浩参加会议。

7月1日，区委副书记、区长余旭峰，副区长倪向军专题研究经济小区政策和重点产业项目。

9月25日，区委副书记、区长余旭峰，区委常委、副区长姜爱锋，副区长彭一浩，市管二级巡视员徐英召开区第三季度经济运行分析会。（吴　悦）

■**土地使用工作领导小组会议** 区土地使用工作领导小组围绕土地管理、减量化推进、土地出让等主题召开5次会议。

1月6日，区土地使用工作领导小组召开2020年度第一次会议。区委书记赵惠琴，区委副书记、区长余旭峰，区委常委、副区长姜爱锋，副区长倪向军、顾骏、彭一浩等出席会议。

3月11日，区土地使用工作领导小组召开2020年度第二次会议。区委书记赵惠琴，区委副书记、区长余旭峰，区委常委、副区长姜爱锋，副区长倪向军、彭一浩等出席会议。

5月12日，区土地使用工作领导小组召开2020年度第三次会议。区委书记赵惠琴，区委副书记、区长余旭峰，区委常委、副区长姜爱锋，副区长倪向军、顾骏、彭一浩等出席会议。

7月31日，区土地使用工作领导小组召开2020年度第四次会议。区委书记赵惠琴，区委常委、副区长姜爱锋，副区长顾骏等出席会议。

10月29日，区土地使用工作领导小组召开2020年度第五次会议。区委书记赵惠琴，区委副书记、区长余旭峰，副区长倪向军、顾骏、彭一浩等出席会议。（吴　悦）

■**规划委员会会议** 3月27日，区规划委员会召开2020年第一次专题会议，区委书记赵惠琴，区委副书记、区长余旭峰，区委常委、副区长姜爱锋，副区长倪向军出席会议。

6月1日，区规划委员会召开2020年第二次专题会议，区委书记赵惠琴，区委副书记、区长余旭峰，区委副书记杨小菁，区委常委、副区长姜爱锋，副区长倪向军、彭一浩出席会议。

10月29日，区规划委员会召开2020年第三次专题会议，区委书记赵惠琴，区委副书记、区长余旭峰，副区长倪向军、彭一浩出席会议。（吴　悦）

■**服务保障"进博会"** 区委、区政府共召开16次服务保障第三届进口博览会前线指挥部全体会议，区委书记赵惠琴，区委副书记、区长余旭峰，区委常委、副区长姜爱锋，区委常委、区委政法委书记赵明，区委常委、组织部部长蒋仁辉，区委常委、副区长孙挺，区委常委、区纪委书记王翔等区领导出席会议。

区政府领导重点围绕配套保障、周边区域环境、安保、疫情防控、社会面管控等方面开展了4次踏勘巡查。（吴　悦）

■**推进长三角生态绿色一体化发展示范区建设** 区政府围绕长三角生态绿色一体化发展示范区相关工作、长三角（上海）智慧互联网医院项目推进情况等主题共召开5次专题会议（分别为1月20日、4月21日、4月29日、5月7日、6月4日）。区委副书记、区长余旭峰，区委副书记杨小菁，区委常委、副区长姜爱锋、孙挺，副区长顾骏、彭一浩等出席会议。

区委、区政府领导到长三角生态绿色一体化发展示范区围绕示范区建设相关工作学习考察共6次（分别为5月20日、6月4日、8月27日、8月28日、10月9日、11月23—24日）。区委书记赵惠琴，区委副书记、区长余旭峰，区委常委、副区长姜爱锋、孙挺，区人大常委会副主任赵宏林，副区长倪向军、顾骏、彭一浩等参加。

区委、区政府领导围绕推进长三角（上海）智慧医院项目合作、长三角可持续发展研究院建设、服务长三角一体化发展国家战略等项目开展4次沟通交流（分别为5月15日、7月2日、9月7日、12月11日）。区委书记赵惠琴，区委副书记、区长余旭峰，区委副书记杨小菁，区委常委、副区长姜爱锋、孙挺，区委常委、统战部部长王凌宇，副区长倪向军、顾骏、彭一浩等参加。（吴　悦）

■**基层调研及检查** 区政府领导重点围绕乡村振兴、"三大整治""美丽街区""进博会"服务保障、政府性投资项目、农民建房、"一网统管"等主题多次下基层调研，并围绕疫情防控、复工复产、全国文明城区创建、"美丽乡村"建设、扫黑除恶专项行动等工作进行一线检查。区委副书记、区长余旭峰共召集2次调研座谈会，专题研究农民建房工作。（吴　悦）

■**新冠肺炎疫情防控和复工复产** 区政府领导围绕新型冠状肺炎疫情防控、加强隔离管控、进口冷链食品防疫等主题共召开4次工作专题会。区委副书记、区长余旭峰，区委常委、副区长姜爱锋、孙挺，副区长金俊峰、顾骏、彭一浩出席会议。

区政府领导围绕疫情防控、复工复产、居民小区管理、慰问医护人员等工作共走访86次。（吴　悦）

■**区政府全体会议** 区政府围绕年度重点工作目标召开4次全体（扩大）会议（分别为1月13日、4月10日、7月17日、10月16日），区委副书记、区长余旭峰主持会议并讲话，区政府分管领导对各自分管工作进行部署，会议通报了区政府重点工作、政府性投资项目及实事工程目标任务实施情况。（吴　悦）

■**区政府常务会议** 2020年,区政府共召开18次常务会议,研究84项议题。

（吴　悦）

■**研究"十四五"规划编制** 区委副书记、区长余旭峰共主持召开3场"十四五"规划编制工作区长专题会议(分别为8月19日、9月4日、9月9日)。会议研究了青浦区"十四五"时期主题主线、功能定位、发展思路、发展目标、指标体系等内容及社会治理体系现代化、深化实施人才强区战略、完善公共服务等专题,并听取关于产业发展、优化营商环境、生态环境保护等专题规划课题研究成果。

5月22日,区委副书记、区长余旭峰专题研究"十四五"规划编制工作。

10月10日,区委副书记、区长余旭峰,副区长倪向军现场踏勘工业园区整体转型区域,随后专题研究工业园区"十四五"规划编制情况。

11月13日,区委书记赵惠琴,区委副书记、区长余旭峰,区人大常委会主任朱明福,区政协主席李华桂,区委常委、副区长姜爱锋,副区长倪向军、金俊峰、顾骏、姚少杰、彭一浩,市管二级巡视员徐英参加青浦区"十四五"规划专题讨论会。

（吴　悦）

政策研究

■**概况** 2020年,围绕区委、区政府重点工作安排,统筹疫情防控和经济社会发展,加强战略性、全局性、综合性问题研究,适时提出政策建议;组织起草区政府重要会议主要文稿;负责起草区政府领导部分重要讲话文稿;完成各项交办任务。

（王　剑）

■**重点课题推进** 2020年,结合大调研常态化制度化要求,区政府开展了乡村振兴、青东五镇交通规划、加强长护险试点工作等9项重点专题研究,大部分课题成果已应用于实际工作。

（王　剑）

■**重要材料起草** 组织起草2021年区政府工作报告;组织起草区委全会、区政府全会、区工作务虚会等相关材料;完成有关汇报材料起草修改工作。

（王　剑）

政务服务工作

■**概况** 2020年,青浦区政务服务办公室牵好"一网通办"这个"牛鼻子",聚焦"一件事一次办",推动"两个转变",完成区级挂图作战任务,网上办结率61.5%,数据归集率95%,新增零跑动业务情形100项,提升政务服务能力水平,推动青浦区营商环境持续优化。全年青浦区行政服务中心各窗口共接待30.57万人次,受理事项558358件,办结项目506662件;全区11个街镇社区事务受理服务中心共接待847912人次,受理事项841123件,办结项目832951件。

（谢　锋）

■**党建队伍建设** 落实从严治党工作"四责协同"机制,把党组主体责任、党组书记第一责任人责任、班子成员"一岗双责"统一和联动起来,开展党组中心组学习14次、主题党日活动20次。有序推进"四史"教育,对应开展专题党课5次。围绕新冠肺炎疫情防控、创建全国文明城区、深化"一网通办"改革、优化营商环境等中心工作和重点任务,创新政务服务模式,及时申报部门整体支出绩效目标,确保取得工作实效。

（谢　锋）

■**再造行政审批业务流程** 一是完成31个"一件事"上线运行。通过全程网上流转和综合窗口系统数据对接,实现线上线下"一件事"无差别办理,提升"一件事"服务能级;二是实现行政权力和公共服务事项并重。青浦区共有916个行政审批业务情形入驻"一网通办"青浦区频道,首创"双向免费快递"服务,青浦区平均跑动0.03次,其中跑0次887项、跑1次29项。"即办件"307个,占比33.52%。2020年,有1179个公共服务事项接入"一网通办";三是实现"双减半""两个免于提交"落地。全年青浦区共916项行政审批业务情形实现减时间83.26%。通过调用电子证照和数据共享核验,1602个政务服务事项业务情形的"两个免于提交"落地比例为95%。

（谢　锋）

■**"一网通办"平台建设** 一是强化移动端向"随申办"整合。网站完成政民互动项目建设和数说青浦栏目上线。移动端形成"随申办"APP统一入口,整合接入4个小程序和8个微信公众号应用;二是拓展"随申码"应用场景和功能。全年应用场景覆盖政府大楼、政务大厅、医院、菜市场等50余个公众场所,使用超过200万人次,提升对应场所疫情防控溯源能力;三是探索无人干预智能办理。通过识别材料、办理流程、审查内容全程自动化,推出护士执业注册变更等9个高频事项的"无人干预自动办理";四是推出智能"政策体检"服务。上线智能"政策体检"功能,通过10个产业扶持项目的高频事项,向企业精准推送与之匹配的项目政策。

（谢　锋）

■**政务服务窗口标准化建设** 一是优化完善政务服务体系。青浦区行政服务中心大厅不断加大审批事项和服务事项入驻。全年共有26家部门、6家企业受理418项政务服务事项。完成综合窗口区域改造和设施保障,路政、海事等3个分中心及税务变更、注销业务入驻综合大厅。推出24小时不打烊的长三角自助服务区。推进外设服务窗口纳入青浦区行政服务中心管理标准化建设。推行"就近办"向基层延伸,增加直接受理点24家,累计89家;二是推进综合窗口集成服务。全年综合窗口系统上线33个部门、1980个业务情形,提供"一件事"服务情形33个,示范区通办的企业服务情形299个、个人服务情形137个;三是形成"好差评"闭环模式。完成"好差评""三对应"动态二维码全覆盖。2020年青浦区共收到"好差评"843851条,其中1—2星差评69条,已整改反馈69条,共涉及22个部门(镇、街道),差评率0.0082%,整改率100%。

（谢　锋）

■**数据治理** 一是夯实数据平台功能。承接"一网通办"青浦区办件库、青浦区人口库等基本信息库共3800万余条数据信息。实现"12345"市民热线等54万余条市级数据资源落地;二是强化区级数据资源归集。完善青浦区"三清单一目录"。全年编制形成可共享公共数据资源目录3600条、信息项4.7万余项、数据信息归集至区级数据池2.46亿余条,处于上海市前列;三是加快区情专题库建设。对标城市大脑建设标准,推进青浦区情专题库建设,助力城市运行"一网统管"。全年实现12家单位36类数据和41个图层接入,完成各类展示模块38个。（谢 锋）

■示范区一体化 一是发挥通办示范作用。开辟示范区专栏,实现用户体系对接并扩大事项接入范围。做强线下"示范区"服务专窗,深化三地(即青浦区、吴江区、嘉善县)通办服务模式,归集"区域通办"事项,实现线下就近办理;二是加快推进自助终端建设。2020年,青浦区、吴江区、嘉善县共有1500余项事项纳入"自助通办"范围,覆盖示范区高频企业事项、民生事项、常用证明。自助终端覆盖全区11个街镇社区服务中心和西虹桥分中心;三是深化和拓展示范区"一网通办"工作。落实政务服务网上通道、全面推进电子证照、制定企业迁移服务套餐等示范区推进"一网通办"集中落地的5个方面工作。（谢 锋）

人力资源工作

■概况 2020年,青浦区机关事业单位进一步加强人事管理工作,完善年度绩效考核内容,严格做好人员招录、加强人员培训工作。抓好各类人才政策落实,优化人才服务方式,做好人才政策的受理兑现。（姚芳芳）

■机关和事业单位人员管理 持续深化事业单位绩效工资改革,完成工资信息系统二期开发建设,并做好全区社工薪酬调整工作。严格组织实施年度招聘工作,全年共招录事业单位工作人员144人、社工291人、"三支一扶"53人。（姚芳芳）

■落实人才激励政策 及时兑现各项区级人才政策承诺,发放人才团队奖、人才激励积分政策等资金1.3亿元。做好高层次人才的选拔、管理、服务等工作,遴选第三届青浦领军人才15人、第五届青浦区拔尖人才60人,并成功推荐入选上海市推荐上报人事部参加享受国务院特殊津贴1人。（姚芳芳）

■"三支一扶"志愿者招募 2020年,青浦区"三支一扶"大学生志愿者招募岗位60人,进入面试141人,实际录用56人,于10月正式上岗。（姚芳芳）

信访工作

■概况 2020年,全区群众信访态势总体稳中趋好。全区信访总量比上年下降18.25%,人次比上年下降1.72%。全区信访总量持续下降,连续三年进口博览会实现"零上访、零扰序、零炒作"。至年底,全区去京上访数处于全市低位。到市集访批次和人次比上年下降25.0%和52.2%;到区集访批次和人次比上年下降26.3%和26.3%;至年底,青浦区共收到国家信访局交办重复信访治理矛盾共计158件,已申报化解(办结)的重复信访治理矛盾有48件,化解(办结)率为30.38%,完成到2020年底化解(办结)30%的工作目标。全年信访机构信访事项群众参评满意率96.52%,职能部门信访事项群众参评满意率94.39%,在全市均处于前列。区信访办紧紧围绕区委、区政府目标要求,一手抓疫情防控,一手抓信访业务,不断完善信访矛盾纠纷疏导化解机制,高效处置信访问题,依法解决群众合理合法诉求,营造和谐稳定的社会环境。（陆悦庭）

5月6日,朱家角镇教苑新村首批办理"小产证"的住户"领证"现场

（区信访办供稿）

■助力疫情防控和企业复工复产 受新冠疫情影响,按照上级要求,2月2日—4月27日,全区信访接待场所停止接待。区信访办及时发放公告,在公告中明确网络、书信、电话、微信公众号等受理渠道,积极依托互联网手段,保证群众信访渠道畅通,提高信访事项办理效率。对一般信访事项按照"1、3、17"(即1天内转交有权处理部门、3天内联系信访人告知受理情况、17天内办理完结)流程大大缩短办理时限,以最快的速度化解涉疫情信访矛盾。落实专人承办国务院"互联网+督查"平台留言交办件,第一时间通报区分管领导,交办责任单位,明确3个工作日内必须将处理情况上报。累计收到关于国务院"互联网+督查"平台留言信息25件,已全部办结。其中,已解决18件,部分解决2件,未解决5件,解决率为72%。（陆悦庭）

■落实"进博会"矛盾销项管理 制发《关于开展第三届"进博会"信访矛盾销项攻坚工作实施方案》,建立销项机制、明确销项标准、强化考核通报,着力化解缓解国家信访局交办重要矛盾、市级交办重要矛盾、区级交办重要矛盾、重点关注信访人四类信访矛盾。至年底,全区列入销项攻坚共259件突出矛盾,累计销项238件,综合销项率91.89%。（陆悦庭）

■借力信访"三项机制"化解疑难矛盾 全面落实领导干部下访接访工作机制、信访稳定工作例会、分级分责化解

信访矛盾解决群众合理合法诉求工作制度。区委书记亲自接待朱家角镇教苑新村居民，推动解决该小区产证办理问题这一长达20余年的历史遗留问题。5月6日，第一批15户教苑新村居民顺利办理小产证。8月，区委、区政府制定《关于开展领导干部接访下访工作的通知》。全年区领导周四预约接待来访群众共计61批108人次，已办结58件；区信访稳定例会共联合会商31次，均平稳可控；区交办分级分责事项有25件，已解决21件。（陆悦庭）

10月21日，青浦区信访工作联席会议暨"家门口"服务体系建设推进会在白鹤镇召开（区信访办供稿）

■打造信访工作"家门口"服务体系 依托信访代理网络，开辟信访代理"绿色通道"，规范信访工作流程，初步形成"1个区级信访服务大厅+11个街镇信访窗口（服务站）+342个村居社区信访代理工作站（服务点）"的三级信访服务体系。10月21日，在白鹤镇召开青浦区信访工作联席会议暨"家门口"服务体系建设推进现场会，推广白鹤镇信访工作"六个100%"机制（即群众信访事项100%主要领导阅批、办理满意度件"三见面"100%、群众重复信访事项100%开展合理合法性评估、群众重复信访事项100%开展律师尽职调查、销项攻坚矛盾100%落实领导包案制度并限期予以化解缓解、群众合理合法信访诉求100%化解）。通过实地观摩基层信访工作阵地，总结白鹤镇信访工作经验，推进信访工作"家门口"服务体系建设。10月30日，国家信访局副局长林完红先后到区信访办、白鹤镇信访办、白鹤镇王泾村调研，了解"人民满意信访窗口"及"家门口"信访服务体系建设等工作开展情况。（陆悦庭）

■深化人民建议征集工作 由区委办和区府办联合发文实施《青浦区人民建议征集工作实施办法》，挂牌成立"青浦区人民建议征集办公室"。2月13日，在疫情防控初期的关键阶段，制发《关于征集有关防控新型冠状病毒感染肺炎疫情人民建议的通知》，搭建社情民意收集平台，积极为疫情防控和复工复产建言献策。在此次人民建议专项征集活动中，共收到各街镇、委、办、局上报建议28条。经过筛选和整理，将其中质量高、具有可行性的人民建议提交市、区领导，其中有4条得到市领导批示、1条得到区委主要领导批示。（陆悦庭）

合作交流

■概况 2020年，区政府合作交流办公室和区域发展办公室深入贯彻落实党的十九大和十九届四中、五中全会精神及习近平新时代中国特色社会主义思想，学习习近平总书记关于扶贫工作的重要论述，围绕服务落实长三角一体化发展国家战略，深入贯彻中央精准脱贫战略部署和治疆治藏方略，咬定目标、聚焦精准，攻坚克难、尽锐出战，助力对口地区如期打赢脱贫攻坚战。全年在云南省德宏傣族景颇族自治州芒市、梁河、盈江、陇川四县市落实市、区两级援建项目41个；在青海省果洛藏族自治州班玛县落实市、区两级援建项目12个，项目主要涉及新农村建设、产业发展、社会事业、人才支持四大领域。2020年，区域发展办参与接待包括市发改委、经信委、统计局，江苏省苏州市吴江区、浙江省嘉兴市嘉善县两地政府和毗邻地区相关职能部门、人大政协等来青调研交流，多次协助示范区执委会接待工作，参与接待80多批次。（许昊枫　冯家恺）

2020年青浦区区域发展办部分接待工作情况表

表10

日期	到访团队	带队领导	人数
1月6日	浙江省湖州市代表团	施根宝	9
1月7日	世界银行	梅柏杰	10
4月8日	同济大学建筑与城市规划学院	董楠楠	5
4月16日	江苏省财政厅	熊洁	10
5月7日	示范区人口与人才研究课题组	江振林	7
5月8日	中共上海市市级机关工作委员会	殷欧	10
5月15日	浙江省嘉兴市嘉善县现代产业园	李志杰	19

（续表）

日期	到访团队	带队领导	人数
5月15日	江苏省机关党工委	刘振华	10
5月20日	新华社上海分社	季明	5
5月25日	上海市统计局	周亚	11
5月25日	江苏省苏州市吴江区住建局	徐红伟	12
5月29日	浙江省嘉兴市生态环境局	曹建强	44
5月29日	复旦大学经济学院	张军	8
6月11日	浙江省人大常委会	赵光君	7
6月12日	山东省莱阳市代表团	李胜刚	4
6月18日	四川省推进成德眉资同城化发展领导小组办公室	尹宏	6
6月29日	民革浙江省委代表团	刘净非	7
7月2日	长三角投资（上海）有限公司	桂恩亮	8
7月7日	长江生态环保集团长三角示范区项目组	唐建国	8
7月14日	三峡集团	肖庆华	8
7月16日	三峡集团	庆华	8
7月17日	民革上海市委代表团	王光贤	7
7月22日	长三角投资（上海）有限公司	桂恩亮	10
7月31日	江苏省苏州市吴江区发改委	陈建忠	13
8月13日	浙江省嘉兴市嘉善县代表团	陈天荣	8
8月31日	新华社	严文斌	7
9月18日	东北四省（区）联合调研组	董伟俊	20
9月19日	陆家嘴金融局	陈数	200
9月24日	上海财经大学三农学院	吴方卫	9
10月13日	浙江省嘉兴市嘉善县专资委	冯伟	7
10月15日	江苏省苏州市高级人才太湖培训中心	谭纯	40
10月16日	静安九三学社	严俊琪	50
10月19日	静安区干部学习班		70
10月22日	江苏省苏州市高级人才太湖培训中心	谭纯	40
10月22日	天津市北辰区“十四五”规划领导小组办公室	范国伟	8
11月5日	浙江省特约研究员	马力宏	5
11月10日	江苏省干部培训基地苏州干部学院	章楠	93
11月12日	江苏省机关党工委	刘振华	10
11月18日	上海市发改委新进班	傅俊	44
11月19日	山东省发改委蓝色经济区建设指导处	韩恩泽	9
11月24日	浙江省嘉兴市嘉善县传媒中心	丁珩	5
12月2日	浙江省嘉兴市长三角研修班	陈佳秋	60
12月3日	上海市市级机关第四组、青浦、吴江和嘉善一线党代表	陆静	40

（续表）

日期	到访团队	带队领导	人数
12月11日	浙江省嘉兴市嘉善县干部研修班		40
12月15日	上海海外联谊会理事	王珏	200

（冯家恺）

■**交流互访** 7月，区委书记赵惠琴率区党政代表团到云南省德宏傣族景颇族自治州芒市、梁河县、陇川县、盈江县学习考察，先后调研了教育帮扶、贫困村改造、产业帮扶、消费扶贫等工作，实地了解帮扶项目运行状况，与德宏州召开东西部扶贫协作联席会议。8月，区人大常委会主任朱明福率区代表团到青海省果洛州班玛县调研考察，对青浦区援建项目开展实地调研，与班玛县召开对口支援联席会议。10月中旬，德宏州委副书记、州长卫岗率德宏州党政代表团到青浦区学习考察，就深化两地扶贫协作关系再次达成一系列共识。10月下旬，果洛州委常委、班玛县委书记夏吾杰率班玛县党政代表团来青回访对接工作。（许昊枫）

■**合作交流** 3月16日、12月31日，区长余旭峰、副区长彭一浩会见三峡集团上海总部总经理石小强团队；11月20日，副区长金俊峰听取有关田山庄村EOD（以生态环境治理为导向进行片区开发的模式）项目设想；12月22日，副区长姜爱锋听取三峡集团牵头编制的示范区水生态环境综合治理实施方案。

4月16日，副区长彭一浩带队调研长江联合集团，并与长江联合集团党委书记、董事长池洪，副总裁卢薪等进行会谈。会后选定朱家角镇政府西侧裙楼作为公司前线指挥部办公地址，9月底公司正式进驻办公；7月2日，长三角公司总裁桂恩亮一行到青浦区调研，谋划在示范区的第一个建设项目；10月12日，区长余旭峰、副区长彭一浩到朱家角走访长三角公司，双方就示范区先行启动区相关工作想法作交流。

6月23日，示范区执委会副主任张忠伟、副区长彭一浩会见同济大学常务副校长伍江一行，就示范区生态环境领域相关工作进行交流。会上，同济大学介绍《长三角可持续发展建设方案》具体情况，双方研究讨论在生态环境领域方面可研究合作的重点方向，并就在青浦区设立长三角可持续发展研究院初步形成一致意见；7月2日，同济大学党委书记方守恩、校长陈杰一行到青浦区调研，就在示范区成立长三角可持续发展研究院进行商讨。区委书记赵惠琴，区委副书记、区长余旭峰，区委副书记杨小菁，区领导姜爱锋、倪向军、顾骏、彭一浩等出席会议。会议明确，青浦区与同济大学后续将更加深入对接，确保长三角可持续发展研究院尽快落地，创新推进高校与地方的深度合作模式，促进优势互补，实现互利共赢；7月9日，同济大学环境科学与工程学院党委书记柳剑雄带队与青浦区区域发展办相关负责同志实地踏勘位于朱家角镇和金泽镇的5个选址方案；7月14日，同济大学环境科学与工程学院党委书记柳剑雄再次调研示范区执委会，就深化后的《长三角可持续发展研究院建设推进方案》听取意见，执委会生态规划组组长刘锋、青浦区区域办主任薛锋等接待；7月15日，同济大学副校长伍江带队对金泽信苑信息公司和科旭网络两个选址点及周边情况进行实地踏勘，区域办主任薛锋、金泽镇副镇长朱卫东陪同并介绍相关情况；9月14日，同济大学环境科学与工程学院党委书记柳剑雄带队与区域办负责人再次对长三角可持续发展研究院选址问题进行实地踏勘和研究讨论，经与同济大学初步沟通，先选择临时办公场所过渡，并更好推进长三角可持续发展研究院落地工作；11月24日，同济大学常务副校长伍江带队到大观园踏勘原青浦区淀山湖地区建设发展服务中心（以下简称“湖区中心”）办公楼，后与副区长彭一浩等展开会谈，选择原湖区中心办公楼作为临时办公场所。（冯家恺）

■**人才支持** 2020年，青浦区在对口地区共有12名援外干部，20名教师，10名医生。为对口地区举办党政干部培训班10次，培训党政干部人数398人次。开展教师、医生等专业技术人才培训13次，惠及1263人次。为对口地区培训致富带头人303人，培育成功创业致富带头人39人，带贫人数445人。（许昊枫）

■**劳务协作** 组织企业到云南省德宏傣族景颇族自治州四县市实地招聘，通过网络、现场招聘等形式全年共举办招聘会10场，提供就业岗位4913个。全年完成来沪就业163人，就地就近就业2823人。组织做好“点对点”返岗工作，全年落实79人。（许昊枫）

■**携手奔小康** 落实11个街镇与德宏州四县市的11个乡镇，9个街镇与班玛县的9个乡镇开展结对帮扶。在德宏州挂钩帮扶学校19所、医院4所，在班玛县挂钩帮扶学校1所、医院1所，开展讲学交流、教师医生选派、进修等活动。引导辖区内52家企业、2家社会组织，分别与德宏州四县市56个贫困村结对。动员各类社会主体累计向对口地区投入社会帮扶捐款、捐物折资1500余万元。（许昊枫）

外 事

■**概况** 2020年，区府办（区外办）贯彻中央、上海市外事工作方针政策，围绕全市重要外事活动和区委、区政府中心工作，加强外事管理和服务，受疫情影响，仅在1月份接待外宾1批2人次（无部级团组）。全年无因公出国（境）组团。创新形式深入与友好城市间的交流合作。圆满完成新冠疫情期间各项防疫涉外管理工作。（徐瑞斌）

■**对外交流** 因年初国内疫情趋重，韩国保宁市政府、保宁市韩中友协分两批向区委副书记、区长余旭锋发来慰问信及慰问口罩2100个(已转交区商务委)。区外办也将区长余旭峰的感谢信发给了保宁市市长,并备好口罩等防疫物资以应姐妹城市不时之需。日本鹿岛市、匈牙利布达佩斯十六区等友好交往城市也通过视频、电话等方式进行沟通,分享两地抗疫经验,运用高科技手段让两地的友好交流便捷不减温。

(徐瑞斌)

■防疫涉外工作 区外办按相关文件要求和区防控指挥部办公室的会议精神,结合青浦区工作实际,高效务实地完成以下防疫涉外任务。

到抗疫前线深入细致地开展工作。一是切实做好疫情期间的信息整理工作。疫情伊始,根据市外办的工作要求,区外办每日上报全区的外籍人士防疫情况,做到分类整理、信息完整、便于掌握。二是到前线值守并做好疫情的外事指导培训工作。为更快更好地协调可能出现的涉外事件,区外办全天轮流值守位于徐泾镇的集中留验点,提供政策和经验支持;两次参与对全区机场转运及社区工作人员进行的疫情相关涉外安全培训;联合区卫计委对青浦区外籍人士的集中医学观察点进行事先踩点和专业指导。三是加强沟通做好外事联络与翻译工作。区外办主动与市外办相关处室对接,并积极与各驻沪领馆取得联系,在区内建立联系紧密的工作机制的基础上,组建一支具备英语、德语、韩语、日语的外事翻译队伍,给全区疫情防控工作第一时间提供在线翻译服务。

宣传落实防疫政策。一是尽心尽力参与涉外事件协调。对有外籍人士不配合疫情期间相关规定的,通过驻沪领馆进行劝说。二是用情用理增进双方的理解。对集中医学观察的外籍人员不仅提供完善的翻译服务,而且联合区卫健委,准备了中英文双语的慰问信和小慰问品送至点位表达关心。

助力复工复产,做好来华邀请申报及外交官入境。一是助力社会经济的硬实力发展。根据市区两级防控领导小组办公室会议精神,为保障青浦区必要经贸、科技合作等活动,维持学校课程体系的连续性,区外办及时传达市外办相关政策,并在区经委、商务委、教育局初审基础上,对相关单位的来华邀请进行区政府报批、市外办审批。区外办共受理企业、学校的外籍人员来华邀请184家249批619人次,涉及40个国家。二是助力国家及上海形象的软实力发展。为保障外交官在疫情期间的顺利入境及医学观察,区外办在市外办的指导下,与区防控办地区组、疾控医疗组及街镇形成无缝对接,共有6批16人次的外交官在青浦区完成医学观察。

(徐瑞斌)

6月24日,区委台办与中国国民党台北市万华区党部联合举办线上端午"青浦·万华'云'相聚,共度端午'粽'是情"——两地一线分享会

(区台办供稿)

台湾事务

■概况 2020年,青浦深入学习习近平总书记对台系列重要讲话精神,坚决贯彻执行中央和市委、市政府对台工作战略部署,着眼当前两岸关系发展,面对突如其来的新冠肺炎疫情,围绕区委、区政府中心工作,做好疫情时代台资企业服务,持续促进两岸融合发展,为夺取疫情防控和经济社会发展双胜利作出积极贡献。

全年受理6家企业9人次办理企业经贸赴台手续;稳妥处理疫情期间徐泾镇一台胞猝死事件;处理涉及合同纠纷、动迁等各类涉台信访、纠纷、突发案件10多起,未发生引发不稳定因素涉台投诉案件及信访事件。在2020年中央台办《两岸关系》《台湾工作通讯》等对台宣传读物评比中青浦区台办被评为"先进单位"。

(沈 静)

■举办"青浦·万华'云'相聚,共度端午'粽'是情"——两地一线分享会 6月24日,区委台办与中国国民党台北市万华区党部联合举办线上端午"青浦·万华'云'相聚,共度端午'粽'是情"——两地一线分享会,交流展示两岸不同端午习俗,共同弘扬中华民族传统文化。台北市议员郭昭岩、中国国民党台北市万华区党部主委周世雄、荣誉主委郭纪凤珠、台北市万华区基层里里长等20余位台湾同胞参加线上交流活动。

(沈 静)

■开展"两岸同心齐筑梦·携手奋进共跨越"涉台宣传教育网上知识竞赛 10月25日,在"上善同心""上海市台胞服务中心"公众号启动为期三天"两岸同心齐筑梦·携手奋进共跨越"涉台宣传教育网上知识竞赛,组织台胞台属和社会各界人士以网上参与形式开展以习近平总书记对台工作系列重要讲话精神、涉台法律法规、涉台基本常识等为主要内容的知识竞赛,共有2465人参与知识竞赛,答题7302人次。

(沈 静)

■举办青台两地青年企业家沙龙活动 7月17日,区委台办、区工商联联合举办青台两地青年企业家沙龙活动。

区委统战部副部长、台办主任石惠军，区工商联党组成员、副主席汪清，区台办副主任冯永强参加活动。一行人参观台资企业上海达尔威贸易有限公司。聚焦“网红经济”“直播经济”，青台两地青年企业家开展对话，共有30余位两地青年企业家参加活动。 （沈 静）

■做好疫情下台资企业帮扶工作 区委台办做好疫情下台资企业帮扶工作，助推企业复工复产，走访春日机械、元祖食品、晶盟、康那香等台资企业，了解企业防疫工作和复工复产情况，了解企业困难以及需求。鼓励台企台商参与到疫情防控中。在青台商台胞积极响应，累计捐款捐物2500余万元。 （沈 静）

■市台办调研青浦台资企业 2月20日，市台办主任李文辉、副主任李骁东到台资企业上海元祖梦果子有限公司调研台资企业复工复产情况。区委常委、统战部部长王凌宇陪同调研。市台协会长张简珍参加调研。一行人走访元祖厂区，并与青浦台商座谈交流，详细了解企业复工面临的困难和问题。 （沈 静）

■开展2020年度涉台基础数据排摸 7月3日，区台办在区会议中心第二会议室召开涉台基础数据排摸工作部署会。区台办副主任冯永强主持，区委统战部副部长、台办主任石惠军参加会议并讲话。 （沈 静）

■召开对台工作座谈会 7月14日，召开区委对台工作领导小组成员单位工作座谈会。区委常委、统战部部长王凌宇出席座谈会。区委宣传部、区经委、教育局、规划资源局、农业农村委、文旅局、市场监管局、台办8家单位参加座谈会，围绕为台服务、政策落实等情况进行交流。 （沈 静）

■做好台湾籍学生就读、接转加分工作

区委台办积极做好台湾省籍学生就读和接转加分工作。全年协调解决台湾籍学生就读事宜6人，做好台湾省籍学生考试加分证明工作4人。 （沈 静）

■开展台胞台属走访慰问活动 1月，区委台办开展新春台胞台属走访慰问，共走访慰问台胞台属30户，发放慰问金30000元。8月，区委台办开展高温送清凉活动，走访上海欧雅装饰有限公司、上海正侑机械有限公司等9家台资企业，发放防暑降温用品200份。10月，开展台胞台属重阳节走访慰问，向82户老台胞台属发放节日慰问品。 （沈 静）

■组织台商赴嘉善考察交流 9月8日，区委台办率台协青浦工委会一行25人到浙江省嘉善县考察交流。区委台办主任石惠军，台办副主任冯永强参加活动。在嘉善县委台办、嘉善县台协的陪同下，青浦一行考察台资企业晋亿集团，开展青浦、嘉善两地台商座谈会，分享彼此经验。 （沈 静）

■举办2020台商中秋联谊活动 9月30日，区委台办、台协青浦工委会在台资企业竞衡集团举办“两岸同心，助力进博”2020青浦台商中秋联谊活动，在青台企台商台胞代表近100人欢聚一堂、共庆中秋佳节。区委常委、统战部部长王凌宇，市台协秘书处、区台办相关负责人出席活动。 （沈 静）

■区人大常委会侨民宗工委走访台资企业调研涉外营商环境 9月7日，区人大常委会侨民宗工委一行8人在主任印国荣的带领下走访调研台资企业旭广企业发展（上海）有限公司，了解企业发展情况，听取企业意见、建议。 （沈 静）

■上海台商考察团考察青浦新农村建设 12月15日，上海台商考察团一行20余人在市台办副主任李骁东的带领下来到乡村振兴示范村莲湖村考察新农村建设。区委统战部副部长、台办主任石惠军陪同调研。全国台企联会长李政宏参加活动。台商考察团一行考察莲湖村新农村建设项目，并参观了青西郊野公园。 （沈 静）

■接待江苏东台市台办来访 9月9日，江苏省东台市委办副主任何育东率东台市台办一行5人到青浦考察交流，实地参观台资企业上海春日机械有限公司。区委统战部副部长、台办主任石惠军，台办副主任冯永强陪同调研。市台协青浦工委会主委胡展飞等台商参加座谈交流。 （沈 静）

华侨事务

■概况 2020年，青浦区侨务工作坚持以习近平新时代中国特色社会主义思想为指引，在区委、区政府的坚强领导下，紧密结合“四史”学习教育，紧紧围绕中心工作，积极担当作为，发挥侨务工作优势，服务区域经济社会发展。 （陈爱芳）

■政治思想引领 推荐留学生代表参加第十二期上海市归国留学人员理论研究班、第三期留学人员建言献策培训班、第六期中青年骨干会员培训班等市级部门举办的各类培训班；组织参与2020年长三角欧美同学会服务区域一体化峰会，为长三角一体化高质量发展贡献侨界力量；推荐市欧美同学会青浦分会理事吴伟参加区委统战部半脱产挂职锻炼，实现跨“界”学习。 （陈爱芳）

■举办侨法宣传月主题活动 3月，为有效应对新冠肺炎疫情，以“疫情无情侨友情，侨法宣传线上见”为主题开展2020年网上“侨法宣传月”活动。设置“侨法宣传月”网上专栏，发动侨界人士参与“侨”你知多少——侨法知识网上挑战赛，为全区侨界群众搭建涉侨法律法规线上学习平台。广泛转发《涉侨服务手册》线上版、相声演员话“侨法”等侨界群众喜闻乐见的侨法宣传内容，指导各街镇用足用好网上平台，扩大侨法宣传覆盖面，提高学习趣味性。其间，以“云浏览”“云竞赛”“云咨询”等“全媒体”学习形式，开展无接触式侨法宣传活动，开展身份认定、疫情防控等各类咨询20余次，参与挑战赛6363人次，活动受众面达1.06万人次，在全区营造浓厚的侨法宣传氛围。 （陈爱芳）

■开展空巢侨界家庭高温送清凉活动

8月，在前期集中排摸的基础上，侨办领导亲自上门走访慰问部分空巢老人，依托街镇统战工作力量，在高温期间为全区65户空巢家庭送上慰问品及关心、问候。 （陈爱芳）

■开展“以史鉴今砥砺前行——侨界人士助力乡村振兴”参观学习活动 10月16日，组织侨界人士到乡村振兴示范村——重固镇徐姚村参观学习，在古村落与新农村建设的对比冲击下，感受乡村振兴战略为农民带来的红利，进一步拓宽视野，坚定侨界人士以自身优势为乡村振兴贡献智慧的决心和信心。

（陈爱芳）

■协办“沪港亲子黄金周”活动 为进一步做好在沪港人的服务、团结、凝聚工作，为相关工作打下坚实基础，作为市委统战部“沪港亲子黄金周”活动协办单位，10月1—7日，组织在青浦的香港人参与“沪港亲子黄金周”活动，丰富在青港人的业余生活；同时，通过软性宣传的方式让更多人了解香港，进一步推广香港的文化、旅游、美食等内容，加深对香港的认识。（陈爱芳）

■聚焦进博服务有力 协助上好佳、沪工集团等企业参展“进博会”，做好参展企业展厅、产品等资料收集和宣传推介工作，助力企业通过进博平台更好更快发展。协助做好部分侨界人士专业观众注册手续，并持续做好观展人员核酸检测、系统平台录入等后续服务工作，确保在疫情常态化下侨界人士顺利观展。（陈爱芳）

■创新华文教育 疫情期间，发动区内华文教育基地——朱家角小学、徐泾小学的师资力量，集中录制传统文化课程视频，如武术、书法等，供海外华校选择使用，保持中华文化传承的连续性。借助区海联会会员的资源优势，以区海外联谊会的名义在德国勒沃库森市市立图书馆设立中文图书角，捐赠中文图书600册，为当地华侨在内的市民认识中国、了解中国开辟一个全新窗口，推进中华优秀传统文化在海外传播。

（陈爱芳）

■深化交流交往 11月14日，由市委统战部侨务综合处处长徐焕之带队的“2020海外中青年侨领研习班”学员一行参观长三角生态绿色一体化发展示范区执行委员会，强化对长三角一体化国家战略的直观感受。随后一行人参观朱家角古镇，领略小桥流水、古色古香的江南水乡文化。

12月25日，由市委统战部副部长、上海海外联谊会执行副会长、市侨联党组书记、市侨办主任王珏带队的上海海外联谊会近150名理事到青浦参观考察，了解青浦区域经济社会发展及长三角生态绿色一体化发展示范区建设情况。区委常委、统战部部长王凌宇，副区长彭一浩出席活动。彭一浩围绕“青浦区之秀美、通达、厚实、效能、使命”五个角度介绍青浦区情、产业发展情况、政策、项目及长三角生态绿色一体化发展示范区的建设情况并现场开展互动交流。区发改委、经委、商务委、区域办、市场监管局等部门负责人共同参与互动环节，针对性地对相关问题作解答和介绍。随后一行人实地参观考察长三角生态绿色一体化发展示范区执委会和长三角一体化示范区（上海）金融产业园。

12月29日，由虹口区委统战部副部长王超带队的市欧美同学会虹口分会理事一行与青浦分会部分理事围绕社团组织架构、会员结构进行座谈交流。（陈爱芳）

■为侨服务工作 依据侨务部门工作职责，结合区审改办要求，做好政务服务事项办事指南集中修订。做好“三侨生”加分出证工作的相关咨询、联系、指导等服务，协助3名应届高中生妥善办理加分身份证明。全年受理涉侨信访2件，在了解情况的基础上会同属地政府、派出所、相关单位做好调解、解释工作，妥善协调并及时做好回复工作。

（陈爱芳）

12月25日，上海海外联谊会参访团来访青浦（区侨办供稿）

民族宗教事务

■概况 2020年，区民宗办坚持以党的十九大精神和习近平总书记系列重要讲话为统领，全面贯彻党的民族宗教工作方针政策，依法管理民族和宗教事务，在凝聚民族宗教力量抗击疫情的同时，持续深入开展创建活动，扎实推进各项工作任务落实。

截至12月底，全区少数民族实有人口31348人。其中：来沪少数民族26960人，占少数民族实有人口的86%；户籍少数民族4388人，占少数民族实有人口的14%。全区共有少数民族53个，人口总数居前的少数民族分别是苗族3952人、回族3775人、土家族3477人、壮族2733人、彝族2720人，占全区少数民族人口总数的53.1%。

全区主要有4个宗教教别，分别是佛教、道教、天主教和基督教。共有5个区级民族宗教团体，分别是少数民族联合会、佛教协会、道教协会、天主教“两会”（天主教爱国会和天主教教务委员会）和基督教“两会”（基督教三自爱国运动委员会和基督教教务委员会）。全区现有经批准登记的宗教活动场所36处（寺观教堂30处、固定处所6处），其中佛教活动场所14处（寺观教堂12处、固定处所2处）、道教活动场所4处

（寺观教堂2处、固定处所2处）、基督教活动场所12处（寺观教堂10处、固定处所2处）、天主教活动场所6处（寺观教堂6处）。全区共有宗教教职人员143人。（徐育彬）

■领导视察调研 2020年，市、区领导围绕宗教活动场所安全管理、民族团结进步创建、民族宗教文化等主题视察调研民族和宗教工作共14次。（徐育彬）

2020年市、区领导视察调研青浦区民族宗教工作情况表

表11

时间	调研地点	调研主题	主要成员
1月16日	报国寺	视察春节期间安全保障工作	区委常委、统战部部长王凌宇，副区长、公安分局局长姚少杰
1月24日	天光寺、青浦城隍庙	检查宗教场所暂停开放情况	区委常委、政法委书记赵明，副区长、公安分局局长姚少杰
2月2日	青浦城隍庙	检查疫情防控工作	区委常委、统战部部长王凌宇
2月4日	蔡家湾天主堂、徐泾主恩堂	走访检查宗教活动场所落实暂停开放、停止集体宗教活动情况	区委常委、统战部部长王凌宇，副区长顾骏
2月9日	章堰城隍庙、华新观音寺、徐泾蟠龙庵	检查宗教场所疫情防控工作	区委常委、统战部部长王凌宇
2月19日	庄严寺、天光寺、莲花寺、明因寺	检查宗教场所落实疫情防控工作	区委常委、统战部部长王凌宇
2月21日	报国寺、朱家角中学	调研民族宗教工作	市委常委、统战部部长郑钢淼，区委书记赵惠琴，市民宗局一级巡视员王君力，区委常委、副区长孙挺，区委常委、统战部部长王凌宇，副区长倪向军
2月25—26日	观音寺、颐浩禅寺	调研宗教活动场所管理及疫情防控工作	区人大常委会副主任陶夏芳
2月26日	颐浩禅寺	检查宗教场所落实疫情防控工作	区委常委、统战部部长王凌宇
3月9日	颂恩堂、朱家角天主堂、朱家角城隍庙	检查疫情防控工作	区委常委、统战部部长王凌宇
3月23日	区民宗办	调研民族宗教工作	市民宗局副局长杜宇平
5月8日	区民宗办、青浦城隍庙	调研民族宗教工作	市委统战部副部长、市民宗局党组书记王霄汉
6月18日	区民宗办、青浦基督教堂	调研青浦区宗教活动场所常态化防疫工作	市民宗局局长花蓓
9月16日	区民宗办	调研上海佛学院选址	市民宗局副局长王凡

（黄　慧）

■主题教育活动 深入贯彻十九届四中全会精神，学习传达全国和上海市民族团结进步表彰大会精神和习近平总书记关于统一战线、民族和宗教工作的重要讲话精神，举办民族宗教团体、代表人士“四史”学习、“爱卫运动”“节约粮食”“向祖国表白”等主题教育活动18场次，共计980人次，弘扬爱国主义精神、革命斗争精神、改革开放精神、伟大抗疫精神，加强对民族宗教界人士的思想政治引领。（徐育彬）

8月6日，民族宗教界开展“学四史·助创全·爱卫同行——青浦区民族宗教界在行动”主题实践活动（区民宗办供稿）

■法制宣传月系列活动 通过知识竞赛、《宗教团体管理条例》培训班等形式统筹开展区级、团体、街镇三个层面共20余场次的民族宗教政策法制宣传活

10月25日，情暖重阳节·义诊送健康——"同心善行"统一战线服务社会送健康活动在青浦基督教堂举办 （区民宗办供稿）

动，活动覆盖2000余人次，取得广泛宣传教育效果。 （徐育彬）

■**抓实疫情防控举措** 从采购物资、关停场所、发出倡议、清洁消杀、值班报告、实地监督、走访慰问、慈善捐助八个方面指导民族宗教团体和各宗教活动场所，抢抓"第一时间"，把握防控主动权；从严落细常态化防疫要求。制定专项工作方案，组织防疫培训，开展专项监督检查和"四不两直"（"四不"即不发通知、不打招呼、不听汇报、不用陪同接待，"两直"（即直奔基层、直插现场）抽查，稳妥推进疫情防控常态化背景下宗教活动场所有序恢复开放；筑牢抗疫群众防线。开展疫情防控社会稳定专项调研和针对性服务，协助民族宗教界人士解决因疫情产生的突出问题和困难；引导民族宗教界人士支持参与抗疫，共同构筑群防群治防线，抗疫捐款捐物347.84万元。 （徐育彬）

■**城市民族工作** 组织开展民族团结进步创建中期推进会议，深入推进民族团结进步创建活动，加强"一家一站两基地"（"一家"即民族之家，"一站"即少数民族服务站，"两基地"即民族团结宣传教育基地和少数民族大学生社会实习实践基地）阵地载体建设，创设少数民族大学生就业创业支持项目、少数民族志愿者服务站等项目。全区"一家一站两基地"总数达到26个。 （徐育彬）

■**援边和学生群体工作** 协同教育部门，指导关心朱家角中学新疆班工作；推进"爱心助学"基金和"爱建杯"百万奖学金对接联络工作；疫情期间，协调朱家角人民医院开通就医"绿色通道"，送医上门，解决师生后顾之忧；各项服务保障促进新疆部办学质量稳步提升，2020年高考成绩继续名列全市新疆内高班第一名；对区域内少数民族青年集中的相关院校进行再走访、再对接，巩固完善应急联动机制，协同落实关注群体学生的稳控措施。 （徐育彬）

■**巩固督查成果完善管理机制** 对照《整改方案》和《任务分解表》开展督查整改"回头看"，对各街镇、相关单位开展跟踪调研，指导督促整改工作，并将督查成果融入健全巩固"三级网络两级责任制"和街镇民宗工作"一网两清单"工作机制，进一步压实基层民族宗教工作法定职责。 （徐育彬）

■**宗教界践行"两个责任"** 开展"同一颗心·同一个梦"第十二届宗教界讲经讲道活动，诠释社会主义核心价值观，引导教职人员和信众正信正行。凝聚宗教团体力量，开展《长三角一体化中的宗教文化服务研究》课题调研，挖掘优秀宗教历史文化资源，助力长三角一体化核心示范区建设。持续推进文明和谐寺观教堂创建，引导各宗教团体和宗教活动场所在全区创建全国文明城区进程中发挥积极作用。 （徐育彬）

■**宗教场所和宗教活动安全有序** 做好开斋节"走公坟"活动协调保障工作。以防疫、消防、用电为重点，开展"迎进博，庆双节"宗教活动场所安全大检查并跟进整改督查，切实消除安全隐患。举办宗教场所现场急救培训，进一步增强教职人员的自救互救意识，提升宗教场所应对突发事件的能力和水平。 （徐育彬）

■**"进博会"服务保障工作** 认真落实区"进博会"服务保障工作领导小组相关职责分工，推进落实民族宗教领域服务保障"进博会"工作方案涉及的宗教维稳、清真食品网点巡访检查，涉外礼拜点专项指导等工作任务，完善应急联动和快速反应机制。 （徐育彬）

政府实事工程

■**概况** 2020年，区政府实事工程项目共有10项，通过区新闻媒体公开征集、单位上报及民意调查、可行性论证，经区五届人大六次会议审议通过。主要涉及养老助残服务、医疗卫生服务、教育保障服务、劳动就业创业服务、农村生态环境改善、交通服务改善、"美丽家园"建设、人居环境改善、住房保障服务、公共文化服务等事关社会发展和民生改善重要方面。经过全区上下共同努力，10项实事工程项目全面完成。 （白　亮）

■**养老助残服务** 该项目目标任务：改扩建老年活动室25家，新增老年人日间服务中心6家、老年人助餐点10家、综合为老服务中心分中心3家、认知症照护床位100张；完成残疾人家庭无障碍设施改造250户；促进残疾人就业增收400人。年内，完成目标任务。责任单位：区民政局、区残联。 （白　亮）

■**医疗卫生服务** 该项目目标任务：新增智慧健康小屋6个、急救分站1家；新增AED急救设备100台，新建AED急救设备管理系统，开展培训4000人。年内，完成目标任务。责任单位：区卫健委。 （白　亮）

■**教育保障服务** 该项目目标任务：开设爱心暑托班30个，提供2000名青浦学籍小学生暑期看护服务（因疫情原因调出当年实事工程项目）；开设公办幼儿园托班16班。年内，完成目标任务。责任单位：团区委、区教育局。（白 亮）

■**劳动就业创业服务** 该项目目标任务：户籍新增就业人数19000人，其中农村富余劳动力4000人；帮助成功创业450人；农民非农就业技能培训7000人。年内，完成目标任务。责任单位：区人社局。（白 亮）

■**农村生态环境改善** 该项目目标任务：完成农村生活污水改造3441户。年内，完成目标任务。责任单位：区水务局。（白 亮）

■**交通服务改善** 该项目目标任务：新改建公交候车亭305座（新建205座、更新100座）、公交港湾式站台12座。年内，完成目标任务。责任单位：区建管委。（白 亮）

■**“美丽家园”建设** 该项目目标任务：完成居民住宅二次供水设施改造1000户。年内，完成目标任务。责任单位：区水务局、青发集团。（白 亮）

■**人居环境改善** 该项目目标任务：城区改造街心花园面积10000平方米。年内，完成目标任务。责任单位：区绿容局。（白 亮）

■**住房保障服务** 该项目目标任务：完成老旧小区综合改造47万平方米；住宅小区新增电动车充电设施500个。年内，完成目标任务。责任单位：区房管局。（白 亮）

■**公共文化服务** 该项目目标任务：开放使用环城水系驿站17个，投入使用青溪书院1个。年内，完成目标任务。责任单位：新城公司。（白 亮）

法治政府建设

■**概况** 2020年，青浦区深入贯彻落实全国、全市和全区关于法治政府建设各项决策部署，以习近平法治思想为引领，推进法治政府建设工作向纵深发展。加快制度建设，发挥依法治区机制优势；开展专项督查，发现补齐法治政府建设短板；强化示范引领，激发基层法治建设效能；加强复调对接，最大限度化解行政争议。（朱文怡）

■**党对法治政府建设的领导** 出台《中共上海市青浦区委全面依法治区委员会2020年工作要点》《青浦区党政主要领导年度述法工作实施意见》等，严格落实《青浦区推行党政主要负责人法治建设责任制实施办法》，将法治建设成效纳入领导干部政绩考核指标体系。（朱文怡）

■**全面推行各级党政领导班子集体学法制度** 分类组织开展各级领导干部和政府工作人员法律知识培训、宪法网上测试活动等。健全选人用人法治能力考核制度。全面实施公务员就职宪法宣誓制度，12月29日，举行区政府任命的21名国家工作人员宪法宣誓仪式。（朱文怡）

■**贯彻重大行政决策程序制度** 制定出台《上海市青浦区人民政府关于贯彻落实〈上海市重大行政决策程序规定〉及配套文件的若干意见》，严格遵守重大行政决策程序规则，推动重大行政决策法治化，加强监督考核和责任追究。出台《关于进一步加强本区行政规范性文件管理的若干意见》，开展行政规范性文件合法性审查，及时纠正审查中发现的问题。（朱文怡）

■**协调推进长三角区域法治合作机制建设** 联合吴江、嘉善共同签署《青吴嘉政法系统推进高质量平安法治一体化合作框架协议》，重点推进八个方面22项合作内容，努力实现三地在政法领域共商、共管、共享、共赢，为示范区建设提供更加坚实有效的政法保障。（朱文怡）

■**深化行政审批制度改革** 依法取消27项审批事项、调整8项，承接市级下放行政审批2项，落实业务流程优化再造100项。建立健全对行政审批事项调整、简化审批流程的长效管理机制，推进取消、调整和下放行政审批事项的落实和衔接工作，加大简政放权力度，加强后续监管。（朱文怡）

■**提升政务服务** 有序推进“一网、一门、一次”改革，制定“一网通办”改革工作要点，及时更新权力事项办事指南，90%事项实现不见面审批。建立健全权责清单动态联动机制，汇总形成全区2602项权责事项清单。开设青浦区政务服务图谱、“有求必应”和示范区线上专窗等特色栏目。全面实施政务服务“好差评”制度。（朱文怡）

6月30日，长三角生态绿色一体化发展示范区第四期“创新工场”活动举行（区司法局供稿）

■完善市场监管体系 加强拓展电子化登记适用范围，推动“两个免于提交”，减少纸质材料递交和跑动次数，全年通过全程电子化系统领取营业执照的企业已有5598家。设立长三角示范区企业登记服务站和服务专窗，成功办理企业跨省迁移手续。（朱文怡）

■优化法治营商环境 落实服务企业联席会议制度，建立健全非公有制经济产权保护协调工作机制。严格执行《青浦区关于全力支持民营经济实现更高质量发展的若干措施》《青浦区着力优化营商环境实施方案》和《青浦区“有求必应、无事不扰”意见》，协助民营企业抗击疫情、恢复生产。继续为第三届进口博览会提供法治保障服务。

（朱文怡）

■完善行政执法管理 提高执法人员综合素质，规范行政执法行为，防范行政执法风险。完善行政执法程序，全面推行行政执法公示、执法全过程记录、重大执法决定法制审核三项制度。建立行政执法日常检查监督机制，开展行政执法案卷评查工作。（朱文怡）

■推进重点执法领域严格执法 加大食品药品、安全生产、环境保护等领域的执法力度，实现在线监测、处置预警。开展特种设备安全隐患排查，推进文化市场三级联动巡查。（朱文怡）

■加强行政执法与刑事司法衔接 建立完善行政执法机关、公安机关、检察机关、审判机关信息共享、案情通报、案件移送制度。充分运用和发挥“两法平台”（即行政执法与刑事司法信息共享平台）的效能，全年共录入行政执法案件信息3778件。（朱文怡）

■主动接受监督 自觉接受人大依法监督和政协民主监督。全年共收到人大代表意见131件、政协提案147件。专门听取代表建议和政协提案情况的专题汇报，及时根据疫情防控要求调整工作方式，统筹推进办理工作与业务工作、防疫工作。（朱文怡）

■审计监督 深化财政审计，促进提高财政资金使用绩效。强化专项审计调查，促进保障和改善民生。加强经济责任审计。推动政府投资项目审计，落实审计整改，促进审计公开，提升审计实效。（朱文怡）

■行政复议监督 定期开展行政诉讼和复议工作情况通报，建立行政复议案件分级分类化解机制，积极探索全周期多维度实质性化解行政争议渠道。通过“平安青浦”等考评指标提高行政负责人出庭应诉率，降低行政复议纠错率及行政诉讼败诉率。全年共收到行政复议申请383件，受理356件，审结239件，其中维持或驳回131件、确认违法20件、撤销5件，纠错率10.46%。充分发挥法律顾问作用，年内共办理各项法律事务62件。（朱文怡）

区级机关事务管理

■概况 2020年，机管局围绕区委、区政府中心工作，坚持以习近平新时代中国特色社会主义思想为指导，进一步加强内部建设、提升管理水平、增强保障能力，全力做好第三届国际进口博览会等重大活动后勤保障任务，推进机关事务工作向更高质量发展。（张正晗）

■机关事务标准化建设 继续推进机关事务标准化建设，完成第三批标准文件编制。三批75项标准全部编制完成，在经试运行、完善的基础上，所有标准正式印发。承担的市机管局标准化试点项目“办公用房管理工作规范”建设任务，顺利通过专家组验收。构建形成具有青浦特色、覆盖各领域、各环节的机关事务标准体系。加强宣传，将标准宣传融入日常业务工作实践中，让标准理念入脑入心，以标准化建设助推服务质量和保障水平提高。

（张正晗）

■抗击疫情工作 疫情期间，根据上级有关部门发布的疫情防控指南，结合机关后勤实际制定发布《关于进入区级机关集中办公点须进行体温检测的通知》等文件，形成抗击疫情的物业管理、餐饮服务、会务服务、公务用车等一揽子规范措施，有力夯实区级机关集中办公点抗击疫情防线。为满足区直机关干部职工食材、日用品等生活需要，开设临时超市，解决干部职工买菜难的问题。联合忠斌公司，组织选派17名党员和业务骨干参加区境外疫情防控专班，自3月6日起连续奋战在抗击疫情最前线。（张正晗）

■办公用房管理 制定《青浦区党政机关办公用房管理实施办法》，组织开展实施办法的宣传贯彻。将原用于科创孵化中心的9038.99平方米房产收回，重新调配给区城运中心、文旅局、生态办、民政局等单位办公使用。完善办公用房信息平台，完成手机微信端功能调试后投入运行，推进平台数据补测及录入工作，并对已录入系统的全部数据进行二次核对。年度已收回出租出借房产3处，面积总计808.19平方米。

（张正晗）

■党政机关事业单位生活垃圾分类 会同区绿容局制定和发布《青浦区党政机关等公共机构垃圾分类评价细则》，进一步明确党政机关生活垃圾检查评估标准，将生活垃圾分类监督考核工作进行制度化、规范化。印发《关于开展青浦区党政机关等公共机构垃圾分类自查自纠的检查考评通知》，组织全区党政机关事业单位开展垃圾分类自查自纠。（张正晗）

■公共机构节能管理 组织全区党政机关80多名节能工作人员，在民防大楼办公区开展宣传活动。开展公共机构能源审计和分项计量工作，组织对32家公共机构进行能源审计，对4家公共机构安装分项计量装置，对用能数据进行实时监测。完成行政服务中心和民防大楼空调系统节能改造项目方案。青浦区华新中学通过验收，成功创建节约型公共机构示范单位。正在组织青浦区图书馆、青浦一中2家公共机构申报上海市市级节约型公共机构示范单位。（张正晗）

■公务用车改革 建立青浦区行政执法车综合管理平台，对行政执法车实行标准化、集约化管理，实现跨部门调度以提高行政执法用车效率，先期纳入14家单位22辆行政执法车。加强机关车队“服务监督卡”监督制度落实，对社会租赁用车服务开展满意度调查，保障工

作得到领导和用车单位好评。2020 年度青浦区所购公务用车适配车型 100% 为新能源车辆。（张正晗）

■政府采购工作 全年完成采购项目预算资金 5.64 亿元，实际采购金额 5.27 亿元，节约资金 0.37 亿元，资金节约率为 6.6%。在区财政部门 2019 年度集中采购业务考核中，获评考核结果为优秀。（张正晗）

■机关安全秩序管理 全年累计开展巡查 24 次，发现问题 82 处，发出处置通知单 23 张，要求各相关责任部门限时整改，及时发现、排除卫生安全隐患问题。严格管理临时进出车辆和人员，禁止无证车辆、无关人员入内。6—9 月，开展“百日安全竞赛”活动，举办“一盔一带”交通出行知识讲座，开展会务、餐饮等一线岗位练兵、消防应急演练等，有力确保机关安全秩序。（张正晗）

6 月 27 日，绿叶工匠技能大赛颁奖仪式举行 （区机管局供稿）

■后勤服务保障 聚焦服务保障长三角一体化发展和第三届“进博会”，以标准化为抓手，做好办公用房、住宿、物业、餐饮等各项保障任务，完成“两会”“进博会”等重大保障任务。车辆管理部康一锋因在抗击新冠肺炎的工作中表现突出，得到通报表扬，并获得“优秀共产党员”称号。（张正晗）

综 述

2020年中国全面建成小康社会决胜之年和实施“十三五”规划收官之年。区政协准确把握新时代人民政协新方位、新使命，坚持团结和民主两大主题，围绕五届区委九次、十次全会确定的目标任务，统筹推进疫情防控和经济社会发展工作，积极履行职责、广泛凝聚共识、汇聚智慧力量，为加快推动青浦实现全面跨越式高质量发展做出积极贡献。

坚持党对政协工作的全面领导，协助区委召开政协工作会议，制定出台《关于新时代加强和改进人民政协工作的实施意见》《关于加强新时代人民政协党的建设工作的实施意见》，首次召开加强政协党的建设工作会议，区委常委、统战部部长王凌宇兼任政协党组副书记，8个专委会建立党员委员活动小组，制定实施中共党员委员联系党外委员制度，与企业开展党建联建、主题党日等活动13次，获“新时代机关党建高质量内涵式发展研讨会”主题征文区级机关一等奖。坚持政协党组、主席会议、常委会、委组界别等学习制度，推进理论学习常态化。深入学习贯彻习近平新时代中国特色社会主义思想，中央、市委、区委政协工作会议精神，认真开展“四史”学习教育，开展专题党课、学习研讨等活动33次，举办学习报告会5场，APP学习园地推送学习资料30余期，帮助委员更好地开阔视野、知情明政。坚决贯彻中央、市委、区委决策部署，把疫情防控作为重大政治任务，第一时间发出倡议。主席会议成员走访部门、街镇、村居、企业、道口等点位，检查指导疫情防控和复工复产工作。政协委员和机关干部或投身一线、或捐款捐物、或建言献策，助力打赢疫情防控阻击战，区政协机关党支部被评为“抗击疫情”先进党支部。紧扣服务落实国家战略、全面跨越式高质量发展、增进社会民生福祉，围绕“增强高质量发展的动力和能力”“‘十四五’规划编制”“深入推进乡村产业发展，着力提高农民收入”“创建全国文明城区”等议题，以全体会议、常委会议、专题通报会、对口协商、界别协商等形式开展协商活动17场、网上议政4场，委员参与1000余人次，形成协商专报7份，相关意见、建议得到区委、区政府及其相关部门采纳。持续开展各类民主监督，组织开展“持续优化营商环境，激发经济活力”常委会议监督和“加强物业管理，提升群众满意度”专题议政会议监督。持续提升提案和社情民意信息监督效能，开展重点提案督办、同类提案集中协商，全年审查立案提案155件并全部办复，报送《提案专报》18期（其中13期得到区委、区政府领导16人次的批示）。累计成立9家反映社情民意信息工作室和委员工作室，全年收集社情民意信息989篇，报送市政协724篇，报送全国政协16篇。围绕“紧扣‘四个化’要求，提升城市治理能力和水平”等4项议题开展知情视察，聚焦政府性投资项目和实事工程建设情况，与区人大联合开展年末大视察。受区政府委托，组织委员分四个督查组，对14家区政协部门挂图作战重点工作开展测评。继续开展特约监督等。开展调查研究，主席会议成员聚焦持续放大“进博会”溢出效应、华新镇经济社会发展、加强生态建设和环境保护等重点工作，先后到11家相关单位，深入18个基层点位，开展集体调研，提出意见、建议。开展“加快推进乡村振兴产业高质量发展”重点课题调研，分别形成调研报告和常委会建议案，报送区委、区政府供决策参考。各专委会围绕青东五镇联动发展模式研究、集建区外建设用地减量化工作等7项课题开展专题调研。各界别组聚焦解决好“老小旧远”等民生问题开展课题调研，调研成果以大会发言、提案、社情民意信息等形式予以转化。召开党派团体负责人、界别工作等座谈会，通报工作情况，征求意见、建议。广泛联系和团结社会各界，加强与市政协的协同联动，组织参加“江南文化讲堂”青浦专场等6场在青履职活动。坚持青浦、吴江、嘉善三地政协联动工作机制，组织开展“‘生态绿色’要求下的制造业发展”委员沙龙、“水环境治理与保护”专题视察，三地政协联合编撰《艺蕴江南——非物质文化遗产集粹》，举办“示范区建设情况”报告会，举办“音乐赏析”文化艺术沙龙。积极推动政协协商与基层协商有效衔接，区委主要领导在区委政协工作会议上为“区政协委员镇（街道）协商联络站”揭牌，召开地区委员活动小组会议，向11个街镇授牌建立协商联络站，部分小组探索成立村居（社区）协商联络点，为推动政协委员进站参与基层治理提供平台。依托街镇协商联络站、村（居）协商联络点、委员工作室等，收集民情民意。支持工商联等界别和委员开展“一十百千”“放飞希望”等特色工作。强化自身建设，实施重点工作“挂图推进”机制，先后制定或修订《地区委员活动小组工作办法》《关于加强和改进凝聚共识工作办法》《专门委员会工作条例》等11项工作制度。着力品牌建设，持续宣传政协履职成果，在《联合时报》《政协头条》等市级媒体上报道履职活动和委员风采300余篇。 （白玉平）

全体委员会议及常务委员会会议

区政协第五届委员会第四次会议

该会于1月7—10日在区会务中心举行。会议应出席委员217人，实到201人。会议审议通过五届区政协主席李华桂代表常务委员会所作的工作报告和王海青副主席受常务委员会委托所作的五届三次会议以来提案工作情况报告。与会委员列席青浦区第五届人民代表大会第六次会议，听取并讨论区政府工作报告、关于计划（草案）的报告和预算（草案）的报告、法院工作报告、检察院工作报告。开幕式上，区委书记赵惠琴讲话。区领导出席开幕和闭幕会议，并分别参加联组讨论，就“立足国家战略，持续增强高质量发展的动力和能力”“提升城市治理效能，加快打造人居品质新高地”“深化示范村建设成果，打造乡村振兴先行区”“打造长三角社会治理样板区，创造群众幸福美好生活”4个专题听取委员意见与建议。会议审议通过《政协上海市青浦区第五届委员会第四次会议决议》。《决议》号召：全体政协委员、参加区政协的各党派团体和各界人士，要更加紧密地团结在以习近平同志为核心的中共中央周围，高举中国特色社会主义伟大旗帜，不断提高政治协商、民主监督、参政议政水平，更好凝聚共识，在中共青浦区委的坚强领导下，同心同德、同舟共济，奋发进取、善作善成，为进一步提升区域治理能力水平、确保全面建成小康社会和“十三五”规划圆满收官、奋力创造青浦全面跨越式高质量发展新奇迹做出新贡献。会议期间，共收到提案155件，经审查立案142件。 （白玉平）

1月7—10日，中国人民政治协商会议上海市青浦区第五届委员会第四次会议在区会务中心举行 （区政协供稿）

2020年青浦区政协常务委员会会议情况表

表12

会议名称	日期	主要内容
区政协五届十七次常委会议	1月8日	通过增选五届区政协部分常务委员会组成人员候选人名单（草案）；通过选举办法（草案），审议通过总监票人、监票人名单（草案）；听取小组讨论区委领导讲话和审议政协两个报告情况的汇报
区政协五届十八次常委会议	1月9日	听取小组讨论区政府工作报告、计划（草案）报告、预算（草案）报告情况的汇报，听取小组讨论“两院”（即法院、检察院）报告情况的汇报，听取提案委员会关于提案审查情况的汇报；审议区政协五届四次会议决议（草案）
区政协五届十九次常委会议	3月25日	邀请副区长彭一浩出席。区发改委通报“持续优化营商环境，激发经济活力”有关情况，政协常委进行建言献策，并开展网上议政活动。审议通过《区政协2020年工作要点》（草案）、《区政协2020年协商计划》（草案），部分常委口头述职，专委会界别工作交流
区政协五届二十次常委会议	6月23日	邀请副区长金俊峰出席。区农委通报“深入推进乡村产业发展，着力提高农民收入”有关情况，政协常委进行建言献策，并开展网上议政活动。传达区委“四史”学习教育工作要求，审议通过《区政协专门委员会工作条例》（草案）、《区政协提案工作条例》（草案）、《区政协社情民意信息工作条例》（草案）；审议通过有关人事事项
区政协五届二十一次常委会议	9月17日	邀请副区长顾骏出席。区发改委通报“十四五”规划编制总体情况，并开展协商议政，委员们围绕“城市治理”专题进行大讨论、建言献策，并开展网上议政活动。审议通过《关于加强和改进凝聚共识工作办法（试行）》；审议通过区政协重点课题《青浦区乡村振兴产业支撑研究》建议案（草案）；审议通过有关人事事项

（续表）

会议名称	日期	主要内容
区政协五届二十二次常委会议	12月22日	邀请区委常委、区政府副区长孙挺，区委常委、统战部部长、政协党组副书记王凌宇出席；邀请区委常委、纪委书记、监委主任王翔通报2020年党风廉政建设情况；区府办通报区政协五届四次会议以来提案办理情况、"持续优化营商环境，激发经济活力""加强物业管理，提升群众满意度"会议监督意见、建议落实情况；听取区法院、区检察院工作情况通报；传达学习中共青浦区委五届十一次全会精神，审议通过区政协五届五次全会有关事项，五届五次全会将于2021年1月18日下午至21日上午召开；会议审议通过五届区政协常委会工作报告和提案工作报告（送审稿）；审议通过有关人事事项，部署推进"书香政协"建设工作

（白玉平）

专门委员会工作

■**概况**　2020年，区政协下设提案委员会、经济委员会、人口资源环境建设委员会、农业和农村委员会、教科卫体委员会、社会和法制委员会、文化文史和学习委员会、民族宗教和港澳台侨委员会8个专门委员会。

专门委员会围绕区委、区政府工作重点以及区政协工作要点开展学习、调研、视察、协商等活动，围绕经济社会发展、社会民生等建言献策，供区委、区政府决策参考。（白玉平）

■**提案委员会**　全年共收到提案180件，经审查立案155件，在规定时间内全部办复，其中：解决或采纳128件，占82.58%；列入计划拟解决16件，占10.32%；留作参考11件，占7.10%。2020年，成立课题组，围绕创新创业工作开展调查研究，制定调研方案，召开开题会议，梳理全区相关情况，形成调研报告。制定提案办理专项协商计划，与区委办、区府办就推动提案办理成果落实落地工作开展对口协商。遴选《关于长效维护好青浦水体大环境的几点建议》等6件提案开展主席、副主席重点协商督办，遴选《关于青浦区抢抓进博会溢出效应的几点建议》等7件提案开展专委会重点协商促办，遴选经济建设类共9件提案开展同类提案集中协商办理，做好提案办理服务协调工作。就提案《关于进一步加强我区健康城区建设工作的几点建议》开展提案办理视察。对公安青浦分局本年度提案办理工作开展评估督查。会同区府办选择2019年"列入计划拟解决"的提案，开展"二次答复"，帮助办理单位提高办理答复质量。组织委员开展学习培训，修订《提案工作条例》和《优秀提案评选办法》等制度，编印《提案汇编》，开展区政协2020年度优秀提案评选。（白玉平）

2020年度青浦区政协优秀提案情况表

表13

序号	案由	提案号	提案单位（人）
1	以标准化推进示范区建设的建议	001	九三学社青浦区委
2	关于社会专业机构参与构建青浦区知识产权保护和促进机制的建议	011	九三学社青浦区委
3	关于进一步提升产业高质量发展和做好服务企业"店小二"的有关建议	012	张福奇
4	关于提升青浦形象名片，进一步塑造长三角一体化发展示范区影响力的建议	017	舒振宇
5	关于进一步做好本区"长护险"工作的建议	023	民建区委
6	加快推进农民相对集中居住，更好实施乡村振兴战略	026	民建区委
7	关于加强老旧居民小区综合管理的建议	033	民进区总支
8	关于优化青浦区跨境贸易营商环境的若干建议	034	沈盈廷
9	关于打造青浦高质量智慧型全域旅游示范区的建议	053	农工党区委
10	加快发展青浦医疗建设，积极服务长三角一体化	059	农工党区委
11	关于进一步优化户外招牌设施管理的几点建议	061	王翠玲
12	关于长三角一体化背景下青嘉吴昆地区非物质文化遗产保护的建议	068	民盟区委
13	关于进一步提升我区义务教育优质均衡发展的建议	071	民盟区委
14	关于长效维护好青浦水体大环境的几点建议	075	民革区委
15	关于加强政策落地服务，进一步优化青浦营商环境的建议	076	民革区委
16	关于普及自动体外除颤器（AED）设备的建议	080	沈卫星
17	关于让"智慧交通"应用真正落到实处的建议	088	范　斌
18	依托文化助力乡村振兴示范村发展的几项建议	104	陈君芳

（续表）

序号	案由	提案号	提案单位(人)
19	长三角一体化发展示范区之文化服务拓展——提升宗教服务与社会主义社会相适应	107	释昌智
20	关于进一步督促物业企业履职尽责、做好小区内部排水设施管养工作的建议	108	程光宇
21	关于进一步加强我区社会组织建设的建议	120	王祥修
22	关于深入推进城市运行管理平台建设提升青浦城市精细化管理工作的建议	126	刘艳萍
23	关于优化营商环境的若干建议	137	黄河生
24	关于创建国家级环淀山湖体育中心，助推长三角生态绿色一体化发展的建议	142	高红宇
25	关于建好华为落地项目打造长三角智能化社会治理样板区的建议	145	周宏美
26	疫情之后的思考：关于加快推动我区传统企业数字化、信息化转型的建议	148	刘　江
27	对青浦环城水系公园建设的几点建议	149	区侨联

（周丽馨）

■经济委员会　围绕“青浦区集建区以外土地减量化问题”深入基层，对接相关部门，开展课题调研，形成调研报告。在疫情期间组织开展委员单位“全覆盖”走访工作，解读“青惠17条”等惠企政策，更好服务企业。组织企业家委员参与退役军人招聘会。组织委员对区审计局、统计局、政务办、区域办4家单位开展挂图作战任务督查测评活动。组织委员围绕“2021年预算编制情况”与区财政局开展对口协商。开展《关于青浦区抢抓进博会溢出效应的几点建议》提案促办活动。联合吴江、嘉善政协举办“‘生态绿色’要求下的制造业发展”主题企业家委员沙龙活动，举办“疫情全球扩散下外向型企业面临的挑战与应对”“在危机中育新机、于变局中开新局”等主题企业家委员沙龙活动。

（周丽馨）

■人口资源环境建设委员会　组织开展“青浦五镇联动发展”课题调研，通过实地考察、深入访谈等形式收集五镇发展现状资料，吸收其他地区经验，形成调研报告。组织委员围绕“我区重大建设项目推进情况”议题与区重大办开展对口协商。开展《关于青西地区建设用地使用方面的几点建议》提案促办活动。

（周丽馨）

■教科卫体委员会　组织开展“优化功能布局，加强资源整合，进一步推进教育优质均衡发展的思考”课题调研，走访相关部门，形成调研报告。组织委员围绕“加强医疗队伍建设，引领示范区医疗卫生事业发展”议题到长三角(上海)互联网智慧医院开展视察和协商。开展“义务教育优质均衡发展”提案促办活动。组织委员对区文旅局、体育局、医疗保障局3家单位开展挂图作战任务督查测评活动。

（周丽馨）

■社会和法制委员会　围绕“关于促进我区农村富余劳动力多渠道就业促进农民增收的思考和建议”深入基层和相关部门开展课题调研，形成调研报告。组织委员围绕“构建切实解决执行难长效机制，助力区域经济社会发展”与区法院开展对口协商。组织委员积极参与区政协开展的“加强物业管理，提升群众满意度”“‘十四五’规划城市治理专场大讨论”“助力创全，委员在行动”等协商活动。开展对区政府4个部门挂图作战任务督查考核活动。开展《关于进一步发挥好长期护理保险积极作用的几点建议》提案促办活动。

（乐俊青）

■文化文史和学习委员会　组织委员参加全国“两会”精神与经济形势、文化艺术讲座、《民法典》要点解读、长三角生态绿色示范区建设情况等报告会。围绕“青浦区文旅产业高质量发展的研究和思考”开展课题调研，形成调研报告。组织委员围绕“我区城市空间文化设施建设情况”与区文旅局开展对口协商。开展《关于青浦高质量智慧型全域旅游示范区的建设》提案促办活动。联合吴江、嘉善政协相关专委会共同编撰《艺蕴江南——青浦、吴江、嘉善非物质文化遗产集粹》。

（白玉平）

■农业和农村委员会　承担区政协年度重点课题“加快推进乡村振兴产业高质量发展”调研任务，成立课题组，召开开题会议，邀请相关部门和委员共同参与，深入一线了解情况，并到示范区学习考察其他地区乡村产业发展情况，形成调研报告和常委会建议案并报送区委、区政府供决策参考。围绕“农村集体资产保值增值”与区农业农村委开展对口协商。开展《加强淀山湖渔业资源一体化保护的建议》提案促办活动。开展对西虹桥中心、退役军人局、“三大”整治办3个单位挂图作战任务督查测评活动。

（周丽馨）

■民族宗教和港澳台侨委员会　围绕“关于在长三角一体化示范区建设中发挥宗教文化积极作用的研究”开展课题调研，深入相关部门开展调研，形成调研报告。组织委员就“发挥台侨资企业桥梁纽带作用提升区域招商引资能级”与区经委、商务委、台办等开展对口协商。开展《深耕长三角一体化集聚经济增长新动能的建议》提案促办活动。发挥自身优势和资源，参与开展各类公益慈善活动。

（周丽馨）

重要活动及重点调研

■举办学习报告会　3月31日，区政协和区委统战部联合举办“贯彻落实党的四中全会精神，发挥新时代政协在社会

9月24日，青浦、吴江、嘉善三地长三角生态绿色一体化发展示范区建设情况报告会暨《艺蕴江南》首发式在青浦举行（区政协供稿）

治理中的作用”网络直播学习报告会。市“学习贯彻党的十九届四中全会精神”宣讲团成员，市政协常委，学习委员会分党组书记、常务副主任王国平作“线上”直播辅导报告。区政协委员，在青市政协委员，部分区统战成员、统战干部，民主党派班子成员，区政协之友社理事、兴趣小组组长，区政协机关全体干部等参加了学习报告会。

6月16日，区政协和区委统战部在区委党校会议厅举办全国“两会”精神与经济形势报告会。全国人大代表，上海社会科学院副院长，研究员、经济学博士、博士生导师，国家高端智库《中国宏观经济运行研究》创新团队首席专家张兆安作辅导报告。区政协副主席董永元主持。区政协主席李华桂、副主席顾啸流、秘书长张正华，统战部副部长张静等出席。区政协委员，在青市政协委员，部分区统战成员、统战干部，区民主党派班子成员，区政协之友社理事、兴趣小组组长，区政协机关全体干部等参加了学习报告会。

9月24日，青浦、吴江、嘉善三地长三角生态绿色一体化发展示范区建设情况报告会暨《艺蕴江南》首发式在青浦举行，市发展和改革委员会副主任、长三角生态绿色一体化发展示范区执委会副主任张忠伟作示范区建设情况报告。区政协主席李华桂，副主席顾啸流、董永元，秘书长张正华，嘉善县政协主席何全根、副主席许春红、秘书长许建嘉，吴江区政协副主席沈向东、秘书长钟永林等出席。青浦、吴江、嘉善三地政协部分常委、委员、机关干部、文化部门相关同志等参加了活动。

（白玉平）

■重点课题调研 围绕“加快推进我区乡村振兴高质量发展”调研课题，成立课题组，制定调研方案，召开开题会议，邀请区级相关部门和委组、界别委员共同参与。课题组深入一线，实地走访各乡村振兴示范村和品牌农业企业，召开相关部门和镇村负责人座谈会，了解全区农村产业基本现状和困难。到长三角示范区学习考察吴江、嘉善等地区乡村振兴建设过程中产业兴旺的实现方式，并结合青浦区基本情况，找准问题，有针对性提出意见、建议，形成调研报告和常委会建议案，报区委、区政府供决策参考。（白玉平）

■多层次协商议政活动 区政协紧扣服务落实国家战略、全面跨越式高质量发展、增进民生福祉等，着力提升协商议政质量，全年开展各类协商活动17场、网上议政4场，委员参与1000余人次，形成协商专报7份，努力发挥专门协商机构作用，为相关工作建言献策。

（白玉平）

2020年区政协多层次协商议政活动情况表

表14

序号	时间	协商名称	协商议政主题及主要议程
1	3月25日	常委会议协商	持续优化营商环境，激发经济活力。副区长彭一浩应邀出席，区发改委作情况通报，部分常委从完善公共服务配套、全面推进“一网通办”、加大金融支持力度、加强政策宣传等11个方面提出意见、建议
2	5月26日	民建、工商联、经济、社会科学界别协商	保护民营企业家合法权益，为民营经济健康发展提供检察保障。区检察院通报相关工作情况，界别成员从加强检察院和民营企业交流沟通、注重企业知识产权保护、对公有制和非公有制主体平等对待等方面提出意见、建议
3	5月27日	主席会议专题通报	加强招商引资，持续推动第二产业健康发展。副区长倪向军应邀作情况通报
4	6月9日	教育、民盟、社会福利和社会保障界别协商	义务教育优质均衡发展。区教育局通报相关情况，界别成员从优化体育设施的建设维护管理、完善教师评优机制、弥补青西地区教育资源短板、加强基础教育与高等教育合作等方面提出意见、建议
5	6月11日	农业和农村委员会对口协商	农村集体资产保值增值。区农业农村委通报相关工作情况，部分委员从提高集体资产利用效能、盘活集体建设用地、完善运营机制、减少“造血”项目税负、农业的工业化运管模式、打造学农基地等方面提出意见、建议

（续表）

序号	时间	协商名称	协商议政主题及主要议程
6	6月23日	常委会议	深入推进乡村产业发展，着力提高农民收入。副区长金俊峰应邀出席，区农业农村委通报相关工作情况，部分常委从加强规划引领、推进主体融合、强化产业融合、培育特色农业品牌、加强农业招商引资等方面提出意见、建议
7	7月16日	民族宗教和港澳台侨委员会对口协商	发挥台侨资企业桥梁纽带作用提升区域招商引资能级。区经委、商务委、区域办通报相关工作情况，委员们从优化外商投资环境、关注培育小微互联网企业、推动综保区政策落实落地等方面提出意见、建议
8	7月21日	提案委员会对口协商	推动提案办理落实落地。区政府办通报区政协五届四次会议以来提案办理情况，重点介绍推动提案办理落实落地情况，区委办做了补充，委员们从不同角度提出意见、建议
9	8月13日	社会科学界别和有关党派团体界别协商	助力“创全”，委员在行动。区创文办通报相关工作情况，界别成员从进一步完善巡查和监督机制、提升“创全”智能化水平、建立健全长效综合管理机制、营造浓厚的宣传氛围等方面提出意见、建议
10	8月26日	社会和法制委员会对口协商	构建切实解决执行难长效机制、助力区域经济社会发展。区法院通报相关工作情况，部分委员从构建信用社会、源头上解决执行难等方面提出意见、建议
11	8月27日	主席会议专题通报	“健全‘长护险’服务体系，促进‘长护险’健康发展”。区委常委、副区长孙挺应邀出席，区医保局应邀作情况通报
12	9月11日	人口资源环境建设委员会对口协商	青浦区重大建设项目推进情况。区重大办通报相关工作情况，部分委员围绕如何提高审批效率、责任单位统筹协作、民生项目与重大项目分列清单等方面提出意见、建议
13	9月17日	监督性常委会议协商	“十四五”规划“城市治理”情况。副区长顾骏应邀出席，区“十四五”规划工作领导小组办公室作情况通报，部分常委和委员从产城融合发展、智慧城市建设、土地减量化和再利用、城市精细化管理等角度提出监督性意见、建议
14	10月23日	教科文卫体委员会对口协商	加强医疗队伍建设，引领示范区医疗卫生事业发展。区卫健委通报相关工作情况，委员们从如何凸显上海医疗龙头作用、推进青浦医疗发展等方面提出意见、建议
15	10月27日	文化文史和学习委员会对口协商	青浦区城市空间文化设施建设情况。区文旅局通报相关工作情况，委员们从青浦文化设施建设需要结合“十四五”规划还清“历史欠账”、进一步完善区公共文化设施等方面提出意见、建议
16	11月26日	经济委员会对口协商	财政预算编制情况。区财政局通报相关工作情况，委员们从加大财政对民生工程、道路交通、教育优质资源投入等方面提出意见、建议
17	12月22日	常委会议专题通报	区委常委、区政府副区长孙挺应邀出席，区委常委、纪委书记、监委主任王翔应邀通报2020年党风廉政建设情况。区府办应邀通报关于区政协五届四次会议以来提案办理和“持续优化营商环境，激发经济活力”“加强物业管理，提升群众满意度”会议监督意见建议落实的情况

（白玉平）

■专题议政会 组织开展“加强物业管理，提升群众满意度”专题议政会议监督，自4月以来，聚焦大居、一般商品房、老旧小区、动迁小区四类物业管理工作，深入赵巷镇、夏阳街道、盈浦街道、香花桥街道开展视察、调研、座谈、研讨活动，与居民、居委会、业委会、物业公司等代表面对面交流，认真听取意见、建议。5月28日，区政协主席李华桂出席会议并讲话，副区长顾骏参加会议并讲话，区政协副主席董永元主持会议，区房管局局长朱思毅通报情况。政协委员从探索网格物业、强化党建引领、加强动迁小区物业扶持力度、加强法规制度建设、打造智慧物业、住宅小区综合改造、物业服务纠纷司法服务、老旧小区自治、加强业委会建设等方面提出意见、建议。区民政局、区城管执

5月28日，区政协“加强物业管理，提升群众满意度”专题议政会召开

（区政协供稿）

法局和各镇、街道相关负责人等应邀参加。（白玉平）

■重点提案办理协商 区政协制定实施提案办理专项协商计划，开展主席重点协商督办，围绕《关于长效维护青浦水体大环境的几点建议》等5件重点提案，与区水务局等14家主协办单位进行协商督办；开展专委会重点协商促办，围绕《关于青浦区抢抓进博会溢出效应的几点建议》等7件重点提案，与商务委等15家主协办单位进行协商促办；开展同类提案集中协商办理，围绕经济建设类等9件提案，与经委等8家主协办单位进行协商，继续开展提案办理评估督查，推动提案办理工作、促进相关建议的采纳和落实。（白玉平）

■委员视察活动 6月11日，组织开展“深入推进乡村产业发展，着力提高农民收入”知情视察，实地察看彰显渔业白对虾养殖基地和现代农业园区有莓有果园。

7月16日，组织开展“‘十四五’规划编制工作”专题视察，实地察看安美特公司、污泥干化焚烧项目、国清生物科技有限公司。

8月11日，组织开展“水环境治理与保护”专题视察活动，实地视察青浦区元荡岸线贯通示范段、吴江区元荡汾湖高新区段、嘉善县长白荡水源地。

8月12日，组织开展“健全长护险服务体系，促进长护险健康发展”专题视察活动，实地察看夏阳街道社区事务受理中心、普爱居家养老服务中心、安逸养老评估服务中心。

8月13日，组织开展“助力创全，委员在行动”集中视察活动，实地察看新青浦佳苑、界泾港菜市场等“创全”点位。

9月8日，组织开展“紧扣‘四个化’要求，提升城市治理能力和水平”知情视察，实地察看了城中东路、青湖路“美丽街区”综合改造工程以及公安指挥中心、赵巷镇新城一站大居联勤联动工作站。

9月10日，组织开展就“关于进一步加强我区健康城区建设工作的几点建议”提案办理专题监督视察，实地察看区卫生健康促进中心、急救技能培训现场和长三角（上海）智慧互联网医院。

11月4日，组织开展“示范区一周年成果”专题视察活动，实地察看长三角生态绿色一体化发展示范区成果展示中心。

12月15日，与区人大联合开展年末大视察，分四组实地察看淀山湖福利院、长三角（上海）智慧互联网医院、知道书院、古塔公园、全国直播经济总部基地、漕河泾赵巷科技绿洲、“爱仕达智能谷”产业园、元荡生态岸线贯通工程示范段（青浦）项目、华为青浦研发中心、市级乡村振兴示范村练塘镇东庄村。（白玉平）

7月13日，“音乐赏析”——区政协文化艺术讲座在区会务中心举行

（区政协供稿）

■民主监督 不断完善民主监督形式、探索民主监督实践。其中，围绕“持续优化营商环境，激发经济活力”和“加强物业管理，提升群众满意度”开展常委会议监督和专题议政会议监督。受区政府委托，对14家区政府部门挂图作战重点工作开展测评。不断拓宽社情民意信息渠道，累计成立9家反映社情民意信息工作室和委员工作室，全年收集社情民意信息989件，其中：报送市政协724件，数量和质量持续提升。《关于上海“十四五”规划文化建设的建设》等18件得到市领导和区领导批示，《关于总结进博治理经验，做实“一网统管”工作的建议》等75件得到全国政协和市政协采用。（白玉平）

■广泛凝聚共识 加强与市政协协同联动，组织参加“江南文化讲堂”青浦专场等6场在青履职活动。坚持青浦、吴江、嘉善三地政协联动工作机制，组织开展“‘生态绿色’要求下的制造业发展”委员沙龙、“水环境治理与保护”专题视察，三地政协联合编撰《艺蕴江南——非物质文化遗产集粹》，举办“示范区建设情况”报告会。举办“音乐赏析”文化讲座。坚持主席会议成员走访委员制度。举办退役军人就业招聘洽谈会。（白玉平）

■列席区人大代表会议 7月15日，区政协组织委员在区会务中心列席区五届人大第三十六次会议，听取并讨论区政府上半年工作情况和下半年重点工作安排报告。与会委员围绕区政府工作报告，聚焦“两大国家战略”“六稳”“六保”“经济高质量发展”“城市精细化管理”“民生保障和社会治理”等热点话题和难点问题，从全力抓好“六稳”“六保”各项工作、扎实推动国家战略任务落实、着力提升城市宜居水平、进一步加大社会民生保障力度、大力推进乡村振兴和生态建设等方面提出意见、建议，并报区委、区政府参考。（白玉平）

■自身建设 贯彻落实中央、市委和区委政协工作会议精神，以及关于新时代加强和改进人民政协工作的《意见》精神，建立健全工作制度，实施重点工作“挂图推进”机制，不断加强政协委员和机关干部队伍建设。首次召开加强政

协党的建设工作会议，区委常委、统战部部长王凌宇兼任政协党组副书记，8个专委会建立党员委员活动小组，制定实施中共党员委员联系党外委员制度。揭牌成立11个区政协委员镇（街道）协商联络站。制定《地区委员活动小组工作办法》《关于加强和改进凝聚共识工作办法》等，修订《专门委员会工作条例》等制度。按照“四个从严”（即从严教育、从严要求、从严管理、从严监督）加强机关干部队伍建设。注重履职成果宣传，讲好“青浦政协履职故事”，在《联合时报》、政协头条等市级媒体和微信公众号上宣传报道履职活动和委员履职风采累计300余篇。（白玉平）

2020年青浦区政协重要建议和调研报告情况表

表15

序号	重要建议或调研报告	撰写单位
1	关于加快推进我区乡村振兴产业高质量发展的建议案	区政协
2	关于发挥科技力量助力我区乡村振兴的建议	民革区委
3	继续推进“两张网”建设提升群众获得感、幸福感和安全感	民盟区委
4	加强小区物业管理，建设美丽幸福社区	民建区委
5	发挥文化建设在实施乡村振兴战略中的关键作用	民进区总支
6	关于进一步加强公共卫生应急体系建设的思考和建议	农工党区委
7	关于在示范区义务教育阶段推行“联培联训”机制，推动教育高质量一体化发展	致公党区总支
8	关于打造长三角“金融+科技”交易服务平台的建议	九三学社区委
9	关于适应新发展格局，推动民营经济高质量发展的建议	区工商业联合会
10	关于我区区域战略布局中优化存量资源的几点建议	高红宇
11	优化功能布局，加强资源整合，进一步推动我区义务教育优质均衡发展	刘敏
12	建设“品质直播示范区”，助力打造“上海之门、国际枢纽”城市品牌	王翠玲
13	立足新发展阶段进一步推进全面依法治区建设的几点建议	关保英
14	关于加快我区红色旅游规划和建设的几点建议	民革区委
15	关于打造“乡愁”文化IP，助力乡村振兴的几点建议	民革区委
16	关于精细化推进政务服务“一网通办”和城市运行“一网统管”建设的几点建议	民革区委
17	关于建筑工地民工社保缴纳的几点建议	民革区委
18	关于提高我区医院护工服务质量的建议	民革区委
19	关于我区消防安全的几点建议	民革区委
16	补短板、锻长板，全力提升青浦新城的城市能级	民盟区委
17	全面提升辐射能级，促进公共服务优质均衡发展	民盟区委
18	关于我区福寿螺整治的建议	民建区委
19	关于我区廉租住房管理的相关思考	民建区委
20	助推农民专业合作社健康发展的相关建议	民建区委

（续表）

序号	重要建议或调研报告	撰写单位
21	关于我区老旧小区改造的建议	民建区委
22	关于长三角生态绿色一体化发展示范区加快发展绿色保险的建议	民建区委
23	让“国医”在高光时刻扬帆再启航	民建区委
24	关于践行“人民城市人民建”，在城市更新过程中提升群众获得感的建议	民进区总支
25	加快推动青浦区中小型工业企业高质量发展的对策建议	农工党区委
26	关于青浦区“武术进校园”的现状分析及推广实施建议	农工党区委
27	关于发展林下食用菌产业的建议	九三学社区委
28	关于推动以新型研发机构为策源动力的“青吴嘉”长三角生态绿色一体化示范区发展的建议	九三学社区委
29	借鉴欧美标准化治理经验提升青浦区服务长三角生态绿色一体化发展示范区建设能力	九三学社区委
30	关于全区政务新媒体集约化运营的建议	九三学社区委
31	深化产业工人队伍建设改革助力高质量发展	区总工会
32	固化创建成果、深化文明建设、构筑文化符号、淬炼城市品格，让青浦这座“全国文明城市”更具品质内涵	区侨联
33	发挥家庭家教家风作用，提升社区治理精细化水平	区妇联界别
34	关于政企合力打响“上海之门”城市品牌群的建议	区科技科协界别、九三学社界别
35	关于加快推进本市少年儿童友好社区产意见建议	郑湘竹
36	关于青浦区城乡节水措施的若干建议	李松

（白玉平）

附：

政协上海市青浦区第五届委员会主席、副主席、秘书长、副秘书长、常务委员、委员名单

主　席

李华桂（女）

副主席

顾啸流　董永元　王海青（女）
饶斐文

秘书长

张正华（女）

副秘书长

诸福先　徐海燕（女）　朱国健
姚伟明　高　峰

常务委员（按姓氏笔画排列）

王祥修　王翠玲（女）　叶丽君（女）
田春红（女）　朱　斌　朱国健
刘　敏　池学聪　池春燕　纪立军
吴　春　邱宝荣　冷彩花（女）
李世峰（1月9日增补）　张　静（女）
张春霖　杭　萍（女）　周文娟（女，1月9日增补）　周思琴（女）
周豪良（1月9日增补）
范　斌（1月9日增补）　姚伟明
顾桂芳（女，1月9日增补）　袁国良
徐　农　徐海燕（女）　高　峰
高红宇（女）　高宝霖　高晓生
郭慧清（女）　黄河生　黄银贤
斯朝富　舒振宇　释昌智
谢　玲（女）

委　员

中国共产党上海市青浦区委员会

任建荣　江　怀　李华桂（女）
张　静（女）　张正华（女）　陈金新
周思琴（女）　顾啸流　徐连光
诸福先　董永元

中国国民党革命委员会上海市青浦区委员会

孙彦鸣　周德平　高琳琳（女）
谢　玲（女）

中国民主同盟上海市青浦区委员会

王海青（女）　吴建一（女）沈　培
高晓生　梅一南

中国民主建国会上海市青浦区委员会

陆景阳　高　峰　高红宇（女）
黄泽伟

中国民主促进会上海市青浦区总支部委员会

郑湘竹（女）　姚伟明　徐　华（女）
裘德荣

中国农工民主党上海市青浦区委员会

朱　斌　吴卫文（女）　周雷平
饶斐文

中国致公党上海市青浦区总支部委员会

毛晓东　闵宏伟　沈卫星　高宝霖

九三学社上海市青浦区委员会

王文军（女）　王淑娟（女）　朱国健
金　炜

无党派人士

沈　健　胡定祥　费　峰
徐海燕(女)

中国共产主义青年团上海市青浦区委员会、上海市青浦区青年联合会

叶丽君(女)　张福奇　陆平一
徐纯晔(女)

上海市青浦区总工会

张文倩(女)　张建锋　袁昌华

上海市青浦区妇女联合会

汤雅清(女)　金　燕(女)
周宏美(女)　郭慧清(女)

上海市青浦区工商业联合会

尹建刚　冯伟琴(女)　池学聪
纪立军　李　燕(女)　李世峰
李言明　李晓东　李锦铭　连国旺
张春霖　陈建华　范　斌　林　琪
林少东　周仕华(女)　周豪良
袁国良　徐　清　徐林元　徐国平
唐炳忠　黄银贤　斯朝富　葛永焕
舒振宇　蔡斌彬

上海市青浦区科学技术协会与科学技术界

卜立新　王　杰　王翠玲(女)
朴东国　刘志斌　余　磊　陈宝荣
费　军　夏登宇　郭正光　黄河生

上海市青浦区台湾同胞联谊会

支屹峤　罗　青

上海市青浦区归国华侨联合会

刘　兵(女)　刘严雄　何悦芳(女)
杭　萍(女)　胡雷激　程培文

社会科学界

王贤诚　邱宝荣　沈红开
沈建芳(女)　陈　峰
周红亚(女,12 月 23 日起不再担任)
莫林明　倪达峰　席晓东　蔡　磊

经济界

干建平　王　力　占玲灵(女)
叶　慧(女)　叶明雯(女)　朱筱安
池春燕　杨　震(12 月 23 日起不再担任)
吴佩林　张　悦　张秀红(女)
张振明　陆宏信　陈　炎
赵景秀(女)　徐　农　高剑峰
赖伟春(女)　雷　鹏　虞　骏
蔡云峰

农业界

丁晓欢　朱元宏　吴　健
吴晓燕(女)　余延略　陈春民
钱红弟　龚海明　程光宇

教育界

王祥修　刘艳萍(女)　李　会
冷彩花(女)　张之银　张国成
张金华　姚明明　童晓虹(女)

体育界

王志明　沈　林　陆　萍(女)
顾桂芳(女)　顾爱根

医药卫生界

刘　敏　吴金英(女)　沈丽华(女)
张　琼(女)　陈爱娥(女)　周　峰
洪　斌　唐扣明　蔡红妹(女)
潘俊锋

文化新闻界

王　辉　田惠敏　刘　群
张力华(女)　陈君芳(女)
吴　春(2020 年 10 月 9 日调入)
顾琴英(女)　徐　斌　蔡青青(女)

社会福利与社会保障界

陆震宇　徐卫军　郭　樱(女)
黄海忠　董旭华(女)　蒋晓红(女)

少数民族界

田春红(女,土家族)
刘　江(女,土家族)
张　瑶(女,回族)　赵启厚(满族)

宗教界

左慧麟　释昌智　翟仁军

特别邀请人士

马丽娜(女)王　滨　王海涛
王辉忠(12 月 23 日增补)　方伟忠
孔　懿　卢敬文　吉　峰
朱红珍(女)　关保英
汤马欢(12 月 23 日增补)　李　松
杨伟英(女)　吴先侨(女)　沈　健
沈永连　沈盈廷
宋　雁(女,12 月 23 日增补)
张小英(女)　张卫兴　陈基东
周文娟(女)　查　生
徐慧(女,12 月 23 日起不再担任)
徐娅芝(女)　郭正梁(12 月 23 日增补)
唐贵发　唐新明　黄　涛
黄丽华(女)　梁兆贤　谢松峰
鲍长庚　戴秀河

综　述

2020年，区纪委监委在市纪委和区委的坚强领导下，忠实履行党章和宪法赋予的职责，立足监督保障执行、促进完善发展基本职能，坚持稳中求进、实事求是、依规依纪依法，持之以恒正风肃纪反腐，推动纪检监察工作高质量发展取得新进展。（孙宇晴）

1月22日，中国共产党上海市青浦区第五届纪律检查委员会第五次全体会议在区委党校中心会场召开

（区纪委监委供稿）

12月1日，长三角生态绿色一体化发展示范区清廉建设研讨会在浙江省嘉兴市嘉善县召开

（区纪委监察委供稿）

重要会议与活动

■五届区纪委五次全会　1月22日，中国共产党上海市青浦区第五届纪律检查委员会第五次全体会议在区委党校召开。区四套班子领导和区管处级干部出席会议。区委书记赵惠琴出席会议并讲话。区委常委、区纪委书记、区监委主任王翔代表区纪委常委会向全会作《立足监督职责、促进完善发展，为青浦奋力创造全面跨越式高质量发展新奇迹提供坚强保障》工作报告。全会指出：2019年，在市纪委和区委的坚强领导下，区纪委坚持以习近平新时代中国特色社会主义思想为指导，认真贯彻党的十九大精神，全面落实十九届中央纪委三次全会、十一届市纪委三次全会精神和区委工作部署，增强“四个意识”、坚定“四个自信”、做到“两个维护”，忠实履行党章和宪法赋予的职责，坚持稳中求进工作总基调，坚决落实“三个一以贯之”基本要求，努力推动青浦纪检监察工作高质量发展，把全面从严治党不断引向深入。全会强调：2020年是全面建成小康社会和“十三五”规划收官之年，是青浦服务保障两大国家战略、实现全面跨越式高质量发展的关键之年。要忠诚践行初心使命，持续强化做好纪检监察工作的政治责任；要坚守以人民为中心立场，持续深化整治群众反映强烈的突出问题；要坚持全面从严，持续强化责任落实激励担当作为；要贯彻纪法双施双守，持续深化纪检监察体制改革；要压实监督第一职责，持续强化对权力运行的监督和制约；要坚定不移正风气，持续打好深化作风建设的持久战；要高质量推进巡察监督，持续强化发现问题、督促整改的作用；要贯通“三不”一体发力，持续深化巩固标本兼治的成效；要守住政治机关定位，持续深化纪检监察干部队伍建设。全会审议并通过全会工作报告和全会决议。（孙宇晴）

■长三角一体化示范区清廉建设研讨会　12月1日，长三角生态绿色一体化发展示范区清廉建设研讨会在浙江省嘉兴市嘉善县召开。会议举行长三角生态绿色一体化发展示范区协作启动暨清廉地图发布仪式并签署《长三角生态绿色一体化发展示范区纪检监察工作协作备忘录》。三地市县纪检监察干部及相关专家学者100余人参加研讨活动，探索开展纪检监察工作协作和清廉文化交流共建。（孙宇晴）

推进全面从严治党责任落实

■持续压实主体责任 围绕学习贯彻《党委(党组)落实全面从严治党主体责任规定》、落实《中共青浦区委关于党委(党组)落实全面从严治党主体责任的实施方案》情况加强监督,督促责任落实。开展全区71家单位、855个党风廉政建设责任项目检查。协助开展2020年落实全面从严治党主体责任情况专项检查,对16家区管党组织实施实地检查。(孙宇晴)

■突出抓好"一岗双责" 落实《关于加强党的工作部门职能监督工作的意见》,推动加强职能监督。开展中青年干部培训班专题授课、教育卫生等部门处级干部专题廉政课,推动履行廉政责任。完善考核评价体系,强化廉情抄告运用。2020年,区纪委监委领导班子约谈处级干部47人次,全区纪检监察组织共制发廉情抄告单116份,回告率100%。(孙宇晴)

■实施精准有力问责 贯彻《中国共产党问责条例》及本市实施办法,开展青浦区党政机关工作人员问责办法修订。严肃查处多起安全生产事故,推动生态环保领域典型问题问责,对监管缺位、履责缺失的党员干部予以追责。2020年,全区纪检监察组织对38名干部因履职不力开展问责。(孙宇晴)

纪检工作

■做深做实监督职责 通过个别谈话、监督检查、参加民主生活会等,抓实近距离常态化监督。完成2020年全区区管处级干部信息核实。完善信访反映情况多重研判制度,审慎推进业务范围外信访举报件的转处。2020年,全区纪检监察组织处置反映问题线索309件;谈话函询98件次,初步核实185件次,了结318件次,给予组织处理141人。(孙宇晴)

■深化运用"四种形态" 2020年,全区纪检监察组织运用"四种形态"处理585人次。其中,运用第一种形态,以约谈函询、批评教育等方式处理396人次,占67.7%;运用第二种形态,以纪律轻处分、组织调整等方式处理148人次,占25.3%;分别运用第三、第四种形态17人次、24人次,惩治极少数、教育大多数的效果逐步显现。(孙宇晴)

■深入开展专项监督 推动开展政府购买第三方服务专项监督。会同区委组织部、区民政局开展行业协会、学会向公职人员发放津补贴情况自查。开展全区殡葬领域专项治理。聚焦全区"长护险"试点工作开展专项调研,推动改进完善。梳理2018、2019年度区管在职领导干部操办婚丧喜庆事宜备案情况,排查问题、推动整改。牵头开展全区违建别墅实地督查,督促完成拆除整改。(孙宇晴)

■防范形式主义、官僚主义 紧盯党中央决策部署贯彻落实情况,坚决整治不敬畏、不在乎、空泛表态、应景造势、不作为、慢作为等问题。开展疫情期间数据多头报送等问题专项调研。围绕改进调查研究、精简会议活动等七个方面,协助开展贯彻执行中央八项规定精神、解决形式主义官僚主义突出问题实地督查。2020年,查处形式主义、官僚主义问题20件37人。(孙宇晴)

监察工作

■推动双重领导体制落实落细 落实重大事项请示报告制度,坚持谈话函询、初步核实、审查调查等工作情况及时向区委请示报告,重要区管干部的线索处置、谈话函询、初步核实、立案审查等向区委主要领导请示报批,强化区委对纪检监察工作的集中统一领导。进一步完善"两个为主"的工作机制,加强对基层纪检监察组织的领导,持续推进纪检监察工作双重领导体制具体化、程序化、制度化。(孙宇晴)

■推进纪法贯通、法法衔接 认真贯彻《关于进一步规范对涉嫌违法犯罪党员作出纪律处分工作的意见》,主动加强与公检法部门对接,核实57名监察对象和党员干部的违法行为,分别予以党纪政务立案。加强同区委政法委、公安青浦分局的沟通协调配合,强化线索排查,扎实推进涉黑涉恶问题线索"六清"。加强与审计局、应急局等单位的协作,定期研判经济责任审计、安全生产事故中发现的问题线索,全年共党纪政务立案10人。(孙宇晴)

■监督赋能增效 定期梳理总结监督工作,强化监督成果共享运用,推动"四项监督"(指纪律监督、监察监督、派驻监督、巡察监督)优势互补、协同发力。持续深化"三转"(转职能、转方式、转作风),对街镇纪检监察组织负责人分工和兼职情况进行再梳理、再清理,推动监督再聚焦、更有力。(孙宇晴)

■查处重点领域腐败案件 紧盯征收补偿、土地出让、涉农补贴、建设工程等重点领域和关键环节,严肃查处利用管理调配国有动拆迁安置房源的职务便利,贪污国有财物数额巨大的犯罪行为。严查快办殡葬领域非法占有集体资金的违法犯罪行为。紧盯"微腐败"行为,全年共立案查处乡科级干部33人,一般干部9人,农村、企业其他人员137人。(孙宇晴)

巡察工作

■突出政治巡察职能定位 贯彻全国巡视工作会议暨十九届中央第五轮巡视动员部署会、十一届市委第七轮巡视工作动员部署会精神要求等作为巡察监督的重要内容。根据全区疫情防控工作开展情况,及时调整全年巡察工作计划,开展第九轮常规巡察,分两轮对8个街镇的235个村居开展全覆盖巡察。(孙宇晴)

■推动巡察工作规范化 落实"一轮一培训",组织巡察干部集中学习18次。开展28名新上岗巡察干部集体谈话。修订《巡察工作操作手册》,制定"发现问题对照表"。编写《巡察情况》6期,下发《巡察提示》13期,实行《巡情抄告》1轮,实施《巡察联动》3期,形成巡察指导督导合力。(孙宇晴)

■抓实巡察整改工作 督促被巡察党组织按时报告巡察整改方案、整改情况和主要负责人组织落实整改工作履职情况,压实压细巡察整改责任。开展8个街镇巡察整改评估,加强巡察发现问题的梳理研判、分类处置,规范问题线索移交,及时查处巡察移送问题线索。(孙宇晴)

综 述

2020年，青浦区各民主党派、工商联以习近平新时代中国特色社会主义思想为指导，深入学习贯彻中共十九大和十九届五中全会及中共五届区委历次全会精神，紧扣统筹推进常态化疫情防控和经济社会发展工作，履职尽责、凝心聚力，认真履行参政党职能，大力加强自身建设，积极为区"十三五"收官和各项事业发展作出贡献。

区"两会"期间，各民主党派、工商联共提交提案88件，其中：获区政协优秀提案5件、重要建议和调研报告71件；反映社情民意意见、建议363件，多数提案、建议被市、区政府和有关部门重视和采纳。

至年底，全区共有民主党派7个，新增83人，共计1005人，其中：民革区委145人、民盟区委223人、民建区委191人、民进总支105人、农工党区委125人、致公党总支60人、九三区委156人；民主党派中有市人大代表6人、区人大代表15人、区政协委员55人。

区工商联围绕区委、区政府中心工作，认真践行"两个健康"（即非公有制经济健康发展、非公有制经济人士健康成长）工作主题，以"四史"主题教育和"大调研"工作为抓手，扎实推进各项工作，发挥自身优势，履行工作职能，服务企业、服务社会。光彩事业成为区工商联品牌活动。（姜依霖）

民革上海市青浦区委员会

■概况 2020年，民革青浦区委共新发展党员10人，共有党员145人，平均年龄49岁，其中：具有高级职称48人，占党员数的33.1%；女性党员59人，占党员数的40.7%；80年后青年党员41人，占党员数的28.3%；退休党员32人，占党员数的22.1%。区委班子9人，支部班子27人，工作委员会正副主任26人。党员中有市人大代表1人、区人大代表3人（常委1人），市政协委员1人、区政协委员13人（常委2人）。（朱圣聪）

■思想建设 通过区委会、区委扩大会等专题会议学习，不断增强"四个意识"，坚定"四个自信"，坚决做到"两个维护"。全年召开专题学习会4次，组织学习中共十九届五中全会精神、习近平在浦东开发开放30周年庆祝大会上的讲话精神等，组织党员参加民革市委和区有关部门举行的理论学习会和辅导报告会10余次，120余人次参加。（朱圣聪）

■主题教育活动 结合落实民革上海市委会《关于开展中共党史、中华人民共和国史、改革开放史、社会主义发展史和民革党史学习教育的实施方案》要求，民革区委制定活动实施方案；区委组织党员参加民革市委举办的"四史"及民革党史知识竞赛活动，最终在民革市委举办的知识竞赛线上竞答活动中，区委获竞赛"优秀组织奖"，共有37名党员获"优秀个人"称号；区委组织全体区委委员、支部委员、青年骨干党员到金山区南社纪念馆及朱学范故居进行参观学习；6月，妇女工作委员会组织区委全体女同志到陈云纪念馆参观学习，学习伟人的坚定信念；8月，三支部到浙江省嘉兴市参观南湖革命纪念馆，回顾党的光辉历程；各支部召开主题学习相关会议，提出意见和建议，推进民革区委的各项工作。（朱圣聪）

■参政履职 2020年，民革区委围绕中共青浦区委五届七次全会提出的打造"五个新区"、建设"五个体系"要求，在中共青浦区委统战部的统一部署下，围绕统筹推进新冠肺炎疫情防控和经济社会发展、农民相对集中居住、教育优质均衡化建设、长三角一体化发展、上海之门城市品牌打造、党风廉政建设等议题，开展会议协商6次、约谈协商1次。

为贯彻落实《中共青浦区委办公室关于印发2020年中共青浦区委委托各民主党派开展专项民主监督的方案的通知》文件精神，4月，民革区委召开四届四十次（扩大）会，向全体区委会委员、各支部主委专题传达专项民主监督方案精神。6月，下发工作方案，对专项民主监督工作进行细化部署，进一步明确此次监督工作的对口单位、内容、形式和时间安排。

区委坚持以区"两会"为重点，布置课题调研工作和提案撰写工作。通过走访调研，摸清相关数据，最终形成《关于建筑工地民工社保缴纳的几点建议》《关于发挥科技力量助力我区乡村振兴的建议》《关于加快我区红色旅游规划和建设的几点建议》等提案。（朱圣聪）

■自身建设 区委优化班子结构，在6月召开的四届四十二次（扩大）会议上，通过选举增补尹建刚、高琳琳、谢玲等三位党员为民革第四届委员会委员。

自1月起，区委会筹划支部换届选举工作，根据《中国国民党革命委员会章程》和《中国国民党革命委员会支部工作条例》规定，按照民革上海市委会和中共上海市青浦区委统战部有关要求，制定《民革上海市青浦区委会关于支部换届选举工作方案》，要求各支部严格换届选举工作，6月20日，区委会下属六个支部均完成支部换届选举工作。

区委以“示范支部”“民革党员之家”创建为抓手，引导基层支部根据自身条件和优势开展各具特色的工作和活动，进一步提升、总结组织发展的工作思路和方法。全年全区共有两处“民革党员之家”挂牌，不断发挥民革特色，把党员之家建成思想教育阵地、组织活动场所、工作展示窗口、参政议政策源地。（朱圣聪）

6月30日，民革青浦区委首家“民革党员之家”揭牌仪式举行

（民革区委供稿）

■服务社会 民革区委积极参与区委统战部“同心善行·送医下乡”青浦区统一战线服务社会活动，安排多名党员参加多批次的医疗咨询服务活动。区委继续发挥优势和传统特色，组织党员中的医务工作者在重阳节、国际志愿者日等节日开展医疗咨询服务活动。“进博会”期间，党员积极响应，参加“同心善行”统战志愿服务队。区委、各支部充分发挥法律界党员自身的专业优势，开展法律援助、民法典讲座、扶贫帮扶等活动。年内，已累计提供法律服务20多次，受益群众达数千余人次。

（朱圣聪）

民盟上海市青浦区委员会

■概况 2020年是“十三五”规划收官之年，是全面建成小康社会、实现第一个百年奋斗目标的决胜之年。民盟青浦区委坚持以习近平新时代中国特色社会主义思想为指导，全面贯彻中共十九大和十九届二中、三中、四中、五中全会和中共五届区委历次全会精神，全面落实民盟十二届三中全会精神，围绕上海和青浦的重要决策部署，奋发有为抗击疫情，认真履行参政党职能，大力加强自身建设，顺利完成全年目标任务，青浦民盟各项事业取得新进展。

全年召开民盟区委主委办公会议6次、民盟区委会议7次、全体盟员大会1次；参加青浦区各种报告会和培训班约260余人次；大型调研活动11次，完成调研报告11篇；上报民盟市委社情民意40件，提交区政协集体提案11件，社情民意141件，其中2件集体提案被区政协评为优秀提案；社会服务4次。至年底，新增盟员19人，共有盟员223人，下设11个基层支部、7个专委会。盟员中有区人大代表4人、政协委员11人。民盟区委被评为上海民盟“社情民意先进集体”、区政协“社情民意先进集体”等。（高晓生）

■疫情防控 新型冠状病毒肺炎疫情发生以来，民盟区委发挥优势、主动作为，在抗击疫情的大考中交出一份有速度、有温度的答卷，体现青浦盟员的责任和担当。

凝心聚力，积极捐款捐物。民盟区委响应民盟市委和中共青浦区委、区政府号召，凝聚思想共识，通过各种方式号召全区盟员，勇于担当作为，积极捐款捐物。通过上海民盟同舟公益基金会网上捐款平台踊跃捐款，累计捐款6万余元。

奋勇担当，投身基层防控。盟员立足岗位发挥特长，为抗击疫情作出积极贡献。民盟区委共有12位盟员自愿加入医院的抗疫一线，取消休假，不畏艰险，主动成为冲锋陷阵的排头兵。盟员教师贯彻“停课不停教，停课不停学”的理念，积极做好疫情期间的线上教学工作，关注学生心理健康教育，及时做好家庭教育指导。据不完全统计，自疫情发生以来，有36名盟员在社区做社区志愿者。民盟区委向区委统战部推荐2名抗疫先进人选，盟员徐梅芳被评为“民盟上海市委抗击新冠肺炎疫情先进个人”。

深入调研，及时建言献策。广泛动员盟员围绕疫情防控、医疗救治、交通管理、复工复产等方面积极建言献策。在疫情最紧张的上半年，民盟区委向民盟市委提交涉及疫情防控方面的调研报告6篇（录用2篇），向区政协提交16篇（录用14篇），向区委统战部提交8篇。（高晓生）

■思想政治建设 扎实推进“四史”和盟史学习教育，不断丰富思想建设内涵，为新时代更好履职尽责提供坚实的思想政治保障。

加强组织领导，统筹部署落实。紧密结合“不忘合作初心，继续携手前进”主题教育活动长效机制，成立以主委任组长的“四史”、盟史教育活动领导小组。制定《民盟青浦区委关于开展中共党史、中华人民共和国史、改革开放史、社会主义发展史和民盟史学习教育的实施方案》，扎实有序开展好学习教育活动。

深化主题教育活动，着力增进政治认同。一是不断完善集体学习制度。民盟青浦区委认真学习习近平总书记系列重要讲话精神以及中共十九届五中全会、全国“两会”、中共上海市委、青浦区委全会等重要会议精神，带领全体盟员深入贯彻落实；二是积极开展“四史”和盟史学习教育。各支部按照盟区委方案要求，组织盟员通过民盟中央、上海民盟等平台以及统战部各类学习教育培训会、报告会参加学习，并在支部进行学习交流活动，确保“四史”和盟史学习教育入心见效。组织盟员参观金山爱国主义教育基地，继承革命先辈遗志，弘扬爱国主义精神。

抓实思想宣传，不断扩大社会影响。认真用好内外平台，努力扩大对外宣传，不断提升民盟区委影响力。对内发挥《青浦盟讯》阵地作用，坚持特色办刊，让《盟讯》成为盟员交流思想、展示风采的平台，让《盟讯》成为主流思想引导、信息传递的平台。积极用好盟市委网站和青浦统战“上善同心”微信公众号等平台，及时向其提供民盟区委的工作情况，发布盟区委以及各个专委会和基层支部的活动信息。区委重视盟员的报刊资料订阅工作，2020年盟区委荣获民盟中央群言杂志社优秀发行单位奖。（高晓生）

■参政议政 带领广大盟员围绕中心工作建言献策，在参与政治协商、民主监督、参政议政等方面取得积极成效。

深入一线调研，做实专题协商和民主监督工作。一是积极参与政治协商，推动科学决策。围绕“统筹疫情防控和经济社会发展”“长三角生态绿色一体化发展示范区建设”“教育优质均衡化”等重大协商议题，提出具有针对性的意见、建议，得到相关职能部门的积极反馈；二是开展专项民主监督，提高监督实效。成立由主要领导以及盟内相关专家组成的专项监督工作小组，召开专项监督专题工作会，对专项民主监督工作进行具体部署。分别赴对口联系的区城运中心和白鹤镇进行走访调研，顺利完成2020年“一网通办”“一网统管”民主监督，并形成调研报告提交中共青浦区委。

聚焦提升质量，抓好社情民意等工作。提出符合实际需要的良策善举，既是不断提高参政党自身建设水平的需要，也是对民主党派参政议政能力和水平的一种检验。民盟区委一直十分重视反映社情民意信息工作。为提升社情民意质量，进一步抓住骨干、发动盟员做好社情民意工作，盟区委组织各支部信息员开展社情民意专项培训，取得积极成效。全年上报区政协（含区委统战部）社情民意141件，位列区内各党派第一。上报盟市委社情民意40余件，其中《关于进一步加强和完善新冠病毒检测体系建设》《关于切实加强各类长租公寓管理的建议》等20余篇被市级部门采用。2020年民盟区委被评为“2019年度民盟市委反映社情民意信息工作先进集体”。

利用“两会”平台，发出民盟“好声音”。积极在政协、人大平台上发挥参政议政职能。在区政协五届四次大会上，民盟区委共提交了集体提案11件、个人提案7件，其中1篇作为大会发言、2篇作为书面交流。在区人大五届六次会议上，提交提案2件。民盟区委获2019年度反映社情民意信息工作先进集体，5位盟员获先进个人，2篇提案获政协2020年度优秀提案等。

（高晓生）

8月23日，民盟青浦区委社情民意信息工作会议召开　（民盟区委供稿）

■社会服务 发挥界别资源优势，决战脱贫攻坚。盟员万学东老师，到云南省德宏傣族景颇族自治州梁河县遮岛镇九年一贯制学校支教。帮扶指导当地学科教学工作，得到当地领导和同事的好评。盟员陈建华老师作为青浦技能扶贫专家团成员，完成4个项目的方案制定，在德宏人社局的安排下完成当地近千人的岗位技能培训，为建档立卡户脱贫后的再就业做出自己贡献。退休盟员郭丽霞继续为教育事业做贡献，到德宏州陇川县章凤完全中学进行为期一个月的支教活动。

立足自身特色，提升社会服务质量。从自身优势和特色出发，坚持把智力参与作为社会服务工作的基本条件和基础资源，以社会服务为纽带，密切民众关系，努力提升社会服务工作能级和品牌形象。组织教育相关支部，围绕青浦区教育优质均衡发展，深入学校，带教青年教师，加强师资队伍建设指导等。盟区委社会服务部对接医卫支部，积极开展健康咨询和送医进社区活动。以“胸痛中心进社区”为主题，在朱家角镇林家村开展“认识急性心梗”等科普讲座等医疗咨询活动。组织盟员参加“情暖重阳节，义诊送健康”——“同心善行”统一战线服务社会送健康活动，为活动现场的群众提供量血压、测血糖等服务项目。十支部部分盟员在e通世界华新园举办公益法律咨询服务，为园区企业和职工提供免费的法律咨询。

（高晓生）

■自身建设 民盟区委始终把人才强盟，作为组织建设的重点，不断加强自身建设，提升发展质量，保持界别特色，优化人才结构，努力促进盟组织科学健康发展，不断提高组织活动规范化水平。

强化责任意识，区级班子建设进一步加强。区委成员强化责任担当，班子成员之间相互支持、合作共事。进一步加强制度建设，规范议事决策制度，保障工作规范化、制度化，使各项工作有章可循，提高盟务工作品质。民盟区委通过走访、调研等方式向基层支部、盟员广泛听取意见和建议，查找自身不足。召开2020年盟区委务虚会，7个专委会、11个支部主委就一年工作开展情况进行工作述职。进一步完善区委联系基层支部制度，帮助基层组织解决实际问题，积极为基层组织开展工作创造条件。民盟区委始终关心盟员的成长，以人为本真切关心盟员工作生活，加强与盟员所在单位的党组织联系，关心盟员在一线的表现，努力为盟员搭建发展的平台。1名盟员获评上海市特级教师、正高级教师，多名盟员在市级及以上表彰中获奖，为树立民盟良好形象作出贡献。

10月12日，民盟区委盟员参加基层支部主题教育活动　（民盟区委供稿）

聚焦主体界别，组织发展质量不断提升。按照《民盟上海市委组织发展实施细则》《民盟上海市委2020年盟员发展计划》要求，聚焦主体界别，结合青浦民盟的实际，经过认真考察，年内共吸纳16名优秀人才加入民盟组织。有3名盟员参加统战部组织的党外代表人士实践锻炼。

优化组织架构，换届工作平稳推进。制定下发《中国民主同盟青浦区委员会2021年换届工作方案》，与中共区委统战部进行多轮深入沟通，向盟市委汇报。制定《民盟青浦区委员会2020年支部换届工作方案》，全面了解、摸底并梳理基层组织架构，充分发扬民主，广泛听取意见，圆满完成11个支部换届工作。推进基层组织优化工作。根据青西地区盟员的分布，将分属各支部青西地区的盟员组建成立十一支部（朱家角中学支部），经过半年的成长，支部各项盟务工作有序推进。　（高晓生）

民建上海市青浦区委员会

■概况　2020年，民建青浦区委发展新会员19人，转入会员3人，转出会员6人，共有会员191人。会员平均年龄47.2岁。会员中现有市人大代表1人、区人大代表6人（其中常委2人），区政协委员8人（其中常委4人）；大专及以上学历182人，占总人数的95.3%；具有中高级职称74人，占总人数的38.7%；经济界会员142人，占总人数的74.3%。下设6个支部、7个专委会。

全年召开区委会三次，区委（扩大）会五次。

2020年，民建区委被民建上海市委评为民建上海市委新冠肺炎疫情防控工作先进组织、2019年度参政议政工作先进组织二等奖、2019年度宣传思想工作一等奖。区委被区政协评为2020年度“反映社情民意先进集体”，高峰、周豪良被区政协评为“反映社情民意先进个人”；区委集体提案《关于进一步做好本区“长护险”工作的建议》《加快推进农民相对集中居住，更好实施乡村振兴战略》和高红宇的个人提案《关于创建国家级环淀山湖体育中心，助推长三角生态绿色一体化发展的建议》获区政协2020年度优秀提案。第一支部被评为民建全国先进集体，第四支部被评为中国民主建国会上海市先进集体。叶肇恺撰写的《与祖国一起发展》获民建中央“庆祝中华人民共和国成立70周年、人民政协成立70周年、中国共产党领导的多党合作和政治协商制度确立70周年征文活动”优秀作品奖，王磊被评为民建全国优秀会员，陆景阳、王卫红被评为中国民主建国会上海市优秀会员，周豪良、王磊被评为民建上海市委新冠肺炎疫情防控工作先进个人，叶肇恺、沈俐被评为民建上海市委“2019年度宣传思想工作先进个人”，周豪良、赵辉被评为上海民建优秀企业家。　（沈　俐）

■民建中央到民建区委调研　10月26日，民建中央主席郝明金就民建基层组织建设情况到民建青浦区委调研指导工作，并与区委班子成员、会员代表座谈交流。民建中央副主席、民建上海市委主委周汉民，民建中央组织部部长李维平，民建上海市委副主委汪胜洋等陪同调研。　（沈　俐）

■助力防控新冠肺炎疫情　区委在“青浦民建”公众号、“青浦民建家园”微信群推送或转发相关信息，传递疫情防控正能量。1月25日，区委通过上海民建扶帮公益基金会向武汉捐赠5万元“特殊会费”。抗击疫情期间，会员及相关企业捐款捐物约合人民币223万。很多会员现身一线防控工作，参与社区或单位的防疫工作。区委提交关于抗击疫情、复工复产相关建言46篇，其中1篇被市领导批示、2篇被市委统战部采用、3篇被市政协采用、8篇被民建市委采用。　（沈　俐）

■思想政治建设　一是政治理论学习。全年开展中心组学习4次，先后学习市、区“两会”精神，民建市委相关会议精神，以及五届区委十一次全会第一次会议《全面贯彻新发展理念，主动服务新发展格局，奋力推动全面跨越式高质量发展迈入现代化新征程》报告。二是组织开展“四史”学习教育活动。自6月接到民建市委开展“四史”学习教育实施方案，区委领导、老领导备课宣讲“四史”知识，区委给每位会员快递了“四史”学习用书。区委、支部、专委会相继开展系列活动:区委召开“民建之友”座谈会,讲授中国特色社会主义新型政党制度的建设发展史、民建会史等课程。相关支部分别到中共一大会址、四行仓库抗战纪念馆、陈云纪念馆、黄炎培故居、叶圣陶纪念馆等地参观学习。三是参与市、区各类活动。协助民建上海市委和中共上海市青浦区委员会、上海市青浦区人民政府到青浦区联合举办“上海民建浦江论坛”;参与民建市委“民建和我”征文活动,报送文章3篇,其中2篇收入民建市委编纂的《民建和我》一书;响应中共青浦区委统战部发起的“同心善行”统战志愿者服务队招募工作,共有15名会员成为服务保障第三届“进博会”的“四叶草”。

(沈 俐)

■履职工作 一是做好“两会”工作。2020年民建区委及个人共提交市、区“两会”并立案提案、书面意见27件,其中:区政协集体提案5件、个人提案7件,区人大书面意见12件,市人大书面意见3件。区政协五届四次会议闭幕大会上,高峰代表民建区委作了题为《加快推进农民相对集中居住,更好实施乡村振兴战略》大会发言,此文获区委书记赵惠琴批示。叶肇恺执笔的《关于进一步做好本区“长护险”工作的建议》(此文获区委书记赵惠琴批示)、崔晓执笔的《关于提高执行阶段司法拍卖程序效率的建议》、丁华执笔的《关于推动发展区域性股权交易市场的几点建议》、於伟超执笔的《关于促进我区小微企业发展的对策建议》入选为大会发言书面材料。

二是开展课题调研工作。区委、支部、专委会相继成立课题组,多次到相关单位和部门实地调研。区委全年共收到调研报告11篇。企业委员会参与民建市委2020年上海中小企业问卷调查工作。

三是提升社情民意质量。11月6日,举办2020年信息工作培训。高峰主持培训,通过实例,讲解撰写社情民意信息容易碰到的问题、写作方法等;王卫红主讲《社情民意与活动类信息的撰写要素及其技巧》。全年共收到社情民意136件。整理报送区政协社情民意115件,其中:83件报送市政协市委办公厅(其中3件被市政协社情民意综合采用、1件被市政协采用转送市有关部门单篇、2件被市政协采用报送全国政协),高峰撰写的《关于对市民日常口罩使用加强研究和指导的建议》和民建之友沈流溪撰写的《徐汇滨江岸线又遭碰撞,黄浦江水域通航安全治理刻不容缓》获市领导批示;报送民建市委社情民意93件,其中22件被采用(2件被市委统战部采用);报送区委统战部社情民意92件,其中52件被采用。

四是履行民主监督职能。受区委委托,民建区委自6月开始积极开展对朱家角镇和区政务服务办(区大数据中心)开展政务服务“一网通办”、城市运行“一网统管”专项民主监督。制定《民建青浦区委对青浦区政务服务“一网通办”、城市运行“一网统管”开展专项民主监督的工作方案》,成立专项民主监督小组,走访调研2次,座谈交流2次,撰写专项监督工作情况的报告1份。

五是履行政治协商职能。在区政协开展的“保护民营企业家合法权益,为民营经济健康发展提供检察保障”界别协商会上,陆景阳、黄泽伟参加会议并发言;在区政协召开的“深入推进乡村产业发展,着力提高农民收入”协商议政、“加强医卫队伍建设,引领示范区医疗事业发展”对口协商、“助力创全、委员在行动”界别协商及“构建切实解决执行难长效机制、助力区域经济社会发展”对口协商等会议上,区委都作交流发言;在区委统战部牵头先后组织召开的“统筹推进新冠肺炎疫情防控和经济社会发展”“长三角生态绿色一体化发展示范区推进情况”“农民集中居住工作”“教育优质均衡建设工作”“打造‘上海之门’城市形象工作”等政党协商会,区委班子成员应邀参加并作交流发言。

(沈 俐)

8月25日,民建青浦区委就政务服务“一网通办”、城市运行“一网统管”专项民主监督工作在朱家角镇进行调研座谈 (民建青浦区委供稿)

■组织建设 一是增补区委委员。于6月中旬增补陈栋辉、王卫红、马文苑3人为民建青浦区第四届委员会委员。二是完成支部改选工作。区委按照有关规定和民建市委、区委统战部要求,制定工作方案,成立改选领导小组,于6月24日完成所属6个支部的改选工作。三是新会员发展工作。全年共发展会员19名。四是注重会员学习培训。区委先后推荐48人次参加民建市委和区委统战举办的培训班。五是增设和调整专委会。区委成立民建青浦区委文化体育委员会(简称文体委)。六是加强作风建设。按照会中央的工作要求和市委的部署,区委制定《民建青浦区委全面加强作风建设方案》,成立民建青浦区委全面加强作风建设领导小组。10月14日,民建市委副主委程裕东到青浦区委进行工作调研。七是启动2021年区委换届工作。区委制定工作方案,成立换届工作领导小组,进行区委委员候选人民主推荐。

(沈 俐)

■宣传工作　一是按时按质编发《青浦民建》会刊。全年按期编发《青浦民建》会刊4期,共刊发区委要闻25篇,支部、专委会活动类信息16篇及参政议政类文章10篇、各类征文3篇、学习心得9篇、社情民意106篇。结合年度重大活动、重要事件,开设“新冠肺炎疫情防控”“‘民建和我’主题征文”专栏,刊发会员们撰写的相关文章和区委相关信息。二是及时报送信息。全年在“青浦民建”微信公众号推送信息共54篇,报送民建市委会议、活动类信息54篇,被录用50篇(其中被民建中央网站采用13篇,被团结网采用3篇)。

(沈　俐)

■社会服务　一是收好用好“特殊会费”。全年共有130名会员捐交“特殊会费”7.29万元。区委开展如下活动:开展帮困扶贫活动。抗疫期间,区委通过上海市民建扶帮公益基金会向武汉捐款5万元;8月,参与“聚光福,稳脱贫——民建中央助力丰宁满族自治县光伏扶贫专项行动”,以帮建光伏电站形式助力当地贫困户脱贫,区委捐资2.42万元帮助完成一户农户。开展捐资助学活动。区委再次通过“上海市青浦区爱心助学促进会”资助青海省果洛藏族自治州雪域大吉利众藏医药学校特困生11人,资助每人1000元,资助金额共计1.1万元;区委第二十三次捐助青浦高级中学6名优秀贫困生1.2万元。开展敬老爱老活动。由第二支部策划,区委到青浦区仁泽赵巷养护院开展“人间百善孝为先,九九重阳享健康”活动,送上慰问金2000元;第二支部副主委叶晓峰企业为养老院进行消毒、虫害防治。关心会内退休会员。区委从“特殊会费”中划出8890元给退休会员委员会,用于开展会内退休会员的活动及慰问、帮助经济困难的老年会员等。

二是开展会内慰问活动。开展春节“送温暖”慰问活动,区委班子成员分组慰问已退休的历届老领导、80岁以上会员、独居退休会员和重病会员等共11人,送去新春祝福和关爱;开展暑期“送清凉”活动,区委班子成员分组先后走访慰问会内70岁以上老会员、60岁以上独居退休会员和退休的离任区委正、副主委及重病会员共13人;各支部、专委会也开展相关走访慰问活动。

三是走访调研会员企业。全年区委领导走访会员企业6次,了解企业发展状况,了解营商环境,并根据掌握的政策、信息等适时为企业解困释疑。

(沈　俐)

民进上海市青浦区总支

■概况　2020年,民进青浦区总支在民进中央和民进上海市委的正确领导下,在中共青浦区委统战部关心和支持下,全体会员深入学习贯彻中共十九大精神和习近平新时代中国特色社会主义思想,围绕区委和区政府中心工作,认真履行参政党职能,切实增强民进会员“不忘合作初心、继续携手前进”的思想和行动自觉。在政党协商、民主监督、参政议政中展现新作为,在社会服务等其他各项工作取得新成果。

全年共发展会员13人,至年底,共有会员105人,下设5个支部。会员中有区人大代表2人,区政协常委2人、政协委员9人。

(怀佳顺)

■积极抗疫　在抗击新冠肺炎疫情的过程中,总支发动“新冠肺炎疫情防控”专项捐款,76位会员共计捐款5.46万元。2月21日,总支向区商务委捐赠从国外进口的5000个防疫口罩和100套防护服。企业家会员裘德荣、林少东、陆平一等人通过工商联、青年企业家联谊会等渠道积极捐款。会员顾俊杰支援防控第一线,在湖北武汉江汉开发区方舱医院对新冠肺炎患者和一线医护人员提供心理健康支持和援助,并被评为民进全国抗击新冠肺炎疫情“先进个人”。十余名党员积极投身在青浦各社区、道口等抗疫志愿岗位中。(怀佳顺)

■思想建设　2020年是中国民主促进会成立75周年,也是民进中央开展的履职能力建设主题年,总支在民进市委和区委统战部的部署下,制定《民进青浦区总支“四史”、民进会史学习教育活动实施方案》,成立了领导小组,制订主题教育活动实施的任务时间表。组织会员参与学习讨论活动、调研考察活动、参观教育活动和总结交流活动等共19项,参与会员350余人次。在“新时代,我与民进共奋进”——庆祝中国民主促进会成立七十五周年征文活动中,总支获优秀组织奖,徐周栋获一等奖,王建、吴玉琳获三等奖。(怀佳顺)

■组织建设　2020年,按照民进会章和民进市委会关于新会员发展的相关规定及要求,总支在政治素养和工作能力等方面,对入会积极分子进行全面考察。全年共计发展新会员13人。6月,完成支部拆分与支部换届,增补顾桂芳、陆平一为民进青浦区总支第一届委员会委员。12月,顾桂芳被选为民进青浦区总支第一届委员会副主委。积极做好发现和培养工作,为后备干部提供学习、锻炼的机会。全年有20名骨干会员参与民进市委、区委统战部等组织

12月15日,民进青浦区总支班子扩大会议召开　(民进总支供稿)

的各类学习(培训)班,研修班和挂职锻炼等。

总支获民进上海市委“组织发展工作先进集体”称号,许众芳获评民进上海市委“组织发展工作先进个人”。

(怀佳顺)

■**参政履职** 2020年,总支上报民进市委、市委统战部和市政协社情民意并被采用10余件;自区政协五届四次会议以来,共提交提案7件;承担区委《2020年度中共青浦区委同各民主党派、无党派人士政党协商计划》中重要课题6项。4月、10月、11月围绕民进市委会参政议政立项课题《发挥文化建设在实施乡村振兴战略中的作用》,实地调研崇明区仙桥村、建设村,奉贤区吴房村,浦东新区彩虹鱼公司、万祥镇连民村等。该课题入选民进中央全国政协会议后备提案。郑湘竹获“民进全国履职能力建设先进个人”称号。

2020年,民进市委对口青浦区就“抓好政务服务‘一网通办’、城市运行‘一网统管’,提升超大城市治理的现代化水平”进行专项民主监督。专项民主监督组成员分组实地调研区政务服务办公室、卫生健康委员会和赵巷新城一站大居城运分中心。总支成立专项监督小组,制定《2020年民进青浦区总支关于做好中共青浦区委委托各民主党派开展专项民主监督工作方案》,并对华新镇、重固镇分批进行走访和座谈,随后整理出多项问题,经专项监督小组座谈讨论,梳理出大量意见与建议。

(怀佳顺)

6月23日,民进青浦区总支在练塘镇芦潼村开设“同心善行·乡村美学课堂”

(民进总支供稿)

■**社会服务** 1月,总支举办2020年民进全国“春联万家”活动。青浦、吴江、嘉善三地民进组织助推长三角生态绿色一体化发展示范区建设分别在香花桥街道民惠二居居委会、金泽镇爱国村举办写春联送祝福、义诊社会服务活动。6月,总支副主委郑湘竹牵头的乡村美学课堂被纳入2020年青浦区统一战线“同心善行·乡村美学课堂”系列,并在练塘镇芦潼村村委会举办主题活动启动仪式。总支积极拓宽社会服务渠道,会员们定期前往崧泽养老院为老人们提供服务。总支继续以“爱心会费”的形式每年资助2名贫困新疆学生。

(怀佳顺)

1月15日,民进青浦区总支在金泽镇爱国村开展2020年民进全国“春联万家”活动

(民进总支供稿)

农工党上海市青浦区委员会

■**概况** 2020年,农工党青浦区委在农工党上海市委的正确领导下,在中共青浦区委统战部的关心支持下,带领广大党员认真学习贯彻中共十八大、十九大和十九届二中、三中、四中、五中全会精神,以及习近平新时代中国特色社会主义思想,积极履行参政党职能,紧紧围绕全区中心工作,各项工作取得新进展。8月,主委饶斐文获“纪念中国农工民主党成立九十周年先进个人”称号。12月,农工党青浦区委获农工党上海市委授予的纪念中国农工民主党成立90周年暨“四史”学习教育“先进区级组织”,党员王寅获“优秀党务工作者”,党员丁峰雷、王耐、苏荣超获“先进个人”荣誉称号。

至年底,农工党区委共有党员125人,平均年龄50.18岁,其中:中高级职称89人,占党员总数的71.2%;医药卫生界63人,占党员总数的51.2%;教育界占党员总数的13%。党员中有市人大代表1人,区人大常委1人、区政协委员9人(其中政协副主席1人、常委1人)。 (王 寅)

■思想建设 农工党区委把学习贯彻中共十九届五中全会精神作为重要政治任务。深刻领会和把握中国国家制度和治理体系的显著优势,深刻领会和把握坚持完善中国特色社会主义制度、推进国家治理体系和治理能力现代化的总体要求、总体目标和主要任务,切实把思想和行动统一起来,发挥好党派力量,加强理论素养、巩固政治共识、强化责任担当,为推进国家治理体系和治理能力现代化贡献力量。牢牢把握教育主题,紧扣主线开展专题活动。开展党史、中华人民共和国史、改革开放史、社会主义发展史学习教育活动,结合"四史"学习农工党党史。支部活动中支部主委、委员作了学习交流并参观党史陈列馆。 (王 寅)

■疫情防控 中山医院青浦分院、朱家角人民医院、区中医医院、区疾控中心等单位的农工党区委党员坚持奋战在第一线。农工党青浦区委会获"农工党上海市委员会抗击新冠肺炎疫情先进集体"。党员张言获"中国农工民主党抗击新冠肺炎疫情先进个人",党员朱斌、潘引君、马文燕、张继红、徐敏获"农工党上海市委员会抗击新冠肺炎疫情先进个人"。 (王 寅)

■民主监督 根据《2020年中共青浦区委委托各民主党派开展专项民主监督的方案》的统一安排和具体要求,制定通过民主监督方案,成立专项民主监督工作组。在参加区委统战部组织各民主党派成员到区政务办、区城运中心开展专题民主监督视察的基础上,组织农工党专项民主监督工作组成员到对口的区科委、夏阳街道、新城公司等单位开展"一网通办""一网统管"专题调研,并提出意见和建议并形成调研报告。 (王 寅)

■课题调研 农工党区委高度重视调研工作,组织党员深入基层开展课题调研,全年完成《新冠疫情下,关于进一步加强公共卫生应急体系建设的思考与建议》《青浦公立医院发热门诊现状及存在的问题及建议》《加快推动青浦区中小型工业企业高质量发展的对策建议》《青浦区"武术进校园"的现状分析及推广实施建议》等课题报告。 (王 寅)

■参政议政 农工党区委参加中共青浦区委同各民主党派、无党派人士的政党协商会,围绕"统筹推进新冠肺炎疫情防控和经济社会发展""农民相对集中居住工作""长三角一体化发展推进情况""义务教育优质均衡发展""打造上海之门"等工作开展政党协商。区委参加区政协重点提案协商督办、同类型提案办理等界别协商活动。区委通过调查了解、民主讨论、集中协商、形成建言,在民主协商中推动区经济社会发展。

农工党区委围绕中心、服务大局,找准参政议政的切入点,2020年提交集体提案23件,其中17件被主办单位解决或采纳、5件被列入计划拟解决、1件留作参考。其中,《关于进一步加强我区健康城区建设工作的几点建议》在区政协五届四次会议上作大会发言,集体提案《加快发展青浦医疗建设积极服务长三角一体化》《关于打造青浦高质量智慧型全域旅游示范区的建议》被评为区政协2020年度优秀提案。

农工党区委递交的社情民意中,党员朱斌撰写的《关于暂时在小区等垃圾收集点增设医疗废弃物(口罩)的建议》被市政协报送全国政协;党员徐海燕撰写的《加强疫情防控、关注参会者体验——关于做好第三届进博会服务保障工作的建议》、党员龚莉华撰写的《"进博会"期间"新冠"疫情防控措施既要细致入微,也要公开透明》、党员张言撰写的《进博会等重大展会做好疫情防控工作的建议》被市政协综合录用;党员王寅撰写的《调整快件箱自定义收费完善智能快件箱寄递服务》被农工党市委会单篇报送农工党中央。农工党区委被区政协评为2020年度"反映社情民意信息工作先进集体"。(王 寅)

■社会服务 农工党区委开展"健康讲座进社区,送医下乡到村边"活动。8月,农工党区委党员到重固镇郏一村为村民作健康咨询活动,受到群众好评;10月,农工党区委参与举办"同心善行——稻花香里说丰年"林家村中医文化节活动。活动以"传承弘扬中医药文化"为主题,中共青浦区委常委、统战部部长王凌宇等领导参加。区委统战部机关全体干部、统战各领域代表及村民200余人参加活动。 (王 寅)

■自身建设 7月,农工党区委完成支部换届工作。根据《中国农工民主党章程》,按照《中国农工民主党上海市委员会关于2020年直属支部委员会换届工作的意见》的要求,在中共青浦区委统

8月19日,农工党青浦区委到夏阳街道开展"一网通办""一网统管"监督调研活动 (农工党区委供稿)

战部的关心支持下，至7月24日，农工党青浦区委各支部顺利完成换届选举工作。

8月，农工党区委完成区委委员增补工作。通过选举，增补区政协副秘书长徐海燕为农工党青浦区第二届委员会委员。（王　寅）

10月11日，致公党青浦区总支在组织工作会议上安排党员与入党积极分子结对（致公党总支供稿）

致公党上海市青浦区总支

■概况　2020年，致公党青浦区总支秉承“致力为公、侨海报国”优良传统，聚焦致公党上海市委和中共青浦区委重点工作，认真落实各项新部署、新要求，广泛团结动员区总支各支部和全体党员，紧扣统筹推进常态化疫情防控和经济社会发展工作履职尽责、凝心聚力，积极为区“十三五”收官和各项事业发展作出贡献。

全年共发展党员8人，至年底，共有党员60人，下设3个支部、3个专委会。党员中有区人大常委1人，区人大代表1人，区政协常委1人、政协委员4人。（怀佳顺）

■疫情防控　抗击疫情期间，总支在致公党中央和中共上海市委领导下，成立抗疫工作领导小组，开展相关工作。总支领导班子带头捐款1.63万元；党员累计捐款60余万元，捐赠口罩9100个、额温仪200台、手术帽10000个；医疗系统党员坚守工作岗位，工作在抗疫第一线；1名党员向青浦博物馆捐献抗击疫情篆刻作品；还有10余名党员投身在青浦各社区、道口等抗疫志愿岗位上。复工复产后，总支班子成员分别联络、访问党员企业，了解惠企政策落实效果，并向致公党市委、中共区委统战部报送建言200余条。朱薇珊、高宝霖两名党员获致公党中央“致公党抗击新冠肺炎疫情先进个人”称号，党员周仕华荣获致公党上海市委“抗击新冠肺炎疫情先进个人”称号。（怀佳顺）

■思想建设　根据中共市委、致公党市委工作部署，总支制定《关于开展中共党史、中华人民共和国史、改革开放史、社会主义发展史学习教育活动的实施方案》，通过组织专题学习、理论研讨会、主题教育等形式，引导总支党员读史、讲史、用史，学会历史思维，以实际行动弘扬致公党的优良传统。副主委沈卫星入编市委党员风采录，参加致公党市委诗歌朗诵会，以各种形式深化主题教育活动成果，激发总支党员学习“四史”、统一战线史和致公党史的热情。（怀佳顺）

10月19日，致公党青浦区总支到练塘镇城市网格化综合管理中心开展专项民主监督调研（致公党总支供稿）

■队伍建设　总支为加强骨干党员队伍建设，增补高宝霖为致公党青浦区总支委员；推荐6名新党员参加致公党市委、青浦区委统战部举办的新党员培训；推荐1名党员参加市委宣传骨干培训班；推荐2名党员参加青浦区委2020年党外中青年骨干培训班；推荐1名党员参加青浦区2020年党外代表人士挂职锻炼。（怀佳顺）

■参政履职　总支成功申报致公党市委招标课题《长三角示范区基础教育师资队伍一体化建设的研究》并通过专家答辩，对长三角经济一体化前景下教育一体化，尤其是基础教育一体化这一体现长三角地区教育改革与合作发展全局性战略前瞻特点的教育区域创新共同体进行研究。区“两会”期间，总支完成提案《关于在示范区义务教育阶段推行“联培联训”机制，推动教育高质量一体化发展的建议》，并在区五届五次政协会议作大会发言。提交集体提案3

件、人大书面意见4件、政协委员个人提案5件、各项意见和建议40余条。总支通过工作部署、实地走访、座谈交流、查阅资料、专报反馈等工作形式，对金泽镇、练塘镇建立健全政务服务“一网通办”和城市运行“一网统管”、提升城市治理的现代化水平开展专项民主监督。总支对中共青浦区委《2020年度中共青浦区委同各民主党派、无党派人士政党协商计划》中的6项重要课题开展调研并积极建言献策。（怀佳顺）

■**社会服务** 组织党员参加“同心善行统一战线志愿者服务队”“情暖重阳节，义诊送健康”同心善行活动等社会服务活动；积极联系开展精准扶贫工作，向新疆地区幼儿园进行定向扶贫；党员唐星宇到云南省德宏傣族景颇族自治州梁河县开展送教交流；协办第四届上海市新能源汽车定向赛，坚持宣传生态环保、绿色可持续发展的生态理念。（怀佳顺）

九三学社上海市青浦区委员会

■**概况** 2020年，九三学社区委在九三学社上海市委和中共青浦区委的领导下，以习近平新时代中国特色社会主义思想为指导，全面贯彻落实党的十九届五中全会精神，发挥优势和特色，认真履行参政党职能，推动各项社务工作取得新进展。社区委获社市委“2016——2020年社会服务先进集体”“九三学社上海市委思想政治和宣传工作先进集体”、信息工作先进集体二等奖、参政议政工作先进集体三等奖等，另外获区政协反映社情民意优秀集体荣誉称号，区统战部“2019年度青浦区委统战部建言献策优秀组织奖”等。

全年发展新社员14人，转入社员2人，其中1人为博士学历，2人为硕士学历，平均年龄41岁。至年底，共有社员156人。增补区委委员4人，共有区委委员11人，下设5个支社。社员中有市人大代表1人，区人大常委1人，区人大代表1人，区政协常委3人、委员11人。大专以上学历为152人，占社员总数的98%。（王淑娟）

■**疫情防控** 在疫情防控工作中，社区委的社员们心系疫区，用各种方式支援抗疫前线，获“九三学社上海市委新冠肺炎疫情防控工作先进集体”荣誉称号，社员王辉忠被社中央评选为“全国抗击新冠肺炎疫情先进个人”，被市委、市政府、中国人民解放军上海警备区评为“上海市抗击新冠疫情先进个人”，田岷荣获“九三学社上海市委新冠疫情防控工作先进个人”荣誉称号。

利用微信群开展疫情防控工作。一是通过各种途径积极捐款。1月27日，社区委在社员履职群倡议为“防控新型冠状肺炎”专项捐款，先后有94位社员、1位入社积极份子共计捐款22316.66元，在职社员90%以上参与捐款。据不完全统计，社员们还通过所在单位、社中央王选基金、自发捐款等捐赠2.04万元。二是筹措物资，支援一线。疫情初期，社员王辉忠向朱家角镇捐赠8000个口罩；向中山医院青浦分院、武汉胸科医院捐赠1.38万副医用手套；向支援武汉的青浦医疗队捐献护目镜60副；向区民主党派成员捐赠口罩3000个。社员金炜、陆炜通过“上海抗病毒大队”微信群，收集信息，协调资源，多次向武汉捐赠口罩、护目镜、防护衣等防护用品和生活用品。

抓住时间节点，社区委发布倡议书和征集令。2月10日，迎来上海市、青浦区“复工日”。随着返沪高峰的来临，社区委召开四届十八次区委（扩大）微信电话会议，决定在全体社员中发布倡议书和征集令。倡议书通过支社微信进行传达，社员们积极反馈情况、提交社情民意，并征集社员油画、系列漫画、诗歌、儿童画等各种形式的作品近10个。

发动社员积极建言献策。社区委收集关于疫情防控的社情民意50余件。其中黄河生撰写的《落实企业责任，保障安全有序复工》获得市委常委、常务副市长陈寅，副市长宗明同志批示。彭润中撰写的《新冠肺炎对实现全面脱贫的影响分析及政策建议》、胡荣胜撰写的《关于做好疫情期间居家隔离的管控建议》和马继光撰写的《从疫情防控分析上海地区医疗卫生产业信息化建设态势及政策建议》被上海市政协采用。《新冠肺炎对实现全面脱贫的影响分析及政策建议》报送全国政协。

医务工作社员坚守岗位。部分社员医生在医院发热门诊第一线，近距离接触检查发热患者，部分医生社员报名支援武汉，随时待命。多名社员积极参与防疫志愿服务工作，分别在入沪高速口、小区门口严把入口关，并参加区战“疫”队，下到基层参与疫情防控工作。

（王淑娟）

■**自身建设** 社区委定期刊发《青浦九三》刊物，并持续更新“青浦九三”微信公众号，为社员提供学习交流的平台，工作扎实有效。

以“四史加社史”学习教育活动为契机，加强思想建设。一是学习形式丰富多样，入脑入心。充分利用社市委提供的学习资料，另购置100本相关学习

1月12日，九三学社上海市青浦区委员会在东方绿舟宾馆召开2019年度工作总结大会（九三学社供稿）

资料,发放给社员进行文本学习。以支社为单位组织社员观影学习,通过观看红色电影,激发社员的爱国热情。二是学习活动与支社活动结合,凝聚人心。此次学习教育活动,社区委以支社换届为契机,以支社为主阵地,鼓励各支社积极开展活动,达到学习目的的同时,也增强组织的凝聚力。三是学习活动与社会热点结合,学以致用。各支社注重学习教育与实践活动相结合,将学习活动落到实处。

严格程序,顺利完成支社换届。按照《九三学社上海市委员会关于2020年区县、直属委员会下属支社换届工作的意见》要求,在区委统战部的关心支持下,社区委在3—7月期间,完成下属五个支社的换届工作。新一届支社班子成员维持原有规模,分为5个支社,每个支社3名支社委员,共有15名支社委员当选。

加强组织建设,不断增强创造活力。一是严格把关,加强对入社积极分子的考察审核。由分管组织工作的副主委逐一进行面谈,认真到其单位党组织进行走访,经区委会议讨论通过后上报至社市委。二是关爱老社员。换届后,各支社组织社员代表走访探望老社员;重阳节来临时,社区委组织退休社员到练塘镇可美术馆参观美术展,并到东庄村参观新农村建设;各支社也安排社员探望慰问生病住院的老社员。三是积极配合社市委工作。作为长三角一体化发展的核心区,全年社区委接待社市委、九三兄弟区委到青浦开会、考察10余次。11月,社中央委托社市委举办长三角九三学社科技论坛,社区委积极配合,与区政府、区统战部联络沟通,参与前期的会务工作,论坛期间组织社员代表主动参与。（王淑娟）

■参政议政 社区委牢牢抓住参政议政这个党派工作核心不放松,充分发挥社区委人大代表、政协委员的骨干作用,同时广泛调动广大社员的积极性,努力提高参政议政质量和水平。

积极撰写提案、书面意见。在区人大五届六次会议上,社员中的人大代表提交书面意见2件。在区政协五届四次会议上,社区委提交集体提案4件、个人提案7件。其中集体提案《以标准化推进示范区建设的思考和建议》和《关于社会专业机构参与构建青浦区知识产权保护和促进机制的建议》以及社员姚勇撰写、委员黄河生提交的《关于优化营商环境的若干建议》3件提案被评为区政协优秀提案。

高度重视社情民意和信息工作。社区委全年通过各种渠道报送社情民意107件。其中,陶然撰写的《关于境外国有资产监管存在的问题及建议》、刘鑫撰写的《关于加强管理化工原料容器二次利用的相关建议》被社中央单篇采用;市政协采用17件,其中,夏建盟撰写的《关于国内中文科技期刊当前面临问题和瓶颈的分析及对策建议》、彭润中撰写的《新冠肺炎对实现全面脱贫的影响分析及政策建议》、刘鑫撰写的《警惕当前疫情下工业物资的市场乱象》、姜玉龙撰写的《提升公交车司机心理健康,维护公共交通安全》报送全国政协;市统战部采用6件,其中,黄河生撰写的《关于落实企业责任,保障安全有序复工的相关建议》、姜玉龙撰写的《关于完善本市门诊即将开放的建议》、马继光撰写的《从疫情防控分析上海地区医疗卫生产业信息化建设态势及政策建议》、葛小平撰写的《境外归国集中隔离人员不服从管理可能引发的矛盾及风险点》获市领导批示。黄河生委员反映社情民意工作室撰写提交社情民意共41件,其中社中央采用1件,市统战部采用1件、并获市领导批示,市政协采用7件,报全国政协2件,其中2件为单篇采用。夏建盟撰写的《关于进一步提升中文科技期刊质量的建议》获社市委优秀调研成果二等奖。

努力拓宽课题调研的领域。全年完成课题7个,其中陈晨主笔的课题《构建"1+N"产学研协同创新模式,促进民营科技企业提质增效的实践与思考》报送区统战部,《构建新型研发机构为载体的产学研协同创新模式以长三角一体化示范区"青吴嘉"为例的建议》报送社市委并被定为重点课题,其余课题《关于打造长三角"金融+科技"区域技术交易功能平台的建议》《关于发展青浦林下食用菌产业的建议》《借鉴欧美标准化治理经验　提升青浦区服务长三角生态绿色一体化发展示范区建设能力》《区内政务新媒体管理建议》《关于政企合力打响"上海之门"城市品牌集群的建议》转化为集体提案在政协全会上提交。

积极履行民主监督职能。6—11月,受区委委托,社区委对青浦区"政务服务一网通办""城市运行一网统管"建设情况开展专项民主监督。根据社区委专项民主监督工作方案,社区委成立"一网通办""一网统管"两个专项民主监督工作小组。工作组通过前往盈浦街道、香花桥街道、工业园区现场学习调研,召开座谈会,采取文本分析、小组讨论、远程协商、调查问卷等方式,初步形成调研

7月22日,九三学社青浦区委会同社区委"一网通办、一网统管"专项民主监督工作小组有关社员到盈浦街道、香花桥街道、工业园区现场学习调研

（九三学社供稿）

报告。社区委召开专项民主监督统稿会,讨论修改报告初稿,最终形成调研报告,并提交统战部。（王淑娟）

■社会服务 社区委坚持“突出优势、量力而行、尽力而为”原则,积极开展社会服务工作。社员庄祖嘉、姜玉龙、王淑娟被评为社市委“社会服务工作先进个人”。社员姜玉龙、庄祖嘉深入社区、乡村开展科普讲座。在社市委的组织下,社员黄河生、王辉忠分别捐款6万元,在社市委对口扶贫帮困对象贵州省毕节市威宁彝族回族苗族自治县捐建“九三名医服务站”,并前往威宁县进行考察。（王淑娟）

7月21日,青浦区工商联、法院、司法局优化法治营商环境三方推进会召开（区工商联供稿）

青浦区工商业联合会

■概况 2020年,青浦区工商联围绕区委、区政府中心工作,认真践行“两个健康”(即非公有制经济健康发展、非公有制经济人士健康成长)工作主题,以“四史”主题教育和“大调研”工作为抓手,扎实推进各项工作,完成全年确定的各项任务。（陆佳妮）

■专题学习 制定《青浦区工商联开展“中共党史、中华人民共和国史、改革开放史、社会主义发展史”学习教育实施方案》,组织机关党员深入学习“四史”及统一战线史、工商联史、《习近平谈治国理政》第三卷,深入贯彻习近平新时代中国特色社会主义思想和习近平总书记考察上海时重要讲话精神,同时加强学习强国、上海干部在线学习城的学习。（陆佳妮）

■服务企业 一是做好第三届“进博会”企业采购对接工作,获批民营企业总数607家、人员总数7163人。二是融入长三角一体化发展战略,组织企业家走进青浦。全年共邀请1300多位企业家来青浦区考察,已有91家企业落户青浦,为全区招商引资贡献商会力量。（陆佳妮）

■特色工作 一是成立反映社情民意信息工商联界别工作室,共提交建言献策103篇,其中,《落实企业责任、保障安全有序复工》被市委统战部《统战专报》采用,并获市委常委、常务副市长陈寅,副市长宗明批示。二是收集、归纳和研究职能部门、商会、企业等提交的案例,推出书名为《营商环境“优”无止境》案例汇编100篇,通过总结可复制可推广的“青浦经验”,为优化营商环境贡献青浦民营企业家的力量。（陆佳妮）

■光彩事业 一是走访慰问原工商业者。春节前夕,分组走访慰问原工商业者,了解他们身体状况、生活需求,把党和政府的关心落到实处。二是举办真情传递捐赠活动。1月,区委统战部、区工商联、区红十字会在全区各街镇开展“同心善行,服务社会”企业家真情传递捐赠活动,企业家通过区红十字会“情系万家”迎春帮困项目,向全区250户因大病、重病等原因致困的家庭合计捐款50万元。三是举办“同舟共济,共抗疫情”青浦区民营企业捐赠仪式,共计126位民营企业捐资捐物2896万元。四是组织4批次结对企业到云南省德宏傣族景颇族自治州开展“万企帮万村”精准扶贫工作,资金帮扶100万元。五是举办“2020年青浦区退役士兵就业招聘会”。11月2日,会同区政协、台办、侨联、退役军人局、人社局等单位联合举办“2020年青浦区退役士兵就业招聘会”,共有123家招聘单位参与,提供岗位442个,招聘2086人,熊猫机械、圆通速递、巴安水务、忠斌旅游集团等16家会员企业参加招聘会。（陆佳妮）

■合作共建 6月,召开“政会银企”四方合作机制推进会,聘用5位金融系统优秀年轻干部担任区工商联企业经济服务指导员并深度挂职锻炼1年;7月,联合区法院、司法局召开优化营商环境三方合作推进会,进行“商事纠纷人民调解工作室”授牌仪式及各街镇商会与基层司法所签约仪式;与区法院联合举办共商优化营商环境座谈会暨《青浦法院2015—2019年涉公司对外投资审判白皮书》发布会;与区人社局联合举办疫情期间劳动政策专场解答会,与区人社局、总工会联合举办3期集体协商培训班。（陆佳妮）

■商会建设 开展“四好”(即班子建设好、团结教育好、服务发展好、自律规范好)商会认定推荐工作,以评促建,夯实工商联基层组织基础;制定《关于开展所属商会“一会一品牌”建设的实施意见》,按照新时代商会组织建设工作总体思路,努力提升商会组织建设工作质量水平。（陆佳妮）

■乡村振兴 以结对村和结对企业党支部共建为抓手,为经济相对薄弱村建成民生项目12个,总投入资金600多万元。（陆佳妮）

■信息宣传 全年共出版《青浦总商会》双月刊6期。通过《青浦总商会》,传达有关政策文件,宣传企业家参与区域经济社会建设发展的亮丽风采和精彩人生。（陆佳妮）

综 述

2020年，青浦区各群众团体以习近平新时代中国特色社会主义思想为指导，全面把握两大国家战略，聚焦“四史”学习，坚定政治站位、扛牢政治责任，坚定信心，攻坚克难，在推进新型冠状病毒肺炎疫情防控和经济社会发展中作出重要贡献，为青浦实现全面跨越式高质量发展提供有力支撑。

区各级工会组织坚持以习近平新时代中国特色社会主义思想为指引，认真贯彻落实区委和市总工会决策部署，充分发挥工会组织在统筹推进疫情防控和经济社会发展中的重要作用，围绕中心、服务大局，着力加强思想引领、深化改革创新、服务职工群众、抓实自身建设，助推青浦全面跨越式高质量发展迈入现代化新征程。至年底，区总工会下辖街镇总工会11家，委、局工会30家，区属公司工会7家，行业工会8家。年内，青浦区获评全国劳模2人，上海市劳模18人、上海市模范集体5个、上海工匠2人。

团区委紧扣区委战略部署，进一步加强政治引领、提升服务能级、强化基层建设，坚定信心、攻坚克难、善作善成，团结带领广大团员青年在统筹推进新冠肺炎疫情防控和经济社会发展工作中贡献青春力量、展现青春担当。至年底，全区共有团组织1320家，团员13522人，其中“两新”团组织365家，专、兼职团干部2162人，覆盖团员3540人。年内，获“全国抗击新冠肺炎疫情青年志愿服务先进个人”称号1人，1获2020年度“全国优秀少先队辅导员”称号1人，获2020年度“全国优秀少先队员”称号1人，获2020年度“全国优秀少先队集体”称号1个。13名团员青年获“上海市青年五四奖章”、优秀团干部、优秀团员等荣誉称号，10家团组织获“上海市青年五四奖章集体”“上海市红旗团委（团支部）”等荣誉称号。

区妇联坚持以习近平新时代中国特色社会主义思想为指导，紧贴形势、主动作为，团结凝聚全区妇女在参与青浦经济社会发展中贡献巾帼力量。年内，青浦区妇女儿童服务中心开始试运行，“蒲”公英亲子园正式对外运营。朱永华家庭获第十二届全国“五好家庭”称号，吴玉泉家庭、钱雪梅家庭获“全国最美家庭”称号，区妇联权益家儿部熊润群获全国“敬老爱老助老模范人物”称号。

区科协在区委领导下，在市科协指导下，紧紧围绕区委中心工作，广泛普及科学知识，传播科学思想，弘扬科学精神，持续强化“四服务、一加强”工作职能，支持培育科技人才，完善激励机制，发挥学术交流引领作用，进一步促进科协工作与经济、文化、生活融合发展，切实提高全民科学文化素质，为青浦实现全面跨越式高质量发展提供有力支撑。年内，区科协获2020年全国科普日活动“优秀组织单位”、上海市科普教育创新奖科普成果三等奖等荣誉称号。至年底，全区有国家级科普教育基地7家、市级科普教育基地15家、区级科普教育基地61家、科普示范村（居委）48家、科普村（居委）133家，科普志愿者2530人。

区文联以习近平新时代文艺思想为指导，深入学习贯彻习总书记关于做好文联工作的重要指示精神，提高政治站位，强化责任担当，充分发挥文联的组织优势和职能作用，团结带领区文艺工作者积极投身新时代伟大实践，以优秀的作品、优质的服务，展现新作为推动新发展，为繁荣青浦文艺事业，建设“上海之门”做出应有的贡献。至年底，区文联有个人会员65人、团体会员9个（作家协会、美术家协会、书法家协会、摄影家协会、音乐家协会、舞蹈家协会、民间艺术协会、曲艺协会和徐泾群文协会），协会会员总人数880人（其中国家级协会会员10人、市级协会会员112人）。2020年获市级奖项10人、国家级奖项1人。

区侨联围绕区委、区府中心工作，紧扣全年目标任务，在服务两大国家战略、建设“上海之门”、实现全面跨越式高质量发展目标下，坚持发挥优势、突出特色亮点，扎实推进侨联各项工作，为青浦区疫情防控、经济社会发展和提升服务基层治理能力贡献侨界力量。年内，配合做好市侨联换届人事及表彰各项工作，召开区侨联五届七次常委会议（视频会），选举产生上海市第十二次归侨侨眷代表大会代表。市侨代会上，青浦区2名侨界人士获上海市归侨侨眷先进个人，2名侨联干部获上海市侨联系统先进个人，区侨联获上海市侨联系统先进组织称号。

区残联认真贯彻落实区委、区政府和上海市残联工作指示精神，齐心协力，主动作为，以“抢”的意识、“拼”的勇气、“实”的作风、“善”的追求，紧紧围绕“全面建成小康社会，残疾人一个也不能少”工作核心，牢牢抓住“残疾人民生保障和服务需求”的主线，积极推进政策落实，寻求制度突破，强化措施保障，完成全年各项工作任务。

区红十字会坚持以习近平新时代中国特色社会主义思想为指导，认真贯彻党的十九大和十九届二中、三中、四中、五中全会精神，深入学习中国红十字会第十一次全国会员代表大会精神，按照群团改革要求，履行好红十字会法赋予的职责。年内，做好"防控新型冠状肺炎"专项捐赠接收工作，及时启动应急响应机制，开启捐赠通道，接收捐款数在全市各区红十字会中名列第一。区红十字会被评为"中国红十字会新冠肺炎疫情防控工作先进集体"，区红十字会机关党支部被评为"青浦区新冠肺炎疫情防控工作先进基层党组织"；区红十字会被上海市红十字会授予第三届中国国际进口博览会红十字志愿服务"特别奉献奖"集体奖。　（姜依霖）

5月19日，青浦、吴江、嘉善三地工匠劳模代表在东方绿舟共建"劳模工匠林"　（区总工会供稿）

青浦区总工会

■概况　2020年，全区各级工会组织坚持以习近平新时代中国特色社会主义思想为指引，认真贯彻落实区委和市总工会决策部署，充分发挥工会组织在统筹推进疫情防控和经济社会发展中的重要作用，围绕中心，服务大局，着力加强思想引领、深化改革创新、服务职工群众、抓实自身建设，助推青浦全面跨越式高质量发展迈入现代化新征程。

至年底，区总工会下辖街镇总工会11家，委、局工会30家，区属公司工会7家，行业工会8家（纺织、建筑、旅游、餐饮、物业、环卫、印刷、快递物流）。全区基层工会组织2036家（包括工会联合会），涵盖建会单位12458家，入会会员335008人，其中：单独建会1824家，会员221709人。

2020年，青浦区获评全国劳模（先进工作者）2人，上海市劳模（先进工作进）18人，上海市模范集体5个，上海工匠2人。　（朱建强）

■助力疫情防控　成立区职工群众疫情防控工作小组及5个专项工作组，制定《青浦区总工会关于全力推动做好本区新型冠状病毒肺炎疫情防控工作的实施方案》，向全区职工发出倡议书。区、街镇两级工会分批分次先后开展对疫情防控重点单位、重点行业一线职工的慰问和服务工作，走访企业750家（次），慰问职工10674人，向基层工会下拨疫情防控专项经费、防疫物资、慰问品合计590余万元。助推复工复产复市，排摸统计1674家企业，12.18万名外省市职工返沪上岗、隔离等情况的具体数据，形成《青浦区非公企业受新冠疫情影响情况调研报告》。拟定集体协商范本、"十问十答"实操手册、工作手册等，开展"疫情形势下的集体协商"专项培训，线上法律课堂培训职工2万人次。　（朱建强）

■思想引领　利用微信公众号"青浦工会"职工学堂平台推出系列讲座，广泛宣传党的十九届四中、五中全会精神。弘扬劳模精神、劳动精神、工匠精神，举办"榜样、力量、梦想"——2020年青浦区庆五一劳模工匠讲坛首场宣讲和"致敬！新时代领跑者"主题图片展等活动，制作"领跑者"微视频，拍摄《榜样、力量、梦想》劳动模范先进个人、集体宣传片，开发"走进劳模工匠"微信小程序。参与全国文明城区创建，面向广大职工发出"融入创文、冲刺创文"倡议书，开展"职工当先锋、齐心共创文"专场演出系列活动。　（朱建强）

■自身建设　激发职工岗位建功热情，举办"弘扬劳模工匠精神、争当绿色发展主力军"长三角生态绿色一体化发展示范区工建合作主题交流活动，在东方绿舟共同创建"劳模工匠林"，全域开展推进长三角生态绿色一体化示范区建设职工劳动和技能竞赛，组织实施第三届"凝心聚力进博会、建功立业创一流"立功竞赛活动。促进职工职业技能提升，成立"青浦工匠学院"，围绕提升产业工人技能素质与政府开展协商。助力脱贫攻坚决战决胜，下发《关于在全区工会组织中深入开展消费扶贫行动的通知》，会同区政府合作交流办共同举办"向脱贫攻坚一线建设者致敬"报告会。　（朱建强）

■深化改革创新　成立《深化新时代青浦产业工人队伍建设改革重点行动方案（2021—2025年）》《长三角一体化发展示范区产业工人队伍建设改革专项行动计划》编制工作领导小组，召开编制工作座谈会。开展"八大群体"（即货车司机、快递员、护工护理员、家政服务员、商场信息员、网约送餐员、房产中介员、保安员）职工建会集中行动，以区域为基础、行业为特色建立覆盖全域的工会联合会，练塘镇家政行业工会联合会覆盖长护险等七大群体服务人员，朱家角镇、夏阳街道分别成立文旅行业工会联合会，盈浦街道组建万达广场工会联合会。全年新建工会组织92家，吸收会员1.3万余人。　（朱建强）

■服务职工服务企业　保障劳动关系和谐稳定，发挥区、街镇两级多元预防化解协调劳动关系平台和职工维权服务网络作用，参与劳动争议调解1368件、提供法律援助3348件，为职工挽回经济损失近1.13亿元。扩大职工服务覆盖面，全年各级工会累计帮扶职工5300余人次，帮扶金额610万余元，统筹安排3500余名职工参加疗休养活动，补贴1万余名职工进行体检，新办会员卡1.2万余张。护航企业健康发展，组织开展9场"青优工享"助企发展活动。加强企业安全生产工作，发动3628个班组、6万余名职工参加市级"安康杯"竞赛活动，区、街镇两级工会开展"送清凉"，慰问企业、工地1473家，受益职工13万人，投入经费近530万余元。（朱建强）

■市总工会调研指导青浦工会疫情防控工作 2月6日，市人大常委会副主任、市总工会主席莫负春一行到青浦调研指导基层工会疫情防控工作。在书香门地美学家居公司，莫负春详细了解企业落实防控措施、应对疫情及复工遇到的问题困难等情况，听取基层一线对做好疫情防控、企业复工的意见和建议。区委副书记杨小菁，区人大常委会副主任、区总工会主席赵宏林陪同调研。（朱建强）

2020年青浦区总工会第五届委员会会议情况表

表16

会议时间	会议名称	出席范围	会议主要内容
3月27日	五届八次全委（扩大）会议	区总工会第五届委员会委员，各街镇党（工）委副书记	部署青浦工会2020年重点工作和助力企业复工复产复市有关工作，会上下发《青浦区总工会关于助力企业复工复产复市的工作方案》，发布2020年青浦工会服务职工实事项目20项
7月23日	五届九次全委（扩大）会议	区总工会第五届委员会委员，各街镇、委、局、区级公司工会主席及各行业工会主席	回顾总结上半年工作，部署安排下半年工作任务，成立"青浦工会职工志愿服务总队"，向广大职工发出《融入创文、冲刺创文》倡议书
7月22日	五届十次全委会议	区总工会第五届委员会全体委员	调整区总工会五届委员会委员、常委、常务副主席人选，区总工会党组书记陈阳当选为区总工会第五届常务委员会委员、常务副主席

（朱建强）

■庆"五一"劳模工匠讲坛宣讲活动 5月1日，"榜样·力量·梦想"——2020年青浦区庆"五一"劳模工匠讲坛首场宣讲活动在区会务中心举行。全国劳模、华东师范大学国际航运物流研究院院长、上海市工匠学院院长包起帆，全国五一奖章获得者、上海市劳动模范、上海金发科技发展有限公司产品研发中心技术经理、高级工程师孙刚分别以《不忘初心、牢记使命、乐于奉献》《铸造"大国新材"诠释"工匠精神"》为题宣讲。（朱建强）

■一体化示范区工会建设交流活动 5月19日，"弘扬劳模工匠精神、争当绿色发展主力军"长三角生态绿色一体化发展示范区工建合作主题交流活动在东方绿舟举行。活动上，上海市青浦区、江苏省苏州市吴江区、浙江省嘉兴市嘉善县三地劳模景区旅游服务一本通启用，三地中高职院校向劳模工匠代表颁发社会实践指导员聘书，三地工会与浙江清华长三角研究院、苏州信息职业技术学院、东方绿舟工会签约共建示范区劳模工匠创新成果展示基地。上海市总工会、浙江省总工会、一体化示范区执委会、浙江清华长三角研究院相关领导，青浦、吴江、嘉善三地工会，中高职院校的有关领导及劳模工匠代表参加活动。（朱建强）

■灵活就业群体行业工会建设 5月28日，区总工会在青浦万达茂广场举行"青浦区灵活就业群体行业工会联合会（联合工会）揭牌仪式"，成立盈浦街道万达广场工会联合会、练塘镇家政行业工会联合会、夏阳街道饿了么联合工会。盈浦街道总工会、夏阳街道总工会、练塘镇总工会主席为新入会会员发放工会会员卡。市总基层工作部、区总工会相关领导、各街镇工会干部及灵活就业群体行业会员代表参加揭牌仪式。（朱建强）

■"青优工享，助企发展"企业成长沙龙 6月18日，"青优工享，助企发展"企业成长沙龙启动仪式在阿特麦文化创意产业园举行。市商务委进博会协调处副处长陈海蓉以"如何调整企业发展战略，承接进博会溢出效应"为主题，阿特麦创意产业园副总经理胡铁跌以"传统制造业向文创产业转型之路"为主题分别作交流发言。区总工会领导班子成员，练塘镇、区人社局、经委、商务委分管领导，各街镇总工会主席及企业工会代表参加活动。（朱建强）

■区政府与区总工会联席会议 7月1日，2020年青浦区政府与区总工会联席会议在区直机关东裙楼三楼会议室举行。会议通报2019年区政府与区总工会联席会议议题落实情况、各街镇推进政府与工会联席会议情况和工会重点工作推进情况，审议并通过"关于进一步提升产业工人技能素质，服务全面跨越式高质量发展""关于将工会会员卡办理专项资金纳入政府预算""关于工会常态化参与劳动关系矛盾预防调处，维护疫情形势下劳动关系稳定"三项议题。联席会议成员单位，各街镇行政分管领导、工会主席参加会议。（朱建强）

■职工劳动和技能竞赛 7月28日，"弘扬劳模工匠精神、全力服务国家战略”——推进长三角生态绿色一体化发展示范区建设青浦职工劳动和技能竞赛启动仪式在区会务中心举行。上海市总工会党组书记、副主席黄红，中共青浦区委副书记杨小菁出席会议，青浦、吴江、嘉善三地工会领导及劳模工匠、职工代表参加会议。启动仪式上，市总工会、区委领导向三地10家劳动和技能竞赛参赛牵头单位代表授旗，向一体化示范区3家“劳模创新工作室”授牌，并为15位“青浦工匠”颁发2019年度“青浦工匠”奖杯。（朱建强）

■新时代青浦产业工人队伍建设改革 10月30日，区推进产业工人队伍建设改革领导小组召开深化新时代青浦产业工人队伍建设改革重点行动方案(2021—2025年)编制工作座谈会。会议部署《深化新时代青浦产业工人队伍建设改革重点行动方案(2021—2025年)》《长三角一体化发展示范区产业工人队伍建设改革专项行动计划》编制工作，区教育局、房管局、人社局、香花桥街道总工会分别结合各自职能，围绕推进产业工人队伍建设改革工作中的主要举措、“十四五”期间重点行动谋划及示范区三地联合联动情况作交流发言。编制工作领导小组成员单位分管领导、联络员，区总工会第五届委员会全体委员参加座谈会。（朱建强）

■“向脱贫攻坚一线建设者致敬”报告会 11月17日，区总工会会同区政府合作交流办共同举办“向脱贫攻坚一线建设者致敬”报告会。报告会上，云南省德宏傣族景颇族自治州梁河县检察院党组成员、派驻芒东检察室主任李科，盈江县财政局副书记郑永刚，青海省果洛藏族自治州班玛县扶贫开发局办公室主任李生福，灯塔乡仁青岗村第一书记王军，上海市青浦区农业农村委农田建设科科长(现援任德宏州陇川县沪滇办副主任)怀向军，上海市青浦区城运中心副主任(2016—2019年援任果洛州班玛县委办、县府办副主任)金伟先后作报告。区总全体班子成员，各街镇工会主席，委、局、区级公司工会主席，区总机关部室(文化宫)负责人，劳模先进代表和职工代表100余人参加报告会。（朱建强）

■党的十九届五中全会精神宣讲 12月17日，区总工会举行党组中心组扩大学习会，邀请区委党校副教授鲁家峰作题为《乘势而上，开启全面建设社会主义现代化国家新征程》学习党的十九届五中全会精神专题辅导讲座。区总领导班子全体成员，机关、文化宫全体工作人员参加会议。（朱建强）

共青团青浦区委员会

■概况 2020年，团区委紧扣区委战略部署，进一步加强政治引领、提升服务能级、强化基层建设，坚定信心、攻坚克难、善作善成，以更大的决心和勇气，团结带领广大团员青年在统筹推进新冠肺炎疫情防控和经济社会发展工作中贡献青春力量、展现青春担当。

至年底，全区共有团组织1320家，团员13522人，其中：“两新”团组织365家，覆盖团员3540人。有专、兼职团干部2162人。

年内，青浦区人民法院团委书记夏昊获“全国抗击新冠肺炎疫情青年志愿服务先进个人”称号，青浦区总辅导员潘美芳获2020年度“全国优秀少先队辅导员”称号，复旦五浦汇实验学校许钱晨获2020年度“全国优秀少先队员”称号，青浦区实验小学五(1)小蚂蚁中队获2020年度“全国优秀少先队集体”称号。13名团员青年获“上海市青年五四奖章”、优秀团干部、优秀团员等荣誉称号，10家团组织获“上海市青年五四奖章集体”“上海市红旗团委(团支部)”等荣誉称号。在全市共青团系统中率先号召广大团员青年投身疫情阻击战，发动3200余名青年组建42支青年突击队，招募775名青年志愿者重点在社区、高速道口、机场、入境人员集中留验点开展战“疫”工作，服务时长1.8万余小时。第三届“进博会”期间，共招募青年志愿者190人，在37个核心点位服务，共提供志愿服务49569人次，其中交通引导24118人次、信息问询17371人次、秩序维护5294人次、应急救助88人次、语言翻译394人次、其他服务2304人次。（邱 兰）

■“青生活·爱公益·乐志愿”青少年圆梦公益行动 1月13日，由团区委、区青联联合主办的“青生活·爱公益·乐志愿”2020年青浦区青少年圆梦公益行动在世界手工艺产业博览园举行。活动现场，对2019年度青浦区服务保障“进博会”8个优秀青年集体和8名优秀青年个人进行表彰，同时对佳信学校“百个心愿”进行交接。“青春青浦好伙伴”发展对象代表“世界手工艺产业博览园”执行总裁李峙晔和“恒星乐团”音乐总监翟鑫辰进行展示和再动员。团员青年代表通过诗朗诵《我们这一年》，展现2019年青浦青年向上向善的精神风貌，并通过新春送“福”和迎新运动会的形式表达青浦青

11月17日，“向脱贫攻坚一线建设者致敬”报告会青浦区专场会议举行（区总工会供稿）

年祝福2020的美好愿望和迎接新春的喜悦心情。团区委书记、区青联主席沈竹林在活动中致辞。共200余人参加活动,并欣赏“青春星光”公益音乐会。（邱　兰）

1月13日,由团区委、区青联联合主办的“青生活·爱公益·乐志愿”2020年青浦区青少年圆梦公益行动在世界手工艺产业博览园举行　（团区委供稿）

■**团区委全体会议**　3月26日,共青团上海市青浦区第五届委员会第九次全体(扩大)会议在区会务中心举行。会议传达区委五届九次全会精神、区统筹推进新冠肺炎疫情防控和经济社会发展电视电话会议精神及团市委十五届四次全会精神。团区委书记沈竹林在会上代表团区委常委会作《持续加强青年政治引领,为全面夺取疫情防控和实现经济社会发展目标双胜利贡献青春力量》工作报告,报告总结2019年青浦共青团工作,部署2020年的各项任务和重点工作。会议表彰10家2019年度青浦区红旗团组织和10家2019年度青浦区特色团组织,通过委员、候补委员卸职递补确认案,为离任的团干部代表颁发纪念证书。区委副书记杨小菁出席会议并作重要讲话。

8月6日,共青团上海市青浦区第五届委员会第十次全体(扩大)会议在区会务中心召开。会上,传达区委五届十次全会精神并解读《中共共青团上海市青浦区委员会党组关于贯彻落实区委五届十次全会精神实施方案》,通报《关于通报表扬青浦区新冠肺炎疫情防控工作先进青年集体、先进青年个人的决定》。专题部署2020年下半年青浦共青团工作。全区90余名团干部、团员青年参加会议。（邱　兰）

■**“青春青浦青年网络主播”座谈交流会**　4月26日,青浦区首批“青春青浦青年网络主播”(以下简称“青主播”)座谈交流会在梦空间·青浦区城市青年中心举行。会上,向首批11名“青主播”颁发聘书,随后与会人员就如何当好为“青主播”进行交流。（邱　兰）

4月29日,“绽放战疫青春·坚定制度自信·助力跨越发展”青浦共青团纪念“五四”运动101周年主题团日活动暨夏阳“悦讲堂”在梦空间·青浦区城市青年中心室外广场举行　（团区委供稿）

■**纪念“五四”运动101周年主题团日活动**　4月29日,由团区委、夏阳街道党工委和区青年联合会主办的“绽放战疫青春·坚定制度自信·助力跨越发展”青浦共青团纪念“五四”运动101周年主题团日活动暨夏阳“悦讲堂”在梦空间·青浦区城市青年中心室外广场举行。活动围绕“无祖国·不青春”“无信仰·不青春”“无奋斗·不青春”“无格局·不青春”“无组织·不青春”五个篇章进行,分别通过机场志愿者和返青留学生抗疫故事情景分享、抗疫医务青年和青年志愿者的现场访谈、创业青年和快递青年为梦想奋斗的青春分享、社会治理领域青年代表的主题分享、“青春青浦好伙伴”和“青主播”的首次亮相,展示青浦青年投身疫情防控、助力青浦跨越的青春担当,向“五四”献礼。活动采用线上直播方式进行。活动现场启动“青浦新发现”推广接力行动并发布青春大彩蛋之“五四”青春福利。团市委党组成员、市服保办主任周建军,区委副书记杨小菁,区委常委、副区长孙挺,区人大副主任胡海民,区政协副主席董永元等出席活动。与会领导向“青春青浦好伙伴”和青浦区抗击新冠病毒青年志愿者突击队代表颁发纪念证书。（邱　兰）

■**青春助力青东联动发展大讨论**　5月19日,青浦共青团学习习近平总书记“五四”寄语精神座谈会暨青春助力青东联动发展大讨论在西虹桥社区管理中心举行。会上，传达习近平总书记“五四”寄语及市委、团中央相关批示、会议精神。来自徐泾镇、重固镇、白鹤镇、赵巷镇、华新镇及“地区治理”项目组的青年干部代表，立足本职工作，围绕青东地区规划引领、社会治理、人居品质、产业发展、资源整合等方面依次交流发言，会上还为“青春助力青东联动发展青年突击队”授旗。青东联动发展“一办五组”成员单位团干部及团区委机关工作人员共计63人参加座谈会。（邱　兰）

5月19日，青浦共青团学习习近平总书记“五四”寄语精神座谈会暨青春助力青东联动发展大讨论在西虹桥社区管理中心举行（团区委供稿）

■网络直播新媒体工作培训　5月29日，团区委网络直播新媒体工作培训会在上海东方希杰商务有限公司召开。会上，参会人员集中参观东方购物公司的直播区、导播台等，观摩电视购物的直播现场。东方明珠新媒体股份有限公司团委副书记、东方购物主持人王惟甲，上海东方电视购物有限公司团委书记、东方购物资深采购张萌在会上向青主播们传授从小白到实战的直播经验以及选品的艺术到产品的实现等新型概念。各街镇团（工）委书记、青浦区融媒体代表、青主播、自媒体代表共计35人参加培训会。（邱　兰）

■“助力创全·百团攻坚”集中行动　7月19日，青浦共青团“助力创全·百团攻坚”集中行动暨青年志愿服务大放送活动在吉富绅广场举行。有关领导为“助力创全青年突击队”授旗，为团组织代表颁发《集中行动任务书》。现场开展义诊、“创全”知多少趣味竞赛。150名青年到2个社区的136家商铺开展发放倡议书、解读“创全”测评标准、清理楼道、清洁家园等志愿服务。同时，区属单位团组织，上善联盟成员单位团组织围绕“文明宣传”为青浦喝彩、“突击攻坚”为“创全”助力、“志愿服务”与公益同行三大任务开展“创全”服务。（邱　兰）

■青年助力全国文明城区创建主题活动　8月7日，2020年青浦区快递物流行业青年助力全国文明城区创建主题活动在圆通速递有限公司举行，来自申通、邮政、德邦、中通、顺丰、圆通、佳吉、百世、韵达、优速等10家快递物流企业快递小哥代表共同发出《岗位建新功，文明勇担当》倡议书，以实际行动为青浦创建全国文明城区贡献青春力量。会上，发布快递物流行业青年助力“创全”志愿服务项目，为疫情防控期间作出突出贡献的联盟企业青年突击队代表颁发联盟抗疫纪念证书。快递小哥代表分别就《携手战役路，我们一起拼》进行演讲。（邱　兰）

■少先队辅导员培训班　8月11—12日，青浦少先队学习贯彻习近平总书记贺信精神及第八次全国少代会精神专题培训班在东方绿舟度假村举行。团市委党组成员、市少工委主任、市总辅导员赵国强作《学好少先队光荣历史，贯彻好全国八少精神》专题讲座，他从少先队的思想发展史、工作推进史、自身建设史以及如何学习贯彻落实第八次全国少代会精神等维度出发，系统全面、生动深刻地回顾了少先队的光荣历史，对进一步推动青浦区少先队工作有很大帮助和启发。特邀全国少先队名师工作室主持人左丽华讲授《社区少先队新探索》以及《大队辅导员开门七件事》课程。毓秀学校、博文学校、徐泾第二小学代表分别作交流发言。全区各街镇团（工）委书记、学校少先队辅导员共68人参加培训。（邱　兰）

■“上善思政大讲堂”活动　9月1日，青浦区“上善思政大讲堂”开讲暨青浦区中学生共产主义学校、青浦区家庭教

9月1日，青浦区“上善思政大讲堂”开讲暨青浦区中学生共产主义学校、青浦区家庭教育研究指导中心揭牌仪式在朱家角中学举行。图为区委书记赵惠琴（左）作青浦区“上善思政大讲堂”第一讲（团区委供稿）

育研究指导中心揭牌仪式在朱家角中学举行。区委书记赵惠琴作青浦区“上善思政大讲堂”第一讲，与广大师生分享为什么要热爱党、拥护党，鼓励广大同学努力学习、茁壮成长，涵养爱党爱国爱家乡的情怀，立志当好青浦未来发展的建设者和接班人。活动上，青浦区家庭教育研究指导中心和青浦区中学生共产主义学校正式揭牌，并为青浦区“课程育人一体化建设”特聘专家颁发聘书。市教育卫生工作党委委员、市教委总督学平辉，团市委副书记上官剑，青浦区委副书记杨小菁，区委常委、副区长孙挺等出席活动。（邱　兰）

■青少年网络安全主题宣传活动　9月19日，团区委在梦空间·青浦区城市青年中心举办“聚力青春·守护安全”青浦区青少年网络安全主题宣传活动。活动面向青年家长和青少年（小学生）以亲子活动形式开展，邀请青浦公安分局网警详细讲解网络安全防范知识，从青年和青少年两个维度宣传网络安全实用方法，并结合青少年身边可能遇到的网络安全、个人隐私泄露等风险隐患，有针对性地教育引导青少年增强网络安全意识。活动特邀区中小学心理发展辅导中心老师开展亲子网络安全心理辅导，近30人参加。（邱　兰）

■“国旗下成长”活动　10月1日，“国旗下成长”——上海百万青少年庆祝中华人民共和国成立71周年升旗仪式（青浦专场）在青浦博物馆举行。仪式上，为升护旗手颁发“国旗下成长”荣誉证书，为少先队代表颁发纪念证书和赠书。仪式后开展各类亲子活动，让青少年们通过打卡、手工制作等多种沉浸式体验活动深入学习“四史”。全区国庆期间共有11个街镇、70所中小学开展升旗仪式，6万名青少年参加活动。

11月8日，青浦区消防救援支队联合团区委、区实验中学在青浦区消防救援支队盈浦消防救援站开展“国旗下成长”上海青少年升国旗暨爱国宣讲主题活动消防日专场。消防指战员代表结合爱国主义教育以及习近平总书记为国家综合性消防救援队伍授旗致训词两周年纪念主题进行宣讲，仪式结束后，青少年们参观了消防救援站的宿舍、学习室、消防车和队员们的训练科目展示，学习掌握消防安全知识。

（邱　兰）

■课题调研成果发布会　10月24日，“青春奋进·担当作为”青浦共青团助力青浦全面跨越式高质量发展课题调研成果发布会在区会务中心举行。会上，7个课题调研组围绕地区治理、经济治理、城市治理、社会治理、党的建设5个方面，从小处着手，开展生动的演绎，展现青年的青春担当。与会领导针对调研报告进行点评，为“我为青浦跨越做点啥”系列活动主题征文颁奖。区属单位团组织、上善联盟团组织负责人代表以及课题调研项目组全体成员共100余人参加活动。（邱　兰）

■“四史”学习　11月19—21日，青浦共青团“四史”学习教育专题培训班在上海政法学院举行。培训设置《青年马克思的20个瞬间》《习近平总书记关于青年工作的重要思想的论述》《中华人民共和国史、社会主义史与文化强国》《上海改革开放发展史》等专题讲座。各区属单位团干部、上善联盟成员单位团干部共60余人参加。（邱　兰）

■新媒体人员专题培训　12月24—25日，由区委统战部和团区委联合开展的青浦区青年新媒体人员专题培训班在区会务中心举办。培训设置红色理论课程“深入学习习近平总书记在浦东开发开放30周年庆祝大会重要讲话精神”、新媒体实操和运营课，前往新时代青浦奋斗精神主题教育馆和字节跳动上海分公司参观学习。（邱　兰）

10月1日，“国旗下成长”——上海百万青少年庆祝中华人民共和国成立71周年升旗仪式（青浦专场）在青浦博物馆举行　（团区委供稿）

青浦区妇女联合会

■概况　2020年，区妇联坚持以习近平新时代中国特色社会主义思想为指导，紧贴形势、主动作为，团结凝聚全区妇女在参与青浦经济社会发展中贡献巾帼力量。年内，青浦区妇女儿童服务中心开始试运行，“浦”公英亲子园正式对外运营。朱永华家庭获第十二届全国“五好家庭”称号，吴玉泉家庭、钱雪梅家庭获“全国最美家庭”称号，区妇联权益家儿部熊润群获全国“敬老爱老助老模范人物”称号。（董炜昱）

■思想引领　推出“巾帼学四史”“巾帼学妇运”等微专栏，掀起学习热潮。深化“建功‘十三五’、巾帼展风采”主题竞赛活动，评选表彰市、区城乡妇女岗位建功先进个人69名、集体58个，推进百家巾帼文明岗与结对单位签约共建。推出“与你E起过‘三八’”系列活动，引导妇女网上过节、宅家过节。开展“姐妹相约·网上过节”挑战答题活动，普及男女平等、反家暴等知识，10072人次参与。全年编印《青浦妇女》杂志6期，“青浦女性”微信公众号推文508篇。

（董炜昱）

■**组织阵地建设**　指导成立香花桥街道8090产业园妇联、张江云立方妇联，新建妇女微家24个，新组建司法局妇工委。妇女之家管理服务水平持续提升，获评市妇女之家示范点4个，获评市提高级妇女之家1个。妇女微家故事寻访项目落地实施，采集微家典型故事并微信展示11期，编印《微光》妇女微家故事集。组织微家互访，加强交流学习。引入专业社工力量，试点实施妇女之家议事提升项目，召开现场推进会观摩推广，发布"WOMAN说"青浦姐妹议事会标识。开展"进博'家'添彩"主题活动，在助力中心大局中提升妇联"家"阵地的显示度、贡献度。

（董炜昱）

9月19日，青浦区"浦"公英亲子园正式对外开放　　（区妇联供稿）

■**妇女权益保障**　加强婚姻家庭纠纷预防化解工作线下专窗建设，开设线上服务通道，年内，出具调解协议书70份，撰写案例8个，收到锦旗3面。联合举办婚姻家庭纠纷预防化解和《民法典》婚姻家庭编培训。推出"青云堂"等线上微法课17期，2万余人次观看。编印发放反家暴、未成年人保护、婚姻家庭保护系列口袋书。召开反家暴工作推进会，拍摄"我们在一起，向家暴说不"宣传片，成立"幸福荟"反家暴工作联盟。接待妇女信访、法律咨询、心理疏导513人次，走访高危家庭50户，招募维权志愿者82名。与区检察院签定《关于建立保护妇女儿童权益工作机制的实施意见》，组建"蓝丝带"维权志愿队伍。"知心妈妈"项目持续关注一直上访妇女，努力化解信访矛盾。

（董炜昱）

■**服务家庭**　开展家庭教育志愿服务，为320个社区家长学校提供家庭教育指导课程菜单。举办"重启梦想'童'创未来"儿童友好社区创建亲子游园和"跨·阅"亲子伴读活动，增强儿童对社区的认同感和归属感。举办"好书童享·为爱悦读"家庭亲子阅读复选活动，在市级决赛中2户家庭获"共读家庭"称号。举办"童声颂党恩·音韵树新风"纳凉晚会，培树儿童对党和国家的深厚情感。举办"幸福'家'年华"5·15国际家庭日暨家风家教主题宣传月活动和"扬青城文明家风·展上善生活风尚"家庭文化节暨"跨·乐"乡村艺术节，倡导家庭引领科学文明健康的时代新风。制作《爱在"疫"起》专题片，组织青、吴、嘉三地百户家庭线上合唱《听我说，谢谢你》，致敬医务工作者和社区志愿者。"上善好家风·传家助创全"项目以七大主题活动推动家庭文明建设，210户家庭参与。发出"百万家庭新时尚，健康生活我家行"倡议，倡导使用公筷公勺；开展"制止餐饮浪费，培养节约习惯"主题活动，厉行勤俭节约；联合举办"诵读红色家书，传承活动基因，争创先领家庭"宣教活动，引导党员干部建设廉洁家庭。补贴低保家庭儿童704名，向白鹤镇农村家庭赠送价值3万元书券。举办"伴你乘风破浪，共展'青'城之爱"自强中队夏令营活动，让困境家庭的孩子们感受社会各界关爱。

（董炜昱）

10月13日，区妇联举办"新女性，崛起'她力量'"青浦区女性创业创新论坛　（区妇联供稿）

■**服务妇女儿童**　推动两病筛查项目升级，经费标准由80元/人提升至160元/人，宫颈脱落细胞学检查项目更换为液基细胞检测项目，提高筛查效率。做好"姐妹情"保险组织发动工作，9.61万妇女参保，137人获理赔263.9万元。看望慰问困难妇女儿童250人，送上慰问金31.01万元。做好疫情防控期间孕产妇情况摸清工作，协调提供就诊绿色通道。推进儿童友好社区创建试点，健全完善“家校社”三位一体工作机制。赵巷镇、徐泾镇、盈浦街道创成首批市级儿童友好社区示范点。实施“爱心编织，为扶贫加温”和“百万家庭一线牵”行动，组织爱心人士编织毛衣围巾等，向新疆维吾尔自治区喀什、云南省德宏傣族景颇族自治州及本地困境儿童捐赠300余件，召开爱心妈妈座谈会，打造爱心编织工作品牌。（董炜昱）

■公益服务项目 公开征集妇女儿童家庭公益服务项目14个，围绕女性发展、维权关爱、家庭教育、组织建设等开展服务173次，覆盖2.7万人次。指导街镇实施妇儿家庭服务项目28个，开展公益活动240场次，1万余人次受益。利用妇女之家大联盟平台，以需求点单的形式为妇女之家配送课程资源。区妇女儿童服务指导中心依托市巾帼园项目资源开展针对妇儿家庭的公益服务项目，并为有需要的基层妇联提供活动场地。（董炜昱）

■规划编制工作 启动区妇儿发展“十四五”规划编制工作，通过调研座谈、发放问卷、网上大讨论等形式，广泛征集意见、建议；与智库合作，发挥高校专家组科研优势；就主要指标、策略措施及重大项目与成员单位进行沟通商议，并召集专家论证。做好区妇儿发展“十三五”规划收官工作，召开区妇儿工委全委（扩大）会，举办规划监测评估线上培训会，完成年度监测评估报告。（董炜昱）

■服务第三届“进博会” 实施“助力创文，服务进博，巾帼在行动”主题活动，发出“WOMAN一起来”倡议，引导妇女从“建功行、志愿行、风尚行、家园行”四方面入手，贡献巾帼智慧和力量。指导开展巾帼随手捡、志愿大放送活动各11场，1500余人次参与。（董炜昱）

6月28日，区妇联举办“巾帼力量，爱心助企”WOMAN齐发展—2020年长三角巾帼带货行动　（区妇联供稿）

■助力乡村振兴

举办5·15国际家庭日助农专场、参与青浦、吴江、嘉善三地巾帼集市特卖等活动，线上线下助销“妇”字号优质农产品。认定区第十六轮双学双比实事项目11个，带动妇女就业550余人，培训920余人次，创造经济效益960余万元。开展“乡村振兴‘她’先行·美丽乡村‘她’助力”项目，推广巾帼旅游路线，助力打造美丽乡村。完成区美丽庭院创建项目，开展“我眼中的美丽庭院”摄影比赛、风采展示，7000余人次观看，引导农村妇女投身美丽庭院建设。（董炜昱）

3月8日，区妇联联合区退役军人事务局通过无接触爱心专列，将护手霜、鲜花以及广大爱心家庭的心意赠送给医务工作者　（区妇联供稿）

■疫情防控 发出《让巾帼力量在抗疫路上持续迸发》倡议，推出“疫情防控·巾帼在行动”“这个春天，疫情防控一线的最美巾帼”等微专栏，发动各级妇联组织主动参与抗疫阻击战，全区5000余名妇联执委、7000余名巾帼志愿者及广大家庭积极投身疫情防控，各行各业女性捐款捐物支援抗疫。录制家庭抗疫宣传短片，文明家庭、“最美家庭”等先进代表呼吁广大家庭科学抗疫、守望相助。推出“我家的战疫日记”征集活动，展示家庭抗疫感人故事，传递必胜信念。组织开展“抗击疫情，亲子宅家成长行动”，开辟线上亲子活动阵地。组织收听收看市家庭教育系列讲座，提高家庭防控意识，掌握科学育儿知识。坚持每周定时为正在援鄂的医疗队员家庭送上不同种类的蔬菜水果。看望慰问为抗疫作出贡献的女医务工作者、女企业家、农业女带头人、巾帼志愿者等,送上鲜花、护手霜、抗疫物资等"娘家人"的关爱。组织发动"邻家妈妈"关注监护缺失儿童,为10名困境儿童提供手机解决上网课的困难,分发儿童口罩给迫切需求家庭。关心企业复工复产复销,推出长三角巾帼带货行动,举办爱心助企公益直播,推荐青、吴、嘉三地名优产品。"玫瑰讲坛"在疫情期间以云课堂形式提供家庭教育、礼仪修养、职场提升等课程。 (董炜昱)

■队伍建设 举办村居妇联干部培训班,提升妇联干部理论素养、专业水平和履职能力。依托市"妇女与发展"讲座,开展区妇联执委培训,共享大咖资源,提升履职能力。开展"四新"(即新领域、新业态、新阶层、新群体)领域妇联干部培训班,强化妇联组织间交流沟通,探讨资源联动模式。召开基层妇联执委参与社会治理工作现场推进会,推动执委进网格、进议事会、进业委会担当履职。做好本地区第四期中国妇女社会地位调查,完成样本村居的调查工作。排摸从事妇女工作满20年的工作者,发放光荣册和奖章,激励大家爱岗敬业、无私奉献。 (董炜昱)

青浦区科学技术协会

■概况 2020年,区科协在区委领导下,在市科协指导下,紧紧围绕区委中心工作,广泛普及科学知识,传播科学思想,弘扬科学精神,持续强化"四服务、一加强"工作职能,支持培育科技人才,完善激励机制,发挥学术交流引领作用,进一步促进科协工作与经济、文化、生活融合发展,切实提高全民科学文化素质,为青浦实现全面跨越式高质量发展提供有力支撑。区科协获2020年全国科普日活动"优秀组织单位"、上海市科普教育创新奖科普成果三等奖等荣誉称号。至年底,全区有国家级科普教育基地7家、市级科普教育基地15家、区级科普教育基地61家、科普示范村(居委)48家、科普村(居委)133家,科普志愿者2530人。 (张　峰)

■"科技战疫,创新未来——助力长三角生态绿色一体化发展示范区建设"——2020年青浦科技节开幕式举行

8月24日,2020年青浦科技节开幕式在区委党校举行。开幕式上,线上"长三角一体化示范区VR科普馆"开馆,由上海精测半导体技术有限公司生产的科技新品"半导体集成式膜厚测量机"首发。科普馆汇集三地24家科普基地,除了让市民进入虚拟化的展示空间参观外,还可以参与互动,观看在线视频、网络直播等,打造永不闭馆的VR科普馆。开幕仪式还特邀援鄂医护工作者代表、科技企业代表讲述科技抗疫故事,分享战疫力量。另外,为2019年度获评的8家院士专家工作站获授牌。 (张　峰)

■全力抓好科技战"疫" 大力开展线上科普宣传,通过"青浦科普"等微信公众号线上转发安全防"护"知识、科学常识辟谣等推文168篇,阅读量达1.1万人次;增设居家实验专栏,对接学校共同创作科学"宅"在家、战"疫"小实验等线上教学视频,丰富学生科学知识;在"青浦区抗疫情创新学习平台"开设涉及居家、居家隔离、饮食、出行、超市及企业等6个主题的《科学防控·战胜疫情》科普专栏;制作"疫情科普题库100题",并开展线上知识挑战赛,累计参与人数达1.5万人;强化部门协同推进,主动对接公安分局、市场监管局、卫健委、建管委、教育局等5家区级部门,联合制作并线上推送8期《科学普及·携手共行》系列微视频,累计阅读量达2.3万余人次;各街镇科协利用微信公众号发布科普推文共计717篇,累计浏览量达26.1万人次;并在27块显示屏上循环播放科普防疫视频。 (张　峰)

■推动长三角生态绿色一体化科技创新协同发展 布局科技部重大研究计划,积极开展青、吴、嘉三地青西湿地生态研究合作,推动上海师范大学环地学院院士(专家)工作站建设。长三角生态绿色一体化发展示范区湿地生态系统上海市野外科学观测研究站获批首个国家科技创新基地。会同吴江区科协、嘉善县科协,联合发布《科协赋能长三角一体化协同创新发展宣言》,大力开展科技创新合作交流,推动长三角一体化科技创新协同发展。组织近百家企业参加长三角生态绿色一体化发展示范区科协联盟年会、第三届长三角国际创新挑战赛青、吴、嘉示范区专场赛等系列活动。联合举办第二届长三角"科普动起来"家庭创新制作大赛,"玩转暑期科普一夏"长三角研学活动等,推动长三角科普服务联动推进和科普资源协同发展。依托上海政法学院经管学院(长三角发展战略研究院)引入丹麦、瑞士院士专家,以科技金融、金融发展与相关法律配套服务为导向,发挥海外智库作用,助力长三角一体化协同创新。 (张　峰)

8月24日,2020年青浦科技节开幕式在区委党校举行 (区科协供稿)

■科普基地建设 巩固全国科普示范区创建成果,打造具有青浦特色的“+科普”工作模式。成功创建科普示范村居3家、科普村居4家、科普基地6家。截至年底,全区科普示范村居达48家,科普村居达133家,科普基地达61家。推进“社区书院”建设,2个街镇获市级专项资助经费16万元,6个社区开展区级“社区书院”项目试点建设。持续推进科普宣传“六进”(即进学校、进课堂、进教师、进学生、进家庭、进社区),通过社区科普大学平台,配送各类课程115门,受益市民近4000人次。新建13台“科普之窗”,每月更新播放内容,平均每台每日播放8小时。积极指导相关单位申报市“科技创新行动计划”科普项目、市科协基层科普行动计划等。17个项目获区科普资助项目立项,资助金额共119万元。 (张 峰)

■系列科普活动 举办以“科技战疫,创新未来——助力长三角生态绿色一体化发展示范区建设”“决胜全面小康,践行科技为民”为主题的2020年青浦科技节、青浦区“全国科普日”系列活动,以营造创新文化氛围、开展特色科普活动、开放优质科技资源为重点,融合长三角一体化发展成果,弘扬科学精神,普及科学知识,促进科技创新和科学普及协调发展。在全区共开展各类科技、科普活动260余场次,覆盖全区300余个村居、61家科普基地,惠及市民40万余人次。举办上海国际自然保护周青浦专场活动,来自全市的70余组亲子家庭参加。每周二、四通过“青浦科普”微信公众号推送“小青稞讲科学”科普行动,邀请4位专业老师和10位志愿者录制30段科普音频,用声音传递科学力量。青浦区科协、金泽镇获中国科协通报表扬。 (张 峰)

■院士(专家)工作站建设 开展院士(专家)工作站绩效评估和分类管理,建立健全院士(专家)工作站规范化、制度化管理机制,提高院士(专家)工作站运行质量和管理水平。申报获批4家院士(专家)工作站,目前全区院士(专家)工作站达41家,其中院士站3家、专家站38家。继续加强科技攻关项目建设,开展院士(专家)工作站、企业产学研合作及科技人才引进与培训活动。完成立项院士(专家)工作站项目17项、海智人才项目1项,累计投入扶持资金116万元。 (张 峰)

■优化人才培育机制 依托全区各街镇科技工作者之家以及工业园区等基层科协,大力开展人才引进、人才培训活动,搭建多层次的人才成长服务平台。探索“互联网+”服务模式,开展“科技工作者之家”网上建家交友活动。围绕科技工作者的职业发展,做好继续教育和职称申报受理服务,助力科技工作者职业成长。开展知识产权等法律咨询服务,创新科技人物宣传机制,突出对基层一线和青年科技人才的宣传,优化人才成长和发展环境。开展企业科技人员职称继续教育培训项目,总计参与110人次。 (张 峰)

■学术交流 借助“一网通”等信息技术手段,完善现有20家区级科技类学(协)会建设管理,指导完成学会年检、行会脱钩等工作。鼓励各学(协)会积极开展学会咨询项目申报、业务学术交流和常态建设,促进学(协)会健康发展。立项涉及科技创新服务、科技咨询服务、学术交流研究、科技人才建设等领域的学会咨询重点项目16项,累计投入扶持资金32.7万元。另外,4个项目获上海市产学研合作优秀项目奖三等奖。 (张 峰)

青浦区文学艺术界联合会

■概况 2020年,区文联以习近平新时代文艺思想为指导,深入学习贯彻习总书记关于做好文联工作的重要指示精神,提高政治站位,强化责任担当,充分发挥文联的组织优势和职能作用,团结带领区文艺工作者积极投身新时代伟大实践,以优秀的作品、优质的服务,展现新作为推动新发展,为繁荣青浦文艺事业,建设“上海之门”做出应有的贡献。至年底,区文联有个人会员65人、团体会员9个(作家协会、美术家协会、书法家协会、摄影家协会、音乐家协会、舞蹈家协会、民间艺术协会、曲艺协会和徐泾群文协会),协会会员总人数880人(其中国家级协会会员10人、市级协会会员112人)。2020年获市级奖项10人、国家级奖项1人。 (戴朱慧)

■文艺创作 为加大对青浦历史名人故事的挖掘、宣传,区文联邀请本土著名作家、画家撰写、创作《夏瑞芳童年故事》绘画本,为2021年夏瑞芳诞辰150周年之际出版做好准备。助力青浦建设江南文化示范区,区文联将一批青浦以及部分江南地区的作者撰写的涉及江南地域的散文,按“江南风物”“江南性情”和“江南旅迹”三个篇章辑录成《最江南》散文合集,共50篇文章。《湖畔》全年出版5期约40万字内容,发表近300篇(首)小说、散文、诗歌作品。经过近三年的普查、登记、整理、撰写,包含70个青浦民间艺术项目的《艺苑掇英——青浦民间艺术项目名录》由上海文艺出版正式出版,为进一步做好青浦民间艺术传承工作奠定基础。 (戴朱慧)

■迎新春联欢活动 1月22日,由区文联主办的新春联欢会在青浦区工人俱乐部举行。区文联领导及全区文艺界人士100余人参加活动。 (戴朱慧)

■走访老艺术家 1月25日,区文联主席曹伟明、副主席盛玲芳走访王文耀、张自申、钱昌萍、舒明浩、李关清、王宣明和岑振平等7位青浦本土老艺术家,感谢他们为青浦文化发展做出的贡献。 (戴朱慧)

■区文联协会工作会议 5月8日,青浦区文联协会工作会议在区委党校召开。副主席盛玲芳布置文联相关工作,并就疫情常态化下做好下半年工作提出要求。各协会负责人交流汇报近期工作情况。各协会主要负责人参加会议。 (戴朱慧)

■文艺交流合作 5月初,由上海市青浦区、江苏省吴江区、浙江省嘉善县三家文联共同发起、创办,展示本地域历史人文、自然风土、民俗人情的文艺微信公众号“湖海边”上线。会上,三地文联联席会议商定,采取“线上+线下”的活动模式,率先推出青、吴、嘉摄影作品联展,通过三地摄影家的独特视角,聚焦江南,聚焦长三角生态绿色一体化示范区,展示青、吴、嘉的历史人文之魅、风土人情之美。组织区画家参加嘉善县委主办的“长三角‘元季四家’故里中国画作品邀请展”和江南水乡采风活动。上海市青浦区，江苏省苏州市吴江区、常熟市，无锡市锡山区，浙江省杭州市余杭区、富阳区，温州市平阳县，嘉兴市嘉善县八个区县文联共同参与。百幅艺术家的精品佳作同台展出，促进了艺术的交融，长三角文艺交流合作进一步扩大。（戴朱慧）

11月27日，由区文联主办、区舞协承办的“舞动新江南”2020青浦区原创舞蹈大赛决赛在区文化剧场举行（区文联供稿）

■两区文联学习交流活动 6月4日，市文联副主席、市作协副主席、浦东新区文联主席孙甘露一行6人到青浦区文联开展调研。区文联主席曹伟明简要介绍青浦区的经济文化艺术发展情况，区文联副主席盛玲芳介绍青浦区文联的工作开展情况。双方就其他相关工作进行交流。孙甘露对青浦区文联工作表示赞许和肯定的同时，希望两区文联继续加强文化交流，推进文联工作的开展。（戴朱慧）

■区文联理事会议 6月11日，区文联第二届理事会第四次会议在白鹤镇镇政府会议室召开。区文联副主席盛玲芳总结2019年文联工作及通报2020年工作计划。会上，审议通过青浦区第三届“文联文学艺术奖”作品拟获奖名单及奖励金额，审议通过区文联2019年度先进单位及先进文艺工作者拟表彰名单，审议通过区文联新增团体会员事项。区文联主席曹伟明对区文艺工作者提出坚持创新，形成品牌，加强联动、联络、联合、联盟、联手等要求。（戴朱慧）

■区文联会员采风活动 10月23日，为使区文联会员更好地了解乡村振兴和长三角生态绿色一体化发展战略并创作出更多有温度接地气的作品，区文联组织文联会员前往金山区枫泾镇和嘉善县姚庄镇进行采风活动。30多位会员参加采风。（戴朱慧）

■区文联文学艺术奖颁奖仪式暨“文联课堂”名家讲座 10月27日，区第三届文联文学艺术奖颁奖仪式暨文联课堂名家讲座在青浦区博物馆举行。活动共颁出文学艺术奖优秀奖作品10个、文学艺术奖提名奖作品16个、奖励资助作品1个。汪涌豪为与会者作《行旅中的唱诵——一个中国人眼中的欧洲文明与艺术》的讲座。市文联副主席、市文艺评论家协会主席、复旦大学教授汪涌豪，区文联主席曹伟明，区文联副主席盛玲芳及百余名青浦文艺界人士参加活动。（戴朱慧）

■“舞动新江南”原创舞蹈大赛 11月27日，由区文联主办、区舞协承办的“舞动新江南”2020青浦区原创舞蹈大赛决赛在区文化剧场举行。区文联领导及舞蹈爱好者百余人参加活动。10支参赛队伍进行角逐。（戴朱慧）

12月10日，由区文联主办、区美协承办的2020“丹青绘青浦”第四届青浦区美术作品大展在青渚美术馆开幕（区文联供稿）

■“丹青绘青浦”美术大展 12月10日，由区文联主办、区美协承办的2020“丹青绘青浦”第四届青浦区美术作品大展在青渚美术馆开幕，共展览市、区两级美术创作者100多幅作品。（戴朱慧）

■“艺·江南”展示活动 12月22日，由区委宣传部指导，区文联主办，上海中华印刷博物馆、上海曲水园承办，区绿化和市容管理局、盈浦街道办事处协办的长三角示范区“艺·江南”展览在上海曲水园开幕。展览通过现代数字技术的叠加应用等形式，诠释了江南文化的内涵，展示了江南文化的魅力。（戴朱慧）

青浦区归国华侨联合会

■概况 2020年,区侨联围绕区委、区府中心工作,紧扣全年目标任务,在服务两大国家战略、建设“上海之门”、实现全面跨越式高质量发展目标下,坚持发挥优势、突出特色亮点,扎实推进侨联各项工作,为青浦区疫情防控、经济社会发展和提升服务基层治理能力贡献侨界力量。 (孙艳丽)

■疫情防控 统一侨界思想和行动,参与疫情防控相关工作。通过发出一份号召、建立一个信息渠道、组织一次美术作品征集、举办一个捐赠仪式、发出一份爱心包等形式,为打赢防控阻击战贡献侨界力量。区侨界共捐款164.5万,捐物价值434.2万,征集并反映诉求10多件,共计向海外留学生发出爱心包380份。 (孙艳丽)

3月2日,青浦侨商企业抗击疫情捐赠仪式在区卫生应急指挥中心举行 (区侨联供稿)

■服务区域发展大局 引导海外、港澳社团紧抓长三角一体化契机,运用对接长三角金融产业园等平台,开展人才、金融引进等项目。海外团体“一带一路中意经济文化合作中心”成功入驻长三角一体化示范区金融产业园。举办对接长三角一体化高质量发展项目——“走进长三角,共享新机遇”主题活动。开展与浙江省湖州市、长兴县,江苏省苏州市吴江区侨联的互访与交流,促进工作联动、信息互通。与湖州市侨联、长兴县侨联签订友好合作协议。组织侨商参加江苏省苏州市昆山侨商大会。围绕服务保障“进博会”,动员侨资企业积极参展、采购;鼓励侨界企业发挥行业优势,为“进博会”电力设施、医疗急救、周边道路设施等提供保障;组织侨界志愿者队伍开展进博语言志愿服务、交通秩序维护、环境美化等行动。 (孙艳丽)

2月15日,首个海外“同心书屋”——德国勒沃库森市立图书馆中文图书角启用开幕庆典举行 (区侨联供稿)

■参政调研 在区政协五届四次全会上,区侨联提交4件集体提案及社情民意,其中《打造可阅读、有温度的城市大客厅——对青浦环城水系公园建设的几点建议》作为政协全会大会发言,2件提案被评为年度优秀提案。2020年,侨界共提交提案11件、社情民意25件。开展《我区基层侨联组织参与社会治理实践与思考》课题调研。11月11日,召开侨界人士参政议政座谈会。 (孙艳丽)

■实事服务 实施同心项目,举办“名医面对面”医疗咨询活动,开展国内和海外三个书屋捐赠工作。通过“三节送温暖”“五必访”、关爱侨界空巢老人等工作,加强日常及重要节点走访慰问。开展“2020年侨界新年帮困送温暖工作”,共计对52名帮困对象送出帮困资金2.6万元。落实好敬老节帮困、归侨

侨眷困难家庭定期补助项目工作。开展新一轮街镇侨联与律师事务所结对工作。（孙艳丽）

■新侨工作 加强新侨调研，排摸全区范围内海外侨胞、留学生情况，开展《最近海外华人华侨及留学人员回沪情况》和《侨联范围内在海外的留学人员情况》调查摸底。共梳理排摸出回国留学人员788名、在海外留学人员376名。加大团结凝聚，关心留学人员在海外生活及归国探亲留学生的近况，做好暖侨心、树信心工作。6月16日，举办"情暖端午·侨系你我"留学生端午节活动。（孙艳丽）

■基层组织建设 开展示范街镇侨联创建和中国侨联"侨胞之家"建设，徐泾镇侨联成功创建上海市示范街镇侨联，夏阳街道"侨之家"荣获全国侨联系统优秀"侨胞之家"。推进社区末梢侨界组织覆盖及新侨组织在街镇的覆盖，成立徐泾徐安第二社区"侨之家"，建立"盈浦街道新侨驿站"。制定《2020年各街镇统战工作责任清单(新侨驿站建设清单)》，将新侨驿站建设纳入年度对街镇统战工作考核指标。（孙艳丽）

■自身建设 根据区委统一部署，接受第一巡察组巡察，开展自查及整改。配合做好市侨联换届人事及表彰各项工作，召开区侨联五届七次常委会议(视频会)，选举产生上海市第十二次归侨侨眷代表大会代表11名，推荐委员4名。市侨代会上，青浦区2名侨界人士获上海市归侨侨眷先进个人，2名侨联干部获上海市侨联系统先进个人，区侨联获上海市侨联系统先进组织称号。区侨联兼职副主席谢松峰获上海市"白玉兰纪念奖"。举办2020侨联干部培训班，邀请市委党校教授唐珏岚作《习近平总书记关于全面建成小康社会重要论述》主题报告。全年召开五届十二次、十三次、十四次、十五次主席会议，年中召开五届八次常委会议。（孙艳丽）

青浦区残疾人联合会

■概况 2020年，青浦区残联认真贯彻落实区委、区政府和上海市残联工作指示精神，齐心协力，主动作为，以"抢"的意识、"拼"的勇气、"实"的作风、"善"的追求，紧紧围绕"全面建成小康社会，残疾人一个也不能少"工作核心，牢牢抓住"残疾人民生保障和服务需求"的主线，积极推进政策落实，寻求制度突破，强化措施保障，完成全年各项工作任务。全年开展"四史"学习教育主题活动13场。

至年底，共有持证残疾人24439人，其中年内新增752人。按类别统计：视力残疾2197人、听力残疾2962人、言语残疾170人、肢体残疾14197人、智力残疾2084人、精神残疾2460人、多重残疾369人。按镇(街道)统计：金泽镇4282人、练塘镇3665人、朱家角镇3191人、白鹤镇2552人、华新镇2326人、香花桥街道1826人、盈浦街道1376人、赵巷镇1365人、徐泾镇1406人、夏阳街道1417人、重固镇1033人。按户籍统计：农业户籍人口10668人、非农业户籍人口13771人。按性别统计：男性11847人、女性12592人。处于就业年龄段的有7150人，占持证残疾人总数的29.26%。（陆晟靖）

■疫情防控 1月28日，区残联召开疫情防控工作专题会，部署疫情防控各项工作。2月初，响应区委组织部号召，组织年轻干部到社区一线携手抗"疫"。机关支部全体党员帮助结对社区(盈浦街道盈港社区)开展疫情防控工作。疫情期间，区残联领导班子走访部分困难残疾人家庭、扶残涉农经济组织和残疾人集中就业企业，为他们送上防疫物资。广大残疾人干部、残疾人工作者及残疾人纷纷走入社区，携手抗击疫情。双残家庭出生的医护人员范陈戈奔赴武汉一线抗击疫情，区残联两次上门走访，送上党和政府的关心和慰问。（陆晟靖）

■领导调研 2月28日，区人大常委会副主任胡海民来区残联就疫情防控及2020年残疾人工作开展调研。4月7日，区委书记赵惠琴、区委副书记杨小菁到青浦区扶残涉农经济组织——上海聚彩种苗有限公司(暨青浦竹博园)调研。4月15日，市残联党组成员、副理事长刘骏到青浦区调研疫情期间残疾人康复工作。5月20日，市残联副理事长莫彬彬到青浦区开展疫情影响下特殊困难残疾人家庭走访探视专项行动暨残疾人事业"十四五"规划调研活动。8月5日，区委副书记杨小菁、各群团组织主要负责人到区脊髓损伤者希望之家进行实地考察。12月22日，区委常委、组织部部长蒋仁辉到区残联调研；12月24日，副区长金俊峰到爱心商店调研指导工作。（陆晟靖）

■"十四五"规划编制工作 3月初，区残联通过《阳光》报等载体广泛征求意见、建议。8月26日，组织各街镇、专门协会召开青浦区残疾人事业"十四五"发展规划征求意见会，广泛听取意见、建议。12月25日，组织市残联有关处

6月12日，区残联"四史"学习教育动员部署会召开（区残联供稿）

室、区残工委有关单位专家参加青浦区残疾人事业"十四五"发展规划编制专家论证会，为青浦区残疾人事业"十四五"发展建言献策。（陆晟靖）

■助力创建全国文明城区 2020年是青浦区创建全国文明城区的冲刺迎检年、决战决胜年，区残联全体工作人员主动投身"创全"志愿者工作中，为青浦"创文"贡献力量。（陆晟靖）

■助残周系列活动 5月，在第三十次全国助残日期间，区残联领导班子成员分组走访慰问22户困难残疾人家庭及青浦区实验幼儿园（特教班）、青浦区辅读学校、青浦区初等职业技术学校。组织开展线上"云"活动，会同区文旅局、青浦图书馆联合开展0—7岁残障儿童阅读礼包赠阅活动，覆盖全区180户残障儿童家庭，积极营造扶残助残的浓厚氛围。（陆晟靖）

■扶残涉农经济组织推进工作 4月16日，召开扶残涉农经济组织年度考核工作会议。6月5日，召开青浦区扶残涉农经济组织帮扶工作业务会，详细解读《关于进一步完善农村困难残疾人劳动增收帮扶工作的通知》操作细则等，布置扶残涉农经济组织帮扶政策调整阶段的工作安排。6月11日，举办青浦区扶残涉农经济组织帮扶工作培训班。7月15日，实地走访部分扶残涉农经济组织，了解工作开展情况。（陆晟靖）

■组织开展残疾人健康体检 年初，通过摸底调查、体检意向征询，梳理出有体检需求的人员名单。5月，在做好疫情防控的前提下组织全区11个街镇的12491名残疾人参加健康体检，其中为435名重度残疾人进行上门体检，实现残疾人健康体检全覆盖。（陆晟靖）

■全国特奥日活动 2020年7月20日是第十四次全国特奥日，今年的主题是"参与特奥、促进健康"。全区11个街镇的阳光家园举办了形式多样的主题活动，累计参与300余人。（陆晟靖）

■青浦区残疾人就业帮扶基地揭牌 7月22日，位于海盈路257号的青浦区残疾人就业帮扶基地揭牌，今后将作为青浦初等职业技术学校中职班学生的一个实训基地，定期开展实习、实训，同时作为各街镇"三阳"（即阳光基地、阳光之家、阳光心园）机构、专门协会的学习活动基地。（陆晟靖）

■残疾预防日主题宣传活动 8月25日，区残联在吾悦广场开展主题为"残疾预防，从儿童早期抓起"第四次全国残疾预防日主题宣传活动。（陆晟靖）

■组织收看"《民法典》与残疾人"网络直播讲座 8月28日，区残联组织全体干部职工、各街镇残疾人工作者和广大残疾人共同收看由上海市残联官方微博线上直播的"《民法典》与残疾人"为主题的讲座活动。（陆晟靖）

7月22日，位于海盈路257号的青浦区残疾人就业帮扶基地揭牌（区残联供稿）

■走出家园看青浦活动 9月，区残联结合疫情防控相关要求，以各专门协会为单位分批组织全区750名残疾人参观游览"环城水系公园"及在残疾人就业帮扶基地开展体验咖啡、奶茶以及甜点的DIY制作活动。（陆晟靖）

■"阳光家园"建设工作现场推进会 10月22日，区残联在重固镇阳光家园召开青浦区"阳光家园"建设工作现场推进会。通过交流，进一步推进"阳光家园"规范化、专业化建设。（陆晟靖）

■"一网通办"推进工作 11月7日，区残联召开"一网通办"区级残联事务受理工作动员部署会。明确"一网通办"工作各项要求及残疾人办理相关业务的流程和所需资料等。11月26日，组织各科室工作人员开展"一网通办"电子证照调用学习培训，进一步掌握流程，提升残疾群众办事的便利度和满意度。（陆晟靖）

■热线手语视频服务赋能基层工作推进会 11月11日，青浦区召开热线手语视频服务赋能基层工作推进会。副区长金俊峰出席会议并讲话。会议对全区热线手语视频服务赋能基层工作做了部署，通过手语视频服务，进一步为听障人士提供更全面、更便捷、更优质的服务和保障。（陆晟靖）

■"读书·与国同梦"2020年上海市残疾人读书系列活动 11月20日，由上海市残疾人读书指导委员会主办，各区残疾人联合会、上海江东书院承办的"读书·与国同梦"2020年上海市残疾人读书系列活动闭幕式暨颁奖典礼在上海图书馆多功能厅举行。青浦区残疾人读书会分别在征文、书画、视频、摄影等项目中获10项团体和个人奖项，青浦区残联获优秀组织项目奖。（陆晟靖）

■走访青年残疾人骨干 12月初，区残联领导班子成员分组走访青浦区部分青年残疾人骨干。深入了解青年残疾

人骨干的工作情况和思想动态，提升青年干部参与残疾人事务的决策和管理能力，为全区残疾人事业发展贡献中坚力量。（陆晟靖）

■残疾人专用机动(电动)轮椅车年检 12月17日，青浦区全面开展2020年度残疾人专用机动(电动)轮椅车查验工作。通过集中查验、上门验车等方式，完成残疾人机动(电动)轮椅车查验工作，共查验车辆172辆。（陆晟靖）

3月5日，上海达尔威贸易有限公司捐赠仪式在青浦区红十字会举行（区红十字会供稿）

青浦区红十字会

■概况 2020年，青浦区红十字会坚持以习近平新时代中国特色社会主义思想为指导，认真贯彻党的十九大和十九届二中、三中、四中、五中全会精神，深入学习中国红十字会第十一次全国会员代表大会精神，按照群团改革要求，履行好红十字会法赋予的职责。全年完成2019年人道救助基金、少儿基金帐户审计和公示。（杨　柳）

■“防控新型冠状肺炎”专项捐赠接收工作 做好“防控新型冠状肺炎”专项捐赠接收工作。及时启动应急响应机制，开启捐赠通道；在区疫情防控工作指挥部统一部署下，与相关部门加强联系合作；加强捐赠款物使用管理，定期公示捐赠和使用情况。共接收捐款1560.72万余元，其中上交上海市红十字会157.09万余元，定向捐助区卫健委等单位1403.63万余元；接收捐赠物资54批次，总价值约480余万元，接收捐款数在全市各区红十字会中名列第一。区红十字会被评为“中国红十字会新冠肺炎疫情防控工作先进集体”，区红十字会机关党支部被评为“青浦区新冠肺炎疫情防控工作先进基层党组织”。（杨　柳）

■服务第三届“进博会” 区红十字会对“进博会”城市文明志愿者开展现场初级急救培训；对AED安装单位进行救护知识技能培训；向社会招募2名“进博会”红十字志愿者，参与展会现场红十字应急救护志愿服务。区红十字会被上海市红十字会授予第三届中国国际进口博览会红十字志愿服务“特别奉献奖”集体奖。（杨　柳）

■加强长三角一体化合作 上海市青浦区、江苏省苏州市吴江区、浙江省嘉兴市嘉善县三地红十字会签署《长三角三地红十字会合作框架协议》，共同参与“2020年第三届进博会安全保障暨长三角一体化示范区综合应急演练”；多次与吴江区、嘉善县红十字会开展参观学习交流。（杨　柳）

■应急救援 区红十字会在各类人群中广泛开展群众性现场初级急救培训，共培训救护员964人，普及培训8891人、讲座培训8407人。与区级机关党工委、区卫健委联合，启动红十字应急救护培训进机关活动，到街镇开展救护培训督导和AED安装情况检查，推进救护队伍建设。通过分期开展区红十字救护师资教研活动，召开红十字救护师资年度注册考核会，举办区红十字救护队、应急救援队复训班，提升实操能力。组织1万余名会员、志愿者参加“抗击新冠肺炎疫情暨红十字应急救护知识竞赛”，区红十字会获单位组织一等奖。（杨　柳）

6月10日，青浦区、吴江区、嘉善县红十字会签署《长三角三地红十字会合作框架协议》（区红十字会供稿）

■慈善募捐 全年共募集人道救助款物858.37万余元。全年为23户突发火灾和因病致贫困难家庭发放帮困款约24.99万元；“六一”节前后，为全区74名参加少儿住院互助基金的大病、重病儿童和区红十字医院住院患儿发放慰问金12.64万元;“敬老日”期间,为全区226名90周岁以上社区困难重度失智老人、70周岁以上遗体捐献志愿者和区红十字护理医院住院老人发放慰问款物约7.46万元;为“明旸法师帮困助学暨困难家庭青少年健康关怀项目”23名帮困对象发放助学金、牛奶卡5.8万元;为区内特殊血友病患者发放医疗救助金,并将其列入“千万人帮万家”迎春募捐帮困活动对象。（杨 柳）

■社区服务 举办基层干部培训班暨“博爱家园”建设工作会议,进行总结部署和表彰授牌。到部分村居开展“博爱家园”建设工作调研与评估验收,重固镇、白鹤镇通过上海市红十字会“博爱家园(街镇)”复评,新命名31个“博爱家园(居村)”,完成13个村(居)新建红十字服务站验收工作。加强对冠名红十字医疗机构的调研指导,开展专项清理;召开冠名医院红十字工作评估暨医疗卫生机构红十字团体会员单位会议,对区内2家冠名红十字医院开展评估考核。（杨 柳）

■区领导调研红十字工作 2月8日,区委常委、区纪委书记、区监委主任王翔到区红十字会调研,了解抗疫物资捐赠情况并慰问机关干部。2月13日,区人大副主任陶夏芳到区红十字会调研,了解抗疫捐赠款物接收、发放、上缴等工作进展情况。2月25日,区委副书记杨小菁到区红十字会调研,了解抗疫捐赠进展情况及年度重点工作安排,肯定区红十字会在抗疫工作中的贡献。3月27日,区委组织部部长蒋仁辉到区红十字会调研组织建设等工作情况,了解困难问题并提出工作建议。11月26日,区委常委、副区长孙挺到区红十字会调研,了解抗疫捐赠等工作情况,就推进红十字工作向纵深发展提出新要求。（杨 柳）

■关爱孤儿健康成长 1月19日,青浦区社会各界与全区孤儿迎春座谈会在凯博休闲农庄举行。区红十字会常务副会长俞赞红,区民政局、妇联、团区委、总工会、工商联、慈善基金会青浦分会等相关单位负责人与全区孤儿一同参加。相关单位为5名孤儿送上新年红包。5月24日,区红十字会与市慈善基金会·青浦“放飞希望”专项基金在金泽工艺社联合开展“六一”节主题活动,相关单位为孤儿、准孤儿发放慰问金和大礼包。（杨 柳）

■自身建设 按照区委部署开展“四史”学习教育,开展纪念“七一”建党99周年活动;召开“不忘初心、牢记使命”主题教育总结会、党建工作暨党风廉政建设工作会议;配合市、区审计局做好抗疫捐赠专项审计;参加街道“创全”志愿者巡查,党员积极参加社区入户知识宣传、环境清理等志愿服务活动,助力创建全国文明城区。区红十字会机关党支部被评为2016—2019年度“三星”机关党组织达标单位。（杨 柳）

■区红十字会理事会会议 7月9日,区红十字会在区直机关532会议室、区直机关东裙楼三楼会议室分别召开第四届常务理事会第三次会议、第四届理事会第四次会议。会议调整区红十字会第四届理事会理事、常务理事;审议通过《青浦区红十字会四届四次理事会工作报告》;通报2019年青浦区红十字会人道救助基金收支情况。区委副书记杨小菁出席会议并讲话。区红十字会全体理事参加会议。（杨 柳）

■交流合作 9月24日,江苏省苏州市红十字系统干部到重固镇红十字服务总站、重固镇泉山社区居委会红十字服务站实地考察,探讨社区服务等工作。（杨 柳）

■募捐帮困活动 春节前夕,开展“千万人帮万家”迎春募捐帮困活动,慰问全区困难家庭中肿瘤病患者、麻风病致残者、精神病患者、遭遇意外灾害生活困难者、各种因病致贫家庭中患者和“居家重度失智困难老人人道救助项目”中部分特困老人。区红十字会常务副会长俞赞红走访慰问朱家角镇、盈浦街道困难家庭3户;区红十字会与区总商会在各街镇联合举办“同心善行,服务社会”——青浦区工商联(总商会)企业家真情传递捐赠仪式,慰问中山医院青浦分院住院肿瘤病人、区精神卫生中心住院病人和赵巷镇红十字护理院老人。活动共发放帮困款129.6万元、帮困物资约1.92万元,帮困1961人次。（杨 柳）

■“5·8”世界红十字日宣传活动 “5.8”世界红十字日期间,开展线上宣传活动,在《青浦报》上刊发专版,与“绿色青浦”APP合作开展挑战答题活动,共1.1万余人参与;区红十字会选送的小视频获上海市红十字会主办的“申活新姿势”科普短视频大赛优秀短视频奖。（杨 柳）

■造血干细胞捐献 通过召开工作会议、开展知识讲座,推进造血干细胞捐献工作,与团区委、东方绿舟、上海政法学院联合举办造血干细胞捐献志愿者招募活动。区委常委、副区长孙挺慰问青浦区第19例、第20例造血干细胞捐献实现者。全年全区招募造血干细胞捐献登记志愿者327人,实现捐献2例。全区累计造血干细胞捐献志愿者4693人,实现捐献20例,其中二次捐献2人。（杨 柳）

■关怀社区困难失智老人 进一步规范“为社区重度失智困难老人配送护理用品项目”管理,加强协调合作、严格项目审核、开展实地督导;举办6期社区居家老年介护普及培训班,共培训335人。全年共为1216位失智困难老人配送护理用品,累计服务10524人次,发放护理用品价值141.5余万元。（杨柳）

■结对帮扶 全年共为云南省红河哈尼族彝族自治州、德宏傣族景颇族自治州,新疆维吾尔自治区克拉玛依市等地的困难群众、困难学生捐款捐物约686.6万元,创历史新高。“华群公司云南帮困助学项目”所有资金发放完毕,5年间共资助学生500余人次,发放助学金20万元。（杨 柳）

■遗体、器官捐献 开展遗体(角膜)捐献登记志愿者“夏日送清凉”慰问活动和遗体捐献实现者线上缅怀活动,共慰问遗体捐献志愿者388名,发放慰问品价值约4万元。慰问90周岁以上遗体捐献志愿者15名,发放慰问金0.45万元。区红十字会通过网络、报刊、微信等媒介宣传器官捐献工作。全年全区填写人体器官捐献自愿书70人,实现者30人。全区共有遗体捐献志愿者543人,实现者88人。（杨　柳）

■慰问活动　6月1日,区委常委、副区长孙挺到赵巷镇走访慰问大病儿童家庭2户。“六一”慰问活动期间,区红十字会慰问全区参加少儿住院互助基金大病、重病儿童和区红十字医院住院患儿。活动期间,共为74名儿童发放慰问金12.64万元;“敬老日”期间,区、镇两级红十字会走访慰问区内90周岁以上社区重度失智困难老人和部分70周岁以上遗体捐献志愿者;区红十字会慰问区红十字护理医院住院老人,参加区老龄委在桥梓湾广场主办的敬老日大型咨询服务活动。共为全区226名老人发放慰问款物约7.46万元。（杨　柳）

■夏令营活动　8月20日,区红十字会与青浦景泰进修学校联合举行暑期红十字青少年科普实践活动,全区93名红十字青少年参加活动,增强了对红十字精神理念的认同感。（杨　柳）

■“世界急救日”挑战答题活动　“世界急救日”期间,与“绿色青浦”APP联合开展“学急救,护进博”挑战答题活动,共8千余人次参与。（杨　柳）

■少儿基金管理　召开青浦区少儿住院互助基金管委会扩大会议,做好2020学年少儿基金宣传、收费、登记等工作。全年全区共有155家单位参加少儿住院互助基金,参加人数共92063人,参加率达97.86%,共收到交费近1257.85万元,其中低保减免530人、减免近7.04万元。（杨　柳）

综　述

2020 年，全区政法系统以习近平新时代中国特色社会主义思想为指导，以第三届“进博会”安保工作为主线，推动疫情防控、风险防范等各项工作措施和责任落实，确保全区社会大局稳定和城市公共安全。

公安青浦分局遵循“对党忠诚、服务人民、执法公正、纪律严明”总要求，以第三届“进博会”安保工作为主线，落实疫情防控、风险防范等各项措施，确保社会大局稳定。公安工作满意度位列全市第六，较上年上升一位。

区检察院坚持以人民为中心的发展思想，围绕“稳进、落实、提升”工作主题，全力服务经济社会发展，持续深化队伍专业化建设，推动刑事、民事、行政和公益诉讼“四大检察”齐头并进，先后获“第六届全国文明单位”“第七届全国先进基层检察院”荣誉称号，各项工作取得新的发展。全年共受理移送审查逮捕嫌疑人 1469 人，批准逮捕 1283 人；受理移送审查起诉案件 1604 件 2442 人，向法院提起公诉 1420 件 2097 人。

区法院坚持问题导向、效果导向，抓重点、补短板、强弱项，统筹推进疫情防控、审判执行和司法服务保障，各项工作取得新的进步。全年共受理各类案件 42649 件，结案 42656 件，法官人均结案 380.86 件，同比增加 14.47 件。94.16% 的案件一审即息诉，六成审判质效核心指标位居全市基层法院前列。年内，区法院获评“2020 年司法宣传和通联工作先进单位”，商事审判庭获评“上海法院内设机构集体二等功”，审判监督庭获评“上海法院内设机构集体三等功”，司法警察大队获评 2020 年度上海法院“模范警队”。

区司法局全面贯彻落实习近平法治思想和中央、市、区全会精神，以疫情防控为首要政治任务，主动将司法行政工作融入长三角一体化建设，加快推进平安青浦、法治政府和基层法治建设，全面提速公共法律服务效能，全力助推青浦全面跨越式高质量发展。年内，与吴江区司法局、嘉善县司法局联合成立长三角一体化示范区联合人民调解委员会。

区武装系统坚决贯彻党中央、中央军委和习主席决策部署，认真学习贯彻党的十九届五中全会精神，持续深化习近平新时代中国特色社会主义思想和强军思想的学习，深入推进“不忘初心、牢记使命”和“传承红色基因、担当强军重任”两项主题教育。服务主战和应急准备扎实推进，落实警备区赋予的配合部队演练行动国防动员任务，成立专项机构，强化组织领导，先后召开国防动员任务部署会和任务推进会。认真抓好民兵整组，扎实开展专攻精炼，人武部被警备区评为“军事训练先进单位”。牵头组织驻区部队的疫情防控，主动为地方提供防疫物资，先后累计出动民兵 1.6 万余人次支援地方防疫抗疫，抽组 212 名民兵圆满完成服务保障”进博会”任务。国防动员和兵员征集基础夯实，深入抓好国防动员潜力调查，广泛开展国防教育宣传，开展“奋进新时代、聚力强军梦”第 20 个全民国防教育日宣传活动，高质量兵员征集工作走深走实，人武部被评为“征兵工作先进单位”。

区民防办坚决贯彻落实习近平新时代中国特色社会主义思想，深入推进落实全国第七次人民防空会议精神，各项工作取得新进步。做好区域性疫情防控和文明城区创建工作，开展全区民防工程安全大检查和退出序列工程隐患排查整治，整组人防专业民兵队伍，对接市防办人民防空方案体系，全力配合东部战区部队行动演练，优化行政执法营商环境，严格规范复工复产工作审批事项，网上办结率 100%，协调长三角一体化人防训演练科目任务对接，打响城市临战和异地疏散“两场战争”演习。

（姜依霖）

公　安

■概况　2020 年，青浦分局遵循“对党忠诚、服务人民、执法公正、纪律严明”总要求，以第三届“进博会”安保工作为主线，推动疫情防控、风险防范等各项工作措施和责任落实，确保社会大局稳定。公安工作满意度位列全市第六，较上年上升 1 位。

打击刑事犯罪。全年破刑事案件 2708 起，比上年减少 5.4%。破获部督“2002・1・13”劫车杀人案、“1999・3・25”故意杀人案等多起积年命案，连续 10 年保持命案全破。“入民宅盗窃”“入室盗窃”案件共破获 109 起，破案率分别为 100%、94.0%，比上年分别增加 19.9%、24.8%。

整治治安顽症。部署开展“除小恶、治小乱、破小案、清隐患”专项行动，对可能滋生“黄赌毒”及其他违法犯罪、治安隐患区域加大排查整治力度。全年共查处各类涉黄涉赌案件 414 起，其中刑事案件110起,行政案件304起;查处寻衅滋事类案件379起。

强化交通安全管理。依托青浦区“1+5+8”(“1”即成片区域整治,“5”即五大区域性问题,“8”即八大易发事故行业领域)安全综合整治,提升大人流、大车流管控能力。落实交通违法“电子警察”监控设备全覆盖建设工作,完成119套违法停放、76套行人非机动车、167套复合型电子警察建设。开展“减量控大”“严扫净保”“青净”等行动,处理各类交通违法行为102万余起,查获酒驾醉驾857起,道路交通事故死亡人数比上年减少14.9%。

提升政务服务水平。对标2020年“一网通办”改革攻坚提升年的定位,坚持以“让群众有满意感和让民警有获得感”为目标,积极推进“一网通办”“政务公开”,切实为办事群众提供优质服务。全年通过“一网通办”统一受理平台收到各类申请件183件,通过“有无违法犯罪记录系统”,开具《有无违法犯罪记录证明》24526件。

推进全国文明城区创建工作。落实全国文明城区创建的“对标、达标、夺标”工作,完善15个路口管理“一点一方案”,采取基层警力、机关增援警力叠加的方式,提升路口见警率、管事率。开展文明养犬宣传20余场次,发放宣传资料1.5万余册,收容流浪犬5209只。持续加强网吧安全管理,对全区52家网吧(含3家电子阅览室)开展检查320家次,对7家网吧因未落实场内巡查制度等问题进行行政处罚。

激发队伍活力和战斗力。落实“不忘初心、牢记使命”主题教育长效机制,开展“四史”学习教育。开展“基层政工干部优秀工作法实例”征集活动,围绕政治练兵、基础法律知识练兵、“智慧公安”、应用练兵等项目,组织全局民警、辅警在线学习和考试。组织全局454名青年民警参加全警实战大练兵比武竞赛活动。落实医学知识讲座、健康义诊等活动;先后举办“六一”亲子、重阳节陪伴户外行等30余次主题活动;组织开展足球、篮球等多个项目的比赛;以“基层所队那些事儿”“青年志”系列品牌为载体,通过内外宣传多种平台,挖掘、收集、展示全警执法执勤过程中的先进事迹和暖心故事。 (项婧妍)

■第三届“进博会”安保工作 总结前两届“进博会”安保经验,调整安保策略,部署分局602名警力至15个专业工作组和8个安保责任区,现场落实“人证审核关口前移”“两道过滤线防护”“测温验证一体化”3项疫情防控措施。自10月24日起,实施“国展中心”核心全封闭管理,明确人、车通行规则,每日在安保警戒区周界部署安保力量实施值守和巡逻警戒,对21个重点部位、区域叠加落实防控措施。优化场馆内部监控系统,确保覆盖16个展厅、22个出入口、3个天桥和2个地下通道。在7平方公里范围内设置交通管制区域和全方位部署无人机反制力量。

(项婧妍)

■疫情防控工作 青浦分局全年累计投入民警、辅警2.8万余人次开展口岸检疫工作,检查车辆194万余辆次、船舶1万余艘次、人员457万余人次;妥善处置体温异常人员142人,劝返车辆6000余辆次、人员1.1万余人次;办理青昆、青嘉吴跨区域通行证1670张。完成3套高速卡口感知设备和18个等外道口营房建设。自7月27日起,对全部入境来沪人员实施“7天集中隔离健康观察+7天居家隔离健康观察”,累计完成居家隔离人员38888人。打击哄抬物价、制售假药劣药、医用卫生材料以及扰乱正常医疗秩序等违法犯罪活动,查破涉疫案件20起,抓获违法犯罪嫌疑人28人。 (项婧妍)

■智慧公安建设应用 青浦分局推动视频算力提升、网络态势感知平台三期、无线通信(ELTE)等项目建设。搭建及完善可视化运维系统和“城运系统道路交通管理子系统(IDPS系统)”,实现对道路承载总量、重点问题车辆、突出隐患道路的精准计算和分析。推进一线执勤执法辅助系统等11个系统升级,开发自助式中台手机轻应用“视综助手”,服务民警开展基层警务工作。

(项婧妍)

■扫黑除恶专项斗争 青浦分局组织开展“六清行动”,打击处理带有“恶势力苗子”的9类违法犯罪团伙70个,抓获犯罪嫌疑人329人;破获“套路贷”案件3起,刑事拘留27人。同步建立“涉黑涉恶案件通报制度”“‘行业清源’提示函制度”等工作机制,确保扫黑除恶工作长期常态化推进。

(项婧妍)

■建设长三角生态绿色一体化 青浦分局与浙江省嘉兴市、江苏省苏州市公安局签订《长三角生态绿色一体化发展示范区警务合作工作协议》,与上海市金山区以及浙江省嘉兴市嘉善县、江苏省苏州市吴江区公安机关签订“四方协议”,会同吴江、嘉善公安机关探索构建“一个平台、三条通路、六大板块、二十八项措施”机制,并牵头组织召开“长三角区域一体化发展示范区警务合作会议”。深入推进“长江

12月10日,2021年青浦公安工作务虚会召开 (公安青浦分局供稿)

流域非法捕捞”专项行动，依托“行刑衔接”机制，成功侦破非法出售珍贵、濒危野生动物案6起。（项婧妍）

10月22日，长三角一体化示范区警务合作会议召开（公安青浦分局供稿）

■平安青浦工作 青浦分局把“违法犯罪接报”“电信网络诈骗既遂案件”等16个项目纳入平安青浦工作体系。将重点安全防范、社会治理体制机制建设和基础性建设同时纳入青浦区“‘幸福社区’创评工程”以及“市域社会治理试点”等重点工作中，系统解决社会治理虚化问题，全区安全感指数测评发布由一年两次调整为一年四次，充分发挥预警提示功能，引导督促各街镇找准社会治理、治安防范短板，调整工作重心。（项婧妍）

■创建“三反”宣教室新平台 青浦分局针对电信网络诈骗、裸聊敲诈勒索、家暴类警情多发的情况，建立“反电诈、反裸聊、反家暴安全防范体验课堂”，分局各派出所专门设立“‘三反’宣教室”，上墙防范宣传标语，选取案例视频资料滚动播放。邀请当事人前来接受宣传，实现“上课一堂、触动一次、教育一生”的效果，防止当事人再次受到不法侵害，或者再次实施家暴。（项婧妍）

■防阻电信网络诈骗 青浦分局利用疫情防控期间全区防疫力量入户访查的契机，叠加开展以防范电信网络诈骗为重点的防范宣传工作，全面推广赵巷派出所“防骗知识送‘货’上门”工作法、沈巷派出所“朱永华微信工作法”，确保宣传工作立体化、全覆盖、无间断。9月1日起，正式搭建“反诈中台”，组织警辅力量建立反诈专班，接收、流转预警5200余起，连续保持100%预警见面率，4个月内通过预警主动发现电信网络诈骗案件57起。电信网络诈骗案件接报数比上年同期减少58.3%，接报既遂数比上年同期减少22.3%。（项婧妍）

■推进“掌上警务” 4月，青浦分局创建微信公众号“淘社区”。该社区具备“社区互动”“防范宣传”“社区公告”“事件上报”等模块，根据疫情实际，开发社区健康码、配送到家等服务，将提供线索、矛盾化解、防范宣传、城运管理、服务群众等功能一体集成。年内，注册人数已达4.4万余人，占辖区总人数的60.24%。（项婧妍）

5月8日，民警入户宣传电信诈骗防范知识（公安青浦分局供稿）

■宣传警营故事 青浦分局以“基层所队那些事儿”“青年志”系列品牌为载体，通过宣传会、微博、微信等多种平台，挖掘、收集、展示全警执法执勤过程中的先进事迹和暖心故事，树立全局民警良好形象。“进博会”期间，联合市委政法委制作3部“进博外传”系列短视频，邀请媒体记者采访报道青浦公安护航进博风采及破获典型诈骗案例，展示青浦公安专业、高效、智慧的形象。全年共推出各类专题简报21期，聚焦组图29期；发布微博、微信1900余条，阅读量超过9600万；制作《青浦警坛》电视专题栏目10期。（项婧妍）

■完善暖警工程 全年青浦分局组织开展高温慰问、节前慰问，走访因公牺牲民警、历年病故民警（职工）家属，因公负伤（伤残）民警，离休干部，患病或家庭生活困难的在职民警、辅警和离退休人员等共计445人。夏季高温天气、春节期间，对参与监所全封闭管理及机场防疫岗位的民警、辅警和内部工作人员家属，开展“感谢有你——向节日坚守岗位的战友致敬”主题走访慰问活动。（项婧妍）

■侦破"1·13"故意杀人案(积案) 2002年1月13日13时40分许,青浦分局接报,方松公路西侧一池塘内发现一具男尸,经现场勘查和尸检,确认被害人系他杀,即立案侦查,囿于当时条件未能破案。2020年5月8日,青浦分局在市局有关部门的指导下,先后在四川省成都市、江苏省苏州市抓获犯罪嫌疑人张某峰(男,49岁,河南省郑州市人)、孙某军(男,50岁,河南省沈丘县人)。经审讯,2名犯罪嫌疑人交代因生活拮据,于2002年1月12日晚结伙窜至青浦区赵巷镇,以言语威胁、榔头敲打头部的方式对被害人秦某实施抢劫,并将其杀害的犯罪事实。该案的侦破工作在2020年度"刑警803破案奖"评比中被评为"银奖"。 (张凯开)

■侦破"7·25"MMK数字币投资为名网络诈骗案 7月25日,青浦分局接报一起投资理财诈骗案,被害人俞某辉(女,54岁,上海市青浦区人)通过"红太阳核心技术微信投资交流群",下载"MMK"数字货币投资APP,被骗人民币567.6万元。分局即成立专案组开展侦查。经查,作案人员采用"虚拟货币投资"模式和新型虚拟货币与虚拟货币交换协议(法币)等洗钱模式,骗取被害人俞某辉钱财。7—9月,专案组先后在福建省、四川省、山东省、广东省等多地,抓获高某(男,24岁,湖南省常德市人)、邱某杰(男,54岁,台湾省人)、景某鹏(男,39岁,湖北省广水市人)等犯罪嫌疑人91人,带破案件500余起,涉案金额3000余万元,并成功劝阻潜在被害人50余人,避免经济损失400余万元。该案的侦破工作在2020年度"刑警803破案奖"评比中被评为"铜奖"。 (张凯开)

■侦破"6·22"职务侵占案 6月22日,青浦分局获取线索,上海展华投资管理有限公司旗下一私募产品净值波动异常,涉嫌金融犯罪,即成立专案组。经查,犯罪嫌疑人李某阳(男,29岁,上海市黄浦区人)系上海展华投资管理有限公司员工,自2019年12月起,利用职务便利,多次操纵基金账户在盘后大宗交易中以"高买低卖"的方式将基金账户内股票对倒至近亲属账户,致使其他投资人基金产品净值亏损110余万元,其近亲属账户获利80余万元。7月17日,专案组抓获犯罪嫌疑人李某阳。该案的侦破工作在2020年度上海经侦系统"经济犯罪案件侦查破案精品案例"评选中被评为"铜奖"。 (张凯开)

■查处难人酒吧为提供、从事营利性为目的的陪侍提供条件案 10月28日,青浦分局在工作中发现,华新镇"难人酒吧"存在为营利性陪侍提供条件的违法行为。经查,该酒吧营业时间为每日12—21时,男性顾客进入酒吧需支付30元入场费,女性顾客无需支付入场费。男、女客人进入酒吧后,女性客人通过暴露衣着、主动搭讪等吸引男性客人进行跳舞,每首舞曲女性客人向男性客人收取20元陪侍费。该酒吧在明知场所内存在盈利性陪侍情况下,提供兑换零钱等服务。分局根据《娱乐场所管理条例》对"难人酒吧"处以停业整顿3个月的行政处罚。该案的侦破工作被评为2020年度"上海治安部门十佳精品行政(治安)案件"。 (张凯开)

检 察

■概况 2020年,区检察院坚持以人民为中心的发展思想,围绕"稳进、落实、提升"工作主题,全力服务经济社会发展,持续深化队伍专业化建设,推动刑事、民事、行政和公益诉讼"四大检察"齐头并进,先后获"第六届全国文明单位""第七届全国先进基层检察院"荣誉称号,各项工作取得新的发展。 (徐 梦)

■严惩各类涉疫犯罪 依法办理各类妨害疫情防控的刑事案件,对非法经营防疫物资、以防疫之名实施诈骗等案件快捕快诉。办理的全市首例涉疫妨害公务案,入选全市检察机关依法办理涉疫案件典型案例,被"中央政法委长安剑"微信公众号予以转发宣传。 (徐 梦)

■构建示范区检察战疫矩阵 联合江苏省苏州市吴江区院、浙江省嘉兴市嘉善县院出台涉疫犯罪惩治、诉讼服务、涉法涉诉矛盾化解等6项协作举措,细化公益诉讼线索共享等10条服务内容。实行示范区检察案件远程"协办制",就危险驾驶、民事监督等多起案件互为开展跨区域取证、异地权利义务告知等办案工作,确保疫情防控和检察办案两不误。 (徐 梦)

■下沉检力投身志愿服务 主动选派干警加入青浦区"抗击新型冠状病毒志愿者突击队",组建5个对口支援小组投身高速道口、社区村居、集中隔离点和境外人员留验点等战疫一线,累计参与志愿活动400余人次。积极发挥党员先锋模范作用,党组成员带头前往集中隔离点参加志愿服务,层层压紧压实在职党员志愿报到制度,实现全院党员

2月28日,区检察院开展"守好上海西大门,共护示范区家园"防疫志愿者行前动员 (区检察院供稿)

社区报到率100%。 （徐　梦）

■严惩各类刑事犯罪 全年共受理移送审查逮捕嫌疑人1469人，比上年下降34.1%。批准逮捕1283人，比上年下降24.9%；受理移送审查起诉案件1604件2442人，比上年分别下降11.9%和7.6%，向法院提起公诉1420件2097人，比上年分别下降16.2%和11.1%。依法惩治人民群众反映强烈的电信诈骗、侵犯公民个人信息等犯罪，对涉案金额达950余万元的刘某某等46人特大电信网络诈骗案提起公诉，办理的征某某、王某某保险诈骗案入选上海市检察机关惩治金融犯罪典型案例。严惩职务犯罪，共受理区监察委移送案件6件7人，决定逮捕3件3人，提起公诉5件6人。 （徐　梦）

5月14日，区检察院、区教育局、区妇联关于"一号检察建议"落实暨未成年人保护工作推进会在区检察院召开 （区检察院供稿）

■未成年人检察保护 牵头建立《侵害未成年人案件强制报告制度的实施意见》，形成司法保护、行政保护、社会保护责任闭环，推动"一号检察建议"落地见效。全年共对全区7000余名未成年人开展法治教育，以讲座、视频、漫画和微电影等多元形式进行普法，联合区教育局、区妇联打造"青苹果'上善'云课堂"系列，通过"青浦检察"微信公众号向全区150余所中小学、幼儿园推送防疫、防性侵等主题课程。 （徐　梦）

■法治优化营商环境 严惩危害民企权益犯罪，依法办理导致上市物流企业损失3000余万元的合同诈骗案等案件。加强涉企案件立案监督，运用调查核实权保护企业合法权益、引导合法合规经营，办理的一起涉民营企业立案监督案件被最高人民检察院列为指导性案例。强化知识产权司法保护，办理的殷某某等人特大销售假冒注册商标商品案，被中国外商投资企业协会优质品牌保护委员会评为"2019—2020年度知识产权保护十佳案例"。 （徐　梦）

■助力维护社会安全稳定 打好扫黑除恶专项斗争收官战，共起诉央督001号案等恶势力案件12件40人，圆满完成线索清仓、案件清结等"六清"行动任务。认真贯彻中央和最高人民检察院关于反洗钱工作的要求，对70余件帮助网络信息犯罪案件提起公诉，涉案金额共1.1亿余元，切实维护国家安全和金融安全。加大春节、全国"两会"和"进博会"等重大节点的涉检稳控力度，主动落实检察长接访、包案等制度，推进涉检信访积案化解，全年共处理群众来信来访来电691批次。 （徐　梦）

9月29日，青浦、吴江、嘉善检察机关举办长三角生态绿色一体化发展示范区"创新·融合——检察协作'三城记'"活动 （区检察院供稿）

■检察一体化 联合吴江区院、嘉善县院统筹推进环淀山湖生态保护检察专项行动、检察数据共享等七项行动，有序开展青、吴、嘉检察长论坛等三项活动。依托示范区执委会创新工场平台举办"创新·融合——检察协作'三城记'"活动，发布《长三角生态绿色一体化发展示范区检察工作制度创新蓝皮书》，上线运行全国首个跨两省一市基层检察机关的专用数据通道，打造青、吴、嘉检察机关惠企半小时服务圈、道交案件检察协同机制和青、吴、嘉生态渔业资源检察保护等精品协作成果，均入选示范区执委会一体化制度创新和改革举措典型案例，推动检察一体化从项目协作向制度创新转变。 （徐　梦）

■保障"进博会" 持续畅通会展案件办理"绿色通道"，联合"国展中心"派出所开展提前介入、追赃挽损等工作，帮助展商挽回各类经济损失50万余元。主动梳理会展案件特点和规律，通过制发检察建议、法律风险提示函推动主管部门堵漏建制，联合区文旅局、公安治安支队等对场馆周边区域开展检查，筑牢安全屏障。组建检察官智囊团至小咖云、亿铎生物等参展企业讲授专题法治课，参与迎进博辖区寄递渠道交通消防协调会，向10余家物流企业宣讲安全生产领域典型案例，为"进博会"提供精准的法治服务。（徐　梦）

深化刑事诉讼监督　加强立案、侦查和审判监督，对应当逮捕而未提请逮捕的、应当起诉而未移送起诉的，追捕到案66人、追诉到案55人；向各地相关法院提出、提请刑事抗诉11件；对法律适用、规范诉讼行为等问题，向司法、执法部门制发纠正违法通知书、检察建议100余份；办理的杨某某侵吞1000余万医保金的立案监督案被提名为全市检察机关优秀侦查监督案事例。

（徐　梦）

民事检察　全年共受理各类民事检察监督案件37件，制发检察建议17份，不断提升监督质效。加强对合同纠纷、民间借贷等民生案件监督，依职权对12起虚假诉讼案件监督立案，依法提出再审检察建议，着力促进社会诚信体系建设。探索重大、疑难、复杂民事监督案件听证工作，先后邀请人大代表、律师等参与民事监督案件听证10余起，进一步提升司法公信力。（徐　梦）

行政检察　全年共向相关部门、街镇制发行政检察建议29份，积极推进行政争议实质性化解工作，与区法院、司法局等单位加强联动，构建"监督＋支持""听证＋化解"的工作模式，主动搭建行政执法部门及当事人的沟通桥梁，成功化解各类行政争议案件19起。开展涉企非诉执行案件专项监督，探索建立污染防治领域检察监督机制，推动行政检察穿透式监督理念落地落实。

（徐　梦）

公益诉讼检察　全年共制发诉前检察建议43件、磋商告知函32件，发布民事公告5件，提起刑事附带民事公益诉讼2件。加强国有财产保护，对服刑人员等违规领取低保金问题，向相关部门制发诉前检察建议8件，有效终止不当发放并追回部分低保金。加强生态环境资源保护，对农田耕地使用等问题启动公益诉讼诉前程序，以"检察蓝"守护"生态绿"。（徐　梦）

全面从严治党　形成廉政风险问题清单，统筹推进落实整改，构建逐级传导、层层落实的从严治党责任格局。把党建工作落实情况纳入院部考核评价体系，完善"三会一课"、主题党日、组织生活会等基本工作制度，压实党建工作责任制。加强政治理论学习，用好"学习强国"平台推进"党建先领"行动，开展"好学支部""我学我秀"等系列活动，到嘉兴南湖中共一大纪念馆进行"学四史"系列主题教育，进一步提高干警政治素养。（徐　梦）

全面从严治检　严格落实"三个规定"，做好过问或干预、插手检察办案等重大事项记录，共累计填报重大事项及情况记录61件，筑牢司法办案"防火墙"。加强案件流程监管，确保司法办案全程留痕，共开展各类案件质量评查724件，对退回补充侦查、认罪认罚不诉等案件开展专项评查，把好案件质量"生命线"。加强警示教育，定期通报违反中央八项规定精神的典型案例，抓好节假日廉政提示等日常管理，营造风清气正的检察氛围。（徐　梦）

提升核心素能　培育"上善实谈"人才培养品牌，通过访谈、论辩、授课等形式，开展政治理论、党性教育、案例研讨、检察实务等实谈，通过示范区检察一体化平台联合开展岗位练兵联训，提升干警核心业务能力，1名干警在全国检察系统业务竞赛中荣获标兵称号。打造"青溪检语"检察理论研究论坛，先后在《中国检察官》等期刊上发表文章20余篇，承接最高人民检察院应用理论等3项课题。（徐　梦）

文化育检　秉持"上善、守正、唯实、和谐"的青浦检察精神，持续加强精神文明建设，成功获评第六届全国"文明单位"。成立"青莲"志愿先锋队，全院党员干警和35周岁以下青年干警均为全国志愿服务信息系统平台注册志愿者，先后参与全国文明城区创建、爱心助学、无偿献血等志愿活动，形成"怀善心、为善行、成善人，滋养检察蓝"志愿文化。积极培育先进典型，通过新媒体和"身边人身边事"电子期刊等平台，宣传干警在疫情防控志愿服务、社会治理等方面的先进事迹，展示检察队伍良好的精神风貌。（徐　梦）

依法接受人大监督　向区人大常委会专题汇报公益诉讼工作情况，向代表委员定期寄送《检察日报》，邀请人大代表参加检察开放日等视察活动30余人次，有效保障代表对检察工作的知情权、参与权和监督权。深化代表参与听庭评议、检察建议公开宣告，邀请代表出席不逮捕、不起诉案件公开听证等办案工作10余次，积极搭建多元监督平台，为代表深入了解检察工作、开展有效监督创造条件。（徐　梦）

主动接受社会各界监督　配合区政协开展界别协商活动，邀请政协委员出席检察机关服务"六稳""六保"、护航民企发展等活动。积极构建检察宣传矩阵，全年共发布原创微信160余条，播报微博700余条，参与拍摄法治宣传片80余部。打造"青检战疫""青苹果之家"等微信特色栏目，发布的防疫知识"顺口溜"微信文章被最高人民检察院录用推广，阅读量达10余万，青、吴、嘉检察机关"云办案"工作举措被《解放日报》刊登报道，有效提升检察工作的透明度和显示度。（徐　梦）

审　判

概况　2020年，区法院坚持问题导向、效果导向，抓重点、补短板、强弱项，统筹推进疫情防控、审判执行和司法服务保障，各项工作取得新的进步。全年共受理各类案件42649件，比上年增加6.89%；结案42656件，比上年增加6.81%。法官人均结案380.86件，比上年增加14.47件。94.16%的案件一审即息诉，六成审判质效核心指标位居全市基层法院前列。

2020 年青浦区法院集体获奖情况表

表 17

获奖单位	获奖名称
区法院	2020 年司法宣传和通联工作先进单位
商事审判庭	上海法院内设机构集体二等功
审判监督庭（审判管理办公室、研究室）	上海法院内设机构集体三等功
司法警察大队	2020 年度上海法院“模范警队”

2020 年青浦区法院个人获奖情况表

表 18

获奖个人	获奖名称
执行局倪鸿	全国法院办案标兵
司法警察大队夏昊	2020 年度抗击新冠肺炎疫情青年志愿服务先进个人
立案庭张璐	2020 年全国“两会”舆论引导工作先进个人
民事审判庭（环境资源案件审判庭）徐冬梅	第三届上海法院“十佳青年”提名奖
审判监督庭（审判管理办公室、研究室）俞向红	上海市先进工作者
办公室张胜熠	2020 年度全市法院司法行装条线疫情防控工作先进个人
西虹桥（进口博览会）人民法庭陈强	上海法院个人二等功
司法警察大队夏昊	上海法院个人二等功
刑事审判庭沈宝琴	上海法院个人三等功
立案庭张璐	上海法院个人三等功
民事审判庭（环境资源案件审判庭）张分	上海法院个人三等功
执行局赵晖晖	上海法院个人三等功
司法行装科张志飞	上海法院个人三等功
朱家角法庭刘燕	上海法院个人三等功
刑事审判庭段美玲	上海法院办案标兵
执行局顾月华	上海法院办案标兵
执行裁判庭韩燕	上海法院办案标兵
朱家角法庭邵霞	上海法院办案标兵
青东法庭陈薇	上海法院办案标兵
审判监督庭（审判管理办公室、研究室）周燕雯	2020 年度上海法院审判管理先进个人
西虹桥（进口博览会）人民法庭尹强	2020 年度全市法院信息工作优秀信息联络员
青东法庭王珊珊	2020 年度全市法院信息工作优秀信息联络员

（朱婷婷）

■依法惩治刑事犯罪 加大对非法集资、“两抢一盗”、涉食品药品安全等危害群众人身、财产安全犯罪的打击力度。审理青浦区首例高空抛物入刑案、侵犯通信自由案、消防责任事故案，保障社会公共安全。落实庭前会议、非法证据排除规则，完善认罪认罚从宽制度和刑事案件速裁程序，全年共审结认罪认罚案件 1248 件，占同期刑事案件的 88.95%。（朱婷婷）

■强化民生司法保障 全年审结各类民事案件 13724 件。妥善审理涉农村土地流转、三权分置、产业发展等案件，服务保障乡村振兴和脱贫攻坚。推进家事审判改革，建立家事调解、心理疏导、案后回访等制度，审理婚姻家庭、继承纠纷 1148 件。审理涉疫情劳动争议、房屋租赁和企业复工复产中的纠纷案件，引导当事人互谅互让、共克时艰。（朱婷婷）

■优化法治化营商环境 全年审结各类商事案件 12118 件。加大产权司法保护力度，规范查封、扣押、冻结措施，支持民营经济和中小企业发展。对标上海法院涉营商环境专项质效评估体系要求，推进随机分案、电子送达、无纸化立案等创新实践，减少商事纠纷化解的时间和成本。与辖区行政机关、工商联、行业协会、仲裁机构、人民调解组织合作，形成商事调解网格。完善市场主体退出机制，推动符合条件的执行不能案件及时转入破产程序，使一批“僵尸企业”通过破产途径有序退出市场，依法平等保护债权人的合法权益。（朱婷婷）

■推进执行攻坚 巩固“基本解决执行难”工作成果，推进执行长效机制建设，全年共执结案件 13197 件。其中，执结涉民生案件 2361 件，执行到位金额 9572 万元。严厉打击拒执行为，限制乘坐飞机、高铁、高消费等8513人次，纳入失信被执行人名单8398人次。落实网拍优先原则，网拍成交标的97件，累计成交额6.68亿余元。

（朱婷婷）

6月5日，长三角淀山湖生态修复基地揭牌仪式举行　（区法院供稿）

■**建设一站式多元解纷和诉讼服务体系**　健全特邀调解员和调解组织名册，加强对调解员的培训、指导和管理，发挥人民调解、行业调解、商会调解的诉前解纷作用。深化与区市场监督管理局、街镇、妇联、工会等机构协作，畅通与调解、仲裁、公证等程序对接，基本形成分层递进、繁简结合的一站式多元解纷机制。运用移动微法院、12368诉讼服务平台，为当事人提供诉讼指引、便民服务、纠纷解决等全流程、一站式服务。（朱婷婷）

■**完善新型审判监督体系**　健全随机分案为主、指定分案为辅的案件分配机制，防止人为干预分案，防范廉政风险。落实审判权责清单指引，明确院庭长审判监督管理职责权限。健全院庭长办案机制，全年院庭长办结案件11221件，占全院结案数的26.31%。完善专业法官会议实施细则，规范案件提请范围，召开专业法官会议377次，实现专业法官会议对重大疑难复杂案件的监督功能。（朱婷婷）

■**诉讼制度改革**　开展民事诉讼程序繁简分流改革试点工作，推进案件繁简分流、轻重分离、快慢分道。制定司法确认、小额诉讼、在线庭审等7项工作细则。审结司法确认案件1796件，比上年增加64.92%。明确简易程序庭审和文书简化规则，简易程序适用率91.32%，居全市法院前列。适用一审终审的小额诉讼程序审结案件4827件，比上年增加72.02%。（朱婷婷）

■**服务保障长三角一体化示范区建设**　推进青、吴、嘉三地法院司法协作，先后多次召开民事、商事、刑事、环境资源跨域专业法官会议，联合评选、发布优化法治化营商环境十大典型案例，促进适法统一。优化执行协作渠道，联合曝光5期失信被执行人共392人次。以青浦朱家角、吴江汾湖、嘉善西塘、姚庄四个派出法庭为试点，开展联组党建活动，互派年轻干警挂职交流。建立淀山湖生态修复基地，发出上海市首份生态环境损害赔偿司法确认书，判令两起非法捕捞水产品案被告以增殖放流方式履行生态修复责任。加强刑事附带民事公益诉讼案件审理，到案发地开展巡回审判，发挥司法警示教育作用。

（朱婷婷）

9月22日，长三角一体化示范区法院司法一体化2020年工作年会召开

（区法院供稿）

■**落实疫情防控和“六稳”“六保”任务**　疫情期间，区法院在线庭审1340场、远程庭审486场。通过互联网直播上海市首例涉疫情防控妨害公务案庭审，超900万人在线观摩，明确法律框架内个人行为界限，发挥司法裁判指引评价作用。与江苏省苏州市吴江区、浙江省嘉兴市嘉善县法院共同制定《做好涉疫情案件审判执行工作意见》，统一裁判标准，强化法治保障。在常态化疫情防控中做好司法应对，开展服务“六稳”“六保”专项执行行动，帮助中小微企业纾困解难。（朱婷婷）

■**服务保障第三届“进博会”**　组建青年干警志愿保障团队，走进展馆参与诉源治理，提供法律咨询200余次，发放诉讼服务手册1000余份。与法庭驻地徐泾镇人民政府签订《关于深化沟通联系工作备忘录》，安排专职调解员入驻法庭，做好涉“进博会”纠纷的诉前调解、司法确认对接工作。将非诉讼纠纷解决机制挺在前面，分析预判疫情影响

下会展业各主体可能产生的矛盾，多元化解商铺转租、退租等纠纷。针对参展合同转让、交易合同签订、展台质量问题，主动走访参展商、采购商，提出完善合同内容、加强合同审查等建议。（朱婷婷）

■深入推进扫黑除恶 瞄准“清零”目标，逐案分析研判受理的涉恶案件，列出问题清单，倒排审理进度，坚持快审快判，于9月底完成全部清结任务。加大财产刑的判罚力度，铲除黑恶势力经济基础，累计判处罚金760余万元、退赔1300余万元。（朱婷婷）

■推动社会治理创新 提前介入、妥善调处涉吉盛伟邦家具村改造、长租公寓公司等群体性矛盾纠纷。延伸司法职能，就房屋租赁、小额贷款等常见纠纷发布审判白皮书6篇，就建设工程质量、信用卡管理等问题向相关单位发送司法建议13篇，推动完善社会前端治理。聚焦群众关心的婚姻家庭、房屋买卖、物业服务等热点问题，开展法治宣传教育，发布新浪微博103条，微信公众号推文263篇，区法院微信公众号影响力跻身全市法院前列。（朱婷婷）

■智慧法院建设 实施庭审记录方式改革试点，由电脑系统自动完成全程录音录像，智能语音识别同步转换，自动生成庭审记录。“无人记录”模式使庭审及结案效率提升30%以上。推广电子卷宗随案同步生成，立案、审理、执行等各个环节的诉讼文件、诉讼活动，同步转化为电子数据，初步实现电子卷宗应用的自动化、智能化。（朱婷婷）

■政治建设 落实《中国共产党政法工作条例》，抓党建、带队建、促审判，把全面从严治党贯彻到工作全过程、各方面。坚定执行党的政治路线，在确定工作思路、工作部署时，自觉主动同区委要求对标对表，落实职责使命。执行党组中心组学习制度，深入开展“四史”“两个坚持”（即坚持党对司法工作的绝对领导，坚持中国特色社会主义法治道路）专题教育，强化政治引领，将学习教育的思想动能转化成实际工作成效。发挥基层党支部战斗堡垒和党员先锋模范作用，确保责任层层传导，形成责任落实体系。（朱婷婷）

■司法能力建设 落实《干部队伍建设三年规划》，建立健全干部政治素质档案，加大优秀年轻干部选配力度，优化干部队伍年龄结构、专业结构、经历结构。以提升司法能力为核心，加强专业化建设。抓好中青年干部、审判团队负责人、审判辅助和司法行政人员等重点培训任务。认真做好《中华人民共和国民法典》学习宣传、培训研讨工作，确保法律适用准确统一。针对不同岗位特点，分类分级细化考核标准，把审判质效、工作实绩作为考核的基本依据，激励干警担当作为。（朱婷婷）

■廉政建设 制定《加强党风廉政建设工作实施意见》，落实“四责协同”和“一岗双责”，将责任落实情况纳入审务督察及考核评价体系。每月常规督察、每季度通报情况、年中召开专题会议研讨，不断完善从严管理监督体系。落实防止干预司法案件“三个规定”（即《领导干部干预司法活动、插手具体案件处理的记录、通报和责任追究规定》《司法机关内部人员过问案件的记录和责任追究规定》《关于进一步规范司法人员与当事人、律师、特殊关系人、中介组织接触交往行为的若干规定》），加强和改进记录报告工作，杜绝干预司法案件行为。开展专项警示教育活动，严肃监督执纪问责，推进廉政长效机制建设。（朱婷婷）

■自觉接受各界监督 主动接受区人大、政协、检察机关和社会各界的监督，听取特邀监督员、人民陪审员、律师等各界人士的意见、建议。配合区人大、政协专题调研和集中视察活动，向区人大专题报告环境资源审判工作，向区政协专题通报执行工作。配合检察机关履行法律监督职责，认真办理检察建议，做到件件有答复。向人大代表、政协委员、特邀监督员发放《青法之窗》《青法说案》《青浦审判》等宣传资料一万余份。开展庭审直播、公众开放日系列活动，累计直播庭审1108场。邀请公务员、企业员工、社区居民、在校学生等走进法院，近距离感受司法审判公开透明。（朱婷婷）

司法行政

■概况 2020年，区司法局全面贯彻落实习近平法治思想和中央、市、区全会精神，以疫情防控为首要政治任务，主动将司法行政工作融入长三角一体化建设，加快推进平安青浦、法治政府和基层法治建设，全面提速公共法律服务效能，全力助推青浦全面跨越式高质量发展。

积极排查化解矛盾纠纷，护航第三届“进博会”。加强诉调对接，推进区非诉讼争议解决中心运行，通过“一口式”纠纷受理、分流、反馈平台实现各类非诉讼争议解决途径与诉讼途径的有效对接；与区人民法院会签发文《关于进一步加强诉调对接工作的若干意见》，在全区层面加强顶层设计；启用“法院、司法局诉调对接智慧案管平台”，推进“线上”诉调对接工作。年内，全区人民调解组织共受理各类矛盾纠纷8829件，调解成功率为99.97%。

推进智慧矫正，疫情期间通过微信、电话、教育视频等形式开展报到、在线学习等监管教育工作。严格实施新法，确保两类人员安全稳定。贯彻落实《社区矫正法》，制定专项学习宣传贯彻方案，进一步推进社区矫正工作制度化、规范化、法治化。截至年底，全区共有在册社区矫正对象430人，全年累计共接收社区矫正对象891人。安置就业1511人（含享受低保、城镇保、农保、责任田安置等），安置率99.9%。落实帮教1511人，落实帮教率99.9%。

深化公共法律服务体系建设。与嘉善、吴江两地司法行政机关联合出台《长三角一体化示范区司法行政保障疫情防控工作的十条意见》及《长三角生态绿色一体化发展示范区公共法律服务共建备忘录》。发布《公共法律服务疫情防控期间工作指引》，及时调整律师咨询、法律援助、公证办理、司法鉴定等工作方式，发挥村居公共法律服务站点职能，努力做到疫情期间法律服务不停歇，法治宣传不松劲。全年全区律师事务所共办案5001件，办理各类公证2134件。法律援助中心全年受理法律援助案件1579件。收到锦旗7面、感谢

信1封。落实"谁执法谁普法"机制，开展全区"七五"普法总结验收工作。（朱文怡）

■成立"双守双共"战"疫"支援队 2月5日，成立"双守双共"战"疫"支援队。2月6日，区局8名党员干部到金泽镇基层一线支援村居防疫工作，贯彻落实青浦区关于开展城乡社区抗击疫情阻击战"双守双共、联防联控"行动要求。（朱文怡）

■2020年司法行政工作视频会议 3月18日，召开2020年司法行政工作视频会议。会议通报表彰青浦区2019年度司法行政系统先进集体和个人，咏君律师事务所、白鹤司法所、促进法治科等三个单位做交流发言。各分管领导就各自分管条线工作进行详细点评和部署。会议对2020年度党风廉政建设责任制、基层党建工作责任制、意识形态工作责任制进行签约。（朱文怡）

■成立长三角一体化示范区联合人民调解委员会 3月，与吴江区司法局、嘉善县司法局联合成立长三角一体化示范区联合人民调解委员会。经三地司法局推荐，选任33名调解经验丰富、具备专业法律知识的调解员、律师、行业专家等担任长三角一体化示范区联合人民调解委员会专家库成员。（朱文怡）

2月5日，区司法局成立双守双共战"疫"支援队支援金泽一线

（区司法局供稿）

■个人品牌调解工作室成立 3月27日，以人民调解员个人名义命名的人民调解工作室"老徐工作室"在朱家角镇沈巷社区挂牌成立。从1983年开始，老徐（徐新云）一直在上海市青浦区从事人民调解工作。2014年，从朱家角镇司法所退休后，他主动申请加入镇人民调解委员会，利用自己的专业特长和法律知识，继续为广大群众排忧解难、化解矛盾。在群众眼里，徐新云就是身边的老娘舅，在近37年的人民调解工作中，他共调处各类矛盾纠纷万余件，曾多次荣获上海市优秀人民调解员、人民调解工作先进个人等荣誉称号。（朱文怡）

■《上海市司法鉴定管理条例》宣传活动 4月，区法宣办、司法局通过发放宣传资料、播放宣传短片、在"法治青浦"微信公众号开展知识问答、开展宣讲活动等方式在全区范围内开展《上海市司法鉴定管理条例》宣传活动。（朱文怡）

■长三角示范区社区矫正一体化活动 6月30日，以"社区矫正一体化：共享·融合·协作"为主题的长三角生态绿色一体化发展示范区活动在青浦区举行。一体化示范区执委会副主任、浙江省发改委副主任、一级巡视员陈建忠，上海市司法局党委委员、市社区矫正管理局局长陈耀鑫出席活动。青浦、吴江和嘉善三地签订社区矫正《示范区改革备忘录》。活动中，7个示范区社区矫正共建基地正式揭牌。（朱文怡）

■"温暖童心·相伴成长"活动 8月21日，由区司法局主办，区社区矫正中心和金泽司法所承办的"温暖童心·相伴成长"长三角一体化先行启动区未成年子女关爱活动在长三角生态绿色一体化示范区融合教育基地（金泽中心）——金泽镇莲湖村举行。（朱文怡）

9月10日，华新镇杨家庄村"法理堂"揭牌仪式举行（区司法局供稿）

■首家"法理堂"正式揭牌 9月，青浦区首家"法理堂"在华新镇杨家庄村正式揭牌启用。"法理堂"融合"法治宣传+矛盾调解"双重定位，以"大事讲法、小事讲理、杂事讲情"为建设初衷，

是具有地域特色的群众性法治文化阵地。年内，华新镇、金泽镇、盈浦街道等司法所共计完成13处“法理堂”建设。（朱文怡）

■签发《关于共同推进行政争议实质性化解的实施办法》 11月3日，与区检察院联合签发《关于共同推进行政争议实质性化解的实施办法》，推进行政争议化解。年内，共对涉及区卫健委、水务局、金泽镇、朱家角镇、交警支队等单位的14件行政复议案件进行协调化解，化解成功13件。（朱文怡）

■长三角一体化示范区法治文化节文艺汇演暨宪法宣传周活动启动仪式 11月30日，2020年长三角生态绿色一体化发展示范区法治文化节文艺汇演暨宪法宣传周活动启动仪式在青浦区金泽镇文体中心举行。宪法宣传活动期间，区法宣办、司法局结合法治长三角建设组织开展一系列宪法宣传活动，宣传习近平法治思想，大力弘扬宪法精神、维护宪法权威，推动宪法全面实施。（朱文怡）

军 事

■概况 2020年，青浦区武装系统坚决贯彻党中央、中央军委和习主席决策部署，在警备区党委和青浦区委的坚强领导下，聚力备战担使命，鼓足干劲抓落实，统筹推进疫情防控和年度工作，各项建设取得新成绩，实现新发展。党的建设和政治工作坚强有力，认真学习贯彻党的十九届五中全会精神，持续深化习近平新时代中国特色社会主义思想和强军思想的学习，深入推进“不忘初心、牢记使命”和“传承红色基因、担当强军重任”两项主题教育。服务主战和应急准备扎实推进，坚决落实警备区赋予的配合部队演练行动国防动员任务，成立专项机构，强化组织领导，先后召开国防动员任务部署会和任务推进会，始终保持大事大抓、强势推进的势头。认真抓好民兵整组，扎实开展专攻精炼，人武部被警备区评为“军事训练先进单位”。牵头组织驻区部队的疫情防控，主动为地方提供防疫物资，先后累计出动民兵1.6万余人次支援地方防疫抗疫，抽组212名民兵圆满完成服务保障”进博会”任务。国防动员和兵员征集基础夯实，深入抓好国防动员潜力调查，广泛开展国防教育宣传，开展“奋进新时代、聚力强军梦”第20个全民国防教育日宣传活动，高质量兵员征集工作走深走实，人武部被评为“征兵工作先进单位”。双拥工作坚强有力，常态化组织军事日、国防教育宣讲、走访慰问等活动，完成安徽省潜山市水吼镇和平、梅寨两个贫困村对口扶贫帮建的收尾工作，助力两村脱贫摘帽。对接军地需求，推动重难点问题解决，配合地方圆满完成文明城区创建工作。（陆 程）

5月29日，区人武部对朱家角镇民兵整组点验（区人武部供稿）

■理论武装 紧紧围绕学习贯彻十九大精神这条主线，突出抓好习近平新时代中国特色社会主义思想尤其是习近平强军思想的理论引领，坚持思想建党、理论强党。在同步参加每季度警备区党委中心组带机关理论学习的基础上，部党委班子成员坚持每周两小时集中组织政治教育和理论学习，跟进学好十九届五中全会和习近平主席最新讲话精神，定期组织干部职工传达学习，开展讨论交流，认真抓好《军队党的建设条例》学习贯彻，全面彻底肃清郭徐房张流毒影响，组织党员干部观看《铁纪强军》，丰富思想内涵，提升精神境界和工作能力，推动理论武装走心走深走实。（陆 程）

■主题教育 巩固深化“不忘初心、牢记使命”主题教育成果，持续深化“传承红色基因、担当强军重任”主题教育，按照不划阶段、不分环节的要求，坚持把抓实学习教育贯穿始终，采取原原本本深学、集中组织研学、丰富内容助学相结合的方式，确保主题教育走深走细走实。深入开展“学党史、军史、中华人民共和国史”活动，政委刘辽军以《八名共产党员的深刻启示：永葆共产党人的先进性》为题深入基层为党员讲授专题党课，领导干部带头学、带头改、带头抓，以良好作风带动全体党员积极参加学习、主动接受教育，不断巩固主题教育成效。（陆 程）

■“献爱心、送温暖”活动 春节前夕，区人武部常态化开展“献爱心、送温暖”活动，走访慰问35名离退休老干部和遗孀、40户困难群众和伤残军人、90名孤寡老人和护理人员，送去了价值近8万元的猪肉、大米、食用油等慰问品（金）及冬日的温暖和新春的祝福。（陆 程）

■民兵整组 根据警备区整组方案，计划区分年度整组点验、组织整改完善和直前迎考三个阶段统筹推进年度工作。受领任务以来，部党委高度重视，先后3次召开任务协调对接会，区长余旭峰亲自动员部署，部长段晓明部署具体任务，明确各单位分工，按照达到“5个硬指标”、编精人员、建好连部、完善配套器材、完善好台账的要求，圆满完成上级赋予青浦区的民兵整组任务。5月中旬,各街镇采取自行点验、区人武部抽点的方式对民兵整组进行检查,各街镇党委、政府高度重视,整组工作进展顺利,6月22日、11月12日,在迎接警备区民兵调整改革第一阶段、第二阶段检查中,综合成绩位于警备区前列。

(陆　程)

■武装工作会议　3月25日,2020年度青浦区政法、信访和武装工作会议在区委党校二楼会议厅召开,区委副书记、区长余旭峰主持会议。区委常委、人武部政委刘辽军作武装工作报告,总结2019年度武装工作开展情况,部署2020年度目标任务。区委书记、区人武部党委第一书记赵惠琴提出具体要求。区四套班子领导参加会议。

(陆　程)

■国防动员演练　根据上级赋予青浦区的国防动员专项任务,3月16日,区委召开书记专题会,研究审定工作方案,成立由书记挂帅、区长任组长的专项领导机构,对全区国防动员任务实施集中统一领导。3月24日,区国防动员委员会召开任务部署会,组织各专业办公室理解精神、细化任务、明确要求,指导各街镇抓好相关工作的落实。10月14日,召开任务推进会,梳理矛盾问题、研究改进措施。受领任务以来,区国动委按照"全面准备、突出重点,军民一体、聚力推进,压实责任、注重质效"的总体思路,结合区国防动员实际,加强组织领导、精准筹划任务、编实专业力量、组织专攻精炼、落实相关保障。截至12月,各项任务均按时间节点落实,成绩位于全市前列。　(陆　程)

■国防动员潜力调查　针对以往国防动员潜力底数不清、数据不准、情况不明等突出问题,坚持把摸清底数作为基础性工程来抓,充分发挥区国动委"八办"行业领域的主导作用、街镇属地的主管作用,按照专业对口、全面摸排的原则,采取"综合办牵头组织、各办提供潜力信息、街镇补充配合、三方实地核准、集中录入数据"五步法工作步骤进行逐一核实,逐项建档造册,为民兵整组和国防动员任务按时落地奠定基础。

(陆　程)

■练兵备战　坚决落实年度军事训练指示,不折不扣完成年度军事训练任务。5月8日、11月20日,组织现役干部、文职人员轻武器射击训练考核,提高应战能力。6月8—11日,组织部分民兵分队90名干部骨干开展共同基础训练。6—9月,组织部分民兵分队63名干部骨干参加警备区9批专业大联训,锻炼民兵干部骨干任务执行的能力素质。8月3—28日,组织全市两期无人机干部骨干集训,考取民航无人机证书,培养无人机专业人才。10月12日—11月11日,选派1名民兵信息报情员,参加警备区统一组织的报情培训,培养提高信息侦搜业务能力。10月28日—11月10日,组织212名民兵参加"第三届进博安保任务",任务完成出色,受到警备区表扬。年底,人武部被上海警备区表彰为"军事训练先进单位"。　(陆　程)

■兵员征集　区人武部认真贯彻国征办指示要求和上海市《关于加强新时代征兵工作意见》,保质保量完成兵员征集任务,大学生比例为93.33%,大学毕业生比例为38.99%,创青浦区历史新高,年度征兵"五率"考评位居全市前列。定期组织征兵工作人员学习廉洁征兵相关规定,通报廉洁征兵典型案例,继续聘请7名不同行业人员担任廉洁征兵监督员,年内未发生廉洁征兵问题。役前教育训练期间,警备区动员局副局长廖刚斌和市征兵办领导一行来部检查,对疫情防控、廉洁征兵、新兵思想教育等工作给予高度评价。

(陆　程)

■开展兵役执法检查　5月6日,武装工作例会在区武装部二楼会议室召开,对兵役执法检查工作进行部署,组织对11个街镇和上海政法学院进行实地调研,专题检查和推进兵役执法检查工作。5月19日,接受上海市征兵办兵役执法专项检查,受到市征兵办肯定。

(陆　程)

■党管武装工作调研　6月12日,上海警备区副政委周夕根少将一行到青浦区调研党管武装工作。区委常委、区纪委书记、区监委主任王翔,区委常委、区人武部政委刘辽军,区人武部部长段晓明等陪同调研。在调研活动中,周夕根听取了金泽镇和徐泾镇党管武装、经济社会发展、长三角一体化示范区建设、西岑华为研发基地和国家会展中心等基本情况介绍,实地察看两镇的民兵战备器材库、冲锋舟码头、防汛抗洪连连部、金泽镇青年民兵之家和徐泾镇民兵无人机基地。周夕根充分肯定青浦区党管武装工作,希望进一步加强党管武装,高标准抓好后备力量建设。

(陆　程)

■承办全市民兵无人机专业联训　8月3—28日,区人武部在民兵训练基地组织2期民兵干部骨干参加的全市无人机专业联训,91人取得民航无人机多旋翼Ⅲ类驾驶员合格证书。　(陆　程)

■新兵授装仪式　9月10—15日,区人武部在民兵训练基地组织预定新兵开展役前教育训练。9月13日,举行新兵授装仪式,区委常委、区人武部政委刘辽军,区人武部部长段晓明出席仪式并讲话,新兵赵哲龙、朱瑞清分别代表男兵、女兵上台发言。　(陆　程)

■国防教育　利用《青浦报》、青浦电视台、"绿色青浦"公众号等媒体平台开设国防教育专栏,推进国防教育进机关、进企业、进校园、进社区、进农村。9月19日,人武部会同区委宣传部、退役军人事务局、民防办等区国防教育联席会议相关成员单位在桥梓湾广场开展以"奋进新时代、聚力强军梦"为主题的第20个全民国防教育日宣传活动,区委副书记杨小菁,区委常委、宣传部部长姜道荣,区委常委、区人武部政委刘辽军,区人武部部长段晓明参加活动。现场显示屏滚动播放国防教育宣传片,工作人员向过往市民发放宣传资料及纪念品,宣讲国防教育知识,并设摊向市民免费提供义诊服务,增强广大市民关心支持国防和军队建设的自觉性,在全社会形成关心国防、热爱国防、建设国防、保卫国防的浓厚氛围。　(陆　程)

■"四个秩序"规范化建设试点　认真贯彻军委国防动员部"四个秩序"集训精神,结合完成警备区赋予的规范化建设试点任务,对照省军区系统"四个秩序"规范化手册,按照"补齐短板、拓展功能、创新提升”的思路，突出战备值班秩序、会议制度落实、人员请销假、车辆派遣管理、安全隐患排查等各项制度机制的健全落实，同步统筹推进战备库室配套、营院环境整治、八办调整搬迁、军事职业教育学习室建设、武器库值班室功能改造、办公生活场所调整规范等，累计投入经费52万余元，取得较好成效。（陆　程）

■基层规范化建设　坚持以《上海市基层武装部规范化建设实施方案》为抓手，加强基层主阵地建设，朱家角镇民兵连部全面建设继续发挥示范引领作用，徐泾镇在探索依托地方行业培训机构建立无人机训练基地走在了前列，华新镇高标准完成警备区赋予的试点建设任务，重固镇与属地应急部门联建民兵训练基地面貌全新，为遂行任务奠定坚实基础。（陆　程）

■助力脱贫攻坚　完成安徽省潜山市水吼镇和平、梅寨两个贫困村对口扶贫帮建的收尾工作，两轮6年扶贫共投入资金1900万元（区财政1200万元、人武部财政600万元、协调企业100万元），捐赠器材、电脑、药品约30万元。支持革命老区建设，两个结对帮扶村顺利通过国家贫困村摘帽验收，受到上级充分肯定和老区人民高度赞扬。积极开展消费扶贫工作，结合慰问老干部、军民共建等时机，先后采购贫困地区农副产品11万余元，为脱贫攻坚不断贡献力量。（陆　程）

■双拥工作　会同区相关部门召开双拥工作推进会、讲评会，主动对接军地需求，积极解决军嫂安置、军娃上学、军转安置和学生军训等重难点问题。年初，开展“献爱心、送温暖”活动，慰问孤寡老人、困难群众和军（离）休所；八一前夕，区四套班子成员走访慰问各驻区部队，参加军事日活动；牵头驻区部队积极参加和支持地方经济建设，常态化开展“军徽照夕阳”“军徽映晨曦”“爱心献孤老”等拥政爱民活动，组织动员民兵担负疫情防控、抢险救灾、治安联防、“进博会”安保备勤等任务，配合地方圆满完成文明城区创建工作。（陆　程）

■组织民兵支援地方抗疫　围绕“应急响应、全面抗击、外防输入、常态防控”四个战役进程，认真抓好新冠肺炎疫情防控工作，第一时间成立区人武部防控领导小组，建立专项值班，完善防控机制，制定防控预案，采购防疫物资，严格人员管控，落实隔离措施，实现区人武部人员零感染。积极支持支援地方新冠肺炎疫情防控工作，主动为地方提供雨衣、棉被、帐篷等防疫物资，先后累计出动民兵1.633万人次，圆满完成道口检查、人员转运、巡逻警戒、社区消毒、舆情引导等任务。（陆　程）

10月27日，青浦民兵参加第三届“进博会”安保行动任务部署会召开

（区人武部供稿）

■护航第三届“进博会”　11月5—10日，第三届中国国际进口博览会在上海举办。区人武部深入传达学习警备区进博安保任务部署会议精神，针对疫情常态化防控条件下面临的新情况新挑战，研究确立“思想统领、一流标准、严格正规、树好形象”的工作要求，制定《青浦区民兵参加第三届中国国际进口博览会安保行动方案》，及时召开专项工作推进会，抽组212名民兵参加服务保障“进博会”，协助公安做好大客流疏导、过滤线主要道口警戒、公交站点秩序维护、场馆周围巡逻及会展中心周边“低、慢、小”飞行目标观察侦搜等任务，通过强化任务演练、严格规范执勤、落实防疫措施，圆满完成应急备勤、站点执勤、信息报送等任务，展现了新时代青浦民兵的责任担当。“进博会”开幕当天，市委常委、上海警备区政委凌希到国家会展中心民兵执勤一线视察，高度评价青浦民兵在“进博会”安保中发挥的独特和重要作用。（陆　程）

■接受军委国动部深化民兵调整改革检查考评　12月2—3日，中央军委国防动员部深化民兵调整改革检查考评组对全市民兵建设“十三五”规划落实情况进行综合考评，到区人武部及杨浦人武部进行检查，同时对警备区机关和普陀、静安、闵行3家人武部进行“回头看”检查。12月3日，军委国动部检查考评组在警备区机关工作组的陪同下到区人武部进行深化民兵调整改革检查考评，内容涉及民兵现地拉动、检查台账资料、电话抽查等环节。在上级机关的指导下、在全体民兵及区人武部干部职工的共同努力下，综合考评取得优异成绩。（陆　程）

■组织参加上海市首期专武干部资格认证业务培训　12月10—31日，经与市委组织部、市人社局协商，上海警备区在市人武学校组织首期专武干部资格认证业务培训，包括青浦区3名专武干部在内，全市共50余名街镇、企事业单位专武干部参训。培训主要围绕军事理论、基本技能、业务工作、组织指挥等方面展开。此次专武干部资格认证培训是《上海市专武干部资格认证实施办法》出台后上海市组织的首期培训，按照计划，后续将以每年1期的进度逐

步推进认证培训工作。（陆　程）

民防工作

■概况　2020 年，区民防办坚决贯彻落实习近平新时代中国特色社会主义思想，深入推进落实全国第七次人民防空会议精神，各项工作取得新进步。突出做好区域性疫情防控和文明城区创建工作，彰显青浦民防职责；突出开展全区民防工程安全大检查和退出序列工程隐患排查整治，贯彻落实区委、区政府决策部署不动摇；突出整组人防专业民兵队伍，对接市民防办人民防空方案体系，全力配合东部战区部队行动演练；突出优化行政执法营商环境，严格规范复工复产工作审批事项，网上办结率 100%；突出协调长三角一体化人防训演练科目任务对接，打响城市临战和异地疏散“两场战争”演习。（陆广琼）

10 月，上海市民防防护救援志愿服务总队授旗暨志愿服务“一区一品牌”创建活动启动仪式举行（区民防办供稿）

■第三届“进博会”安全保障工作　成立“进博会”民防工作应急管理领导小组。在国家会展中心区域民防工程内安装 62 块告示牌，明确使用管理的 9 个方面 40 项具体条目。落实国家会展中心区域 76 个、49.38 万平方米的民防工程常态督查检查、常态整改提高、常态应急演练工作。（陆广琼）

■民防专业队伍建设　根据区国动委和市民防办工作要求，完成辖区 8 支 700 人的人防专业队伍整组任务，编组一支 50 人的人防专业队伍，开展面对面点名，熟悉相关演练预案，适时参加区人武部组织相关配套综合保障演习；共建救援志愿者队伍。完善青浦城市安全体系建设，提高民防救援应急能力，民防办与上海蓝天应急救援服务中心签订共建协议，打造有影响力的民防志愿服务项目；10 月，签约共建厚天青浦民防水上应急分队，打造服务“一区一品牌”创建活动。（陆广琼）

■行政审批　2020 年，完成民防工程竣工备案项目 17 个，民防建筑面积 9.5 万平方米，民防使用面积 8.4 万平方米，合计工程造价 3.35 亿元。全区民防工程使用面积达 169 万平方米，人均使用面积达 4.37 平方米，排在全市前列。落实疫情期间行政审批改革要求，进一步优化营商环境，持续推行“互联网 +”行政审批制度改革，提高办事效率。全年办理行政协助项目 105 个，完成联审平台项目 58 个。完善民防工程行政审批“双减半”办事指南规范，提升“一网通办”改革效能，疫情期间尽量做到“不见面”审批，年度办理行政许可 9 项，“一网通办”网上办结率 100%。（陆广琼）

11 月 18 日，区民防办会同杨浦区相关单位在练塘镇进行“城市临战人口疏散接收演练”（区民防办供稿）

■社区民防建设　完成 30 个“民防应急箱”的购置和配置工作，全区共配置“民防应急箱”345 个，完好率达 95% 以上；5 月，依照具备“民防、防震、急救”等功能路径，完成青浦首创禧悦新苑、大发融悦、新青浦佳苑、新城盛景 4 个民防综合减灾小区建设。（陆广琼）

■城市临战人口疏散接收演练　全年共举行 3 次城市临战人口疏散接收演练和 1 次异地临战人口疏散演练。7 月 23 日，会同静安区相关单位在徐泾镇进行“城市临战人口疏散接收演练”；10 月 27 日，会同普陀区相关单位在金泽镇进行“城市临战人口疏散接收演练”；11 月 18 日，会同杨浦区相关单位在练塘镇进行“城市临战人口疏散接收演练”。9 月，与浙江省嘉兴市嘉善县人防办组织异地临战人口疏散接收演练，与演练分队参加“2020 年保障第三届进博会暨长三角核心区综合应急演练”。（陆广琼）

■长三角区域民防系统一体化合作　9 月 22 日，与嘉善县人防办组织开展异地临战人口疏散接收演练。9 月 28 日，参加“2020 年保障第三届进口博览会暨长三角核心区综合应急演练”。10 月 31 日，组织人员和装备参加由嘉兴市人防办举办的“浙江金盾——2020”演练，开展“指挥决策、水上救援、水环境检测”等演练科目。5 月，组织嘉兴市、嘉善县人防办到青浦开展 2020 年长三角一体化示范核心区人防联训联演研讨活动。10月,参加“党建引领长三角一体化人防通信保障主题实践”活动,与江苏省南通市、常州市,浙江省嘉兴市,安徽省马鞍山市人防办签订《党建引领长三角一体化人防指挥通信保障意向书》。11月24日,参加人民防空高质量服务长三角一体化发展交流研讨会,八城市共同签署《长三角一体化示范区党建联盟协同发展合作框架协议》《示范区人防防护设备一体化准入及监管标准化管理协议》《黎里镇元荡美丽乡村群疏散地域一体化建设示范点合作协议》。 (陆广琼)

■“5·12”系列宣传周活动 根据国家减灾委《关于做好2020年防灾减灾日有关工作的通知》(国减电〔2020〕1号)精神,及以市应急管理局、市民防办关于积极开展防灾减灾日宣传工作的有关要求,参加由区应急管理局牵头组织的“5·12”宣传活动。5月12日,会同区应急局在吾悦广场组织“5·12防灾减灾日”宣传咨询活动,共发放宣传资料800余份,民防宣传的覆盖面得到广泛延伸。 (陆广琼)

■防空警报试鸣 9月19日,在市人防指挥部统一组织下,全市进行防空警报试鸣,青浦区参加试鸣警报器109台全部鸣响。区政府分管领导、人武部、民防办、各街镇、村居民防工作站领导全程参加试鸣活动。各街镇102个村居约9万人开展防空防灾演练,其中金泽镇金溪居委会五村组织150余人的紧急隐蔽疏散科目演练直播;全区60所中小学校开展人防专题讲座,并于9月18日组织5.8万名师生进行疏散演练。通过规范指挥编组、明确动员指挥程序,提高居民国防意识和军地联合执行重要任务的遂行保障能力。

配合“9·19”防空警报试鸣,9月14—19日,青浦电视台、各街镇户外显示屏和小区显示屏滚动播放《居安思危,备战人防》人防专题片和人防集中宣传口号。会同区教育局在民防教育基地对参加军训的3000多名学生开设人防专题课,并进行应急疏散逃生综合演练。9月19日,会同区人武部在青浦桥梓湾广场开展主题为“奋进新时代、聚力强军梦”全民国防教育日活动暨以“奋进新时代、聚力强军梦、铸盾强人防”的2020年人民防空集中宣传系列活动,组织大合唱、腰鼓等文艺宣传活动,对《国防教育法》《人防法》《民防条例》和《上海市防空警报管理办法》等进行综合宣传。 (陆广琼)

■编制人民防空建设专业规划(2021—2035) 规划常住人口130万,探索规划体系层面的解决途径,构建组织指挥体系、人防信息体系、应急救援体系、防护工程体系、人口疏散体系和重要经济目标防护六大体系建设,解决青浦城区13万人、对口城区74.6万人疏散安置问题。 (陆广琼)

■基层民防建设 10月,举办“2020年青浦区基层民防骨干培训班”,组织全区各街镇武装部(民防办公室)干事、各村居民防工作站干部、民防志愿者共300多人参加培训。主要内容是街镇、村居民防工作基本内容和方法、民防工程管理、警报器管理、应急救援等,为下一步开展基层民防工作打下基础。 (陆广琼)

■民防工程安全检查与维修养护 开展民防工程今冬明春火灾防控专项整治、消防安全大排查大整治专项行动及防台防汛安全检查等活动,全年共检查工程120个次,整改问题隐患30处,开展行政执法6次,确保安全无事故。 (陆广琼)

■早期工程治理 根据《青浦区退出民防序列公用工程隐患治理三年计划》,对区早期工程现状进行全面检查和排摸,现有退出序列早期工程12个,其中:4个已填埋,4个已封堵,另4个处于关闭状态。 (陆广琼)

■精细化管理 根据《2020年青浦区民防工程城市管理精细化工作实施方案》,开展公用民防工程安全检查,全年共检查工程120个次,整改问题隐患30处,确保公用工程使用安全;拓展非公用民防工程防护设施、设备监管手段,完成国家会展中心民防工程告示牌的制作安装62块。 (陆广琼)

■指挥所要素建设 完成“216”指挥所集控、音视频改造项目,实现视频部分高清化、操控系统集中控制,提高整套系统的便捷性。 (陆广琼)

■通信建设 完成市民防办市级中继站建设及区警报分控中心建设。完成区政府电声警报器更新和全区109台警报控制箱更新。调试全区警报控制箱,升级无线电台,完成警报控制系统升级改造项目,将10台电动警报器更新成电声警报器,实现防空警报控制系统智能化。按计划完成重固镇康汇雅苑、白鹤镇时代名邸、赵巷镇崧泽华城华中苑3台防空警报器的布点新建任务。2020年,109台警报器参加全国警报鸣响哀悼活动和“9.19”防空警报试鸣活动,大项活动鸣响率100%。加强联通训练,定期组织充电、调试、检查和卫星图像及音频信号互传,常态落实通信设备试联试通,卫星通信接通率95%,800兆集群终端设备完好率98%,短波设备完好率98%。对全区老旧电动警报器和故障严重警报器进行技术评估,将金泽镇商榻派出所、朱家角镇大兴街居委会、煤气所等10台电动警报器更新为电声警报器,电声警报器从原有的16.98%提高到28.44%。 (陆广琼)

■民防系统专项整治 上海市纪委监委第四检查组对青浦区民防办开展“民防系统专项整治工作”现场检查。围绕“涉及民防系统信访投诉、人防地下商业街项目建设、人防易地建设费收缴、人防基本建设项目、资产资金管理和规范津贴补贴、人防工程项目行政审批管理、公用民防工程项目出租资金管理、人防大宗设备采购”等8方面开展专项检查。 (陆广琼)

农业·农村

编辑 陈松青

综　述

青浦区农业农村委员会，内设机构9个，分别是办公室、综合科、组织人事科、计划财务科、产业发展与信息化科、村镇建设科、农村经济社会发展科、种养业科、农田建设管理科，有公务员29人。下设基层单位7个，分别是农业农村委执法大队、农业技术推广服务中心、农机站、经管站、水产技术推广站、蔬菜技术推广站、动物疫病控制中心。

区委农村工作领导小组办公室、区农业农村委在区委、区政府的坚强领导下，围绕实施乡村振兴战略“产业兴旺、生态宜居、治理有效、乡风文明、生活富裕”20字总方针，发挥区乡村振兴战略领导小组办公室的统筹协调作用，推进青浦乡村振兴工作取得阶段性成效，牵头制定《2020年青浦区实施乡村振兴战略重点工作方案》。全年完成农业总产值21.26亿元，比上年增长7.8%。全区粮食种植面积8200公顷，比上年增加265公顷，增幅3.3%。水稻平均单产8266.05千克/公顷，比上年下降5.3%，总产值18979.3万元，下降2.1%。全区常年蔬菜种植面积平均2733公顷，比上年下降8.1%，蔬菜上市量38.7万吨，比上年增长5.7%，其中，绿叶菜年上市量23.5万吨，比上年增长1.3%。水产养殖占地面积1945公顷，养殖水面积1439.13公顷，比上年减少9.33%，全年实现水产品产量1.37万吨，比上年增长25.67%。

推进农业适度规模经营。全区农村土地统一委托流转总面积15200公顷，农村土地经营权统一委托流转率超过90%。全区挂牌土地流转项目810个，挂牌面积6666.67公顷，当年完成签约540个，成交面积4833.33公顷。累计培育上海市农民专业合作社示范社25家，农业龙头企业3家，其中市级龙头企业3家。创建全国休闲农业和乡村旅游三星级精品园区3个。休闲农业和乡村旅游共接待旅游人次84万人，产值1.23亿元，其中农副产品收入5658万元，经营利润总额达到470万元。

加强农业品质保障。推进重点蔬菜生产基地的田间档案和质量可追溯建设，全年有78家合作社、农业企业纳入“上海市蔬菜生产管理系统”，蔬菜面积2027.07公顷。完成水产养殖绿色生产方式推广面积1119.91公顷。创建25个粮食绿色高质高效示范方，面积1210.95公顷，占全区水稻种植面积的14.8%。建成经济作物病虫害绿色防控示范区，面积133.3公顷，建立1个草莓核心示范点和3个病虫害测报点。持续培育农产品区域公用品牌“淀湖源味”，现有子品牌33家，年产值59621.1万元。

推进新农村建设。年内推进8个美丽乡村示范村（区级）建设，美丽乡村示范村（区级）累计达到55个；印发《青浦区2020年度创建市级美丽乡村示范村实施方案》，年内7个村被评为上海市美丽乡村示范村，全区累计成功创建数量达到26个村。制定《青浦区2020年农村人居环境整治工作方案》，全区184个行政村全要素、全覆盖整治，农村人居环境整治试点区建设任务全面收官，结合“三大整治”专项行动及疫情防

10月，粮食绿色高质高效创建示范点标牌　　（区农业农村委供稿）

控工作，全年共清理“三乱”（即乱张贴、乱涂写、乱刻画）22120平方米；清理村内河沟（塘）2427公里；清理田间窝棚5880平方米；处置农业废弃物1079吨；清理垃圾58990吨。回收并集中处置农（渔）药包装袋、地膜等农业废弃物，优化农业生态环境，全年回收处置农（渔）药包装袋、沾有农药的地膜、过期农药等共计50吨。推广实施微生物菌肥和生物有机肥替代化肥2项技术319公顷，完成生物炭土壤修复120公顷次。

推进农村改革。区、镇、村三级平台通过组建公司等形式，年内运营帮扶项目47个，项目投资额20.97亿元，年租金1.01亿元。“百村基金”项目在2020年完成2019年收益分配，共计72.2959万元。2020年度落实农村生活困难农户帮扶资金323.54万元。持续选派优秀干部30人支持市经济相对薄弱村发展工作。（武滢凯）

种植业、养殖业

■概况 2020年，全区粮食面积8200公顷，比上年增加265公顷，增幅3.3%；总产量6.78万吨，比上年减0.12万吨，减幅2.0%，以水稻为单一品种，由于受到梅雨季节阴雨寡照和穗期病虫害等因素影响，平均单产551.07公斤/亩，下降5.3%，总产值18979.3万元，下降2.1%；销售价格2800元/吨，与往年持平；全面退出二麦种植，“茬口模式”（指同一块田地上农作物轮作复种的种类、品种的搭配和衔接模式）改为绿肥—水稻或深翻—水稻；全区绿肥实行免费统一供种，良种覆盖率100%。全区水产养殖占地面积1945公顷，养殖水面积1439.13公顷，比上年减少9.33%。全年实现水产品产量1.37万吨，比上年上涨25.67%。渔业总产值42111.50万元，比上年减少8.69%。由于区畜禽养殖产业结构调整，全区无规模化养殖场存续。全年畜牧业总产值0.03亿元，比上年减少90%。其中，家禽累计出栏3.2万羽，比上年减少67.01%。

（金顺健　杨　洋）

■粮食绿色高效示范方创建 推动全区粮食产业绿色高质量发展，辐射带动粮食绿色生产。年内全区创建粮食绿色高质高效示范方25个，面积1210.95公顷，占全区水稻种植面积的14.8%，涉及到8个镇2个街道，其中，千亩示范方9个，664.48公顷；百亩示范方16个，546.5公顷。示范点水稻平均亩产量548.3公斤，亩均经济效益1030.56元，增幅91.9%。经市评审，2019年全区25个示范方获得市级粮食绿色高质高效创建优秀示范方，其中：千亩示范方二等奖3个、三等奖7个；百亩示范方一等奖2个，二等奖12个，三等奖1个。（朱吉明　吴雄兴）

■草莓绿色防控技术示范点建设 推广示范草莓绿色防控技术，确保地产草莓的品质和安全，2019—2020年全区建成经济作物病虫害绿色防控示范区面积133.3公顷，建立草莓核心示范点1个和病虫害测报点3个，其中：白鹤镇的上海源怡种苗有限公司建设为核心示范点；上海源怡种苗有限公司、上海绿延有机农产品专业合作社、上海永胜瓜果专业合作社建立3个病虫害测报点；合作社示范点15个；白鹤南巷村为整村制示范区1个。示范点草莓全生长季平均化学农药使用量516.5克/亩，面上全生长季平均化学农药使用量827.2克/亩，较面上化学农药平均使用量减少37.56%。草莓绿色防控示范点补助资金121.3万元，以物化补贴为主。（朱吉明　徐锦瑾）

■农业项目建设 推进2018—2020年30个涉农类建设项目，总投资8.43亿元。推进2018年涉农项目建设，青浦水源地水产养殖尾水、底泥治理示范工程建设项目等7个项目，除青浦草莓产业园产业融合改造提升项目尚在建外，其余项目均已完工，练塘粮食加工产业链完善项目具备验收条件。推进2019年涉农项目建设，重固徐姚村农田建设项目等9个项目在建7个，完工2个。推进2020年涉农项目建设，上海“佳欣”水八仙蔬菜基地建设项目等14个项目均列入2021年上海市乡村振兴重点任务。完成项目招投标7个。

（唐洁平　王培鉴）

■“菜篮子”工作 全区常年蔬菜种植面积平均在2733公顷，比上年下降8.1%，其中：绿叶菜种植面积1333公顷，比上年下降13.0%；全年蔬菜三播面积11285公顷次，比上年增长7.6%；蔬菜上市量38.7万吨，比上年增长5.7%，其中绿叶菜年上市量23.5万吨，比上年增长1.3%；蔬菜现行价总产值108072万元，比上年增长19.7%；蔬菜平均混合价2789元/吨，比上年增长13.2%；特色茭白种植面积2061公顷次，比上年增长9.9%；总产量8.76万吨，比上年增长13.8%；总产值3.71亿元，比上年增长22.0%。

（王桂英　刘　彬　周安尼）

■疫情防控期间绿叶菜抢种补种 为保障新型冠状肺炎病毒疫情防控期间地产蔬菜生产和供应稳定，自1月26日起分2批落实666.67公顷抢种补种绿叶菜任务。动员辖区内各绿叶菜核心基地、种植大户做好采收、出地换茬和抢种工作，为疫情防控期间绿叶菜持续供应奠定货源基础。利用市春节期间绿叶菜保供奖补资金对实施主体按照240元/亩进行补贴。完成抢种补种绿叶菜625.13公顷，拨付奖补资金225.048万元。

（王桂英　刘　彬　张停林）

■设施菜田建设 加强设施菜田财政性资产管护考核工作。根据全市设施菜田财政性资产管理要求，对全区2005—2014年建设的76个设施菜田建设点开展一年一度的财政性资产管理运行情况镇级自查和区级抽查工作；配合市农业农村委蔬菜办进行设施菜田财政性资产管理运行重点抽查考核。全区2020年度列入考核面积1746.9公顷（不包括夏阳街道塘郁村凯博农庄13.87公顷），其中保护地507.28公顷、露地面积1239.6公顷。经自查考核，合格995公顷，合格率57%。其中：保护地合格390.6公顷，合格率77%；露地合格604.3公顷，合格率48.75%。不合格面积主要原因是原项目被调整为种植水稻、公益林和葡萄、蓝莓果树、花卉，以及野生动物栖息地项目、弘阳冷链项目、农民建房和轨道交通17号线占用地等。完成2015年度52公顷菜田项目市级验收。（王桂英　钱　婷）

■地产蔬菜安全监管 加强蔬菜安全监管和风险评估，细化和落实监管责任，健全监管体系，加强“三书”（即蔬菜安全监管责任书、蔬菜质量安全承诺书和安全使用农药的告知书）管理。开展高效低毒低残留补贴农药的组织推广服务。根据蔬菜种植面积，按照亩用量150元补贴农药额度，通过政府采购补贴农药38.36吨，其中杀虫剂30.17吨、杀菌剂8.19吨，涉及62个品种，分别为杀虫剂39种和杀菌剂23种。农药采购总金额653.055万元，其中市、区财政补贴391.833万元，自筹资金261.222万元。全年补贴农药采购目录中有19种生物源农药，其中杀虫剂12种，杀菌剂7种，共计5.71吨，占全年补贴农药的18.88%。结合科技兴农项目成果和茭农需求，将茭白用6个农药11种规格产品纳入区茭白生产补贴推荐名录。推进重点蔬菜生产基地的田间档案和质量可追溯建设，全年有78家合作社、农业企业纳入“上海市蔬菜生产管理系统”，蔬菜面积2027.07公顷。加强蔬菜质量安全检测和风险评估，开展地产蔬菜农残速测工作，2019年11月—2020年10月，全区检测速测样品85036只，合格率100%，超额完成7万份样品地产蔬菜农残速测任务；4—11月，配合上海市农业农村委蔬菜办完成农业农村部例行抽检样本10份和蔬菜标准园风险评估样本196份，合格样本206份，合格率100%。

（王桂英　刘　彬　徐　刚　周安尼）

■蔬菜标准园创建　根据《关于2016—2020年上海市园艺作物标准园创建工作的实施意见》（沪农委〔2016〕111号）文件要求和《上海市蔬菜标准园创建考核验收办法》，完成2019—2020年市蔬菜标准园3家，全部通过创建考核验收。（王桂英　周安尼）

■绿叶菜规模化生产基地建设暨标准园长效管理　根据《青浦区2020年蔬菜绿色高质量发展暨绿色标准生产实施方案》，制定《青浦区2020年绿叶菜规模化核心基地暨标准园长效管理工作意见》。对全区39家9516亩绿叶菜规模化生产基地，其中：绿色认证或正在申请绿色认证阶段的基地32家；GAP认证基地3家；有机认证基地1家；无公害认证基地3家。在蔬菜生产管理系统应用、绿色生产技术规范、绿色防控配套集成技术使用、农资废弃物回收处置、农残速测及产地准出（合格证）制度、品牌化销售等方面加大考核分值。对合格以上的单位按照优秀补助350元/亩、良好补助300元/亩、合格补助250元/亩和不合格不予补助的标准，兑现奖励资金260.865万元。

（王桂英　刘　彬　周安尼）

■菜田棚舍长效管理　制定《青浦区2020年度农田棚舍整治长效管理工作方案》，建立各街镇、村日常巡查和区督查、发现、限期整改、季度通报等长效管理机制，防止回潮反弹。全年发现不符合标准和人员回住的棚舍31处，全部按要求完成整改。

（王桂英　刘　彬　周安尼）

■蔬菜机械化生产示范点建设　依托2020年上海市绿叶菜产业体系项目等继续推进弘阳公司、世鑫合作社、绿椰合作社、春昌合作社4家机械化示范点的建设和实施。先后在弘阳杜村、世鑫安庄、恒尚源张联、美晨太来、郁香园等绿叶菜基地开展青菜、生菜、广东菜心等机械化播种密度试验，扩大和提高蔬菜机械化播种的应用面积和水平。

（王桂英　刘　彬　钱　婷　张停林）

■开展水产品安全监管　完成313.6公顷水产养殖场尾水治理项目布点、立项批复工作；完成水产养殖绿色生产方式推广面积1119.91公顷；累计发放《渔业安全告知单》、有奖问答和签订《渔业安全承诺书》约260余份，多次对全区持证160艘渔船及主要养殖场开展安全生产专项检查；档案渔业监管水面积1425.43公顷，养殖户605个；对重点养殖水域25个检测点进行水质监测，协助市级38个水样采集点采样及送样；开展疫病监测和病害防治工作；水产品药残市级抽检34件，药残抽检合格率100%。（徐　波）

■渔业资源增殖放流活动　落实环淀山湖水域生态养护工作，投放各类鱼苗17.0万公斤，合计950万余尾。6月6日全国“放鱼日”，青浦、吴江、嘉善三地渔业主管部门在太浦河水域联合举办主题为“保护一条鱼，共饮一河水”增殖放流活动，放流苗种共计约600万尾，三地相关人员及市民代表100人参加。

（徐　波）

农业科技

■概况　2020年，分层分类实施精准培训，开设的新型职业农民培训班准入共16个，培训学员626人；继续教育开设1个班，培训40人。2020年共认定新型职业农民610人。单项引导性技术培训1954人次，专门业务培训1467人次。全开展蔬菜补贴农药安全使用培训3场次，培训150人次，发放资料400份；发放蔬菜安全生产宣传册4500册。年内，2个区科委发展基金农业项目《青浦练塘茭白病虫害绿色防控技术集成示范与推广》《芥蓝新优品种引筛及配套技术研究》、1个区科学技术协会学会咨询重点项目《青浦练塘茭白品种调查及发展对策研究》通过项目验收；蔬菜站主持的2019年市农业农村委标准预研制项目《练塘茭白绿色生产技术规范》通过市蔬菜标委会验收；指导上海世鑫蔬菜种植专业合作社等单位完成2019年区科委农业发展基金项目《设施青菜全程绿色高效生产技术集成示范与应用》《新型生物制剂在青菜根肿病上的防治技术研究》《练塘茭白的高效栽培技术研究与示范》的验收和2020年区科委农业发展基金项目《蔬菜精密播种机青菜播种密度的优化和示范应用》《特种蔬菜叶用甘薯轻简化绿色高效栽培技术示范》《青浦地区茭白龙虾高效种养结合模式探索》的申报立项。《优质杂交粳稻“申优26”集成技术推广应用》《植保无人机在水稻统防统治中药剂筛选及应用》通过青浦区科委项目评审并获得项目资金支助，《优质早熟水稻新品种（系）“青角198”的示范与推广》《胶体金免疫层析技术在草莓农药残留速测上的试验应用》按计划任务组织实施。自主选育的优质水稻新品种“青香软526”和“青早香软18”通过上海市品种审定（市农业农村委第6号公告，审定编号分别为“沪审稻2020005”“沪审稻2020006”）。“青香软526”于8月6日通过国家植物新品种品种权保护初审，获品种权申请号20201003813。

（王华君　陈春玲　王桂英
刘　彬　钱益芳　王绘华）

■农业生态修复和环境治理　全年回收处置农(渔)药包装袋、沾有农药的地膜、过期农药等共计50吨。推广实施微生物菌肥和生物有机肥替代化肥2项技术319公顷,完成生物炭土壤修复120公顷次。对全区绿色粮田和茭白田开展定点监测土壤样品50个。

(王桂英　杨军峰　朱卫芳)

■推广蔬菜绿色防控集成技术　推进"双绿"(即绿叶菜核心基地推广应用绿色防控技术"工程建设。利用市农业农村委农业生态与农产品质量安全项目的绿色防控专项和区技术推广站的绿色防控部门预算专项共308余万元,完善世鑫、春昌等6个"三诱一网一布"绿色防控集成技术示范点建设,总面积149公顷,推广到33家绿叶菜核心基地613公顷,合计应用35家962公顷,超额完成第七轮三年环保行动计划绿色防控面积任务。入围第一批全国农作物病虫害"绿色防控示范县"名单。

(王桂英　刘　彬　王伟民　胡　永)

■推广商品有机肥和测土配方施肥技术　粮食和蔬菜种植推广应用商品有机肥2万吨。粮经作物方面,推广应用各类配方肥4304.68吨,应用测土配方施肥技术面积1.14万公顷次,水稻方面,推广应用26－6－10(氮磷钾含量分别为26%、6%、10%)配方肥2488.68吨,施用面积6636公顷;30－6－6缓释配方肥(氮磷钾含量分别为30%、6%、6%)2310.6吨,施用面积4453公顷。蔬菜种植推广应用商品有机肥1.0万吨。推广应用21－13－18(氮磷钾含量分别为21%、13%、18%)、15－15－15(氮磷钾含量分别为15%、15%、15%)和26－6－10(氮磷钾含量分别为26%、6%、10%)等配方肥1000吨,完成率100%,应用测土配方施肥技术面积2666.7公顷次;推广水肥一体化技术53.67公顷,完成率100%。

(王桂英　刘　彬　王伟民　王　坚)

■渔业科技入户工程　在金泽、练塘、朱家角、赵巷、夏阳等街镇遴选150户科技示范户和30家星级合作社和标准化场,由区18位技术指导员每人结对10户示范户、1到2家水产合作社(标准化场)。全年科技指导员入户指导300余人次,发放宣传资料2000余份,电话指导做到全天候。实施"水产绿色健康养殖五大行动",确定养殖尾水治理模式1个;水产生态健康养殖技术模式示范1个;水产种质提升示范场1个;配合饲料替代幼杂鱼示范点1个。开展2020年水产养殖用药减量行动,渔用药物使用量比上年减少33.3%。举办水产专题培训10期,培训人数750人次;组织参加上海市职业技能大赛,获优秀组织奖,个人单项冠军1人,亚军2人。指导、协作、参与青浦区科技发展基金项目(农业水产类)《仿生态优质蟹种培育技术研究与应用》《长吻鮠的人工繁育技术研究》《养殖尾水和固形类污的减量化资源化利用研究》等6项获区科委2020年立项;区科委产学研项目《植物精油在对虾育苗和养殖中应用技术研究与示范》《暗纹东方鲀与南美白对虾池塘生态混养技术研究》2项获青浦区科委立项。

(张　铷　沈家佳)

6月,区农业农村委组织新型职业农民蔬菜机械化操作培训班成员到章堰科技园参观学习　(区农业农村委供稿)

农业产业化发展

■概况　2020年,全区休闲农业和乡村旅游共接待旅游人次84万人,产值1.23亿元,其中农副产品收入5658万元,经营利润总额达到470万元。继续推送郊野休闲游、绿色生态游、休闲采摘游、绿色田园艺术文化游、美丽家园郊野休闲游、幸福乐园红色记忆游、"聆听江南韵,品读水乡情"7条精品旅游线路。彰显、新君宴、蔡伯伯农庄成功创建全国休闲农业和乡村旅游三星级精品园区。完成青浦区农产品区域公用品牌"淀湖源味"国家商标注册,发展子品牌33家,年产值达59621.1万元。

(陆春燕　汪月霞)

■新型农业经营主体　培育上海市农民专业合作社示范社25家,农业龙头企业3家,其中市级龙头企业3家。

(陆春燕　汪月霞)

■地产农产品品牌　根据《2020年上海市地产优质农产品品鉴评优实施方案》(沪农委〔2020〕64号),组织辖区内合作社参加上海地产优质农产品品鉴评优暨品牌推介活动。上海五韵农业专业合作社在上海地产优质番茄、黄瓜评优推介活动中荣获金奖;上海永胜瓜果专业合作社在上海地产优质玉米评优推介活动中获糯玉米组铜奖和最受市民欢迎奖;上海祥湖农业专业合作社在上海地产优质中晚熟大米评优推介活动中获铜奖;上海永胜瓜果专业合作社在上海地产优质草莓评优推介活动中获铜奖;上海盈鹤蔬菜专业合作社获最受市民欢迎奖;青浦区农业农村委员会获优秀组织奖。

(陆春燕　汪月霞)

新农村建设

■概况　2020年，落实党中央关于实施乡村振兴战略及关于开展农村人居环境整治工作的部署，印发《青浦区2020年农村人居环境整治工作方案》《青浦区2020年度创建市级美丽乡村示范村实施方案》，推进农村人居环境整治持续改善农村面貌加快推进市级美丽乡村示范村建设。

（沈雪明　胡烨丹　顾钰婷）

■美丽乡村建设　年内，推进重固镇章堰村、回龙村、白鹤镇王泾村、朱家角镇庆丰村、练塘镇浦南村、金泽镇陈东村、夏阳街道枫泾村、香花桥街道爱星村等8个美丽乡村示范村（区级）建设，美丽乡村示范村（区级）累计达到55个；积极组织推进市级美丽乡村示范村创建工作，赵巷镇方夏村、徐泾镇金云村、华新镇叙中村、重固镇新丰村、白鹤镇红旗村、练塘镇太北村、夏阳街道王仙村等7个村评为上海市美丽乡村示范村，全区累计成功创建数量达到26个村；重固镇徐姚村、朱家角镇张马村、练塘镇东庄村完成2019年度上海市乡村振兴示范村创建并通过验收；赵巷镇和睦村、重固镇章堰村、朱家角镇林家村、练塘镇徐练村启动2020年度上海市乡村振兴示范村创建。

（沈雪明　胡烨丹　顾钰婷）

■农村人居环境整治　按照农村人居环境整治试点区建设三年行动方案及市级下发的年度任务清单，制定《青浦区2020年农村人居环境整治工作方案》，全区184个行政村全要素、全覆盖整治，完成试点区建设12大类43项具体目标任务和农村人居环境整治试点区建设任务。结合“三大整治”专项行动及疫情防控工作全年清理“三乱”22120平方米；清理村内河沟（塘）2427公里；清理田间窝棚5880平方米；处置农业废弃物1079吨；清理垃圾58990吨。5月5日，国务院下发《国务院办公厅关于对2019年落实有关重大政策措施真抓实干成效明显地方予以督查激励的通报》（国办发〔2020〕9号），青浦区入选2019年度全国20个农村人居环境整治激励县。

（沈雪明　胡烨丹　顾钰婷）

农村综合改革

■概况　2020年，继续夯实农村工作基础，深化农村综合改革相关工作。做好农村土地承包地日常管理工作，规范农村土地经营权流转，制定农村土地经营权流转管理实施方案，土地流转公开交易市场有序运行。优化村民委员会与经济合作社分账工作，完善经营管理相关制度，加强日常财务指导和监督工作，44家经济合作社实现年度收益分配。全区11个街镇集体产权交易分中心平稳运营。寻找区农村集体资产增值保值新途径和农村集体经济持续健康发展新模式，鼓励搭建镇级“造血”平台，做大做强区级平台。农村综合帮扶项目有序运行，2020年度落实农村生活困难农户帮扶资金323.54万元。开展宅基地审批制度改革工作，8个街镇形成农民建房工作方案，均建立部门联审制度。（唐国平　陈晓俊）

■农村承包地管理　截至涉及全区11个街镇191个村居2296个村民小组。农用地总面积为2.25万公顷，其中村级所有0.24万公顷，组级所有2.01万公顷；农户承包地1.10万公顷，自留地0.15万公顷。现有承包农户55189户，现有登记承包农户52698户，2020年度涉及权证变更371户，其中：依法征用征收194户，21户分（并）户，户代表或共有人变动95户，经营权转让（互换）20户（涉及白鹤19户，香花桥1户），其他41户（赵巷30户自行养老，白鹤、香花桥、金泽各1户新发、练塘8户更名）；换（补）发148户；收回或注销176户。

（胡　昱）

■规范农村土地承包经营权流转　全区农村土地统一委托流转总面积22.8万亩，委托期至2029年，农村土地经营权统一委托流转率超过90%，其中农户土地承包经营权统一委托流转率93%。年内签订对外流转合同1035份，涉及面积7466.67公顷。（莫跃辉）

■农村土地承包经营权流转公开交易市场　区8个街镇（除赵巷镇、徐泾镇和盈浦街道外）挂牌成立上海农交所农村土地流转交易中心街镇分中心。朱家角分中心被评定为2020年上海市农村土地流转公开交易市场示范分中心。全区挂牌土地流转项目810个，挂牌面积6666.67公顷，当年完成签约540个，成交面积4833.33公顷。（莫跃辉）

■农村集体产权交易分中心　平台交易共575宗，签订租赁协议年租金8186.75万元，涉及房屋面积22.86万平方米，土地面积51.88公顷。

（陈晓俊）

■深化农村集体经济组织产权制度改革　各街镇经联社完成组织构架，形成农村集体产权关系变更方案，其中徐泾镇、重固镇和金泽镇正进行一级公司的工商变更事宜，夏阳和重固两个街镇完成经联社分账管理工作，实现镇经联社与镇政府事务分离、分账管理。

（叶玉兰）

■继续推动村社分账运行优化工作　2020年，全区44家经济合作社实现年度收益分配，参与分红成员数100223个，年度分红总额6222.78万元，年度人均分红620.89元，每股分配金额26.96元，户均分红2235.43元。全年区镇两级完成136家经济合作社专项审计工作，下发20份风险预警和133份整改通知书。开展村级集体“三资”监管专项检查工作，共抽查11个街镇45家村级集体经济组织；开展村级集体经济组织财务公开信息采集数据质量核查工作，覆盖全区191个村级集体经济组织（村委会和经济合作社），根据发现的问题形成专项检查报告，发出整改通知，督促村级集体经济组织整改。

（朱　缨）

■推进宅基地审批制度改革　2020年，8个街镇形成农民建房工作方案，建立部门联审制度，其中6个镇工作方案已经联席会议审议通过，按照方案有序推进农民建房工作，完善宅基地审批流程，规范农户建房秩序。朱家角、练塘、金泽三镇和重固镇农民建房工作有序开展，四镇受理农民建房（原址翻建）申请1147户，完成审批722户，核发建设许可证430户，开工391户。（唐国平）

■**农村集体经济发展** 区、镇、村三级平台通过组建公司等形式，寻找优质的投资项目，带动农村集体经济的发展，增加集体经济组织经营性资产、增加集体经济组织经营性收入，年内已运营项目47个，项目投资额20.97亿元，年租金1.01亿元，“百村基金”项目在2020年完成2019年收益分配，共计72.2959万元。 （张娟娟）

■**推进农村综合帮扶工作** 新城一站C商业、库克医疗定制楼宇和高新F1标准厂房3个帮扶项目有序推进，预计项目总投资7.43亿元，2020年到位帮扶预算资金1.56亿元，累计到位5.96万元。2020年度落实政策性保险帮扶（200元/人）和综合托底保障帮扶（300元/户）措施，共帮扶4914户、8806人农村生活困难农户，涉及帮扶资金323.54万元，其中使用区帮扶专项资金261.79万元（含上一轮帮扶项目收益67.95万元）。按照市委组织部、市农业农村委选派优秀干部支持市经济相对薄弱村发展工作要求，总结第一批驻村指导员工作，挖掘驻村指导员在驻村工作期间典型案例和经验，做好第二批驻村指导员的选派准备工作。 （叶玉兰 沈 蔚）

8月，青浦区落实农村生活困难农户帮扶措施政策培训会暨动员大会召开 （区农业农村委供稿）

动植物防疫检查

■**概况** 2020年，在做好全区重大动物疫病防控工作的基础上向公共卫生安全工作方向拓展。开展开展全区动物防疫检查，其中：高致病性禽流感169539羽次、鸡新城疫114914羽次、口蹄疫5624头次、小反刍兽疫4853头次、鸭瘟34576羽次，羊痘1443头次，狂犬病16655头次。开展蔬菜病虫害测报和防治工作，病虫害发生面积16569.3公顷次，防治面积42374.7公顷次，挽回损失75434吨。 （沈桂明 王桂英 江小红）

■**动物疫病监测和流行病学调查** 疫病监测：口蹄疫免疫抗体共监测牛羊1035份血样，检测O型、A型口蹄疫，合格率均达到91%以上。口蹄疫非结构蛋白抗体共监测牛羊1024份血样，阳性率为0%。高致病性禽流感、新城疫共监测养禽户8654份禽血样，合格率达到90%以上。布病共监测牛、羊1024份血样，牛结核病监测8头次，马鼻疽共监测347匹次，马传染性贫血共监测347份血样，以上检测结果均为阴性。小反刍兽疫免疫抗体全区共监测1013份血样，合格率为92.4%。犬狂犬病监测610份血样，免疫抗体合格率为90.4%。禽流感PCR共监测1431份棉拭子样品，新城疫PCR共监测1050份棉拭子样品，检测结果阳性率均为0%。小反刍兽疫PCR检测全区共监测1013份血样，阳性率为0%。流行病学调查：根据市动物疫控中心的工作要求，中心分别于6月份和11月份开展上、下半年度的流行病学调查工作。其中禽群疫病定点调查共采集样品180份、检测900份次，犬猫群疫病定点调查共采集样品486份、检测486份次，结果均良好。 （沈桂明）

10月，赵巷镇方夏村俯瞰 （区农业农村委供稿）

■**犬只狂犬病防控工作** 区农业农村委发文认定免疫点28个，其中街镇兽医站11个，宠物诊所17个鼓励各免疫点借助线上线下多种渠道，面向街镇、村（居）委、协会等多种组织，开展狂犬病免疫工作的普法宣传和科普宣传。区动物疫控中心联合街镇兽医站及其辖区免疫点，多次深入村居开展狂犬病防控宣传活动，现场发放宣传资料、提供专业咨询，并为农村犬进行免费注射狂犬病疫苗全区共免疫犬只狂犬病16655条次。 （沈桂明）

■**病虫草鼠害监控** 水稻方面，以区有害生物预警与控制区域站为核心，与5个街镇测报点形成测报网络，开展水稻病虫草鼠害监测。通过上海市农业有害生物预警系统和全国农作物重大病虫害数字化监测预警系统平台，上传调查数据1056条，“五日报”30期，“病虫情报”11期。在褐飞虱大发生情况下，区政府成立“虫口夺粮”攻坚组，制定青浦区2020年水稻重大病虫害防控工作方案；区农技中心成立5个总计50人组成的专项工作组，分解落实到各街镇，开展三轮全覆盖褐飞虱普查，通过二次普治和复查复治，有效控制褐飞虱为害。全区水稻病虫草害发生面积94420公顷次，挽回损失27633吨。利用朱家角世鑫、重固春昌、练塘恒尚源、练塘茭白4个测报点，开展蔬菜病虫害预测预警监测，通过上海市农业有害生物预警系统平台，上传调查数据5580条，全年发布蔬菜病虫害发生趋势与防治方面的蔬菜科技简报《蔬菜科技》15期，其中病害7期、虫害8期。年内，全区蔬菜病虫草害发生面积16569.3公顷次，挽回损失75434吨。

（王伟民　刘　彬　江小红）

农　机

■概况　2020年，补贴农机具698台（套），总补贴资金1392.02万元，其中，中央和市补贴资金771.495万元、区补贴436.04万元、镇补贴184.485万元。

（陈　伟）

■农机监理　3月，召开各街镇农机负责人年检专题会议，下发《农机年度检验告知单》。全年检验农机818台，其中：拖拉机439台、收割机188台、插秧机91台、直播机86台、植保机14台。对照农机拥有量，中型拖拉机和收割机的年检率96%。（陈　伟）

农业执法

■概况　2020年，出动执法人员5453人次，查处种子、农药、兽药、渔业、动物卫生等各类涉农违法案件110起，其中移送公安刑事追责电捕鱼案件6起。罚没款总金额13.368万元。无害化处理各种畜禽1361只，包括禽类694只，犬猫657只，牛9头，猪1头。在淀山湖增殖放流鱼苗约950万余万尾，折合约17万公斤。（金凌艳）

■产地检疫及兽药饲料市场监管　全年实施各类抽样852份（批次）。其中：市水产办抽检、市渔政突击抽检、渔政增殖放流检测、农业部地产水产品异地抽检、农业部水生动物疫病检测等各类水产品抽检任务126件，药残检测结果全部为阴性；兽药、饲料、饲料添加剂、禽肉监管抽样31批；蔬菜、水果、食用菌、稻谷等农产品市、区级农药残留抽样682份。农药抽样8份（批次），肥料抽样5份（批次），1批次肥料产品不合格已立案查处。

（金凌艳）

■打击非法渔业捕捞　全年渔业专项执法行动29次，出航（船、车）出690艘（辆）次，执法人员3105人次。对区内重点水域及市民反映较多的区域，联合公安、海事等部门开展“2020清电”“2020蓝盾”系列渔业专项执法行动9次，黄浦江上游区内巡航4次，“青昆联动”3次，“青嘉吴昆”联合巡查2次。积极开展“清网”专项行动，协助海事及街镇开展“清网”行动11次，清理各类网具686条。（金凌艳）

■动物卫生监督及兽药饲料执法　对辖区内动物诊疗机构、肉类批发市场、流通企业开展全覆盖检查，共检查动物诊疗机构22家88次、肉类批发市场4家次、流通企业44家次。联合市境指定道口、公安司法机关开展非指定道口检查，共检查入户车辆74辆，动物及动物产品20余万千克，未发现违规调运动物及动物产品情况。检查兽药生产企业10家次，兽药经营企业49家次，饲料生产企业20家次，未发现违法违规行为。（金凌艳）

■农资市场专项整治　2020年，共出动执法车辆824台次，出动执法人员3286人次，检查辖区内农药、水溶肥料、种子生产经营企业333家次，其中：农药经营企业142家次、肥料经营企业67家次，种子生产经营企业124家次。开展“春雷”专项整治行动和秋季农资市场专项检查，共检查农药经营单位59家次，水溶肥料标签112只，种子标签385个，农药标签590个，其中1个农药标签不合格。转基因食用油标识检查中，检查超市、杂货店18家，食用油产品126只次，生产经营企业124家次，均符合规定。抽取繁（制）种品种16个品种（系）、19个样品，随机抽取8个番茄、玉米等种子进行速测剂转基因检测，检测结果均为阴性。（金凌艳）

青浦现代农业园区

■概况　上海青浦现代农业园区发展有限公司位于练塘镇蒸淀地区，规划面积为17.07平方公里。近20年来，农业园区坚持以“科技兴园、产业强园、生态建园、创新治园”为发展思路，积极推进“特色林果、优质种源、品牌水稻、设施菜田、特种水产、生态园林”六大产业片建设，形成了“一粒米、一只菇、一棵菜、一枚果”的四大特色品牌，是一家集生态、休闲、观光、教育寓一体的特色现代农业园区。下辖二级公司7家，其中6家全资子公司分别为上海绿色科技园区有限公司、上海青浦现代农业园区生态农场有限公司、上海青浦现代农业园区恒益蓝莓科技有限公司、上海良金种业发展有限公司、上海青浦农业投资管理有限公司、上海青浦储备粮管理有限公司；1家混合制公司为上海自在青西农业发展有限公司。园区先后被认定为青浦区学生社会实践基地、上海市“科普惠农兴村”示范基地、上海市科普体验实践基地、上海市院士专家服务中心、上海市知名品牌示范区、上海品牌园区、全国科普教育基地、国家级科技特派员创业基地、全国科普惠农兴村先进单位。

2020年，青浦现代农业园区围绕“发展现代农业，发挥示范带头作用，引领带动周边地区农民致富、农业增效”的定位要求，聚焦“四个中心”（即泥炭综合加工配送中心、绿色稻米加工储运中心、农业废弃物资源化利用中心、种源研发中心）建设、农旅一体化嘉年华建设、储备粮收储、乡村振兴等重点工作，提升特色农产品品牌，打造特色农业引领示范平台。优化园区产业布局，加快低效企业调整转型和腾退，全年调优种植优质水稻113.33公顷，调优花卉产业布局33.33公顷。全年实现农业产值1.06亿元，完成全年目标任务的104%，与2019年度同比增长16%。全年完成税收2.3亿元，同比增长0.7%。园区流转土地735.12公顷，其中，蔬菜在田面积73.13公顷，水稻种植面积243.33公顷，水产养殖面积26.67公顷。现有49家实地型落户企业，通过“三品一标”(即无公害农产品、绿色食品、有机农产品和农产品地理标志)认证企业10家，其中有机认证的3家、绿色认证的3家，区域范围内实现农产品无害化生产。推进“镇企联动”合作，年内在白鹤镇建立3.33公顷优质高产草莓生产示范展示基地，在练塘镇建设6.67公顷林下经济示范基地。

(舒雅娟)

■推进政府性投资项目 新开政府性投资项目2项，总投资613.69万元，分别为蓝莓园基础设施改善项目和肥水一体化智能大棚工程。全年完成小型项目建设33项，总投资1158.72万元。

(舒雅娟)

■开展储备粮收储工作 10月，上海青浦储备粮管理有限公司从上海青浦发展(集团)有限公司划转至园区，注册资本3000万元。成立储备粮收储工作领导小组，制定2020年储备粮收购方案，于11月1日正式开磅收购。全年完成青浦区年度1.63万吨稻谷和0.2万吨绿色大米收储任务，顺利通过市2020年粮食安全责任制考核。 (舒雅娟)

■“四个中心”建设 泥炭综合加工配送中心引进上海华茂有机农业发展有限公司，总投资7800万元，从事国际标准绿色有机标靶肥生产和研发。绿色稻米加工储运中心全年累计稻谷烘干0.46万吨，稻谷加工0.45万吨，大米销售0.18万吨。农业废弃物资源化利用中心采用干法厌氧发酵技术，通过沼渣堆肥，全年处理秸秆1.05万吨，产有机肥产品0.12万吨、沼气发电0.9万千瓦。种源研发中心开展科研项目和专家服务对接，发挥院士专家工作站、青浦良金种业基地的功能，年度引进稻米新品种1个、草莓新品种2个、蓝莓新品种2个。 (舒雅娟)

■农旅一体化嘉年华 以园区特色产业为依托，在166.67公顷核心区打造160平方米共享农产品展示厅、500平方米共享田间课堂、88米林下菌菇展示长廊、3000米骑行步道等，串联以绿色稻米加工中心、工厂化食用菌栽培基地、有机蔬菜生产基地、蓝莓文化体验园为代表的“米、菇、菜、果”拳头产品。开展“春日绿蔬”“夏日蓝趣”“秋日稻香”“冬日素菇”科普系列活动，吸引学生和游客0.6万人次来园区参与学农实践活动和科普活动。 (舒雅娟)

■郊野公园相关产业建设 在青西郊野公园建设蓝莓种源示范基地建设项目，投资825.21万元，提升农业设施化智能化水平，探索实践高架种植蔬菜、蓝莓肥水一体化智能管理。根据金泽镇莲湖村特色，丰富以紫莲为代表的水生植物资源圃。种植53.33公顷绿色稻米，在区域内“以农造景”，形成景观化立体休闲观光农业。 (舒雅娟)

■新冠肺炎疫情防控 新冠肺炎疫情防控期间，以综治中心为主力，深入企业全面开展疫情排查。动员所有在职党员到各个居住社区报到并参与志愿服务，选派2人参加“双守双共”区级战“疫”支援队。落户企业上海彭世菇业有限公司为抗击疫情的一线工作人员捐赠20万份总价值200万元的“活体菌菇”和“盆栽豆苗”等优质绿色蔬菜。指导企业加强田间管理，抢播抢种绿叶蔬菜57.33公顷，确保地产农产品供应。改善营商环境，落实企业扶持政策，加大税收倾斜力度，给予房租减免等支持，帮助企业复工复产。

(舒雅娟)

■保障农业生产安全 成立安全生产检查小组，针对“两项整治”(消防、燃气)、农产品质量、农机安全、违禁投入品等，每天进行1—2次例行检查。在重要节日等时间节点，开展企业安全生产大检查，保障企业生产安全。全程监管农产品质量安全，与企业逐级签订农产品安全监管责任书。加强农产品检测力度，每月完成区级400个蔬菜样品抽检及市级部门不定期抽查，合格率达到100%。 (舒雅娟)

■开展系列活动 6月6日，在青浦现代农业园区蓝莓文化体验园举行2020年农旅一体化嘉年华暨蓝莓采摘季活动，包括青浦现代农业园区新闻通气会、“云品蓝莓”网络购销推广、蓝莓采摘季嘉年华、青浦现代农业产业发展研讨会四大项目，分享蓝莓美味，推广现代农业，探索一、二、三产业融合发展。9月25日，与上海自在青西农业发展有限公司联合举办以“庆丰收、迎小康、助力乡村振兴”为主题的青浦现代农业园区第三届农民丰收节活动，展现乡村文化、农村景象，累计160余人参加活动。

(舒雅娟)

10月24日，青浦现代农业园区开展金秋稻香亲子科普体验活动

(青浦现代农业园区供稿)

综 述

2020年,青浦区以“抢拼实善”的新时代奋斗精神,落实“六稳”“六保”各项任务,坚持统筹推进疫情防控和经济社会发展,及时出台纾困惠企“硬核”政策,推动企业复工、满产、达产,确保工业经济平稳运行。全年规模以上工业总产值1590.9亿元,静态比上年增长2.1%,创历史新高;全区工业固定资产投资65.89亿元,比上年增长40.9%;全区工业固定资产投资(含研发和生产型服务业)91.06亿元。

2020年,全区有施工企业1216家,包括市管一级企业48家、市管二级及不分级58家、区管企业1110家。区管企业中,三级资质企业303家(包括总承包企业138家、专业承包企业165家)、劳务资质企业138家、区管二级企业582家、区管不分级企业87家。

(钱 欢 方 芳)

9月27日,上海市政府与华为公司深化战略合作框架协议签约暨青浦华为研发中心项目开工仪式在西郊宾馆举行。图为市委副书记、市长龚正(右三)、副市长吴清(左三)、区委书记赵惠琴(左四)、华为首席后勤官任树录(右一)等参观设立在西郊宾馆的华为研发中心项目沙盘 (区经委供稿)

2020年青浦区按登记类型规模工业企业主要经济指标情况表

表19

指标	企业数(户)	亏损企业(户)	工业总产值(万元)	平均用工人数(人)	资产总计(万元)	所有者权益(万元)	实收资本(万元)	营业收入(万元)	主营业务收入(万元)	利润总额(万元)	亏损额(万元)	税金总额(万元)	应缴增值税(万元)
总计	868	169	16294174	137727	22409967	12190318	4831570	18143579	17665261	1494967	154990	733719	366031
集体	2	—	34444	193	22032	1751	2200	29014	29007	764	—	470	303
股份合作	1	—	7441	288	4006	1108	328	6941	6941	40	—	307	285
国有独资公司	10	3	351246	2123	659526	425325	253656	337367	327588	7731	5863	12288	8328
其他有限责任公司	72	16	1272325	9875	1814208	657770	398340	1397162	1337500	71754	27137	40324	22079

（续表）

指标	企业数（户）	亏损企业（户）	工业总产值（万元）	平均用工人数（人）	资产总计（万元）	所有者权益（万元）	实收资本（万元）	营业收入（万元）	主营业务收入（万元）	利润总额（万元）	亏损额（万元）	税金总额（万元）	应缴增值税（万元）
股份有限公司	11	1	637088	3761	1583693	1127752	177263	670802	663273	112544	88	41226	27289
私营独资	18	3	90267	1170	118785	55922	5178	80970	80937	10955	446	6177	3649
私营合伙	5	—	40515	502	45078	22602	949	40416	40416	5189	—	1748	1291
私营有限责任公司	394	72	4350527	37794	5610583	2818067	830111	4655689	4577789	349880	43844	200878	107913
私营股份有限公司	37	5	989303	7640	2801130	1684199	424657	1349420	1311656	189066	718	43164	14471
与港澳台商合资经营	20	5	355709	4841	744112	466299	405963	378774	367601	5527	15428	7636	4622
与港澳台商合作经营	6	1	106498	1180	87711	55116	13020	112474	112423	11551	124	5357	3609
港澳台商独资	61	22	1065218	13708	1199030	701037	290389	1129902	1112325	73339	8288	45826	26441
港澳台商投资股份有限公司	2	1	135637	1283	276087	149769	32100	146726	146085	22573	5416	8535	4693
其他港澳台投资	1	1	28184	701	18325	1282	—	28101	—	-4738	4738	592	400
中外合资经营	28	5	1638856	6935	1498781	779605	282296	1812911	1783918	124798	6858	46058	11976
中外合作经营	9	2	247410	2801	269290	135157	69925	297044	269698	14822	1763	7257	3026
外资企业	189	32	4848502	42550	5572439	3052642	1635643	5573068	5401305	478801	34278	257469	120506
外商投资股份有限公司	2	—	95004	382	85155	54915	9552	96800	96800	20371	0	8409	5152

（区统计局）

2020 年青浦区分地区规模工业企业主要经济指标情况表

表 20

指标	企业数（户）	亏损企业（户）	工业总产值（万元）	平均用工人数（人）	资产总计（万元）	所有者权益（万元）	实收资本（万元）	营业收入（万元）	主营业务收入（万元）	利润总额（万元）	亏损额（万元）	税金总额（万元）	应缴增值税（万元）
总计	868	169	16294174	137727	22409967	12190318	4831570	18143579	17665261	1494967	154990	733719	366031
赵巷镇	9	2	162289	1478	300917	187498	40073	176354	172672	30788	73	10628	6095
徐泾镇	35	6	629839	7908	985022	555239	156671	673077	639512	61068	4165	25383	16647
华新镇	113	15	1842969	15826	2249546	1038383	442523	2032256	1979586	112058	10897	59059	31731
重固镇	3	1	66010	505	115852	33353	28510	67032	66353	253	390	5837	4940
白鹤镇	88	20	695327	6483	772257	324463	145481	698205	692254	25579	7058	21147	13591
朱家角镇	60	16	807167	6483	1461685	862496	184974	1009335	990148	126119	3904	33734	18908
练塘镇	64	8	819142	8170	974271	446481	198563	902764	889236	39463	16762	21996	11363
金泽镇	22	1	539686	6931	641828	444015	242227	539783	529563	34016	290	12114	2465
青浦工业园区	462	94	10400154	80957	14070906	7856003	3195241	11700333	11378926	1035246	106115	531071	251498
西虹桥公司	2	—	146569	655	252844	144212	48388	141566	141372	28043	—	9944	7254
青发集团	10	6	185022	2331	584838	298175	148920	202875	185639	2335	5337	2805	1540

（区统计局）

2020年青浦区分行业规模工业企业主要经济指标情况表

表 21

指标	企业数（户）	亏损企业（户）	工业总产值（万元）	平均用工人数（人）	资产总计（万元）	所有者权益（万元）	实收资本（万元）	营业收入（万元）	主营业务收入（万元）	利润总额（万元）	亏损额（万元）	税金总额（万元）	应缴增值税（万元）
总　计	868	169	16294174	137727	22409967	12190318	4831570	18143579	17665261	1494967	154990	733719	366031
农副食品加工业	11	4	218679	1451	111969	44789	19623	253914	249559	2678	1978	3740	2564
食品制造业	23	10	612263	7208	647079	350342	123015	629584	621383	45169	4211	30409	19083
酒、饮料和精制茶制造业	2	—	19045	254	13081	5767	2787	17356	17356	2041	—	1532	723
纺织业	18	2	273110	1970	212681	115434	62272	256897	255079	14246	774	4124	1326
纺织服装、服饰业	28	7	205357	4151	239217	71504	71968	199685	193014	5077	1507	2416	1631
皮革、毛皮、羽毛及其制品和制鞋业	8	1	167981	2296	197969	123485	28191	169977	161272	11626	104	1979	-1029
木材加工和木、竹、藤、棕、草制品业	9	3	166331	1234	145925	62955	21853	166926	162308	3347	2145	7683	4707
家具制造业	24	9	153109	3360	230472	116924	28999	163190	132526	12734	3046	6719	3300
造纸和纸制品业	22	2	527502	3448	862647	580134	155707	970563	954372	128013	572	80250	43636
印刷和记录媒介复制业	16	4	211334	3429	247400	166049	96941	218608	213924	11563	1376	6555	3417
文教、工美、体育和娱乐用品制造业	11	3	95872	2257	130913	52256	33459	93689	83406	-4857	8257	-182	-257
石油加工、炼焦和核燃料加工业	4	—	17211	105	18521	9574	3334	19988	19970	2392	—	1102	356
化学原料和化学制品制造业	56	9	1440942	8165	2367020	1525762	506969	1627004	1590353	188272	20046	100015	54181
医药制造业	20	2	413831	4057	845724	588139	100851	393516	387633	80432	694	31035	17318
化学纤维制造业	3	1	77721	388	82496	41416	34918	79729	78459	130	1452	3036	2163
橡胶和塑料制品业	94	15	1421726	14042	2616056	1708816	534223	1989887	1945906	241608	8273	74736	37560
非金属矿物制品业	40	6	733174	3608	1097700	436901	131993	758295	753087	65685	2191	32272	16996
黑色金属冶炼和压延加工业	2	1	17992	106	14234	7941	15590	19153	18702	-170	177	175	108
有色金属冶炼和压延加工业	10	4	101396	1468	132558	91672	24903	133628	130812	8954	1481	4605	2639
金属制品业	73	13	1013822	9613	1454630	640182	189098	1101173	1091663	97107	3797	49770	27104
通用设备制造业	119	26	2246277	15490	2406142	1204062	484993	2258162	2191096	189111	21258	99607	35827
专用设备制造业	68	12	1072599	7456	1788699	850053	353304	1050910	1029586	96458	16790	45667	15167
汽车制造业	53	7	1704152	10646	1748281	703583	302076	1843579	1793942	73672	14074	39269	21946
铁路、船舶、航空航天和其他运输设备制造业	9	3	142959	2207	385691	229587	126897	319717	319175	25032	640	9000	1385
电气机械和器材制造业	74	10	1334572	13346	1748599	965079	403713	1474692	1408688	63295	16724	38561	24902
计算机、通信和其他电子设备制造业	36	8	899874	10598	1236271	801620	618604	899630	849229	44284	15694	18140	5126
仪器仪表制造业	16	1	320807	2394	434046	255353	102389	330384	327850	55178	49	16918	10670
其他制造业	5	2	45353	1257	77003	55765	21260	46504	45254	6620	330	3202	2164
废弃资源综合利用业	4	1	148274	413	167236	61000	20596	152515	151852	16029	390	12590	7475
金属制品、机械和设备修理业	1	—	339404	352	202264	81629	28658	339404	339404	10538	—	3213	—

（续表）

指标	企业数（户）	亏损企业（户）	工业总产值（万元）	平均用工人数（人）	资产总计（万元）	所有者权益（万元）	实收资本（万元）	营业收入（万元）	主营业务收入（万元）	利润总额（万元）	亏损额（万元）	税金总额（万元）	应缴增值税（万元）
电力、热力生产和供应业	2	1	25014	45	72507	15308	22265	25014	24820	-2175	2192	769	647
燃气生产和供应业	2	1	78986	385	135558	115219	103000	80011	80011	-918	1243	1088	847
水的生产和供应业	5	1	47504	528	339379	112020	57122	60294	43569	1793	3527	3724	2351

（区统计局）

2020 年青浦区战略性新兴产业规模工业企业主要情况表

表 22

指标	企业数	产值	指标	企业数	产值
总　计	160	3923817	其他	23	458570
一、按行业领域分			三、按地区分		
新能源	4	39600	赵巷镇	1	15905
高端装备	39	1432666	徐泾镇	9	103751
生物	37	568689	华新镇	10	171391
新一代信息技术	16	447416	重固镇	1	39702
新材料	50	1283213	白鹤镇	15	106404
节能环保	18	313536	朱家角镇	7	236169
二、按经济类型分			练塘镇	11	161361
国有集体	3	14396	金泽镇	2	12712
私营	63	1215065	青浦工业园区	104	3076422
港澳台	22	664036	西虹桥公司		
外资	49	1571751	青发集团		

说明：行业之间数据存在交叉计算情况

（区统计局）

工　业

■概况　2020 年，全区 806 户规模以上工业企业产值 1590.9 亿元，比上年下降 2.6%；销售产值 1565.2 亿元，比上年下降 3.5%，产销率 98.4%。其中：出口交货值 346.7 亿元，比上年下降 13%。

市内各地区比较。2020 年，上海市 8 个郊区实现规模以上产值 20795.4 亿元。12 月单月，青浦区规模以上产值增幅仅次于松江区及宝山区，在郊区中位列第三，全市排名中位列第五。

长三一体化示范区各地区比较。吴江区规模以上产值 3578.6 亿元，比上年下降 4.2%；嘉善县全年规模以上产值 1387.9 亿元，比上年增长 15.8%，青浦规模以上产值绝对值高于嘉善 203 亿元。（钱　欢）

■区内各区域情况　赵巷镇、青发集团、白鹤镇及华新镇 4 个地区规模以上产值增速为正，分别为 6.7%、4%、2% 及 1.1%。其中，体量最大的为华新镇，得益于汽车行业整体回暖，以及本特勒汽车、亚大汽车、新朋联众及凌云工业等重点汽车制造业企业增产和转型，实现产值 179.2 亿元，拉动全区提高 0.124 个百分点；白鹤镇，新入统（纳入规模以上产值企业统计范围）的建工如安混凝土公司有亿元产值，以及申昆混凝土集团智慧商砼项目落地，拉动产值增长；赵巷镇，元祖股份中秋节月饼销量增加拉动产值上升。

西虹桥公司、徐泾镇及重固镇降幅较大，分别为 28%、10.3% 及 9.7%。其中，西虹桥公司，3 家规模以上企业中仅华电福新能源公司 1 家有产值；重固镇，大宝化工涂料公司生产油性漆改为生产水性漆导致产值下降；徐泾镇，展华电子公司迁移导致减产 7.5 亿元；青浦工业园区，全年规模以上产值 1025.3 亿元，比上年下降 2.8%，占全区比重 64.4%，其产值下降拉低全区整体产值 1.8 个百分点。（钱　欢）

■工业行业情况　十大行业累计完成规模以上产值 1228.9 亿元，比上年下降 2%。其中，非金属矿物制品业受新材料以及各混凝土企业产值上扬影响，比上年增长 11.1%，为全区各行业中最高，拉动全区产值上升 0.4 个百分点；计算机、通信及其他电子设备制造业，由于展华电子迁移、旭统精密电子破产等不利因素影响，降幅 20.6%，为各大行业中降幅最大，拉低全区产值 0.9 个百分点；各大行业中降幅其次的为汽车制造业，拉低全区 0.5 个百分点。

（钱　欢）

■工业固定投资比上年增长 40.9% 2020 年，全区完成工业固定资产投资 65.89 亿元，比上年增长 40.9%，占全社会固定资产投资的 11%。从类型角度看，新建投资 27.97 亿元，占 42.4%，比上年增长 88.9%；扩建投资 11.8 亿元，占 17.9%，比上年下降 8.3%；改建、技改投资 25.4 亿元，占 38.5%，比上年增长 47.4%；单纯购置设备投资 0.7 亿元，占 1.1%，比上年下降 60.1%。（钱 欢）

■产业结构调整完成 470 项 全年完成产业结构调整项目 470 项、调整土地面积 188.53 公顷，超额完成全年任务的 143.6%。运用工业企业资源利用效率评价结果，重点推进对 250 家 D 类（整治淘汰类）企业实施整治淘汰，完成调整任务。市级重点调整项目上海国兴金属制品有限公司完成调整；重固镇福泉山工业区专项、金泽镇华为周边地区专项通过市级验收，白鹤中小河道周边工业企业专项、徐泾西虹桥科创园专项分别累计完成 169 家、25 家，完成率分别为 99.4%、46%；练塘蒸淀社区重点区域调整专项 50 家企业获批立项并启动调整。（钱 欢）

2020 年青浦区产业结构调整情况表

表 23

镇/街道/开发区	产业结构调整完成情况				D 类企业完成情况		
	调整企业数（个）	调整面积（公顷）	计划目标（公顷）	完成比例（%）	调整面积（公顷）	计划目标（公顷）	完成比例（%）
夏阳街道	7	7.46	2.00	372.80	2	2	100.00
盈浦街道	2	1.03	0.67	154.90	2	2	100.00
香花桥街道	15	3.81	2.00	190.73	15	15	100.00
赵巷镇	2	1.91	0.67	286.00	2	2	100.00
徐泾镇	34	28.45	20.00	142.26	4	4	100.00
华新镇	60	22.27	16.67	133.60	60	50	120.00
重固镇	3	5.93	1.33	444.50	0	0	—
白鹤镇	104	14.43	6.67	216.50	30	25	120.00
朱家角镇	31	16.57	10.00	165.66	25	20	125.00
练塘镇	36	15.80	10.00	158.00	20	20	100.00
金泽镇	35	14.38	10.00	143.85	15	15	100.00
青浦工业园区	141	56.56	53.33	106.05	95	95	100.00
总计：	470	188.60	133.33	141.45	270	250	108.00

说明：青浦区根据企业亩产、亩税、亩均能耗、环境影响情况进行资源综合利用评价，将企业数据化分为 ABCD 四档，其中 A 类为优先发展类、B 类为鼓励提升类、C 类为调整转型类、D 类为整治淘汰类 （钱 欢）

■支持企业实施疫情防控应急技改 支持疫情期间防控应急重点物资生产企业实施技术改造扩大产能，各职能部门通力协作，建立经营范围变更、资金申报、审核、拨付的绿色通道，审核通过创始实业公司（免洗手消毒凝胶）、思贝化妆品公司（抗抑菌消毒产品）、即索实业公司（一次性口罩）、护理佳实业公司（口罩垫）、颂利电子商务公司（一次性平面口罩）、东隆羽绒公司（隔离衣、一次性口罩）6 家企业完成应急技术改造，拨付应急技改补贴资金 662.86 万元。（钱 欢）

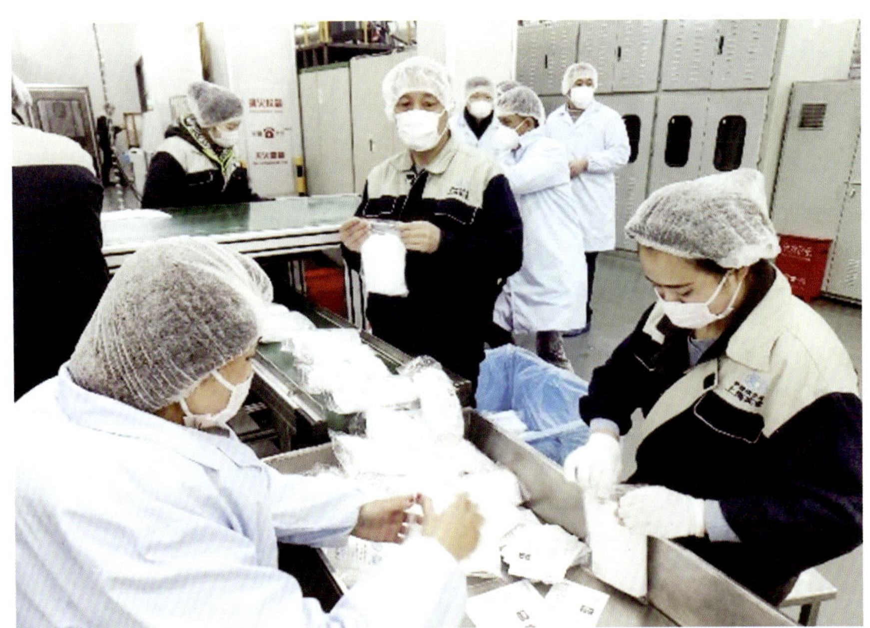
上海护理佳实业公司在疫情期间转产一次性医用垫片 （区经委供稿）

■推进生产性服务业发展 金发科技公司等 5 家企业获得“2020 年上海市产业转型升级发展专项资金（生产性服务业和服务型制造发展）”立项，获批专项资金 390 万元；推荐 2 家企业申报“市

经济和信息化委员会第二批服务型制造示范遴选工作”。（钱　欢）

■**支持企业科技创新**　支持疫情期间防控应急重点物资生产企业实施技术改造扩大产能，审核通过创始实业公司等6家企业完成应急技术改造，拨付应急技改补贴资金662.86万元。审核通过区级技改项目12个，核定扶持资金1483.89万元。推荐15个项目申报2020年上海市产业转型升级发展专项资金（技术改造）项目，总投入23.78亿元。认定并授牌2020年度区企业技术中心20家。推荐9家企业申报2020年（第26批）市级企业技术中心。核定2家考核评价合格的国家级企业技术中心分别扶持区级资金20万元；核定4家新认定的市级企业技术中心（第25批）分别扶持区级资金各60万元；核定39家市级企业技术中心评价结果良好的企业分别扶持区级资金10万元。新推荐认定和复核市级“专精特新”中小企业134家，有专精特新237家，专精特新小巨人5家。（钱　欢）

10月30日，“氢”机遇·“青”发展——2020年青浦区氢能规划发布会暨氢能产业项目签约仪式在青浦工业园区举行　（区经委供稿）

■**企业节能减排与能源保障**　审议通过2019年度申报的工业节能降耗项目扶持资金45.83万元；推荐申报2020年上海市节能专项资金（高效电机、合同能源管理）项目各1个；推荐24家企业申报2020年度第一批重点企业清洁生产审核，12家企业申报2020年度第二批清洁生产审核；上海家化、日立电梯、亚士漆、永茂泰、熊猫机械、裕生线材6家企业被认定为绿色工厂，日立电梯公司1家企业被认定为绿色供应链管理企业，鳄鱼制漆、上海爱启环境、熊猫机械3家企业的产品被认定为绿色产品；全年完成锅炉改造136台，完成全年目标数（62台）的219%。（钱　欢）

■**推动生物医药和新材料产业发展**　核定2家企业申报的“2020年度青浦区生物医药产业扶持项目”扶持区级资金共150万元；推荐10个项目申报“2020年上海市生物医药产业项目征集”；起草形成《关于推动青浦区生物医药产业高质量发展的若干政策》（初稿）；推荐4家企业申报“上海市新材料产业重点指导目录（2020）”；推荐上海晶盟硅材料有限公司获批“2020年上海市首批次新材料专项资金”项目。（钱　欢）

9月11日，上海市经济信息化工作党委书记陆晓春（右三）一行到市西软件信息园调研　（青浦发展集团供稿）

■**氢能产业**　在物流行业开展使用氢燃料电池车辆示范推广工作，推动油氢合建站（在原有的加油站基础上增设加注氢能设备，形成可加燃料油和加注氢能的综合站点）和氢燃料电池车辆的氢能基础设施建设布局。牵头制定《青浦区氢能及燃料电池产业发展规划》（青府发〔2020〕57号）《青浦区支持氢能产业发展激发“青氢”绿色动能实施办法》（青府发〔2020〕56号）。10月30日，举办“氢”机遇“青”发展——2020年青浦区氢能规划发布会暨氢能产业项目签约仪式，推动形成错位发展、产业集聚的氢燃料电池和氢能产业优势格局。（钱　欢）

■**规范工业厂房管理**　开展存量工业厂房出租调研工作。全区涉及出租存量工业厂房地块1114个，土地面积1627公顷，建筑面积1215万平方米。拟定《关于促进工业厂房规范管理实施办法》。（钱　欢）

■**推进在线新经济生态园建设** 研究制定《青浦区促进在线新经济发展行动方案(2020—2022年)》,聚焦人工智能、数字经济、工业互联网等创新载体。力争建设一批特色鲜明、功能错位、相对集聚的在线新经济生态园。

(钱 欢)

■**"四个一批"产业项目持续推进** 全年重点跟踪"四个一批"(出让一批、开工一批、竣工一批、投产一批)产业项目,加快重大项目落地,2020年完成土地出让10个、开工20家、竣工15家、投产9家。 (钱 欢)

特色产业集群培育

■**概况** 2020年,青浦区聚焦高端信息技术、高端智能制造,瞄准战略性新兴产业发展,以"中国芯、航天梦、创新药"为引领,打造创新产业集群,呈现出良好态势。修订《青浦区特色产业园区(平台)认定及扶持管理办法》。分两批开展青浦区特色产业园区创建和认定评审,15家企业通过评审创建,有区级特色产业园区27家,市级、国家级和储备园区18家。3月,北斗西虹桥产业基地入选上海市首批26个重点特色产业园区名单,推荐上报7家园区作为市级特色产业园区储备园区。汇编发布《投资青浦——特色产业园区(2021)》。

(钱 欢)

■**北斗导航西虹桥基地** 位于西虹桥商务区,有高泾路和高光路两个园区,总面积7.4万平方米。有北斗导航骨干或关联企业17家,生产产品覆盖全产业链,在天线、核心芯片、OEM板卡、终端、运营服务等产业链环节的技术攻关方面取得重大进展,跨入国内先进行列。集聚华测、联适、威固、海积、普适、川土、势航、道枢等百余家北斗导航与定位相关企业,累计授权专利近千项(其中授权发明专利超过200项),实地型企业60%以上为高新技术企业,拥有1个国家级企业技术中心、2个全国示范/模范院士专家工作站,小巨人(含培育)企业8家,获9项国家级科技奖(国家奖3项、市级奖6项);创业板上市公司2家,新三板挂牌企业5家,辅导科创板冲刺企业多家,平均年产值、税收增幅超过50%,企业产品销往全世界100多个国家和地区,在"一带一路"国家占据市场优势。上海市北斗导航功能型平台于2019年正式落地园区。

上海联适导航技术有限公司(精准农业自动驾驶)、上海华测导航技术股份有限公司(研发高精度算法和设备)、上海海积信息科技股份有限公司(研发高精度天线)等北斗核心产业企业发展较快,其中上海华测导航技术股份有限公司在深圳证券交易所上市。上海真灼科技股份有限公司、上海普适导航科技股份有限公司先后在新三板(全国中小企业股份转让系统)挂牌。

2020年3月,北斗西虹桥基地被评为上海市特色产业园区。年内,基地完成北斗重点实验室、北斗产品检测认证中心和长三角北斗位置服务平台相关建设工作。新驻企业136家,共入驻235家,入驻率90%。全年实现销售收入38.97亿元、税收1.43元,分别比上年增长74%、64%。其中,华测导航公司、联适导航公司、势航网络公司等企业年度营收破亿元,分别为13.3亿元、1.6亿元和3.3亿元。

(钟 犇 钱 欢)

■**上海华测导航技术股份有限公司** 位于青浦区徐泾镇高泾路599号。创建于2003年,是一家集高精度GNSS(全球导航卫星系统)相关软硬件产品研发、生产、销售于一体的"国家火炬计划重点高新技术企业"。有员工800余人,拥有博士、硕士为主的150多人专业研发团队。获得中国地理信息产业百强企业,2020年度青浦区百强企业,上海市知识产权创新奖,第22届工博会CIIF创新引领奖、空间信息产业展产品金奖等称号。被认定为市级民营企业总部。2020年1月,参与的北斗性能提升与广域分米星基增强技术及应用项目获得国家科技进步二等奖奖项,为公司第三次获得国家级科技奖项。5月27日,公司北斗高精度定位设备在珠穆朗玛峰峰顶,完成高程测量。6月,华测新一代全星座全频点高精度基带芯片"璇玑"投入量产,"璇玑"拥有完全自主知识产权的GNSS基带技术。年末,产值13.32亿元,税收0.67亿元。(钟 犇)

■**国产北斗高精度定位设备完成珠穆朗玛峰高程测量** 5月27日,中国2020珠穆朗玛峰高程测量登山队登上珠峰峰顶,由华测导航公司研制的北斗高精度接收机承担GNSS控制网、交会点和峰顶的测量工作,在严苛的自然环境下测出珠穆朗玛峰新高度——8848.86

5月27日,北斗西虹桥企业华测公司制造的北斗高精度定位设备由中国2020珠穆朗玛峰高程测量登山队带上珠穆朗玛峰峰顶,完成高程测量 (西虹桥商务区供稿)

米，为中国首次成功全程采用国产北斗高精度定位设备对珠穆朗玛峰进行高程测量。（钟　犇）

■上海海积信息科技股份有限公司　位于青浦区徐泾镇高泾路599号1幢3层，有员工120余人。拥有一支国际顶尖的北斗卫星导航专家、学者、教授团队以及以中国科学技术大学为主的重点高校毕业的中青年硕博士组成的研发和管理团队，研发人数占公司人数的70%。自主研制出北斗多星多频高精度板卡、高精度整机及系统。全年业绩相比上年提高25%以上。年末，产值4899万元，税收287万元。（钟　犇）

■上海普适导航科技股份有限公司　位于青浦区徐泾镇徐民路308弄6号楼，成立于2008年1月8日，是从事卫星（通信卫星、导航卫星和遥感卫星）技术研究与应用，为行业用户提供空间信息应用整体解决方案的高新技术企业。有中国卫星导航定位应用管理中心授予的北斗导航民用分理级服务资质、ISO9001质量体系认证、信息系统集成及服务资格。获上海市著名商标、上海名牌、上海市“专精特新”中小企业、上海市科技进步特等奖等多项称号。2020年，在区域智慧环保、长江大保护、长三角生态绿色一体化发展示范区等方面开展开创性工作，建立2平台3系统服务体系。年末，产值7263万元，税收247万元。（钟　犇）

■上海威固信息技术股份有限公司　位于青浦区徐泾镇高泾路599号1幢2层208室，成立于2013年，总部位于西虹桥基地，在北京、无锡、成都、西安、美国硅谷以及韩国首尔等地有分支机构。是致力于自主可控“固态存储与计算融合”应用解决方案的企业，为各类企业数据中心提供数据应用解决方案。2月21日，固态存储产品投产。11月5日，高性能存算一体加密卡获得国家商用密码产品认证证书。12月17日，完成C轮融资2亿元。年末，产值8567万元，税收480万元。（钟　犇）

■民用航空产业平台　青浦工业园区于2012年开始建设民用航空青浦园区，规划总面积5.2平方公里。园区明确将航空维修、培训、服务、物流及通用航空等作为重点发展方向，推动航空产业示范基地的建设，加快建成集航空研发、制造、应用、服务于一体的民用航空产业园。至2020年，航空相关企业累计48家，包括普惠飞机发动机维修公司、东航应用技术研发中心、法荷航空附件公司、埃类特材料科技公司等国内外知名及行业领军企业。其中，东航应用技术研发中心是中国民航培训设施设备先进、齐全的训练基地之一，是东方航空公司集“产、学、研、用”于一体的综合性发展平台。2020年，全区民用航空产业完成产值34.68亿元，比上年增长1.9%。（钱　欢）

9月19日，创骋速珂智能产业基地奠基仪式举行　（青浦发展集团供稿）

■上海普惠飞机发动机维修有限公司　由中国东方航空公司与美国联合技术公司的子公司普惠公司合资设立，成立于2007年。2009年9月。正式开始生产，注册资本3950万美元。注册地址为青浦区北青公路8228号。取得中国民用航空局（CAAC）、美国联邦航空局（FAA）等航空维修执照。主要为中国东航及其他亚太地区的客户提供航空发动机的MRO服务（飞机维修、修理和大修服务），与MRO服务有关的质量控制、认证、全天候现场支持等服务。2020年，员工327人，销售收入33.58亿元，缴纳税收500万元，净利润9554万元。（钱　欢）

■人工智能产业　哈工大人工智能产业园于2017年9月启动产业导入，针对人工智能、智能制造等领域的“产、研、学”等方向开展招商引资。至2020年，共引入企业72家（其中外资企业2家）、公共服务平台企业4家、研究平台2家、高校合作机构3家。位于工业园区的启迪人工智能科技城于8月正式开工，致力于发展成为长三角人工智能产业联盟总部基地。位于工业园区的爱仕达上海智能谷，计划引入产业链企业50家以上，建成智能制造的全产业平台。旷世、影谱、爱湃斯、美的等企业相继在青浦区开展人工智能产业布局。华为公司、网易科技公司宣布在青浦进行人工智能产业相关布局。市西软件园、西岑科创小镇推进人工智能产业的集聚。（钱　欢）

■市西软件信息园　成立于2017年12月27日，位于赵巷镇。由上海市市西软件园投资开发有限公司经营管理。注册资本金1亿元，青浦发展（集团）有限公司占70%，上海新城投资（集团）有限公司占30%，为市级软件和信息服务产业基地。2019年1月，软件园投资开发公司由上海青浦发展（集团）有限公司托管，主要承担核心区内聚集、服务“互联网+”、云计算、大数据等软件信息类高新企业的功能。2020年，设立一室三部，分别为综合办公室、规划建设部、招商服务部和综合管理部。年末，市西软件信息园资产总额10955万元，负债总额4450万元。

规划建设工作。有专项规划11个，其中9个专项规划（地下空间与交通、城市设计、信息、天然气、景观、供水、排水、灯光、配电网规划）均于2019年通过专家评审；其余2个规划，智慧园区于2020年9月28日通过专家评审，绿色生态城区规划于12月取得区政府批复。12月，南区佳旭路、佳迪路、佳高路3条新建道路施工基本完成。中区规划增补方案完成公示。

招商引资。全年完成税收1.35亿元，企业注册121家。9月18日，在“赵巷镇高质量融入两大国家战略”招商推介会上进行推介活动。9月24日，长三角一体化发展示范区网络安全攻防大赛在市西软件信息园举办。10月30日，市西软件信息园参加DAMS中国数据智能管理峰会，进行招商推广活动，该峰会确认将青浦作为永久举办地。11月13日，开展2020年财会专题市区联动活动，进行招商推广活动。

与赵巷镇、重固镇开展镇企联动工作。3月与7月，先后与赵巷镇政府联合举行市西软件信息园股东大会。4月，与重固镇政府联合举行挂职干部交流会，双方就重固镇政府年轻干部在市西软件信息园挂职锻炼工作进行交流。8月，与赵巷镇派出所联合开展“警企共建促发展、助力进博保平安”主题活动。11月，在区人大常委会于赵巷镇方夏村开展的联系走访代表活动上，市西软件信息园汇报园区规划及开发情况。

领导调研。7月7日，区人大对市西软件信息园开展年中监督性视察，区委常委、副区长孙挺，区人大常委会副主任陶夏芳等出席活动。8月21日，长三角生态绿色一体化发展示范区执委会有关部门到市西软件信息园调研。9月11日，上海市经济信息化工作党委书记陆晓春一行到市西软件信息园调研，走访上海精测半导体及时有限公司，召开现场座谈会。9月15日，市委常委、副市长吴清一行到青浦区调研，走访市西软件信息园重点企业东芯半导体股份有限公司。12月14日，国家开发银行上海分行党委书记、行长吴亮东一行到市西软件信息园调研，副区长彭一浩陪同。12月25日，区委统战部副部长张静一行走访参观市西软件信息园重点企业上海精测半导体技术有限公司。

（赵佳俊　钱　欢）

12月30日，上海精测半导体技术有限公司项目——半导体检测设备研发基地南地块完成结构封顶（青浦发展集团供稿）

■市西软件信息园产业项目落地4个

上海精测半导体技术有限公司项目（半导体检测设备研发基地）面积3.68公顷，投资30亿元，于12月30日南地块完成结构封顶。上海慧石智能信息科技有限公司项目（上海军民融合创新试验区暨航空“智”造产业园）面积1.9公顷，投资8亿元，于12月15日启动基础开挖。速珂智能科技（上海）有限公司项目（创骋速珂智能产业基地）面积0.3公顷，投资0.8亿元，于2020年5月完成转型升级工作，9月19日举行奠基仪式，12月完成主体结构封顶。上海尚乎数码科技有限公司项目（数码打印产业链创新型产业集群），面积1.39公顷，投资6亿元，完成前期出让准备工作。（赵佳俊）

■上海精测半导体技术有限公司半导体检测设备研发基地项目　为武汉精测电子集团股份有限公司在市西软件信息园设立半导体检测设备研发基地。主要从事半导体检测设备及系统的研发、生产和销售。面积3.68公顷，项目投资30亿元。位于市西软件园南区F1-01、F1-05地块，东至佳迪路，西至佳驰路，南至规划横三路，北至沪青平公路。2019年9月19日，完成土地出让。9月29日，开工建设。2020年12月底，南地块主体结构封顶，北地块主体结构施工中，完成工程量的50%。

（赵佳俊）

■网易上海国际文创科技园项目开工

6月29日，开工仪式在赵巷镇举行。市政府副秘书长陈鸣波，区委书记赵惠琴，市经信委主任吴金城，区委副书记、区长余旭峰，市商务委副主任周岚，网易公司首席执行官丁磊，区委常委、副区长姜爱锋，副区长倪向军、彭一浩等出席。项目由网易（上海）网络有限公司投资，总投资50亿元，占地面积15.33公顷。位于市西软件园拓展区，东至佳凯路，西至佳悦路，南至佳康路，北至盈港东路。主要包括商办大楼、电竞综合场馆和专家公寓。总建筑面积58万平方米，其中地上36万平方米（最高13层）、地下22万平方米（2层）。为市西软件信息园的发展提供支撑。将建设成集创意、孵化、技术、商业、生活、休闲、活动为核心的产业园，主要包括容纳约2000人的电竞馆、办公大楼、技术实验用房、展示和培训中心、电商线下体验店、办公和生活配套商业、租赁式住宅等。（何　磊　胡　晨）

■创骋速珂智能产业基地项目　9月19日上午，开工奠基仪式举行，为市西

6月29日，网易上海国际文创科技园项目开工仪式在赵巷镇举行 （赵巷镇供稿）

软件信息园首个由工业转型升级为研发的科技项目。由上海创骋工业设计有限公司开发建设，位于市西软件信息园F2－06地块，地块面积3公顷，投资0.8亿元，总建筑面积8062平方米。12月，结构封顶，开始室内装修。项目围绕速珂智能电动车形成研发、设计、制造和销售产业链，并基于产品、数据和互联网提供交通绿色出行解决方案。

（赵佳俊）

建筑业

■概况 2020年，全区在建工程301项，比上年增加1.3%；总建筑面积1228.9万平方米，比上年增加0.6%；总工程量733.1亿元，比上年增长19%。全年累计监督检查项目928个次。深化工程巡查制度，外聘技术专家，采取“双随机、一公开”工作模式，全年巡查项目77个，巡查总面积692.3万平方米。 （方 芳）

■绿色建筑和节能工作 年内，新建民用建筑全部完成绿色建筑创建。重点推进青浦新城公司及西虹桥区域的绿色建筑。结合绿色建筑专项检查全面推进装配式建筑及BIM技术（建筑信息模型buildinginformationmodel）应用，提高项目安全质量。继续推进可再生能源建筑一体化应用，可再生能源应用项目完成5个，总建筑面积23.79万平方米。既有建筑节能改造项目完成3个，总建筑面积4.37万平方米。（方 芳）

■既有玻璃幕墙建筑检查 对辖区内既有玻璃幕墙建筑开展安全专项检查，基本建立青浦区既有建筑玻璃幕墙“一楼一档”，检查建筑191幢，涉及楼宇业主单位165家、受委托物业管理单位96家。对全区191栋玻璃幕墙楼宇进行全覆盖检查，12栋开具整改文书。配合市玻璃幕墙巡查组，对区内34个既有玻璃幕墙项目进行抽查。全区既有玻璃幕墙建筑总体情况向好。

（方 芳）

■建设项目服务审批 全年施工许可方面：施工许可324个，总建筑面积585.36万平方米，其中建设工程联审共享平台审批项目287个。竣工备案方面：完成项目186个，建筑面积338.7万平方米，其中建设工程联审共享平台综合验收项目74个、小型验收项目25个、其他验收项目87个。资质申请方面：新申请资质审批企业404家，增项84家。建设工程竣工验收方面：牵头完成94个建设工程竣工验收，其中综合验收73个、小型项目验收3个、低风险项目验收15个、低风险产业类项目3个。 （方 芳）

9月29日，区建管委在清河湾三期动迁安置房项目现场，开展2020年建设工程质量月综合创优观摩活动 （区建管委供稿）

综　述

2020年，青浦区旅游业融入上海世界著名旅游城市建设，加快打造集人文历史体验、水乡度假休闲、商务会展交流、运动健康养生等于一体的高品质全域性旅游目的地进程。全区主要旅游景区（点）27家，其中国家A级景区9家。有星级饭店11家、A级旅行社19家。全年旅行社、旅游饭店、旅游景区接待游客375.16万人次，比上年下降68.94%；全区旅游总收入43.75亿元，比上年下降61.38%。（周丹丹）

旅游市场开拓

■概况　2020年，围绕“上海之门”内涵，挖掘和展示青浦特色，创新旅游产品宣传推介，强化青浦旅游资源整合输送，开展长三角区域旅游联动交流，全方位展示和宣传青浦旅游形象，挖掘区内红色旅游及“四史”学习教育基地资源，挖掘乡村特色，推动乡村旅游市场，扩大青浦旅游影响力和知名度。6月12日，上海博物馆青龙镇遗址考古工作站正式挂牌。环国家会展中心都市旅游区、环城水系公园入选首批上海市全域旅游特色示范区域。区内薄荷香文苑书屋、可·美术馆、青浦环城水系公园上善广场成功入选首批上海市民“家门口的好去处”。（周丹丹）

■旅游交易会及推介会　9月23—24日，组织朱家角古镇、上海大观园、东方绿舟等景区参加在上海国际会议中心举行的2020上海（中国）会议与商务旅行暨国内文旅直采交易会（CCBTF2020）。9月25—27日，参加在宁波市举行的2020海丝之路（中国·宁波）文化旅游产业博览会。11月6—8日，参加在苏州市举行的2020苏州国际旅游博览会。11月16—18日，参加在上海新国际博览中心举行的2020中国国际旅游交易会。（周丹丹）

■跨地区旅游交流活动　1月14日，参加吴江区文旅局举办的2020吴江文旅（上海）推介会。1月15日，位于上海景泰国际旅行社的东台文旅上海（青浦）营销中心正式揭牌，东台旅游上海直通车开通。4月22日，牵头召开青吴嘉旅游宣传工作交流会。5月22日，参加在嘉善歌斐颂小镇举办的中国儿童中心儿童友好型教育综合体华东示范基地启航仪式。5月29日，参加2020苏州相城（上海虹桥）文旅投资推介会暨上海虹桥苏州（相城）数字经济创新产业园B区开园仪式。6月21日，组织区内部分旅行社参加2020浙江开化钱江源国家公园研学游线路长三角推介“品鲜”会。8月15日，“相约七夕·古桥作证”青年交友活动暨“桥遇青吴嘉”长三角生态绿色一体化示范区百桥打卡活动在青浦金泽古镇举行，以“桥”为媒，串联三地旅游资源，引导游客到三地打卡，体验青吴嘉不同的旅游特色。9月25日，组织部分地标美食、区内特色农产品及文创商品参加“姑苏八点半，繁华吴江夜”“玩转长三角”秋季夜经济活动暨首届长三角示范区美食节。10月20日，组织参加在江苏省苏州市吴江区举行的2020年长三角一体化示范区绿色餐饮风尚节。（周丹丹）

青浦环城水系公园之青溪园　　（青浦新城公司供稿）

■**旅游市场宣传** 通过电视、广播、网络、报纸、微信、商圈电子显示屏、OTA（OnlineTravelAgency，即在线旅游）等渠道，整合融媒体宣传资源，尝试结合“云旅游”，推出特色文旅产品，拓宽宣传覆盖面，全方位展示青浦文旅品牌。5月7日，通过景域驴妈妈集团主办的“上海人游上海——局长带你游上海”专场活动，推出青浦特色文旅产品。6月6日，参加“全域乐游·发现更多·体验更多”上海文化旅游消费12小时广播全媒体大直播，以“田园之恋·乐游青浦”为主题，对青西郊野公园、张马景区、联怡枇杷乐园、薄荷香书苑、国家会展中心等文旅资源及活动进行整合，推出乡村体验、会展购物、文化休闲等旅游产品。组织参加第十五届“老凤祥杯”上海旅游商品设计大赛，分别报送12件文创商品及19件设计作品参赛。挖掘青浦秋季特色旅游资源，策划推出6条“青新江南醉金秋主题线路”，于9月28日在上海旅游集散中心举行首发仪式。通过上海电视台《新闻坊》《星旅途》等主流电视栏目，推出青浦主题旅游线路。通过《新闻坊》“长三角核心区主题旅游线路宣传短视频”分6期推广青浦秋季主题线路。《星旅途》节目到青浦区采拍青浦五一小长假“微旅行”线路推荐视频，在“进博会”前后分别推出“进博会”主题游购及秋季青浦主题旅游线路推荐视频。结合“品质生活直播周”、夜生活节、潮生活节等活动挖掘区内夜间文旅资源，开展朱家角课植园实景园林昆曲“牡丹亭”“品进博、逛国展、赏灯会”“夜游夏都，吃遍全球”等夜游产品宣活动传。挖掘区内红色旅游及“四史”学习教育基地资源，推出6条“四史”学习教育“微旅行”线路，展现青浦从“上海之源”迈向“上海之门”的奋进之路。国家会展中心、淀山湖旅游度假区入选“高铁加景区门票”快捷线路，中信泰富朱家角锦江酒店、上海朱家角皇家金煦郁金香花园酒店、东方绿舟、朱家角安麓入选“高铁加酒店”快捷线路。与上海人民广播电台合作，依托FM93.4、AM990、话匣子有声读物网站等平台，在国庆特别节目“走向我们的小康生活”中推出青浦文旅专题宣传。借助喜马拉雅音频分享网络平台，开设青浦文旅有声电台，挖掘特色文旅资源，讲述青浦的历史渊源和传说故事。制作青浦文旅VR（全景拍摄展示）宣传手册及视频，运用全景拍摄等技术手段多角度展示青浦文旅资源。（周丹丹）

旅游“黄金周”和小长假

■**概况** 1月24日（农历除夕），上海启动突发公共卫生事件一级响应机制，区文化和旅游局第一时间发布各文旅场馆、A级景区临时关闭公告，要求青浦区各文旅场馆、A级景区、歌舞娱乐场所、游艺娱乐场所、互联网上网服务营业场所和棋牌室等暂停营业，提醒各文化旅游企业做好防控疫情传染工作。3月20日起，景区、公共服务场所逐步有序开放。全年“黄金周”及小长假期间，区内各主要景点（区）针对节假日旅游市场特点，挖掘自身资源优势，策划推出一批特色旅游产品，满足各类游客的多元化需求，为游客提供全方位的旅游体验。（周丹丹）

■**小长假旅游接待** 清明3天小长假（4月4—6日），天气晴好，青浦旅游市场安全有序。期间，区内朱家角古镇、东方绿舟、大观园等11家定点统计单位接待游客5.56万人次，门票收入84.11万元。上海奥特莱斯品牌直销广场销售额5738.78万元。

五一国际劳动节5天假期（5月1—5日），天气晴好，青浦旅游市场整体安全有序。区内朱家角古镇、东方绿舟、大观园等11家定点统计旅游景区（点）接待游客14.71万人次，门票收入228.01万元。上海奥特莱斯品牌直销广场销售收入16706.56万元。

端午节3天小长假（6月25—27日），天气晴好。青浦区内11家旅游定点统计景区（点）接待游客4.44万人次；门票收入43.79万元。上海奥特莱斯品牌直销广场销售收入5381.79万元。（周丹丹）

■**“黄金周”旅游接待** 春节“黄金周”7天假期（1月24—30日），上海各文旅场馆、A级景区临时关闭。

中秋国庆双节合一（10月1—8日），为疫情防控常态化下的第一个8天长假，晴雨交替，温度适宜。各旅游企业及相关部门加强应急值守、安全检查和防范措施，各景区（点）节前做好大客流预案，疫情防控不松懈。期间，全区接待游客80.27万人次。其中：9个A级景区（点）接待游客42.16万人次；乡村旅游、购物旅游等接待游客37.08万人次。5个定点统计宾馆的客房平均出租率77.88%。东方绿舟度假村客房平均出租率93.62%，连续7天客房出租率100%；东方绿舟宾馆客房平均出租率85.11%，连续7天客房出租率达90%。上海奥特莱斯品牌直销广场销售额2.91亿元。（周丹丹）

国家级旅游景区

■**概况** 指导区内景区和旅游企业开展创A升A和景区复核等工作。12月9日，朱家角古镇景区通过国家文旅部AAAAA级旅游景区景观质量评审，国家文旅部资源开发司同意将朱家角古镇景区列入国家AAAAA级旅游景区创建名单。年末，全区有国家A级景区9家，其中：国家AAAA级旅游景区6家，分别为朱家角古镇、上海市青少年校外活动营地——东方绿舟、上海大观园、陈云故里·练塘古镇、上海联怡枇杷乐园和上海张马景区，国家AAA级旅游景区3家，分别为崧泽遗址博物馆、福泉山遗址、金泽古镇。（周丹丹）

■**东方绿舟** 地处淀山湖畔，占地373.33公顷，其中水域面积133.33公顷，是上海唯一的集拓展培训、青少年社会实践、团队活动以及休闲旅游为一体的大型公园。由智慧大道区、勇敢智慧区、国防教育区、生存挑战区、科学探索区、水上运动区、体育训练区、生活实践区8大园区组成，拥有智慧大道、仿真航空母舰、潜艇、湖滨广场、渔人码头等16处景点和户外攀岩、趣桥体验、野营烧烤、水上运动、拓展训练等30余项活动项目。有17万平方米四季常青的草坪，11万棵大树，500余种花卉树木，植被覆盖率高。1月1日，“放飞梦想，科技绿舟”——暨2020年长三角市民元旦迎新跑活动举行。“阳春三月，共享自然”——清明踏青主题活动举行。五一假期，“露营·野趣·游世界”主题亲子露营活动举行。5月12日，2020年国际护士节公益纪念活动举行。5月19日，“弘扬劳模工匠精神·争当绿色发展主力军”主题长三角生态绿色一体化示范区工建合作主题交流活动举行。6月19日，东方绿舟第八届文体艺术节开幕式暨端午赛龙舟活动举行。端午节期间，开展陆地舟游项目、空中旅游项目等活动。“十一”期间，金秋露营嘉年华等活动举行。11月6日，开展“迎进博·练技能·学礼仪·展风采”为主题的精神文明建设系列活动。12月4日，上海市宪法教育馆开馆暨十八岁成人仪式举行。全年接待游客48.3万人次。（周丹丹）

东方绿舟东方空中旅游项目　（区文旅局供稿）

■朱家角古镇　西临淀山湖、小淀山，北环大淀湖，占地面积1.04平方公里。9条老街依水傍河，千余栋明清建筑临河而建，36座古桥横跨水上，古风犹存。开放城隍庙、圆津禅院、课植园、席氏厅堂、大清邮局、上海手工艺朱家角展示馆等景点。6月6—30日，朱家角首届夜生活节举行。6月28日，迎“七一”暨庆祝建党99周年活动举行。10月3—4日，第十四届朱家角水乡音乐节举行。11月，庆祝长三角一体化示范区成立一周年暨江南文化交流活动举行。全年接待游客258.6万人次。

（周丹丹）

■上海大观园　位于淀山湖西侧，占地90000平方米，建筑面积8000平方米。总体布局以大观楼为主体，由“省亲别墅”石牌坊、石灯笼、沁芳湖、体仁沐德、曲径通幽、宫门、“太虚幻境”浮雕照壁、木牌坊等形成全园中轴线。西侧设置怡红院、拢翠庵、梨香院、石舫。东侧设置潇湘馆、蘅芜院、蓼风轩、稻香村等20多组建筑景点。“五一”期间，乐器演奏类、舞蹈表演类、古装游园等实景演绎类活动举行。端午期间，推出“红楼粽情”活动。10月，淀山湖旅游节期间推出“半价游”活动。12月12日，江南国潮节，推出“戏曲名家荟”“国潮集市”“非遗展示”板块活动举行。全年接待游客16.49万人次。（周丹丹）

■陈云故里·练塘古镇　练塘古镇，位于苏、浙、沪三省交会处，以“鱼米之乡”“茭白之乡”闻名。2013年，练塘镇联合陈云纪念馆共同推进“陈云故里·练塘古镇”国家AAAA级旅游景区创建工作。2016年3月，经上海市旅游景区质量等级评定委员会正式批准，成为国家AAAA级旅游景区。练塘古镇历史悠久，明清建筑群总面积10.1万平方米。有经确认的省市级文物保护单位2处、区县级文物保护单位9处、已登记的不可移动文物8处。核心是东西走向的市河（俗称三里塘），全长1500余米，市河北侧街道为上塘街，南侧街道为下塘街。在市河东段500米处向南衍伸出另一河道李华港，形成“丁”字型水系。主要4个建筑群（东首以皇家酿酒为代表的近代工业建筑群，中部以李华港桥段为代表的对街楼、长廊建筑群，西面以朝真桥段为代表的清末集市建筑群，顺德桥为代表的明清建筑群）围绕着丁字型水系铺开。2000年6月，陈云故居暨青浦革命历史纪念馆建成开馆。2013年5月，经中央批准更名为陈云纪念馆。纪念馆突出展示陈云同志在共产党历史上的地位和作用。占地面积4.1公顷，由铜像广场、主馆、陈云故居、陈云手迹碑廊和长春园组成。主馆分展厅、文物厅、缅怀厅以及青浦革命历史陈列厅4个部分。纪念馆先后获得国家一级博物馆、全国爱国主义教育示范基地、上海市爱国主义教育基地等荣誉。

练塘古镇。6月28日，“‘九九’为功新征程，砥砺奋进新时代”——练塘镇纪念中国共产党成立九十九周年主题党日活动举行。11月12日，“解放思

6月6日，朱家角首届夜生活节在尚都里广场正式开幕　（朱家角镇供稿）

想，抢抓机遇，奋发作为，促进青西协同发展”主题论坛暨青西三镇“唯实”党建议事厅揭牌仪式举行。

陈云纪念馆。年内举办“赤子情怀：陈云与上海”“陈云精神风范”“陈云与党风廉政建设”“陈云读书生活”“修身齐家——周恩来家风图片展”“初心之地——上海红色革命纪念地图片展”“芳馨遗远春温永存——上海鲁迅纪念馆藏中国现代作家手稿展”“焦裕禄家风故事展”“黎平会议——长征首次政治局会议”“运筹千秋——中国珠算文化展”等主题展览。6月5日，召开纪念开馆20周年座谈活动。10月，与东方网联合推出四讲陈云与“四史”全媒体系列党课：《初心与使命：陈云与中国共产党》《开创与奠基：陈云与中华人民共和国经济建设》《决断与推动：陈云与改革开放》《认识与探索：陈云与中国特色社会主义》。11月20日，与市曲艺家协会、上海评弹艺术传习所（上海评弹团）联合举办“穿透岁月的光芒——纪念陈云同志诞辰115周年”文艺汇演活动。联合东方网、腾讯新闻、看看新闻等多家平台，进行陈云生平业绩展、陈云文物馆、陈云故居、文化创意街、红色故事大讲堂、“赤子情怀：陈云在上海”专题展、“陈云与当代中国”学术研讨会等内容直播。联合陈云思想生平研究会、上海人民出版社、上海广播电视台纪录片中心，开展纪录片《奋进：陈云1950》拍摄工作。12月4日，联合与上海政法学院举办“2019—2020陈云纪念馆志愿服务表彰”活动。全年接待游客15.6万人次。（周丹丹）

■福泉山遗址　位于青浦区重固镇西，占地1公顷，于1962年发掘。2001年6月25日被国务院公布为全国重点文物保护单位。2010年被国家旅游局质量等级评定委员会评为国家AAA级旅游景区。2013年，被国家文物局公布为全国150处大遗址保护规划项目之一。遗址完整保留距今六七千年前年各个时期的文化叠压遗存。有新石器时代的马家浜文化、崧泽文化、良渚文化、广富林文化、马桥文化以及战国、汉代等时期遗存，出土玉器、石器、陶器等各类文物3000余件，被考古学家誉为“中国的土筑金字塔”“古上海的历史年表”。出土的良渚文化贵族墓葬尤为珍贵，其中装饰有神人兽面纹的象牙权杖，在上海地区乃至全国的新石器时代考古发掘十分罕见。年内，举办“福泉古韵新生活”书法大赛暨长三角书法交流展，举办福泉山古文化知识普及、文化体验活动、“福在福泉”小导游培训品牌活动。全年接待游客0.79万人次。（周丹丹）

■上海联怡枇杷乐园　位于青浦区外青松公路7166号，占地58.67公顷，是集枇杷种植、立体养殖、休闲旅游、科普教育、科普创新体验、农特产品展示销售、观光农家乐为一体的综合性生态休闲园。有精品枇杷种植区、枇杷科普长廊区、新品种示范区等生态旅游区域，大型节能生态绿色餐厅、生态环保度假客房、全天候生态会议中心等重点设施。定期举行的联怡枇杷节以及暑期的亲子田间课堂，受家长和孩子的喜爱。5月16日—6月8日，“生态青浦”农产品暨第八届青浦枇杷文化旅游节举行。全年接待游客35.2万人次。（周丹丹）

张马景区游客中心　（区文旅局供稿）

■张马景区　位于青浦区朱家角镇南端张马村，距离朱家角古镇景区6公里。位于泖河边。张马村村域面积3.12平方公里，其中景区面积2.714平方公里，区域内小桥流水，风光秀丽，沈太公路南北贯穿，河网交错，有“东方田园威尼斯”之称。2019年10月上海张马景区被批准为国家AAAA级旅游景区。景区一期1.02平方公里，包括莫家村和施家浜两个自然村，寻梦源和农情园两个园区，有游客服务中心和泖塔文化广场。有羲田民宿、梦源居两家民宿。根据新型冠状病毒肺炎疫情防控工作需要，1月24日（除夕）起实施闭园，3月20日起逐步恢复开放。5月20日—6月30日，寻梦源薰衣草嘉年华举行。中秋国庆长假，粉色秋天暨秋季花展举行。10月16日—11月30日，第三届薰衣草节举行。全年接待游客13.35万人次。（周丹丹）

■崧泽遗址博物馆　坐落于全国重点文物保护单位——崧泽遗址，地处上海市青浦区赵巷镇崧泽村，建筑面积3680平方米，于2014年5月18日正式开馆。主展厅由“发现崧泽遗址”“走进崧泽社会”“传承崧泽遗产”三部分组成，集中展示上海早期人类文化发展的历史进程。崧泽遗址发现于1957年，是上海最古老的原始社会遗址，被评为20世纪中国百大考古发现之一，发现“上海第一稻”“上海第一井”“上海第一人”“上海第一房”等远古文物，被誉为“上海之源”。元旦，“新年新愿·花灯制作”活动举行。5月18日，线上举行上海崧泽遗址博物馆历年精彩活动回顾。年内开展线上崧泽小课堂、宅家小手工活动。全年接待游客2万人次。（周丹丹）

■金泽古镇　位于青浦境域西南，始建于唐代，1300多年历史。2017年8月，入选国家首批运动休闲特色小镇——上海金泽帆船运动休闲特色小镇。2018年

11月19日，经上海市旅游景区质量等级评定委员会正式批准，成为国家AAA级旅游景区。拥有源远流长的庙桥文化，承载着“桥桥有庙，庙庙通桥”的独特文化景观，被誉为“江南第一桥乡”“古桥梁博物馆”。存宋元明清四朝古桥7座，其中宋代的普济桥是上海保存最完整、年代最早的单孔石拱桥。延续至今一年两次的金泽庙会，衍生出民俗、饮食、演艺等地方文化。拥有青浦田山歌、宣卷、阿婆茶、烙画、篰具制作技艺等“非遗”项目。国庆期间，畅游桥乡黄金周系列活动举行。10月19日，第八届“情满淀山湖·爱在夕阳红”阿婆茶民俗文化主题活动举行。12月22日，“人人会老·人人为老”主题手工活动举行。全年接待游客28.7万人次。（周丹丹）

金泽镇颐浩禅寺银杏树 （金泽镇供稿）

2020年青浦区主要旅游景区(点)情况表

表24

名称	地址	电话	备注
朱家角古镇	青浦区朱家角镇西井街84号	59240077	AAAA
上海大观园	青浦区金商路701号	59262831	AAAA
陈云故里·练塘古镇	青浦区练塘朱枫公路3516号	59255710	AAAA
上海市青少年校外活动营地——东方绿舟	青浦区沪青平公路6888号	59233000	AAAA
上海联怡枇杷乐园	青浦区外青松公路7166号	39270218	AAAA
上海张马景区	青浦区朱家角镇沈太路2119号	59838129	AAAA
福泉山遗址	青浦区重固镇福泉山路658号	59785515	AAA
崧泽遗址博物馆	青浦区沪青平公路3993号	59755777	AAA
金泽古镇	青浦区金泽镇金泽大厦3楼	59260881	AAA
青浦曲水园	青浦区公园路612号	59717213	—
凯博农庄	青浦区外青松公路7188号	59710077	—
四季百果园	青浦区朱家角镇盛家埭	59238112	—
大千庄园	青浦区朱家角镇西洋淀1号	59238800	—
奥特莱斯直销广场	青浦区沪青平公路2888号	59756721	—
报国寺	青浦区朱家角镇淀峰村	69247826	—
青龙寺	青浦区白鹤镇青龙村	69744481	—
天光寺	青浦区练塘镇练东村泖口600号	59849901	—
岑卜村绿地水韵农庄	青浦区金泽镇岑卜村220号	59255557	—
青浦区博物馆	青浦区华青南路1000号	69719900	—
上海崧泽遗址博物馆	上海市沪青平公路3993号	59755777	—
水上运动场	青浦区朱家角镇山湾盈朱路289号	59233162	—

（续表）

名称	地址	电话	备注
银涛高尔夫	青浦区沪青平公路2222号	59767998	—
美帆游艇俱乐部	青浦区金商公路588号	59262835	—
弘阳农业	青浦区杜村公路337号	59741205	—
西郊国际农产品交易中心	青浦区华新镇华徐公路3833号	69798888	—
上海人文纪念公园	青浦区外青松公路7270弄600号	54255151	—
草莓之乡白鹤	青浦区外青松公路2753弄69号	39821622	—

（周丹丹）

景点节庆活动

■概况 2020年，青浦旅游市场突出青浦地方特色，巩固提升2020上海青浦淀山湖文化艺术节暨旅游购物节、白鹤草莓节、枇杷文化旅游节、练塘茭白节等品牌节庆活动的举行水平，激发市场活力，带动旅游消费。（周丹丹）

■2020年第十一届上海白鹤草莓文化节 3月28日下午，2020第十一届上海青浦白鹤草莓文化节暨"互联网+"活动在白鹤镇举行。多项活动搬至"云"端（互联网），以"互联网+"为创新，打造"'莓'好新愿景"数字化品牌。开幕式上，白鹤镇人民政府与光明乳业股份有限公司签订战略框架协议。文化节期间，先后推出"助农献爱心，致敬上海援鄂医护人员——一份'莓'好心愿送给'最坚实后盾'""助农献爱心——草莓产销对接公益服务""涨知识、学技能"——草莓种植网络培训暨市民热点回应微视频、"白鹤草莓庄园"小程序游戏、白鹤草莓形象宣传——专题片《国家农产品地理标志：白鹤草莓》推介暨真人秀微视频等活动。（周丹丹）

■2020年上海练塘茭白节暨古镇旅游文化节 9月30日—10月4日，2020上海练塘茭白节暨古镇旅游丰收购物节在练塘镇举行。活动以"千'茭'百态游练塘"为主题，秉承"以茭为媒、以节造势、以势兴旅、以旅富民"办节宗旨，挖掘练塘文化底蕴、结合本土特色资源、引入互联网新经济模式，推动线上线下融合，为当地农产品提供多渠道的销售平台，助力乡村振兴、带动农民增收致富。推出"遇见最美的自己"——市民才艺秀、多场"非遗"沪剧专场演出、中秋国庆主题演出等活动。在练塘东庄村内设立具有田园风情的"田间超市"，现场展销当地优质农产品。（周丹丹）

9月30日，2020上海练塘茭白节暨古镇旅游丰收购物节在练塘镇举行（区文旅局供稿）

■2020年上海青浦淀山湖文化艺术节暨旅游购物节 10月3日晚，2020年上海青浦淀山湖文化艺术节暨旅游购物节在朱家角开幕，10月30日闭幕。文化旅游购物节以"金秋江南乐游购·美好生活'艺'起享"为主题，从荟文化、汇旅游、惠购物3个维度，开展醉美是江南、乡村乐生活、联动长三角、商圈嗨惠购、喜迎"进博会"五大板块系列活动。（周丹丹）

行业管理

■概况 2020年，区文化和旅游局强化旅游安全管理，主动实施行业安全管理措施，开展行业消防安全教育，实施行业安全检查，落实重点区域、重点节点安全保障，做好第三届"进博会"行业消防安全和"进博会"保障工作。指导督查文旅企业做好疫情防控工作，推动旅游景区复工复产复业。推进朱家角古镇AAAAA创建。指导区内景区和旅游企业开展创A升A和标准化建设等工作。完成旅行社等级年度评定和星级饭店年度复核工作。在文化和旅游行业开展制止餐饮浪费行为培养节约习惯推进工作。召开区民宿发展工作联席会议，细化措施，推进区内古镇民宿发展。推荐元祖梦世界、青西郊野公园、美帆俱乐部参加第五批上海市旅游标准化试点创建。

年末，全区星级宾馆11家，其中五星级宾馆1家（上海朱家角皇家郁金香花园酒店）、四星级宾馆2家（分别为上海西郊假日酒店、上海迪利特大酒店）；旅行社61家，其中A级旅行社20家（AAAA级旅行社2家、AAA级旅行社18家）。（周丹丹）

■青浦区成功创建国家全域旅游示范区 2016年，青浦区入选首批国家全域旅游示范区创建单位，以全域景区化、景区公园化、生态经济化为目标，依托区位优势、资源禀赋和人文底蕴，深化"一城两翼"空间布局，构建"东部以环国家会展中心都市旅游区为引领、中部以环城水系公园景城一体为特色、西部以淀山湖旅游度假区为核心"的全域旅游发展大格局。将旅游发展融入到"进博会"、长三角一体化发展两大国家战略，重点发展乡村旅游，实行"一体"管理，打造"全域"风景。打造环城水系公园、青西郊野公园等一批公益性的滨水绿地休闲空间。依托国家会展中心(上海)，打造以"会聚青浦"为主题的系列会展旅游产品，打造青浦百联奥特莱斯、合生新天地、元祖梦世界等一批商旅综合体，形成旅游、购物、休闲、娱乐为一体的青浦商旅新地标。推出朱家角水乡音乐节、课植园《牡丹亭》演艺项目、《水乐堂·天堂里的一滴水》文化演艺等精品文化旅游产品。开发东方绿舟户外运动、淀山湖帆船运动、生态马拉松、龙舟赛、"环意 RIDE LIKE A PRO"长三角自行车公开赛、环淀山湖徒步等"体旅"融合项目。出台全市首个古镇民宿准入标准，推进乡村民宿发展。2020年12月，文化和旅游部正式公布第二批97个国家全域旅游示范区名单，青浦区名列其中。（周丹丹）

青浦区A级旅游景区最大承载量情况表

表25

景区名称	景区等级	日承载量(人次)	瞬时承载量(人次)
陈云故里·练塘古镇	AAAA	31220	14886
上海大观园	AAAA	20000	5271
上海朱家角古镇	AAAA	58313	18077
上海市青少年校外活动营地——东方绿舟	AAAA	110188	55094
上海联怡枇杷乐园	AAAA	10540	5270
上海张马景区	AAAA	50000	30000
上海福泉山遗址景区	AAA	2660	500
上海崧泽遗址博物馆	AAA	500	100
上海金泽古镇	AAA	50000	20000

（周丹丹）

■国家A级旅游景区评定复核 根据《上海2020年A级旅游景区复核通知》工作要求，朱家角古镇、上海福泉山遗址景区参加复核。9月21日根据景区评定标准，结合疫情防控工作的要求，对以上景区进行现场复核，均达到复核要求。（周丹丹）

■旅游安全监管 围绕统筹房源供给、住宿价格稳定、服务质量提升三大重点任务，做好第三届"进博会"旅游住宿保障工作。开通"青浦文旅管理与服务"微信服务号。会同区发改委对区内24家酒店进行"进博会"价格监测工作。会同区卫健委举办"进博会"青浦区住宿企业疫情防控应急演练。8月25日、9月27日，联合区交通委执法大队先后开展省际旅游包车行业专项整治行动，查处旅游案件1起。（周丹丹）

■旅游公共服务 推动区域内优质文化和旅游公共服务资源的共建、共享，以张马游客服务中心为首批试点，打造文化新空间、旅游新平台、文旅公共服务新场景。指导金泽游客服务中心争创上海旅游咨询服务标准。发动区内28个旅游厕所申报2020年上海旅游厕所标准化建设和等级评估创建项目。完成66个A级景区厕所百度线上标注。2020年全区获评国家AAA级旅游厕所1座、AA级旅游厕所12座、A级旅游厕所17座。推进青浦、吴江、嘉善旅游公共服务一体化项目，联

张马景区羲田民宿（区文旅局供稿）

合发布示范区旅游LOGO。承办"最美江南风"青吴嘉摄影作品巡展。举办"上海之门·文明之城"——"我们都是文明旅游代言人"倡议发布暨主题宣传活动，向市民发放"上海之门：人人是风景，处处好风景"文明旅游倡议书。在赵巷镇社区文化活动中心开展上海旅游咨询服务进社区暨上海旅游咨询社区服务点发布分会场活动。

（周丹丹）

■新增旅行社一家 9月30日，经审核，市文化和旅游局同意设立上海九如城企业集团旅行社有限公司，经营境内旅游业务、入境旅游业务，注册地址为上海市青浦区公园东路1289弄26号10层1020室，旅行社业务经营许可证编号：L-SH-100345。年内，因新冠肺炎疫情暂缓A级旅行社评定复核工作。

（周丹丹）

2020年青浦区星级饭店情况表

表26

名称	地址	电话	星级
上海朱家角皇家郁金香花园酒店	青浦区朱家角浦祥路79号	39233333	五星
上海西郊假日酒店	青浦区沪青平公路2000号	39738888	四星
上海迪利特大酒店	青浦区华新镇华腾路288号	39777888	四星
上海静安置业集团淀山湖森林度假村	青浦区沪青平公路8185号	59291301	三星
上海群略商务发展有限公司青浦宾馆	青浦区城中北路79号	59850688	三星
上海虹珠苑宾馆	青浦区朱家角镇复兴路333号	60829898	三星
上海南华苑度假村	青浦区华新镇华腾路969号	59794100	三星
上海伊百花园	青浦区西岑练西路4085号	59295779	三星
上海东方绿舟度假村	青浦区沪青平公路6888号	59233000	三星
中石化上海会议中心	青浦区沪青平公路8700号	59262960	三星
上海珠街阁大酒店	青浦区朱家角祥凝浜路118号	59230000	三星

（周丹丹）

2020年青浦区A级旅行社情况表

表27

名称	地址	电话	等级
上海联航国际旅行社有限公司	青浦区城中东路30号	69715879	AAAA
上海景泰国际旅行社有限公司	青浦区青湖路1011号	69729700	AAAA
上海海贝国际旅行社有限公司	青浦区浦仓路485号1号楼109－110室	69218564	AAA
上海太阳岛旅行社有限公司	青浦区练塘镇朱枫公路3501号	59257918	AAA
上海昊鹰旅行社有限公司	青浦区盈港路453号港隆国际1620室	69223956	AAA
上海务实商务旅行社有限公司	青浦区欧洲街84弄2号	59731262	AAA
上海京申旅行社有限公司	青浦区青赵路96号	59731999	AAA
上海育星旅行社有限公司	青浦区浦仓路500弄19—21号	59720858	AAA
上海众兴国际旅行社有限公司	青浦区青赵路85号	69200077	AAA
上海青浦旅游总社有限公司	青浦区城中东路12号	69714992	AAA
上海小月国际旅行社有限公司	青浦区朱家角镇油车浜路81－1号	64012098	AAA
上海昱辰国际旅行社有限公司	青浦区朱家角镇新风路185弄2号205室	39275152	AAA
上海北斗星旅行社有限公司	青浦区公园东路1289弄27号818室	39278833	AAA

（续表）

名称	地址	电话	等级
上海夏阳旅行社有限公司	青浦区外青松公路 5529 号 104 室	59729888	AAA
上海玺然国际旅行社有限公司	沪青平公路 5630 号 1 幢 203 室	51516550	AAA
上海亚欣旅行社有限公司	青浦区香花桥街道北青公路 9306 号	60192706	AAA
上海霞逸旅行社有限公司	青浦区欧洲街 92 弄 2 号	69711199	AAA
上海青倾国际旅行社有限公司	青浦区漕穗北路 118 弄 146－148 号	39789188	AAA
上海奇胜旅行社有限公司	沪青平公路 5630 号 312 室	59851766	AAA
上海晟鑫旅行社有限公司	青浦区新海路 76 号	59731267	AAA

（周丹丹）

位于朱家角镇美周路 74 弄的古镇 2 号旅游厕所　　（区文旅局供稿）

综 述

2020年是全面建成小康社会和“十三五”规划收官之年，青浦区以疫情防控和经济发展两手抓、两不误、两促进为目标，落实两大国家战略，聚焦“消费提质”“外资增能”“外贸稳量”“市场保供”“办好进博”，确保商务经济高质量发展，各项目标任务基本达到预期。全区合同外资、实到外资分别完成19.8亿美元和9.0亿美元，分别比上年增长41.4%和12.5%，分别完成全年目标的110%和100%。服务业固定资产投资完成151.1亿元，完成全年目标的104.2%。社会消费品零售总额完成519.1亿元，比上年下降4.3%，完成全年目标的92%。外贸进出口总额完成707.4亿元，比上年下降7.9%。

（胡 晨）

商 业

■概况 2020年，全区实现商品销售总额1183.56亿元，比上年下降0.7%。限额以上企业商品销售总额904.57亿元，增长3.0%；实现限额以上住宿和餐饮业营业额13.18亿元，比上年下降22.4%。全年实现社会消费品零售总额519.08亿元，比上年下降4.3%。限额以上企业社会消费品零售总额254.37亿元，下降5.1%。赵巷镇为唯一正增长区域，实现销售113.14亿元，增长6.6%；山姆会员店实现销售11.70亿元，拉动赵巷社会消费品零售增长8.1个百分点。7月17日，“寻味青浦，品质美食”——青浦商圈美食季优惠大放送活动在吾悦广场举行，活动为期1个月。实施流动早餐车试点工作。9月14日，青浦区流动餐车发布仪式举行，副区长彭一浩为上海粮全其美公司颁发青浦区001号“流动餐车公示卡”。

（胡 晨）

11月5—10日，第三届中国进口博览会在国家会展中心举行。图为国家会展中心会议厅 （西虹桥商务区供稿）

■珠江创展国际商贸中心 由广东珠江集团投资建设，占地面积19.13公顷，建筑面积60万平米。一期米格天地改名合生新天地，年内装修重整，向家具业态转型，占地面积7.33公顷，建筑面积15万平米，配套4600平米4G9屏巨幕影院。二期悦公馆，建筑面积7.5万平米，用于商务办公。三期规划建设“凯悦”超4星级酒店（4万平米）和商务大楼（6万平米）。 （何 磊）

■百联奥特莱斯品牌直销广场领先全国同行 直销广场位于赵巷商务区，2006年4月28日开始营业，由百联集团投资运作，占地面积11.53公顷，建筑面积11万平方米，采用“名品＋折扣”组合经营方式，入驻商铺372个、品牌600余个，有停车位1200个。奥特莱斯打造“真品、真价、真情”经营理念，已成为长三角地区顾客“休闲、旅游、购物”的绝佳去处。连续7年蝉联业绩销冠，2020年，销售额46.5亿元，税收15227万元。 （何 磊）

■沃尔玛山姆会员店青浦店 位于赵巷镇业锦路483弄1－26号，于2019年6月28日正式开业。沃尔玛山姆会员店是全球知名大型仓储式会员制商店，在中国有23家，销售商品涵盖4000多种、从30多国直接进口。青浦店是其上海第二店、浦西第一店。2020年销售额1.27亿元，税收1938万元。

（何 磊）

■**节日消费市场监测**　元旦3天,27家重点监测商业企业实现销售1.6亿元,元旦当天实现销售近0.80亿元,比上年同期增长17.8%;春节受新冠肺炎疫情影响,消费市场受较大冲击,7天20家重点监测商业企业实现销售0.98亿元;"五一"节5天,26家重点监测企业实现销售额2.7亿元,比上年同期增长16%,日均销售近0.55亿元;"十一"7天,20家重点监测企业实现销售4.64亿元,比上年同期增长21.89%。(胡　晨)

位于赵巷镇业锦路483弄1-26号的沃尔玛山姆会员店青浦店内景(赵巷镇供稿)

■**"五五"购物节青浦购物季启动仪式**　4月28日,在百联奥特莱斯广场举行。区委副书记、区长余旭峰,市商务委副主任刘敏,副区长金俊峰、彭一浩出席启动仪式。启动仪式上,彭一浩发布2020青浦购物季十二大主题购物季活动及排片表。启动仪式采取"线上+线下"模式,分设奥特莱斯主会场和若干分会场,结合奥特莱斯周年店庆活动,开展美团、大众点评"点亮青浦"线上启动仪式、喜马拉雅"有声直播"宣传活动。购物季为期两个多月。(胡　晨)

■**"拥抱进博·享购全球"2020上海进口商品节**　5月5日,在"进博会"常年展示交易平台绿地全球商品贸易港举行。活动由市商务委、进博局主办,绿地控股集团承办。同日,全市联动举办"五五购物节"。绿地控股集团发挥海外资源和全球供应链优势,集结60国进口商品,开展商品折扣优惠、线上平台、海外客商签约、设立海外机构、新品首发等活动。(胡　晨)

■**"乐在青浦·逛购全球"主题直播活动**　5月10日,在"进博会""6+365"常年展示交易平台绿地全球商品贸易港举行。区委书记赵惠琴与绿地集团董事长、总裁张玉良化身带货主播,向广大消费者推荐青浦优质农产品和贸易港"进博会"爆款商品。15分钟,销售额106.7万元。平台上青浦大米、青浦菌菇3分钟内售罄,"进博会"同款捷克水晶制品在5分钟内售罄。直播活动中探访贸易港的捷克、北欧中心、南非、阿根廷、乌克兰等多个国家馆,包括瑞典蜂蜜、南非国宝茶等第三届"进博会"同款商品。澳洲鲜奶、特定预调可乐等G-Super绿地优选爆款商品以特惠价格在直播间中销售。整场直播全渠道观看106万人次,总销售额152万元。(胡　晨)

2月1日上午,区委书记赵惠琴(前中)到界泾港菜市场、家乐福公园路店检查菜市场、超市疫情防控与保供稳价工作(区商务委供稿)

■**进博场馆主题游线路发布**　6月7日,在第三届中国国际进口博览会倒计时150天之际,市文旅局、市商务委、中国国际进口博览局联合发布进博场馆主题游线路。该主题游线路以国家会展中心(上海)为核心,以绿地全球商品贸易港展销平台、虹桥国际进口商品展销平台等为承载主体,联动青浦区主要景区和虹桥交通枢纽,打造大虹桥地区精品购物旅游线路。线路双休日发班。(胡　晨)

■**盈浦街道五浦汇菜场开业**　10月1日,位于盈浦街道赵屯浦路与崧子浦路交叉口的五浦汇菜场正式开业。面积4400平方米。设蔬菜、肉类、水产、海鲜、豆制品、干货粮油、水果等区域,81个摊位。设有生鲜自提柜,用户可通过"五浦汇菜场"公众号下单,由商户将生鲜菜品配送到自提柜内,用户通过取货码进行自取。(胡　晨)

2020 年青浦区大型商业购物场所情况表

表 28

序号	名称	开业时间	地点
1	桥梓湾购物中心	2005 年 12 月 28 日	青浦区公园路 700 号
2	青浦百联东方商厦	2005 年 12 月 30 日	青浦区公园路 700 号
3	百联奥特莱斯广场(上海·青浦)	2006 年 4 月 28 日	青浦区沪青平公路 2888 号
4	吉盛伟邦国际家具村	2007 年 9 月 1 日	青浦区嘉松中路 5369 号
5	永业购物中心	2008 年 7 月 8 日	青浦区沪青平公路 1817 号
6	尚都里休闲广场	2013 年 1 月	青浦区朱家角镇新风路 210 弄－288 弄
7	合生新天地(原米格天地)	2013 年 1 月 18 日	青浦区嘉松中路 5999 号
8	富绅商业中心	2013 年 12 月 25 日	青浦区公园东路 1289 弄
9	吾悦广场	2014 年 12 月 20 日	青浦区淀山湖大道 218 号
10	满天星 399 广场	2017 年 9 月 30 日	青浦区淀山湖大道 399 号
11	青浦宝龙广场	2018 年 1 月(一期澳门街);2018 年 9 月 30 日(二期)	青浦区汇金路 590 号
12	青浦万达茂	2019 年 6 月 22 日	青浦区淀山湖大道 851 号
13	山姆会员商店青浦店	2019 年 6 月 28 日	青浦区业锦路 483 弄 1－26 号
14	百联悠迈生活广场(原富绅时代广场)	2019 年 12 月 18 日	青浦区盈港路 1616 弄
15	青浦绿地缤纷城	2019 年 12 月 28 日	青浦区外青松公路 5999 号

(胡　晨)

2020 年青浦区设置产销直供及平价菜专柜的菜市场情况表

表 29

序号	菜市场	街镇	地址
1	赵巷菜市场	赵巷镇	镇中路 518 号
2	北崧菜市场	赵巷镇	和睦村和睦路 101 号
3	中泽菜市场	赵巷镇	中泽路 102 号
4	秀源路菜市场	赵巷镇	秀源路 288 号
5	崧文南路菜市场	赵巷镇	崧文南路 170 号
6	南淀浦河路菜场	赵巷镇	秀涓路 300 号
7	陆家角菜市场	徐泾镇	尚鸿路 939 弄 1 号
8	华新菜市场	华新镇	华新街 460 号
9	新风菜市场	华新镇	凤霞路 605 号
10	重固菜市场	重固镇	重固镇福泉路 360 号
11	赵屯菜市场	白鹤镇	赵屯社区新赵路 57 号
12	朱家角菜市场	朱家角镇	漕平路 43 号
13	练塘菜市场	练塘镇	练塘镇练北路 140 号
14	金泽菜市场	金泽镇	金溪路 2 号
15	城东菜市场	夏阳街道	浦仓路 185 号
16	界泾港菜市场	夏阳街道	界泾港浦仓路北侧
17	三元河菜市场	盈浦街道	城中西路 258 号

（续表）

序号	菜市场	街镇	地址
18	八字桥菜市场	盈浦街道	胜利路502号
19	香花菜市场	香花桥街道	香花桥街道普光路49号
20	大盈菜市场	香花桥街道	大盈社区襄城街35号

（胡　晨）

2020年青浦区大型商业综合体及重点商业企业运营情况表

表30

序号	企业名称	所属街镇	销售额（亿元）	比上年增长(%)	商业面积（平方米）	商户数（个）	商铺出租率(%)
1	百联奥特莱斯广场	赵巷	40	-5.6	89165	372	100
2	合生新天地(原米格天地)	赵巷	1.24	-38.6	94030	94	57
3	青浦宝龙广场	赵巷	3	7.14	110000	327	86
4	夏都小镇	徐泾	1.24	110	70000	88	83.80
5	永业购物中心	徐泾	3.07	-2.85	59348	84	84
6	富绅商业中心	夏阳	4.2	5	38264	55	85
7	青浦万达茂	盈浦	6.599	27.38	237000	220	100
8	吾悦广场	盈浦	4.016	-39.22	58000	159	98
9	悠迈生活广场	盈浦	0.851	-29.99	49000	124	84
10	青浦百联东方商厦	盈浦	2.808	-22.18	11381	188	100
11	山姆青浦会员商店	赵巷	11.3	253	14183	1	100
12	中南朱里雅集(原尚都里)	朱家角	0.3	11.11	6000	119	77.64
13	元祖梦世界	赵巷	0.055	1209	89575	120	85

（胡　晨）

现代服务业

■概况　2020年，全区“三大两高一特色”（大物流、大会展、大商贸，高端信息技术、高端智能制造，文旅健康产业）主导产业以及平台经济、总部经济加快发展，集群效应持续显现。会展业，国展中心举办展览44个，展出面积428.8万平方米，展出接待291.5万人次，活动面积19.36万平方米；快递业，全年实现业务收入1121.62亿元，比上年增长10.7%，占全市比重为78.5%，占全国比重12.8%；跨境电商，出口加工区保税物流中心实现订单481.34万单，累计交易金额11.2亿元。　（胡　晨）

■青浦“双十一”快递业务占全国的78%　区内快递企业提前启动“双十一”模式。中通快递新购置3600辆高运力牵引车，新增驾驶员和操作员16000多人，各地转运中心累计新增自动化分拣设备35套，提升运能。德邦快递“双十一”大件首单再破纪录，全程用时仅10分钟，发挥无人仓、无人车、

9月14日，副区长彭一浩（左）为上海粮全其美公司颁发青浦区001号“流动餐车公示卡　（区商务委供稿）

无人机作用。11月11日，青浦区14家快递物流企业总部全网处理快件5.3亿件，占全国当天快递总数6.75亿件的78%，其中三通一达4家企业全网处理4亿件，占全国总数的59%。

（胡　晨）

德邦快递公司总部的德邦小D无人送货车　　（德邦快递供稿）

■申通快递布局智慧物流　申通快递加大在信息化、运营、网络、仓储等方面的科技投入，探索智能机器人、人工智能、大数据、云计算等技术在快递行业的运用，推动公司从数字化运营升级到数智化运营，打造智慧快递的先锋样板。与阿里、菜鸟合作，申通率先进入智慧物流时代，推出"申无忧""网点管家""数字化场站""鹰眼驾驶舱""观数台""掌上申通""运能中心"等数智化产品，实现精细管理，降本增效。

（胡　晨）

■韵达控股股份有限公司　成立于1999年8月8日，2016年12月23日上市（韵达股份，002120）。总部位于青浦区盈港东路6679号，占地40000余平方米。公司入选上海首批44家民营企业总部名单，先后两次入选BrandZ（英国品牌研究机构）最具价值中国品牌100强排行榜，入围中华全国工商业联合会发布的2020中国服务业民营企业100强和2020中国民营企业500强名单，获得2014—2015全国交通运输行业文明单位称号，连续多年被评为青浦区纳税百强企业。2020年，在全国设立67个自营枢纽转运中心，拥有3875个加盟商及32624个网点及门店（含加盟商）；服务网络覆盖全国31个省、自治区和直辖市，推进乡镇和农村地区网络覆盖。韵达国际开通全球30个国家和地区服务网络。年末，完成快递业务141.44亿件，比上年增长41.02%；快递市场份额16.97%；实现营业收入335.00亿元。

（郭鹏程）

■德邦物流股份有限公司　成立于1996年。2009年，迁入上海；8月，德邦物流股份有限公司在青浦区注册，注册地址为青浦区徐泾镇徐祥路316号1幢。总部位于区徐泾镇明珠路1018号。2018年1月16日，德邦物流股份有限公司（德邦股份，603056）在上海证券交易所上市。德邦股份于2013年开始战略转型快递业务，快递网络不断延伸。2020年，基本实现全国地级以上城市覆盖，乡镇覆盖率93.5%，快递业务占公司总收入的60.58%；快递业务毛利率从2019年的6.71%提升至2020年的10.02%，大件快递战略逐步得到实现。实现营业收入275.03亿元，比上年增长6.1%；归属于上市公司股东的净利润5.64亿元，比上年增长74.39%。根据菜鸟指数，2020年，在该行业11家主要快递公司中，德邦快递服务项指标排名连续11个月行业第一，综合排名从2017年的第六名提升至2020年的第二名。

（程珍琴）

德邦快递公司青浦区徐泾镇明珠路1018号浦西转运场

（德邦快递公司供稿）

■中通快递股份有限公司　成立于2002年5月8日，是一家以快递为核心业务，集跨境、快运、商业、云仓、航空、金融、智能、传媒等业务板块于一体的综合物流服务企业，注册商标为"中通""zto"。2010年10月，总部迁入青浦区华新镇华志路1685号。2016年10月28日（美国当地时间10月27日），中通快递股份有限公司（NYSE:ZTO）在纽约证券交易所正式挂牌上市。2020年9月29日，中通快递在香港联合交易所主板挂牌上市，成为第一家在美国和香港两地上市的中国快递企业，成为港交所创新型物流第一股。2020年，中通快递拥有服务网点近30000个，末端驿站超68000家，网络通达99%以上的区县，乡镇覆盖率超过91%；拥有全球领先的快递运营能力，设有94个国内分拨中心，配置超339套自动化分拣设备；推广甩挂运输模式，拥有10450辆干线运输车辆，其中7900余辆是15米以上的高运力车型。业务继续保持高速增长，全年完成业务量170亿件，比上年增长40.3%，高于行业平均增速，连续五年稳居行业第一，市场占比20.4%。营业收入实现14%的增长。净利润43.2亿元。获2020年青浦区服务业十强企业、青浦区优秀百强企业、青浦区创新创业优秀人才团队奖。

（程　绩）

2月11日，位于青浦区华志路685号的中通快递上海转运中心对快递物品进行消毒，快递业成为疫情后最先复工复产的行业　　（中通快递公司供稿）

■圆通速递股份有限公司　成立于2000年4月，办公地址位于华新镇华徐公路3029弄18号。2006年10月3日，总部迁入华新镇华徐公路3029弄28号大楼。2015年10月1日，迁入华徐公路3029弄18号集团大楼。2018年10月17日，新总部迁入华新镇新协路28号，总占地面积17.47公顷。2016年10月20日，公司（圆通速递，600233）在上海证券交易所借壳上市。2020年，公司快递服务网络覆盖全国31个省、自治区和直辖市，地级以上城市已基本实现全覆盖，县级以上城市覆盖率97.33%，乡镇、村组区域快递服务网络持续深化拓展；加盟商4650家，末端网点38375个；在全国范围拥有自营枢纽转运中心75个；全网干线运输车辆5000余辆，其中自有干线运输车辆3105辆，自有航空机队数量10架。深化国际化发展战略，强化圆通速递国际业务及品牌的整合，保持国际货物运输代理业务的相对稳定，通过自建或合作等方式积极拓展全球快递服务网络，国际业务服务网络覆盖6个大洲、150多个国家和地区。营收349.07亿元，比上年增长12.06%；归母公司净利润17.67亿元，比上年增长5.94%；业务完成量126.48亿件，比上年增长38.76%，市占率15.17%，提升0.82个百分点；单票成本2.13元，比上年降低18.12%，实现营收、净利、份额和成本三升一降的良好发展格局。获2020年度青浦区纳税百强企业称号和青浦区纳税百强持续贡献奖。

（王　娟）

7月21—24日，上海国际广告技术设备展览会在国家会展中心举行

（西虹桥商务区供稿）

■圆通速递助力青浦疫情防控　2月3日，圆通速递股份有限公司将第一批刚从海外采购的防控物资捐赠给青浦区，由区政府统一调配至有需要的防疫一线人员手中。物资包括5000个N95口罩、8000套防护服。

（胡　晨）

■韵达控股总部项目正式开工　6月27日，在华新镇正式开工。区委副书记、区长余旭峰，市商务委副主任刘敏，市邮政管理局局长冯力虎，副区长彭一浩以及韵达公司董事长兼总裁聂腾云等出席开工仪式。韵达总部地面积23万平方米，总建筑面积58.5万平方米，投资总额11.2亿元，将建成包括韵达总部大楼、智慧办公、科技研发、智能分拣等功能为一体的现代化、智能化物流园区。

（胡　晨）

■上海商贸服务型国家物流枢纽建设

7月，国家邮政局和上海市人民政府签署第二轮部市合作协议，支持深化青浦全国快递行业转型发展示范区建设。9月11日，上海市邮政管理局副局长余洪伟一行到青浦区华新镇调研上海商贸服务型国家物流枢纽建设情况，听取关于推进物流邮政业发展的意见，市商务委、交通委、综合交通研究所、交通研究中心相关负责人出席会议。至年末，华新镇集聚快递物流与供应链企业300

9月15—19日,中国国际工业博览会在国家会展中心举行

(西虹桥商务区供稿)

余家,行业产值逾1100亿元。

(胡　晨)

■青浦区快递物流企业大调研暨产业政策座谈会　9月19日,区商务委召开青浦区快递物流企业大调研暨产业政策座谈会。全区15家快递物流企业总部相关负责人参加会议。与会企业结合产业发展中遇到的问题进行交流,并提出相关意见和建议。　(胡　晨)

■国家会展中心(上海)　为中华人民共和国商务部和上海市人民政府合作共建项目。由中国对外贸易中心(集团)和上海东浩兰生国际服务贸易(集团)共同出资60亿元,组建上海博览会有限责任公司,2016年1月公司更名为国家会展中心(上海)有限责任公司(简称"国展公司"),为会展项目运作主体,负责项目投资建设和场馆运营、展会开发等工作。2020年,国家会展中心承接展览及活动66场,总面积461.2万平方米(不含会议中心)。其中,展览44场,面积428.8万平方米;活动22场,面积32.4万平方米。

2020年,国家会展中心三栋办公楼有租户92家,出租率68%。按企业类型分为:制造业7家、服务业29家、通信科技类7家、商业8家、会展类27家、贸易类13家、政府类1家,面积占比为34:25:14:9:8:8:2。国家会展中心商业广场有租户60家,出租率60%。按业态分为:餐饮44家、商业配套15家、休闲娱乐1家,面积占比为5:3:2。　(钟　犇)

2020年国家会展中心(上海)展览情况表

表31

展会名称	主办单位	开幕时间	闭幕时间
CME中国机床展	国家商务部外贸发展局、上海华品展览服务有限公司	2020年7月1日	2020年7月4日
慕尼黑上海光博会、中国(上海)机器视觉展暨机器视觉技术及工业应用研讨会、慕尼黑上海电子展,慕尼黑上海电子生产设备展	上海上搜展览有限公司	2020年7月3日	2020年7月5日
37届上海国际婚纱摄影器材展览会/第二十三届上海国际摄影器材和数码影像展览会	上海市国际展览有限公司	2020年7月8日	2020年7月10日
上海国际应急防疫物资展览会	华茂国际展览(上海)有限公司、世展和新展联合展览(广州)有限公司	2020年7月15日	2020年7月16日
上海国际数字印刷产业博览会、上海国际广告技术设备展览会、上海国际数字标识系统及应用展览会、上海国际数字展示技术及设备展览会、上海国际照明展、上海国际LED展、上海国际数字印花展、上海国际图文快印展、上海国际创意设计印刷包装纸业精品展、上海国际瓦楞彩盒数字印刷包装展览会	上海现代国际展览有限公司	2020年7月21日	2020年7月24日
2020上海国际新型显示技术及应用创新展	上海励程展览有限公司	2020年7月22日	2020年7月24日
2020年COMICUP魔都同人祭	上海摩都文化传播有限公司	2020年7月25日	2020年7月26日
上海大虹桥美博会	广州佳美展览有限公司	2020年7月29日	2020年7月31日
Bilibili World展	超电(上海)信息科技有限公司	2020年8月7日	2020年8月9日

（续表）

展会名称	主办单位	开幕时间	闭幕时间
2020上海国际酒店及商业空间博览会	上海博华国际展览有限公司	2020年8月12日	2020年8月14日
中国国际五金博览会	北京金益友联展览有限公司	2020年8月12日	2020年8月14日
2020中国国际电梯展览会	廊坊会议展览有限公司	2020年8月18日	2020年8月21日
2020上海国际防疫物资展览会	上海高登商业展览有限公司	2020年8月18日	2020年8月19日
第十八届中国国际铸造博览会	中国铸造协会	2020年8月18日	2020年8月20日
2020上海紧固件专业展暨第十届汽车紧固件展	上海上搜展览有限公司	2020年8月18日	2020年8月20日
2020中国国际家用纺织品及辅料（秋冬）博览会	中国国际贸易促进委员会纺织行业分会	2020年8月24日	2020年8月26日
国际电子电路（上海）展览会、上海国际水处理技术及设备展览会、上海国际洁净技术及设备展览会	上海颖展展览服务有限公司	2020年8月25日	2020年8月27日
上海国际膜与水处理技术及装备（上海国际水处理、上海国际污水处理）展览会、上海国际泵管阀展览会、上海国际污水污泥处理与资源再利用展览会、上海国际固体废弃物处置与废气治理展览会、上海国际环保产业与资源利用博览会、上海国际建筑给排水设备与技术展览会、上海国际空气污染治理与净化设备展览会、上海国际新风系统与通风设备展览会	上海荷瑞会展有限公司	2020年8月31日	2020年9月2日
中国国际地面材料及辅装技术展览会	上海万耀企龙展览有限公司	2020年8月31日	2020年9月2日
世界牙科联盟（FDI）大会、中国国际口腔医学大会	国药励展展览有限责任公司	2020年9月1日	2020年9月4日
中国（上海）国际家具博览会	上海中贸美凯龙家具集团股份有限公司	2020年9月7日	2020年9月10日
中国国际工业博览会	工业和信息化部	2020年9月15日	2020年9月19日
第114届中国文化用品商品交易会	高百赢展览（上海）有限公司	2020年9月17日	2020年9月19日
中国国际纺织面料及辅料（秋冬）博览会、中国国际服装服饰博览会（秋季）、中国国际纺织纱线（秋冬）展览会	中国国际贸易促进委员会纺织行业分会	2020年9月23日	2020年9月25日
中国国际体育用品博览会	中国体育用品业联合会	2020年9月28日	2020年9月30日
中国国际食品和饮料展览会	北京爱博西雅展览有限公司	2020年9月28日	2020年9月30日
上海国际胶粘带、保护膜及光学膜展览会（模切展），上海国际功能薄膜及聚酯薄膜展览会	上海富亚展览有限公司	2020年9月28日	2020年9月30日
中国（上海）国际酒店设备及用品采购交易会	上海锦江国际会展有限公司	2020年9月28日	2020年9月30日
上海国际时尚育儿产业博览会	亿百媒会展（上海）有限公司	2020年10月10日	2020年10月12日
全球授权展·上海站（LEC）	亿百媒会展（上海）有限公司	2020年10月10日	2020年10月12日
中国国际模具技术和设备展览会	上海市国际展览有限公司	2020年10月10日	2020年10月13日
第83届中国国际医疗器械（春季）博览会、第30届中国国际医疗器械设计与制造技术（春季）展览会、2020中国智慧健康展	国药励展展览责任有限公司	2020年10月19日	2020年10月22日

（续表）

展会名称	主办单位	开幕时间	闭幕时间
上海国际糖酒商品交易会 上海国际酒店与餐饮供应链博览会	上海高登商业展览有限公司	2020 年 10 月 20 日	2020 年 10 月 22 日
上海国际五金展览会	上海中衡展览有限公司	2020 年 10 月 20 日	2020 年 10 月 22 日
中国国际进口博览会	中华人民共和国商务部、上海市人民政府	2020 年 11 月 5 日	2020 年 11 月 10 日
长三角国际文化产业博览会	上海贸促展览展示有限公司	2020 年 11 月 19 日	2020 年 11 月 22 日
中国零售业博览会	北京智合联创展览有限公司	2020 年 11 月 19 日	2020 年 11 月 21 日
法兰克福文具展	法兰克福（上海）展览有限公司、中国文教体育用品协会	2020 年 11 月 19 日	2020 年 11 月 21 日
博华 6 月系列展	上海博华国际展览有限公司	2020 年 11 月 25 日	2020 年 11 月 27 日
上海国际城市与建筑博览会	上海现代国际展览有限公司、上海万耀企龙展览有限公司	2020 年 11 月 25 日	2020 年 11 月 27 日
2020 上海国际城市管网展览会	中泽国际会展（北京）有限公司	2020 年 11 月 25 日	2020 年 11 月 27 日
上海国际汽车零配件、维修检测诊断设备、服务用品展览会	法兰克福展览（上海）有限公司	2020 年 12 月 2 日	2020 年 12 月 5 日
2020 中国国际轴承及其专用装备展览会	中国轴承工业协会、中轴协（北京）会展有限公司	2020 年 12 月 9 日	2020 年 12 月 12 日
第十届中国（上海）国际流体机械展览会	中国通用机械工业协会	2020 年 12 月 9 日	2020 年 12 月 11 日

（钟　犇）

■推进会展复展工作　区商务委牵头制定《青浦区会展业复展疫情防控机制》，明确各职能单位职责分工和青浦区复展流程，通过部门协同和意见征询，完善国家会展中心《展会防疫防控保障方案》，聚焦展前筹备、展中观展、展后撤展、应急处置等多方面内容细化规范操作。7 月 1 日，国家会展中心（上海）举行 2020 年首场展会——CME 中国机床展，展览面积近 9 万平方米。首日全天 21350 人次，人员体温检测无异常情况。（胡　晨）

■云上会展有限公司落户青浦　5 月 7 日，上海市国际贸易促进委员会和阿里巴巴集团宣布开展深度合作，双方共同在青浦西虹桥商务区成立云上会展有限公司，发挥上海在全球的贸易影响力和会展行业集聚的资源优势、阿里巴巴在数字新基建领域的核心技术优势，将建设线上会展数字基础设施，成为云上会展第一平台。项目注册资金 1 亿元。全年近 20 个展会项目上线运行。

（胡　晨）

11 月 1 日，“第三届中国国际进口博览会溢出效应论坛”在西虹桥商务区举行（西虹桥商务区供稿）

■第三届“进博会”上海交易团首单　11 月 5 日，第三届“进博会”首日，在技术装备馆（4.1 馆）内，青浦西虹桥商务区企业晋声（上海）贸易有限公司与参展企业冠捷投资有限公司达成 5 亿美元采购意向订单，成为第三届“进博会”上海交易团“首单”。首张订单采购的产品主要为智慧显示类产品及液晶显示面板、电子元件等原材料。副市长、上海交易团团长宗明，市政府副秘书长、上海交易团副团长尚玉英，市商务委主任、上海交易团秘书长华源，区委书记赵惠琴，市商务委副主任、上海交易团副秘书长申卫华，副区长、青浦交易分团副团长彭一浩出席活动并见证签约仪式。晋声（上海）贸易有限公司，是飞利浦电视的中国品牌授权商，通过电器连锁店和传统贸易实体等多种渠道，运营近2000家飞利浦电视销售网点。冠捷公司是专业从事显示器、平板电视等产品研发、制造的全球知名企业，其显示器产销量自2002年起始终位居全球首位。青浦企业连续3年签下“进博会”上海交易团首单。

（胡　晨　钟　犇）

12月17日，长三角一体化示范区（上海）金融产业园开园仪式举行，区委书记赵惠琴（右四），区委副书记、区长余旭峰（右三），区人大常委会主任朱明福（左四），区政协主席李华桂（右二），市经信委副主任阮力（左三），市地方金融监管局党委委员、副局长李军（左二），长三角示范区执委会副主任、长三角区域合作办副主任唐晓东（左一），副区长彭一浩（右一）共同启动推杆

（青浦发展集团供稿）

■青浦综合保税区　2020年，发挥青浦综合保税区和“6＋365”“进博会”政策红利，加强重点项目落地工作，引进州迹物流科技（上海）有限公司、上海启攀供应链管理有限公司2家跨境电子商务企业，对接宝能智能物流等项目。青浦综合保税区依托《青浦区加快发展跨境电子商务实施办法》政策，打造集跨境电商经营主体、电商服务平台、跨境物流供应商、进口清关服务、第三方支付等于一身的跨境电商产业链。年末，综保区实现跨境电商481.3万单，交易额11.18亿元。（胡　晨）

■青浦综保区名联进境肉类指定监管场地通过海关总署验收　8月13日，海关总署验收组对青浦综合保税区名联（上海名联供应链管理有限公司）进境肉类指定监管场地进行验收。副区长、青浦综合保税区管委会主任倪向军，上海海关党委委员、纪检组长戴永华等陪同参加验收。专家组经过资料审核，现场勘查，认定青浦综合保税区名联进境肉类指定监管场地基本符合验收要求。10月9日，青浦综保区名联进境肉类监管场地通过海关总署联合验收，为青浦综合保税区内第一家进境肉类指定监管场地。名联进境肉类监管场地属于上海名联供应链管理有限公司公司，名联进境肉类监管场地成为青浦区内首家进口肉类产品进入中国市场的合法规范渠道。

（胡　晨　周丽仙）

■长三角一体化示范区（上海）金融产业园　为贯彻李强书记于2019年10月9日在青浦区调研长三角生态绿色一体化发展示范区建设时的讲话精神（“建设基金集聚区、金融集聚区，促进科技与金融联动发展”），服务“长三角一体化发展”和“建设上海国际金融中心”行动计划两大国家战略，经上海市经信委、上海市金融监管局、长三角生态绿色一体化发展示范区执行委员会和青浦区政府批准，长三角一体化示范区（上海）金融产业园经济发展有限公司于2020年5月11日在青浦区注册成立，注册资本金为5000万元，上海青浦发展（集团）有限公司占股70%、上海朱家角资产投资经营发展有限公司占

长三角一体化示范区（上海）金融产业园外景　（青浦发展集团供稿）

股30%,为首个以"长三角一体化示范区"冠名的企业。12月17日,金融产业园举行开园区仪式。区委书记赵惠琴,区委副书记、区长余旭峰,区人大常委会主任朱明福,区政协主席李华桂,市经信委副主任阮力,市地方金融监管局党委委员、副局长李军,长三角示范区执委会副主任、长三角区域合作办副主任唐晓东,副区长彭一浩共同启动推杆。赵惠琴宣布长三角一体化示范区(上海)金融产业园正式开园。开园区仪式上,金融产业园入驻企业签约仪式举行,12家企业参加。金融产业园以集聚创新金融、绿色金融相关产业为导向,为高端金融企业、金融项目、金融创新和金融人才提供精准高效的拓展服务和政策咨询。

规划建设。长三角金融产业园先行启动区位于长三角一体化发展示范区朱家角镇沪青平公路6665号,占地2公顷,总建筑面积1.17万平方米,于10月底完成先行启动区装修改造工程。进行智慧园区规划建设,力争打造成为长三角区域高标准智能化的智慧金融园区。金融产业园核心园区规划面积7公顷,规划聚集各大金融机构总部,发展总部经济,发挥金融活水服务长三角区域经济发展的作用。

招商引资。9月27日,和谐汇一林鹏专场路演活动在园区举行,副区长彭一浩参加。11月,长三角金融产业园获得青浦区特色产业园区认定,园区以金融服务业为特色产业。11月20日,致凯资本创新医疗沙龙活动举行。至年末,园区全口径税收5.5亿元,入驻企业43家,如IDG、正心谷等知名头部基金公司,入驻基金管理规模近千亿元。

9月24日,区委书记赵惠琴、副区长倪向军到金融产业园调研园区发展情况。10月26日下午,上海民建浦江论坛在园区举行,民建中央主席郝明金参加会议。11月20日,"中欧青浦校友走进长三角一体化示范区金融产业园"活动举行。11月26日下午,上海青浦发展创业投资引导基金2020年青浦区优秀创业企业投融资路演活动在园区举行。 (赵佳俊)

对外贸易

■概况 2020年,一些国家实施贸易保护主义,新冠肺炎疫情在全球暴发。青浦区将"稳外贸"作为工作重点,继续做好企业服务工作。全区实现进出口总额707.4亿元,比上年下降7.9%,其中,进口额316.94亿元,比上年下降6%;出口额390.45亿元,比上年下降9.6%。

6月5日,青浦区商务委与上海对外经贸大学国际商务外语学院战略合作框架签约仪式举行。11月1日,由西虹桥商务区和华夏经济发展研究院联合举办的"第三届中国国际进口博览会溢出效应论坛"在西虹桥商务区开幕。 (胡 晨)

■2020年中国国际公共采购论坛 11月6日,在国家会展中心(上海)举行,论坛由财政部与市政府联合主办,青浦区政府承办。作为"进博会"的重要配套活动之一,论坛以"商机共享、规则互通"为主题,多家多边开发银行代表、联合国驻华系统代表、外国政府驻华使馆的高级官员、中央相关部门和全国政府采购监管机构负责人,集中采购机构、政府采购代理机构和优秀供应商代表300多人参加。参与者探讨政府采购规则与最佳实践,分享2020年新冠肺炎疫情期间政府采购抗疫经验。 (胡 晨)

3月24日上午,青浦区政府与瑞典海克斯康公司以视频会议形式正式签署投资意向协议,区委书记赵惠琴出席(左四)仪式 (区商务委供稿)

招商引资

■概况 2020年,全区商务服务业招商引资工作稳步推进、量质并举。全年累计吸收合同外资198189.4万美元,比上年增加41.4%,完成全年挂图作战目标18亿美元的110.1%。合同外资在1000万美元以上大项目有23个(比上年减少8个),合计175428.6万美元(比上年增加53.1%),占合同外资总额的88.5%。23个项目中,新设项目14个,合同外资138996.3万美元;增资项目9个,合同外资36432.3万美元。

制定实施《2020年青浦区加强招商引资和产业项目推进实施方案》(青委办〔2020〕1号),深化招商引资"一把手"工程,统筹开展"3+4+8+X"("3"即赴欧洲招商考察、赴亚洲招商考察、外资招商;"4"即四场区级招商活动,结合华为研发中心产业链,市西软件信息园,西虹桥会展商贸和德、日先进制造业企业主题招商活动展开;"8"即8批次境内招商考察活动,分别赴青岛、大连、北京、南京、安徽、浙江、广东、武汉;"X"为各街镇、区属公司根据发展需要和对接项目开展的招商考察活动)招商系列活动(由于疫情影响,部分招商活动没有及时开展)。与长三角执委会合作,参与海思生态链相关招商推介活动。组织美的集团、DHL快递、金发科技等7家企业参加2020年上海重大产业项目集中签约仪式,涉及总投资额86.7亿元。在门户网站、微信公众号上投放"投资青浦,青云直上"微视课程,为区内企业提供定制化线上培训服务,介绍投资青浦政策操作流程。1月4日,青浦区与复旦大学联合举办"聚焦示范区,共商一体化"长三角发展论坛暨复旦校友走进青浦活动。9月27日,

“服务国家战略·引领跨越发展”——青浦区商务英语展示大赛总决赛在绿地全球商品贸易港举办,区委副书记杨小菁出席活动。 (钱 欢 胡 晨)

■优化经济小区工作 制定《青浦区关于进一步支持经济小区健康发展的若干措施(试行)》(青府发〔2020〕46号),加大对注册型经济和试点平台的财政支持力度,为经济小区招商引资工作注入“新动能”。制定《青浦区联系服务经济小区工作方案(试行)》,通过区领导、区级部门走访联系经济小区,推动经济小区在新的发展格局中寻找突破口。修订原经济小区考核实施办法及实施细则,发布新版《青浦区加强经济小区招商服务管理工作考核办法》(青民营办〔2020〕4号)。建立经济小区总经理以及联络员微信群,加强服务和管理。编制经济小区工作月报,对全区经济小区发展数据及招商动态进行分析汇总,为小区发展提供趋势参考。 (钱 欢)

■青浦区4个外资大项目在沪集中签约 1月10日上午,在兴国宾馆举行的上海市外资项目集中签约仪式上,60个外资项目集中签约,投资总额超过73亿美元。青浦区商务委组织网易(上海)网络有限公司、妮维雅(上海)有限公司、上海熠舷电子科技有限公司和中国奥莱仓(筹)4家企业参加集中签约仪式。签约仪式上,青浦区商务委员会、上海青浦工业园区发展(集团)有限公司与4家外资企业分别签约。 (胡 晨)

■上海市浙江商会走进长三角生态绿色一体化发展示范区(青浦)活动 5月12日,在青浦区举行,商会会长、上海均瑶(集团)有限公司董事长王均金等几十位企业家代表参加活动。区委书记赵惠琴,区委副书记、区长余旭峰,区委副书记杨小菁,统战部部长王凌宇,副区长倪向军、彭一浩等与企业家们交流。商会有会员企业15000多家,有500多家海内外上市公司和行业龙头企业。 (钱 欢)

■5家企业入榜上海市民营企业总部 7月27日,在衡山宾馆举行的上海市民营企业总部颁证仪式上,市委常委、市委统战部部长郑钢森,副市长许昆林向40家上海市民营企业总部代表企业颁发证书,青浦区5家企业入选,分别是上海韵达货运有限公司、申通快递有限公司、中通快递股份有限公司、德邦物流股份有限公司、圆通速递有限公司,占全市首批民营企业总部数量的12.5%,仅次于浦东和嘉定,数量全市排名第三。 (胡 晨)

4月15日,副区长倪向军(左七)走访美蓓亚精密机电有限公司

(区经委供稿)

■2020年青浦工业园区重点产业项目集中签约、集中开工仪式 8月18日上午,在青浦工业园区举行。22个项目集中签约,总投资216亿元;32个项目集中开工,开工总面积128万平方米,总投资129亿元。区委书记赵惠琴、区人大常委会主任朱明福、区政协主席李华桂、副区长倪向军等出席。 (胡 晨)

■2020年青浦区氢能规划发布会举行 10月30日,“氢”机遇“青”发展——2020年青浦区氢能规划发布会暨氢能产业项目举行签约仪式在工业园区举行。发布会上,正式发布《青浦区氢能及燃料电池产业发展规划》(青府发〔2020〕57号)。根据规划,青浦将重点打造“一核引领、两翼联动、多点分布”氢能产业布局:青浦工业园氢能产业园聚焦发展生产制造和研发,青东、青西联动推广氢能场景应用及氢能燃料电池汽车示范运营,确保青浦区氢能产业可持续发展。到2022年,全产业链年营业额突破70亿元,初步完成氢能产业园区核心启动区的规划建设,初步构建“5G+氢能”大数据平台,重点培育企业3—5家,建成加氢站5座以上,氢能运营车辆不少于500辆,氢农学领域进行探索试点与研发。 (钱 欢)

■青浦区“6天+365天”平台——众采平台成功签约5000万美元订单 11月6日,第三届中国进口博览会众采平台采购签约仪式在国家会展中心举行。众采平台与“进博会”2家参展商,西班牙的GRUPOJORGE公司和阿根廷的LOGROSS. A.公司签订总计5000万美元的采购合同。“众采进口采供对接平台”于2019年在赵巷镇挂牌成立,由中国商业联合会、中国合作贸易企业协会、中国对外贸易经济合作企业协会3家单位联合组建。 (胡 晨)

■青浦区对接“进博会”招商百人团集中进馆洽谈对接 11月6日,区商务委以“抢抓进博机遇,承接溢出效应”为主题,组织“进博会”招商百人团成员80余人进馆开展招商洽谈活动。百人团先后到福维克、普华永道、洛克菲勒和大商集团展台进行参观学习。与各国驻沪领馆、各国商会、投资促进局、组展机构等部门建立联系,有针对性地开展各类小型接洽会。 (胡 晨)

2020 年青浦区合同外资项目(按照项目类型划分)情况表

表 32

项目类型	项目数(个)		合同外资(万美元)	
	2020 年	2019 年	2020 年	2019 年
新批企业	199	123	153191.6	58208.7
迁入企业	8	31	2205.6	2261.2
增资企业	52	60	42792.2	79281.8
合　计	259	214	198189.4	140151.6

(胡　晨)

2020 年青浦区合同外资项目(按照产业分类划分)情况表

表 33

产业分类	项目数(个)	合同外资(万美元)	比上年(%)	占比(%)	项目类型					
					新批项目数(个)	合同外资(万美元)	比上年(%)	增资项目数(个)	合同外资(万美元)	比上年(%)
制造业	15	1352.9	-95.4	0.7	9	294.6	-96.3	6	1058.3	-95.1
服务业	244	196836.5	78	99.3	198	155102.6	192.9	46	41733.9	-27.6
合计	259	198189.4	41.4	100	207	155397.2	155.3	52	42792.2	-46

(胡　晨)

2020 年青浦区引进外资项目主要国别/地区(项目数排名前十)情况表

表 34

序号	国别/地区	项目数(个)	投资总额(美元)	注册资本(美元	合同外资(美元	合同外资占比(%)
1	中国香港	112	132133.6	99762.45	91558.52	46.20
2	中国台湾	42	3698.84	3713.85	2827.68	1.43
3	美国	15	1120.43	1700.25	1145.218	0.58
4	日本	12	589.48	510.21	563.31	0.28
5	新加坡	9	105118.9	104800.7	93019.62	46.93
6	德国	7	176.36	170.08	125.27	0.06
7	英属维京	6	6677.02	2521.41	2007.35	1.01
8	加拿大	6	1633.99	1633.99	1713.72	0.86
9	韩国	6	1810.95	745.53	235.34	0.12
10	马来西亚	5	749.45	537.57	368.07	0.19

(胡　晨)

2020 年青浦区合同外资 1000 万美元以上大项目情况表

表 35

序号	类型	所属区域	企业名称	合同外资(万美元)
1	新设	工业园区	上海熠舷电子科技有限公司	10000
2	增资	练塘镇	震坤行工业超市(上海)有限公司	10601
3	增资	赵巷镇	网易(上海)网络有限公司	8506.68
4	增资	徐泾镇	上海威霖实业发展有限公司	1603.7
5	新设	赵巷镇	海克斯康方案应用与系统集成(上海)有限公司	1000
6	新设	重固镇	上海朔宏投资咨询有限公司	1011.4

（续表）

序号	类型	所属区域	企业名称	合同外资(万美元)
7	新设	新城公司	联汇社区养老服务(上海)有限公司	1016.3
8	新设	工业园区	上海晖晓新材料科技有限公司	10000
9	增资	徐泾镇	壹米滴答供应链集团有限公司	1016.3
10	新设	西虹桥公司	上海迈格鑫智能科技有限公司	10000
11	新设	金泽镇	上实航天星河能源(上海)有限公司	2416.3
12	增资	徐泾镇	壹米滴答供应链集团有限公司	7780
13	新设	华新镇	上海吉汇云供应链管理有限公司	1417
14	新设	赵巷镇	上海太平洛克品牌发展有限公司	1000
15	新设	工业园区	上海甄汇信息科技有限公司	1200
16	新设	青发集团	御永(上海)建筑工程有限公司	1417.4
17	新设	工业园区	上海浦岚新虹实业发展有限公司	1093.2
18	增资	练塘镇	上海永升物业管理有限公司	2915.2
19	增资	西虹桥公司	威马智慧出行科技(上海)股份有限公司	1592
20	新设	西虹桥公司	中至道国际供应链有限公司	90000
21	新设	金泽镇	上海实旸企业管理合伙企业(有限合伙)	7342.1
22	新设	青发集团	金卫医保信息管理(中国)有限公司	1500
23	增资	赵巷镇	上海太平洛克品牌发展有限公司	1000
合　计				175428.6

（胡　晨）

2020年青浦区外资到位1000万美元以上大项目情况表

表36

序号	所属区域	企业名称	到位资金(万美元)
1	徐泾镇	壹米滴答供应链集团有限公司	2914.1
2	练塘镇	上海永升物业管理有限公司	3083.6
3	练塘镇	震坤行工业超市(上海)有限公司	2000
4	西虹桥公司	上海融和电科融资租赁有限公司	1778.2
5	徐泾镇	壹米滴答供应链集团有限公司	1016.3
6	重固镇	上海治祥投资咨询有限公司	1224.2
7	重固镇	上海育尚投资咨询有限公司	1247.4
8	重固镇	上海有淳投资咨询有限公司	1010.2
9	重固镇	上海礼佑投资咨询有限公司	1048.7
10	赵巷镇	网易(上海)网络有限公司	8563.4
11	华新镇	上海安能聚创供应链管理有限公司	5600
12	徐泾镇	壹米滴答供应链集团有限公司	1808.4
13	金泽镇	上实航天星河能源(上海)有限公司	2416.3
14	徐泾镇	上海威霖实业发展有限公司	1400
15	金泽镇	上海上实长三角生态发展有限公司	39524.4
合　计			74635.2

（胡　晨）

供销合作

■概况 2020年,区供销社系统内设行政事务部、党群工作部、社务工作部、计划财务部、保障服务部、督查审计部6个部门,下设环城、徐泾、华新、重固、白鹤、朱家角、练塘、金泽8家基层供销社,有青浦商业公司、盛浩投资公司2家控股企业,参股泽鹏实业公司、新晟辉实业公司、重霄实业公司、联销经贸公司、源森实业公司、新泽晟实业公司、润泉实业公司、煤炭合作公司、上海农商银行9家。年末,区社在职职工31人,总收入2788.47万元,利润总额1101.38万元,净利润1099.60万元。

7月,百浩废旧物资回收公司注销(停业)。9月11日,在绿色青浦APP开设"供销云平台,百姓生活馆"直播栏目,开展农产品直播带货活动3次。12月,惠依农贸市场公司注销(停业),惠依超市公司完成股权清退。 (夏禹成)

■防控疫情期间物资供应 在疫情期间,结合供销社职能职责,发挥特色优势,全力保障物资供应和复工复产。做好主副食品储备工作,储备泡面335箱、挂面125箱、矿泉水375箱、饼干35箱、食用盐40箱、白砂糖25箱、菜籽油50箱。向全区农村居民供应粮、油、米、面等主副食品95吨;向道口、村口等检查点发放帐篷100顶、棉大衣1000件、应急灯80盏。 (夏禹成)

■再生资源回收 1月7日,开展再生资源回收利用企业安全知识及信息统计业务培训,8家基层供销社和34家上海市再生资源回收利用行业协会青浦会员单位参加。2月10日,制定下发《关于进一步加强废品交投站疫情防控期间的管控措施的通知》《关于做好疫情期间废品交投站复工管理工作的通知》,落实疫情防控措施和常态化管理要求,开展再生资源回收站人员情况排摸工作。7月9日,召开安全生产会议,传达布置《青浦区再生资源回收利用行业专项治理行动方案》,对无照、异地、超范围经营,不符合消防规范,不具备安全生产条件,设施设备不符合安全规范,"三合一"(人员住宿场所与加工、生产、仓储、经营等场所在同一建筑内混合设置)违章等现象的交投站进行重点治理,关停3家违规经营的再生资源回收站。10月21日,制定下发《青浦区供销社关于加强再生资源回收利用经营管理的指导意见》,规范系统内再生资源回收站的原则、程序、收费标准和管理要求。年末,9家再生资源回收站回收各类废旧物资约6500吨,总价值1200万元。 (夏禹成)

■防控疫情期间减免承租人租金 2月14日,制定《青浦区供销社关于系统内各单位在防控疫情期间减免承租人租金的实施方案》,对区社所属经营性资产、为农服务站以及再生资源回收站承租企业(人)给予减免两个月租金的优惠政策,区、基层两级供销社系统共计减免租金611.55万元。 (夏禹成)

■防汛防寒应急工作 3月23日,按照区防汛指挥中心要求,储备区级防汛物资草包55000只、编织袋50000只、毛竹4500支、圆钉1500公斤、铁丝1500公斤、铁锹1000把。12月29日,按照区应急局要求,紧急储备融雪剂74吨,确保随时调遣。12月30日,召开安全生产工作会,部署各项防范应对措施。 (夏禹成)

■为农服务综合平台建设 4月24日,印发《区供销社关于进一步做好2020年为农综合服务站商品配送工作的通知》,下达全年配送目标任务,各基层社按要求推进。9月16日,与中国邮政集团有限公司上海市青浦分公司签订合作框架协议和邮件代投(自提)协议,推进落实为农服务站邮件代投自提、线上邮乐购代购、扫码付等业务。年末,为农服务站商品销售总额13692.94万元(其中卷烟11189.51万元、非卷烟2503.43万元);完成市级乡村振兴示范村和美丽乡村示范村重固徐姚、练塘东庄、朱家角张马等12个点位的商业配套设施建设,总投资130万元。 (夏禹成)

■长三角一体化示范区农产品展示展销合作 9月25日,与苏州市吴江区供销合作总社、嘉善县供销合作社联合社签订《长三角示范区供销社一体化发展战略合作框架协议》,建立三地供销社联动合作机制,组织区内特色农产品30种参加由吴江区政府主办的"2020年中国农民丰收节"展示展销活动。9月29日,位于城中南路489号的上海供销e家品牌集成店(青浦店)开业,集中展销长三角地区特色农产品及上海老字号品牌产品60余种。 (夏禹成)

9月29日,长三角供销系统农产品展示展销暨"上海供销e家品牌集成店(青浦店)"开业活动在城中南路489号举行 (区供销社供稿)

粮油管理

■概况 2020年,推进全区储备粮管理体制机制改革,10月恢复并实体运营国有区储备粮公司,负责区级储备粮储备工作。公司位于青浦区老朱枫公路6800弄88号，为国企，隶属于青浦现代农业园区。全区地方储备粮库存4.22万吨，实现储粮安全，无事故。全年收购粳稻16364.53吨，大米2000吨。其中，本地粳稻收购价1.32元/500克，在2020国家稻谷最低收购价1.3元/500克的基础上增加0.02元/500克）、价外补贴0.1元/500克。年末，全区地方储备粮库存4.22万吨，全年入库粳稻16364.53吨，大米2000吨。全年粮油实物帮困54202人、381万元；居民副食品价格补贴发放42万元。全区粮食应急保障网点67家，帮困粮油供应点22家，粮食应急加工点3家。

12月25日，区粮食安全办公室召开区粮食储备管理工作专题会，区发改委、区国资委、区农业农村委、区财政局、青浦现代农业园区、区储备粮公司相关领导参加会议。（胡　晨）

■粮食应急管理培训暨粮食供应和质量安全应急演练　11月27日，在区委党校举行。区商务委（粮食和物资储备局）、区应急管理局、区发改委、区农业农村委、区财政局、区民政局、公安青浦分局、区建管委、区市场监管局、区统计局、区新闻办、农发银行青浦支行、各街镇分管领导，区储备粮公司等粮食企业以及各粮食应急供应、加工网点负责人30人参加。演练模拟因受到新冠肺炎疫情、国际形势以及全球恶劣天气影响，导致国内粮食短期内供应短缺、流通不足、以及粮食市场出现质量安全等方面问题的场景。（胡　晨）

■秋粮收购　2020年，全区秋粮政策性收购统一由国有区储备粮公司承担。秋粮收购于11月1日工作开始，12月31日结束。区粮食和物资储备局会同区发改委、农业农村委、财政局等研究制定秋粮收购工作方案，出台收购政策，落实资金、仓容、运力等保障措施，规范粮食收购程序，加强政策宣传，严把收购关和验收关，确保收购粮食数量真实、质量合格、储存安全。设置6个粮食收购点（赵巷收购点、香花桥收购点、白鹤收购点、朱家角收购点、练塘收购点、商榻收购点），完善各项服务措施，提升收购水平，让农民卖“明白粮”“放心粮”，确保粮食市场平稳有序运行。以秋粮收购为场景，先行先试，率先使用数字人民币，成功实现“粮食收购机构—农户—农资经营户”的全过程流转。（胡　晨）

■市粮食安全省长责任制考核工作组实地核查　12月7日，上海市粮食安全省长责任制考核工作组组长、市粮食和物资储备局副局长沈红然带队，对2020年度青浦区粮食安全责任制工作开展实地核查。副区长金俊峰、彭一浩出席考核会。考核组通过听取汇报、查看台账资料、现场实地检查、互动询问等方式，检查青浦区粮食安全责任制落实情况作，分组实地查看青西绿色大米储运中心、练塘粮库和安庄粮库等。（胡　晨）

烟草专卖

■概况　上海市青浦区烟草专卖局成立于1991年1月。上海烟草集团青浦烟草糖酒有限公司成立于1995年3月，由上海烟草（集团）公司、青浦供销社合作联合社共同出资组建。公司下属直属门店有9家，经营范围主要为卷烟批发、烟酒零售。先后获得2017—2018年度青浦区文明单位、2020年度青浦区百强优秀企业、2020年度青浦区特别贡献奖等称号。2020年，主营销售收入14.3亿元，税利2.88亿元，利润总额5554.56万元。（沈静芳）

■卷烟营销　2020年，贯彻上海烟草卷烟销售会议精神，坚持集团“做精做强”战略思想，从终端建设发展、品牌培育创新、终端形象提升、规范经营监管、队伍建设提质及内部制度管理等方面入手，提升营销工作整体水平与质量，推进青浦烟草营销各项业务发展。全年卷烟总销售量1.17万箱，单箱销售收入4.31万元/箱。有效终端客户数3963户，现代终端客户数356户。（沈静芳）

■专卖管理　深化卷烟市场监管，促进卷烟市场健康发展。围绕烟草零售市场监管APCD2.0（A是指分析、P是指计划、C是指检查、D是指处理）工作法及“双随机一公开”原则，持续保持打私打假高压态势。把握卷烟打私打假复杂形势，利用与公安部门建立的联合打击协作机制，加大对辖区物流企业涉烟运输的监控力度，首次实现“行刑案件串并联、零口供定案”。加强行政许可工作，按照“放管服”改革要求，开展“一网通办”宣传引导及网上受理工作，提升政务服务效能。严把行政处罚案件核审关，做到证据材料确凿无漏洞，程序规范不违法，法律适用准确定性。（沈静芳）

位于公园路506－508号的稻香村海烟商行（左图为外景，右图为内景）　（青浦烟草专卖局供稿）

综 述

2020年，全区民营企业户数140881户（不含分支机构），比上年增长4.39%，累计注册资本7088.5412亿元，比上年增长3.05%，民营企业的各项指标均呈现良好的发展态势。

从企业行业分布情况来看，批发和零售业位列行业第一，为49280户，比上年减少0.31%，租赁和商务服务业、科学研究和技术服务业位列第二、三位，分别为36883户，20947户，分别比上年增长4.73%、11.93%。

民营企业中注册资本在500万元以上的企业有28797户，注册资本亿元以上的有891户，最高1户达到81.01亿元。

2020年，全区农民专业合作社999户，比上年增长0.71%，注册资本累计220576万元，比上年增长2.72%。

（胡开明）

2月29日，区委书记赵惠琴（前排左二）在练塘镇创始实业（集团）调研

（练塘镇供稿）

民营企业中注册资金列前五名企业情况表

表37

序号	公司名称	注册资金（万元）	镇街道	行业类别
1	上海宁曦企业管理咨询合伙企业（有限合伙）	810100	练塘镇	租赁和商务服务业（L）
2	上海浦鸣企业管理中心（有限合伙）	644100	工业园区	租赁和商务服务业（L）
3	上海乐进投资合伙企业（有限合伙）	517280.3378	青发集团	租赁和商务服务业（L）
4	上海恭之润实业发展有限公司	512635.03	重固镇	租赁和商务服务业（L）
5	上海檀英投资合伙企业（有限合伙）	500001	青发集团	租赁和商务服务业（L）

（胡开明）

2020 年青浦区民营企业情况表

表 38

行业分类	合计 户数（户）	合计 投资者人数（人）	合计 雇工人数（人）	合计 注册资本（出资金额）（万元）	其中:城镇 户数（户）	其中:城镇 投资者人数（人）	其中:城镇 雇工人数（人）	其中:城镇 注册资本（出资金额）（万元）
合计	140881	234866	1138426	70885412	68907	112049	536833	33956797
农、林、牧、渔业	112	187	840	31558	43	70	363	12280
采矿业	0	0	0	0	0	0	0	0
制造业	7005	12306	85984	2772964	2247	4055	28530	1168751
电力、燃气及水的生产和供应业	15	34	97	31361	7	10	30	6800
建筑业	11765	17538	93194	6821278	6629	9677	50352	3924111
批发和零售业	49280	76859	377377	13223185	21590	32998	163151	5166159
交通运输、仓储和邮政业	3300	5153	28776	1576495	1940	2800	15507	609838
住宿和餐饮业	486	851	4654	81630	292	400	2513	38146
信息传输、软件和信息技术服务业	5076	8739	37671	1923506	2651	4533	18760	968397
金融业	62	197	569	295575	28	128	353	67436
房地产业	2250	3831	19093	3501639	1246	2067	9462	1453619
租赁和商务服务业	36883	67717	291924	30393058	19770	34615	154221	15403366
科学研究和技术服务业	20947	35493	170845	9216002	10486	17609	79050	4615203
水利、环境和公共设施管理业	503	844	3500	166928	267	431	1800	83552
居民服务和其他服务业	1273	1935	10006	318460	674	1001	5369	205547
教育	153	261	1360	32085	81	119	634	12310
卫生和社会工作	107	184	1097	42574	62	101	725	19242
文化、体育和娱乐业	1663	2736	11431	457015	894	1435	6013	202038
其他	1	1	8	100	0	0	0	0

（胡开明）

2020 年个体工商户情况表

表 39

行业代码	行业分类	机器编号	期末实有 合计 户数（户）	期末实有 合计 从业人员（人）	期末实有 合计 资金数额（万元）	期末实有 其中:城镇 户数（户）	期末实有 其中:城镇 从业人员（人）	期末实有 其中:城镇 资金数额（万元）	其中:本期登记 户数（户）	其中:本期登记 从业人员（人）	其中:本期登记 资金数额（万元）	本期注销（户） 合计	本期注销（户） 其中:城镇
甲	乙	丙	1	2	3	4	5	6	7	8	9	10	11
	合　计	1	29815	36816	144144	12132	16592	84528	3721	5343	34663	2897	1205
A	农、林、牧、渔业	2	119	158	615	44	52	294	1	1	3	3	0
B	采矿业	4	1	1	1	1	1	1	0	0	0	0	0
C	制造业	6	1262	1441	3210	684	722	1886	51	61	341	80	32
D	电力、热力、燃气及水生产和供应业	8	2	2	2	2	2	2	0	0	0	0	0
E	建筑业	9	40	72	1979	18	43	1907	5	7	526	2	0
F	批发和零售业	10	18752	21383	72216	7342	8860	39633	2135	2772	17443	1666	635
G	交通运输、仓储和邮政业	11	40	47	288	22	25	221	1	1	5	7	3
H	住宿和餐饮业	12	5496	8272	42428	2400	4337	26913	954	1621	10242	734	363

（续表）

行业代码	行业分类	机器编号	期末实有						其中:本期登记			本期注销(户)	
			合计			其中:城镇							
			户数(户)	从业人员(人)	资金数额(万元)	户数(户)	从业人员(人)	资金数额(万元)	户数(户)	从业人员(人)	资金数额(万元)	合计	其中:城镇
I	信息传输、软件和信息技术服务业	13	7	8	18	2	3	4	0	0	0	0	0
J	金融业	14	1	1	3	0	0	0	0	0	0	0	0
K	房地产业	15	21	33	174	17	26	159	13	18	99	4	3
L	租赁和商务服务业	16	182	231	909	81	102	468	16	21	157	12	6
M	科学研究和技术服务业	17	35	39	268	8	12	155	7	7	28	3	0
N	水利、环境和公共设施管理业	18	22	42	224	11	15	70	13	33	206	0	0
O	居民服务、修理和其他服务业	19	3730	4940	20457	1450	2311	12174	508	762	4901	372	159
P	教育	20	0	0	0	0	0	0	0	0	0	0	0
Q	卫生和社会工作	21	34	47	672	13	24	402	5	15	545	0	0
R	文化、体育和娱乐业	22	71	99	679	37	57	239	12	24	168	14	4
	其他	23	0	0	0	0	0	0	0	0	0	0	0

（胡开明）

规模以上民营企业简介

■概况 2020年，全区规模以上民营企业428家。总产值519.7亿元，比上年下降0.9%。（钱 欢）

■上海熊猫机械（集团）有限公司 创立于2000年，是上海市高新技术企业，公司注册资金1.2亿元。注册地址为青浦区盈港东路6355号，公司专注于智慧水务建设，为客户提供智慧水务系统解决方案及系列产品，主要产品有灌式AKK控制柜、成套供水、智慧标准泵房等。获国家专利260余项。在国内有生产研发基地7个、分子公司38家、办事处289个、售后服务网点350个。2020年，员工近2800人，产值19亿元，销售额19.65亿元，缴纳税收1.8亿元。（钱 欢）

■上海荣泰健康科技股份有限公司 成立于2002年，注册资金1.4亿元。注册地址为青浦区朱枫公路1226号。公司主要产品有按摩椅、按摩小电器等，被认定为高新技术企业、科技小巨人企业、上海市认定企业技术中心等，拥有先进的生产流水线，辖企业11个。获得上海市文明单位、上海市专精特新中小企业等称号，2020年，投资总额29亿元，员工1223人。产值11.5亿元，销售额20亿元，利润2.16亿元。（钱 欢）

8月28日，金发科技汽车材料全球研发中心及产业化项目启动仪式举行（朱家角镇供稿）

■上海华培动力科技股份有限公司 成立于2006年，注册资本2.59亿元。注册地址为青浦区崧秀路218号3幢。主要从事汽车排气系统核心零部件的生产和研发。获得得市企业技术中心及专利试点企业、市小巨人企业等称号。在材料开发、砂铸和特种铸造，耐热不锈钢和高温合金材料的机加工、焊接、热处理、机电装备开发、自动化集成等领域有专业团队。2020年，投资总额7.5亿元。产值5亿元，缴纳税收3931万元。（钱 欢）

■上海金发科技发展有限公司 成立于2001年10月，注册地址为朱家角工业园区，注册资金3.7亿元，占地面积9.2公顷。公司建立上海市认定企业技术中心、上海工程塑料功能化工程技术研究中心、企业博士后科研工作站，莉市首批科技小巨人企业、市创新型企业、市知识产权示范企业等称号。拥有授权有效发明专利1229项，30项产品被认定为市高新技术成果转化项目，技术达到国际先进水平。率先在行业内引进集中供料系统、机械手、自动缝包码板系统等智能化装备，集成 ERP、CRM、EWM 等工业互联网应用平台。8 月 28 日，公司全球研发中心及产业化项目启动仪式举行。2020 年，有员工 681 人，产值 21.3 亿元，缴纳税收 1.2 亿元。（钱　欢）

■亚士节能装饰建材销售（上海）有限公司　成立于 2010 年，注册资金 8500 万元。注册地址为青浦区香花桥街道。主要业务为建筑涂料、保温装饰板、防火保温新材料的销售与技术服务。母公司亚士创能科技（上海）股份有限公司（亚士创能，603378）于 2017 年 9 月 28 日在上海证券交易所主板上市。集团公司在滁州、新疆等地建立智能化生产基地。是上海制造业企业 100 强；在《中国房地产开发企业 500 强首选供应商服务商品牌测评研究报告》行业排名中，亚士位列保温装饰板第一名、建筑保温材料第二名、建筑涂料第三名。2020 年，获国家级绿色工厂称号。2020 年，亚士节能公司产值 12.3 亿元，缴纳税收 6701 万元。（钱　欢）

■上海创力集团股份有限公司　成立于 2003 年，注册资本 63656 万元。注册地址为青浦区新康路 889 号。是以煤矿综合采掘机械设备为主的高端煤机装备供应商，主打产品包括采煤机 28 个系列 103 个品种、掘进机 8 个系列 14 个品种等。于 2015 年在上海证券交易所主板上市（创力集团，603012），是市高新技术企业、市科技小巨人企业，建立院士专家工作站、上海民营企业 100 强、青浦区百强优秀企业。2020 年，有员工 506 人，产值 12 亿元，缴纳税收 9774 万元。（钱　欢）

■上海家化联合股份有限公司　成立于 1995 年，是国内化妆品行业首家上市企业（上海家化，600315），有国际水准的研发和品牌管理能力。注册地址为青浦区保定路 527 号。采取差异化的品牌经营战略，有“佰草集”“六神”“美加净”“高夫”“双妹”“启初”“玉泽”等诸多中国著名品牌。主营涉及开发、生产和销售化妆品、化妆用品及饰品、卫生制品、口腔卫生用品等。为中国化妆品行业国家标准的参与制定企业，市高新技术企业。有各项专利 300 余项。2020 年，获得上海企业 100 强、上海制造业企业 100 强、2019—2020 年中国时尚零售企业百强称号。注册资本 67796.9461 万元。2020 年，销售额 32.86 亿元，缴纳税收 2.86 亿元。（钱　欢）

■上海海思技术有限公司　成立于 2018 年，注册资本 8000 万元，注册地址为金泽镇（西岑）水秀路 318 号 101 室。为华为公司的全资子公司，主营电子产品和通信信息产品的半导体设计、开发、销售及售后服务。上海海思是全球领先的 Fabless 半导体设计公司。全球设有 12 个能力中心，面向城市、家庭及出行三大应用场景，提供领先、创新、安全可靠的芯片与解决方案，业务覆盖 100 多个国家及地区。（胡　晨）

■上海极兔速递有限公司　成立于 2015 年 8 月，注册资金 10000 万元，注册地址为青浦区华新镇华隆路 1777 号 5 幢。J&T 极兔速于 2015 年 8 月在印尼成立，是东南亚首家以互联网配送为核心业务的科技型快递公司，业务涉及快递、快运、仓储及供应链等多元化领域，业务类型涵盖同城、跨省及国际件。在全球拥有超过 170 个大型转运中心、600 组智能分拣设备、4000 辆自有车辆，网点超过 20000 个，员工数量近 30 万人。业务覆盖中国、印度尼西亚、越南、马来西亚、泰国、菲律宾、柬埔寨及新加坡 8 个国家，服务全球近 20 亿人口。（胡　晨）

开发区选介

■概况　经市规划资源局和市经信委批准，按照青浦区 2035 年总体规划要求，2019 年青浦区规划确立“1 个产业基地 + 4 个产业社区”（产业基地即青浦工业园区，4 个产业社区即华新、徐泾、练塘、朱家角 104 区块）的先进制造业布局，规划确立 4 个科创社区，包括 2 个 104 转型区块（金泽、商榻）和 2 个 195 区块（重固、民兴），产业导向以研发服务业为主。2020 年，青浦区有 8 个市级规划工业区块区块，总规划面积 62.05 平方公里，形成青浦工业园区为龙头，七大工业区块（徐泾工业园区、华新工业园区、白鹤工业园区、朱家角工业园区、练塘工业园区、金泽工业园区和商榻工业园区）为支撑的先进制造业发展集群。8 个市级规划工业区块区营业总收入 3635.82 亿元，规模以上工业总产值 1366.47 亿元、缴纳税收 164.91 亿元。全区有承担招商引资职能的经济小区 38 家。有各类特色产业园区 37 个，其中区级特色产业园区 24 个、市级特色产业园区 10 个、国家级产业基地 3 个。（钱　欢）

■青浦工业园区　规划面积 56.20 平方公里，其中城市开发边界内区域规划面积 41.66 平方公里，为国家公告开发区和上海市市级开发区。包括 21.4 平方公里产业基地（产业创新园区）和 6.5 平方公里青浦新城中央商务区。产业创新园区包含 15.00 平方公里国家级张江高新区（含青浦园城地块 14.17 平方公里、中纺城园 0.83 平方公里）和 1.58 平方公里国家级综合保税区。园区以电子信息、人工智能、高端装备及零部件、生物医药、新材料、氢能、快速消费品以及数字创意、数字贸易等为主导产业。代表企业包括斯伦贝谢、西氏医药、英威达、当纳利、福维克、腾讯科技、清华启迪国际等，聚集一批以移动智地、尚之坊、张江云立方为代表的特色产业园区。2020 年，实现营业收入 1813 亿元，规模以上工业企业总产值 1025 亿元，缴纳税收 121.9 亿元。（钱　欢）

■徐泾工业园区　规划面积 2.46 平方公里，包含市级产业社区（2.42 平方公里），属于上海西郊经济开发区，为市级开发区。处于由工业向生产性服务业转型的阶段。以在线新经济、数字贸易、生物医药等为主导产业。代表企业包括际研生物、正伟印刷等，聚集一批以麦迪睿、e 通世界、迪丰国际为代表的特色产业园区。2020 年，营业收入 328.99 亿元，规模以上工业总产值 15.1 亿元，缴纳税收 9.2 亿元。（钱　欢）

■练塘工业园区　规划面积 3.86 平方公里，包含市级产业社区（1.82 平方公里），为松江国家级经开区分园。以高端装备（航空）、生物医药、新材料等为主导产业。代表企业包括永茂泰、震坤行、中韩杜科、蜀海食品、弘枫实业等。2020 年，营业收入 132.36 亿元，规模以上工业企业总产值 65.7 亿元，全年缴纳税收 4.3 亿元。（钱　欢）

■**华新工业园区**　规划面积 6.46 平方公里，包含市级产业社区（5.95 平方公里），属于上海西郊经济开发区，为市级开发区。园区以高端装备（汽车）、智慧物流、新材料、数字创意等为主导产业。代表企业包括中通快递、本特勒汽车等，聚集一批以嘉壹智汇、皇宇皮革为代表的特色产业园区。2020 年，营业收入 1118 亿元，规模以上工业企业总产值 131.4 亿元，全年缴纳税收 17.37 亿元。（钱　欢）

■**朱家角工业园区**　规划面积 3.4 平方公里，包含市级产业社区（3.4 平方公里）。以新材料、生命健康（智慧医疗、健康产品和设备）、智能制造等为主导产业。代表企业包括金发科技、荣泰健康、永冠新材、佩纳等，聚集一批以中采服务贸易、华院华东互联网为代表的特色产业园区。2020 年，营业收入 156.45 亿元，规模以上工业企业总产值 70.46 亿元，全年缴纳税收 6.71 亿元。（钱　欢）

■**白鹤工业园区**　规划面积 3.55 平方公里，为战略留白区（为长远发展预留的产业地块，除了重大项目一般不予导入），正在推动战略留白空间“释放”（打开留白区域除重大项目不能引入的限制）。园区以高端装备（交通）和生命健康（健康产品和设备）、智慧物流等为主导产业。代表企业包括杜尔涂装、置灵实业等。2020 年，营业收入 67.62 亿元，规模以上工业企业总产值 43.27 亿元，全年缴纳税收 4.9 亿元。（钱　欢）

■**金泽工业园区**　规划面积 0.86 平方公里，规划转型为科创社区。园区重点发展文化创意、旅游配套、康体疗养产业。代表企业包括自联工贸、瑞好环境等。2020 年，营业收入 3.5 亿元，规模以上工业企业总产值 0.64 亿元，缴纳税收 0.13 亿元。（钱　欢）

■**商榻工业园区**　规划面积 0.66 平方公里，规划转型为科创社区。依托淀山湖重要资源，园区重点发展能够与湖区经济相辅相成、融合发展的产业。代表企业包括东隆羽绒、一揽实业等。2020 年，营业收入 15.9 亿元，规模以上工业企业总产值 14.9 亿元，缴纳税收 0.4 亿元。（钱　欢）

2020 年青浦区特色产业园区情况表

表 40

园区类别	序号	园区名称	运营主体	特色产业	所属街镇园区	地址
青浦区特色产业园区	1	长三角金融产业园	长三角一体化示范区（上海）金融产业园经济发展有限公司	金融服务业	朱家角镇（青发集团）	青浦区沪青平公路 6665 号
	2	麦迪睿医械 e 港特色产业园	上海麦迪睿医疗科技集团有限公司	高端医疗器械、医疗康复、人工智能（机器人）	徐泾镇	青浦区华徐公路 569 号 4 幢
	3	华新国际高端制造业园区	上海大豪企业投资（集团）有限公司	新型汽车零部件、新能源汽车、先进铸造业、展示和研发平台	华新镇	青浦区华新镇嘉松中路 1835 号
	4	8090 电子商务特色产业园	上海熊松实业有限公司	电子商务、网络科技、移动互联网	青浦工业园区	赵巷盈港东路 6433 号 华新嘉松中路 4528 号 新城天一路 568 号
	5	中采服务贸易产业园	中采（上海）电子商务有限公司	服务贸易、大健康、文化创意	朱家角镇	青浦区康业路 6 号
	6	迪丰国际时尚产业园	迪丰集团有限公司	创意时尚产业	徐泾镇	青浦区双联路 168 号
	7	西虹桥同联创新产业园	同联（上海）实业发展有限公司	人工智能、5G 拓展应用、新能源＋、大会战	西虹桥商务区	青浦区徐祥路 38、39 号
	8	2025 科创园	上海云轮大数据科技有限公司	人工智能、大数据分析应用、软件信息、大会战	青浦工业园区	青浦区创达路 333 号
	9	红隅科创园	上海红孩儿电子商务有限公司	创意设计、电子商务、新零售	青浦工业园区	青浦区崧泽大道 6055 号
	10	碧创空间 1199 产业园	上海碧秦企业管理有限公司	智慧物流、智慧会展、智慧文创、智慧医疗	徐泾镇	青浦区华徐公路 1199 号 2 幢 1 层
	11	东方易云健康产业园	上海易云天资投资管理有限公司	医疗健康、医药研发、医疗设备	徐泾镇	青浦区徐祥路 207 号
	12	凯利泰医疗产业园	上海凯利泰医疗器械有限公司	生物医药、医疗器械、“互联网＋”、医疗、精准医疗	青浦工业园区	青浦区天辰路 508 号
	13	椰岛科技创业园	上海椰岛企业发展有限公司	互联网＋、电子商务、智能制造研发	徐泾镇	青浦区双联路 68－88 号
	14	集池宇科创园	上海集池宇实业有限公司	电子商务、技术研发、工业设计	青浦工业园区	青浦区崧复路 777 号

（续表）

园区类别	序号	园区名称	运营主体	特色产业	所属街镇园区	地址
青浦区特色产业园区	15	冠瑞（上海）医疗科技产业园	瑞津（中国）生物科技有限公司	高端医疗器械、生物医药及配套产业、移动医疗和智能医疗	青浦工业园区	青浦区华青路1699号
青浦区特色产业园区	16	华院华东互联网产业园	上海华鼎高科科技发展（集团）股份有限公司	产学研一体化、互联网科技、软件与信息、文化创意	朱家角镇	青浦区康泰路83号
青浦区特色产业园区	17	沪升科创中心	上海沪升实业有限公司	智能制造、医疗器械设备制造	华新镇	青浦区华新镇嘉松中路799弄35号
青浦区特色产业园区	18	青龙小镇文创产业园	上海贤林投资有限公司	文化创意、电子商务、服装设计	白鹤镇	青浦区鹤鹏路328、355号
青浦区特色产业园区	19	上海智能针织产业园	上海中昊针织有限公司	智能针织产业链、电子商务、贸易、商务咨询	徐泾镇	青浦区沪青平公路2400号
青浦区特色产业园区	20	皇宇e+皮革产业园	上海皇宇科技发展有限公司	皮革护理、服装设计与电子商务	华新镇	青浦区华志路1566号
青浦区特色产业园区	21	世界手工艺产业博览园	上海世界手工艺产业博览园管理有限公司	工艺美术创作设计、艺术品展览、艺术品交易	徐泾镇	青浦区诸光路288号
青浦区特色产业园区	22	阿特麦文化创意产业园	上海裕科工业投资（集团）有限公司	文化创意、电子商务、研发与设计服务	练塘镇	延安西路889号12楼
青浦区特色产业园区	23	小咖云·国际康养创新产业园	上海尚栖企业服务有限公司	康复辅助器具	西虹桥商务区	青浦区诸光路1588弄虹桥世界中心L1A
青浦区特色产业园区	24	朱家角科创园	上海沈巷创业孵化器有限公司	创意设计、文创设计、广告设计、建筑设计	朱家角镇	青浦区朱家角镇酒龙路292号
上海市级园区	1	上海淀山湖生产性服务业功能区	上海青浦工业园区发展（集团）有限公司	企业总部、先进制造业配套研发设计、软件信息服务业	青浦工业园区	青浦区漕盈路2500号
上海市级园区	2	上海E通世界生产性服务业功能区	上海一通世界投资管理有限公司	现代物流、电子商务、软件信息、智能制造研发	徐泾镇 华新镇	青浦区华徐公路685号南区、华徐公路999号北区、华隆路1777号华新园
上海市级园区	3	上海移动智地生产性服务业功能区	上海锐嘉科实业有限公司	移动互联网产业、智能硬件、人工智能、物联网、大数据	青浦工业园区	青浦区沪青平公路3938弄
上海市级园区	4	上海嘉壹智汇生产性服务业功能区	上海嘉壹企业发展有限公司	智能制造研发、工业设计、电子商务、供应链管理	华新镇	青浦区华腾路1218号
上海市级园区	5	国家会展中心（上海）生产性服务业功能区	国家会展中心（上海）有限责任公司	会展服务、高端制造总部、商务贸易	西虹桥商务区	青浦区盈港东路168号
上海市级园区	6	上海张江云立方生产性服务业功能区	上海紫软投资有限公司	生物科技、新材料、智能制造	青浦工业园区	青浦区北青公路10688弄21号4楼
上海市级园区	7	上海市西软件信息园	上海市西软件信息园投资开发有限公司	大数据、半导体、云计算、SaaS产业	赵巷镇	青浦区沪青平公路2855弄1－72号B座1201室
上海市级园区	8	青浦生命科学园	上海青浦工业园区发展（集团）有限公司	生物医药、医疗器械	青浦工业园区	青浦区漕盈路2500号
上海市级园区	9	上海民用航空青浦园区	上海青浦工业园区发展（集团）有限公司	民用航空、跨境电商、高端装备制造	青浦工业园区	青浦区漕盈路2500号
上海市级园区	10	上海尚之坊时尚文化创意园	上海法诗图投资集团有限公司	文化创意、互联网电商、新能源、新材料	青浦工业园区	青浦区崧泽大道6066弄
国家级园区	1	国家新型工业化产业示范基地（新材料·青浦）	上海青浦工业园区发展（集团）有限公司	新材料	青浦工业园区	青浦区漕盈路2500号
国家级园区	2	中国北斗产业技术创新西虹桥基地	上海西虹桥导航产业发展有限公司	北斗导航、北斗+无人系统、北斗+空间信息服务	西虹桥商务区	青浦区高泾路599号
国家级园区	3	上海商贸服务型国家物流枢纽	上海华新工业园区经济发展有限公司	快递物流	华新镇	青浦区华腾路1288号

（钱　欢）

2020 年青浦区经济小区情况表

表 41

序号	所属区域	经济小区名称	办公地址
1	赵巷	上海赵巷品牌企业发展有限公司	青浦区嘉松中路 5399 号
2		上海新城投资(集团)有限公司	青浦区沪青平公路 3398 号
3	徐泾	上海西郊经济技术开发总公司	青浦区崧泽大道 2088 号 2 楼
4		上海西郊徐泾经济发展有限公司	青浦区崧泽大道 2088 号 3－4 楼
5	华新	上海腾溪经济城综合开发有限公司	青浦区华新镇凤星路 1588 号
6		上海华民经济城开发有限公司	青浦区华新镇华腾路 1288 号
7	重固	上海城郊经济发展有限公司	青浦区华青南路 485 号 15 楼
8		上海福泉山经济发展有限公司	青浦区北青公路 9138 号 4 楼
9		上海万事发经济发展有限公司	青浦区北青公路 6878 号
10	白鹤	上海腾富企业发展有限公司	青浦区外青松公路 3560 号 1 号楼北 2 楼
11		上海白鹤工业园区实业有限公司	青浦区外青松公路 3560 号 1 号楼三楼南
12	朱家角	上海朱家角经济发展有限公司	青浦区朱家角镇新溪路 2 号
13		上海益田实业有限公司	青浦区公园路 99 号 202 室
14	练塘	上海富民实业(集团)有限公司	青浦区练塘镇朱枫公路 6188 号
15		上海太阳岛经济发展有限公司	青浦区练塘镇练新路 55 号
16		上海富甲经济开发有限公司	青浦区练塘镇共喜路 200 号
17	金泽	上海大观园经济城	青浦区金泽镇西岑水秀路 318 号
18		上海淀山湖经济城	青浦区金泽镇练西公路 4815 号
19		上海太浦河经济开发有限公司	青浦区金泽镇练西公路 2850 号
20	青浦工业园区	上海西部经济城有限公司	青浦区华青南路 485 号 1808 室
21		上海青浦工业园区创业投资有限公司	青浦区青湖路 1023 号 7 层 B 区 716 室
22		上海青浦商城实业有限公司	青浦区清河湾路 980 号 221 室
23		上海青浦工业园区香花桥招商服务中心(雄风投资)	青浦区崧泽大道 10111 号慎德大楼 11 楼
24		上海青浦工业园区创业中心有限公司	青浦区崧泽大道 10111 号慎德大楼 10 楼
25		上海青佳经济发展有限公司	青浦区清河湾路 1200 号工商联大厦 10 楼
26		上海中纺科技城发展有限公司	青浦区清河湾路 1130 号 1 号楼 3 楼
27		上海青浦科技园发展有限公司	青浦区公园路 348 号 7 楼
28	青浦新城	上海盛青经济发展有限公司	青浦区公园东路 1289 弄 26 号 11 楼
29		上海盈港企业管理服务有限公司	青浦区盈港路 453 号港隆大厦 19 楼
30		上海鹏城企业服务有限公司	青浦区盈清路 188 号 1 号楼 16 层
31		上海湖区经济投资服务有限公司	青浦区公园东路 1289 弄 26 号(富绅商业中心)10 楼
32	西虹桥公司	上海西虹桥创业服务有限公司	青浦区徐泾镇徐民路 308 弄 9 号楼 4 楼
33	青发集团	上海青浦农工商经济城投资管理有限公司	青浦区盈港路 710 号
34		上海宏亮经济发展有限公司	青浦区公园路 99 号舜浦大厦 2 楼 01 室
35		上海蕴湖实业有限公司	青浦区城中北路 105 号
36		上海宏城企业发展有限公司	青浦区青湖路 1023 号 8 楼
37		上海天佳企业发展有限公司	青浦区青湖路 1023 号 8 楼 811－822
38	现代农业园	上海绿色科技园区有限公司	青浦区五厍浜路 142—148 号

（钱 欢）

■**上海宏亮经济开发区** 由上海宏亮经济发展有限公司负责管理。位于公园路99号舜浦大厦2楼,前身是创建于1998年的上海宏良经济发展有限公司,2006年6月划归青浦投资有限公司管理。2013年10月,经区政府批准并入上海青浦发展(集团)有限公司,注册资本500万元,主要从事招商引资,项目引进开发,资询服务。2020年,小区尝试突破无地招商的局限性,关注基金投资产业、房产税等新领域,开拓新兴税源。探索完善招商形式、方法和服务。发掘新资源,与招商平台合作,加大医疗器械类企业招商力度。全年完成税收6.69亿元,区级收入1.93亿元;新增落户企业379家,累计注册企业3832户。 (赵佳俊)

■**上海宏城企业发展有限公司** 前身是上海宏城经济发展公司,成立于1994年4月,位于青湖路1023号803室,原隶属青浦区夏阳街道。2015年4月,由上海青浦发展(集团)有限公司托管。2020年1月起由上海青浦发展(集团)有限公司直管。注册资本500万元,主要从事招商引资和咨询服务。2020年,落户企业上海沪工焊接集团股份有限公司、上海郑明现代物流有限公司、上海置恒电气有限公司获得上海市2020—2021"专精特新"中小企业,上海沪工焊接集团股份有限公司获得上海外贸自主品牌示范企业称号。全年完成税收47104万元,区级收入14404万元;新增注册企业350户,累计注册企业3538户。 (赵佳俊)

上海青浦农工商经济城 (青浦发展集团供稿)

■**上海青浦农工商经济城** 由上海青浦农工商经济城投资管理有限公司负责管理,位于盈港路710号,创建于1997年11月。2006年9月,划归上海青浦投资有限公司。2013年10月,经区政府批准并入上海青浦发展(集团)有限公司。注册资本500万元,主要从事招商引资和咨询服务。2020年,税收110648万元,比上年增长17.83%;新增企业540户,累计注册企业6324户。有127家注册企业到中国基金协会备案(其中基金管理人94户,基金33户),基金类企业税收61496万元,占农工商经济城全部税收的55.6%。 (赵佳俊)

■**上海天佳企业发展有限公司** 前身是上海天佳经济发展有限公司,创建于1995年5月,位于青浦区青湖路1023号8楼。2015年4月,由上海青浦发展(集团)有限公司托管。2020年1月起由上海青浦发展(集团)有限公司直管。注册资本500万元,主要从事招商引资和咨询服务。2020年,连续五届被评为上海市文明单位。引入外资企业金卫医保信息管理(中国)有限公司,实缴资本1500万元美元。注册在天佳开发区的上海新炬网络信息技术股份有限公司筹备在上海证券交易所上市。全年税收33958万元;新增企业319户,累计注册企业近2800户。 (赵佳俊)

宏亮公司为入驻企业提供服务 (青浦发展集团供稿)

■**上海蕴湖经济开发区** 由上海蕴湖实业有限公司负责管理。位于青浦区城中北路105号,前身是创建于1998年的上海云湖实业有限公司。2005年8月,划归青浦投资有限公司管理。2013年10月,经区政府批准并入上海青浦发展(集团)有限公司。注册资本500万元,主要从事招商引资和咨询服务。2020年,税收2.42亿元;新增企业377户,累计注册企业2525户。 (赵佳俊)

■**上海湖区经济投资服务有限公司** 成立于2010年11月,位于公园东路1289弄26号10层。注册资本200万元,主要从事招商引资及咨询服务等。隶属于上海青浦新城发展(集团)有限公司。2020年,税收14.92亿元;新增招商户数158户。 (胡蝶飞)

■**上海鹏城企业服务有限公司** 成立于2019年11月。前身为成立于1997年2月的上海鹏城经济发展有限公司。位于盈清路188号1号楼16层,注册资本500万元,主要从事招商引资及咨询服务等。隶属于上海青浦新城发展(集团)有限公司。2020年,税收38636万元;新增招商户数272户。 (胡蝶飞)

■上海盛青经济发展有限公司 成立于2002年3月，位于公园东路1289弄26号11楼，注册资本300万元，主要从事招商引资及咨询服务等。隶属于上海青浦新城发展（集团）有限公司。2020年，税收99065.15万元；新增招商户数66户。（胡蝶飞）

■上海盈港企业管理服务有限公司 成立于2019年11月。前身为上海盈港经济城，成立于1994年5月。位于盈港路453号1906室，注册资本500万元，主要从事招商引资及咨询服务等。隶属于上海青浦新城发展（集团）有限公司。2020年，税收64899.5万元；新增招商户数337户。（胡蝶飞）

■上海西部经济城有限公司 创立于1995年，位于华青南路485号芊岱大厦17－18楼，注册资本2000万元，主营从事注册型企业招商引资工作。隶属于青浦工业园区。2020年，完成税收11.71亿元，区级税收3.291亿元；新增落户企业559户，累计注册企业2411户。（周丽仙）

■上海青浦工业园区创业投资有限公司 创立于1997年1月，位于青浦镇青湖路1023号晨兴商务楼7楼B区，注册资本1000万元。主要从事注册型企业招商引税工作。隶属于青浦工业园区。2020年，税收突破10亿大关，完成10.2亿元，比上年增长16.3%；完成区级税收2.912亿元；新增落户企业576户，累计注册企业8063户。获2019—2020年度第二十届上海市文明单位称号。（周丽仙）

■青浦工业园区创业中心有限公司 创立于2010年，位于青浦区崧泽大道10111号10层。原隶属香花桥街道，2015年3月，并入青浦工业园区发展（集团）有限公司。注册资本1000万元，主要从事私营经济开发，注册型项目引进和招商引税工作。2020年，在医疗产业上形成“引进一个、发展一个、带动一批”的辐射效应，引进医疗器械项目75户，累计126户，实现税收1.55亿元。全年公司完成税收5.68亿元，区级税收1.412亿元；新增落户企业556户，累计注册企业2724户。获青浦区2020年度经济小区招商服务管理考核三等奖。（周丽仙）

■上海青浦商城实业有限公司 创立于1994年3月，位于清河湾路980号221室，注册资本1500万元，主营招商引税和服务企业业务。联合上海青瑞税务师事务所提升企业服务质量，开展线上线下企业与个人汇缴一体化培训机制。全年完成税收4.1亿元，区级税收1.125亿元；新增落户企业617户，累计注册企业2550户。（周丽仙）

■上海青浦科技园发展有限公司 创立于1996年3月，位于公园路348号主楼7楼，注册资本2000万元，主营招商引资引税业务。2020年，发展主导产业、特色产业，形成产业集聚。全年完成税收4.2亿元，区级税收1.184亿元；新增落户企业583户，累计注册企业4358户。获青浦区2020年度经济小区招商服务管理考核三等奖。（周丽仙）

■上海雄风投资管理有限公司 创立于2005年5月，位于崧泽大道10111号慎德大楼11楼。原隶属香花桥街道，2015年批准并入青浦工业园区发展（集团）有限公司，为青浦工业园区香花桥招商服务中心。注册资本10万元。主营业务为注册企业以及招商引税。获2019年上海市和谐劳动关系达标企业称号。2020年，克服疫情影响，通过网络、视频、电话等多种“云招商”模式，抢抓时间促招商，全年完成税收6.3亿元，区级税收1.667亿元；新增落户企业523户，累计注册企业4323户。（周丽仙）

■上海中纺科技城有限公司 创立于1994年，位于清河湾路1130号1号楼3楼，注册资本1亿元。2001年3月，资产重组，由青浦工业园区全资股权。盈港路以北至上达河作为产业区，土地面积0.8平方公里，2005年9月，被列入上海高新技术产业区一区六园系列。2010年7月，成为张江高新区青浦园全资子公司，属全资国有企业。2017年6月27日，青浦工业园区一园三区合并，成为青浦工业园区直属经济小区。主要从事高新技术企业及民营经济招商、落户企业服务管理、征地人员安置等业务。2020年，公司坚持疫情防控和经济工作两手抓。全年完成税收3.57亿元，区级税收1.185亿元；新增落户企业388户，累计注册企业2419户。（周丽仙）

■上海青佳经济发展有限公司 创立于2010年，位于清河湾路1200号10楼，注册资本500万元，是企业注册、代理、咨询为一体的招商和服务平台，负责入驻企业工商和财税等事项的管理、服务工作。为2019年上海市和谐劳动关系达标企业。2020年，全年完成税收10.74亿元，区级税收2.698亿元；新增落户企业604户，累计注册企业3519户。获青浦区2020年度经济小区招商服务管理考核二等奖。（周丽仙）

中纺科技城为落户企业提供服务（青浦工业园区供稿）

综 述

2020年,全区金融业增加值49.67亿元,比上年增长8.7%,占全区地区增加值的4.2%。2020年,金融业税收7.55亿元,占全区税收的1.4%。有银行28家、经营网点119个,小额贷款公司4家,商业保理公司5家,典当行9家,融资租赁公司1家。新增场外市场挂牌企业22家,其中上海股交中心22家。年末,全区28家银行各项存款余额2200.62亿元,比上年增长10.94%%。其中:单位存款余额1148.60亿元,比上年增长10.45%;个人存款余额1020.97亿元,比上年增长16.90%。各项贷款余额1286.63亿元,比上年增长17.53%。其中:单位贷款余额691.09亿元,比上年增长24.24%;个人住房贷款375.16亿元,比上年增长-18.56%;公积金贷款191.49亿元,比上年增长7.48%%。

保障疫情防控,于3月3日发布《青浦区关于疫情防控期间加大对企业金融支持的操作细则》,协调区内10家驻青浦银行联合提供首批55亿元“防疫紧急纾困融资额度”,给予《青浦区疫情防控重点企业名录》中的企业3个月利息补贴(政策)。年内公布五批区级疫情保障重点企业名单。10家银行为五批名单中的160家企业发放贷款46.37亿元。

推进一体化绿色金融建设。依托朱家角镇建设长三角一体化示范区(上海)金融产业园,加强政策聚焦,促进蓝色珠链“金融+”产业集群发展。立足绿色金融发展,在8月27日长三角示范区开发者大会上,青嘉吴三地政府与太保集团共同签署《一体化示范区绿色保险战略合作协议》,建立共保联治机制。持续提升同城化金融服务水平。银行在青浦区设立一体化金融机构,中国银行、中国农业银行、中国工商银行、中国建设银行、交通银行5家银行设立长三角一体化示范区专营机构。

加大金融创新力度,推进青东五镇投融资方案研究,以盘活存量、平衡总量、优化流量为目标,创新多种融资方式,助推青东五镇建设进程。推进基础设施REITs(基础设施领域不动产投资信托基金)试点项目申报,以工业园区高新技术成果转化基地为标的资产开展试点项目申报工作,形成良性基础设施投资循环。

加强地方金融组织服务与监管工作。开展小贷公司、商业保理公司、融资租赁公司、典当行日常监管工作,确保四类机构平稳运行。坚持“谁引进、谁负责”的原则,落实各街镇、区管公司属地稳控责任,加强对辖区内金融企业排摸和动态跟踪。推进区内P2P网络贷款机构的清退工作,协同区各打非(打击非法金融活动)成员单位,通过周密排查、约谈企业、勒令整改等举措,落实P2P互联网金融整治及打击非法金融活动工作。 (白 亮)

12月17日,12家企业参加长三角一体化示范区(上海)金融产业园入驻企业签约仪式 (青浦发展集团供稿)

2020年青浦区金融机构存贷款情况表

表42

指标	2020年末	2019年末
一、金融机构存款余额	22006221	19835754
#单位存款	11485962	10399000
个人存款	10209652	8733993
#储蓄存款	10062485	8572644
二、金融机构贷款余额	12866280	10946886
#单位贷款	6910918	5562583
个人贷款	5758802	5276650
#个人住房贷款	3751562	4606550
三、公积金贷款	1914904	1781583
四、其他		
1. 月末经营网点(个)	137	132
2. 月末从业人数(人)	2517	2417

(统计局)

2020年青浦区部分金融机构情况表

表43

单位名称	地址	邮编	电话
中国农业银行股份有限公司上海青浦支行	青浦区公园路8号	201799	69721333
中国建设银行股份有限公司上海长三角一体化示范区支行	青浦区城中东路550号	201799	59725555
中国工商银行股份有限公司上海长三角一体化示范区支行	青浦区城中东路485号	201799	59720088
中国银行股份有限公司上海市青浦支行	青浦区城中东路608号	201799	59729942
中国农业发展银行上海市青浦区支行	青浦区青湖路977号	201799	69714290
上海浦东发展银行股份有限公司青浦支行	青浦区城中东路699号	201799	59722887
平安银行股份有限公司上海青浦支行	青浦区城中北路735号	201799	59855555
上海银行股份有限公司青浦支行	青浦区青安路39号	201799	59723023
交通银行股份有限公司上海长三角一体化示范区分行	青浦区珠湖路502号	20171	59733533
中国光大银行股份有限公司上海青浦支行	青浦区青松路22号	201799	59726307
上海农村商业银行股份有限公司青浦支行	青浦区公园路399号	201799	59717080
中国邮政储蓄银行股份有限公司上海青浦区支行	青浦区公园路268号	201799	59728113
中信银行股份有限公司上海青浦支行	青浦区青湖路992—998号	201799	69721961
兴业银行股份有限公司上海青浦支行	青浦区公园东路1608号	201799	69728295
中国民生银行股份有限公司上海青浦支行	青浦区青湖路818号	201799	69728100
广发银行股份有限公司上海青浦支行	青浦区华青南路489号	201799	33863939
华夏银行股份有限公司上海青浦支行	青浦区城中北路780号	201799	69795577
杭州银行股份有限公司青浦支行	青浦区青湖路860号	201799	69237216
浙江泰隆商业银行股份有限公司上海青浦支行	青浦区青湖路788号	201799	69225992

（续表）

单位名称	地址	邮编	电话
大连银行股份有限公司上海青浦支行	青浦区港俞路899号	201799	60671215
北京银行股份有限公司上海青浦支行,	青浦区公园路99号	201799	39225666
上海青浦惠金村镇银行股份有限公司	青浦区浦仓路528号	201799	39272812
浙江稠州商业银行股份有限公司上海青浦支行	青浦区公园东路1818号	201799	59808919
浙江民泰商业银行股份有限公司上海青浦支行	青浦区城中西路91号	201799	59801099
宁波通商银行股份有限公司上海青浦支行	青浦区港俞路863号	201799	60587666
招商银行股份有限公司上海青浦支行	青浦区城中西路1号	201799	59865555
宁波银行股份有限公司上海青浦支行	青浦区盈港路1188号	201799	31162701
温州银行股份有限公司上海青浦支行	青浦区盈港路642号、644号、646号	201799	69833653
中国人民财产保险股份有限公司上海市青浦支公司	青浦区城中东路2号	201799	59711629
中国人寿保险股份有限公司上海市青浦支公司	青浦区城中西路18号	201799	59737923
中国平安人寿保险股份有限公司上海分公司青浦公园东路营销服务部	青浦区公园东路1289弄26号楼(富绅商业中心)7－8楼	201799	59250868
安信农业保险股份有限公司上海青浦支公司	青浦区清河湾路980号110室	201799	39885133
中国太平洋财产保险股份有限公司上海市青浦支公司	青浦区公园东路1590号5层	201799	69730817
申万宏源证券有限公司上海青浦公园路营业部	青浦区公园路232号	201799	69718312
中信建投证券股份有限公司上海青浦营业部	青浦区城中东路485－1号	201799	59728139
上海证券有限责任公司青浦营业部	青浦区城中东路566号	201799	59738888
海通证券股份有限公司青浦区青湖路营业部	青浦区青湖路780号	201799	39287352
上海证券有限责任公司青浦明珠路证券营业部	青浦区徐泾镇明珠路145号	201702	69760500
东方证券股份有限公司上海公园东路证券营业部	青浦区公园东路1606号D座	201799	39292555
国联证券股份有限公司上海港俞路证券营业部	青浦区港俞路865号三楼	201799	59801065
上海青浦明诚小额贷款股份有限公司	青浦区淀山湖大道2号	201799	39222727
上海青浦兴众小额贷款股份有限公司	青浦区青湖路1023号515室	201799	69728115
上海青浦工合小额贷款股份有限公司	青浦区青龙路79号	201719	59262999
上海青浦华新小额贷款有限公司	青浦区华新镇新府中路1786号	201708	59779988
上海青浦大众小额贷款股份有限公司	青浦区华新镇华徐公路999号E通世界北区	201705	59887318
上海亿路顺典当有限公司	青浦区城中东路72号	201799	59729199

（赵　峰）

银　行

概况　2020年,全区有各类银行28家,比上年增加2家。各银行本部均分布于青浦城区。城区各银行本部主要分布于公园路(5家)、青湖路(5家)、城中东路(4家)、城中北路(2家)、港俞路(2家)、青安路(2家)、盈港路(2家)。各银行营业网点137个,比上年增加5个;从业人员2517人,比上年增加100人。年内,新成立宁波银行青浦支行、温州银行青浦支行2家。中国工商银行上海市青浦支行更名为“中国工商银行上海长三角一体化示范区支行”;中国银行上海市朱家角支行更名为“中国银行上海长三角一体化示范区支行”;中国建设银行上海青浦支行更名为“中国建设银行上海长三角一体化示范区支行”。各银行调整完善营业网点布局。农业银行西虹桥支行在绿地贸易港开业;工商银行明珠路支行迁至汇金路站宝龙商业广场,更名为汇金路支行;交通银行华新支行迁址到朱家角镇珠湖路,更名为朱家角支行重新营业;中国银行赵巷支行在嘉松中路5888号开业;上海银行华新支行迁入华新镇华腾路518弄2号新址开业;浦发银行朱家角支行在青浦区珠湖路510号开业。面对新冠肺炎疫情暴发,各银行配

12 月 28 日，农业银行西虹桥支行在绿地贸易港正式营业

（农业银行青浦支行供稿）

合区政府开展疫情防控金融支持活动。以优质金融服务助力区内企业复工复产。支持长三角示范区建设，探索参与跨区域金融服务，推动长三角一体化示范区同城化金融业务。面对市场变化、国家利率政策市场化趋势改革，各银行调整业务结构，服务地区经济，扶持中小企业、小微企业，支持“三农”工作，开展网点智能化建设。加强风险管理，强化合规经营。深入社区，开展金融知识宣传，开展防电信诈骗、打击非法集资、互联网金融整治、反假币、扫黑除恶、人民银行账户管理、反洗钱等活动。服务“进博会”，参与“第三届进博平安志愿者”等志愿活动。参加区创建全国文明城区活动。 （赵　峰）

■中国农业银行股份有限公司上海青浦支行　2020 年，面对新冠肺炎疫情和复杂多变的外部环境，青浦支行服务青浦“一城两翼”布局，服务青浦区承载的国家战略，坚持疫情防控和业务经营“两手抓、双促进”。各项存款余额 450.6 亿元，比上年增加 10.9%；各项贷款余额 189.7 亿元，比上年增加 21%。营业网点 24 家，从业人员共 504 人。获得 2020 年度青浦区百强优秀企业称号。

新增营业网点。12 月 28 日，农业银行西虹桥支行在绿地贸易港营业。面积 319 平方米，开办对公业务和对私业务，有票据现金一体机 2 台、回单打印机 1 台、网银体验机 1 台。

疫情防控金融支持活动。以优质金融服务助力区内企业复工复产，疫情期间为区内小微企业提供 18.02 亿元信贷支持，为区级疫情防控重点企业提供 15.08 亿元信贷支持。

支持区特色产业和重点项目。重点支持区民生工程，主动承接区内城中村改造、保障房、商业综合体等重点项目融资。参与长三角一体化示范区建设基础性开发、重大设施建设和生态环境项目，重点推进“申 e 贷”“续捷 e 贷”“抵押 e 贷”等数字化、场景化、流程化的全线上信贷产品，为中小企业提供便捷化金融服务。

开展金融知识宣传活动。在全行 24 个网点设置电子屏，宣传反电信诈骗、反洗钱、普惠金融知识。开辟专题服务区，宣传银行卡安全、电子机具使用、投资风险等业务风险点知识。组织党员在各街镇开展社区公益志愿服务 18 次。 （赵　瑛）

2020 年中国农业银行股份有限公司上海青浦支行网点情况表

表 44

网点名称	地址	邮编	电话
农业银行城中支行	青浦区城中北路 5 号	201799	20731952
农业银行赵巷支行	青浦区赵巷镇赵兴路 97 号	201703	20731957
农业银行徐泾支行	青浦区徐泾镇盈港东路 1755 号	201702	20731961
农业银行华新支行	青浦区华新镇新益路 445 号	201708	20731965
农业银行凤溪支行	青浦区华新镇凤星路 1535 号	201705	20731969
农业银行重固支行	青浦区重固镇赵重公路 2778 弄 128 号	201706	20731973
农业银行白鹤支行	青浦区白鹤镇外青松公路 2688 号 588 号	201709	20731977
农业银行赵屯支行	青浦区白鹤镇赵屯社区梅桥街 8 号	201711	20731981
农业银行大盈支行	青浦区香花桥街道大盈社区大盈路 391 号	201712	20731985
农业银行出口加工区支行	青浦区香花桥街道北青公路 9221 号	201707	20731989

（续表）

网点名称	地址	邮编	电话
农业银行营业部	青浦区青浦镇公园路 8 号	201799	20731993
农业银行工业园区支行	青浦区青安路 228 号	201700	20731998
农业银行朱家角支行	青浦区朱家角镇美周路 36 号	201713	20732001
农业银行沈巷支行	青浦区朱家角镇沈巷社区沈巷路 103 号	201714	20732005
农业银行盈浦支行	青浦区港俞路 855 号	201799	20732008
农业银行练塘支行	青浦区练塘镇练新路 94 号	201715	20732011
农业银行盈港路支行	青浦区盈港路 1002 号	201799	20732014
农业银行西岑支行	青浦区金泽镇西岑社区西虹街 365 号	201721	20732017
农业银行金泽支行	青浦区金泽镇金溪路 287 号	201718	20732020
农业银行商榻支行	青浦区金泽镇商榻社区商周路 25 号	201719	20732023
农业银行环城支行	青浦区城中东路 228 号	201799	20732026
农业银行夏阳支行	青浦区青湖路 746－758 号	201799	20732029
农业银行开发区支行	青浦区赵巷镇华科东路 218 号	201799	20732032
农业银行西虹桥支行	青浦区徐泾镇诸光路 1588 弄 68 号	201702	20732084

（吴晓丽）

■中国建设银行股份有限公司上海长三角一体化示范区支行　2020 年，加大业务拓展力度，努力提高经济效益。9 月 30 日，经上海银保监局同意，中国建设银行股份有限公司上海青浦支行更名为中国建设银行股份有限公司上海长三角一体化示范区支行。年末，下设综合管理部（安全保卫部）、财务会计部、风险管理部（内控合规部）、渠道与运营管理部、公司业务部、国际业务部、普惠金融事业部、机构业务部（金融同业部）、个人业务部、个人信贷部、信用卡业务中心（商户经营发展分中心）、私人银行中心、现金调运中心和派驻纪检组。有网点 12 个，从业人员 282 人。存款日均余额 257.12 亿元，比上年增长 12.8%；贷款余额 202.68 亿元，比上年增长 15.6%。纳税 5573.35 万元，比上年增长 6.31%，在区金融机构中连续 6 年保持第一，获得青浦区纳税百强企业称号。

助力国家战略。3 月 10 日下午，市分行党委书记、行长林顺辉，市分行党委委员、副行长齐红到青浦区，先后与中通快递集团董事长赖梅松，区委副书记、区长余旭峰，副区长彭一浩，长三角生态绿色一体化发展示范区执行委员会副主任张忠伟会面。10 月 29 日下午，支行牵头与浙江长三角一体化示范区支行、苏州长三角一体化示范区分行召开党建共建签约暨工作交流会。

深化普惠金融。创新普惠金融发展模式，引导资金流向社会最需要的地方，精准流向急需金融服务的中小企业。全年普惠金融领域贷款企业 1422 户，较年初新增 500 户；余额 25.40 亿元，较年初增 8.50 亿元，新增份额位列区域内四大银行第一。

支持农村发展。在全区开展 6 场乡村振兴专场讲座，惠及涉农企业及农户 100 余户；发放涉农贷款 2.65 亿元。8 月 27 日，在支行裕农通示范点光联村开展乡村理财业务宣讲活动，举行裕农学堂揭牌仪式。打造乡村服务点（裕农通）250 个，实现青浦区辖内行政村全覆盖。全年为农户代缴水电煤等民生类交易 22.8 万笔。

3 月 16 日，建设银行青浦支行在三元社区开展“3·15”消费者权益保护教育宣传活动　（建设银行长三角一体化示范区支行供稿）

疫情防控金融支持活动。遵照上级要求做好员工及客户的新冠病毒防护工作。配合区政府开展疫情防控期间金融支持活动，及时对接客户的融资需求，投放疫情相关贷款17.29亿元，其中市级疫情名单客户11.95亿元、区级疫情名单客户5.34亿元。

（吴惠英）

2020年中国建设银行股份有限公司上海长三角一体化示范区支行网点情况表

表45

网点名称	地址	邮编	联系电话
建设银行长三角一体化示范区支行	青浦区城中东路550号	201700	59725555
建设银行徐泾支行	青浦区徐泾镇京华路85号	201702	59760395
建设银行赵巷支行	青浦区赵巷镇赵兴路92号	201703	59752199
建设银行华新支行	青浦区华新镇新府中路1780号	201708	59799993
建设银行白鹤支行	青浦区白鹤镇鹤如路60号	201709	59741327
建设银行城中支行	青浦区公园路718号	201700	59734724
建设银行朱家角支行	青浦区朱家角镇祥凝浜路363号	201713	59240243
建设银行练塘支行	青浦区练塘镇练新路58号	201715	59251744
建设银行城东支行	青浦区崧泉路1069号	201700	59781059
建设银行北门支行	青浦区城中西路302～310号	201700	59853904
建设银行新城支行	青浦区公园东路1600号	201700	39790050
建设银行重固支行	青浦区赵重公路2777弄5－7号	201706	59868969

（吴惠英）

■中国工商银行股份有限公司上海长三角一体化示范区支行 2020年，面对复杂的国内外形势，灵活应对，强化责任担当，一手抓疫情防控，一手抓经营发展，推进各项工作，经营发展稳中有进。服务长三角一体化国家战略。经工商银行总行、分行及市银保监局批准，11月18日工商银行上海市青浦支行更名为工商银行上海长三角一体化示范区支行，12月8日举行揭牌开业仪式。优化调整科室设置。年末，下设综合管理部、纪委办公室（内控管理部）、公司金融业务部、个人金融业务部、市场发展部、业务管理部、普惠金融事业部、信贷管理部8个部室。下辖10个网点。本外币各项存款余额为198.13亿元，比年初增加31.87亿元（其中，人民币储蓄存款96.08亿元，增加14.56亿元；对公存款余额87.81亿元，比年初增加12.06亿元）。本外币各项贷款余额154.02亿元，比年初增加25.72亿元。从业人员270人。

12月8日，工商银行上海市青浦支行更名为工商银行上海长三角一体化示范区支行，揭牌仪式举行 （工商银行长三角一体化示范区支行供稿）

疫情防控与金融支撑同步发展。落实疫情防控措施。为医疗、物流企业支援抗疫一线提供金融保障。2月，分行付捷行长带队拜访圆通速递公司董事长喻会蛟。2月3日，复工首日，完成上海医药集团全资子公司上海中华药业有限公司1000万元流动资金贷款新增发放；2月7日，完成德邦1亿元信用贷款发放；2月13日完成圆通8000万元信用贷款发放。为政府机构及区内各机构、企业客户提供金融保障，完成一批保障物资的紧急国际汇款。为区财政局和宋庆龄学校提供上门收单服务和技术支持，协助完成客户资金的对外支付及工资发放等事宜。

服务地方经济。通过党组织共建活动，加强银企、银政合作。先后与上海金发科技，青浦区经委，总行软件开发中心上海研发分部和长三角示范区执委会综合协调组、营商产业组等单位党组织联合开展联学共建活动。3 月，分行副行长张晓琪到青浦区，与副区长彭一浩会面。

服务长三角一体化战略。4 月，支行协同嘉善支行、吴江分行联合开展支持长三角一体化建设交流互动活动。5 月，青浦支行完成业内首单同行跨区便捷开户服务，成功为吴江一家企业提供对公结算账户的移动开户和异地鉴证服务。11 月，成功在青浦区长三角“一网通办”自助机具上上线工银 e 金融服务专区业务。

5 月 8 日，工商银行汇金路支行在盈港东路 7792、7796 号开业

（工商银行长三角一体化示范区支行供稿）

优化网点布局。将明珠路支行迁址至地铁轨道交通 17 号线汇金路站上盖商业综合体——宝龙商业广场盈港东路 7792、7796 号，更名为汇金路支行。5 月 8 日，汇金路支行开业。面积 562.03 平方米，开办对公业务和对私业务，有穿墙式存取款机（24 小时服务）3 台；大堂智能柜员机 2 台、产品领取机 1 台、自助回单打印机 1 台。5 月，启动青湖路支行原址装修，9 月下旬完成开业。7 月，启动支行营业厅原址装修，11 月完成开业。12 月，完成新设淀山湖大道支行装修工作，报市银保监局审批。

（周思铭）

2020 年中国工商银行股份有限公司上海长三角一体化示范区支行网点情况表

表 46

网点名称	地址	邮编	电话号码
工商银行上海示范区支行营业厅	青浦区城中东路 485 号	201799	59738201
工商银行徐泾支行	青浦区徐泾镇京华路 71、81、83 号	201702	59768719
工商银行华新支行	青浦区华新镇新府中路 1750 号	201708	59791425
工商银行青湖路支行	青浦区青湖路 787 号	201799	61249735
工商银行赵巷支行	青浦区赵巷镇镇中路 520 号	201703	59751021
工商银行工业园区支行	青浦区清河湾路 907 号	201799	69228671
工商银行盈港路支行	青浦区盈港路 562－570 号	201799	59714101
工商银行朱家角支行	青浦区朱家角新风路 168 号	201713	59241986
工商银行白鹤支行	青浦区白鹤镇外青松公路 2965 号	201799	59740139
工商银行汇金路支行	青浦区盈港东路 7792、7796 号	201707	69795512

（周思铭）

■交通银行股份有限公司上海长三角一体化示范区分行 立足区域发展，支持实体经济，推进落实长三角一体化发展。支持抗击疫情工作。落实总行、分行金融支持防控疫情的要求，为抗疫相关企业提供金融服务保障。3 月，华新支行迁址到朱家角镇珠湖路 502、506、508 号，更名为朱家角支行重新营业。10 月，朱家角支行升格并更名为上海长三角一体化示范区分行，举行揭牌仪式。12 月 31 日，交通银行上海分行发文批复，青浦支行降格为二级支行，隶属于上海长三角一体化示范区分行。年末，上海长三角一体化示范区分行存款余额 56.57 亿元，比上年增长 10.94%；贷款余额 53.13 亿元，比上年增长 59.12%。经济利润 9280 万元。下设 3 个网点，分别是示范区分行营业部、青浦支行、徐泾支行，从业人员 85 人。7 月 30 日，青浦支行被中国银行业协会授予“中国银行业文明规范服务千佳网点”称号。

推动长三角示范区医疗服务领域创新转型。交通银行总行、分行领导先后到长三角（上海）互联网医院开展调研，与院方就推进落实医疗付费“一件事”进行沟通。医院正式运行后，为医院

位于朱家角镇珠湖路502、506、508号的交通银行长三角一体化示范区分行　（交通银行长三角一体化示范区分行供稿）

提供2名志愿者，入驻医院指导病患使用自助机具挂号就医付费，为医院免费提供40台信用就医扫码桩，向医生护士讲解信用就医相关知识。

推动长三角一体化示范区同城化金融业务。贯彻执行总行《交通银行长三角生态绿色一体化发展示范区金融同城化建设方案》，在异地见证开户、联合授信、异地抵押办理、FT账户（自由贸易账户，FreeTradeAccount）“同城化”业务联动取得阶段性成果。推动示范区同城化金融业务创新举措复制推广。

普及金融宣传。结合“守护老幼、远离欺诈”“守住钱袋子，护好幸福家”等主题，持续向公众开展支付清算、反金融欺诈、防范非法集资等线上线下宣传教育活动。在反假货币及人民币知识宣传月中，向广大客户、群众宣传人民币反假、不宜流通人民币等相关知识。（何小龙）

2020年交通银行股份有限公司上海长三角一体化示范区分行网点情况表

表47

网点名称	地址	邮编	电话
交通银长三角一体化示范区分行	青浦区珠湖路502、506、508号	201713	59241533
交通银行青浦支行	青浦区公园路348号	201799	59733533
交通银行徐泾支行	青浦区徐泾镇沪青平公路1915号	201702	59762149

（何小龙）

10月22日，中国银行上海市分行副行长项晞（右三）为中国银行上海长三角一体化示范区支行揭牌　（中国银行青浦支行供稿）

■中国银行股份有限公司上海市青浦支行　2020年，坚持科技引领，创新驱动，转型求实，将社会责任融入业务发展，提升经济效益、服务效益、社会效益和环境效益，促进支行业务良性、稳健、全面发展。下设办公室、内控运营部、公司金融部、交易银行部、普惠金融事业部及个人数字金融部6个职能部门。有8家经营性网点，员工206人。全年实现税后利润3.01亿元，拨备前利润4.78亿元，毛收入5.60亿元。年末，人民币各项存款时点余额182.14亿元，外币各项存款时点余额2.27亿美元，人民币各项贷款时点余额169.32亿元。

优化网点。1月3日，赵巷支行在赵巷镇嘉松中路5888号一层116A室正式开业。面积333平方米，开办对公业务和对私业务，有穿墙式存取款机

(24小时服务)2台,大堂智能柜员机1台,自助回单打印机1台。

服务长三角一体化战略。6月,朱家角支行停业装修。9月21日,经市银保监局同意,朱家角支行更名为中国银行上海长三角一体化示范区支行,成为获得首批获准设立长三角一体化示范区分支机构的商业银行。10月20日,经区市场监管局核准,朱家角支行正式更名为中国银行股份有限公司上海长三角一体化示范区支行。10月22日,中国银行长三角一体化示范区机构揭牌仪式在朱家角镇珠湖路666号举行,青浦、吴江、嘉善三地中国银行长三角一体化示范区支行正式揭牌,中国银行上海市分行副行长项晞为中国银行上海长三角一体化示范区支行揭牌。11月30日,中国银行上海长三角一体化示范区支行复业。

服务地方经济。通过"党建+"工作模式,推动业务发展。与区有关委办局、驻青单位、企业合作,开展政策宣讲会、企业沙龙会、运动会、主题党日等形式多样的共建活动,为38家企业和14家创业孵化园区提供普惠金融服务。疫情期间,为区域内企业及个人提供相关金融服务。作为中国国际进口博览会的全球唯一战略合作机构。连续为三届"进博会"提供服务支持。

(陆楚楚)

2020年中国银行股份有限公司上海市青浦支行网点情况表

表48

网点名称	地址	邮编	电话号码
中国银行青浦支行营业部	青浦区城中东路608号	201799	59729443
中国银行徐泾支行	青浦区徐泾镇京华路205号	201702	59763450
中国银行青湖路支行	青浦区青湖路822号	201799	69732601
中国银行上海长三角一体化示范区支行	青浦区朱家角镇祥凝浜路351号	201713	59245900
中国银行凤溪支行	青浦区华新镇凤中路267号	201705	59771459
中国银行华科路支行	青浦区华科路155弄163、169号底层	201799	59813725
中国银行华新支行	青浦区华新镇新府中路1730、1732、1734、1736号	201708	39299881
中国银行赵巷支行	青浦区赵巷镇嘉松中路5888号一层116A室	201703	59730122

(陆楚楚)

■中国农业发展银行上海市青浦区支行　2020年,以国家政策为导向,强化基础管理,推进合规建设,提高经营水平。年末,各项贷款余额25.77亿元,各项存款余额1.29亿元,存款日均余额1.78亿元;实现中间业务收入190.45万元;拨备后利润1660.56万元,收贷收息率100%,不良贷款为零。网点1个,从业人员15人。

履行政策性银行职责。确保主体业务稳健运行,开展服务乡村振兴战略业务。年末,地方储备粮贷款463.33万元,粮食收购贷款4707.25万元,地方储备粮油轮换贷款1280万元;收回地方储备粮贷款8507.39万元。全年对储备粮库存和质量进行定期检查12次,联合青浦区粮食局等单位对存储粮食实地开仓检查2次。实现储备粮采购、保管、轮换、销售全程动态跟踪管理,确保国家及地方粮食安全。支持长江大保护、绿色环保风力发电、河道整治、污水处理等项目,发放支持长江大保护贷款4.64亿元。支持扶贫工作,营销信贷客户购买扶贫产品,从客户处引进扶贫资金助力脱贫攻坚。

创新支持地方经济发展。通过开展银团合作,上贷下转等方式,推动业务抱团式发展,参与银团贷款28198.83万元,投放改善农村人居环境贷款10000万元,投放生态环境建设与保护贷款75838.5万元,投放城乡一体化贷款6710万元。

履行社会责任。组织开展"3·15金融消费者权益保护宣传活动"等金融知识普及活动。在柜面摆放征信宣传资料、反假货币宣传手册、防范非法集资等金融知识宣传资料供客户与公众取阅。

(董文莉)

■上海浦东发展银行股份有限公司青浦支行　2020年,围绕总行"全面建设具有国际竞争力的一流股份制商业银行"战略目标,统筹疫情防控和经营发展,结合青浦区域经济特点,发挥长三角生态绿色一体化发展示范区建设发展优势,各项经营规模稳步提升。年

4月7日,浦发银行长三角一体化示范区管理总部揭牌仪式在朱家角镇举行

(浦发银行青浦支行供稿)

末，员工104人，下设办公室、风险管理部、公司银行部、个人银行部、营业部5个部门，辖属支行营业部、徐泾支行、临空支行、华新支行、汇金支行、朱家角支行6个营业网点。存款余额143.10亿元，贷款余额54.53亿元，中间业务收入9532万元，营业净收入3.45亿元。

支持长三角一体化示范区建设。落实示范区金融16条。4月7日，浦发银行长三角一体化示范区管理总部揭牌仪式在朱家角镇举行。5月，长三角一体化发展示范区内，浦发银行全行首笔对公客户双异地开户业务在支行完成。6月，配合其他分行完成浦发银行全行首单长三角一体化授信业务3000万元。10月，辖属二级支行网点朱家角支行在青浦区珠湖路510号正式开业，成为浦发银行系统在示范区核心启动区内唯一的综合性支行。

智能化财富管理。打造智能财富管理体系，将AI、大数据、云计算、区块链、物联网、VR等金融科技前沿技术，创新应用于客户的需求洞察、投研规划、交互陪伴等场景，打造客户“财富管理首选银行”。年末，支行个人金融资产余额141.7亿元，个人存款余额60.77亿元。

助力疫情防控。筑牢支行疫情防控堡垒，联合共建单位、驻区单位，开展群防群控、联防联控工作。2月，响应青浦区金融业联合会倡议，组织发动员工开展慈善募捐支持开展区域防疫工作。参加社区疫情防控志愿服务。（范家焕）

2020上海浦东发展银行股份有限公司青浦支行网点情况表

表49

网点名称	地址	邮编	联系电话
上海浦东发展银行青浦支行	青浦区城中东路699号	201799	59739692
上海浦东发展银行徐泾支行	青浦区徐泾镇盈港东路1928号	201702	59765268
上海浦东发展银行华新支行	青浦区华新镇新府中路1676号	201708	59790690
上海浦东发展银行汇金支行	青浦区秀源路600号	201703	59720059
上海浦东发展银行朱家角支行	青浦区珠湖路510号	201799	59203760
上海浦东发展银行临空支行	长宁区金钟路633号	200335	32523600

（范家焕）

■平安银行股份有限公司上海青浦支行 2020年，坚持总行“科技引领、零售突破、对公做精”的策略方针，深化经营，推进零售业务、对公业务数据化经营，提升客户体验，提高服务实体经济能力。

对公业务方面。坚持以客户为中心，通过加深客户对口袋财务、小企业数字金融等服务模式和平台的体验，让客户感受“一个客户、多个产品、一站式服务”的便捷与效率；针对战略客群，了解战略客群及其生态圈的实际需求，通过集团科技与综合金融优势，提供定制化综合金融解决方案。年末，公司存款19.6亿元，比上年增长40%；贷款6.6亿元，比上年增长16%。

零售业务方面。持续通过“金融+生活”提升线上化服务水平，加强基础零售、私行财富、消费金融等业务模块。针对基础零售客群，引导客户体验“口袋银行”app（手机安桌软件）网银全线上服务，拓宽服务，提升服务效率；针对私行财富客群，提升专业服务，满足高端客户多样化的需求与应用；针对消费金融客群，通过新一贷、宅抵贷、白领贷等全线上化流程及服务，提高申请审批放款时效，实现当天申请当天放款，为小微私营业主及消费客群提供专业、高效、优质的服务体验。年末，个人储蓄存款8.2亿元，比上年增长60%；贷款2.4亿元，比上年增长50%。

案防合规方面。践行各项监管和案防合规要求，强化全行员工合规意识。组织合规文化建设与案防警示教育活动，加强法律合规业务专项培训，针对不同员工开展培训，强化“合规人人有责”的理念。加强加深日常对客户群体有关金融知识普及、反洗钱、防范非法集资风险、防范电信诈骗等专题宣传，按周举办小型沙龙活动。（蒋欢栋）

10月10日，华新支行在华新镇华腾路518弄2号新址开业

（上海银行青浦支行供稿）

■上海银行股份有限公司青浦支行 2020年，围绕重点客户群，加强重点产品配置，推动创新转型；推进民生普金融，服务实体经济。年末，本外币存款

余额110亿元，其中企业存款余额72亿元、储蓄存款余额38亿元。贷款余额26.5亿元，其中企业贷款余额18亿元、个人贷款余额8.5亿元。辖内6家网点，员工人数108人。

推进重大项目建设。按照总行、分行三年战略规划，抓住长三角一体化战略及青浦新城发展机遇，加强大型资产项目落地，夯实项目储备。全年为大型项目提供授信支持15亿元。

支持实体经济。通过搭建融资平台，批量支持实体型企业。重点支持符合医改政策方向、收入稳步增长、医疗资源有保障、专业性较强的民营医疗机构。实现普惠金融投放3亿元、科创金融贷款0.85亿元。应对疫情，落实各项防疫措施，加大投放防疫贷款，投放贷款0.9亿元；支持无还本续借贷款，金额800万元。

加强网点建设。10月10日，华新支行迁入华新镇华腾路518弄2号新址开业，面积517.6平方米，开办对私、对公业务，有穿墙式存取款机（24小时服务）2台、大堂智能柜员机3台。

履行社会责任。服务进博、服务社区，开展金融知识普及、金融便民服务，为社区居民宣传反洗钱、反诈骗等金融知识，提供各项便利金融服务。

（王继峰）

2020年上海银行青浦支行网点情况表

表50

网点名称	地址	邮编	电话
上海银行青浦支行	青浦区青安路39号	201700	59723023
上海银行徐泾支行	青浦区徐泾镇盈港东路1548号	201702	59766421
上海银行青浦新城支行	青浦区秀禾路366号	201700	59853963
上海银行华新支行	青浦区华新镇华腾路518弄2号	201708	59795336
上海银行赵巷支行	青浦区赵巷镇赵中路1号	201703	59756383
上海银行凤霞路支行	青浦区华新镇凤霞路528号	201708	59717839

（王继峰）

■中国光大银行股份有限公司上海青浦支行　2020年，推动高质量发展，努力实现一流财富管理银行战略目标。年末存款余额38.22亿元、贷款余额8.33亿元，从业人员38人。营业网点3个。

疫情防控金融支持活动。快速反应、启动防控疫情应急预案。加强消杀、确保营业场所安全。开通“抗击疫情”绿色通道，加急优先处理抗击疫情金融业务；减免通过支行发起的向疫区捐款手续费；优化疫情防控相关金融业务流程。

服务实体经济。在“增量、降本、便利”上发挥作用，推广票据融资业务，为制造业企业、民营企业、小微企业提供普惠金融保障，降低企业的综合融资成本。数字银行建设取得突破，云缴费、云支付、随心贷、光信通、购精彩、出国云、普惠云、融e链等数字化名品业务被客户广泛应用。

开展金融宣传。通过参与深入社区，现场设摊，银行网点的走马灯、灯箱广告等方式，参与开展防范电信诈骗、扫黑除恶、打击非法集资、整治互联网金融、反假币、人民银行账户管理、反洗钱等宣传活动。参加创全国文明城区和“进博会”志愿者服务。（黄承宏）

9月23日，光大银行青浦支行在博隆广场苏杭超市开展新版社保卡和反假币宣传活动（光大银行青浦支行供稿）

2020年光大银行行股份有限公司青浦支行网点情况表

表51

网点名称	地址	邮编	电话
光大银行青浦支行	青浦区青松路22号	201799	59726307
光大银行华新支行	青浦区华新镇新府中路1714—1724号	201708	39289588
光大银行现代华庭社区支行	青浦区重固镇赵重公路2778弄75号	201706	69216357

（黄承宏）

■上海农村商业银行股份有限公司青浦支行　2020年，围绕“坚持客户中心、坚守普惠金融、坚定数字转型”三大核心战略，以“精细化管理、专业化经营、差异化特色”为主线，紧跟青浦区域发展大步伐，实现高质量可持续发展。年末，各项存款余额418.21亿元，比年初增长38.1亿元，增长10%，在青浦各银行中排名第二，市场占有率19.0%；各项贷款余额181.17亿元，比年初增长38.4亿元，增长26.9%，在青浦各银行中排名第三，市场占有率13.8%。营业网点22家，与上年持平，在册员工348人。

支持疫情防控工作。落实网点各项防疫工作措施。对接疫情防控重点企业，深化金融支持，助力复工复产。为人民银行、团市委、市经信委等部门推荐企业，农产品供应企业，央行再贷款企业以及青浦区疫情防控重点名单企业118家，提供11亿元信贷支持。2月21日，区人大主任朱明福到青浦支行调研疫情防控工作。

12月25日，上海农商银行青浦支行参加打击非法集资、反假货币宣传活动

（上海农商银行青浦支行供稿）

深化区域合作。聚焦长三角一体化示范区建设、“进博会”溢出效应、青东五镇联动发展等区域发展重点。8月18日，上海农商银行总行与青浦区、吴江区、嘉善县人民政府签订综合金融服务方案，为示范区基础设施建设、美丽乡村战略、科创产业发展等提供金融支持。结合青浦区企业特点，支持区内企业“走出去”发展，提供长三角区域异地企业授信服务。组织干部员工参与创建全国文明城区街镇志愿服务。

强化普惠金融。贯彻落实央行“应延尽延”政策，为50户中小微企业贷款5.9亿元，调整还款期限，进行无还本续贷操作。加大信用贷款投放力度，为161户企业发放信用贷款3亿余元。助力“乡村振兴”国家战略，开展“三农”金融服务，为区内农户、农民专业合作社等涉农企业提供多品种供应链融资产品支持与配套金融服务。依托市中小微担保基金等融资担保平台，深化区域内实体型中小微和科创类企业信贷支持力度，普惠贷款较2019年有较大提升。

履行社会责任。承担养老金发放、敬老卡发放等民生工作，全面推进新版金融社保卡换发工作，至年末，新版社保卡发放17余万张，申领量居全区银行首位。慰问一线交警、消防员、“进博会”志愿者。联合团区委开展“青春点绿”环保主题活动，走入各街镇“爱心暑托班”办班点。开展公益“暴走”活动，为儿童领域公益项目募集善款；定向开展结对帮扶，帮助家庭困难学生。协同街镇、区属公司、村居等单位开展“三进”宣传（进园区、进社区、进商区），多维度、多渠道普及金融知识，提高群众风险防范意识。成功阻截多起电信诈骗、伪造身份证、伪造存单、冒名开户等案件，获评上海市企事业单位2020年度治安防范先进集体。　（陈　阳）

2020 年上海农村商业银行股份有限公司青浦支行网点情况表

表 52

网点名称	地址	邮编	电话
上海农商银行青浦支行	青浦区公园路 399 号	201700	59717917
上海农商银行赵巷支行	青浦区赵巷镇赵兴路 94 号	201703	59754374
上海农商银行徐泾支行	青浦区徐泾镇盈港东路 1775 号	201702	59760508
上海农商银行华新支行	青浦区华新镇新府中路 1678、1680、1682、1684 号	201708	59797748
上海农商银行凤溪支行	青浦区华新镇凤星路 1531 号	201705	59770039
上海农商银行重固支行	青浦区重固镇北青公路 6388 号 1404－1406 室	201706	59788328
上海农商银行福泉分理处	青浦区重固镇福泉山路 489 号	201706	59781223
上海农商银行白鹤支行	青浦区白鹤镇外青松公路 2727 号	201709	59746716
上海农商银行赵屯支行	青浦区白鹤镇赵江路 201 号	201711	59211861
上海农商银行香花桥支行	青浦区北青公路 9318 号	201707	59702043
上海农商银行大盈支行	青浦区香花桥街道大盈路 415 号	201712	59221398
上海农商银行环城支行	青浦区青湖路 885 号	201700	59715922
上海农商银行盈中支行	青浦区淀山湖大道 357	201700	59729451
上海农商银行朱家角支行	青浦区朱家角镇祥凝浜路 98 号	201713	59245078
上海农商银行沈巷支行	青浦区朱家角镇沈巷路 89 号	201714	59830625
上海农商银行练塘支行	青浦区练塘镇练新路 129 号	201715	59253992
上海农商银行小蒸分理处	青浦区练塘镇共喜路 202 号	201716	59812475
上海农商银行蒸淀支行	青浦区练塘镇朱枫公路 6338 号	201717	59821112
上海农商银行金泽支行	青浦区金泽镇金溪路 235 号	201718	59261081
上海农商银行莲盛支行	青浦区金泽镇镇中路 53 号	201722	59272891
上海农商银行商榻支行	青浦区金泽镇商蔡路 48 号	201719	59282973
上海农商银行西虹桥支行	青浦区徐泾镇诸光路 1111 号	201702	69766961

（陈　阳）

■中国邮政储蓄银行股份有限公司上海青浦区支行　2020 年，面对新冠肺炎疫情的冲击和复杂的国内外经济金融形势，坚持找差距、补短板、促改革、强管理，抓好疫情防控，加快转型发展，稳步提升经营质效。年末，个人存款余额 20.5 亿元，新增 1.95 亿元，公司存款余额 6.34 亿元；各项贷款余额 11.74 亿元，新增 3.47 亿元。有邮储网点 23 家，其中自营网点 7 家、代理机构（邮政部门）16 家。

开展防控疫情金融服务。确保员工人身健康，满足客户基础金融服务，完成年内养老金代发任务。精准对接抗疫企业，发放抗疫应急贷款 300 万元。参与发起“同舟共济，共抗疫情”募捐活动，向区金融业联合捐款 19350 元，用于地方防疫工作。

坚持绿色金融。把握好授信政策

邮政储蓄银行青浦支行营业部大厅　　（邮政储蓄银行青浦区支行供稿）

导向，践行绿色发展理念，发展绿色贷款，支持创新绿色金融，为符合条件的绿色企业提供差异化信贷政策支持，绿色信贷放款新增 2178 万元；发放普惠性小微贷款 24080 万元，金融精准扶贫贷款 1427 万元。

实践普惠金融。服务“三农”、服务社区、服务中小企业，深化小微、“三农”、社保、精准扶贫等普惠金融服务，加大民营企业服务力度。开展金融知识进社区、进园区、进校区活动，在“3·5 学雷锋日”“3·15 消费者权益保护日”等各类公共节日和“进博会”期间，为居民、外来务工者和在校师生提供现场服务。通过支行厅堂阵地宣传、社区宣传、宣传单页发放、宣传标语电子屏滚动播放等多途径宣传普及消费者金融知识，提升客户金融素养和风险责任意识。全年开展活动 100 余次，发放宣传折页 1000 余份，惠及群众 1000 余人。

履行社会责任。2 月 26 日，在疫情防控的非常时期，组织部分员工参与协和双语学校志愿者服务。3 月 3 日，组织志愿者队伍支援香花邮政支局，缓解该支局因疫情引起的邮包寄送压力。6 月，参与夏阳“知往鉴今递薪火·不忘初心启未来”——学“四史”专题党课。开展“善行·暖心”微公益活动，认领微心愿 11 个，帮助困难群体实现小小心愿。（陆　成）

2020 年中国邮政储蓄银行股份有限公司上海青浦区支行网点情况表

表 53

网点名称	地址	邮编	电话
邮储银行青浦区支行营业部	青浦区公园路 268 号	201799	59728113
邮储银行青浦区朱家角镇支行	青浦区朱家角镇美周路 2—6 号	201713	59239818
邮储银行青浦区赵屯支行	青浦区白鹤镇赵江路 193 号	201711	59211711
邮储银行青浦区商榻支行	青浦区金泽镇商蔡路 2 号	201719	59281719
邮储银行青浦区华新镇新府中路支行	青浦区华新镇新府中路 1760—1766 号	201708	39790018
邮储银行青浦区徐泾支行	青浦区徐泾镇盈港东路 1852—1866 号	201702	39250301
邮储银行青浦区新桥路支行	青浦区白鹤镇新桥路 595 号	201712	39780027
邮储银行青浦区徐泾营业所	青浦区徐泾镇京华路 133—139 号	201702	59760000
邮储银行青浦区赵巷营业所	青浦区赵巷镇赵兴路 52 号	201703	69751287
邮储银行青浦区凤溪营业所	青浦区华新镇凤星路 1460 号	201705	59770018
邮储银行青浦区重固营业所	青浦区重固镇福泉山路 478 号	201706	59781224
邮储银行青浦区香花营业所	青浦区北青公路 9335 号	201707	59701143
邮储银行青浦区华新营业所	青浦区华新镇华新街 608 号	201708	59791785
邮储银行青浦区白鹤营业所	青浦区白鹤镇外青松公路 2980 号	201709	59747166
邮储银行青浦区大盈营业所	青浦区香花桥街道大盈路 412 号	201712	59222120
邮储银行青浦区沈巷营业所	青浦区朱家角镇沈巷社区万步路 50 号	201714	59830714
邮储银行青浦区练塘营业所	青浦区练塘镇练新路 90 号	201715	59251715
邮储银行青浦区小蒸营业所	青浦区练塘镇小蒸社区贞溪南路 205 号	201716	59811716
邮储银行青浦区蒸淀营业所	青浦区练塘镇蒸淀社区蒸兴路 127 号	201717	59820717
邮储银行青浦区金泽营业所	青浦区金泽镇金溪路 292—296 号	201718	59260718
邮储银行青浦区西岑营业所	青浦区金泽镇西岑街 397 号	201721	59294721
邮储银行青浦区莲盛营业所	青浦区金泽镇莲湖路 28 号	201722	59271722
邮储银行青浦区城中营业所	青浦区城中东路 42、44 号	201799	69712400

（陆　成）

■中信银行股份有限公司上海青浦支行　2020 年，围绕青浦区全年新冠肺炎疫情防控常态化管理、文明城区创建、美丽街区建设、垃圾分类、“进博会“服务保障等重点工作，参与长三角一体化金融、总部经济、绿色生态、数字经济的项目落地，依托中信集团的综合优势，全面推进银政、银企合作，服务区域经济。年末，公司存款余额 65659 万元，比上年下降 3.85%；个人存款余额 84778 万元，比上年增长 16.63%。公司贷款余额 110800 万元，比上年增长 7.59%；个人贷款余额 79808 万元，比上年增长 21.33%。营收 5286 万元，经济利润 339 万元，税后利润 1585 万元。员工 26 人。

通过党建结对共建活动推动金融业务开展。6 月 11 日，在夏阳街道社区党群服务中心举行区域化党建结对共建签约仪式，青浦支行党支部与夏阳湖街道桂花园居民区党总支、界泾港居民区党总支、青浦区少体校训练中心联合党支部等举行党建结对共建签约仪式。10 月 28 日，青浦支行党支部与青浦现代农业园区发展有限公司机关党支部、东航技术应用研发中心有限公司党支部、上海复旦五浦汇实验学校党支部等在青浦现代农业园联合开展"学'四史'、庆丰收"联合党建活动。

（顾晓磊）

■兴业银行股份有限公司上海青浦支行 2020年，疫情期间，采取内容丰富多样的线上直播，邀请知名嘉宾与客户进行线上交流，推出线上理财室与专属客户经理互动，解决客户业务难点，培养客户线上操作习惯。加强与老年客户互动沟通，走进社区，在白玉兰广场、崧泽广场、吉富绅小区、宜达小区等向居民提供金融咨询服务，开展反电信诈骗、远离非法集资、反洗钱等宣传活动多场。10月24日，在上海中福会养老院举行"重阳送关怀、情暖夕阳红"专场讲座。

支持企业复工复产。对受疫情影响严重的中小企业到期还款困难的，经企业申请、分行核实后予以延期、展期或续贷。对国标小型、微型企业的逾期利息与罚息进行减免；对于受疫情影响较大的批发零售、住宿餐饮、物流运输、文化旅游等行业的小微企业客户，在办理续贷业务时，可不对其结算量占比（占全部结算量比重）与疫情期间产生的逾期记录进行评审，确保其贷款的连续性。通过适当下调贷款利率、增加信用贷款和中长期贷款等方式，支持相关企业战胜疫情。年末，存款余额11.66亿元，贷款余额9.05亿元，员工23人，网点1个。

（姚秋玲）

10月24日，兴业银行青浦支行在中福会养老院举行"重阳送关怀、情暖夕阳红"专场讲座

（兴业银行青浦支行供稿）

■中国民生银行股份有限公司上海青浦支行 2020年，获得上海分行颁发的"优秀组织推动奖"以及"客群经营优秀支行"。年末，对公人民币年日均数17.72亿元，对公人民币贷款年日均3.4亿元。储蓄存款年日均7亿元，金融资产年日均20亿元。客户48436户。小微贷款余额1.04万元，消费贷款余款2亿元。员工24人，网点1个。

（徐燕莉）

■广发银行股份有限公司上海青浦支行 2020年，聚焦服务实体经济，支持"长三角一体化"建设，制定三年整体规划，对目标市场有所调整，将服务重点放在区内中小企业，贯彻稳中求发展的政策，坚持以资产业务为抓手，发展青浦区资产客户。加大对区内中小企业的信贷力度，针对不同企业类型和不同贷款人群，推出"科技履约贷""科信贷""税银通"等融资方案，解决中小企业及微型企业的融资需求。年末，存款余额16.96亿元，其中对公存款余额11.94亿元、储蓄存款余额5亿元。对公贷款余额4300万元、对私贷款余额1.8亿元。员工人数18人。

12月17日，广发银行青浦支行（中）参加长三角一体化示范区（上海）金融产业园入驻企业签约仪式

（广发银行青浦支行）

12月，广发银行青浦支行参加长三角一体化示范区（上海）金融产业园入驻企业签约仪式，入驻金融产业园，主动服务国家重大战略发展布局，抓住地区发展机遇。参与区内金融业联合会活动，服务区内企业。保证服务质量及服务态度，全年无投诉情况发生。

（沈 华）

■华夏银行股份有限公司上海青浦支行 2020年，坚持"一切为了发展，一切围绕市场，一切服务于营销"的理念，改革创新，深化结构调整，向零售方向转型，促进个人业务发展。年末，存贷规模22.29亿元，其中存款余额15.68亿元，贷款余额6.61亿元。有营业网点2家，员工35人。

多次为社区居民提供反假、反洗钱、非法集资、个人信息安全等金融咨询服务。6月24日，在贺桥社区开展“消费者保护”宣传活动。8月8日，与共建单位上达居民区党总支部开展“四史”教育联组学习会。8月6日—9月5日，作为志愿者，参与盈浦街道创建文明城区巡逻工作。（姚 虹）

2020年华夏银行股份有限公司青浦支行营业网点情况表

表54

网点名称	地址	邮编	电话
华夏银行上海青浦支行	青浦区城中北路780号	201799	69795577
华夏银行上海徐泾支行	青浦区徐泾镇盈港路1714－1718号	201799	59895577

（姚 虹）

5月10日，杭州银行青浦支行在徐泾镇时尚天地广场开展打击非法集资反洗钱宣传活动（杭州银行青浦支行供稿）

■杭州银行股份有限公司上海青浦支行 成立于2011年4月28日，位于青浦区青湖路860—876号。提供差异化、特色化服务，实施分类营销，深入各个社区，向居民介绍推荐杭州银行的特色业务，主要有“幸福99”个人理财、高净值客户专享理财、美元百赢存款、公鸡贷、云抵贷等。在公司业务上，主要定位为服务中型企业及行政事业单位，提供专业化的金融服务解决方案，重点关注产品创新，以“行业金融解决方案＋个性化方案”相结合为中型企业提供差异化产品，发展重点客户，培育核心客户，为其提供综合化的增值服务，建立战略合作伙伴关系。年末存款余额15.39亿元，贷款余额10.77亿元。从业19人。（王小琴）

■浙江泰隆商业银行股份有限公司上海青浦支行 2020年，围绕“坚持定位、夯实基础、全面提高核心竞争力”三大工作主题，坚持小微，践行普惠。面对新冠肺炎疫情，支持复产复工，推进信用贷款、延期还本付息等重点工作。年末，各项存款余额16.19亿元，较年初增加5.93亿元；各项贷款余额11.65亿元，较年初增加2.79亿元。有网点2家，员工54人。

推进普惠金融。推广“泰e贷”“e票通”“线上秒贴”“长授信短风控”等特色金融信贷产品，结合线上线下，通过网络自助办理贷款业务。发放贷款28468笔、27.05亿元，惠及企业415家。其中信用贷款笔数767笔、1.83亿元，惠及企业150余家。全业务流程平均周期2天，信用放款平均周期1天，有效缓解小微企业信贷难问题。

履行社会责任。进园区、进厂区、进社区，多渠道多维度宣传普及金融知识，结合“3.15消费者权益保护”等各类公共节日契机，向居民宣传反假币、反洗钱、防范金融诈骗、防范非法集资、理财、保险等金融知识。

（张 洋）

2020年浙江泰隆商业银行股份有限公司上海青浦支行营业网点情况表

表55

网点名称	地址	邮编	电话
泰隆银行上海青浦支行	青浦区青湖路788号	201700	69225992
泰隆银行上海华新支行	青浦区华新镇新府中路1770号	201708	021－59895309

（张 洋）

■大连银行股份有限公司上海青浦支行　位于青浦区港俞路899号，营业面积600平方米，有贵宾室、24小时自助银行。2020年，坚持以资产业务为抓手，发展资产客户提供差异化、特色化服务。深入社区，向居民介绍大连银行的特色业务。面临银行业各项业务的创新和转型，利率市场化实质推进，推出一系列富有中国特色的金融理财产品"24节气理财"等金融消费理财产品，惠民、贴近百姓。7月10日，在青浦名人苑社区开展便民服务活动，向居民宣传金融消费知识，推荐金融产品。年末，存款余额5.3亿元，贷款余额为1.5亿元，从业人员11人。　　（姜翼晨）

7月10日，大连银行青浦支行在青浦名人苑社区向居民宣传金融消费知识，推荐金融产品　　（大连银行青浦支行供稿）

■北京银行股份有限公司上海青浦支行　2020年，以核心客户万科供应链、什马出行、移动智地、嘉壹智汇等优质开发商及产业园区等合作单位为核心集群，依托供应链、中小微担保基金及法人按揭等相关产品，挖掘供应链下优质的一级、二级供应商的普惠业务，集中批量化营销中小普惠贷款业务，借助科技手段，运用"京信链""京管+""网速贷"等线上产品获得客户和融资业务，持续推进客户结构转型升级。年末，各项存款余额17亿元，企业贷款余额42.52亿元，个贷余额33.05亿元，从业人员26人，营业网点2个。

疫情防控金融支持活动。参与社区抗疫工作。2月，响应区金融业联合会发起的"同舟共济，共抗疫情"倡议，定向捐款14530元。3月，复工复产期间，向零售客户发放一次性口罩2万个。

服务社区。5月，到社区、文体中心等开展以全民健身、周周演、红书会为主题的系列宣传活动近60场，向居民宣传新版人民币识别、反假反电信诈骗和上海银行存款政策等知识。8月，开展"金融知识下工地"活动，现场向务工人员提供金融服务8场近1200人次。联合移动智地开展2020年"创客中国.诸神之战.50佳评选"活动，为企业创业者提供法人按揭、代发工资等一系列金融服务。10月，协助青浦区体育局举行冠名为"京行杯"的龙舟赛、瑜伽展示活动、太极赛、羽毛球赛、台球协会比赛。12月，支持青浦区音乐协会开展跨年音乐会。　　（李　仙）

9月27日上午，北京银行青浦支行联合盈浦街道在环城路平桥南举行"2020年迎进口博览会·创全国健康促进区"暨盈浦街道"京行杯"第七届社区龙舟赛　　（北京银行青浦支行供稿）

表 56

2020 年北京银行青浦支行营业网点情况表

网点名称	地址	邮编	电话
北京银行上海青浦支行	青浦区公园路 99 号舜浦大厦	201799	39225666
北京银行上海徐泾社区支行	青浦区徐泾镇盈港路东路 1874、1876 号	201702	59769276

（李 仙）

■上海青浦惠金镇银行股份有限公司 由泉州农村商业银行股份有限公司控股，其余股东为上海塔星石材有限公司、上海马龙铝业有限公司、上海禾日建设开发有限公司、上海瑞宙自控设备有限公司、开利泵业（集团）有限公司 5 家企业。注册资本 2 亿元，是青浦区唯一一家法人银行。坚持“小特精美”的指导思想，致力于服务“三农”“小微”。2020 年末，资产总额 4.17 亿元，负债总额 2.42 亿元，贷款余额 3.04 亿元，存款余额 2.04 亿元。员工 33 人。

助力疫情防控。3 月 12 日，推出“惠金小微宝·同心贷”金融服务方案，对公立医院医务人员、基层公务人员、基层公安民警、公交司机、新闻工作者等五类疫情服务人员进行前三个月免息。8 月，推出针对个体工商户和小微企业主的中长期信用贷款“乐业贷”，至年末授信 23 户，用信 21 户，共计余额 173.59 万元。在国家信贷政策支持再贷款政策引导下，发放支小再贷款 1848 万元，为辖内小微企业提供信贷支持。采取应延尽延政策，支持企业 23 户，延期还本贷款 25 笔，3557 万元。其中小微企业 2 户，延期本金 755 万元；小微企业主 21 户，延期本金 2802 万元。有效拓宽小微企业贷款资金融资渠道，降低小微企业贷款资金成本。（吕 旭）

■浙江民泰商业银行股份有限公司上海青浦支行 成立于 2015 年 8 月 22 日，位于城中西路 91 号，营业面积 774.28 平方米。2020 年，设有行长室、综合部、业务一部、业务二部、业务三部等 6 个部门。立足小微，坚持小微特色，因地制宜深入各大专业市场和社区，发挥服务小微的品牌优势，促进特色经营模式在青浦区成长。全年发放贷款 625 笔，贷款金额 100 万（含）以下贷款户数占总贷款户的 88.3%；50 万元（含）以下小额贷款户数占总贷款户的 73.5%。年末，存款余额 7.38 亿元，年贷款日均 1.75 亿元，从业人员 25 人。

在疫情防控大背景下，克服疫情影响，保障各项工作有序进行，助企复工复产，加快绿色金融转型步伐。继续坚持小微市场定位，聚焦主责主业，推进“百园千村万户”活动，运用远程视频、续航模式，落实“减时间、减材料、减环节、减次数”实现客户服务便利化。面对市场、园区、行业协会、商会客群推出定制批量化营销方案，在利率定价、担保方式、合作模式等方面进行创新和突破，加强信贷投放力度，服务实体经济促进区域发展。加强与街道、社区需求和资源的对接，在做好防疫工作前提下开展金融服务进村入居活动，全年活动开展 10 多场，包“括迎新年，包饺子”主题活动、防疫志愿者关爱活动、“万粽齐发”端午节主题活动、反假币宣传活动、民泰商业银行社区“创全”公益行——五周年庆主题活动、“金融知识宣传 & 花艺插花”活动、小品《反假小超人》、“九九重阳社区金融知识宣传”活动、“初冬第一场温暖”制作面食活动等。

（沈建益）

8 月 25 日，民泰银行社区“创全”公益行——五周年庆主题活动在盈浦街道社区文化中心举行 （民泰银行青浦支行供稿）

■浙江稠州商业银行股份有限公司上海青浦支行 2020 年，面对新冠肺炎疫情，坚持“稳中求进”的工作总基调，锚定目标，精准施策，统筹推进疫情防控和经营工作。致力于为小微企业和综合市场中的商户提供金融服务，关注小微客户的金融服务需求。通过市民贷产品为客户提供消费和经营的资金。每月开展案防教育，每季进行各种安全演练，定期进周边小区进行反假、防电信诈骗、金融知识宣传。年末，存款余额 10.3 亿元、贷款 3.5 亿元。从业人员 13 人。（杜 民）

■宁波通商银行股份有限公司上海青浦支行 成立于 2015 年 12 月 16 日，位于青浦区港俞路 863 号，营业面积 941 平方米，有贵宾室，24 小时自助银行。2020 年，坚持“提效益、控风险、促发展”要求，把握监管方向，全面防范各类风险，巩固转型成果，加强优化内部管理。服务企业。10 月，到上海申高人力资源有限公司，开展移动外派上门激活业务。开展金融知识宣传活动。1 月，在西部花苑社区开展“庆新年，过腊八”活动；5 月，联合绿洲社区居委会开展“欢度端午节”包粽子活动；8 月，在银行本部开展小小银行家活动；9 月，在怡阑社区开展保险存款宣传活动；11 月，

在实验幼儿园开展进校园爱护人民币专项教育宣传活动。　　　（沈佩佩）

■招商银行股份有限公司上海青浦支行　于2016年1月27日开业，位于青浦区城中西路1号。营业面积1133平方米，分两个楼层，有金葵花贵宾专项理财区域以及24小时ATM自助银行。下设办公室、公司银行部、零售银行部、运营管理部4个部门。2020年，努力提高企业开户效率，加强渠道建设，优化投融资渠道和效率，维护合规合法。提升整体服务质效。提供针对青浦区的特色金融产品及服务，创新用户体验。配合支持区域内重点项目建设，服务地方经济。9月30日，"青浦工业园区企业服务日——走进招行"活动，在招商银行上海分行大厦举行。年末，各项存款余额28亿元，各项贷款余额5.2亿元。从业人员35人。　　　（钱　旋）

9月30日，"青浦工业园区企业服务日——走进招行"活动，在招商银行上海分行大厦举行　　　（招商银行供稿）

■宁波银行股份有限公司上海青浦支行　4月9日，在青浦区盈港路1188号开业。宁波银行是国内首家在深圳证券交易所上市的城市商业银行。青浦支行营业面积1367平米，有3个楼层。下设运营部、个人财富部、个人信贷部、零售一部、零售二部、公司业务部、交易银行部、办公室、行长室9个职能部门。年末，存款余额9.7亿元，贷款余额3.8亿元，从业38人。　　　（李访员）

4月9日，宁波银行青浦支行在青浦区盈港路1188号开业　　　（宁波银行青浦支行供稿）

■温州银行股份有限公司上海青浦支行　4月23日，在青浦区盈港路646号开业，为温州银行上海分行在上海市的第十家支行。温州银行成立于1998年12月，前身为温州市商业银行。青浦支行营业面积500平方米，有2个楼层，有24小时自助银行。设有营业部、小微客户部、零售客户部、公司客户部、行长室等5个职能部门。年末，存款2.26亿元，贷款0.43亿元，有员工14人。　　　（何嘉俊）

4月23日，温州银行青浦支行在青浦区盈港路646号开业　　　（温州银行青浦支行供稿）

保　险

■概况　2020年，全区保险公司分支机构有中国人民财产保险股份有限公司上海市青浦支公司、中国人寿保险股份有限公司上海市青浦支公司、中国太平洋财产保险股份有限公司上海市青浦

9 月 25 日，中国人民财产保险青浦支公司在赵巷镇赵巷社区居委会开展 2021 年“姐妹情”保险宣传发布会　　（中国人民财产保险青浦支公司供稿）

支公司、中华联合财产保险股份有限公司上海市青浦支公司、中国平安财产保险股份有限公司上海市青浦支公司、安信农业保险股份有限公司上海青浦支公司、建信人寿公司分支机构、中国大地财产保险分支机构、中国平安人寿保险股份有限公司上海分公司青浦营销服务部等。各保险公司大多分布于青浦城区。加强员工队伍建设，完善规章制度，依法合规、诚信经营，加强风险管理，强化人力资源管理，防范非法集资风险，开展保险业务，服务地方经济。

（赵　峰）

■中国人民财产保险股份有限公司上海市青浦支公司　2020 年，变革商业模式，补齐经营短板，努力提升经营能力、业务品质、运营效率、人力资本质量。下半年，推进“温暖工程”，组织开展“温暖工程”大讨论，做有温度的人民保险，优化客户体验。在全区范围内开展“姐妹情”项目（团体女性特定疾病保险），投保人近 10 万人，获得政府和社会各界好评。年末，实现保费收入约 1.5 亿元。在册人员 50 人。

支持疫情防控。按照中国人民财产保险集团的决策部署，投入疫情防控工作，推进线上服务，扩展保险保障，组织志愿服务，支持复工复产。为满足市场客户对法定传染病健康保障的需求，支持企事业单位开工复工，推出“约定法定传染病保险”产品，根据不同人群制定“复工保”“安易保”“安易行”等保险产品，配合青浦政府和企业复工复产的风险保障需求。

金融宣传活动。6 月，贯彻落实《中国银保监会办公厅关于开展 2020 年防范非法集资宣传月活动的通知》（银保监办便函〔2020〕595 号），开展为期一个月的防范非法集资宣传教育工作。9 月，落实人民银行上海分行《关于开展 2020 年反洗钱宣传工作的通知》（上海银发〔2020〕126 号）的要求，组织开展反洗钱宣传月专项活动，坚守风险防范底线。

（陆诗垚）

■中国人寿保险股份有限公司上海市青浦支公司　2020 年，坚守风险防控底线，推动销售人力扩量提质，优化业务结构，主动放弃高赔付业务，增强持续发展能力。下设 5 个部门，分别是公园路营销服务部、城中东路营销服务部、团体业务部、银行保险部和综合管理部。充实个险、团险和银保渠道力量。年末，总保费 9591 万元，比上年下降 24.8%。在册人力 391 人，增员 28 人。

履行金融风险防控工作，开展“乱象整治”“非法集资排查活动”“金融机构反洗钱规定”“2020 年非法集资宣传月”“2020 年洗钱风险自查自纠工作”和“2020 年反洗钱主题宣传月”等专项排查活动，坚守风险防范底线。利用晨会、夕会和部门例会，分别向销售人员进行防范风险宣导活动；通过 LED 显示屏、横幅、宣传画等形式开展宣传，提升员工和代理人的风险意识。6 月，青浦支公司党支部与东渡社区党支部举行“结对共建”签约仪式。

（陆文霆）

2020 中国人寿保险股份有限公司上海市青浦支公司营业网点情况表

表 57

网点名称	地址	邮编	电话
中国人寿保险公司上海市青浦公园路营销服务部	青浦区公园路 629 号东原大厦 3 楼	201799	59731100
中国人寿保险公司上海市青浦营销服务部	青浦区城中东路 626 号 3 楼	201799	59268386

（陆文霆）

■安信农业保险股份有限公司上海青浦支公司　6 月，由公园东路 1155 号 1006－1014 室迁至清河湾路 980 号 108、110、111 室。下设业务部，综合管理部。2020 年，完成总保费收入 9108 万元，比上年增长 55.9%，其中农险保费收入 6170 万元。全年接报案 3609 件，比上年增加 778 件，增幅为 72.7%。有效报案全部受理，无拒赔案件。全年赔款 3944 万元。

优化大灾理赔服务。8 月 4 日，台风“黑格比”登陆上海，当日接报案 81 起，涉及财产综合保险、蔬菜种植保险、水果收获保险、大棚设施保险、淡水养殖保险等多个险种。按照总公司“黑格比"台风应急预案，开通快赔绿色通道，全部案件初勘工作在接报案后一周内完成。8月7日，第一批赔款汇入受损农户账户，帮助恢复农业生产。"黑格比"台风项目赔款超过200万元。

推进农业保险创新项目。根据市农业农村委、市财政局《上海市市级财政农业保险保费补贴资金管理办法》（沪农委〔2019〕13号）文件精神，农业保险在覆盖农业标的主要风险的基础上，逐渐由保障成本向保障收入过渡，提高农业保险覆盖率，开发草莓价格保险与优质稻米价格保险两个创新险种。草莓价格保险为草莓产销过程中遭受到自然风险和市场风险提供全方位防范。优质稻米价格保险对市场变动风险进行防范，引导并鼓励农户从卖稻谷向卖大米转变，提高绿色稻米产业化率，实现农产品优质优价目标。12月，青浦区优质稻米价格保险与草莓价格保险正式实施，保费由区、镇两级财政进行补贴，其中区财政补贴49%，镇级补贴21%。为区内1686.3公顷优质稻米与109.28公顷草莓提供价格保险，为种植户收益托底，助力青浦特色农产品生产。

规范公司管理制度。11月，按照上级公司下发的《采购管理相关制度》与《网点管理相关制度》要求，落实规范采购行为，完善供应商信息库，提高柜面服务水平与单证管理水平，加强青浦支公司管理能力。 （陈卫钦）

6月，安信农业保险青浦支公司迁至清河湾路980号108室

（安信农业保险青浦支公司供稿）

■中国太平洋财产保险股份有限公司上海市青浦支公司 位于青浦区公园东路1590号，办公面积800平方米，其中营业厅面积150平方米。总公司于2019年获得2019—2021年"进博会"核心支持企业和指定保险服务商资格。2020年，青浦支公司继续发挥地理优势，组织专业团队进驻"进博会"会场，服务保障第三届"进博会"。年末，实现签单保费19231万元，其中车险保费9119万元、非车险保费10113万元。赔款10203万元。员工29人。

服务地方经济。配合青浦区全面跨越式发展战略，与区政府开展广泛的业务合作。推进长三角生态绿色一体化发展示范区绿色保险业务，推出生态绿色环境救助责任保险，在8月27日举行的长三角示范区开发者大会上，青嘉吴三地政府与太保集团共同签署《一体化示范区绿色保险战略合作协议》。继续实施与青浦区政府于2007年11月签定的社区综合保险合作协议，实现社区综合保险的全区覆盖。在市住建委的推动下，与区房管局、建交委联系，实现区内IDI保单（工程质量潜在缺陷损失保险）70%的市场份额，实现IDI承保、风控、理赔一体化的全流程服务。

（金一泓）

证 券

■概况 2020年，全区证券公司分支机构有东方证券股份有限公司上海青浦区公园东路证券营业部、海通证券股份有限公司上海青浦区青湖路证券营业部、中信建投证券股份有限公司上海青浦证券营业部、上海证券有限责任公司青浦证券营业部、上海证券有限责任公司青浦明珠路证券营业部、申万宏源证券有限公司上海青浦区公园路证券营业部、广发证券股份有限公司上海青浦华青南路证券营业部、招商证券股份有限公司上海沪青平公路证券营业部、国联证券股份有限公司上海港俞路证券营业部、中国银河证券股份有限公司上海青浦区明珠路证券营业部、长江证券股份有限公司上海沪青平公路证券营业部。各证券营业部结合营业部特色，开展现场交易客户和网上交易，选择合适的交易方式，多数取消现场交易客户方式；加强营销队伍建设，向客户开展分层次服务，组织专业分析员向股民讲解证券知识，点评证券市场；开展投资者教育活动，帮助投资者树立正确的理财观念；加强与区内企业联系，推动企业在证券交易所上市或在全国中小企业股份转让系统挂牌。 （赵 峰）

■申万宏源证券有限公司上海青浦公园路营业部 2020年，面临新冠肺炎疫情，调整工作模式，促进线上服务，保障正常业务运转。聚焦代理和双融两项核心业务，打开产品销售局面，讲合规守底线，加强过程化管理，维护存量开拓增量，加快财富管理中心转型。全年实现考核利润比上年增长42.29%。

强化疫情管控。成立疫情防控领导小组，加强来访人员的登记留痕制度，督促员工做好安全防护。每日场所消毒，清退现场交易客户，让客户转向网上交易。推行AB轮班制及线上服务等模式，确保疫情期间员工安全、客户安全、业务安全。

优化营业场所。压缩经营面积，经一年多持续沟通，营业面积减租400平方米，节省年租金78万元，重新布局装修经营网点，预留VTM机（远程视频柜员机，VideoTellerMachine）区域，打造现代化金融服务网点，适应行业新发展方向。

加强内部管理。贯彻重大事项集体决策制度。重视机房保障和安全保卫工作，全年无重大事故发生。持续开展员工执业行为和客户适当性管理等合规管理和反洗钱管理，全年无违规事件发生。

管控双融业务风险。制定双融业务风险防范制度，加强双融客户风险管理，开展日常风险揭示、展期提示等工作。日均余额比上年增长18.42%。发展新三板业务，制定新三板开户推进方案。（赵正荣）

12月4日，申万宏源证券青浦营业部举行证券产品推介培训会（申万宏源证券青浦营业部供稿）

■中信建投证券股份有限公司上海青浦证券营业部　位于青浦区城中东路485号3幢1－4层，有四层楼面。2020年，面对新冠肺炎疫情爆发，营业部秉承“严守合规、加强风控”的经营方针，深化精准性、差异性服务功能。第一时间全员参与总部推出的Pad移动受理岗培训，Pad移动受理岗可为行动不便的老人或重要的机构客户提供上门开户及相关业务受理服务。前台员工通过Pad移动平台成功开发一位机构客户，并为远郊的一位机构客户修改信息，获得客户好评。将历年举行的线下投资者交流、投资经验分享会等活动以线上直播的形式呈现，核心客户参与活动。10月18日下午，联合中信银行上海青浦支行举行主题为“未来的市场，确定的机会”秋季投资者交流分享会，邀请总公司白金投资顾问团队主讲张浩授课。获得公司2020年度公募基金销售团队奖、创收贡献奖、交易占比提升奖、权益类私募基金销售团体奖。（王　强）

■上海证券有限责任公司青浦证券营业部　成立于2000年10月，位于青浦区城中东路566号，营业面积900平方米。设置业务办理区、客户咨询区、客户体验区、培训区、投资者教育区和大户室。现场交易方式全部为网上交易。在新冠病毒疫情期间，做好日常消杀，严格控制营业场所人员数量。定期开展反洗钱培训和业务培训，举行考试。开展投资者教育工作，张贴投资者教育海报、政策性文件和市场信息，严厉打击非法证券活动。坚守合规风控底线，保障交易安全。为客户提供优质、人性化服务。优化线上服务，方便客户线上办理业务。重点开展基金销售业务，全年新增客户1569户，销售基金2.6亿元，股基交易额356亿元。（李震宇）

6月10日，上海证券明珠路营业部开展以“创业创新，共迎发展”为主题的创业板投资者教育专题讲座（上海证券明珠路营业部供稿）

■上海证券有限责任公司青浦明珠路证券营业部　位于青浦区徐泾镇明珠路145号，营业部面积179.27平方米。设置业务办理区、客户体验区、客户咨询区、投资者教育区、客户洽谈区、培训区。交易全部为网上交易。举行证券沙龙活动。开展金融超市服务，代销金融产品，办理各类创新业务。开展反洗钱工作和投资者教育活动。6月10日，邀请投资者到营业部现场，开展以“创业创新·共迎发展”为主题的创业板投资者教育专题讲座。2020年，股票、基金交易127.72亿元；新增客户417户，实有客户7749户。（陆计静）

■上海海通证券股份有限公司上海青浦区青湖路营业部 2020年，贯彻公司财富管理转型方向，利用公司不同类型产品及产品组合，满足不同风险偏好的客户需求，深挖高净值客户产品配置需求，为机构客户提供个性化与专业化的服务，成功实现大单产品销售。两融业务方面，发挥公司两融利率优势，匹配客户需求，拜访私募客户，提供一对一专业化的服务，提升营业部1.7亿两融余额。联合公司相关部门出具上市公司服务方案5份，包括再融资、股权激励、股权质押、产品配置等价值链业务。全年营业收入2365万元，比上年增长62.5%；新开户9178户；股基市占率0.1476‰，比上年增长15.49%；两融业务新开99户，开发率50.76%，日均余额市占率0.1388‰；全年重点产品销量3.8亿元，其中权益类产品5349万元，机构大单认购投融宝产品3亿元。

（王翠婷）

■东方证券上海公园东路营业部 位于青浦区公园东路1606号2楼，办公面积667.2平方米，其中营业厅面积100平方米。营业部下设柜面、风控、综合管理、客户服务和营销部。注重投资者教育，严把风控关，全年没有发生交易风险事故。开展证券法规宣传和反洗钱宣传活动，参与打击非法证券交易，保护投资者投资安全。为区内多家上市公司和机构提供金融服务。引导客户合规投资、理性投资，取得良好收益。年末，证券交易278.3亿元，托管资产17.15亿元，销售理财产品11.03亿元，服务客户8891人。在册员工13人。

（毛彩华）

■国联证券股份有限公司上海港俞路证券营业部 于2015年9月8日在青浦区港俞路865号三楼成立，办公面积194平方米。设置业务办理区、客户咨询区、投资者教育区、客户洽谈区。交易全部为网上交易。2019年，严把风控关口。在国家拓宽民营企业多层次融资的政策推动下，与区内外金融同业机构协作，为区内企业提供新三板挂牌融资、IPO上市辅导、上市公司股票质押融资、员工持股计划、定制资管计划理财、股票债券大宗交易减持等服务。托管资产逐年递增。2020年年末，托管客户约1200人，私募产品2只，资产规模12亿元，股票、基金交易量92亿元，有员工4人(其中外聘经纪人2人)。

（王　露）

国联证券港俞路证券营业部营业大厅一角

（国联证券港俞路证券营业部供稿）

金融服务业

■概况 2020年，全区小额贷款公司4家，商业保理公司5家，融资租赁公司1家，典当行9家。

（白　亮）

■上海青浦明诚小额贷款股份有限公司 于2008年11月26号在工商青浦分局登记设立，12月8日开业，注册资本5000万元。2009年8月25日增资，注册资本1亿元；2012年1月20日增资，注册资本2亿元。经营范围为发放贷款及相关咨询活动。公司设董事会，业务部、风险管理部、财务部及综合管理部，专职从业人员6人。2020年，发放贷款2152笔53.34亿元，贷款余额1.19亿元。

（白　亮）

■上海青浦工合小额贷款股份有限公司 于2013年6月13日在市工商局登记设立，8月8日在青浦区青龙路79号开业。注册资本1亿元。经营范围为发放贷款及相关咨询活动。由区内9家企业法人共同出资组建，公司设董事会(由7名董事组成)、监事会。设业务部、财务部、风险管理部、综合管理部，专职从业人员5人。2020年，发放贷款1142笔13.78亿元，贷款余额1.29亿元。

（白　亮）

■上海青浦华新小额贷款有限公司 于2013年9月4日在工商青浦分局登记设立，9月18日在青浦区华新镇新福中路1784号开业。注册资本1亿元，由6个股东出资成立，主发起人为上海华新建设(集团)有限公司,持有公司50%股份。经营范围为发放贷款及相关咨询活动。有董事会(5名董事组成)、监事会,下设业务部、风险管理部、财务部,专职从业人员10人。2020年,发放贷款1087笔13.83亿元,贷款余额1.41亿元。（白　亮）

■上海青浦大众小额贷款股份有限公司　于2015年12月15日成立,注册地址为华新镇华徐公路999号E通世界北区。注册资本2亿元。主发起人为大众交通(集团)股份有限公司。经营范围为发放贷款及相关的咨询活动。有董事会、监事会,下设业务部、风险管理部、财务部,专职从业人员7人。2020年,发放贷款46笔3.48亿元,贷款余额2.59亿元。（白　亮）

■上海圆真商业保理有限公司　于2018年8月1日成立,11月完成股权转让[由圆通速递有限公司转让至上海圆通蛟龙投资发展(集团有限公司)],注册地址为青浦区华徐公路3029弄18号。注册资本1亿元。经营范围为出口保理、国内保利、与商业保理相关的咨询服务以及计算机软件开发。依托圆通速递以及圆通集团综合信用优势,利用物流供应链上下游业务资源,提供商业保理融资服务。坚持风险控制,拓展上下游市场,提高资本收益。2020年,完成保理业务1415笔37.8亿元。（白　亮）

■上海汉得商业保理有限公司　于2015年5月19日成立,注册地址为青浦区天辰路2801－2809号5幢3层H区328室。注册资本1亿元。经营范围为出口保理,国内保理,与商业保理相关的咨询服务,信用风险管理平台开发。2020年,服务企业100多家,融资7.08亿元,融资余额1.59亿元。（白　亮）

■上海盛信商业保理股份有限公司　于2014年4月11日成立,注册地址为青浦区祥凝浜路56号。注册资本1亿元。经营范围为出口保理、国内保理、与商业保理相关的咨询服务以及信用风险管理平台开发。2020年,融资900万元。（白　亮）

位于盈港路1603号的亿路顺典当徐泾分公司

（亿路顺典当公司供稿）

■上海银阜商业保理股份有限公司　于2014年6月16日成立,注册地址为青浦区赵巷镇镇中路531号230室,注册资本5000万元。经营范围为出口保理、国内保理、与商业保理相关的咨询服务以及信用风险管理平台开发。与多家优质企业建立合作关系。2020年,为8家企提供保理融资,融资4500万元。（白　亮）

■上海荣昶灵思商业保理有限公司　于2019年5月07日成立,注册地址为青浦区朱枫公路1226号2幢203室。注册资本5000万元。经营范围为出口保理,国内保理,与商业保理相关的咨询服务。依托上海荣泰健康科技股份有限公司综合信用优势,利用供应链上下游业务资源,提供商业保理融资服务。坚持风险控制,拓展上下游市场。2020年,完成保理业务309笔9160.8万元。（白　亮）

■上海融和电科融资租赁有限公司　于2019年8月19日获沪金监〔2019〕号开业批文,于9月23日正式成立。注册资本5亿元,注册地为青浦区徐民路308弄10号楼303室。有员工134人,其中,副总经理以上高级管理人3人、中层管理人员5人。2020年,资产总额35.90亿元,营业收入26119.56万元,利润总额7998.03万元,上缴税收4320.16万元。（白　亮）

■上海亿路顺典当有限公司　于2006年1月9日成立,注册地址为在青浦区城中东路72号,注册资本2500万元。2011年11月成立上海亿路顺典当有限公司徐泾分公司。2014年徐泾分公司从徐泾镇迁至城区盈港路。主要经营动产质押典当业务、财产权利质押典当业务、房地产抵押典当业务、限额内绝当物品的变卖、鉴定评估及咨询服务,商务部依法批准的其他典当业务,销售金银饰品、玉器、工艺礼品。2020年,受理典当业务692笔,典当金额12744.60万元。其中房产抵押贷款10153.40万元、机动车辆类540万元、其他物品2051.20万元。（白　亮）

■上海兴银典当有限公司　于2011年6月15日成立,注册及经营地址为青浦区盈港路681号,注册资金1000万元。公司股权情况:上海希力餐饮管理有限公司占31%、上海当达装饰工程有限公司占27%、詹鹏占22%、詹燕云占20%。公司主要经营房屋产权、机动车及民品类等融资典当业务。于2019年完成法人及股权变更,业务数量及业务规模有限。组建团队,拓展业务,使日常经营趋于稳定。2020年,营业收入76.14万元(其中综合费用收入76.14万元),营业外收支净额2.28万元,税后利润43.99万元。（白　亮）

■上海诺合典当有限公司 于2013年7月成立,注册地址为沪青平公路2008号12楼,注册资金3000万元,具有独立法人资格。公司股东由两个法人股东组成。公司成立初期,主要从事民品和股权相关抵押业务,民品抵押包括金铂饰品、钻石珠宝、高档手表、轿车等商品抵押,为中小企业、个体工商户和个人提供融资渠道。2017年起,主要从事生产资料抵押业务。2020年5月份起,选址青浦区夏家宅路22号沿街商铺(正在申请注册地址变更),主营汽车、房产、民品典当业务,为中小企业提供融资便利。2020年,典当余额2687.21万元。 (白 亮)

■上海宝通祥典当有限公司 于2009年5月1日成立,注册地址为静安区新闸路,2017年2月份迁至青浦区青湖路765号。注册资本3000万元,具有独立法人资格。股东由上海巨森建筑工程有限公司、上海沧贻资产管理有限公司、王涛组成。主要经营房产抵押、汽车质押、支票质押等业务。下设风控部、财务部、人事部、销售部、行政部。2018年6月成立"两新"党支部及党建服务点。致力于为中小企业解决资金周转问题。2020年,受理典当业务256笔,金额6092.2万元。其中房产抵押贷款1037万元、其他物品典当贷款5055.2万元。 (白 亮)

■上海红塔星典当有限公司 于2008年9月成立。2019年12月,变更法人,变更经营地址为青浦区公园路381号1幢2层201室。2020年12月23日,变更注册资本为2300万元。经营范围包括动产质押典当业务、财产权利质押典当业务和房地产典当。2020年,受理典当业务13笔,典当金额1176万元。 (白 亮)

■上海通速典当有限公司 于2012年7月16日成立,注册资本2000万元,公司股权结构为上海通速国际贸易有限公司620万元,占31%;上海一揽实业有限公司400万元,占20%;何悦芳500万元,占25%;沈强480万元,占24%。经营范围包括动产质押典当业务、财产权利质押典当业务、房地产抵押典当业务、限额内绝当物品的变卖、鉴定评估及咨询服务、商务部依法批准的其他典当业务。2020年,受理典当业务123笔,典当金额10618万元。其中房产抵押贷款9551.60万元、其他物品1066.40万元。 (白 亮)

■上海禾日典当有限公司 于2017年5月12日成立,注册地址为青浦区赵巷镇崧雅路86弄10号,公司法定代表人章爱明,注册资金5000万元。上海禾日建设开发有限公司出资3500万元,占注册资本的70%;上海万钧企业管理有限公司出资1500万元,占注册资本的30%。公司主营业务为房地产抵押典当业务及财产权利质押典当业务。2017—2020年,销售收入分别为116.15万元、43.71亿元、565.13万元和440.93万元。2020年,受理典当业务38笔,典当金额6125万元。其中房产抵押贷款3095万元、其他物品典当贷款3030万元。 (白 亮)

■上海德欣典当有限公司 成立于2013年6月21日,注册地址为青浦区朱家角镇珠湖路527－529号。注册资本为3000万元。上海双和投资有限公司出资1470万元,占49%;上海青浦惠民建设发展有限公司出资150万元,占5%;刘卫和出资1380万元,占比46%。经营范围包括动产质押典当业务、财产权利质押典当业务、房地产抵押典当业务、限额内绝当物品的变卖、鉴定评估及咨询服务、商务部依法批准的其他典当业务。2020年,受理典当业务53笔48万元。 (白 亮)

■上海汇鼎典当有限公司 成立于2012年7月19日,注册地址为上海市青浦区徐泾镇诸光路1588弄286号1001室,注册资本2000万元。上海笨鸟投资有限公司出资占比75%、朱克军占比17.5%、上海胜隆建材有限公司占比7.5%。经营范围包括动产质押典当业务、财产权利质押典当业务、房地产抵押典当业务、限额内绝当物品的变卖、鉴定评估及咨询服务、商务部依法批准的其他典当业务。2020年,因疫情原因未受理典当业务,典当余额23.82万元。 (白 亮)

综 述

2020年，青浦区坚持稳中求进工作总基调，发扬“抢拼实善”的新时代青浦奋斗精神，坚持疫情防控和经济社会发展“两手抓”，做好“六稳”、“六保”工作，推动经济高质量发展。全区经济社会发展总体健康、平稳、有序。

经济稳增长成效明显。地区生产总值实现1194.01亿元，比上年增长3.8%；经济密度进一步提升，单位建设用地GDP产出5.1亿元/平方公里。一般公共预算收入完成583.1亿元，比上年增长0.4%，其中区级一般公共预算收入完成210.1亿元、增长1.4%。持续扩大有效投资，制定扩大有效投资稳定经济发展行动方案，出台新型基础设施建设行动方案，全社会固定资产投资完成598.6亿元。加强政府投资项目进度管理，完成政府性投资177.6亿元。

产业集群发展水平提升。现代服务业发展多元化，规模以上服务业营业收入实现2340亿元，比上年增长21%。快递物流产业平台优势显现，业务收入1121.62亿元，比上年增长10.7%，占全市比重为78.5%，占全国比重12.8%，成为首个千亿产业集群。软件信息服务业业务收入829.92亿元，增长94.69%；税收收入36.94亿元，增长27.44%。支持会展平台有序复展，引进云上会展公司等会展产业链企业24家。长三角一体化示范区（上海）金融产业园成立，全区备案私募基金管理机构165家，规模超千亿元。金融支持实体经济力度增强，支持商业银行发放单位贷款127.9亿元。推动新一轮企业上市，海新炬网络信息技术股份有限公

2020年青浦区国民经济和社会发展主要目标完成情况表

表58

指标名称	年初预期目标	全年完成		
		绝对数	比上年增幅(%)	完成目标(%)
地区生产总值(亿元)	增长6%	1194.01	3.8	98
区级一般公共预算收入(亿元)	增长3%	210.1	1.4	98.5
规模以上工业总产值(亿元)	持平	1590.9	—	完成
社会消费品零售总额(亿元)	增长3%	516	-4.8	91.5
全社会固定资产投资(亿元)	450	598.6	—	完成
合同外资(亿美元)	8亿美元	19.8	41.4	完成
实到外资(亿美元)	6亿美元	9	12.5	完成
土地减量化(公顷)	立项180公顷 (按市下达任务调整)	214.7	—	完成
单位生产总值能耗下降率(%)	确保完成市下达目标	完成市下达目标	—	完成
主要污染物排放量削减率(二氧化硫、氮氧化物、烟粉尘、VOCs)	确保完成市下达目标	完成市下达目标	—	完成
新增就业岗位(个)	确保完成18000个	20078	—	完成
城镇登记失业人数(人)	控制在4750人以内	4123	—	完成
城乡居民人均可支配收入增速(%)	领先经济增长	53740	4.2	完成

（白　亮）

司、上海永茂泰汽车科技股份有限公司主板上市通过证监会审核。成为人民银行第二批数字货币试点区域。规模以上工业总产值1591亿元。加快培育特色产业园区，修订并提请审议《青浦区特色产业园区（平台）认定及扶持管理办法》，加强招商推介，北斗西虹桥产业基地入选首批重点打造的26个市级特色产业园区，推进人工智能、生物医药、软件信息、新材料、氢能等特色产业加快发展。出台氢能发展规划和资金扶持政策，推动氢能产业园建设。12月18日，国家工业和信息化部官网发布《国家产融合作试点城市名单》，青浦区成功入围第二批国家产融合作试点城市名单。转型升级加快，完成产业结构调整469项、191.47公顷，关停D类（整治淘汰类）企业250家，推进重固镇福泉山工业区、白鹤镇中小河道周边地区、金泽镇华为周边地区等重点区域产业结构调整。集建区外建设用地减量化立项214.7公顷。推进“四个一批”（出让一批、开工一批、竣工一批、投产一批）产业项目，完成网易等21个出让项目、华为等29个开工项目、书香门地等23个竣工项目、申通快递等12个投产项目。实现引大引强引实（含总部企业）160户。支持经济小区健康发展，新注册企业户数增长6.7%。

创新驱动能力增强。创新主体培育力度加大，企业技术中心135个；院士专家工作站39家，引进院士21人、专家160人。开展院士专家工作站项目17项、学会咨询项目16项、海智人才（“海外智力为国服务行动计划”）项目1项，扶持资金148.7万元。创新创业环境持续优化，认定备案众创空间43家，其中国家级2家、市级8家；新增孵化企业283家。科技成果转化效能提高，3个项目分别获市科技进步奖一、二、三等奖，39个项目被认定为市高新技术成果转化项目，76个项目获市创新资金项目立项；认定登记技术交易合同195项、成交金额26.2亿元。高新技术产业实现总产值709.6亿元，占全区规模以上工业总产值的58.1%。每万人发明专利拥有量24件。发布“青峰1+5”人才政策（“1”是指《关于推动人才高质量发展服务长三角生态绿色一体化发展示范区建设的若干意见》；“5”是指涉及青浦区人才发展的五项重点政策，包括对顶尖人才、高层次产业人才、农业产业人才的激励以及人才安居工程等），创新人才扶持力度加大。

全面深化改革扎实开展。制定优化营商环境3.0版（即《2020年青浦区优化营商环境工作要点》），开展“双减半（审批时限平均减少一半、审批材料平均减少一半）”自查，行政审批“减时间”达83.26%。政务服务一体化进程加快，开辟“一网通办”长三角专区，实现示范区“一网通办”企业服务事项情形299个；实现长三角地区首单企业跨省迁移涉税即时办结。持续推进“放管服”（即简政放权、放管结合、优化服务）改革，“一网通办”覆盖面扩大，已归集入库（即电子证照库）的电子证照可应用率达100%，“两个免于提交”（凡是本市政府部门核发的材料，原则上一律免于提交；凡是能够提供电子证照的，原则上一律免于提交实体证照）落地比例为93.6%。国资国企改革持续优化，通过产业链横向纵向整合，推动资源、资产、资本向优势产业、优势企业、优势管理团队集中，实现专业化、市场化、规模化发展，国有子公司由81家减少到57家。筹备组建上海青浦文旅发展（集团）有限公司，12月18日完成工商注册。完善储备粮国有运营机制，10月恢复并实体运营国有区储备粮公司。

对内对外开放不断扩大。服务保障第三届进口博览会，实现“两个一流”“两个万无一失”。承接“进博会”溢出效应，引进参展商品1300余款。积极发挥“6+365”功能性平台作用，推动“展品变商品”，70个国家和地区的176家客商入驻绿地全球贸易港。首届中国国际公共采购论坛举办。跨境电商平台完成出货481万单。引进外资力度加大，合同外资、实到外资完成19.8亿美元、9亿美元。协同推进示范区国土空间总体规划编制，协助办好示范区一周年现场会、示范区开发者大会。推进一批示范项目，元荡1.2公里生态岸线贯通，省际对接道路东航路建成通车，华为研发中心项目正式开工。

区域协调发展有序推进。分别成立青东、新城、青西发展领导小组，促进区域统筹发展。制定实施青东联动发展若干意见、三年行动计划以及年度重点工作方案，青东联动发展办公室实体化运作，国土空间规划优化、综合交通规划研究和土地等各类资源梳理形成初步成果。青浦新城纳入市“十四五”期间重点发展的五大新城之一，推进新一轮青浦新城规划优化，制定推进青浦新城高质量发展的实施意见、行动方案，明确“一带一轴四片”（“一带”指G50复合功能发展带，包括G50、沪青平公路、轨道交通17号线、崧泽大道的东西发展带。“一轴”指外青松公路产城融合发展轴，包括外青松公路、汇金路、漕盈路的南北发展轴。“四片”即中、西、北、东四个发展片区）。空间布局和重点打造的“1+3”特色功能区（“1”为

11月5—10日，第三届中国国际进口博览会在国家会展中心举行

（西虹桥商务区供稿）

青浦新城中央商务区,“3”为产业创新园区、城市更新实践区、未来新城样板区)。拟定青西协同发展若干意见、重点任务和项目清单。

城市规划建设日益完善。重固镇总规(即总体规划)获批,白鹤镇总规形成草案并经区人大常委会表决通过,加强华新镇凤溪社区、徐泾镇产业社区(G15西)、西岑科创社区等重点区域、重点项目的控制性详细规划编制调整。轨道交通2号线、13号线、17号线三条线路的西延伸项目完成工可(即工程可行性报告)编制,崧泽高架西延伸、复兴路北延伸段、胜利路出省段工程加快建设,128个重大项目稳步推进。3条市级“四好农村路”(即建好、管好、护好、运营好)示范道路完成创建,区级示范路新建19条。公共交通体系不断完善,35条公交线路完成调整。“架空线”入地改造9.42公里。淀山湖福利院、长三角(上海)智慧互联网医院等项目完成验收。完成13个存量基地和38个新开基地征收补偿。加快5G网络建设应用,建成5G基站1514个。

精细化管理水平不断提高。城市运行“一网统管”持续深化,调整组建区、街镇城运中心,完成区城市运行管理中心平台建设,接入34个部门系统、3.57万路视频和2614个感知端。推进美丽街区建设,创建12条示范道路,整治户外广告和招牌1372处(块),创建城管进社区精品工作室12家。推进美丽家园创建,完成48万平方米旧住房综合改造,多层住宅加装电梯新开工3部、建成1部,合计4部。推进4个“城中村”改造项目。30条道路和3个区域实施高标准精细化保洁。开展“三大整治”专项行动,拆除各类违法建筑2940处,面积97.4万平方米,65个成片公共安全整治地块完成47个。

乡村振兴战略高质量落实。乡村振兴建设力度加大,成功创建市级乡村振兴示范村3个、启动创建4个,成功创建市级美丽乡村示范村7个、启动建设区级美丽乡村示范村8个;完成农村人居环境整治试点区建设,330个村居通过人居环境先进村验收。农业转型和产业融合取得显著进展,农业科技化水平快速提高,绿色农产品认证率28%,“淀湖源味”品牌新增7家子品牌,总数33家。策划举办区农民丰收节、白鹤草莓文化节、练塘茭白节、五五购物节直播卖货等农事活动,吸引游客2万人次。推动农业招商项目落地,6家企业先后入驻,练塘16.53公顷寿司米实现销售,推进白鹤草莓核心基地项目,“一稻”农业科技园项目与“乐稻乐道”五谷观光休闲农业项目完成签约,衡山精品民宿首期5栋完成建设。推动帮扶“造血”项目,加大生活困难农户信息采集和帮扶,落实帮扶资金331.94万元。农村土地流转规范管理,土地流转公开交易市场街镇分中心有序运行。遵循农户自愿原则,推进农民相对集中居住,完成签约1005户。指导街镇开展农村个人建房资格及户内人数认定审核,农民建房批复722户。

绿色发展水平高质量提升。深化绿色节能工作,新建民用建筑100%创建绿色建筑,完成3个既有建筑节能改造项目、5个可再生能源建筑一体化应用项目;推广使用新能源公交车,新增及更新16台新能源公交车,完成45根公交充电桩建设。推进林地和绿地建设任务,完成重点生态廊道造林300公顷,陆域森林覆盖率18.2%;新增3座城市公园,改造2个街心花园,新增绿地61.5公顷、生态绿道20公里,建成区绿化覆盖率达43.1%,人均公园绿地面积10平方米。生活垃圾全程分类体系逐步完善,新增181个再生资源回收点、1个中转站,启动建设1个集散场,绿色账户实名认证23.9万户,干湿垃圾和可回收物日均分类量实现“一减两增”。

编制上海市青浦区国民经济和社会发展第十四个五年规划和二〇三五年远景目标纲要。2018年底,国家和上海市启动“十四五”规划编制工作,区委、区政府结合上级要求和青浦实际,坚持“开门编规划”,经过“前期研究”“规划编制”“审议发布”3个阶段全面开展青浦区“十四五”规划编制各项工作。2020年2月,成立区“十四五”规划工作领导小组,组建区“十四五”办公室。5月正式启动规划纲要起草工作。7月中旬,形成规划纲要初稿。4次以书面形式广泛征求意见。在区政府门户网站、微信公众号等媒体上,发起“‘十四五’规划前期研究调查问卷”“‘青·听2025’——“十四五”规划公众参与”等活动,发放区“十四五”规划公众调查问卷,征集公众对“十四五”发展意见建议。《上海市青浦区国民经济和社会发展第十四个五年规划和二〇三五远景目标纲要》于2021年1月21日经区第五届人民代表大会第七次会议第三次全体会议通过。规划纲要共分12章,分别为“站在新起点擘画未来发展新蓝图”“构建联动融合协同的‘一城两翼’新格局”“打造对内对外融通的开放枢纽新门户”“建设特色功能凸显的贸易枢纽新龙头”“激活产学研用一体的创新枢纽新引擎”“塑造上善精神彰显的文化枢纽新地标”“打造践行人民城市理念的品质城市新样板”“建设充满活力的乡村振兴新典范”“建立为民便民惠民的公共服务新高地”“构建共建共治共享的社会治理新体系”“树立绿色优势凸显的生态文明新标杆”“集聚率先突破系统集成的重大改革新动能”。 （白　亮）

国有(集体)资产监督管理

■概况 2020年,按照全国国有企业改革座谈会的要求,推进区管企业下属子公司深化改革,加强国有企业监管。区国有资产监督管理委员会设党委办公室(增挂企业领导人员管理科牌子)、行政办公室、产权监督科(增挂财务监督科牌子)、考核分配科、规划发展科、综合管理科6个部门,下设董监事管理中心(事业单位)。12月18日,上海青浦文旅发展(集团)有限公司在区市场监管局完成企业注册。年末,全区有区管企业7家,分别是上海青浦工业园区发展(集团)有限公司、上海青浦新城发展(集团)有限公司、上海西虹桥商务开发有限公司、上海青浦发展(集团)有限公司、上海青浦现代农业园区发展有限公司、上海青浦文旅发展(集团)有限公司和青浦区供销合作联合社。

2020年末,全区国有、集体企业123户,资产总额778.38亿元,比上年增长4.10%;负债总额450.59亿元,比上年增长0.79%;净资产327.79亿元,比上年增长9.03%。 (方薇佳)

■区管企业资金管理 通过“一本预算、两项支出”(即编制一本企业财务预算,规范政府性项目支出预算和企业经营管理支出预算），编制2020年度区管企业财务收支预算，于10月完成预算调整。2020年度区管企业（本部）期初存量资金57.77亿元，预算收入97.01亿元，预算支出111.11亿元，期末存量资金43.67亿元。（方薇佳）

■区管企业房屋资产监管 开展区管企业房屋资产专项审计，规范房屋资产管理方式和行为，完善房屋资产系统数据，确保资产保值增值。年末，区管企业自有房屋资产1200处，实际建筑面积151.43万平方米；租入房屋资产17.02万平方米。（方薇佳）

■引进培养高素质专业人才 为优化企业人力资源结构，提升企业竞争力，按照公开、平等、竞争、择优的原则，开展2020年区管企业公开招聘工作。通过直接招录、自主招聘、统一招聘和校园招聘等多种形式，引进人才81人。集中举办新员工训练营，帮助新员工融入新环境，适应新岗位。（方薇佳）

固定资产投资管理

■概况 2020年，全区政府性投资项目计划中（调整后）正式项目269个，包括续建项目125个、新开项目149个、完工未决算项目22个，总投资534.2亿元，年度资金186.6亿元。至年末，正式项目累计完成投资177.6亿元，占年度投资计划的95.2%。其中：已完工项目123个，完成投资48.6亿元；已开工项目141个，完成投资123.6亿元；正在办理前期手续项目32个，完成投资5.4亿元。（白　亮）

■工程建设项目审批制度改革 优化窗口服务，提升审批效率。全年办理件数958件，网上办结率100%，行政许可事项承诺时限压缩80%。修订完善办事指南，更大程度方便社会投资项目办理，提高企业办事便捷性。（白　亮）

■投资项目事中事后监管 制定出台企业投资项目事中事后监管工作规则。利用全国投资项目在线审批监管平台定期进行在线监测；完成20个项目的现场核查工作。有序开展项目概算内调整工作，对2019年竣工决算审计发现的概算执行不规范问题，要求项目单位进行专项整改。对区审计局提出的2019年区政府性投资项目审计结果进行分析，分类提出处置建议。政府性投资项目及实事工程按季分月形成专报。（白　亮）

财　政

■概况 2020年，面对新冠肺炎疫情和复杂严峻国内外形势，按照“稳中求进”的工作总基调，贯彻实施积极的财政政策，着力发挥财政职能作用，财政改革稳步推进，财政管理水平有效提升，主要预算指标完成良好。区政府“三本预算”（一般公共预算、政府性基金预算、国有资本经营预算）执行情况总体良好，区镇两级政府公共财政保障能力稳步提升。全区一般公共预算收入583.1亿元，比上年增长0.4%，其中区级一般公共预算收入210.1亿元，比上年增长1.4%。区级一般公共预算支出336.76亿元，比上年下降0.9%，完成调整预算的99.2%。（朱逸凡）

■贯彻政府过“紧日子”要求 向各预算单位发放倡议书，倡议树立过“紧日子”思想，厉行勤俭节约，压减一般性支出和非急需、非刚性支出，及时调减上缴暂缓实施的项目资金。加大对各类结余结转存量资金的盘活力度，全年收回部门预算结转结余资金1.8亿元，将节省和盘活资金优先用于疫情防控、“六稳”“六保”和落实国家重大战略等重点领域，安排疫情防控预算支出3.3亿元，全额用于防疫物资供应和人员经费保障。探索引入“公物仓”（区级行政事业单位国有资产公物仓）管理模式，完成资产管理信息系统“公物仓”升级改造工作，对试点预算单位闲置资产完成从“入仓”到“出仓”的管理调配，努力盘活存量国有资产，提高资产使用效率。（朱逸凡）

■实施预算和绩效目标一体化新机制 2020年，区级预算部门和徐泾、金泽、华新、朱家角4个镇基本建成“三全”（全过程、全方位、全覆盖）预算绩效管理新体系，绩效目标编报、绩效跟踪和绩效评价均实现资金覆盖率100%。其中：区级预算部门组织编报支出预算绩效目标2676个，另外编报政策绩效目标、抗疫特别国债资金项目绩效目标、国有资本经营预算项目绩效目标分别为19个、22个和5个。建立新增重大项目（政策）事前绩效评估机制，将评估结果应用于预算编制工作，对覆盖卫生、农业、体育等8个领域涉及34个预算部门的126个项目开展绩效评估，最终建议核减预算3.1亿元，核减率28.7%。（朱逸凡）

■财政部财政直达资金管理 及时将市财政局2020年下达的22.61亿元财政部直达资金批复下达至民政局、卫健委等159个预算单位、5个区级公司及8个镇。着重保障基础设施建设，安排直达资金16.39亿元用于夏阳街道农民集中居住项目建设、环城水系治理、上海青浦兰生复旦学校建设、西岑社区岑卜路东段建设、朱家角污水处理厂三期扩建等16个涉及民生、交通、卫生、教育等领域的重点基础设施建设项目。以直达资金台账为依据，加强对直达资金预算分解下达、资金支付、惠企利民补助补贴发放等内容的监控，将直达资金以及比照管理的专项国债等资金全部纳入监控范围，做到账目清晰、账账相符。（朱逸凡）

■推进乡村振兴战略 整合原农业综合补贴和农业生态与农产品安全两大专项，形成《青浦区农业绿色生产发展补贴专项资金管理办法》和4个实施细则，将原22项补贴政策整合为4大类17项补贴，取消部分补贴项目，适度提高相关补贴标准，财政补贴力度基本保持不变。制定出台《青浦区农田建设项目和资金管理办法》《青浦区村级河道整治项目和资金管理办法（试行）》和《青浦区都市现代农业发展项目和资金管理办法》，规范区农田建设、村级河道整治和都市现代农业项目建设管理。全年在实施乡村振兴战略推进农民生活富裕方面直接投入资金12.77亿元，比上年增长17%，主要包括农业生产综合补贴3.55亿元、农村帮扶资金3.76亿元、农村养老3.07亿元、农村低保补助1.6亿元、青西地区农户直补0.53亿元以及农村就业0.26亿元。（朱逸凡）

■政府性投资项目资金管理 健全资金直付流程，试点并推动政府性投资项目资金拨付流程跟踪记录机制，对线下资料审核到线上系统审批全过程实施跟踪记录。严格执行政府性投资项目“1+8”管理办法，通过优化财务监理招标方式，完善财务监理监管制度，健全完善审核流程等举措，畅通“中介机构—财政—建设单位”三方交流沟通渠道，强化政府性投资项目资金监管和风险防控，全面保障包括长三角一体化基础设施项目、“进博会”配套项目、创建全国文明城区配套项目、华为配套项目等市区两级重大项目顺利实施。全区年度区级资金执行率93.8%。

（朱逸凡）

■全面推广镇级国库支付电子化改革 按照《上海市区级财政国库集中支付电子化技术方案和业务管理操作流程（试行）》有关业务规范，年内，镇级部门预算单位共221家全部完成支付电子化改造，覆盖率100%，其中自助柜面启用125家、启用率56.6%。此次镇级改革共涉国库代理银行2家（农业银行、农商银行）；代理商业银行6家（农业银行、工商银行、建设银行、浦发银行、农商银行、交通银行）。 （朱逸凡）

■全面开展划转部分国有资本充实社保基金工作 为弥补因实施视同缴费年限政策形成的企业职工基本养老保险基金缺口，根据《上海市人民政府关于印发<上海市划转部分国有资本充实社保基金实施方案>的通知》要求，制定《青浦区划转部分国有资本充实社保基金实施方案》。在不改变国有资本属性的基础上，通过划转实现国有资本多元化持有，建立国有资本划转和企业职工基本养老保险基金缺口逐步弥补相结合的运行机制，促进建立更加公平、可持续的养老保险制度。

（朱逸凡）

■政策采购制度 实施政府采购10736次，实现政府采购规模84.24亿元，比预算节减资金6亿元，节约率6.65%。其中：货物采购实际采购金额6.84亿元，节约资金0.49亿元，节约率6.68%；工程采购实际采购金额46.81亿元，节约资金4.55亿元，节约率8.86%；服务采购实际采购金额30.59亿元，节约资金0.97亿元，节约率3.07%。落实“互联网+政府采购”行动，青浦区作为上海市政府采购云平台正式上线后的第一批全面试点地区，在全区推广应用政府采购云平台，推进政府采购全流程电子化，全年有691家预算单位在平台上注册。

（朱逸凡）

■助力小微企业健康发展 印发《青浦区政策性融资“批次贷”业务实施方案》（青财规〔2020〕1号），建立“政府+担保+银行”中小微企业政策性融资贷款联动服务机制，突出金融对实体经济的政策组合支持。推进青浦区小微企业财务会计培训咨询基地工作，落实“云计划”行动，以购买课程的模式，定制涉及内部控制、财务管理、税收管理、法律法规等方面的“云培训”课程，全年开展培训15场，受训1800余人次。组织市优秀财会人才与企业结对，为企业融资、财务核算等问题提供咨询建议，2020年结对帮扶企业2家。 （朱逸凡）

6月18—20日，2020年青浦区财务管理优秀人才培训班在上海国家会计学院举行 （区财政局供稿）

■财政扶持政策 2月10日，区政府印发《上海市青浦区人民政府关于抗击新冠肺炎疫情支持企业健康发展的十七条意见》（青府发〔2020〕3号）（即“青惠17条”）。加大属地财政倾斜力度，将各镇、区属公司下辖企业所缴纳税收由原区与镇、区属公司3:7比例分享调整为1:9比例分享，倾斜资金全额用于支持企业恢复在疫情防控期间受影响的生产经营和企业发展活动，执行期限为政策发布之日起的3个月。全年向各镇、区属公司倾斜财力5.3亿元，惠及企业14269户。建立财政扶持资金按月拨付机制，提高资金拨付效率，全年拨付财政扶持资金41.1亿元，涉及企业5.3万笔次。加大对产业专项资金的投入，2020年产业发展专项资金安排6.29亿元，比上年增长10%。配合相关职能部门研究制定并出台《青浦区进一步支持经济小区健康发展若干措施（试行）》，增强对经济小区和试点平台的财政支持力度，提升招商引资工作活力和竞争力。 （朱逸凡）

税　务

■概况 2020年，青浦区税务局面对错综复杂的国际形势、新冠肺炎疫情的冲击，服务“六稳”“六保”大局，统筹推进落实减税降费和组织税费收入，系统抓好优化税收营商环境和提升税收治理效能，推动智慧税务和便民办税服务。2020年，全区完成税收收入534.8亿元，比上年下降0.9%，其中区级税收收入177.8亿元，与上年基本持平。全年累计新增减税降费29.8亿元。

（郝玲阁）

2020 年青浦区税务局办税服务厅(点)情况表

表 59

名称	地址	电话	邮编
第一税务所办税服务厅	青浦区城中西路 68、88、100 号	59719427	201700
第一税务所办税服务厅赵巷延伸点	青浦区赵巷镇赵华路 400 号	59751269	201703
第三税务所房产交易办税服务厅	青浦区支家路 158 号	59711203	201700
第一税务所办税服务厅驻区行政服务中心延伸点	青浦区外青松公路 6189 号	暂无	201700

(郝玲阁)

■“进博会”税收服务保障　提前排摸走访会展中心周边配套服务企业，采取开通发票领用快速通道、提速临时增量特批等举措，保障企业顺畅经营。组建多语种党员青年突击队，选派业务骨干驻场提供政策宣讲和办税咨询服务。区内建立 5 个志愿服务站点，编制《双语服务手册》，全方位、多层次满足“进博会”各方的涉税需求。　(郝玲阁)

■减税降费政策　2020 年，新增减税降费 29.8 亿元。其中：883 户次企业享受运输重点防疫物资免税、公共交通运输服务免税、生活服务免税、为居民提供必需生活物资快递收派服务免税以及捐赠免税政策，减免金额 3.9 亿元；16783 户次小规模纳税人享受征收率调整政策，减免税额 5.2 亿元；4690 户次企业享受加计抵减政策，减免税额 4.2 亿元；148 户次企业享受增量留抵退税和先进制造业留抵退税政策，留抵退税 7.5 亿元；5 户企业享受重点物资生产企业留抵退税政策，留抵退税 685.7 万元；255 户企业享受支持新冠肺炎疫情防控捐赠支出全额扣除政策，扣除金额 4999.7 万元；13083 户企业享受小微企业延缓缴纳企业所得税政策，缓缴金额 16634.0 万元；344 户企业申请房产税和城镇土地使用税减免，减免税额 3453.8 万元；批准延期申报和延期缴纳相关申请 119 户，涉及税款 3981.0 万元；将 556 户定期定额户批量调整至起征点以下，减免税款近 15 万元。　(郝玲阁)

11 月，“进博会”期间，现场驻点税务干部为德国叉车品牌永恒力工作人员宣传解读税收优惠政策　(区税务局供稿)

■重大税制改革　强化政策宣传辅导，细分各类汇算人群，平稳完成个人所得税首次年度汇算清缴。全区 418379 人完成汇算申报，补税入库 2.02 亿元，退税 0.84 亿元。推进货物劳务税制改革，优化增值税发票管理服务，推行增值税专用发票电子化试点工作。开展车辆购置税全市通办工作，全年申报车辆购置税 96547 笔，入库税额 21.2 亿元。开展城乡居民养老保险和城乡居民医疗保险征收，推进社会保险费、残疾人就业保障金征收职能划转。10 月，社保费划转首月，完成扣款 39365 户(企业)、85766.0 万元，征收进度 99.44%。至年末，社保费划转共征收企业社保费 168722.0 万元。(郝玲阁)

■重点税源管理　落实 2020 年度重点税源选户工作，筛选出生产经营情况正常、财务核算制度健全、有一定发展潜力和税源基础的企业作为四级重点税源企业，认定青浦区四级重点税源企业 2118 户，比上年增加 17 户。其中总局级 284 户、市局级 353 户、区局级 716 户、税务所级 765 户。四季度，完成全部重点企业调查工作。年末，四级重点税源企业实现税收 256.3 亿元，占全区税收总收入的 47.9%。　(郝玲阁)

■税收经济分析　利用增值税发票大数据开展复工复产税收经济分析，服务地方党委政府科学决策。全年向上级报送专题分析报告 16 篇，其中 5 篇获区委区府领导批示肯定，1 篇在《中国税务报》上获得选刊，参与的 6 篇市税务局分析报告得到市委书记李强等领导的表扬性批示。　(郝玲阁)

■纳税信用等级评定　完成 2020 年度纳税人信用等级评定工作，评出 A 级 12350 户、B 级 45994 户、M 级 26987 户、C 级 1325 户、D 级 10103 户。(郝玲阁)

■税收风险管理　实行风控任务扎口管理，提高税收风险管理的精度和准度，全年推送风险企业 13096 户次，补征税款、滞纳金及罚款 99231 万元，调减留抵金额 5991 万元，弥补亏损金额 6215 万元。加强发票类风险防范，优化审批流程及办结时限，拓展快防平台(快速风险防

4月10日，上海市公安局青浦分局派驻国家税务总局上海市青浦区税务局联络机制办公室揭牌仪式在区税务局举行 （区税务局供稿）

控平台）43个监控指标，有效减少增值税专用发票案件尤其是新办企业虚开走逃（虚开发票走逃）案件发生。围绕股权转让风险，加强工商变更信息的第三方数据采集，应对风险企业450户，入库税收1.5亿元。 （郝玲阁）

■税收法治化建设 依法依规开展行政复议诉讼工作，全年受理、承办行政复议2件、行政诉讼2件。推进“三项制度”（行政执法公示制度、执法全过程记录制度、重大执法决定法制审核制度），搭建行政执法信息公示平台，梳理完善39项行政执法公示事项。建立税务法制审核团队，创新形式开展集体学法活动，与金山区税务局共同举办税法辩论赛。聚焦减税降费、防疫政策落实、现金税费征缴专项整治等重点工作。加强内控管理，线上自建监控指标23个，线下开展5轮次全覆盖督导检查，筑牢日常风险防控基础。应对日常过错预警，全年处理部门及税务人员预警过错行为233条。 （郝玲阁）

■公安局青浦分局派驻区税务局联络机制办公室揭牌 4月10日，上海市公安局青浦分局派驻国家税务总局上海市青浦区税务局联络机制办公室揭牌仪式在区税务局举行。联络办承担联络沟通、组织协调、信息互通、情报研判、督导指挥等职责，推动完善税警“深度合作，联合办案”的工作模式，建立税警协作常态化、制度化、规范化的工作机制。 （郝玲阁）

■优化营商环境 5月6日，税务注销业务正式入驻区行政服务中心。8月3日，税务信息变更业务受理窗口调整至区行政服务中心，实现税务开业、变更、注销等信息报告类事项一站式办理。推广增值税电子发票公共服务平台，新办企业开业实现全程网上办。推进五税种（企业所得税、城镇土地使用税、房产税、土地增值税、印花税）综合申报，42493户纳税人完成申报，缴纳税款18.32亿元。提升发票领用“网上申领、专业配送”覆盖面，每月配送户数到8000户以上，配送率在80%以上。落实办税服务场所体温检测、信息登记、环境消毒、个人防护等疫情防范措施。依托微信公众号、青税云课堂、12366纳税服务平台等渠道开展宣传咨询，在线辅导企业9万余户次，受理在线咨询12万余人次，接听咨询电话144221次，税法宣传咨询质效得到提升。及时响应纳税人需求，落实纳税人权益保障，全年转办各类咨询工单2401条。 （郝玲阁）

■长三角一体化示范区建设 5月12日，原昆山酷尔家居有限公司（现上海小西儿家居有限公司）成功体验一体化区域迁移新流程，实现全国首笔税务跨省（市）迁移业务落地。区税务局牵头开展示范区“云链通”行动，运用税收大数据为49户困难企业匹配112户上下游企业清单，支持稳定产业链供应链。6月，青浦、吴江、嘉善三地税务机关首次以跨省（市）税务机关名义联合发布示范区纳税信用A级企业名单，涉及企业24946户，其中青浦区12487户。8月19日，与吴江、嘉善两地税务局在青浦区朱家角镇共同举行长三角生态绿色一体化发展示范区涉税事项跨区域通办合作签约仪式，联合发布首批4类15项涉税事项跨区域通办清单，为纳税人跨区域办税提供便利。 （郝玲阁）

8月19日，上海青浦、苏州吴江、嘉兴嘉善三地税务局在青浦区朱家角镇共同举行长三角生态绿色一体化发展示范区涉税事项跨区域通办合作签约仪式 （区税务局供稿）

2020年青浦区税户登记情况表(一)

表60　　　　　　　　　　　　　　　　　　　　　　　　　　单位:户

行次	类别	注册类型	上年末户数(含非正常户)	本年末户数(含非正常户)	其中:共同登记户数(含非正常户)	增值税纳税人户数	
						合计	其中一般纳税人
1	合计		153142	161748	161748	142340	68755
2	内资企业	国有企业	215	195	195	67	38
3		集体企业	451	444	444	361	165
4		股份合作企业	41	44	44	40	31
5		联营企业	27	27	27	23	17
6		国有联营企业	2	3	3	3	3
7		集体联营企业	12	11	11	9	8
8		国有与集体联营企业	10	10	10	8	6
9		其他联营企业	3	3	3	3	0
10		有限责任公司	3426	4243	4243	3635	2336
11		国有独资公司	28	30	30	17	14
12		其他有限责任公司	3398	4213	4213	3618	2322
13		股份有限公司	182	199	199	167	141
14		私营企业	125144	130898	130898	120839	64349
15		私营独资企业	28636	33705	33705	31845	9885
16		私营合伙企业	3173	3429	3429	3088	756
17		私营有限责任公司	93224	93641	93641	85795	53613
18		私营股份有限公司	111	123	123	111	95
19		其他企业	845	857	857	575	269
20		小计	130331	136907	136907	125707	67346
21	港澳台商投资企业	合资经营企业(港或澳、台资)	119	115	115	102	90
22		合作经营企业(港或澳、台资)	38	36	36	32	29
23		港、澳、台商独资经营企业	512	537	537	475	374
24		港、澳、台商投资股份有限公司	9	12	12	12	9
25		小计	678	700	700	621	502
26	外商投资企业	中外合资经营企业	223	228	228	212	173
27		中外合作经营企业	52	50	50	48	44
28		外资企业	775	791	791	687	587
29		外商投资股份有限公司	2	2	2	2	1
30		小计	1052	1071	1071	949	805
31	外国企业		4765	5369	5369	1026	2
32	个体经营		14750	15014	15014	13080	31
33	其他		1566	2687	2687	957	69

(郝玲阁)

2020 年青浦区税户登记情况表(二)

表 61　　　　单位:户

行次	类别	注册类型	本年末户数分行业												
			农林牧渔业	采矿业	制造业	电力燃气及水的生产和供应业	建筑业	交通运输仓储和邮政业	信息传输、计算机服务和软件业	批发和零售业	住宿和餐饮业	金融业	房地产业	租赁和商务服务业	其他行业
1	合计		845	1	12095	35	10801	4199	5046	67004	3088	298	3007	30987	24342
2	内资企业	国有企业	0	0	9	5	11	4	2	10	3	1	5	9	136
3		集体企业	12	0	134	6	26	4	3	112	8	2	19	42	76
4		股份合作企业	1	0	24	0	3	2	0	4	0	0	5	3	2
5		联营企业	1	0	6	0	0	2	0	5	2	0	4	3	4
6		国有联营企业	1	0	0	0	0	1	0	0	0	0	0	0	1
7		集体联营企业	0	0	4	0	0	1	0	0	1	0	3	1	1
8		国有与集体联营企业	0	0	2	0	0	0	0	5	1	0	0	1	1
9		其他联营企业	0	0	0	0	0	0	0	0	0	0	1	1	1
10		有限责任公司	15	1	245	14	278	267	187	1031	114	24	379	965	723
11		国有独资公司	0	0	0	4	1	1	2	6	1	1	5	8	1
12		其他有限责任公司	15	1	245	10	277	266	185	1025	113	23	374	957	722
13		股份有限公司	1	0	48	0	10	16	14	32	0	16	5	21	36
14		私营企业	132	0	9004	7	10397	3560	4504	54773	709	64	2140	28614	16994
15		私营独资企业	21	0	1853	1	2443	769	1285	10377	83	2	542	11190	5139
16		私营合伙企业	0	0	54	0	52	11	107	256	14	7	23	2556	349
17		私营有限责任公司	111	0	7063	6	7897	2773	3095	44125	610	55	1570	14854	11482
18		私营股份有限公司	0	0	34	0	5	7	17	15	2	0	5	14	24
19		其他企业	624	0	10	0	1	11	1	84	5	0	53	21	47
20		小计	786	1	9480	32	10726	3866	4711	56051	841	107	2610	29678	18018
21	港澳台商投资企业	合资经营企业(港或澳、台资)	1	0	44	0	0	4	2	23	1	1	14	12	13
22		合作经营企业(港或澳、台资)	0	0	33	0	0	0	0	1	0	0	0	1	1
23		港、澳、台商独资经营企业	1	0	182	1	7	7	20	152	23	2	24	69	49
24		港、澳、台商投资股份有限公司	0	0	5	0	0	0	0	1	0	0	0	4	2
25		小计	2	0	264	1	7	11	22	177	24	3	38	86	65
26	外商投资企业	中外合资经营企业	1	0	109	1	4	4	7	40	3	0	10	28	21
27		中外合作经营企业	1	0	38	0	3	0	0	2	0	0	3	0	3
28		外资企业	1	0	407	0	3	22	14	172	16	0	21	90	45
29		外商投资股份有限公司	0	0	0	0	0	0	0	0	0	0	0	1	1
30		小计	3	0	554	1	10	26	21	214	19	0	34	119	70
31	外国企业		0	0	1311	0	31	235	281	127	5	173	16	803	2387
32	个体经营		22	0	466	1	18	42	1	10409	2197	0	6	92	1760
33	其他		32	0	20	0	9	19	10	26	2	15	303	209	2042

(郝玲阁)

2020 年税收收入完成情况表

表 62

项目	2020 年(万元)	2019(万元)	增减额(万元)	增减(%)	占比(%)
税收合计	5348031	5395200	-47169	-0.9	100.0
其中:增值税	2502927	2686066	-183139	-6.8	46.8
其中:改征增值税	848381	810000	38381	4.7	15.9
消费税	24617	21372	3245	15.2	0.5
企业所得税(内资)	813497	1050975	-237478	-22.6	15.2
企业所得税(外资)	308683	448778	-140096	-31.2	5.8
个人所得税	772682	548664	224018	40.8	14.4
土地增值税	220531	220788	-256	-0.1	4.1
耕地占用税	1978	3246	-1268	-39.1	0.0
契税	237683	160030	77653	48.5	4.4
环保税	255	201	54	27.1	0.0
其他各税	465178	255080	210098	82.4	8.7
附:“增、消”两税	2527544	2707438	-179894	-6.6	47.3
三项所得税	1894861	2048417	-153556	-7.5	35.4
免抵调增增值税	330733	536231	-205498	-38.3	6.2
中央级税收	2630814	2606466	24348	0.9	49.2
地方级	2717217	2788734	-71517	-2.6	50.8
其中:市级税收	938902	1010531	-71629	-7.1	17.6
区级税收	1778315	1778203	112	0.0	33.3

(郝玲阁)

5 月 20 日,区税务局在区婚姻登记中心设置灵活税宣点,为有需求的新人们讲解个税汇缴政策和具体操作方法　　(区税务局供稿)

市场监督管理

■概况 2020年,区市场监督管理局主动服务两大国家战略,优化营商环境、维护市场秩序、守住安全底线,着力打造市场监管工作新样本,服务青浦全面跨越式高质量发展。2020年,下设办公室、组织人事科、督查室、财务科、法规科、注册许可科、信用监督管理科、执法稽查科、网络交易和广告监督管理科、市场规范监督管理科(合同监督管理科)、消费者权益保护科、质量发展科、标准化管理科、计量和认证认可监督管理科、特种设备安全监督管理科、产品质量安全监督管理科、食品生产监督管理科、食品经营监督管理科、食品安全协调科、药品化妆品安全监督管理科、医疗器械监督管理科、知识产权科22个科室;按规定设置工会和共青团等组织;下设13个市场监督管理所和执法大队,分别是赵巷市场监督管理所、徐泾市场监督管理所、华新市场监督管理所、重固市场监督管理所、白鹤市场监督管理所、朱家角市场监督管理所、练塘市场监督管理所、金泽市场监督管理所、夏阳市场监督管理所、盈浦市场监督管理所、香花桥市场监督管理所、工业园区市场监督管理所、西虹桥地区市场监督管理所和执法大队。行政编制455人,实有公务员290人、参公130人。下属4个事业单位,包括食品药品检验所、特种设备监督检验所、计量质量检测所,在编在岗68人。

全区各类市场主体177823户。其中私营企业140881户、外资企业1810户、内资企业4318户、个体工商户29815户、农民专业合作社999户。食品药品方面,有食品流通经营户9791家、食品生产企业134家、餐饮服务经营单位6829家、医疗器械经营企业3905家、药品零售企业199家、中小学托幼机构和企事业单位食堂1234家。新立案查处各类违法案件1033件、结案1006件,尚未结案523件;实际入库罚没款2122.20万元;移送司法机关追究刑事责任案件(含案件线索)19件。3月4日,市市场监督管理局党组书记倪俊南走访上海元祖梦果子股份有限公司,慰问赵巷市场监督管理所。

(胡开明)

2020年青浦区各类市场主体情况表

表63

项目	新设户数(户)	比上年(%)	新设注册资本(万元/美元)①	比上年(%)	累计户数(户)	比上年(%)	累计注册资本本(万元/美元)①	比上年(%)
市场主体合计	2036	7.10	895126.2113	33.04	177823	4.57%	99500002.6849	11.95
内资企业	71	14.52	150450	45.82	4318	22.15%	20537644	39.96
外商投资企业	18	200.00	18818	-28.78	1810	15.21%	1134151	52.11
私营企业	1622	8.79	613015.5108	58.87	140881	4.39%	70885411.9333	3.05
个体工商户	324	-4.99	3598.3005	-10.33	29815	2.84%	144143.9516	10.17
农民专业合作社	1	0.00	100	0.00	999	0.71%	220576	2.72

说明:①注册资本的计量单位,内资各主体均为万元,外商投资企业单位为万美元

(胡开明)

2020年上海市青浦区市场监督管理局各部门情况表

表64

单位	地址	电话	邮编
青浦区市场监管局	青浦区青松路175号 青浦区外青松公路6189号青浦区行政服务中心(注册大厅)	59725800(总机) 59728337(局办公室) 59728327(注册咨询)	201799
执法大队	青浦区夏阳街道青龙路185号	69733812	201799
赵巷市场监管所	青浦区赵巷镇赵兴路2号	59754361	201703
徐泾市场监管所	青浦区徐泾镇崧泽大道2088号(金字圩路2号蟠龙馨苑西南)	69725800	201702
华新市场监管所	青浦区华新镇新凤中路518号	33861012	201708
重固市场监管所	青浦区重固镇北青公路6588号A3栋2001号(意邦建材市场内)	59781043	201706
白鹤市场监管所	青浦区鹤祥路1号	33866809	201709
朱家角市场监管所	青浦区朱家角镇沙家埭路8号	59240667	201713
练塘市场监管所	青浦区练塘镇练北路59号	59251574	201715
金泽市场监管所	青浦区金泽镇练西公路4325号	59295257	201721
夏阳市场监管所	青浦区青松路162号	69733537	201799

（续表）

单位	地址	电话	邮编
盈浦市场监管所	青浦区三元路46号	59720756	201799
香花桥市场监管所	青浦区香花桥街道大盈路418号	59720160	201712
青浦工业园区市场监管所	青浦工业园区盈顺路200号	69228130	201799
西虹桥地区市场监管所	青浦区徐泾镇徐民路308弄9号	59760970	201702

（胡开明）

5月11日，长三角生态绿色一体化发展示范区企业登记服务站在朱家角镇正式启用　（区市场监管局供稿）

■3个登记服务站正式启用　为服务“进博会”和长三角一体化发展两大国家战略，青浦区市场监督管理局分别在长三角一体化“先行启动区”朱家角镇、与国家会展中心一街之隔的绿地全球贸易港和青浦工业园区设立3个登记服务站，即长三角生态绿色一体化发展示范区企业登记服务站、绿地贸易登记服务站、青浦工业园区企业登记服务站。5月11日，3个登记服务站正式启用。　（胡开明）

■服务保障“进博会”　通过跨前服务、证照通办等机制，优先办理“进博会”重点配套、参展企业的登记申请，帮助上海绿地全球商品贸易港有限公司、国家会展中心（上海）有限责任公司等50余家“进博会”重点配套企业解决登记难题，为韩国、意大利、北欧等地区代表全程提供企业入驻服务。“进博会”开幕之前，细化落实食品药品、特种设备、知识产权等十三项重点工作举措，保障第三届“进博会”“零失误、零事故”。提前入驻“四叶草”（国家会展中心）内现场办公，发各类证照108份。11月5日上午，“进博会”首日，在国家会展中心1.1馆内，区市场监管局驻场保障企业服务区人员为新西兰投资企业上海奥净贸易有限公司颁发营业执照和食品经营许可证，成为第三届“进博会”首张证照。11月5日，新华社、上观新闻、澎湃新闻等多家媒体作专题报道。　（胡开明）

■服务热线绩效考核名列前茅　全年，通过上海市公众诉求综合处置平台、全国12315平台、区网格化平台等渠道接收各类投诉、举报、咨询工单25380件，比上年上升30.4%，其中投诉12960件、举报10360件、咨询2060件。坚持“让人民满意”的工作目标，层层压实热线承办责任，着力提升12315投诉举报处置、“12345”市民服务热线承办工作效能，总体满意度超过93%。热线工作连续5年为青浦区工单较多的委办局中第一名，获上海市市场监管系统2019年度12345市民服

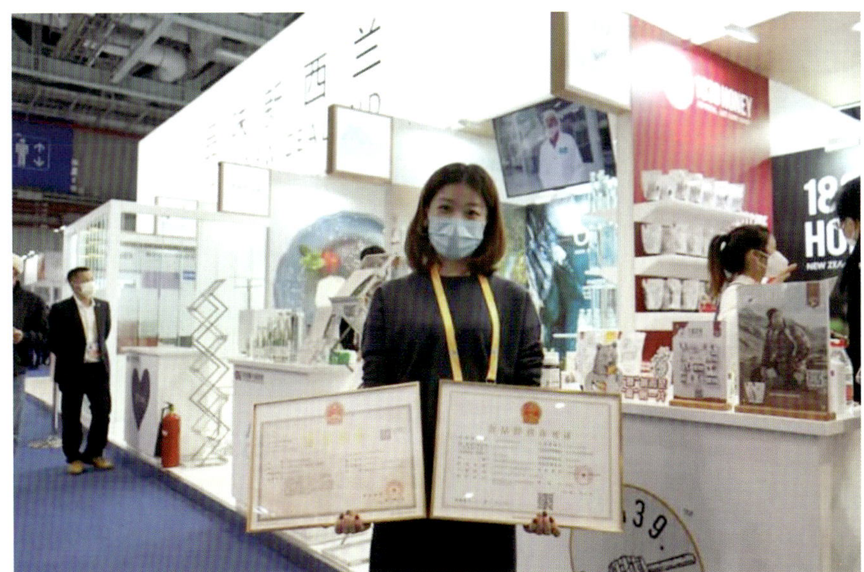

11月5日上午，区市场监管局驻国家会展中心保障企业服务区人员为新西兰投资企业上海奥净贸易有限公司颁发营业执照和食品经营许可证，成为第三届“进博会”首张证照　（区市场监管局供稿）

务热线绩效考核优秀单位、消费者权益保护工作质量评估先进单位称号。（胡开明）

■商品交易市场“市霸行霸”整治 根据市市场管理局《关于落实中央督导要求，进一步开展商品交易市场“市霸”“行霸”线索排摸整治工作的通知》，出动检查人员2441人次，走访检查市场1890个次，立案35起，开展宣传活动124次。（胡开明）

■净化网络市场 规范电子商务经营者持续公示营业执照信息及与其经营业务有关的行政许可信息。全年发放《企业网上亮照代码更换指南》7900余份，通过微信等“云指导”，指导企业网上亮照。落实382户交易类网站（含网店）亮照率（即实现标识加贴，标识为全市统一的带有营业执照链接的图标，加贴为放在网站首页显著位置）100%，6277户信息类网站亮照率57.1%。制发《电子商务平台经营者落实法定责任行为指导建议书》，落实电子商务平台经营者100%网上亮照，指导3户电子商务平台经营者完善、公示平台服务协议。对全区6700余户网络经营主体进行全覆盖检查，发现并提请关闭非法网站160余个。（胡开明）

■创新推进“双随机、一公开”抽查工作 坚持“既定动作”+“自主动作”相结合的原则，推进“双随机、一公开”抽查工作，转变监管方式，助推治理能级提升。第三届“进博会”前夕，牵头区城管执法局、人力资源和社会保障局、绿化市容局、生态环境局、应急局和消防救援支队等多部门实施食品生产企业、国家会展中心食品经营企业和宾馆（酒店）行业联合“双随机、一公开”检查。按照《2020年青浦区市场监管领域部门联合“双随机、一公开”监管计划》，开展三次部门联合“双随机、一公开”抽查，聚焦“进博会”保障重点关注企业，通过随机摇号的形式确定检查对象。出动执法人员60人，对29家企业实施检查，涉及56个检查事项，查见问题43个。（胡开明）

■长三角示范区市场准入服务新样本 5月11日，长三角生态绿色一体化发展示范区企业登记服务站启用，设立服务专窗，由专人负责对符合条件的企业提供“跨区通办”“一窗发放”“证照联办”等一站式服务，当日为“长三角一体化示范区（上海）金融产业园经济发展有限公司”核发营业执照。5月13日，上海石磊财务咨询有限公司在长三角一体化服务专窗成功办理跨省迁移手续，成为“跨区通办”服务新样本。7月22日，上海正心谷投资管理有限公司正式落户长三角一体化示范区金融产业园，是首家营业执照住所直接冠用“长三角一体化示范区”的金融企业。至年底，有44家企业落户金融产业园。（胡开明）

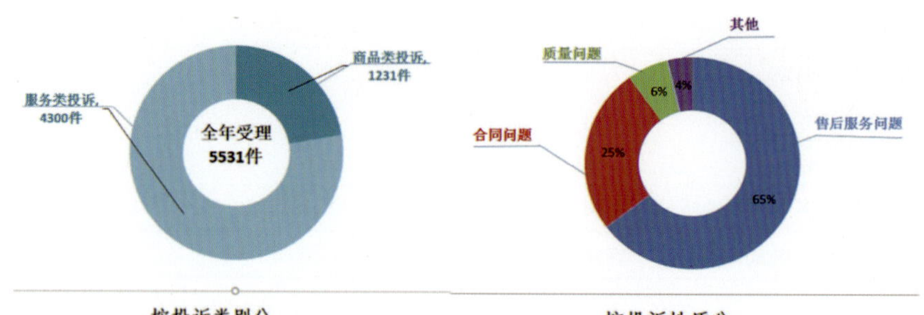

图4　2020年青浦区消费投诉情况（一）　（区消费者权益保护委员会供稿）

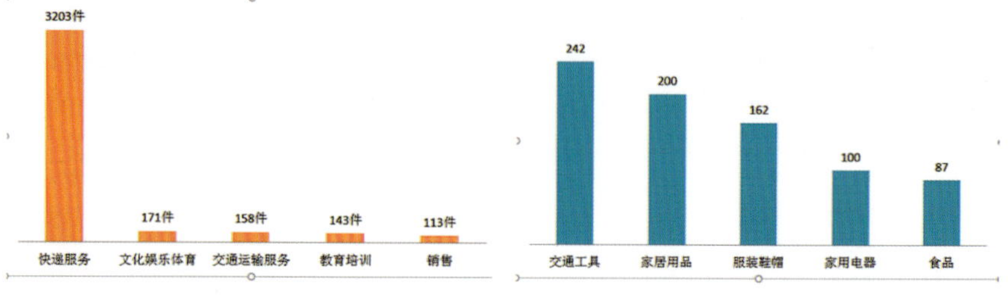

图5　2020年青浦区消费投诉情况（二）　（区消费者权益保护委员会供稿）

质量技术监督管理

■概况 2020年，区市场监督管理局以打响上海“四大品牌”、建设“上海之门”为目标，助力两大国家战略在青浦落地，推动区域实现高质量一体化发展。通过以“部门联动+媒体推广”的形式，强化质量宣贯的辐射效应。全区有在用特种设备32558台，其中锅炉342台、压力容器5365台、电梯13885台、起重机械4625台、场内机动车辆8319辆、大型游乐设施22台（套）。办理施工告知455家，办理使用登记2909台，审批作业人员3305人，处理投诉88起。出动检查人员2674人次，检查使用单位1281家次，检查设备1686台，发现安全隐患759处，下达特种设备安全监察指令书133份，全部完成整改。全年未发生特种设备事故。助推区域计量基础建设，规范和促进青浦区认证行业发展，开展口罩企业标准专项检查，指导企业申报标准化推进专项资金。5月，开展第21个“5·20世界计量日”系列宣传活动。5月30日，开展“六一”大型游乐设施安全大检查，检查东方绿洲大型游乐设施，确保“六一”节期间各项游乐设施安全。（胡开明）

■开展电动自行车及其配件专项整治行动 规范销售领域电动车合规性，遏制和减少因电动车充电器引发的火灾事故，保障消费者生命和财产安全。7月，在流通领域开展电动自行车及其充电器专项抽查。抽查电动自行车12批次、电动自行车充电器15批次。从初检结果看，电动车合格8批次、不合格4批次，其中1批次提出复检申请；15批次充电器中，合格8批次、不合格的7批次。（胡开明）

■推进特种设备风险分级管控和隐患排查治理双重预防机制建设 制定辖区双重预防工作实施方案和双重预防重点单位目录清单，其中涉危化品行业31家、人员密集场所17家、事故易发行

11月26日，区市场监督管理局在冬季锅炉安全督查活动中，督查艾默生自动化流体控制（上海）有限公司　（区市场监管局供稿）

业9家、其他行业1家。组织上海领升实业有限公司、上海中油白鹤石油燃气有限公司、上海爱沃特医疗气体有限公司等12家重点单位开展安全管理评价自评工作。委托上海冷链协会和上海气体协会抽取3家液氨制冷、7家气瓶（移动）充装单位，对其安全管理评价工作进行现场复核。　（胡开明）

■助推乡村振兴　2019—2020年，青浦区有3个国家级农业标准化试点项目（分别为金泽镇国家级美丽乡村标准化试点、上海自在源农业有限发展公司国家级水稻种植综合标准化试点、上海彰显渔业有限公司国家级南美白对虾苗种繁育综合标准化试点）陆续完成正式验收，助推全区乡村振兴的成果初步显现。国家级、市级、区级农业标准化试点项目基本覆盖全区主要农业产品。年末，全区建设完成的国家级农业标准化示范试点单位9个，在建和完成的市级农业标准化示范试点单位40个。

（胡开明）

■质量提升行动成效显著　区市场监督管理局获2020年上海市重点产品质量攻关优秀组织奖，熊猫机械公司获上海市政府质量金奖；金发科技公司、普利特公司、置信电气公司获得上海市重点产品质量攻关二等奖；书香门地公司、沪工焊接公司、康恒环境公司的龙吉生通过2020年度市政府质量奖资格审查，进入资料评审阶段；申通、熊猫、安硕等公司12人获得市市场监督管理局颁发的首批百名首席质量官任职证书。上实物业公司、熊猫机械公司获评"苏浙皖赣沪先进质量管理方法100佳"。

（胡开明）

■计量专项检查　开展医疗机构计量器具专项抽查，出动执法人员42人次，检查辖区内21家医疗卫生机构，发现5家村卫生室存在未建立计量器具台账，未按要求落实计量管理制度的问题，均完成整改。开展能效（产品能源效率）、水效（水产品用水效率）标志专项检查，随机抽取辖区内16家生产、销售能效、水效标志目录内产品的企业，对标志标注符合性进行检查。开展集贸市场作弊秤专项整治。检查40家集贸市场，重点检查是否存在使用未经检定、超过检定周期的计量器具的行为，是否存在使用改装、不合格的计量器具或者故意破坏计量器具准确度的行为，出动执法人员80人次，发现作弊秤28台件，全部对当事人予以立案查处，罚没款24100元。开展眼镜验配场所计量专项监督检查。重点检查眼镜配制场所遵循法律法规情况、计量管理制度建立情况、计量器具配备及强制检定情况，未发现问题。开展压力仪表专项监督检查。梳理排摸压力仪表生产制造企业信息，通过"互联网＋监管"平台，抽取50%企业，开展压力仪表型式批准双随机监督检查。发现其中一家生产企业存在超范围生产的情况，对该企业立案调查。开展粮食收购用计量器具专项监督检查。全区有在用水分测定仪6台、电子天平8台、动态汽车衡8台，均通过强制检定。　（胡开明）

■非医用口罩类产品企业标准专项监督检查　4月，在全区范围内开展非医用口罩类产品企业标准专项监督检查工作。开展企业标准指标与国家强制性、推荐性标准的对标工作，对自我声明公开情况及企业生产经营情况进行实地检

5月，区市场监管局组织开展能效、水效标志标识"双随机"监督检查以及定量包装商品监督检查。图为上海悉奢企业管理有限公司接受检查　（区市场监管局供稿）

查，查验生产环境和企业产品第三方检测报告。对销售型企业、关停企业逐一现场核实，确保检查全覆盖。期间，检查8家企业的11项企业产品标准。其中：实际在产产品标准7项（包括在用企业标准6项、使用团体标准1项），停产、停用产品标准4项。（胡开明）

■“六一”儿童节抽检宣传活动 “六一”儿童节前夕，开展一系列儿童用品专项抽检和儿童用品安全宣传活动。委托第三方检测机构在吾悦广场、万达茂、奥特莱斯、宝龙广场等大型商业广场内开展儿童用品专项抽检，抽检样品60个批次，其中纺织类产品35个批次、鞋类10个批次、轻工类产品15个批次。不合格5个批次，不合格发现率8.3%。（胡开明）

■妇女用品专项监督检查 6月，在全区范围内组织妇女用品产品质量监督抽查，抽查范围涉及吾悦广场、宝龙广场、奥特莱斯等大型商业广场，抽样样品涉及卫生用品、服装、鞋帽、内衣等五大类，抽样50个批次，检验结果合格的39批次，不合格11个批次，不合格发现率22%。（胡开明）

■启动智慧电梯建设工作 8月，智慧电梯建设工作推进会举行，全区范围内正式启动智慧电梯建设工作。区内近70家电梯维保单位参加会议，涉及电梯12000多台，占全区在用电梯总数的90%以上。智慧电梯整合监察、检验、移动监管和新开发运行等上海市电梯应急处置系统，形成电梯突发事件处置的市场监管系统内部流程。会上，由上海仪电溯源科技有限公司的团队就智慧电梯平台维保备案系统等工作平台的操作、电梯维保小程序的使用以及张贴“上海智慧电梯码”的注意事项等进行现场培训。智慧电梯将融入“一网统管”，依托“一网统管”延伸至基层网格管理平台和安全治理体系，有助于全面整合基层各方监管力量、实现精准高效闭环处置事件的目标。（胡开明）

■质量宣传活动 9月，开展“全国质量月”宣传，整合全区46个成员单位的质量平台，联合政府质量奖获奖企业、纳税百强企业等200余家，联合吴江、嘉善三地质量资源，开展系列群众性质量联动活动，参与人数超万人次。开启“质量云体验”互动活动，采用“云直播+云定向”“云直播+云互动”等线下线上双结合的宣传模式。群众性的质量活动，包括“大品牌在青浦”14期、“长三角质量观摩团”2次、“企业质量开放日”11场、“QC小组大赛”1场、进校园2场等活动。开展区长质量奖培训班2期，参与培训超400人；企业“首席质量官”培训班1期，有80位学员获证。利用新闻媒体、网络直播等载体手段，发布“质量月”主题宣传海报，播放《质量——初心与使命》《绿色青浦·质量成就》等公益宣传片。制作质量宣传短视频2个。每日在全区范围内26个点位循环播放质量视频、质量海报百余次。利用区级融媒体平台开展品牌企业宣传直播4场，微信公众号推文10篇，微博12篇，抖音短视频3篇，质量直播时长累计近10小时，累计群众阅读量10万余人次。（胡开明）

■检查快递物流业 12月10日，总结“双十一”（11月11日）工作经验，精心安排部署，对德邦、中通等2家快递企业开展旺季服务专项安全检查，详细了解企业近期生产经营以及业务量预期等情况，实地察看企业“双十二”（12月12日）旺季服务保障的各项准备工作，检查特种设备管理和安全生产措施等情况，要求2家快递企业延续“双十一”旺季保障工作经验，确保“双十二”、元旦、春节期间服务保障工作有效开展。（胡开明）

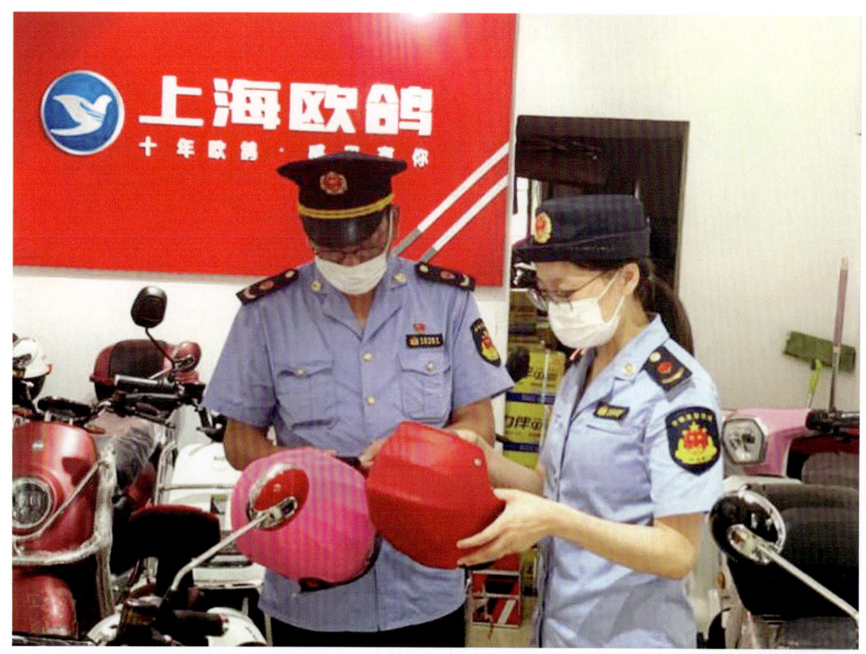

7月，根据“一盔一带”的要求，区市场监管局执法人员对销售电动车头盔的门店开展突击检查（区市场监管局供稿）

物价管理

■概况 2020年，区发展改革委物价管理部门做好价格工作，完善价格监测规范化建设机制，加强收费标准规范和收费行为管理，保持物价总体水平基本稳定。

区市场监督管理局贯彻执行国家的价格方针、政策，规范价格行为，发挥价格合理配置资源的作用，保护消费者和经营者的合法权益，加强价格管理，保持市场价格的基本稳定。（白 亮 胡开明）

■加强物价管理工作 每日监测64个品种的主副食品和生猪价格，每周监测农资价格，每月监测超市商品价格信息、房产价格、劳动力价格。对种植业开展成本调查，主要完成粳稻生产成本与收益调查、农民种植意向调查、农户存粮情况调查、农户农资购买情况调查和青菜成本调查等工作。完成24户低保低收入家庭生活状况调查。做好地下车位销售价格备案、新开业酒店旅馆价格审核以及清理停车场定价管理工作。对10家污水处理企业开展3年成本监审、8家新建保基本养老机构开展成本调查。清理规范行业协会商会收费。（白　亮）

■规范价格认定工作　为司法机关打击违法犯罪提供价格依据，受理并完成价格认定472件，比上年下降30%，涉案金额1570万元。（白　亮）

■“进博会”期间价格监管　重点对国家会展中心周边区域、景点、住宿、餐饮进行价格监督检查。10月，开展地毯式摸排，对全区申报酒店旅馆、停车场开展逐一排查，出动检查人员210人次，执法车辆95辆次，检查户数232户次，督查酒店、停车场、网约车价格申报工作。以距离国家会展中心10公里以内的酒店价格为重点，推进落实对宾馆酒店、网约车、停车场的临时价格干预措施，发放价格临时干预提醒告诫函、承诺书272份。通过网络平台价格数据抓取，对辖区酒店线上价格进行价格监测。对检查中发现停车场(库)问题，要求落实整改措施，及时处理停车场(库)投诉举报3件，确保“进博会”期间价格稳定。（胡开明）

■防疫物资价格监管　向药店、商超、防疫物资生产企业等相关单位发放《关于疫情防治相关商品的价格提醒告诫函》《关于防控物资生产领域的价格提醒告诫函》300余份，通过短信、微信等向药店、商超、医疗器械经营者等相关单位推送《告诫函》简化版2354条，同时开展专项调查摸底。通过与其他单位、部门沟通、电话联系、实地走访、填报《关于口罩原料企业原材料价格调查表》等方式，了解生产企业原辅材料进货价格、产成品销售价格情况，引导企业做好价格自律，自觉保供、保价、保质。打击哄抬价格行为。对于哄抬口罩等防疫用品的违法行为，立案查处1起，罚款金额1.107万元。（胡开明）

■清理规范转供电收费专项工作　面对转供电(指电网企业无法直接供电到终端用户，需由其他主体转供的行为)主体(企业)点多面广、情况复杂的实际情况，区市场监管局全覆盖排查涉及的转供电场所，确定从事转供电活动的主体数量92家、终端用户9396户。7月17日，召开清理规范转供电环节工作推进会，向转供电主体发放《转供电主体单位电价政策提醒告诫函》《2020年上海市阶段性电费优惠政策告知书》《关于阶段性降低本市企业用电成本支持企业复工复产复市的通知》等材料，宣传转供电政策及降价降费政策，督促转供电主体对照政策进行自查自纠。结合“双随机”专项行动，联合开展各转供电主体的自查自纠清理成果“回头看”，跟踪督促与工作指导持续并行，确保全区转供电终端用户得到电费降价红利。（胡开明）

1月23日，区市场监管局执法人员对青浦区新桥路657号上海好药师祥腾大药房进行口罩价格监督检查　（区市场监管局供稿）

审计工作

■概况　2020年，青浦区审计局完成审计(调查)项目49个，审计(调查)资金总额1007.42亿元，核减金额6536.97万元，审计促进财政增收节支5795.79万元，提出审计意见建议385条，推动建章立制8项，3名被审计单位相关责任人受到组织处理。区领导对审计工作报告、审计结果报告、审计综合报告和专项审计调查报告等作出18次批示，审计署、市委办公厅、市审计局、区委、区政府等录用信息26篇次，1个审计项目获全国审计机关优秀审计项目三等奖。（薛纯映）

■政策执行审计　围绕“进博会”和长三角一体化发展示范区两大国家战略，重点关注党中央、市委、区委重大政策的贯彻落实，组织对12个政府性投资的“进博会”配套项目开展稽查；根据审计署、市审计局部署，抽调1名审计人员参加乡村振兴相关政策专项审计，3名审计人员参加疫情防控重大政策跟踪审计，组织15名审计人员开展新增财政资金直达市县基层直接惠企利民情况跟踪审计。（薛纯映）

■财政资金审计　完成2019年本级财政和6个部门预算执行审计，运用大数据技术对全区346个一、二级预算单位的生育金、保证金、印刷费、公务卡等28个重要事项实施全覆盖审计，提升审计全覆盖成效，促进各单位提高财政预算管理水平。（薛纯映）

■经济责任审计　调整成立区经济责任审计工作联席会议。围绕干部履职的主线，突出权力运行和责任落实，完成8个单位11名领导干部(领导人员)经济责任审计。坚持推进“一公示、三联合”(即:审前公示、联合进点、联合反馈、联合督查整改)，加大审前意见征询力度，向联席会议成员单位及区委巡察办等部门进行审前意见征询。落实经济责任审计结果运用办法，严格把握“三个区分开来”(习近平提出的，即:把干部在推进改革中因缺乏经验、先行先试出现的失误和错误,同明知故犯的违纪违法行为区分开来;把上级尚无明确限制的探索性试验中的失误和错误,同上级明令禁止后依然我行我素的违纪违法行为区分开来;把为推动发展的无意过失,同为谋取私利的违纪违法行为区分开来)的要求,客观评价领导干部履行经济责任情况,推动领导干部树立和践行正确的政绩观。 (薛纯昳)

■政府投资审计 落实审计署投资审计有关工作要求,优化投资审计管理。组织开展崧泽高架西延伸工程、长三角智慧医院、背街小巷等4个项目跟踪审计,完成世外学校等16个区重大项目竣工决算审计,组织中介机构完成竣工决算审计144个。聚焦政府投资项目重要领域和关键环节,加强过程控制,强化中介机构管理,促进完善投资项目管理体系。 (薛纯昳)

■资源环境审计 制定《2019—2021年资源环境审计工作发展计划》,明确审计目标、任务、措施。完成青浦区2018—2019年美丽家园建设管理及绩效情况、农村生活污水处理系统建设运行绩效情况等2个专项审计调查,加大资源环境和民生领域审计力度,从绩效审计角度推动惠民政策优化。结合练塘镇领导干部经济责任审计开展自然资源资产离任(任中)审计,促进领导干部树立绿色发展理念,自觉履行自然资源管理和环境保护责任。 (薛纯昳)

■推动全区内审工作 注重内审标准化建设,印发《青浦区内部审计工作指导手册》;落实《青浦区审计局内部审计工作挂钩联系制度》,加强分类指导,走访指导区退役军人事务局、区融媒体中心等单位;加强同命题内审项目业务指导,推进徐泾镇建立健全内部审计工作制度;组织开展部门预算、经济责任、政府投资等审计风险提示培训,落实12名内审人员挂职参与审计项目,提升内审综合能力。 (薛纯昳)

■推进审计公开 在青浦区审计局门户网站公开2020年度重点审计项目计划、2019年度区本级预算执行审计工作报告、2019年度本级预算执行整改报告、6个部门2019年度预算执行审计结果、2个专项审计调查结果及6个区重大实事项目竣工决算审计结果,推进被审计单位主动公开审计整改结果。 (薛纯昳)

4月29日,审计人员在开展农村污水专项调查过程中实地查看朱家角镇污水处理情况 (区审计局供稿)

统计工作

■概况 2020年,青浦区统计工作以提高数据质量为核心,提高服务能力为目标,推进常规统计工作为基点,开展社会热点调查为抓手,推动全区统计事业健康快速发展。完成工业、能源、固定资产投资、房地产、服务业、劳动工资、商贸业、批发零售业等常规月度统计工作。12月,举办全区统计系统培训班。 (吴 玮)

■常规统计工作 严把入库关。确保年定报对象范围准确性。严格遵循"先入库后有数"的原则,按照基本单位名录库更新维护工作机制,加强对镇级名录库专管员的培训与沟通指导,及时做好基本单位信息核查和更新。根据与相关部门数据比对、结合普查单位摸底清单及时更新名录库,将新增"四上"单位及时纳入年定报统计范围。开展年定报大培训工作。严把审核关。理顺、完善区镇两级数据审核、查询分工、流程。在市统计局下发的相关要求的基础上,根据青浦实际,增加审核要点,编制审核、汇总数据处理程序,提高数据审核、汇总的工作质量和效率。严把检查关。根据企业"一套表"推进情况,组织开展数据质量集中检查。 (吴 玮)

■常规调查工作 做好CPI(消费者物价指数)网点维护工作。对全区38个实地型采价点、396个采价品种,1个网络采价点、50个采价品种进行全面梳理和调整,重点聚焦采集数据的初始性和准确性。基本实现原始采价表、价格台账等基础资料完备,目录编制规范、价格登记清晰、规格品描述详尽,备用品、替代品标记明确。提升住户调查电子记账覆盖面,加强区级层面数据监管,提高区城乡住户一体化调查数据质量。全区有电子记账332户,占全部调查户的94.9%,比上年提升0.2个百分点,全部实现手机APP记账,4个街镇电子记账开户率100%。完成青浦区企业生产经营情况的调查问卷、规模以下企业生产经营情况调查问卷、小微企业相关扶持政策落实情况调研、重点行业和企业运行情况调查、企业经营情况调查等11个调研任务,涉及调研企业300多户。 (张 岚)

■完成第七次全国人口普查工作 上半年全区各街镇全部组建成立人口普查领导机构,均实现机构、经费、人员、场地"四落实"。6月16日,在区政府大楼举行青浦区人口普查动员会。月内,区人口普查办公室对全区1000多名普查指导员进行普查区域划分,开展

6 月 16 日，青浦区人口普查全区动员会在区政府大楼举行　（区统计局供稿）

建筑物核查工作培训会。7 月下旬，开展青浦区第七次全国人口普查综合试点工作。11 月 1 日，开始进入普查的正式登记阶段。普查员进入每个住户逐人逐项登记普查信息，同时随机抽取 10% 的住户填报普查长表。整个登记工作于 12 月 10 日结束。于 2021 年 6 月、8 月，分别发布《青浦区第七次全国人口普查主要数据公报（第一号）》《青浦区第七次全国人口普查主要数据公报（第二号）》。（吴　玮）

■聚焦疫情和民生开展各类专项调查　围绕新冠肺炎疫情对经济社会影响，先后开展新冠肺炎疫情期间青浦居民生活状况调查、快递物流企业受疫情影响情况调研、疫情期间青浦大中小学生状况调查、疫情对进出口企业影响情况调研、疫情对特色农产品销售影响等 22 项专题调研。先后开展 2019 年度非公有制人才调查、农村实有人才调查、民办幼儿园收费情况调查、居民粮油消费调查、家庭教育投入及学生时间利用情况调研、青浦区住宅小区物业管理情况调研、青浦城市公共空间建设调研、青浦农村集中居住及建设情况调研、青浦商品房价格趋势及有关情况调研等专题调研；完成纯农地区农户收支情况调查、生活困难农户调查等各类民生类调研调查；主动服务长三角一体化发展国家战略和区委高质量跨越式发展战略，形成《青浦区高质量发展综合评价指标体系探究》课题报告，供区委、区政府领导和有关部门决策参考。（张　岚）

■完成城乡住户调查样本轮换　年内通过摸底调查、培训指导，完成全区城乡住户调查全部样本轮换工作，共 350 户。（张　岚）

■发挥统计参谋作用　开展《统计公报》《统计月报》改版工作，精简优化内容，突出重点，体现青浦特色；改变设计样式，增强可读性。为区委、区政府领导及各委办局决策提供数据支撑。每月按照时间节点完成《统计快报》《统计月报》《统计要情》《2020 统计手册》《数据青浦 2020》小折页等统计产品的编辑工作，每月在 APP 上及时推送统计月报数据。完成《青浦区国民经济和社会发展公报》，在《青浦报》、网站等媒体上发布。编撰完成全面反映青浦经济社会发展成果的《2020 青浦统计年鉴》。（吴　玮）

海　关

■概况　2020 年，青浦海关下设办公室（党委办公室）、人事政工科（党委组织宣传部）、综合业务一科、综合业务二科、物控查检一科、物控查检二科、保税监管一科、保税监管二科、企业管理和稽查科 9 个科室。有 3 个办公区，分别是公园路办公区、北青公路办公区和新府中路办公区。有关员 64 人。

应对新冠肺炎疫情，联合吴江海关、嘉兴海关开展企业调研，出台《青浦海关关于应对疫情影响　稳增长促发展十五条措施》；建立内部防控机制。制定《青浦海关关于加强新冠肺炎防疫工作的实施方案》。成立新冠肺炎疫情应对工作领导小组和新冠肺炎疫情应对工作组。（张　逸）

■支持长三角生态绿色一体化示范区发展　联合吴江海关、嘉兴海关开展《现代治理视域下海关支持长三角生态绿色一体化示范区战略研究》《长三角生态绿色一体化发展示范区特殊关联企业海关信用管理创新和探索》2 个课题研究，形成专题调研报告，分别上报海关总署和上海海关。形成 4 篇示范区进出口统计监测预警信息。开展示范区国门生物安全联合监测。开展病媒生物和外来有害生物监测信息交换和通报

9 月 10 日，青浦海关、吴江海关、嘉兴海关开展长三角一体化示范区海关国门生物安全联合监测活动　（青浦海关供稿）

工作,初步形成长三角一体化示范区海关国门生物安全联合监测应急联动反应机制。探索示范区特殊关联企业海关信用管理。推动课题成果转化,继续探索协调组织有关部门对长三角示范区推进跨关区企业联合认证。 (张　逸)

■支持绿地全球商品贸易港保税展示展销场所线上线下融合发展　拓展“6+365”保税展示展销功能,在第二届“进博会”实现“展品变商品”的基础上,在绿地贸易港开展跨境电商闪购业务,弥补跨境电商无法直接体验的局限。对同时符合保税展示展销和跨境电商目录清单的商品,在绿地贸易港现场展示销售并同时标注跨境电商价格与保税展销价格,满足不同层次消费者的多元化购买需求。现场通过“人脸识别”、手机验证码等方式实现精准化管理,有效杜绝刷单风险。 (张　逸)

■支持青浦综合保税区发展　优化跨境电商网购保税进口业务。引导企业加大境外防疫物资通过跨境电商网购保税进口力度,支持跨境电商企业开展防疫物资的进口。支持企业拓展国际国内两个市场。推进青浦区开展上海肉类进口口岸建设,促进国际国内双循环发展。争取海关总署及上海海关的支持,指导帮助和实地检查上海名联供应链管理有限公司进境肉类指定监管场地验收准备工作。10月,上海青浦综合保税区名联进境肉类指定监管场地通过海关总署验收并开展运营。会同综合保税区管委会对涉危企业开展安全风险排查,发放40份《安全生产告知书》。 (张　逸)

■改善西郊国际农产品交易中心肉类交易监管服务　在西郊国际农产品交易中心,对进口肉类指定口岸实行24小时预约申报,保障民生领域进口肉类食品供应。提供报关、查验、检测一站式服务,推广“无陪同查验”制度,建立冰鲜肉类快速检测通道,支持企业复工复产。发挥区位优势,带动周边农产品交易市场及加工企业发展,形成集聚效应,辐射长三角地区。 (张　逸)

■支持优势企业树立自主知识产权　对上海晨兴希姆通电子科技有限公司进行知识产权宣教,督促企业完善内部制度。帮助企业设立知识产权清单,将专利技术的主要特点和鉴别方法列入清单,方便对其知识产权进行保护。 (张　逸)

■开展重点进口商品新冠肺炎监测和预防性消毒工作　6月17日至8月底,开展进口冷链货物的消毒、新冠抽采样及核酸检测工作。主要产品牛肉、猪肉和鸡肉及其制品的送样检测结果均为阴性。11月13日起,按照“逢掏必消、应消尽消、顺势作业”的原则,在西郊农产品交易中心实施预防性消毒。 (张　逸)

2月5日,青浦海关对青浦综合保税区内跨境电商网购保税进口渠道疫情防护物资实施现场查检 (青浦海关供稿)

区级投资、开发公司选介

■概况　12月1日,上海淀山湖新城发展有限公司更名为上海青浦新城发展有限公司。12月18日,上海青浦文旅发展(集团)有限公司在区市场监管局完成企业注册,注册地址为青浦区公园路99号舜浦大厦2层D区279室。年末,全区有区管企业7家,分别是上海青浦工业园区发展(集团)有限公司、上海青浦新城发展(集团)有限公司、上海西虹桥商务开发有限公司、上海青浦发展(集团)有限公司、上海青浦现代农业园区发展有限公司、上海青浦文旅发展(集团)有限公司和青浦区供销合作联合社。 (赵　峰)

■上海青浦工业园区发展(集团)有限公司　1995年11月25日,青浦工业园区经上海市人民政府批准成立,规划面积16.16平方公里。2000年11月,经区政府批准,上海青浦工业园区发展(集团)有限公司组建成立。2003年6月,市政府同意青浦试点园区范围的规划方案,在原青浦工业园区基础上,青浦试点园区规划面积由16.16平方公里调整至约56.20平方公里。2010年7月,上海青浦工业园区分设为“一园三区”(青浦工业园区、张江高新区青浦园和青浦出口加工区),成立上海青浦工业园区发展(集团)有限公司、上海张江高新技术产业开发区青浦园区(集团)有限公司和上海青浦出口加工区开发有限公司。青浦工业园区规划面积调整为16.16平方公里。2017年6月,原上海青浦工业园区发展(集团)有限公司、上海张江高新技术产业开发区青浦园区(集团)有限公司和上海青浦出口加工区开发有限公司重组,更名为上海青浦工业园区发展(集团)有限公司,增挂上海张江高新技术产业开发区青浦园区(集团)有限公司和上海青浦出口加工区开发有限公司牌子。青浦工业园区规划面积56.20平方公里。规划四至范围(以西侧开始顺时针方向):青赵公路—沪常高速—油墩港—章泾江—老通波塘—沪青平公路—油墩港—上达河—向阳河—盈港路—外青松公路—上达河。其中:城市开发边界内区域(即集中建设区)41.66平方公里,城市开发边界外区域14.54平方公里。城市开发边界内区域有青浦出口加工区海关特殊监管区(即青浦综合保税区)面积1.58平方公里,张江高新区青浦园(青浦工业园区片区)规划面积15.00平方公里。集团公司主要开展招商引资、土地开发、厂房租赁、项目/基建审批业务代理和后续服务、房地产开发、市政建设、物业管理、企业服务等经营业务。

集团总部下设党群人事部、党政办公室、招商管理部、规划建设部、财务管理部、监察审计部、经济发展部7个部门。直属公司7类14家。其中:经济小区8家,分别是上海西部经济城有限公司、上海青浦工业园区创业投资有限公司、上海青浦商城实业有限公司、上海青浦科技园发展有限公司、上海中纺科技城有限公司、上海青佳经济发展有限公司、上海雄风投资管理有限公司、青浦工业园区创业中心有限公司;其他直属公司6家,分别是上海青浦工业园区企业服务管理有限公司、上海高新技术成果转化基地开发有限公司、上海浦西建设工程管理有限公司、上海纺科投资有限公司、上海青浦工业园区物业管理有限公司、上海群腾企业服务有限公司。

年末,集团公司注册资本15.00亿元,总资产47.07亿元,净资产23.09亿元。全年各项经济指标基本实现正增长。税收收入128.96亿元,比上年增长1.07%;规模以上企业工业产值1025.27亿元,比上年静态增长0.9%;合同外资创历史新高,完成6.03亿元,比上年增长20.50%;完成全社会固定资产61.65亿元,比上年增长20.2%。引大引强项目57个(含5个亿元内资、2个亿美元合同外资和1个增资超亿美元项目)。重点产业项目集中签约22个,总投资216亿元,预计产值231亿元,税收16.8亿元。集中开工项目32个,建筑面积128万平方米。

8家经济小区税收56.51亿元,比上年增长11.42%;完成区级财力16.10亿元,比上年增长6.98%,两项增幅列全区第一;其中四家小区列全区经济小区年终考评前十。

围绕上海市五大新城(嘉定、青浦、松江、奉贤、南汇)建设思路,布局打造“一核五圈”(一核即中央商务活力区、五圈即5大特色产业园)发展新格局,重点打造1个“中央商务活力区”+5大特色产业园(上海青浦综合保税区、生命科学产业园、氢能绿色产业园、人工智能产业园、电子信息产业园)。氢能产业方面,率先促成中石化氢能源(上海)有限责任公司落户,成功引进爱德曼核心动力系统电堆(上海青氢科技有限公司)、小氢汽车(上海)有限公司项目等,产业链初步形成。创新10余种二次开发资源整合模式、镇企联动经济治理新模式。完成结构调整企业142家,联动整治区级地块8个、园区级地块7个,腾地67000平方米、拆除违章建筑34000平发米、消除安全隐患321项。2020年,经市生态环境局批准,成为上海市规划环境评估与项目审批联动试点区域,全市入选20个区域。在全市大型开发区排名第三。成功创建市级绿色园区,市级综合评价排名第二。3月,青浦工业园区上海群腾企业服务有限公司戴峰恋、冯渊获上海市志愿者协会颁发的上海市新冠肺炎疫情防控志愿服务证书。9月,青浦工业园区企业管理服务有限公司党支部获上海市抗击新冠肺炎疫情先进集体称号。9月7日,青浦工业园区与宜兴环保科技工业园区签订战略合作协议。10月9日,上海青浦综合保税区内第一家进境肉类指定监管场地——青浦综保区名联进境肉类监管场地通过海关总署联合验收,成为青浦区内首家进口肉类产品进入中国市场的合法规范渠道。10月26日,青浦综合保税区助推绿地全球商品贸易港保税展示展销和跨境电商融合发展,绿地全球商品贸易港成功开展跨境电子商务线下闪购业务。

助力企业转产、增产医用防护用品。疫情发生后,园区特事特办,3小时完成海而斯(上海)生物科技有限公司、上海七感食品有限公司等企业经营范围变更手续,助力企业紧急转产医用防护用品;协助上海深蓝医学科技有限公司、上海御宽贸易商行在经营范围中增加消毒产品销售、日用口罩生产内容;帮助称道新材料科技(上海)有限公司紧急技改扩产,保障口罩熔喷布供应。

上海启迪清青企业发展有限公司H25项目获批。公司H25项目“创新型功能集聚平台”,获批资金2175万元。该平台依托启迪控股在长三角区域丰富的产业、园区布局及人才和科技等多方面的合作基础,联合青浦区张江分园,推动青浦区域产学研用、成果转化和产业聚集体系建设,助力青浦区构建产业创新生态圈。

上海辰光医疗科技股份有限公司H25项目获批。公司H25项目“基于自主研发超高场磁共振的预临床影像科研服务平台”,获批资金1388万元。科研磁共振影像平台由公司与复旦大学人工类脑智能科学与技术研究院联合建立,为预临床研究人员提供开放性服务,有助于打破中国医学影像核心设备技术受制于国外、高端科研影像仪器设备严重依赖进口的现状。

领导调研。2月12日,区委书记赵惠琴走访园区落户企业,调研新冠肺炎

2月12日,区委书记赵惠琴(前左三)、副区长倪向军(前右二)走访青浦工业园区落户企业,调研新冠肺炎疫情防控工作和企业复工情况 (青浦工业园区供稿)

疫情防控工作和企业复工情况。2月16日，市经信委主任吴金城在区委副书记、区长余旭峰陪同下，调研防疫应急物资生产企业。8月5日，区委副书记、区长余旭峰，副区长倪向军走访调研园区企业，就企业提出的生产场地、扶持政策、项目建设等方面存在的困难问题作出当场回应。10月10日，区委副书记、区长余旭峰，副区长倪向军现场踏勘园区整体转型区域，走访启迪人工智能科技城和哈工智能公司项目现场，走访踏勘上海悦嘉金属工业有限公司整治现场和爱德曼氢能产业园区。

上海派森诺医学检验所成为上海市卫健委指定的新冠病毒核酸检测机构。6月5日，该检验所通过上海市临床检验中心对第三方检测机构新冠病毒核酸检测的条件认定，成为具备开展新冠病毒核酸检测资质的医疗机构，成为上海市卫健委指定的新冠核酸检测机构，为青浦区唯一一家第三方检测机构。位于青浦区华浦路500号2号楼1楼。配合和参与青浦区疫情防控工作，承接在国家会展中心举行的9月中国国际工业博览会和11月"进博会"保障人员的核酸检测工作。

"同舟共济，共抗疫情"主题捐赠活动。4月14日，在青浦夏阳湖宾馆举行，由区卫建委牵头，市慈善基金会、区红十字会、青浦工业园区共同主办。疫情发生后福维克家电有限公司第一时间向上海市慈善基金会捐款50万元用于支援武汉抗击新型冠状病毒肺炎疫情。此次捐赠活动中，该公司再次向支援武汉的全体上海医务工作者捐赠1652台多功能料理机。上海征世科技有限公司、上海家化联合股份有限公司两家企业分别向援鄂青浦医疗队赠送企业产品。

8月18日，2020年青浦工业园区重点产业项目集中开工、集中签约仪式举行。区委书记赵惠琴(右五)、区人大常委会主任朱明福(右四)、区政协主席李华桂(左三)、副区长倪向军(右三)等出席　(青浦工业园区供稿)

第三届进口博览会技术装备展区展前推介会。4月17日，在青浦区举行。副区长彭一浩、国家会展中心(上海)副总裁时煌军出席并致辞。海克斯康新产业集团、好丽友(中国)有限公司等30余家参展企业代表参加推介会。

工商银行市分行入驻青浦区行政服务中心暨青浦工业园区分中心开通仪式。5月28日，在青浦行政服务中心青浦工业园区分中心举行。活动中，园区分中心推出分布式智能终端同行跨区开户服务，重点围绕长三角示范区同城化金融服务、试点跨区域联合授信、提升移动支付水平、支持设立一体化金融机构、推进跨区域公共信用信息共享、推进一体化绿色金融服务平台建设、推进一体化科技金融服务、建立金融信息共享合作机制等8个方面推动金融支持长三角示范区高质量一体化发展。

2月16日，区委副书记、区长余旭峰(右三)陪同市经信委主任吴金城(右二)调研防疫应急物资生产企业　(青浦工业园区供稿)

上海虹桥中药饮片有限公司新建厂区开工仪式。7月18日，在青浦区工业园区举行。副区长倪向军出席并致辞。公司于2019年迁入青浦新厂区。项目占地2.67公顷，建筑面积66000平方米，总投资5亿元，将成为公司重要生产基地。公司是一家集中药饮片、中医坐堂门诊、中药代煎代配服务为一体的大型中药制品生产销售企业。

青浦工业园区重点产业项目集中开工、集中签约仪式。8月18日，在青浦工业园区举行。区委书记赵惠琴、区人大常委会主任朱明福、区政协主席李华桂、副区长倪向军等出席。仪式上，签约22个项目，总投资216亿美元，预计达产产值231亿元，达产税收16.8亿元。开工32个企业，建筑面积128万平方米，总投资129亿元。

氢能产业。11月20日，中日"氢听"峰会在青浦工业园区举行。活动由上海燃料电池汽车商业化促进中心、上海长三角氢能科技研究院、日本丰田通商主办，由区经委、武汉市经信局指导。副区长倪向军、工业园区董事长陈晓荣等参加活动。年内，中石化氢能源(上海)有限责任公司总部落户园区，成功引进爱德曼核心动力系统电堆项目(上海青氢科技有限公司)，引进国富氢能汽车配件项目(上海国富氢能技术装备有限公司)，引进小氢汽车(上海)有限公司整车项目，基本实现氢能产业链雏形。 (周丽仙)

■上海青浦新城发展(集团)有限公司

是区政府下属全国资企业，注册资16.5亿元，股东为区国有资产监督管理委员会，主要承担青浦新城区域的开发建设任务，主要涉及区域规划编制、基础设施建设、公建配套建设、动迁安置房建设及房产开发、公租房管理、物业管理、招商引资、资产管理、企业服务等。先后吸收合并原上海青浦新城区建设发展(集团)有限公司、原上海朱家角投资开发有限公司、原上海湖区建设开发有限公司。经青浦区市场监督管理局核准，上海淀山湖新城发展有限公司于12月1日起变更为上海青浦新城发展(集团)有限公司。年末，公司下设11个部门，分别为总师室、办公室、人力资源部、党群部、规划建设部、城市管理部、合约管理部、市场发展部、投资发展部、计划财务部、法务审计部。下属13家子公司，分别为上海青浦房屋管理有限公司(下属上海盛青房地产发展有限公司、上海市青浦第一房屋征收服务事务所有限公司、上海山湖秀物业管理有限公司、上海市青浦区公共租赁住房运营有限公司)、上海青浦新城区工程项目管理有限公司、上海角里资产经营有限公司、上海大观园旅游发展有限公司、上海青西投资发展有限公司、上海盛青经济发展有限公司、上海淀山湖新城企业服务有限公司(原上海各利实业发展有限公司)、上海湖区经济投资服务有限公司、上海盈港企业管理服务有限公司、上海鹏城企业服务有限公司、上海青浦区新城周洁舞蹈艺术专修学校(与上海周洁艺术专修学校合作成立，公司出资80%)、上海复旦五浦汇实验学校(公司出资100%，不参与管理)。

年末，资产总额181.59亿元，负债总额39.04亿元，所有者权益142.55亿元，资产负债率21.5%。现金流入73.99亿元，现金流出71.55亿元。完成全口径税收36.1亿元，比上年下降9.8%；全社会固定资产投资76亿元，比上年下降35.37%。经营性收入方面，租金收入2709.1万元；大观园完成经营收入574万元，全年接待游客17万人次；青西郊野公园完成主营业务收入319万元，全年接待游客39万人次。

推进新城建设。2020年，新城公司实施政府性投资项目41项(不含代建项目)，其中续建项目22项、新开项目18项、完工未结算项目1项，完成年度投资21.55亿元。重点项目建设方面，环城水系治理三期绿化景观部分完成工可(工程可行性研究报告)编制，水利部分完成工可批复。复旦大学附属妇产科医院青浦分院项目主体结构全面完成。上海青浦兰生复旦学校项目主体结构基本完成。上海市青浦区淀山湖福利院项目完成竣工验收并交付使用。华为人才公寓(朱家角镇)动迁安置基地开工建设。海棠公园完成工可评审。智慧湖公园完成国际方案征集工作。道路方面，港俞路、新塘港路、三分荡路、外青松公路站配套道路(水渡浜路、中横港路)、黄家埭路及周边配套道路(盛家埭路、朱家角路、中字河路)等完成竣工验收。美丽乡村方面，朱家角镇张马村、练塘镇东庄村乡村振兴项目完成市级验收。

领导调研。2月13日，区委书记赵

12月，漕盈路站社区配套设施工程竣工 (青浦新城公司供稿)

惠琴，区委常委、副区长姜爱锋到新城公司调研，检查新城一站大型居住社区、崧文轩动迁安置房小区防疫工作。2月14日，区委副书记、区长余旭峰走访新城公司，专题研究疫情防控和项目推进等事宜。4月15日，区委常委、副区长姜爱锋到新城公司调研项目建设、土地出让等工作。8月5日，区委常委、组织部部长蒋仁辉调研环城水系党群阵地建设情况。9月8日，江苏省人大常委会副主任魏国强一行到青西郊野公园考察，市人大常委会副主任沙海林、区人大常委会主任朱明福等陪同。9月14日，松江区政协主席刘其龙一行到青西郊野公园考察，区政协主席李华桂等陪同。9月23日，区委常委、统战部部长王凌宇带队到盛青经济城开展调研。11月23日，全国政协副主席刘新成到青西郊野公园参观考察，区政协主席李华桂，区委常委、统战部部长王凌宇等陪同。12月17日，市政协副主席徐逸波到青西郊野公园参观考察，区政协副主席董永元等领导陪同。12月24日，区委副书记、区长余旭峰走访调研新城公司。 （胡蝶飞）

■上海西虹桥商务开发有限公司 作为西虹桥商务区的开发建设主体，承担西虹桥商务区范围的整体规划建设和经营管理任务。注册资金11.30亿元。设党政办公室、党群部、计划财务部、市场发展部、规划建设部、北斗招商服务部、项目前期部7个部门，下属上海西虹桥创业服务有限公司、上海西虹桥投资管理有限公司、上海西虹桥企业服务有限公司3家直属子公司。2020年，全社会固定资产投资100亿元，比上年增长10%；税收收入22.75亿元，与上年持平。合同外资累计完成10.34亿美元，比上年增长940%，其中中至道国际供应链有限公司注册资金10亿美元；实到外资2337万美元。新增注册企业560户，其中实体型160户、注册型400户。

土地出让。2020年，出让土地22.09公顷，涉及八幅土地：25－08住宅用地、瑞安城中村改造项目（四幅）、09－15住宅地块、中电投25－06地块、26－06地块。23个社会性投资项目中，22个项目开工建设，世外高中项目未开工。竣工项目6个，竣工面积约46万平方米。

"进博会"溢出效应。举办"第三届承接中国国际进口博览会溢出效应论坛""西虹桥进博招商集中签约大会""会展产业园揭牌仪式"等10余场活动。成立"小彩虹招商团"，推动一批优质参展企业和首创性项目落地，实现区域发展与"进博会"的深度融合。10月，成立"中国国际进口博览会溢出效应理事会"。11月5日，青浦西虹桥商务区企业晋声（上海）贸易有限公司与参展企业冠捷投资有限公司达成5亿美元采购意向订单，成为第三届"进博会"上海交易团"首单"

领导调研。2月3日，副区长彭一浩到北斗西虹桥基地，检查指导园区复工复产情况。3月27日，马鞍山市副市长李强一行参观考察北斗西虹桥基地。7月30日，海南工信厅副厅长崔淑田一行调研北斗西虹桥基地。8月19日，上海市妇女联合会主席、党组书记徐枫一行参观调研北斗西虹桥基地。8月20日，贵州省委书记孙志刚、省长谌贻琴率党政代表团考察北斗西虹桥基地。上海市委副书记廖国勋，市委秘书长诸葛宇杰，副市长彭沉雷，市政府副秘书长赵祝平，区委书记赵惠琴，区委副书记、区长余旭峰陪同考察。北斗导航创新研究院院长郁文贤向贵州党政代表团介绍园区专家智库建设情况。4月21日，市委副书记、代市长龚正到西虹桥商务区调研，副市长许昆林，市政府副秘书长尚玉英，区委书记赵惠琴，副书记、区长余旭峰陪同调研。9月15日，市委常委、副市长吴清一行到北斗西虹桥基地，走访调研园区企业普适导航公司与联适导航公司。市政府副秘书长陈鸣波，市经济信息化委副主任张建明，区委副书记、区长余旭峰，副区长倪向军等陪同。10月13日，安徽省桐城市委书记徐雄，市委副书记、市长章周中，市人大常委会主任王志义，市政协主席雷建鸣等到北斗西虹桥基地参观调研。区人大常委会副主任赵宏林，青浦区政协副主席顾啸流等陪同调研。10月15日，中央军委政治工作部主任助理兼退役军人事务部副部长方永祥率长三角地区三省一市退役军人事务厅（局）分管领导一行参观调研北斗西虹桥基地。10月16日，天津市津南区区委副书记、区长邓光华到北斗西虹桥基地调研交流，青浦区副区长倪向军陪同调研。

西虹桥科创中心项目。4月10日，正式动工。项目位于西虹桥蟠文路东侧27－07地块，东至27－04地块，西临蟠文路，北至老洋泾港，南至27－05地块。总规划用地20004.3平方米，总建筑面积68109平方米。为地下二层地上十层的二类高层建筑，地下建筑面积28110平方米，为停车库及餐厅；地上建筑面积39999平方米，为研发办公用房、酒店；配套一层垃圾房。由西虹桥商务公司、青浦新城公司以及青发集团共同投资，由新城公司负责代建。

"首位SHOWAY"项目发布暨商业

11月8日，西虹桥商务区境内外企业集中签约仪式在绿地贸易港举行

（西虹桥商务区供稿）

艺术峰会。9月25日，在西虹桥举行。“首位SHOWAY”项目建筑面积140万平方米。一期创新奥特莱斯项目，规划涵盖国内外时尚品牌300多个，包括零售、餐饮、娱乐等板块和三条特色IP街区——“首位甜品”“首位食集”“首位金街”。

上海产业互联网有限公司揭牌仪式。12月7日，揭牌仪式在西虹桥商务区举行。区委书记赵惠琴、市经信委总工程师刘平为产业互联网公司揭牌，市市场监督管理局副局长朱明为公司颁发营业执照。上海产业互联网有限公司由爱姆意云商发起成立。活动中，区政府分别与爱姆意云商（上海）数字科技有限公司、上海国际商品拍卖有限公司签署战略合作协议。由爱姆意云商发起的上海产业互联网有限公司、上海长三角产业互联网促进中心正式落户西虹桥商务区，将发挥西虹桥在区位交通、产业、人才、贸易等方面的核心竞争优势，汇聚一批全国B2B（Business - to - Business，企业与企业之间的商业模式）平台行业领先企业，为产业上下游企业提供数字化产业对接服务，打造长三角产业互联网总部基地。上海国际商品拍卖有限公司将与青浦区在资产处置、资产清算、业务咨询、文化等领域展开合作，助力国有资产的保值增值。

美的集团项目。12月7日，美的集团（上海）有限公司以18.36亿元竞得西虹桥商务区19 - 02、21 - 02商办用地，出让面积81182平方米。规划为商业和办公，规划建筑面积20万平方米。规划建设美的全球创新园区，建筑面积36万平方米。将面向全球引进8千至1万名高端研发人才。应用美的智慧楼宇管理系统和智能产品。将开展机器人与工业自动化研究、人工智能技术应用、智能芯片的研发等美的集团核心领域技术创新项目。

4月28日，西虹桥蟠龙“城中村”改造项目集中开工　（西虹桥商务区供稿）

上海北斗导航研发与转化功能型平台导航测试联盟暨共建单位授牌仪式。12月28日，授牌仪式在北斗西虹桥基地举行。北斗西虹桥基地首席科学家、北斗导航功能型平台负责人郁文贤，上海西虹桥导航技术有限公司常务副总郁宏伟出席仪式，并为各联盟企业授牌。国家卫星导航与定位服务产品质量监督检验中心（上海）、上海浦东新区公共交通有限公司、上海青浦巴士公共交通有限公司、华测导航、尚远科技、司南导航、复控华龙、锐承通讯、势航网络、巴士拓华科技、联适导航、海积信息、移远通信、埃威航空、普适导航、创远仪器、江苏中慧交通智能科技、江苏中科智能系统、浙江通涌卫星、绍兴安达智能运输等北斗导航生态圈企业及机构参与共建，其中有12家企业代表参加授牌仪式。（钟　犇）

5月19日，2020年“境外商协会共享办公平台”入驻政策全球解读会（线上）在会展中心举行　（西虹桥商务区供稿）

■上海青浦发展（集团）有限公司　主要承担青浦区基础设施建设、国有资产经营运作、营商环境优化等任务。注册资本25亿元。2019年11月，上海青浦排水运营有限公司吸收合并上海青浦污水处理有限公司。2020年1月，上海天佳企业发展有限公司和上海宏城企业发展有限公司由上海青浦发展（集团）有限公司托管变为直管。5月11日，长三角一体化示范区（上海）金融产业园经济发展有限公司注册成立。年末，集团本部设“二室十部”，即办公室、行风监督室、财务部、党群人事部、综合管理部、规划设计部、前期服务部、合约管理部、资产管理部、法务稽核部、企业发展部、招商发展部。经营管理17家子公司，分别是上海青发城市建设管理有限公司、上海青发水务管理发展有限

3月11日，经过系列复工准备，崧泽高架西延伸工程正式进入实质性的复工复产阶段　　（青浦发展集团供稿）

公司、上海青发市政管理有限公司、上海青浦资产经营股份有限公司、上海青发投资管理有限公司、上海青浦自来水有限公司、上海青浦排水运营有限公司、上海青浦公共交通场站管理有限公司、上海青浦巴士公共交通有限公司、上海青浦市场开发管理有限公司、上海青浦区房地产投资置业有限责任公司（代管上海青资社会保障咨询服务有限公司）、上海青浦农工商经济城投资管理有限公司、上海宏亮经济发展有限公司、上海蕴湖实业有限公司、上海天佳企业发展有限公司、上海宏城企业发展有限公司、长三角一体化示范区（上海）金融产业园经济发展有限公司。托管上海市西软件信息园投资开发有限公司、上海青浦投资有限公司、上海青浦公用事业投资控股有限公司（已停止运行）。

疫情防控工作。疫情爆发初期，防疫物资缺乏，青浦发展集团建立24小时在线的物资采购工作团队，为全区防疫工作提供保障。发挥专业优势打通海外采购渠道，一周内从马来西亚购得医用外科口罩16万个，于2月3日交付区卫健委。1月30日—2月17日，调派大巴（大型客车）333辆次支援高速道口疫情检测工作。疫情期间，公共交通场站公司加派安保和保洁力量，提高各公交场站现场疫情防控措施等级；巴士公司控制营运车辆满载率不超过60%，坚持“一班次一消毒”；自来水公司加大制水生产工艺流程检测频次，加强供水设施、供水管网的巡查；市场开发管理公司协调落实农副产品市场供应来源，严控商户哄抬菜价，在菜市场设置热成像红外测温器；排水运营公司加强对污水的消毒力度，重点保障发热门诊和医学观察点的排水安全。

基础设施建设。代建项目278个，总投资487.3亿元，经调整年度出资45.34亿元，执行44.88亿元，执行率99%。年末，完成项目272个，完成率98%。市重大项目中，崧泽高架西延伸工程主线完成95%，地面道路桥梁完成45%；东航路（318国道—江苏省界）作为长三角一体化示范区第一条打通的断头路竣工通车；复兴路北延伸段新改建工程以及胜利路出省段（白石公路—香榭丽大道）新建工程均基本完工。

金融资产运作。上海青浦发展创业投资引导基金一期（设立于2015年7月）一期投出资金5.68亿元，参与投资15个项目（其中参股基金9只；直接投资企业6家），吸引社会资本38.13亿元。上海青浦发展创业投资引导基金二期（设立于2020年9月）投出资金2.44亿元，参与投资2个项目（IDG资本和正心谷资本基金项目），吸引社会资本30.74亿元。百村基金总规模4.46亿元，完成首期1.15亿元的资金募集。3月25日，上海青浦发展创业投资引导基金2020年第一次专家评审会举行。7月30日，上海青浦发展创业投资引导基金2020年第二次专家评审会举行。11月26日，上海青浦发展创业投资引导基金2020年青浦区优秀创业企业投融资路演活动在长三角金融产业园举行。

11月26日下午，上海青浦发展创业投资引导基金2020年青浦区优秀创业企业投融资路演活动在长三角金融产业园举行　　（青浦发展集团供稿）

招商引资。下属5家经济小区全年完成税收29.02亿元，其中区级税收收入完成8.58亿元。托管市西软件园引进121户企业，完成全口径税收1.35亿元，完成区级税收2248万元。推进上海精测半导体技术有限公司项目（半

2月23日，区领导到漕盈路公交枢纽站慰问青浦巴士公司一线人员

（青浦发展集团供稿）

导体检测设备研发基地）、上海慧石智能信息科技有限公司项目（上海军民融合创新试验区暨航空“智”造产业园）、速珂智能科技（上海）有限公司项目（创骋速珂智能产业基地）、上海尚乎数码科技有限公司项目（数码打印产业链创新型产业集群）等4个重点供地项目建设。长三角一体化示范区（上海）金融产业园经济发展有限公司于5月11日注册成立，于12月17日长三角金融产业园正式开园，至年末入驻企业43家，入驻企业基金管理规模近千亿元。

公用事业业务。完成对公用事业板块下属5家子公司（上海青浦公共交通场站管理有限公司、上海青浦巴士公共交通有限公司、上海青浦市场开发管理有限公司、上海青浦自来水有限公司、上海青浦排水运营有限公司）一年两次的行风测评，每次发放问卷1000份，检测点位60个。完成居民住宅二次供水设施改造2019年工程项目，建筑面积66.72万平方米，涉及居民6165户。公交智能出行方面，推进二级调度平台建设工作，智能调度线路覆盖率和手机公交APP系统100%。按照青浦区创建全国文明城区工作要求，完成老城区8条主、次道路和33条支路的养护修缮任务。其中：主、次道路完成铣刨面积116967.5平方米，加铺改性环氧磨耗层9513.6平方米，涉及道路为公园路（青安路—外青松）、浦仓路全线、城中东路全线、青安路（盈港路—公园路）、青松路（公园路—蒲汇塘桥北）、城中北路全线、城中南路全线、体育场路（外青松路—青安路）。

领导调研。2月14日，区委书记赵惠琴到青浦发展集团调研，走访南淀浦河菜场、崧泽华城社区和方夏村。2月23日上午，区委书记赵惠琴到漕盈路公交枢纽站慰问青浦巴士公司一线人员，副区长顾骏、副区长彭一浩陪同。2月27日，区委副书记、区长余旭峰到青浦发展集团调研。9月8日，人大常委会主任朱明福到青浦发展集团下属天佳公司调研。9月11日，市经济信息化工作党委书记陆晓春到上海市西软件信息园调研。9月11日，市经济信息化工作党委书记陆晓春到上海市西软件信息园调研。9月24日，区委书记赵惠琴、副区长倪向军一行先后到长三角金融产业园和农工商经济城调研。12月10日，区委副书记、区长余旭峰到青浦发展集团调研。12月30日，区人大常委会主任朱明福到青浦长途客运站实地视察指导工作。

（赵佳俊）

8月2日，长三角生态绿色一体化发展示范区内首个省际对接基础设施工程东航路（沪青平公路—江苏省界）新改建工程最后一块预制箱梁吊装成功，青浦元荡桥顺利合拢

（青浦发展集团供稿）

综 述

2020年，青浦区围绕改善生态环境质量工作核心，全力落实市委、市政府和区委、区政府部署，推动污染防治攻坚战取得关键进展，生态环境质量得以持续改善，生态绿色优势进一步巩固。第七轮环保三年行动计划74个市级项目全部完成。继续保持19个国考、市考水质断面和309个市河长办考核断面全部达标；"苏四期"治理工程完工，农村生活污水处理基本实现全覆盖。全区地表水环境质量持续改善，水质优良率由50%提升至66%。完成50家土壤污染重点企业隐患排查报告备案，建立建设用地土壤污染风险管控和修复名录制度。切实提升区域公共绿地、林地生态品质，完成重点生态廊道300公顷、公园绿地61.5公顷、绿道20公里建设，全区森林覆盖率15.16%（陆域森林覆盖率18.2%）、绿化覆盖率43.1%、绿地率43.05%，人均公园绿地10平方米。全区生态环境状况指数（EI）为64.3，等级为良；农村生态环境状况指数为62.8，等级为良。空气质量指数（AQI）优良率85.5%，比上年提高8个百分点。完成农村人居环境整治试点区建设，330个村（居）通过达标验收，获国务院农村人居环境整治专项奖励。青浦区获评全国农村生活污水治理示范区，青浦区水务局获评全国水利系统先进集体。市民对生态环境空间需求的满意度和城市生态功能的宜居度得到进一步提升。

（王小娇　陈诗瑶　潘　烨　郑　鎏）

6月5日，"美丽中国，我是行动者"——"六五"世界环境日云直播活动举行

（区生态环境局供稿）

环境建设

■概况　2020年，青浦区生态环境保护投入资金93.21亿元，比上年增长3.66%，占年度地区生产总值的7.81%，其中：市、区财政拨款63.40亿元，占环保总投入的68.02%；其他投资29.81亿元，占环保总投入的31.98%。生态环境保护投资中，用于污染源防治25.54亿元，占总投入的27.40%；用于生态保护和建设5.08亿元，占总投入的5.45%；用于农村环境保护19.09亿元，占总投入的20.48%；用于城市环境基础设施建设38.13亿元，占总投入的40.91%；用于生态环境管理能力建设0.08亿元，占总投入的0.09%。环保设施运转费5.25亿元，占总投入的5.63%；其他投入0.04亿元，占总投入的0.04%。通过持续投入建设和保护，区域整体环境更加优美，进一步凸显"上海之门"的城市形象。　（王小娇）

■生态环境系统工作会议　4月22日召开。会议总结2019年青浦区生态环境保护工作开展情况，部署2020年重点工作目标、任务。动员全区生态环境系统的广大干部，统一思想、真抓实干，以良好的精神状态和扎实的工作作风，投身污染防治攻坚战；要求全区上下紧紧围绕决战决胜污染防治攻坚战，加大攻坚力度，重点抓好各级生态环境督察问题整改落实，推进生态文明建设和长三角一体化生态环境工作，推进大气、水、土壤及固废污染防治工作，推进事中、事后全方位环境监管，确保生态环境高质量发展。全区11个街镇、20个

青西郊野公园俯瞰　　（区生态环境局供稿）

台燃油燃气锅炉的低氮燃烧提标改造任务（实际完成383台）。推进新一轮工业挥发性有机物（VOCs）深化治理，完成58家企业治理任务。开展油品专项治理行动，严厉打击劣质油品。启动全区25家年销售汽油量大于2000吨的加油站安装油气在线监测，1家已完成。推进餐饮油烟在线监控和第三方治理。编制完成2020年空气重污染大气减排清单。推进非道路移动机械尾气污染治理，核发非道路移动机械环保标志4028台。持续实施秋冬季攻坚行动，确保重大活动期间环境空气质量。强化扬尘综合治理，2020年全区道路、建筑工地、混凝土搅拌站、码头堆场扬尘平均浓度比上年同期有较大幅度下降。（王小娇）

相关委办局和青浦工业园区、青浦新城公司、西虹桥公司、青发集团分管领导共45人参加会议。（王小娇）

■上海市生态环境保护督察“回头看”（试点）青浦区汇报动员会　11月30日召开。上海市生态环境保护督察组对青浦区开展为期1个月的生态环境保护督察“回头看”（试点）。区委、区政府主要领导，区政府有关领导，相关委办局主要负责人、公安青浦分局分管负责人，各街镇党政主要负责人，青浦工业园区、青浦新城公司、青发集团、西虹桥公司主要负责人等41人参加会议。（王小娇）

■生态文明体系建设　完成青浦国家生态文明建设示范区申报前期预备工作，完成青浦国家生态文明建设示范区实施方案中的68项任务，完成国家生态文明建设示范区的工作报告、技术报告，完成全区11个街镇的国家生态文明建设示范镇达标评估工作。全面完成第七轮环保三年行动计划9个专项74个市级任务，基本完成青浦区“十三五”生态环境保护规划各项任务。编制完成《青浦区“十四五”时期生态环境保护规划（评审稿）》。（王小娇）

■大气污染防治　完成清洁空气行动计划2020年目标任务。完成全区313

■水污染防治　在全面完成二级水源保护区194家工业企业关闭清拆的基础上，持续加强水源地排污隐患排查整治长效管理，完成饮用水水源保护区各类要素的“一张底图”，开展卫星遥感叠图，加强风险源巡查。全区10家城镇污水处理厂尾水全部达到一级A及以上排放标准，全区污水收集处理能力达到42.9万吨/日，城镇污水收集处理率达到95%以上。完成4.06公里污水管网完善工程建设，青浦区污泥干化焚烧项目建设基本完成。完成91个、232万平方米小区雨污混接改造。完成产业结构调整项目469个。全区“198区域”用地减量化立项总面积193.96公顷、

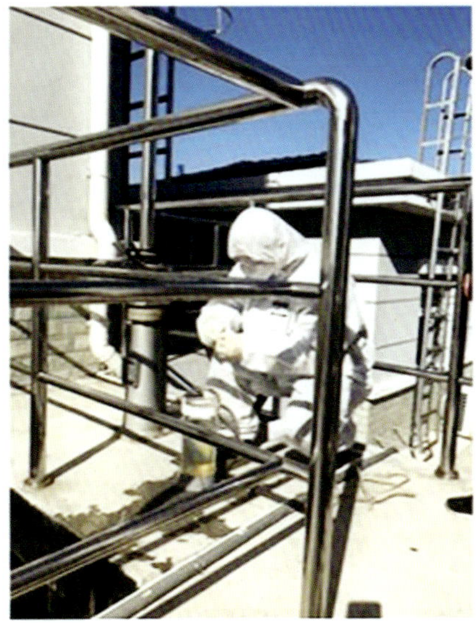
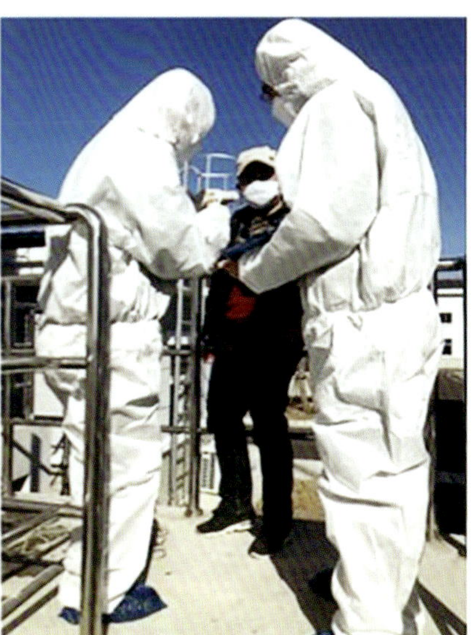
疫情期间，区生态环境局组织监测人员对接纳发热门诊医疗机构污水的城镇污水处理厂和饮用水源地应急取水口开展专项监测　　（区生态环境局供稿）

验收220.90公顷。实施河湖水环境综合治理,完成32公里中小河道整治、113条断头河整治、175公里村级河道轮疏。完成30个点位河道疏浚底泥监督性抽测。完成农村生活污水治理1600户,农村生活污水处理设施覆盖率达到94.5%。全区1936条河道、23个湖泊、246个其他河湖、3579个小微水体全部纳入河湖长制管理。建立"19+60+42"(即19个市考断面、60个近水断面、42个远水断面)的水环境监测、评估和考核体系。新建和改造16座水站。完成45个固定污染源、60套水质自动监测设施的安装联网。完成36家化工园区外的化工企业评估。

(王小娇)

■**土壤污染防治** 建立土壤污染重点企业隐患排查制度,完成50家重点企业隐患排查报告备案,8家土壤污染重点监管企业落实土壤和地下水自行监测,拆除设备土壤污染防治备案9家。开展3家工业园区和1家生活垃圾处置企业周边土壤和地下水监督性监测。对99家土壤重点企业和一般企事业单位开展土壤污染环保专项检查。建立建设用地土壤污染风险管控和修复名录制度。完成70幅出让地块调查专家评审。开展污染地块安全利用率核算工作,全区共开发利用疑似污染地块和污染地块38.3万平方米,全区污染地块安全利用率100%。建立农用地分类管理制度。落实练塘镇1.87公顷农用地严格管控措施;建设用地减量化地块土壤检测全覆盖。开展2个复垦农用地土壤治理工程试点。3个非正规生活垃圾堆点整治项目已完成。

(王小娇)

环境治理和管理

■**概况** 2020年,青浦区以绿色发展为引领,坚持走生态优先、绿色发展之路,加快推动绿色低碳发展,持续优化营商环境,深化排污许可登记制度,推进监管、监测和执法"三监联动",制定排污许可监管、监测、执法工作计划和工作方案,持续开展多项专项检查,严厉打击各类环境污染违法犯罪行为。加大环保信息公开力度,扩大公众参与,加强环保宣传教育,提高全民环境保护意识。

(王小娇)

■**长三角一体化示范区环境治理** 配合上海市生态环境局制定实施示范区重点跨界水体联保专项方案,协调推进太浦河、淀山湖、元荡、汾湖"一河三湖"等主要水体的环境要素功能目标、污染防治机制以及评估考核制。牵头制定《长三角生态绿色一体化发展示范区监测联动工作方案》,围绕存在跨界污染风险的水环境和环境空气领域开展监测联动。对青西地区优质企业建设项目实施"一事一议"。组建示范区综合环境执法队伍并开展跨区域联合执法。

(王小娇)

■**优化营商环境** 全年审批建设项目环境影响评价文件413件;开展建设项目环评技术评估12个、玻璃幕墙光反射影响论证技术评估12个;完成固体废物污染防治专项验收审查106个;企业自主开展环保竣工验收371件,环境影响登记备案1289件;完成规划、建设等各类征询158个。加强建设项目事中事后监管,全年纳入事中事后监管体系环评审批建设项目108个、环评登记备案项目134个。推进环评审批制度改革,扩大产业类、环保治理类、社会服务类以及基础设施类四类建设项目环评豁免。规划环评和建设项目环评联动,"一园三区"(即青浦工业园区、张江高新区青浦园、出口加工区)17个建设项目实施联动区域环评豁免,120个建设项目实施联动区域环评告知承诺。

(王小娇)

■**排污许可发证登记** 制定《青浦区固定污染源排污许可清理整顿和2020年排污许可发证登记工作方案》,实时跟踪并定期调度排污许可发证登记进度。开展宣传培训,为排污许可证核发和证后监管提供技术支持。加强排污许可"三监联动"证后监管,强化"一证式"管理。全面完成排污许可清理整顿、发证登记以及"回头看"工作。全年核发排污许可证296家,排污登记3263家。(王小娇)

■**生态环境执法** 严厉打击环境违法行为,消除环境隐患。加强"双随机"(即随机抽取检查对象、随机选派执法检查人员)监察和证后监管,开展清理整顿专项执法、2019年持证企业全覆盖检查和2020年登记类排污许可证专项

4月3日,青浦、吴江、嘉善三地生态环境执法部门开展相关工作踏勘交流 (区生态环境局供稿)

10 月 27 日，青浦区 2020 年度核发排污许可证企业证后管理培训会举行

（区生态环境局供稿）

抽查执法工作；针对水环境风险管控、大气环境、土壤环境安全等开展各类专项检查。试点执法正面清单，至年底，纳入正面清单企业 238 户。全年出动执法人员 1274 批次共 4904 人次，开展执法检查 886 批次共 3406 人次，检查企业 2291 户次，立案查处 114 件，下达责令改正 113 份，作出行政处罚 42 件，处罚金额共计 1040.837 万元。依法查办“两高”（即最高人民法院和最高人民检察院）环境污染刑事案件 2 起，涉案人员 5 人。（王小娇）

■推进落实生态环境损害赔偿改革制度　进一步贯彻落实《上海市生态环境损害赔偿制度改革实施方案》（沪委办发〔2018〕36 号），推进青浦区生态环境损害赔偿工作，明确生态环境损害赔偿范围、责任主体、索赔主体、损害赔偿解决途径，形成鉴定评估管理、技术体系、资金保障和运行机制。7 月，达成区域内首例生态环境损害赔偿案磋商协议，涉及金额 10.6 万元。（王小娇）

■政府信息公开工作　加大生态环境重点领域政务公开力度。定期发布《青浦区生态环境状况公报》。加强环境管理和环境监管执法信息公开。公布突发环境事件应急预案、预警信息，强化企业应急预案备案的日常管理。年内，区域内未发生一般以上突发环境污染事件。区环境投诉中心共受理投诉 1829 件，涉及 2025 人次，受理总量比上年减少 38%。认真做好人大建议和政协提案办理结果公开，自觉接受群众监督及时回应社会关注。（王小娇）

■环境宣教工作　区生态环境局环保宣讲团进学校、社区、企业开展环保宣传活动，全年开展宣讲活动 15 次。举办“美丽中国，我是行动者”——“六五”世界环境日云直播活动，网络直播点击量达 2.6 万次。完善环境科普教育基地建设，全年环境教育科普基地接待 11000 人次（包含网络直播参与），举办科普（技）讲座 12 次。组织开展环保设施和城市污水处理设施等向公众开放。增强“两微”平台传播服务能力，全年微信公众号推送 1118 篇、微博发布 4997 篇。（王小娇）

生态系统建设

■概况　2020 年，青浦区绿化和市容管理局积极对接服务两大国家战略，坚持绿色发展新理念，切实提升青浦区公共绿地、林地生态品质，努力提高市民对生态环境空间的满意度和城市生态功能的宜居度。（陈诗瑶）

■助力长三角生态绿色一体化发展示范区建设　紧扣“一体化”“高质量”两大关键词牵头做好示范区生态建设的前期谋划和先行先试，加快推进重点生态廊道建设，完成市、区实事建设任务，签订青浦、吴江、嘉善三地市容环卫、绿

12 月 23 日，区生态环境局开展机动车检测机构专项执法检查　（区生态环境局供稿）

4月28日，长三角一体化青浦、吴江推进生活垃圾分类工作现场交流会召开
（区绿化市容局供稿）

化林业部门一体化合作框架协议，定期交流、共商共建，巩固农村“三大整治”治理成果，清理青浦与吴江、嘉善交界区域垃圾，确保示范区生态环境安全可控。（陈诗瑶）

■绿化规划建设 以规划引领绿化建设，注重生态品质，不断满足市民对公园绿地等生态产品的需求。相关单位统筹实现多元增绿，完成公园绿地建设61.49公顷、绿道20.3公里、立体绿化15039.4平方米，全区绿地率达到43.05%，人均公园绿地面积为10平方米；新增3座公园（海棠园、横卯泾绿地、长岛公园），申报进入城市公园名录。（陈诗瑶）

■绿化管养 对标“绿化、彩化、珍贵化、效益化”要求，努力打造具有青浦文化底蕴的绿化特色景观，完成保安路、横毛泾两块街心花园的改造提升。继续深化绿化保洁管养一体化作业模式，健全公园绿地“三位一体”（即公园、社区、志愿者）共建共管机制；定期组织养护技术培训，加强对街镇绿化的指导监督，切实提升绿化养护精细化水平。（陈诗瑶）

■群众绿化 深入开展“市民绿化节”、群众绿化“六进”（即进社区、进学校、进军营、进村宅、进楼宇、进园区）、“园艺大讲堂”等活动，全年设点宣传15次，发放各类宣传品、绿植、种子5000余份。积极组织参加海派插花市民大赛和“绿博士市民最喜爱阳台”等评选活动，青浦区分别获5个银奖、2个铜奖和市民阳台大赛十佳之一。花园大赛获1个银奖、1个优胜奖，青浦区绿化管理所获优秀组织奖；同时，积极推动社区园艺师制度和单位绿化评选工作，朱家角镇被推为青浦区社区园艺师制度的试点街镇，上海市青少年活动基地—东方绿舟度假村酒店获评上海市花园单位。（陈诗瑶）

■林业建设 按照市级重点生态廊道6条（片）共758.13公顷总任务量部署，科学有序推进植树造林。年内，青松生态走廊、沈海高速沿线基本竣工，拦路港沿线、沪渝高速沿线廊道接近尾声，上海绕城高速、吴淞江和京沪高速沿线廊道落实开工。严把质量关、技术关、监督关、安全关，确保造林项目成活、成林、成景，基本建成多层次、成网络、功能复合的生态构架。至年底，全区林地总面积11960.54公顷，森林总面积10164.84公顷，森林覆盖率为15.16%。（潘　烨）

■林地管养 落实林业精细化管养，已建林地按等级标准施行差别化管护模式，对2013年以来新增公益林地全面推广市场化管养，推进养护责任单位、责任人亮牌公示，加强第三方监管，严肃考核运行和奖惩机制，确保林地管养品质提升；以林地抚育为重点，推进青西郊野公园周边开放式林地建设68公顷，集中展示“四化”（即绿化、彩化、珍贵化、效益化）主题，打造市民休闲、健身、休憩的绿色生态空间，提升市民获得感和满意度。（潘　烨）

■“三防”体系建设 全面发挥区“三防”（即森林防火、防森林病虫害、防乱砍滥伐）分中心和监测点作用，推进森林防火隔离网、路等基础设施建设200公顷，新增智能监控1处；完善林业有害生物监测防控体系，落实重大林业有害生物防控责任制，发现美国白蛾危害34.58公顷，成灾2.66公顷，抓住关键时期和关键环节精准防治，坚决遏止美国白蛾等重大林业有害生物疫情蔓延；严格林地监管和审批，规范林政案件的严管机制，运用遥感影像和年度资源监测成果，对减少公益林地块进行稽查和通报，严厉打击各类擅自迁移林木等破坏森林资源的行为，全年处理林政案件4起。（潘　烨）

■植物检疫 规范检疫审批，严格执行林业植物检疫登记备案制度，从源头上控制有害生物入侵与传播扩散。全年产地检疫101批次，检疫苗木4728万株、草坪90万平方米；开具植物检疫证书947份，涉及苗木65.82万株、水生植物20647.11万株和草坪9.62万平方米。根据新修订的森林法，取消木材运输证许可事项。1—6月，共开具木材出省运输证171份；开展园林绿化和造林工程植物检疫79批次，行政处罚4起，涉嫌未按规定调运应施检疫森林植物及其产品。（潘　烨）

■野生动物保护和湿地监管 全面落实野保责任，签订《青浦区野生动物保护工作目标责任书》，下发《关于加强青浦区野生动物保护管理工作的实施意见》，完成野生动物禁猎区划定，建立健全青浦区野生动物保护网络。加强疫源疫病管控，落实7个驯养繁殖单位、3个栖息地定期巡查，筑牢疫情防控屏障；加强野生动物日常管理，全年开展野生动物保护等宣传14次，林地巡查

出动人员5072人次，拆除林地张网捕鸟173具，处理各类投诉179件，救助野生动物111只；联合执法12起，行政处罚涉嫌未取得人工繁育许可证繁育国家重点保护野生动物亚历山大鹦鹉1起；加强湿地保护，严格湿地用途监管，强化湿地利用监管，开展湿地生态系统监测和分析，制订《青浦区湿地保护规划》，提升生态系统质量和稳定性。（潘　烨）

12月25日，区林业站组织各街镇相关人员到上海泽福食用菌种植专业合作社参观学习林下菌菇种植（区绿化市容局供稿）

■林业行政审批　按照“占补平衡”原则，强化对行政审批事项实行事后监管。全年共办理林地征占用行政审批事项24起，其中：办理临时使用林地事项10起，涉及临时使用林地7.28公顷，迁移林木7197株；办理使用林地5起，涉及永久占用林地9.32公顷、临时使用林地0.02公顷，迁移林木9742株，采伐林木468株，蓄积量79.89立方米；办理林木采伐4起，采伐林木1320株，蓄积量150.82立方米；办理林木迁移5起，迁移林木467株，采伐林木75株，蓄积量44.23立方米。办理林木种子生产经营许可证4家。（潘　烨）

■林业产业　深化经济果林品牌建设，培育“安全优质信得过果园”，落实经济果林扶持政策，开展经济果林规模化、标准化建设36.34公顷，经济果林绿色防控项目232.85公顷；落实新一轮林下经济政策，继续开展林下菌菇示范推广，推进林地综合利用，提高林地产出和效益，助推乡村振兴。（潘　烨）

■标准化乡镇林业站建设　加强基层队伍建设，完成夏阳街道、重固镇林业站标准化验收，指导香花桥街道标准化创建，充分发挥标准化林业站的引领作用；组织森林资源操作平台使用培训、昆虫标本制作培训、林业管理专项培训、美国白蛾防治培训等，提升林业人员专业技术能力。（潘　烨）

■曲水园服务工作　立足“上海文化品牌”建设，深入开展文明行业创建。曲水园结合展示江南古典园林特色、弘扬中华传统文化，策划开展长三角书法家春节送春联活动，展出书画作品20期、近千幅（其中结合抗击新冠肺炎疫情宣传书画展4期）；组织评弹演出11场；举办“护航进博、菊馨秋韵”上海曲水园2020年菊花展等。完成公园游客中心（暨“学雷锋志愿服务站”）建设和2020年上海市民好去处、青浦区爱国主义教育基地创建工作。（陈诗瑶）

3月15日，区委书记赵惠琴（左二）到曲水园调研检查公园恢复开放情况（区绿化市容局供稿）

水　务

■概况　2020年，青浦区水务局完成投资近25亿元，接待各级领导视察100多次（其中省部级领导11次），顺利通过市环保督察“回头看”，67项挂图作战任务全面完成。持续深化河湖长制，增聘民间河长889人，制定排口企业河长工作制度，全区各级河湖长共计巡河33000余次，继续保持19个国考、市考断面和309个市河长办监测断面全部达标，完成96条重点河道水质提升目标任务，全区水质优良率由50%提升至66%，河湖水面积增加到125.27平方公里，水面率提升至18.69%。启动首批6个街镇生态清洁小流域建设。完成32公里中小河道整治、18条断头河治理、160万平方米小区雨污混接改造、1600

户农村生活污水处理,新建2.7公里市政污水管道、1.2公里元荡示范段。全区污水处理率95.88%。面对超长梅雨期,防汛措施到位,成功抵御太湖超标准洪水。青浦区获评全国农村生活污水治理示范区,青浦区水务局获评全国水利系统先进集体。 (郑 鋆)

11月27日,2020年太湖淀山湖湖长协作机制办公室会议在青浦区召开 (区水务局供稿)

防汛防台和安全监管 5月14日,区府常务会专题研究方向短板;6月24日,青汛部〔2020〕5号文明确区长任总指挥,防汛指挥体系进一步得到补充升级。区防指召开专题会议5次、防办主任会议3次。开展"2+8"("2"指汛前两轮次全区防汛安全大检查,"8"指地下空间、下立交、高空构筑物、危房物业小区、设施菜田、在建工地、公路市政排水设施和堤防泵闸等八大领域专项检查)防汛大检查和隐患滚动排查,结合"1+5+8"("1"指成片区域整治,"5"指五大区域性问题整治,"8"指八大易发事故行业领域问题整治)防汛领域安全整治每周动态排查整改防汛隐患,累计排查隐患104项,完成整改88项,剩余16项涉及工程整改正在推进。区、镇两级累计开展各类防汛演练近20次,其中:6月,开展区级多科目防汛综合应急演练;9月,开展"长三角一体化"受灾人员转移安置演练;先后参与太湖流域超标洪水防御综合演练、青松大控制联合调度演练、"进博会"保障市政排水演练等市级演练。区、镇两级落实120余支、3100余人的专业抢险队伍,区、镇两级物资储备达2900万元,新采购大功率排水泵车2台。集中修编安全生产各类应急预案,坚持季度安全例会、季度安全检查,编制印发水利工程与设施危险源辨识和风险管控两个细则,每周隐患排查,全年累计排查整改隐患1132处。 (郑 鋆)

河湖长制工作 全区各级河湖长共计巡河33000余次。开展区级河湖长制工作培训,共120余人;各街镇河长办累计开展培训15次,共706人次。召开区级河湖长制工作会议42次,其中区总河长会议4次;各街镇累计召开河长制工作会议254次,其中街镇总河长会议32次。继续在华新、白鹤、练塘、夏阳、盈浦、香花桥等街镇开展标准化街镇建设,实现河长制标准化街镇建设全覆盖。落实7个水利部河湖管理督查发现问题、16个市水务督查问题整改,持续推进"清四乱"(即乱占、乱采、乱堆、乱建)常态化规范化工作。96个劣Ⅴ类水体消劣任务全部完成,河湖水面积增加至125.27平方公里,水面率达到18.69%。4月,编制印发《青浦区2020年河长制湖长制工作要点》,先后

6月22日,青浦区开展防汛防台综合演练 (区水务局供稿)

7月24日，青浦区排口企业河长聘任仪式举行　　（区水务局供稿）

制定《2020年水质提升工作方案》《2020年河湖水面率达标工作方案》《水质提升工作督导检查方案》《2020年河长制湖长制专项督查工作方案》等4个工作方案。6月，印发《青浦区街镇河长湖长述职工作指导意见（试行）》；7月，制定排口企业河长工作制度，3个自来水厂、10个污水处理厂负责人全部被聘任为排口企业河长，增聘民间河长889人；9月，青浦区河湖管理事务中心升级为副处级事业单位。　（郑　鎏）

■供水与节水管理　全区自来水供水总量15833万立方米，比上年减少1.56%；售水总量12425万立方米，比上年减少3.55%；全区日均供水量43.26万立方米，比上年减少1.83%。465个二次供水设施改造小区全面移交接管（新增55个），实现供水企业管水到表；完善GIS（Geograpnic Information System的简称，即管网地理信息系统）系统建设，已入库管网数据达到2360公里（新增530公里）；完成供水旧管网改造25.85公里；完成DMA（District Metering Area，即独立计量区域）分区计量项目一期建设，建成8个一级分区和8个二级分区，支撑GIS系统完善和供水调度运行精细化管理。完成14家用水户水平衡测试备案和10台冷却塔性能测试工作，落实50项节水技改，投入资金749.33万元，最高日节水量1426.13立方米；完成3所节水型学校、1个水务行业节水机关、5家节水型企业和8个节水型小区创建。　（郑　鎏）

■排水管理　坚持排水养护常态长效，全区共养护疏通管道5963公里，抽查主管6298条段、连管5658条段，抽查平均分83.18分。坚持排水设施运营企业季度考核，全区城镇污水处理厂10座，总处理能力42.9万立方米/日，实际处理污水12310.37万立方米，日均处理33.63万立方米，与上年同期相比日均处理量增长1.6%，出水水质稳定达标；污泥处理厂2座，设计处理能力450吨/天，实际处理79634吨，日均217.58吨，产品均送往老港填埋或漕泾电厂掺烧。建立完善全区排水户数据库，引进2支专业队伍辅助排水户监管，完成排水户核查2301户次，开展全区排水户水质检测1760户次。

（郑　鎏）

■优化营商环境　开展"一网通办"审批工作，推进政务服务"一网、一门、一次"，所有审批事项入驻平台。优化行政审批流程，落实"双减半"工作，推进全程网办，办理批件通过政务服务快递送达，实现"不见面"审批。开展"建设项目水土保持方案的审批"报告表无人干预审批试点。全年累计办结行政许可审批1327件，其中水利行政审批291件、供排水行政审批938件、水土保持98件；河道蓝线划示293件，计3448张。通过联审平台办结供水接入服务76件（供水接入小型项目16件，涉及减免费用57万元）、排水接入服务办结37件。

（郑　鎏）

■行政执法　围绕"进博会"保障工作、"苏四期"项目推进、长三角一体化发展建设等，加大执法力度，全年现场执法核查排水户978家次，指导排水户投入整改资金约1500余万元。开展"进博会"保障执法16次，锁定重点河道3条，排水检查65家次，立案处罚1件；开展省际边界联合执法巡查活动4次，联合宣传4次，召开联席会议2次。全年累计出动执法人员751人次，参加行政

9月25日，青浦区村（居）河长工作站建设启动暨民间河长集体聘任仪式在练塘东庄村举办　　（区水务局供稿）

检查358次，实施行政许可事后监督检查74家，立案查处9件，共计罚款82.5万元。同时，通过公众号推送、老年骑游队、法律知识竞赛、横幅标语、省际边界联合、重点排水户宣传等，持续开展法律“六进”执法宣传。 （郑 鎏）

■市民热线服务 全年受理各类工单1860件，退单1014件，办结846件，其中市局热线工单731件、区热线工单115件。按行业分类：供水519件、排水132件、水利193件、其他2件；按性质分类：求助类600件、投诉类171件、咨询类49件、意见建议类26件。全年处理信访件44件。1月3日，“清源杯”上海市水务热线岗位技能竞赛活动在青浦举行，青浦区水务局获三等奖。（郑 鎏）

8月4日，融媒体青浦区水务局分中心正式挂牌 （区水务局供稿）

■水务质量监管 新开工建设水务海洋重大工程2个子项，即：6月5日，新塘港河道整治工程开工建设；12月8日，北庄泵站、富阳港泵闸等工程开工建设。年内，建成水务海洋重大工程1个子项目，即元荡生态岸线贯通工程1.2公里示范段（青浦）于9月30日基本完成建设。12月31日，青浦区污泥集约化处理处置项目基本完成。全年，在监项目184项，其中新受监65项；开展水务工程质量安全方面检查153余次，开具停工令、整改单362余份；全区通报问题项目21个，约谈参建单位8家；执法立案15件，罚款共计46.40万元。 （郑 鎏）

■社会宣传 围绕长三角一体化发展建设、服务保障“进博会”、水环境治理、深化河湖长制等重点工作，开展“爱河护堤”“节水宣传”“水生态文明”等主题宣传活动20余次，累计被国家媒体与市级媒体典型报道70余次。开展“世界水日·中国水周”挑战答题、“青浦节水行动”微视频征集、《上海市排水与污水处理条例》有奖知识问答等活动，有15000余人次参与。“青浦水务”微信公众号推送信息822篇，关注人数2599人；“青浦河长”微信公众号推送信息495篇，关注人数1334人；每月在《青浦报》发布1版水务专栏，展示水务系统思想政治建设情况以及水务工作动态。8月4日，区水务局、区融媒体中心开展“四史”教育联组学习暨融媒体分中心揭牌仪式，融媒体青浦区水务局分中心正式挂牌。开展全国河湖长制先进集体、先进个人、优秀河长、2020年度市立功竞赛、2020年度“重大工程”“重大事件”、2019年度精神文明“十佳好事”、2018—2019年度“服务明星”等申报评选工作。成立长三角生态绿色一体化发展示范区协同治水党群服务站，被命名为青浦区爱国主义教育基地，以“阵地+资源+服务”的模式，搭建青浦、吴江、嘉善三地水务部门乃至长三角区域党建联建平台。在上海第二届“最美河道”系列创评活动中，青浦区谢庄港、菱花港、崧塘获得“最美河道”，北浪新河江、泾北河、重艾祁港获得“最佳河道整治成果”，12名水务志愿者获得“最美护河志愿者”。

（郑 鎏）

5月9日，长三角生态绿色一体化示范区“水滴”青年志愿者护河突击队成立暨青年河长助理聘用仪式在青西郊野公园举行 （区水务局供稿）

■疫情防控 结合水务行业特点，夯实内部管控、社会面防控及行业保障三道防线，累计下发口罩17665个、消毒药水17捅、防护手套2000双、防护服3400套；组织40名志愿者分三批次参加“双守双共”抗疫支援队，70人次投身高速道口志愿；加强供排水消杀力度，斩断“粪口”传播途径。 （郑 鎏）

■生态清洁小流域建设 5月，金泽镇莲湖村成功申创上海市首批生态清洁小流域示范点。6月，启动首批徐泾镇、

5 月 15 日，太湖流域管理局副局长戴甦（前排左二）带队到金泽镇莲湖村调研生态清洁小流域示范点建设情况　　（区水务局供稿）

重固镇、朱家角镇、练塘镇、金泽镇和夏阳街道生态清洁小流域建设实施方案和区级规划编制；7 月中旬，完成街镇方案区级技术审查；7 月底，完成区规划编制，同步推进发掘其他街镇建设潜力，全面推进“河湖通畅、生态健康、清洁美丽、人水和谐”的幸福河湖建设。

（郑　鎏）

■“苏四期”支流水环境治理　青浦区“苏四期”支流水环境治理为区政府重点工作，涉及淀浦河以北范围达 311 平方公里，共有支流 1073 条段、1169 公里。年内，完成 32 公里中小河道整治、18 条断头河治理和 120 万平方米小区雨污混接改造，新谊河、新塘港、新通波塘等青松片骨干河道整治工程按节点顺利推进。　（郑　鎏）

■太湖流域水环境治理　2007 年太湖蓝藻爆发后，国家层面启动编制《太湖流域水环境综合治理总体方案》（以下简称《总体方案》），上海主要涉及青浦的淀山湖。淀山湖水域面积 60.2 平方公里，2008—2012 年，青浦完成第一轮太湖流域水环境综合治理任务；2013 年，国家对《总体方案》进行修编完善。至 2020 年底，涉及青浦治理项目累计完成投资约 117.20 亿元，稳定达到“污染物总量减排控制有效、淀山湖水质逐步趋好、水源地及水功能区水质稳定达标”治理目标，总体水环境质量明显好转。　（郑　鎏）

■元荡生态岸线示范段贯通　元荡位于沪苏省际边界，岸线全长 23 公里，其中江苏段（吴江）16.8 公里，上海段（青浦）6.2 公里，是示范区重要跨界水体之一，紧邻“水乡客厅”。根据沪苏两地协商，上海青浦区和苏州吴江区以元荡大桥为界，两侧各 1.2 公里岸线为先导示范段，先行启动建设，建设内容包括元荡水环境治理、水生态修复、水景观重塑等。青浦示范段位于元荡东岸线，G50 高速以北至岸线转弯处，长度 1.2 公里，陆域宽度 80 米，总用地面积 16.6 公顷，总投资 1.49 亿元（其中工程费 0.89 亿元，腾地费 0.6 亿元）。建设内容主要包括：新（改）建堤防 1.34 公里、岸线贯通 1.2 公里、退渔还湿及水生态修复 11.3 万平方米。项目自 2020 年 5 月 20 日立项，7 月 3 日完成初设批复并开工，至 9 月 30 日基本完工，共用时 133 天。2.4 公里的元荡生态岸线贯通工程示范段建成后，元荡南岸上海和江苏之间的断点被打通，两地居民可以通过东航路桥互相串门，示范段也给两地居民带来丰富的湖泊、湿地景观。

（郑　鎏）

■全国农村生活污水治理示范区创建
12 月，青浦区获评 2020 年全国 20 个农村生活污水治理示范县（市、区）之一。2007 年起，青浦区大力推进农村生活污水处理，先后编制完成太湖流域和青东地区农村生活污水治理规划，明确农村生活污水处理项目的实施范围、处理模式和工程规模，累计投入资金约 17.12 亿元（按照市、区两级 5∶5分担）。农污处理坚持因地制宜、分类施策，有纳管条件的就近接入市政污水管网（约占 30%），无纳管条件的采用就地处理（约占 70%），基本形成生物滤池—人工湿地、一体化膜法 A2/O 和膜生物反应器 3 种相对稳定成熟的主流工艺。至年底，累计建成收集管网约 1690 公里、就地处理设施 462 座，日处理能力达 1.6 万吨。全区“消黑”“消劣”等水环境治理目标的顺利完成，2020 年水质优良率达到 66%，特别是青西地区水质持续保持在Ⅱ—Ⅲ类水标准。　（郑　鎏）

9 月 30 日，元荡生态岸线示范段基本建成贯通　　（区水务局供稿）

综　述

2020年，青浦区城镇建设取得新进展。新市镇总规除白鹤镇、青西郊野单元（村庄）规划除朱家角、金泽两镇外实现全覆盖，华新镇凤溪社区等一批重点转型区域控规编制完成。128个重大项目稳步推进。轨道交通2号线西延伸、13号线西延伸、17号线西延伸项目完成工程许可编制；新建5G基站1514个，13个“美丽街区”建设任务基本完成，“美丽家园”建设完成48万平方米旧住房综合改造。完成13个存量基地和38个新开基地征收补偿，完成土地出让区级收入205.5亿元；集建区外建设用地减量化立项214.7公顷，验收201.1公顷。

全区城市精细化管理工作着眼于“高效处置一件事”，深化“一网统管”，成立区城运中心，完成政务云、视频共享平台建设，城市运行管理平台建设基本完成，推进十二类智能化应用场景，推广崧润路派出所“1+X”试点。网格化管理考核全市第一，“12345”市民服务热线工作保持良好水平。深化“三大整治”，拆除违法建筑97.4万平方米；开展“1+5+8”安全综合整治，65个成片整治地块已完成47个。开展“雷霆”行动城管执法检查1088次，做好青浦工业园区一体化综合执法工作。出台创建住宅小区“放心物业”实施意见。通过国家卫生区市级检查。生活垃圾回收利用率达35%，干、湿垃圾和可回收物分类处理量实现“一减两增”，无害化处置率达100%。同时，做好消防等安全治理，做好防汛、防台、防冻、防灾等工作，城市安全总体可控，城市综合面貌持续得到改善、更趋生态宜居，人民群众的获得感、幸福感、安全感得到进一步提升。

（姜海蓉　胡蝶飞　吴　渊　张丞辉　陈诗瑶　庄利娜　朱小伟　何红勇）

规　划

■概况　2020年，是青浦区规划工作承上启下的一年，全区规划编制工作任务依然量大面广。全年开展规划编制工作80项，其中总体规划8项、控详规划21项、专项规划18项、郊野单元（村庄）规划11项、村庄规划22项。（姜海蓉）

■新市镇总体规划编制　在获批《青浦区总体规划暨土地利用总体规划（2017—2035）》（简称《青浦区2035总体规划》）的基础上，年内重点推进重固镇、白鹤镇等新市镇总体规划的编制工作。至年底，《重固镇总体规划》获批；《白鹤镇总体规划》形成规划草案，并通过区规委会专题会议审议后开展公示。

（姜海蓉）

■重大项目控详规划编制　保证重点地区、重点项目建设，完成了赵巷海克斯康特色区域、特色居住区H4街坊，徐泾镇山鹰项目、西虹桥徐泾中48街坊、徐泾南09—10街坊、徐泾产业社区（G15以西）和华新凤溪社区等规划编制和调整工作；推进产业转型发展，青浦工业园区崧泽大道以南区域、华新镇原民兴工业区、重固镇北青公路以南区域片区性的控详规划，赵巷镇得力纺织、吉盛伟邦点上项目的控详规划局部调整；推进城市更新，打造15分钟社区生活圈，推进青浦老城厢中三单元南门片区控详局部调整。（姜海蓉）

12月17日，区委常委、副区长姜爱锋（左三）带队到陆家嘴集团学习调研

（区规划资源局供稿）

■**专项规划编制** 根据市规划资源局相关条线部门的要求，完成西岑科创中心、徐盈路专项规划，酝酿推进永久基本农田专项保护规划、青浦大道、秀横路、练西公路等专项规划。 （姜海蓉）

■**管线综合规划推进情况** 根据区相关部门和各街镇推进管线综合规划的情况，共推进了外青松公路（江苏省界—白石公路）、胜利路（白石公路—香榭丽大道）、佳恒路（佳驰路—嘉松中路）、佳高路（嘉松公路—佳旭路）、长楼村路（章练塘路—蒸淀路）、青安路（城中东路—盈港路）等19个管线综合规划，至年底均已出具审核意见。 （姜海蓉）

■**地名管理** 全区全年共办理审批各类地名39件，其中居住区建筑物名称30件、道路名称8件、地名规划方案1件。完成徐泾北QPP0－0101、徐泾中QPPQ0－0102单元控制性纤细规划（蟠龙古镇项目）局部调整地名专项规划报批工作（共涉及6条道路命名），同步编制完成青浦区徐泾绿色工业园区控制详细规划北青公路以南、沈海高速以西、松泽大道以北、明珠路以南区域局部调整地名专项规划（共涉及5条道路命名）；华新镇QPS6－0201单元（凤溪社区）控制性详细规划地名专项规划（共涉及12条道路命名）；赵巷商业商务区QPS7－0102单元C61、C62、D22、D23、D3街坊增补图则和C5街坊局部调整地名规划；赵巷商业商务区佳驰路——盆泾以东、沪渝高速以、佳恒路以南、嘉松中路以西区域局部调整地名专项规划；重固镇QPS5－0001单元（北青公路以南区域）控制性详细规划局部调整、青浦新城QPC10302（中三）编制单元控制性详细规划、金泽镇西岑社区JZ03单元控制性详细规划地名专项论证，组织编制徐泾北QPP0－0101、徐泾中QPPQ0－0102单元控制性详细规划（蟠龙古镇项目）局部调整地名专项规划。 （姜海蓉）

■**完成《青浦区历史人文图册》编纂** 该书编纂工作于2018年11月启动，至2020年5月成书。该书绘制与选用地图50多幅，收入现状彩照44多幅，通过图文并茂的方式，串联青浦区的古文化遗址、历史文化名镇、历史文化风貌区以及江南特有的水乡文化等内容。此外，该书采用AR（Augmented Reality的缩写，即扩增现实）技术，可通过智能手机，实现对青龙塔、九峰一览亭等历史古迹的真实再现。 （姜海蓉）

土地管理

■**概况** 2020年1月1日起，新修订的《中华人民共和国土地管理法》正式实施。青浦区土地工作围绕规划资源管理，持续强化土地流量管理，抓好土地供应、储备、减量等各环节，切实保障城乡规划实施所需的土地资源供给。 （姜海蓉）

■**土地收储** 全区全年完成储备地块65幅，收储面积239.05公顷，使用新增建设用地指标146公顷。 （姜海蓉）

■**土地出让** 全区全年完成出让地块52幅，出让面积226.5公顷；全年获得土地出让金收入273.1亿元，其中区级收入205.5亿元、入库区级收入199.6亿元。 （姜海蓉）

■**土地减量化** 2020年，区政府研究的减量目标任务为立项200公顷，验收216公顷。年内，完成立项214.73公顷，完成率107.37%；完成验收201.05公顷，完成率93.08%。 （姜海蓉）

■**征收补偿工作** 2020年，全区计划征收各类基地70个，涉及民居1984户、企业265家。至年底，完成各类基地46个，涉及民居490户、企业155家。 （姜海蓉）

■**土地使用费征收管理** 对全区范围内拟征收土地使用费的外商投资企业进行清理核查，全年核减企业6家。上半年，向外商投资企业发出征缴土地使用费《告知单》32份，将应征面积、缴费金额以及逾期未缴的处罚规定等事项先行告知。下半年，正式开出《非税收入缴款书》32份；至年底，到账金额209.16万元。 （姜海蓉）

■**征地管理** 按照市级重大项目办理征地的工作程序和规范，重点推进华为二期研发用地、苏申内港线暨吴淞江（老白石路—油墩港）整治工程和青浦区新谊河西段（顾塘港—油墩港）河道整治工程、青浦区新谊河东段（油墩港—西界河）河道整治工程水域和构筑物工程建设项目的征地包干工作。持续推进西虹桥区域、淀山湖新城、市西软件园、华为研发基地等市、区重大民生项目和产业项目的征地结案工作。全年完成拟征地告知项目170个、征收土地方案公告57个、征地补偿安置方案公告71个，征地结案项目59个，征地面积164.83公顷，征地补偿费用12314.1万元。 （姜海蓉）

自然资源调查与确权

■**概况** 2020年，青浦区以服务群众为根本，深化改革、强化措施、落实责任，确保了第三次全国国土调查成果质量

12月24日，市规划资源局副局长王训国（前排右二）带队到青浦区练塘镇调研市级土地整治项目 （区规划资源局供稿）

的提升、各项不动产登记工作的顺利开展。（姜海蓉）

■第三次全国国土调查 4月，根据市第三次全国国土调查领导小组办公室更新工作要求，按初始调查程序对下发的7411个图斑进行调查，包括现场调查取证、地类认定、边界确认、属性核查、数据建库等；是月底，将质量提升后的初始成果上报自然资源部检查，将通过后的成果作为时点更新的数据底板。7月，国家自然资源督察上海局到青浦区督察该次国土调查工作；是月，按照督察要求再次进行业务整改。9月，结合前期质量提升和自查自纠，青浦区将完整合格的数据成果上报自然资源部。（姜海蓉）

■农村建房专题调查 8月，市规划资源局、农业农村委下发《关于开展农村建房调查工作的通知》（沪规划资源施〔2020〕355号），按照市政府专题工作会议要求，于是月底正式开展“农村建房专题调查”。至年底，完成第一阶段工作任务，对疑似违法占耕建房的33000多个图斑进行调查，初筛过滤后仍需调查6450个；有序开展第二阶段工作任务，对除乱占耕地以外的所有农村建房图斑进行调查。（姜海蓉）

■不动产登记工作 2020年，有序开展全区不动产登记工作。房屋方面，发放不动产权证35704件，其中新建商品房权证16385件、存量房权证13844件、其他各类登记5475件。发放不动产登记证明32838件，其中预告登记5043件、抵押登记27795件。另办理注销登记10654件；协助法院办理司法查封1557件，解封833件；登记查询26835件。土地权属调查及土地成果管理方面，完成土地测绘成果660件，其中勘测定界项目237件、设施农用地收件176件、地籍变更202件、所有权征地变更45件。登记窗口受理方面，区自然资源确权登记事务中心窗口整合登记受理和办税窗口的功能，由原来“一窗受理—分别审核—缴税—发证”的流程，优化为“受理”和“发证”两个环节。另外，设立企业服务专窗，并按照市政府“一网通办”总门户建设统一部署，于2月1日开通企业网上办理不动产登记服务，实现“网上申请、线上审核、线下核对、当场领证”的“最多跑一次”。加强信息应用，不动产登记实现智慧应用，与“一网通办”、微信、支付宝“随申办”小程序深度融合，由实体大厅向掌上大厅延伸。（姜海蓉）

城市化建设

■概况 2020年12月1日，上海淀山湖新城发展有限公司更名为上海青浦新城发展（集团）有限公司。年内，该公司全面推进重大工程项目建设、房产开发与管理、土地开发和美丽街区、美丽家园、美丽乡村建设等，推动新城建设各项目标任务落地落实。上海青浦兰生复旦学校项目主体结构基本完成，上海市青浦区淀山湖福利院项目完成竣工验收并交付使用，华为人才公寓（朱家角镇）动迁安置基地开工建设；美丽街区完成建设，美丽家园完成竣工验收。全年完成政府性投资项目21.55亿元，完成地块出让13幅。（胡蝶飞）

■重点项目建设 环城水系治理三期绿化景观部分完成工程可行性研究报告编制，水利部分完成工程可行性研究报告批复；复旦大学附属妇产科医院青浦分院项目主体结构全面完成；上海青浦兰生复旦学校项目主体结构基本完成；青浦区淀山湖福利院项目完成竣工验收并交付使用；华为人才公寓（朱家角镇）动迁安置基地开工建设；海棠公园完成工程可行性研究报告评审；智慧湖公园完成国际方案征集工作。（胡蝶飞）

■工程项目建设 青浦新城公司全年完成政府性投资项目21.55亿元。盈浦街道城中村改造项目，俞家埭1、2、3组地块养老院及商业项目和南横村地块住宅项目均开工建设；南横村地块幼儿园项目结构封顶。长三角智慧医院、

11月，青浦区淀山湖福利院项目完成竣工验收并交付使用（青浦新城公司供稿）

9 月，青浦新城四站(45－03 地块)可容纳 30 个班级的小学新建工程竣工
(青浦新城公司供稿)

新城四站(45－03 地块)可容纳 30 个班级的小学新建工程、大社区 27A－03A 社区事务中心、漕盈路站社区配套设施、工商信息学校实训工场新建工程、佳乐苑泵站迁建工程等项目完成竣工验收。盈浦派出所迁建工程、朱家角派出所迁建工程等项目主体结构封顶。西虹桥科创中心、新城一站 40A－05A 高中、57－04 地块 36 班初中、51－04 地块 12＋1 班幼儿园及体育馆公共停车场等项目在加快施工中。长三角艺术中心、上达河城市公园等亮点项目前期工作在有序推进中。港俞路、新塘港路、三分荡路、外青松公路站配套道路、黄家埭路及周边配套道路等完成竣工验收。青浦大道一期、华青路改建、港周路、海盈路、华为人才公寓(朱家角镇)动迁基地配套道路、漕平路淀浦河桥新建及朱家角漕平路自来水厂改造等一批在建道路项目加快施工中。青浦大道南延伸段(三分荡路—沪青平公路)及增设 G50 匝道口等前期工作在有序推进中。 (胡蝶飞)

■房产开发与管理 五浦汇菜场于 10 月 1 日开业。五浦汇 D 地块安置房项目完成竣工验收。华为研发中心(西岑)动迁安置基地、五浦汇 E 地块、清河湾三期、夏阳街道动迁安置房、白鹤动迁房基地等项目在按计划加快施工中。青浦新城公司首个商品房住宅项目——诚中城项目东侧地块、西侧地块均开工建设。下属物业公司管理的 20 个住宅小区交房率约 92.87%、入住率约 81.8%。生活汇商业、直管公房、天桥新苑等非住宅项目也处于有序管理中。 (胡蝶飞)

■土地出让与征收 青浦新城公司全年完成地块出让 13 幅，土地出让面积约 66.8 公顷，土地出让金约 62.5 亿元；完成农户签约 127 户、企业签约 26 家。 (胡蝶飞)

■“三个美丽”建设 “美丽家园”方面，完成全区约 209 万平方米改造任务，惠及居民 3 万余户。通过改造，解决老旧住房安全隐患，缓解老旧小区停车难、公用设施少等问题。“美丽街区”方面，完成赵巷镇、练塘镇、夏阳街道及盈浦街道美丽街区项目，长度约 20 公里，夏阳街道及盈浦街道美丽街区背街小巷项目同步推进中。通过改造，全面提升街区景观风貌。“美丽乡村”方面，朱家角镇张马村、练塘镇东庄村乡村振兴项目完成市级验收。通过改造，进一步完善乡村配套设施、提升景观风貌，促进了城乡融合发展。 (胡蝶飞)

■农村低收入户危房改造 2020 年，全区农村低收入户危旧房改造 14 户，其中 3 户翻建、11 户修缮，主要涉及朱家角、金泽、重固和白鹤 4 个镇，各级财政资金补贴约 216.58 万元。 (方　芳)

■农民相对集中居住 推进农民相对集中居住已签约项目腾房、拆旧后续工作，启动 2020 年签约工作。2019 年已签约的 5 个项目，涉及户数 1039 户，完成腾房 1039 户、房屋拆旧 467 户，现房安置的 316 户已全部交付。 (方　芳)

■地下空间监管效能 2020 年，区内建成地下工程 941 个，总建筑面积 842.02 万平方米。对全区 11 个街镇地下空间安全使用管理工作开展考核。针对突发疫情，建立地下空间联防联控机制。全年开展管理监督检查 2 次、联合检查 4 次、消防专项检查 1 次、防汛专项检查 59 次；组织召开区地空联办联络员会议(暨业务培训)2 次、应急演练 2 次；开展地下空间安全使用宣传活动 1 次。在“一网通办”平台共办理普通地下室使用备案 24 件。 (方　芳)

6 月 19 日，区建管委与朱家角镇隽苑小区联合开展地下空间防汛应急演练
(区建管委供稿)

■道路照明日常管理 区内实有道路照明设施50702盏，其中：区管道路照明设施杆数23987基，灯盏数34478盏，路灯控制箱733只。年内，为保障护航“进博会”和助力“创全”工作，加大日常巡视力度。全年出动人员2091人次、车辆644车次，巡查灯盏数500486盏，处理故障4309起；快速处理报修工单803起。 （方 芳）

■架空线和飞线整治 开展违规架空线整治，完成1160根违规架空线、飞线整治。至年底，地下管线数据维护项目已跟测管线长度约66公里，其中41.2公里管线已提交入库，并持续开展外业跟测工作。 （方 芳）

重大项目建设

■概况 2020年，在区委、区政府的坚强领导下，青浦区重大项目建设坚持以习近平新时代中国特色社会主义思想为指导，坚持新发展理念，坚持稳中求进工作总基调，积极建设长三角一体化生态绿色发展示范区，全力建设第三届“进博会”相关配套设施，高质量地完成相关重大项目建设任务。

经区政府通过，2020年全区共安排正式重大项目128项（其中市在青重大项目20项），储备项目24项。年内，计划开工35项，实现开工或基本开工28项，开工率为80%；计划竣工39项，实现竣工或基本竣工32项，竣工率82.1%。除去暂停实施的项目和青浦区配合的项目，全年计划完成投资263.8亿元，实际完成投资262.1亿元，投资完成率99.34%，创历年新高。 （吴 渊）

■市重大项目建设 2020年，市级在青浦区的重大项目共20项，其中由青浦区负责实施的项目18项、由青浦区配合完成的项目2项。年内，实现开工2项、竣工7项，完成投资超过68亿元。其中，崧泽高架西延伸全线贯通，区省对接道路东航路、复兴路北段、胜利路建成通车，太湖流域水环境综合治理6个项目全面完成，污泥干化焚烧项目、建材再生利用项目顺利建成，华为研发中心8个地块陆续进场施工，沪苏湖铁路上海段增设练塘站并实现开工。 （吴 渊）

■基础设施重大项目建设 2020年列为区基础设施重大项目共32项。年内，实现开工7项、竣工15项，完成投资超过13亿元。其中，市西软件信息园配套道路佳迪路、佳旭路、佳高路建成通车，佳采路、佳凯路、佳康路开工建设；华为项目4条[青顺路（青浦大道—淀山湖大道）、淀惠路（青顺路—青浦大道）新建工程；朱家角华为人才公寓规划一路、规划二路新建工程；西岑社区规划四路；岑卜路东段]配套道路有序推进；电力工程3项（上海青浦蟠臻110千伏输变电工程、上海青浦鹤民110千伏输变电工程、上海青浦前明110千伏输变电工程）实现建成投运，6项（上海青浦阁游110千伏输变电工程、上海青浦新泽—鹤民110千伏线路工程、上海青浦新凤110千伏输变电工程、上海青浦寺前110千伏输变电工程、上海青浦新丹110千伏输变电工程、上海青浦新泽220千伏变电站110千伏送出工程）完成计划节点；域内9条道路[新府路（华重路—崧泽大道）新建工程、盈福路（漕盈路—淀湖路）新建工程、胜利路（上达河—青赵公路）新建工程、港俞路（青赵公路—沪青平公路）新建工程、华青路（公园路—崧泽大道）改建工程、淀恩路（青浦大道—新塘港路）新建工程、青浦大道（五浦路—沪青平公路）、三分荡路（青浦大道—西大盈港一路）新建工程、清河湾道路桥梁新建工程]全面推进。 （吴 渊）

10月，建设中的华为研发中心（金泽镇西岑社区）动迁基地 （区重大办供稿）

■社会民生重大项目建设 2020年列为区社会民生重大项目共18项。年内，实现开工3项，竣工4项，完成投资超过27亿元。其中，夏阳、盈浦、香花桥3个街道2019年“美丽街区”建设项目、“美丽乡村”2019年农村村庄改造项目全面完成；五浦汇D区竣工验收，中山医院、复旦大学附属妇产科医院青浦分院项目有序推进；五浦汇E区动迁安置房，华新动迁基地二期地块28-01、28-08，夏阳街道农民解困安置基地01-01地块和华为研发中心金泽西岑社区动迁安置基地4个安置房项目不断突破重要工程节点。 （吴 渊）

■环境提升重大项目建设 2020年列为区环境提升重大项目共16项。年内，实现开工6项、竣工1项，完成投资超过11亿元。其中，环城水系三期、青西生活垃圾转运站建设实施开工，10项[青浦区新通波塘河道综合整治工程、白鹤镇2019年中小河道综合整治工程、白鹤镇2019年低洼圩区治理工程、苏州河（华新段）支河口河道综合整治工程、徐泾等镇2019年中小河道综合整治工程、青浦区2019年断头河整治工程(朱家角镇、练塘镇、金泽镇)、青浦区2019年中小河道综合整治工程(赵巷镇、重固镇、香花桥街道)、青浦区2019年都市现代农业示范项目河道整治配套工程(练塘镇、金泽镇)、青浦区西大盈港河道综合整治工程、青浦区东大盈港河道综合整治工程)]水利建设项目顺利推进,4项[青浦区2019年农村生活污水处理工程(赵巷镇、白鹤镇、香花桥街道、重固镇)、香花桥街道2020年小区雨污混接改造项目、重固镇2020年雨污混接改造工程、漕平路淀浦河桥新建及朱家角漕平路自来水厂改造]给排水项目开始施工。（吴　渊）

■**社会投资项目建设**　社会投资类项目涉及工业及研发和商办及住宅两类,其中列为2020年区工业及研发重大项目共20项、商办及住宅重大项目共12项。年内,工业及研发重大项目实现开工10项、竣工5项,完成投资超过62亿元。其中,漕河泾赵巷园区、华测产业园项目新貌频现;慧石信息、尚乎数码、速珂智能、优刻得数据等高新技术企业落地落实,上药杏灵、比路电子、荣泰健康等项目按期竣工。商办及住宅重大项目无新开和竣工项目,完成投资超过78亿元。其中,银科控股、金地项目提前竣工,联美、博万兰韵等项目配合保障了“进博会”的成功举办,蟠龙“城中村”改造、BU(Business union的缩写,即商业联盟)商办、百脑汇等项目全面推进。（吴　渊）

交通基础设施建设与管理

■**概况**　2020年,青浦区实施区、省对接道路项目共4个,断头河整治项目2个。东航路(沪青平公路—江苏省界)建成通车,加快推进崧泽高架西延伸段建设和航道标准化建设。继续做好道路养护管理和修缮,继续创建“四好”(即建好、管好、护好、运营好)农村路。（方　芳）

■**道路建设**　2020年,在建道路共18条,总里程52.68公里,其中:崧泽高架西延伸工程2017年6月开工,已完成总建安量70%,主线高架完成85%,地面道路桥梁完成35%;东航路(沪青平公路—江苏省界)于2018年12月开工,9月完工,于11月举行开通仪式;复兴路北延伸段(淀山湖大道—江苏省界)于2018年12月开工,至年底已具备通车条件;外青松公路北段(白石公路—江苏省界)于2018年12月施工进场;胜利路出省段(白石公路—江苏省界)于2018年12月开工,至年底已具备通车条件。（方　芳）

■**水运建设**　配合做好市重大航道工程吴淞江航道整治项目工程许可的前期协调推动,确保按期施工。继续协调配合做好市管航道苏申内港线整治工程,推进华田泾航道标准化工程,东大盈港项目建设、新通波塘项目正进入工程许可及项目建议书验收阶段。（方　芳）

■**道路养护管理投入**　区管公路:2020年,区管公路养护计划15744万元,其中日常养护6333万元、大中修6407万元、管理项目2564万元、应急经费440万元;累计支出15487万元,预算执行率98.36%。农村公路:2020年,农村公路养护计划27564.8万元,其中日常养护14304.8万元、大中修工程11358万元、管理项目1902万元;至年底,完成全部预算。市政道路:2020年,市政道路养护计划5831万元,其中日常养护5239万元、大中修229万元、单项维修109万元、综合管理254万元;累计支出5810万元,预算执行率99.63%。（方　芳）

■**道路设施日常维护**　区管公路:完成养护招标工作,全年实施二类项目17个,完成沥青路面整治71295平方米、人行道整治21549平方米,桥梁维修108座。市政道路:结合“创全”工作,共完成路面整治268000平方米、人行道整治12795平方米,桥梁维修108座,道路预养护33000平方米。农村公路:累计处置市下达病害39处,处置区第三方下达病害1352处,完成路域环境整治60条,二类项目共11项,安防整治76公里。（方　芳）

■**“四好农村公路”示范创建**　申报重固镇为2020年“四好农村路”市级示范镇。在全区积极推广镇级路长制,将推进情况纳入对街镇的绩效考核。全年列入区“四好农村路”提档升级的项目总计28项,其中涉及街镇20项、村庄改造8项,总里程39.54公里。全年创建市级示范路4条,总长12.96公里;区级示范路复审5条,新创建9条,总长30.73公里。全区农村公路创建总里程为109.932公里。朱家角镇沈太路被评为2020年全市十大“最美乡村路”。通过示范创建,不断推进“农村公路+旅游+农业+文体”等融合

10月19日,2020年上海市“四好农村路”建设推进会议暨“路长制”推进工作现场会在区会务中心召开（区建管委供稿）

发展，着力建设服务乡村振兴的“交通走廊”。10月19日，2020年上海市“四好农村路”建设推进会议暨“路长制”推进工作现场会在青浦区召开。

（方　芳）

城市精细化管理

■概况　2020年，青浦区城市精细化管理工作着眼于“高效处置一件事”，深化城市运行“一网统管”工作，确保城市安全总体可控、城市运行高效有序。

区城管执法局按照“挂图作战、分级负责、协同配合、定期点验”的工作思路，紧紧围绕第三届“进博会”和长三角一体化发展两大国家战略，对标“全国文明城区”创建重点任务，以提升城管执法精细化水平为手段，以“雷霆”执法整治行动为载体，不断提高青浦城市环境品质和群众满意度，有效助力“人民城市”建设和青浦全面高质量跨越式发展战略实施。

区绿化市容局紧紧围绕“人民城市人民建，人民城市为人民”的重要理念，积极对接服务两大国家战略，按照“更整洁、更有序、更美观、更安全”的行业要求，抓城市精细化管理，努力提升市民群众的获得感和满意度，统筹做好疫情防控和顺利完成全年工作目标任务。

区城运中心围绕年度工作要点，有力推进城市运行“一网统管”建设、网格化管理、“12345”市民服务热线办理、城市精细化管理工作，较好地完成了年度目标任务。网格化管理，立案1145746件，及时结案率97.25%，区级先行发现率77.34%。市民服务热线受理转办工单64371件，按时办结率99.06%，先行联系率96.59%，回访解决率74.80%，市民满意率79.24%。完成区城市管理精细化三年行动计划（2018—2020）目标任务。4月，上海市青浦区城市网格化综合管理中心更名为上海市青浦区城市运行管理中心，加挂上海市青浦区城市网格化综合管理中心牌子。全年举办16期业务培训班，约380人次参加，有效提高了网格、热线从业人员工作能力。

（张丞辉　陈诗瑶　庄利娜）

■贯彻“法治政府”建设要求　健全依法行政体制建设，加强法治人才培养，努力提高城管执法水平。全年全区共办理案件3924件，罚款391.6万元。与区建管委、房管局就文明施工、房地产市场管理等新划转执法事项形成管执联动对接方案，共办理新划转执法事项24件，罚款24.1万元。完善协同联动监管和奖惩机制，加强信用信息共享应用，全年公示执法案件处罚信息2705件，接到相关企业申请并修复信用11家。严格落实重大行政执法决定审核制度，全年经重大法制审核案件67件，主要集中在擅自处置建筑垃圾、工程渣土、损坏房屋承重结构等方面。

（张丞辉）

第三届“进博会”期间，城管执法队员对国家会展中心内的餐饮商户开展执法检查　（区城管执法局供稿）

■服务保障第三届“进博会”　认真总结前两届“进博会”城管服务保障工作经验，完善保障方案，明确各阶段工作任务，抓好第三届“进博会”保障工作。对徐泾龙联路龙联汽配城内存在的“厂改居”、厂房插层和隔断以及“三合一”（即住宿与生产、仓储、经营一种或一种以上使用功能违章混合设置）等违规现象开展公共安全整治，提升“进博会”核心区窗口形象。派专人进驻西虹桥指挥部值守，并抽调队员配合重点区域“一网统管”工作巡查。会展期间实行24小时轮班巡查，加强对核心区各类市容易发问题的排查力度，发现第一时间及时上报并处置，确保会展期间不发生有损市容环境的行为。

（张丞辉）

■优化城管进社区服务　在城管社区工作室全覆盖的基础上，重点推进“精品城管工作室”创建工作，进一步加强基层城管执法工作室为民服务能力。各街镇城管中队结合当地政府社会管理和发展目标，梳理特色工作，拟定为民服务的特色亮点，明确责任队员，抓好抓实常态化社区执法服务。经过前期实地察看和实效评估，并邀请有关专家、政风行风监督员、往年优秀工作室队员等进行联合评审，最终验收通过了12家（其中：夏阳街道2家，其余10个街镇各1家）精品工作室。

（张丞辉）

■助力全国文明城区创建　针对不同领域，在全区范围内先后组织开展8次“雷霆”整治行动，紧盯建筑渣土运输、市容环境保障和生活垃圾分类等方面，聚焦景观区域、主要干道、交通枢纽、商业街区等，进一步挖掘市容问题和死角顽症，助推整体市容环境水平再上新台阶，为创建全国文明城区创建攻坚决胜奠定硬件基础。全年累计出动执法人员 4777 人次，开展执法检查数量 1088 次，教育劝阻相对人 1787 次，开具整改通知书 759 份；共查处办理各类案件 191 件，罚款 15.47 万元。

（张丞辉）

■提升垃圾分类执法力度 全面铺开生活垃圾分类巡查执法整治，紧盯投放、收运等全过程环节，以执法托底为保障，推动生活垃圾分类有序落实。全年共出动执法人员 11041 人次，开展执法检查数量 2826 次，检查单位及个人 12247 个，检查收运单位 103 个，教育劝阻相对人 2090 次，开具整改通知书 1185 份；共办理生活垃圾类案件 354 件，罚款 53.25 万元。

（张丞辉）

2 月 30 日，长三角城市管理与综合执法一体化工作会议召开

（区城管执法局供稿）

■推进长三角跨区域执法协作 12 月 30 日，长三角城市管理与综合执法一体化工作会议在嘉兴市西塘镇召开。会上，青浦、苏州、嘉兴三地城市管理和综合执法部门共同签署《推进长三角城市管理与综合执法一体化发展十二条合作指引》。三地城市管理和综合执法部门约定，将重点推动青浦区与苏州市、嘉兴市，嘉善县与吴江区，金泽镇与黎里镇、西塘镇、姚庄镇三级城市管理与综合行政执法部门的联动、联防、联控、联治工作，探索建立联合执法、线索移送、证据互认、案件协查、执法协助、线索预警、信用信息共享、立法协同、党建共建等 12 项合作机制和保障举措。

（张丞辉）

■第三届“进博会”市容环境保障 对标“世界会客厅”要求，制订下发《青浦区迎 2020 年进博会市容环境保障方案》，扎实推进市容环境保障各项工作。完成国展中心 1 号门对侧景观改造，以“东方之约”“梦·蝴蝶”为主题对 5 处绿化景观进行布置；完成近 8000 平方米区域地被草花、921 组机非隔离带花箱、16 幅景墙及花海布置；对核心区主要道路人行道护栏、行道树树穴盖板及核心区景观小品进行重新油漆上色；进一步提升灯光效果，营造“上海之门”夜景。9 月 15 日，在核心区举办青浦区市容环境保障应急演练暨精细化高标准作业保洁演示活动。

（陈诗瑶）

10 月 18 日，“奋斗新时代、展现新作为、护航进博会”青浦区第七届“劳动最光荣”绿化市容行业主题实践暨职工技能竞赛活动举行 （区绿化市容局供稿）

■巩固生活垃圾分类实效 围绕贯彻落实《上海市生活垃圾管理条例》推进全程分类体系建设，以新颁布的生活垃圾达标、示范街镇、示范区评估办法为指导，督促各街镇抓好宣传培训、设施提标升级、“一小区一方案”落实、“两网融合”回收体系建设等工作，不断提高生活垃圾分类实效。完成 5864 名志愿者注册，垃圾分类累计培训覆盖 6.5 万余人次；村（居）民绿色账户实名认证累计覆盖 24.7 万户；实现村居 1275 个投放点提标改造全覆盖，新增再生资源回收点 181 个、中转站和集散场各 1 个。全区有 10 个街镇通过市级垃圾分类示范街镇复核和评估命名，青浦区成功通过垃圾分类示范区复核。

（陈诗瑶）

■一体化养护保洁 在巩固集镇地区一体化养护保洁作业实效的基础上，通过村民自治与市场化相结合的方式实现农村地区一体化养护保洁全覆盖，农村地区宅前屋后、设施管理、道路保洁、水域保洁实效不断提升。各街镇以“席地可坐”为引领，全力推进高标准精细化作业保洁，制定“一路一策”，及时调整作业人员及作业装备，优化作业保洁模式，落实“五定”（即定岗、定员、定时、定职、定量）机制，实现作业经费拨付与考核结果挂钩，道路环境质量和管控率得到不断提升。全区范围内有22条道路被评为2020年青浦区集镇地区高标准精细化保洁作业道路（路段），20个村被评为2020年青浦区市容环境综合管理示范村。（陈诗瑶）

■建筑垃圾全程管控 严格按照市政府57号令要求，加强建筑垃圾全程管控，强化属地管理责任。全年共受理排放项目101个、回填46个，累计申报处置工程渣土1523万吨、回填申报量1576万吨，发出建筑垃圾双向告知书86份。开展“卫星遥感成像+无人机”建筑垃圾排查6次，督促街镇及行业单位落实市环保督查整改要求，全面加强建筑垃圾中转分拣点、处置场所、消纳点的软硬件规范落实和日常监管，定期与公安交警、建管委、城管等执法部门开展专项联合整治行动，落实联合惩戒措施，确保地区环境安全。

（陈诗瑶）

■环卫规范化建设 环卫基础设施建设全面铺开，环卫管理配套项目有序实施，服务能力更趋完善。区建材利用中心建成并投入试运行，全区范围内的建筑垃圾、拆房垃圾资源化利用率将进一步提升；青西地区垃圾中转站全面施工建设；中心城区新增2座一类公厕（全区累计已创建4座一类公厕），盈港路公厕被评为2020年全市最美公厕；3座道班房基本竣工，为环卫工人提供休憩场所；各街镇累计完成公厕新建及维修改造385座，“厕所革命”加快推进；3座生活垃圾简易填埋场生态修复全面完工，并通过区级验收。（陈诗瑶）

■“美丽街区”建设 按照“做减法、保功能、全要素”“建一条成一条”的原则，根据道路实际，突出个性主题，重点在道路设施、立面、景观等方面进行提升，增加以“背街小巷”治理为主的建设内容。项目主要涉及徐泾、重固、赵巷、白鹤、金泽等5个镇和夏阳、盈浦、香花桥等3个街道。至年底，除白鹤镇和金泽镇外，其余各街镇均按时完工。

（陈诗瑶）

■市容环境顽症专项治理 全面巩固和提升“补短板、治五乱”三年行动计划、“特定区域”环境治理、“无序设摊”综合整治等工作成效。按照“美丽街区”建设要求，持续不断的推进各街镇重点区域及道路“占道亭棚”减量化专项治理工作。完善巡查测评通报机制，督促各街镇加强落实重点难题顽症治理措施的力度。进一步推进市容环境责任区自律组织建设成效，有效提升自律组织引领、表率作用，促进各责任单位签约上墙率、履约率、自治率。

（陈诗瑶）

■户外广告招牌设施整治 完善《青浦区户外广告设施设置阵地实施方案》，全面推进方案的落地工作，开展行政许可、规范设置和安全管理，提高行政审批率和安全检测率。推行户外招牌告知承诺、一店一档和审批制度，结合“美丽街区”建设，继续强化店招店牌管理和安全隐患整治，对屋顶、墙面大型外挑招牌等违规招牌整治拆除，累计拆除市重点督办LED显示屏和走字屏以及违法户外招牌206块、区级违法户外广告和违规招牌设施1524块。

（陈诗瑶）

■“一网统管”工作 成立区级“一网统管”领导小组及城运中心。完善区、街镇两级“1+3+N”（“1”即网格，“3”即综治、市场、110非警情，“N”即其他）平台功能。其中，区级接入11个部门13个系统、3万多路视频和2600多个感知端；街镇接入大客流等18个系统、2.8万多路视频，十二类视频智能应用。启动电子政务云建设，完成政务外网55T硬盘分配，实现政务外网骨干网升级至40G，1100个单位和部门千兆接入。完成大数据一期平台建设，编制形成全区公共数据资源目录3515条，信息项4.7万余项；承接市落地数据2.8亿余条；区级数据归集量达2.42亿余条。完成做实130个管理单元的区级挂图作战任务；管理单元内问题先行发现率为86%，结案率为99%。（庄利娜）

■热线办理工作 强化多渠道热线诉求办理。加强疫情防控类、网民呼声、非警务类110分流、企业“好/差评”投诉、“一网通办”找茬诉求办理工作。实施不满意工单挂号销项机制，梳理下发治理工单1552件，实际解决598件，满意478件。与区“三大整治办”（即人居环境、生态环境、公共安全综合整治办公室）联动处置在建违建投诉工单218件，实际解决212件，实际解决率97.25%。（庄利娜）

■精细化工作 至年底，完成精细化管理十四大类年度任务，全面完成城市管理精细化工作三年行动计划，共完成15个美丽街区、100个美丽家园、26个市级美丽乡村建设、55个区级美丽乡村建设。初步编制完成《青浦区城市管理精细化工作“十四五”规划》。

（庄利娜）

■推进青东五镇联动“一网统管”工作

2020年8月，建立青东五镇联动“一网统管”工作机制。基于青东五镇城运平台，研发以展示整治清单、案件清单为主的青东五镇联动共享模块。9月，青东五镇联合发起对非机动车及公共安全的两项整治行动。至年底，共上报非机动车整治案件1786件、公共安全整治案件21件，结案率为100%。为青东五镇区域非机动车的有序停放及行驶、消除公共安全隐患发挥积极作用。

（庄利娜）

■助力“创文”“一网统管”工作 开展“创文”视频轮巡工作，发现涉及“创文”10+X（“10”即公益广告损坏，绿化破损，垃圾乱扔，跨门营业、占道经营，非机动车、机动车乱停放，流浪狗出没、宠物未牵绳，行人不文明交通行为，路面破损，楼道环境脏乱、电瓶车飞线，黑色小广告十类问题；“X”即其他类型）类型案件587件，均通过城运平台进行流转处置。开展“创文”重点点位区级督查5次，上报处置案件1393件。（庄利娜）

■做好第三届“进博会”服务保障工作

制定《青浦区服务保障第三届“进博会”重点区域城市运行“一网统管”工作方案》，发现处置各类案件1737件，

11月1日，青浦区城市运行管理中心报送的《进博会保障的新帮手——"一网统管"青浦城运精细化管理模式》获"首届上海城市治理最佳实践案例评选"最佳案例奖　（区城运中心供稿）

《进博会保障的新帮手——"一网统管"青浦城运精细化管理模式》获"首届上海城市治理最佳实践案例评选"最佳案例奖。（庄利娜）

安全生产监督管理

■概况　2020年，青浦区应急管理工作在区委、区政府的坚强领导下，在市应急局的有力指导下，深入贯彻落实"人民城市人民建，人民城市为人民"重要理念，坚持稳中求进工作总基调，不断开创新时代应急管理工作新局面，全力推动应急管理职责落到实处，为助力青浦全面跨越式高质量发展，加速推进"新青浦、新生活"总体目标提供坚实安全保障。2020年，全区共发生工矿商贸生产安全死亡事故14起，导致14人死亡，事故起数和死亡人数均比上年下降26.3%，事故造成直接经济损失约2076.4万元。依法对25家事故责任单位及60名事故责任人处罚，处罚金额共1053.3万元；追究16人刑事责任，追究7人党纪、政纪责任。严格危险化学品监管，共排摸危险化学品使用企业93家，整改隐患272项，责令限期整改企业64家，完成安全评价40家；推动落实重大危险源企业安全生产主体责任，对7家重大危险源企业开展专项督导检查；落实工贸企业安全监管，开展20家粉尘涉爆、30家有限空间专项整治；完成年度执法计划和挂图作战计划，共计检查危险化学品和工贸重点企业233家次，开具责令改正通知书22份，发现整改安全隐患142条并已全部整改；参加各类联合执法99家次，安全生产行政事前处罚42起，处罚金额共计170.6万元。（朱小伟）

■制定落实《青浦区安全生产专项整治三年行动(2020—2022)》　于4月制订《青浦区安全生产专项整治三年行动(2020—2022)》，青浦区安全生产委员会办公室成立安全生产专项整治三年行动工作专班；制定《青浦区"1+5+8"安全综合整治方案》，聚焦危险化学品生产储存运输、工程建设、城乡居民火灾、厂房违规改扩建、"三合一"(即生产、住宿、办公)场所、废品回收等领域，集中排查整治一批可能会影响城市安全运行的重大安全隐患。以建立重点整治目标清单为方式，以点带面推进整治工作，确保完成区级重点点位整治，各街镇、园区根据属地情况，确保完成一定数量的重点点位整治。2020年度，共计排查隐患40011处，整改32405处，整改率80.99%；关闭取缔企业292家；处罚金额共计2324.72万元。共排查住宅小区568个、农村自建出租房3.9万余户，清退"三合一"违规住宿人员1171人，完成619个住宅小区消防车道标志标线施划，新增电动车集中充电装置958处。（朱小伟）

■危险化学品领域安全管控　一是严把危险化学品行政审批关。全年受理、核发危险化学品经营许可221家，受理、核发第三类非药品类易制毒化学品备案证明23家，受理实施危险化学品建设项目安全条件审查4家、设施设计审查4家。二是组织危险化学品重点监管企业落实主体责任。督促31家危险化学品重点监管企业对照《危险化学品企业安全风险隐患排查治理导则》要求，每日10:00时准时登录市局系统开展安全公告承诺，落实安全生产主体责任。三是开展硝酸铵等爆炸性危险化学品企业重大风险排查工作。全年联合街镇共出动检查97人次，排查企业45家，发现一般问题隐患22项，下达整改通知书9份。四是加强危险化学品使用安全管理。组织街镇开展工贸行业危险化学品使用安全专项整治，共排摸使用企业93家，整改隐患272项，责令限期整改企业64家，处罚金额共计16万元，完成安全评价40家。五是强化危险化学品应急联动处置。联合公安、街镇安全监管部门查处非法储存、运输危险化学品案件9起，协调储存查没化学品15余吨；委托相关资质单位无害化处置查没化学品约45吨。六是推进危险化学品安全风险监测预警系统建设。全年完成33家危险化学品重点监管企业的监控设备等硬件设施布点排查，掌握企业仓库、储罐、生产车间等监控场所的布点数量。（朱小伟）

11月11日，区委常委、副区长姜爱锋（前排左三）与参加服务保障第三届“进博会”的区应急局工作人员在国家会展中心合影　　（区应急局供稿）

■完成第三届“进博会”安全保障任务　一是提前谋划进博保障工作。固化延续前两届“进博会”城市应急管理经验做法，召开多次专题会议，研究制定契合实际的应急管理专项工作保障方案，明确保障重点、执法计划、监管模式等内容。二是确保值守巡查工作落地落实。自10月15日起，每日由1名区应急局分管领导带领1名联络员在区“进博会”前线指挥部值班，及时处置网格巡查发现的问题，加强“进博会”核心区、管控区和全区面上应急管理工作；自10月28日起，根据区服务保障第三届“进博会”重点区域联勤联动工作要求，每日派4人次进驻场馆周边4个联勤联动工作站，开展24小时街面巡查，及时发现并排除安全隐患。三是落实场馆内“进博会”展台布撤展安全监管。延用第二届“进博会”保障市、区两级应急局联合编组方式，会同专家服务组进驻国家会展中心，组成联合检查组，设置应急驻场办公室，在八大场馆内开展不间断安全生产执法检查，全面加强“进博会”展台搭建和拆除全过程安全监管，尤其是加强特装展台布撤展安全隐患排查整治，对违法违规行为进行立案查处4起。　　（朱小伟）

防震减灾救灾工作

■概况　2020年，区应急局深入贯彻习近平总书记关于防灾减灾救灾工作的重要指示精神，“坚持以人民为中心”的工作导向，以专项整治为抓手，紧盯重大风险隐患，深化重点行业领域专项整治，进一步加强应急救援力量和基础设备设施建设，全面提升“防大灾、抢大险”能力，抓紧抓实抓细防灾减灾救灾工作，全力以赴把灾害损失降到最低。　　（朱小伟）

■举办长三角示范区三地综合应急演练　9月28日，青浦区牵头举办以“消除事故隐患，筑牢安全防线”为主题的第三届“进博会”安全保障暨长三角一体化示范区综合应急演练，青浦、吴江、嘉善三地共有20支队伍参加，涉及人员近500人，演练船艇13艘、车辆30余辆，采用实地、实战、指挥中心与现场互动、主演练现场和分演练现场并行的方式，涵盖了事故应急救援处置的各个环节、各种救援设备、信息化手段充分运用，为应对示范区突发情况做好充分的装备和能力保障。　　（朱小伟）

■规范应急值班值守工作　加强对应急值守工作的检查，完善突发事件信息接报、处置、汇总、应用的全过程管理，提升突发事件信息报告实效。每周区总值班室对各街镇进行视频调度，每日对相关应急联动单位进行800兆电台寻呼，不定时进行电话抽查，检查各单位值班值守情况。特别是“进博会”、法定节假日、防台防汛、雨雪冰冻等关键时间点，区政府总值班室及时下发工作提示，督促加强应急值守及突发事件应急处置。　　（朱小伟）

■灾害防治工作　防灾方面：对区域冰冻雨雪天气、自然灾害救助等专项预案进行更新，对地震监测相关仪器进行定期检测标定，落实每月一次地震测报站的日常巡查。联合14个委、办、局助力主会场，各街镇、村居为分会场，开展全区“5·12”防灾减灾宣传教育系列活动。开展受灾人员应急转移安置演练，进一步完善街镇应急转移组织领导、应急物资调拨发放、使用等程序。组织重固镇2个社区参加全国综合减灾示范社区市级培训，迎接市专家组的考核；组织28名区、镇、社区灾害信息员参加市级培训；对全区248名灾害信息员进行摸底、调整，并在后续分批进行培训指导。防汛方面：采用“应急＋水务”双

9月28日，“消除事故隐患，筑牢安全防线”——2020年第三届“进博会”安全保障暨长三角一体化示范区综合应急演练举行　　（区应急局供稿）

指挥机制,坚持“2+8”(即2次综合性检查、8个类别专项检查)防汛检查模式,镇级层面每周滚动排查上防汛类安全隐患问题,共排查隐患104项并全部督促整改。完成区镇两级“1+6”(即1个总预案、6个专项子预案)防汛防台预案修编,更新全区791名防汛干部责任网络,组建区、镇两级抢险队伍111支共3200余人,新增抢险物资200余万元。至年底,区、镇两级物资储备金3000万元。（朱小伟）

消防管理

■**概况** 2020年,青浦区认真贯彻落实市委、市政府各项决策部署,在常态化疫情防控下,聚焦第三届“进博会”消防安保,着力加强火灾隐患排查整治,逐步完善消防安全管控机制,层层压实消防安全责任,不断强化消防安全公共基础建设,高频开展消防安全宣传教育,全面提升区域消防安全整体水平。年内,组织开展厂房仓库大排查大整治、“1+5+8”公共安全综合治理、“今冬明春”火灾防控等消防专项行动,消除了一大批火灾隐患顽症,完成全国“两会”、第三届“进博会”等重大活动消防安保任务,有力维护了全区火灾形势稳定。

全区全年共发生火灾起数424起,死亡3人,受伤2人,直接财产损失736.3万元。同比2019年(火灾起数242起,死亡1人,受伤0人,直接财产损失4345.7万元),火灾起数上升75.2%,亡人数上升200%,伤人数上升200%,直接财产损失下降83.1%。区消防救援支队共接处警2491起,出动车辆3301辆次,出动指战员24327人次,抢救被困人员82人,疏散被困人员48人,抢救财产价值1375.8万元。（何红勇）

■**消防安全基础设施建设** 4月,印发《2020年青浦区消防实事项目实施方案》,将7个建设年代较早、消防基础薄弱的老旧住宅小区消防设施改造工作作为本年度的政府消防实事项目,并纳入“美丽家园”行动计划进行实施。指导朱家角、练塘、金泽镇对3个古镇区域开展消防安全评估,并根据评估结果,针对性增设简易喷淋、烟感等消防设施,推动开展电气线路专项排查。（何红勇）

■**消防工作机制持续优化** 10月,出台《青浦区消防责任制实施办法》,明确属地街镇、行业部门消防工作职责;专题解读新修正《上海市消防条例》,实体化运行区消防安全委员会平台,持续深化会商研判、“联勤防火”等工作机制,逐级压实消防安全工作责任;依托“双随机”消防监督平台和“好/差评”执法评价系统,开展三年执法“回头看”专项行动,对过往案件办理流程的合法性进行综合评估,查找漏洞、补齐短板,降低诉讼风险;借助区安委办平台成立专项调查组,会同区应急管理、公安、市场监管、建委、城管、监察委等部门,对年内发生的有社会影响的火灾事故开展延伸调查,构建优化火灾延伸调查体系。（何红勇）

■**“进博会”消防安保工作** 10月,印发《第三届中国国际进口博览会青浦区消防安全保卫社会面火灾防控工作方案》,划定了消防安保重点区域,对24个委办局、11个街镇以及7家区级公司明确了工作任务,对大型商业综合体、养老机构、公共娱乐场所、医院、宾旅馆、施工现场、居民小区等七类重点区域明确了具体管理要求。成立“一所一部一点”(即疏导区前沿指挥所、支队全勤指挥部、朱家角分指挥点),设置6个前置防火团队、28个前置灭火团队,实行扁平化指挥调度和“日研判、日调度、日报告”制度,每日分析情况、研判问题、下发督办单,精准调度、靠前指挥、全程跟进消防安保工作。在“进博会”消防安保临战、决战阶段,6个前置防火团队、46名防火监督员,在6个重点区域开展抽查检查,指导属地政府、行业部门强化消防严管严控措施。在疏导区划定52个火灾防控网格,由各街镇领导班子牵头,各村居委书记为网格长,每个网格落实10名消防网格巡查人员并“定人、定岗、定责”,开展火灾隐患动态巡查。落实街镇、网格、第三方特保、平安志愿者等八类防控力量共7499人参与疏导区消防巡查和驻守工作,强化重点区域、重要沿线、重要点位的巡查看护和应急处置;同时,发动全区3473家规模性企业单位、16家规模租赁场所、36家“不放心”单位在“进博会”期间落实单位领导24小时带班、重点部位实名制驻守等措施。（何红勇）

■**火灾隐患排查整治** 区消防救援支队全年累计检查单位3541家次,督改火灾隐患3576处,临时查封单位23家,责令“三停”(即停产停业、停止使用、停止施工)单位16家,共处罚款362.8万元。一是开展厂房、仓库消防安全大排查大整治行动。发动各街镇、工业园区开展厂房、仓库地毯式排查整治,动态

10月20日,“护航进博担使命,攻坚克难谱新篇”——第三届中国国际进口博览会消防安保誓师大会举行（区消防救援支队供稿）

3月20日，区消防救援支队指战员在华新镇新协路1688号微特派冷库火灾救援现场 （区消防救援支队供稿）

完善1500平方米以上的厂仓房底数、隐患和整改责任“三份清单”，各街镇累计排查厂房、仓库5849家次，发现并督促整改隐患1.2万余处，其中选派8名防火干部帮扶华新镇开展厂房、仓库排查整治，重点指导其整治冷库消防安全隐患，对88家冷库进行登记造册，按“关停类、整改类”两大类进行推进，累计关停冷库31家。二是依托“1+5+8”平台开展综合整治。将厂房仓库、住宅小区、“三合一”场所、农村自建出租房纳入“1+5+8”公共安全综合治理平台，发动各街镇滚动开展排查整治，将28处存在突出火灾隐患的单位或区域列为“1+5+8”整治行动的区级重点点位，逐个约谈相关负责人，逐一制定“一单位一方案”整治计划，通过部门合力形成整治高压态势，消除华宗服饰、微特派冷库等一批火灾隐患顽症，清退“三合一”违规住宿人员1087人，完成530个住宅小区消防车道标志标线施划。三是联合行业部门开展整治。分别会同区经委、商务委、应急局、建管委、房管局、民政局、文旅局、卫健委、教育局、民宗办、市场监管局对8家大型商业综合体、6家加油加气站、193处建设施工工地、31处既有建筑改造项目、28家养老机构、20家娱乐场所、9处A级景区、9处集中隔离点、12家中小学校、15家宗教活动场所、30家电动自行车生产企业和销售点等场所开展消防安全专项检查行动，并将火灾隐患抄告给属地街镇和相关职能部门，持续巩固整治成效。四是落实重点场所严管严控。持续推进重点单位“零火灾”创建行动，全年3次集中约谈重点单位主要负责人，逐个签订消防安全承诺书，并督促全区326家重点单位在重要节点落实领导带班和重点岗位实名制值班值守制度，实现连续3年重点单位“零火灾”的工作目标；将2处重大火灾隐患单位纳入市安委办挂牌督办点位，累计开展联合检查、整治20余次。 （何红勇）

■灭火救援技能水平有效提升 瞄准国家队、主力军职责定位，打造全面过硬的应急救援队伍。一是夯实灭火救援基础。组织全勤指挥部和基层队站累计开展调研熟悉2500余家次，开展重点单位电台信号覆盖测试388家次，先后组织高层、化工、大型综合体、轨道交通实战拉动演练13次，召开战例分析、桌面推演战术研讨会6次，完善各类应急处置预案、计划卡2700余份，协调区相关职能部门，新建市政消火栓299个，拆改阻碍消防车辆通行障碍61处。二是深化执勤岗位练兵。深入开展执勤岗位练兵活动，全年组织开展攻坚组培训2次，100余人参加；开展业务骨干集中培训4次，150余人参加；组织通信员骨干岗位轮训20次，82人参加；组织全勤指挥部成员业务学习12次、队站业务技能会操6次；抽调5名业务骨干专门负责通信保障，投入400余万元配齐配全应急通信保障设备，开展操法训练和测试性训练350余次。三是强化日常战备执勤。全年分组下队进行战备检查130余次，直报直调拉动考核108次，视频抽查队站值班值守情况112轮次，开展抗洪抢险、作战训练安全专项工作检查40余次，火警介入指挥提示880次。四是建强攻坚专业队伍。对照总队地震、防化、水域三支专业队建设方案要求，配齐配强专业队人员装备，针对性开展专业技能培训，申请60万元专项经费增设地震救援模拟训练装置，采购钢筋预制板、钢板、防盗门等训练耗材用于专业队训练，聘请社会专业机构集中开展游泳培训119人，通信保障员7人考取AOPA民用无人机驾驶执照，指战员专业技术能力得到有效提升。 （何红勇）

■消防宣传活动 实化开展消防宣传“七进”工作，结合疫情防控、“512”防灾减灾日、“119消防宣传月”等节点，开展专题宣传活动30余场次，发放各类宣传资料10万余份；利用“青浦消防”微信、微博平台不间断推动消防提示内容。提请区政府落实专项经费，结合新修正《上海市消防条例》《上海市消防安全责任制实施办法》宣贯工作，组织行业部门领导、街镇党政领导、社区民警、企业消防管理人员等开展消防管理专题培训，持续提升消防管理能力。 （何红勇）

综 述

2020年,青浦区继续加强公用事业设施建设和改造,进一步完善长三角一体化示范区和"进博会"两大国家战略的服务配套,美化公共空间,提升功能品质。优化城乡公交线网,推进长三角地区公交对接,着力保障城市安全运行,继续为便捷市民出行和提高市民生活质量等做好服务。投入资金11.02亿元,协调推进电网建设发展;编制形成"十四五"配电网规划,推动220千伏秀横输变电工程纳入"十四五"主网规划;在示范区内推广"钻石型"(即以开关站为核心、双侧电源供电、配置自愈功能的坚强安全可靠的双环网结构)配电网建设。竭力保障居民用水安全,继续推进居民住宅二次供水设施改造,惠及盈浦街道、夏阳街道和朱家角镇共17个小区的12552户居民;全年供水总量10205万吨,出厂水水质四项综合合格率稳定在99.99%以上。开展燃气用户入户安检、液化气专项整治等,全面推行统一配送,确保居民用气安全。优化调整公交线网,共延伸调整线路29条;大力推行绿色节能交通设施建设,推进新能源公交车的推广使用,新增或更新16台新能源公交车,完成45根公交充电桩建设。全区有邮政投递线路124条,线路单程总长度4647公里;疫情期间,成立专项突击队,指定专人专车投送,为普邮投递打通"最后一公里",确保将各类党报党刊、邮件及学生的课本等送达用户手中。

(陈 娟 赵佳俊 方 芳 屈嘉婧)

供 电

■概况 2020年,青浦供电公司围绕区域和长三角一体化示范区建设重点,聚力担当、服务大局,完成第三届"进博会"供电保障,深入推进长三角一体化发展电力先行,高标准完成各项目标任务,公司安全稳定、优质服务和电网建设等工作都取得新突破。获第三届中国国际进口博览会电力保障立功竞赛优秀保障奖、国网上海市电力公司进"12345"热线诉求处理暨行风监督工作综合考核优秀。

年内,发展总投入11.02亿元,其中固定资产投资10.31亿元(其中电网投资8.23亿元);完成售电量64.31亿千瓦时;最高负荷149.82万千瓦,比上年增长3.35%;售电收入44.82亿元。全口径劳动生产率410.73万元/人·年;综合供电可靠率99.99%,综合电压合格率100%,线损率3.71%。各项指标总体可控,经营业绩保持稳健。

(陈 娟)

■助力保障地方政府打好"两场战役" 贯彻上级"两场战役"(即疫情防控和复工复产)战略部署,严格落实"一个提高、六个强化"(即提高政治站位和强化组织领导、强化供电保障、强化全员防控、强化大局意识、强化党建引领、强化舆论引导及信息沟通),应用"智慧党建+抗疫保电+复工保障"精准保障模式,彰显央企"顶梁柱"担当和"主力军"作为。严格落实疫情精准防控工作要求,执行员工离沪备案,异地返沪员工首次进入单位进行"健康码·绿码"校验;按照"知情同意、自愿接种"原则,对高风险岗位10人进行疫苗接种。建立党团员红色抗"疫"网络,举办"五个一"(即一份防疫倡议书、一份健康大礼包、一个送温暖承诺、一次居家趣味健身活动评选、一系列线上讲座)工会关爱活动,推进常态化疫情防控。实施24项服务举措,落实降低企业用电成本政策,涉及全区5.26万户,优惠减免电费1.58亿元。主动对接区卫健委等部门,组织对6个发热门诊诊治点、11个隔离点、10家防疫物资生产企业、9家援鄂医护人员隔离点、88所中小学校开展用电专项检查。"爱融共产党员服务队"与7个工业园区结对,创新提出"共享电工",为复工企业提供有力支撑。对区府办、区经信委报送企业复工复产信息"日快报、周报告",助力政府精准扶持企业复工。

(陈 娟)

■安全生产工作 认真贯彻落实上级公司《2020年安全工作意见》,实现全年未发生各类人身、火灾、信息安全事件,累计安全天数4018天。扎实推进安全生产专项整治"一下一上"("一下"指下发问题隐患和制度措施模板,逐级明确工作任务、标准和要求;"一上"指各单位全面梳理、逐级上报"两个清单"),共上报问题和隐患28条。顺利完成安全生产巡查,完成问题整改33个。深入开展春、秋冬季大检查等各类专项安全大检查,查出并整改各类问题151项。发布35千伏及以上电网风险预警共130项。全年电网及设备事件总数比上年下降39.2%。完成安全责任清单308个岗位的梳理、修订、公示及平台发布。深入开展安全生产双月

4月16日,《长三角一体化发展示范区电力行动2020白皮书》发布仪式在国家会展中心发布 （青浦供电公司供稿）

活动,完成21项应急专项预案演练。平稳应对9次暴雨、25个高温日和台风“黑格比”考验,成功应对迎峰度冬极端寒潮侵袭。建设完成智能监控分中心,35千伏及以上基建项目全面应用e安全。完成带电作业1001次,不停电作业比例95.02%。完成第三届“进博会”“六零三确保”(即电网设备零缺陷、重要负荷零闪动、供电服务零投诉、安保反恐零事件、人员工作零差错、网络信息安全零漏洞和确保场馆供电万无一失、确保城市基础设施供电万无一失、确保全市生产生活用电万无一失)的保电目标。顺利完成高考、区“两会”等22项重大保电任务。 （陈 娟）

助推长三角一体化电力发展 承办2020年示范区电力行动白皮书发布仪式。组织开展“‘优服务、促复工、保增长’——服务长三角,电力在行动”金点子和典型案例征集评选。编制《长三角生态绿色一体化发展示范区电网专项规划报告》,并纳入示范区执委会一周年成果展。创新试点跨省供电服务“码上办”,助力打造长三角供电服务一体化生态圈。持续推进长三角一体化办电服务平台建设,探索实现政府“一网通办”平台长三角专窗跨省办电的垂直贯通。开展两次长三角跨省不停电作业工程,推进长三角电力先行向运维服务领域延伸,探索统一技术标准。建设长三角电网一体化数据共享及业务协同平台,实现调度业务及运行管理“五个一”(即一个电话、一张图、一套数据、一套指标、一套标准),该成果入选国家电网有限公司调度控制中心典型经验。签订青浦、吴江、嘉善三地区域应急救援协调联动协议,实现资源共享和优势互补。开展首项跨省配电网互联互供技术原则及运行管理模式成果研究,首次确定长三角区域配电网跨省协同电费结算机制。与政府部门签署电力数字化发展战略合作协议,助推示范区经济社会高质量发展。成立长三角电力创智团队,升级改版《长三角电力先行工作动态》期刊。“长三角一体化发展电力先行青年突击队”获2020年度上海市青年突击队。 （陈 娟）

电网建设 坚持“计划不调、任务不减、目标不变”,协调推进电网建设发展。编制形成公司“十四五”配电网规划,推动220千伏秀横输变电工程纳入“十四五”主网规划。在示范区内推广“钻石型”配电网建设,提升A+类区域可靠性。编制青浦韧性电网示范落地方案。完成青东片区的网格化规划。全力推进220千伏绿舟站属地前期。8项35千伏及以上项目获核准。110千伏前明、鹤民、蟠臻变电站建成投运,110千伏寺前、新丹变电站、220千伏新泽变电站110千伏送出工程续建,110千伏新凤、阁游变电站、徐育(土建)、石西(土建)、新泽(崧泽)—鹤民110千伏线路工程顺利开工。积极配合崧泽高架西延伸、沪苏湖铁路、轨道交通17号线西延伸等政府重大工程建设。8条道路架空线入地工程年内竣工,可行性研究报告得到批复,招标及施工进展迅速。 （陈 娟）

提升服务水平和效能 落实国网上海市电力公司优化营商环境行动计划,贯彻执行FREE3.0(即以“Free－免费,Rapid－快捷,Easy－便利,Excellent－卓越”为核心理念的“Free”办电服务品

10月14日,带电作业机器人完成长三角首次跨省联合不停电作业 （青浦供电公司供稿）

牌)"五新五优"(即服务新体验,办电环节最优;联审新平台,接电时长最优;能源新生态,综合能效最优;投资新模式,用电成本最优;保障新机制,供电品质最优)重点改革举措,确保小微企业新政切实落地生效。将自查自纠与上级监控相结合,常态化开展业扩全流程跟踪管控。进一步扩大线上渠道办电业务范围至17项,建立低压小微企业业扩办电节假日流转机制,杜绝工单超期。做好政府联审平台与营销系统衔接的操作培训和宣贯。配合落实"一户多人口"政策实施范围扩大,实现"不动产登记和水电气联办过户"对接"一网通办"。推广"网上国网"3.18万户。主动对接华为用电需求,优化供电方案。业扩线上办电率100%。"95598"重复投诉为零,处理及时率99.94%,客户满意率99.15%。支出25.5万元采购云南、新疆、贵州等地的扶贫农产品。

(陈　娟)

■**经营管理**　深入推进"两金"(即应收款占用的资金和存货占用的资金)压控、降杠杆减负债、民企账款清欠等专项任务,全面完成年度经营目标。编制公司2020年提质增效攻坚工程任务表,66项提质增效措施全部完成,开源增收2.18亿元,占全年目标134.69%;降本节支771.27万元,占全年目标132.39%。优化业扩报装流程,受理业扩申请1.59万户,比上年增长2.57%;总容量85.45万千瓦,比上年增长41.80%;新接电1.70万户,比上年下降39.98%。完成电能替代3.52亿千瓦时,完成率140.6%。加大电费回收力度,当年电费回收率99.99%。严厉打击违章用电和窃电行为,处理窃电566户,超容违章用电123户,追补电费和违约使用电费568.74万元。完善台区线损治理组织体系,出台《国网上海青浦供电公司线损考核管理办法》。实现台区线损合理率86%,可监测率99.57%。制定"三个见底清零"(即巡视巡察反馈发现问题整改"见底清零"、举一反三问题整改"见底清零"和统筹推进问题整改"见底清零")问题对照清单,完成整改91项。先行联系服务由"一个工作日"提速至"一个自然日"的举措被上海市"12345"热线办收录典型案例集。承担数字新基建任务11项,完成重点任务2项。率先完成业务运营管理中台数据核对及治理。顺利完成运检基地搬迁工作。

(陈　娟)

■**科技创新成果**　多渠道开展科技创新研究,获批科技项目数量和经费达历史新高。组织"十三五"科技论文汇编。开展3项科技项目和2批"举手制"8项创新项目研究,2项管理咨询项目顺利结项。依托长三角一体化战略落地,组建长三角电力先行特色双创基地,1项成果联合吴江、嘉善公司获国网公司2020年度管理创新成果三等奖,《基于长三角一体化发展的共融互通供电服务管理》一文获全国电力企业管理创新实践优秀论文一等奖,1个团队分获长三角生态绿色一体化发展示范区网络安全攻防大赛团体理论赛一等奖、攻防赛二等奖。依托科技创新成果转化,《配电设备智能感知诊断关键技术与应用》项目获上海市科技进步三等奖,1篇论文获全国电力企业管理创新实践优秀论文三等奖,1项成果获得中电联电力职工技术创新三等奖,3项成果分获上海市优秀发明选拔赛优秀创新金、银、铜奖,2项成果分获上海市电力职工技术成果奖二、三等奖,1个项目获得上海市质量创新成果优秀奖。变电检修班获评全国优秀质量信得过班组;变电运维班获电力行业质量信得过班组典型经验交流二等奖。

(陈　娟)

■**党建工作**　青浦供电公司全年进行中心组集中学习研讨12次,深入学习党的十九届全会精神、《习近平谈治国理政》第三卷和"四史"。开发2个生态应用场景,建成智慧党建分中心,筹建"融·蝶源"党建发展示范平台。推进徐友刚职工创新成长工作室建设。完成党(总)支部换届选举工作。与华东能监局等18个党组织开展党建共建活动。在中央级媒体报道27篇、市级媒体报道45篇、"学习强国"推送6篇。加强EAP人文关怀和心理疏导,全面落实第三批幸福企业建设。建成"青电理发屋",新装新能源车辆充电桩,切实满足员工多元化需求。组建青电礼仪队,圆满服务示范区电力行动白皮书发布仪式和第三届"进博会",有力提升公司整体形象。完成国有企业退休人员社会化管理档案实体化移交工作,获上级公司肯定。公司获全国安康杯竞赛(上海赛区)优胜单位;党员教育管理专业获评国网公司标杆称号;《雨夜来电》获"英大传媒2020年度优秀电视作品展评"微电影类一等奖,并将在国网上海市电力公司行风建设20周年回顾活动上首映。青浦爱融共产党员服务队获评上海市志愿服务先进集体,营销第一党支部获上海市经信工作党委"党支部建设示范点"。徐爱蓉获国网公司优秀共产党员、抗击新冠肺炎疫情先进个人、上海市"最美退役军人"称号,并参加市委书记李强面对面座谈交流活动。

9月24日,长三角一体化示范区"青吴嘉"供电公司联合举办"学四史坚守初心,悟战略护航进博"主题党日活动

(青浦供电公司供稿)

魏欣悦获上海市优秀志愿者称号，徐友刚获评上海市经济和信息化系统青年岗位能手。（陈　娟）

供　水

■概况　2020年，上海青浦自来水公司全年完成供水总量10205万吨，比上年减少1.58%；水费销售收入（应收）18764.02万元（含税），比上年减少1293.14万元。出厂水水质四项综合合格率稳定在99.99%以上。（赵佳俊）

■供水服务　为保障供水安全，青浦自来水公司逐级签订各部门安全协议，完成厂房、工地等安全检查12次，安保人员安全教育培训4次，开展供水管网地理信息系统（以下简称GIS）项目人员岗前培训和数据录入培训25人次，用电安全危化品培训7人次；维护修缮消防栓246只，发现问题均及时完成整改；每日公开供水水质指标，修订完善高峰供水方案，完成供水设备摸底修缮和三定放水工作。年内，高峰供水期间（6月15日—8月31日）累计供水量达2344.65万吨，日均供水量为30.06万吨，其中8月19日最高日供水量为32.92万吨。不断优化管网布局，加强供水系统管网的巡查养护工作，推进DMA和GIS系统建设，加强出厂水压力调整及管网压力调度，及时发现并处置突发事故；加大供水稽查力度，因受疫情影响，全年供水漏损率15.71%，较上年上升1.06个点。（赵佳俊）

小口径供水旧管网改造施工现场　（青发集团供稿）

■项目建设　居民住宅二次供水设施改造工程项目于12月竣工，覆盖区域包括盈浦街道、夏阳街道和朱家角镇，共计17个小区，涉及居民12552户。工程建设方面，于1月16日完成供水管网DMA分区计量工程，于1月20日完成小口径供水旧管网并取得竣工验收报告。（赵佳俊）

8月27日，青浦自来水公司党员在主题党日活动中宣誓　（青发集团供稿）

■内部管理　一是重新梳理完善制度，修改与发展不符的制度，补充符合实际的内容。二是完成21名专业人员的招聘工作，中层干部退职7人。三是成立公司信息化工作领导和工作小组，分环节对GIS供水管网地理信息系统管件管线进行补全，结合公司办公系统优化了工作流程，完善新建管道工程的配套更新机制。全年受理接水项目165个，办结88个。“小强抢修”完成各类抢修14360处，青水热线累计接听来电37168个，处理区网格“12345”市民服务热线投诉51起，网格化管理中心接报856件；收费服务方面，在做好营业网点线下服务的同时，付费通、支付宝和微信公众号等付费平台运行良好，共收到在线缴付200万余笔，共计水费9018万余元。（赵佳俊）

■党建工作　一是围绕主题、加强学习，政治引领聚人心。围绕“四史”学习教育活动，深入学习党的十九届五中全会精神和习近平总书记在庆祝浦东开发开放30周年大会上的讲话精神、在第三届中国国际进口博览会开幕式上的主旨演讲精神等，结合“三会一课”（即定期召开支部党员大会、支委会、党小组会和按时上好党课）、主题党日等形式，积极开展党员理论学习，进一步引导党员强化理论素养，提高党性修养。二是打造品牌、建强队伍，坚持深入推进促发展。持续抓好“小强抢修”和“青水热线”两大服务品牌的基础上，不断完善管理机制、创新服务途径、优化营商环境，逐步打造出集抄表收费、热线受理、爆管抢修、营商环境“四位一体”的全新服务品牌“青橙服务”，协同“小强抢修”“青水热线”和其他职能部门，全年365天、全天24小时受理用户投诉与咨询报修。三是加强党风廉政建设。党总支书记和班子成员继续抓好党建工作责任清单，完善责任制工作方案和责任分工，签订《党风廉政建设责任书》，落实党风廉政建设责任人与责任对象定期联系。四是学做结合、强化落实，追求实效提战力。组织党员干部收看上善“云”讲堂、“我们战在‘疫’起——示范区战‘疫’之声”情景党课等在线学习内容和《我和我的祖国》《八佰》等红色电影；同时，开展以“溯源叩初心，跨越担使命”为主题的“走红示范区”精品路线打卡活动。通过一系列活动，有效提升了队伍的凝聚力、战斗力。

（赵佳俊）

供　气

■概况　2020年，全区有天然气用户约25.7万户、液化气用户约16.6万户。全年天然气销售量约1.27亿立方米、液化气销售量约1.05万吨。（方　芳）

■液化气管理　2020年，全区推行液化气统一配送工作，全面推行全配送。区内共涉及5家液化气经营企业，14个供应站已取消门售自提，全年累计配送钢瓶约60.83万只，进一步确保了燃气配送的安全稳定。（方　芳）

■燃气管理　区内共有天然气国家末站2座、天然气上海首站2座、天然气区级门站2座、天然气压缩母站1座、压缩天然气汽车加气站1座、液化气储配站1座、燃气厂1座，瓶装液化气供应站14座。督促业主加强燃气安全管理，建立健全安全生产责任制。全年出动检查人员605人次，检查液化气站点88座次，天然气加气站、压缩天然气母站9座次，天然气门站10座次，储配站5座次。（方　芳）

■督促用户入户安检　督促燃气经营单位做好入户安检，每季度对各管道天然气（2家）、瓶装液化经营企业（5家）开展燃气用户入户安检情况督查。液化气入户安检25批次，出动检查人员140人次；天然气入户安检10批次，出动检查人员50人次。（方　芳）

■开展液化气专项整治　11月，出台《青浦区瓶装液化石油气管理意见》，涉及规范居民瓶装液化石油气使用整治方案、液化气餐饮场所管道天然气改造工作方案、居民小区天然气入户三年行动计划扫尾工程方案。为打击液化气非法经营行为，配合公安部门、街镇查破液化气类违法案件2起，查收钢瓶252只。施工单位损坏燃气管道行政处罚4起，处罚金额共计2.5万元。站点存在的违规行为立案查处4起，罚款26万元。（方　芳）

公共交通

■概况　2020年，全区有公交运营公司4家，运营车辆878辆，公交线路128条（年内共延伸调整线路29条）。全年公共交通客运总量7778.19万人次；区域内运营出租车辆380辆，客运总量624人次。全年更新纯电动公交车辆16台。年末，全区公共停车场154家，停车泊位54802个；道路停车场109条，停车泊位2781个。评选9条2019年度区级公交品牌线路、50名优秀客运从业人员。青浦巴士公司获得第三届中国国际进口博览会交通保障立功竞赛先进集体、上海市模范集体（青纪线）、“申沃杯”第二届区域公交修理工技能竞赛四等奖。（方　芳）

■绿色节能交通设施建设　推进新能源公交车的推广使用，制定《2020年新能源车辆购置计划》。年内，新增或更新16台新能源公交车；完善公交充电设施建设布局，全年完成45根公交充电桩建设。（方　芳）

■长三角一体化示范区公交网建设　11月，东航路正式通车后，示范区1路公交线路也作出相应的调整，调整后线路长度缩短6.2公里，为19.7公里。线路走向由原东方绿舟站起经沪青平公路、沪聂线、汾湖大道、康力大道、芦莘大道至汾湖汽车客运站，调整为由东方绿舟站起经沪青平公路、东航路、康力大道、芦莘大道至汾湖汽车客运站。新增加站点东航路沪青平公路（上行），东航路元荡桥、中加枫华国际学校、汾湖科创小镇。撤销站点沪青平公路建国村（上行）、沪青平公路大丰路、沪青平公路培爱路、金泽汽车站、318汾湖大道东、国赵路口、汾湖科创园、汾湖大道苏家港、百善实业。线路调整后，每日班

11月9日，长三角生态绿色一体化发展示范区康力大道对接东航路工程通车　　（区建管委供稿）

次为40班次，车间距为25至40分钟，线路实行挂牌服务，进一步方便群众出行。（方　芳）

运输管理

■概况　2020年，青浦区建管委持续开展水、陆交通执法及交通运输行政管理工作。继续加强汽修行业管理，维护货运市场稳定；开展港航企业防污染工作，落实码头环保整治。（方　芳）

■交通运输行政管理　陆上，受理专业运输开业83户，非专业运输开业30户；新增货运车辆2918辆；货运车辆燃料消耗量达标车型核查1575辆；办理外省市危险品车辆入市查验583辆；办理网约预约车人员资质申请870件，总3936件；校车备案涉及学校11所，运营企业4家，车辆87辆；新增公共停车场（库）经营企业备案23户。

水上，发放港口岸线临时许可证30家、港口经营许可证15家。受理区管通航水域施工作业许可24件、船舶进出港报告70221艘次。加强乡镇渡船和保洁船检验，检验船舶164艘。（方　芳）

■公共停车管理服务　至年底，全区有公共停车场（库）共154个，泊位总数54802个，比上年增加7973个。道路停车场109个，泊位总数2781个；实际收费道路22个，泊位955个。有22条路段使用POS机收费管理，区内道路停车启动电子支付。公共停车场（库）全部实行电子收费。（方　芳）

1月10日，开展“春晖1号”春运首日专项整治行动　（区建管委供稿）

■汽修行业规范　全年机动车维修和综合性能检测累计业户335户，其中：一、二类机动车维修业户147户（一类机动车维修业户5户），三类机动车维修业户165户（其中汽车快修A类16户），摩托车维修业户19户。9月，机动车维修备案试运行，区内共有8家业户完成备案。上年底，根据上级相关要求部署推进落实货运营运车辆“三检合一”（即货车年审、年检和尾气排放检验“三检合一”）工作，同步建设具备相关功能的检测站；至年底，全区共建有“三检合一”汽车综合性能检测站4家，共检测营运车辆17935辆次，其中等级评定检测17143辆次（其中一级车15888辆、二级车1255辆）。通过规范行业要求、提升检测软硬实力和水平，保证了运输车辆技术状况，促进了运输安全。（方　芳）

1月29—30日，青浦区交通委员会执法大队和昆山市交通运输综合行政执法大队在苏申外港线省际交界水域开展联合执法　（区建管委供稿）

■维护货运市场稳定　将辖区内30辆货车以上规模的货运企业以及货运企业疫情防控工作列为监管重点，对14家快递以及物流企业进行疫情防控检查，对16家规模较大运输企业的45辆营运车辆开展能源消费情况调查；收集货运企业信息、车辆信息，完成上海市第六次综合交通调查；做好外省市危险品运输车辆入沪登记查验，登记查验583辆危险货物运输车辆。（方　芳）

■交通执法　陆上，公路路政：行政许可审批13件，行政处罚案件6件。交通执法：每月联合交警部门至少开展一次治理超限超载运输车辆执法行动，检查运输车辆75车次、查处车辆12车次。开展以春运保障为主的“春晖1-2号”、以行业顽症治理为主的“安畅1-12号”、以非法客运整治为主的“惊雷1-12号”、以克隆出租车整治为主的

"猎鹰1－12号"和青浦区"1＋5＋8"安全综合整治等系列专项整治。有序开展非法客运整治,针对青浦城区、轨道交通17号线沿线站点、国家会展中心等区域,联合区交警支队开展专项整治160次,查获非法客运车辆260件。对网约车平台进行立案查处,处罚"滴滴""美团"等平台18次,共处罚金166万元。

水上,强化重点水域、重点航段、渡口、水上旅游区日常巡航监管。网格化巡航累计11452小时,出动海巡艇7983艘次,执法人员21378人次,检查船舶4165艘次,查处各类违章船舶397艘次;抢险救助9次,救助遇险人员23人次、遇险船舶11艘次。加强对客(渡)运船舶超载、超速、超核定航线(航区)等违法行为的执法检查,落实内河港航行业安全生产检查。配合做好区"三无"(即无船名船号、无船舶证书、无船籍港)居家船棚整治长效管理工作,切实维护航道管理秩序,有效遏制"三无"居家船舶回潮现象。（方　芳）

■码头(堆场)环境治理　针对码头(堆场)环境突出问题,开展相关场所清洁空气行动。全区33家有港口经营证的码头企业经过整改,大部分完成验收。开展易扬尘码头堆场环保专项检查,加强港口企业作业现场监督。开展"夏季风暴"专项行动,检查港航企业防污染措施落实情况,出动检查人员298人次,出动船艇41艘次,检查港口企业73户次。在全区23家码头企业安装了扬尘在线监测设备,监测数据持续走低。（方　芳）

邮　政

■概况　2020年,中国邮政集团有限公司上海市青浦区分公司(以下简称邮政青浦分公司)内设综合办公室(党委办公室、安全保卫部)、党委党建工作部(纪委办公室)、人力资源部(党委组织部)、财务部、渠道平台部、市场营销部、金融业务部、客户营销中心、寄递事业部单位领导部门、寄递事业部市场部、寄递事业部运营管理部、寄递事业部服务质量部、寄递事业部综合部(党委办公室)。共有9个营业部、8个支局(下辖19个邮政网点)、6个邮政所。投递线路124条,线路单程总长度4647公里,其中:机动车投递线路3条,单程长137公里;摩托车投递线路55条,单程长2569公里;电动车投递线路66条,单程长1911公里。转趟邮路4条,单程长236公里。与区融媒体中心建立长期合作机制,通过投送《青浦报》等地方报刊,将"抢拼实善"的新时代青浦精神传递至千家万户。设信箱(筒)150个、ATM机10台、CRS机29台、ITM智能柜员机18台。年末在册员工446人,其中其他用工108人。服务面积约676平方公里,服务人口约121.9万人。全年完成收入22718万元,其中代理金融业务收入6686万元、寄递业务收入10455万元、邮务类业务收入5577万元。用户综合满意度得分为91.38分。（屈嘉婧）

■全力助力疫情防控工作　疫情期间,邮政青浦分公司坚持"上级有号召,邮政有行动",秉承"人民邮政为人民"的服务宗旨,向社会公众开放"四不中断,四免费办"("四不中断"指网点服务不中断,做到各项业务均可开办;机要通信不中断,确保重要文件及时送达;揽投服务不中断,保证各类邮件揽收投递;在线服务不中断,提供足不出户业务办理。"四免费办"指救援物资免费送,爱心接力来传递;上门揽收免费办,电话在线均受理;个人捐助免费寄,窗口收寄可办理;捐款转账免费汇,金融服务有助力),保持前瞻思维,抗责任在肩,全力助力疫情防控工作。为保障青浦大众百姓通信权力,第一时间研究制定《告知函》,为普邮投递打通"最后一公里"。并由各支局党支部书记亲自上门联系物业或村委沟通争取绿色通道,指定专人专车投送,确保各类党报党刊、邮件送达居民手中;为确保全区中小学"停课不停学",切实满足广大师生居家学习和在线教学需求,主动助力教科书寄递服务。各支部成立专项突击队,上下联动、同频共振。最终累计教材系统收寄9417件,共涉及26所学校,共计投递1.3万件教材;在疫情防控的关键期,联手跨境电商洋码头开通特别配送服务,从源头为其提供包装、揽收、收寄、发运的一条龙服务,共收寄29571件,使市民享受到"您留在家,我寄上门"的便利。（屈嘉婧）

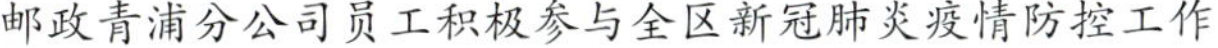

邮政青浦分公司员工积极参与全区新冠肺炎疫情防控工作　　（邮政青浦分公司供稿）

10 月 22 日，参加第三届“进博会”准备工作的邮政青浦分公司工作人员在国家会展中心合影　　（邮政青浦分公司供稿）

■开展党建共建活动　6 月 5 日，邮政青浦分公司与青浦海关、中国人民解放军某部队、中国银行青浦支行在薄荷香书屋共同举办“迎‘七一’、学‘四史’、传薪火、担使命”主题党日活动，举行党建共建协议签订仪式，交流学习“四史”心得体会。青浦邮政分别向共建单位赠送了“四史”书籍。进一步巩固拓展了“不忘初心、牢记使命”主题教育活动成效，激发党员、干部学好用好“四史”的热情，营造了浓厚的学习氛围。同时，共同深入推进党风廉政建设，加强青浦邮政与中国银行青浦支行、青浦海关等的协作关系，努力构建“资源共享、优势互补、共同提高”的工作新格局。

（屈嘉婧）

■《上善青浦・上海之门》纪念邮册发放　9 月 16 日，在青浦区对外新闻发布会上，由邮政青浦分公司自行设计制作的、具有青浦地域特色的纪念邮册——《上善青浦・上海之门》作为官方指定宣传品现场发放，以此向各国友人全方位展现青浦“两翼齐飞、新城发力、青东联动、青西协同”的发展新格局。　（屈嘉婧）

■服务保障第三届“进博会”　作为“进博会”核心支持企业、指定寄递服务供应商，邮政青浦分公司全力做好各项服务保障工作。完成 41 万件证件寄递工作。在场馆内设置 11 个服务点，高标践行“政治责任、经济责任、社会责任”，提供金融、寄递、邮务的一揽子“线上 + 线下”邮政服务。中国邮政还将作为国家会展中心指定寄递服务商，做好“6 + 365”“进博会”期间和贯穿全年的寄递服务工作。　（屈嘉婧）

■主动为地方经济高质量发展助攻
邮政青浦分公司主动履行国企社会责任，相关负责人主动拜访区委、区政府及相关部门领导，就如何发挥“后进博”效应、助力青浦经济建设贡献邮政力量作汇报交流。通过商榷确定，在证件寄递服务项目每个封套内放置“青浦城市口号、招商信息、地方风貌、微信公众号二维码”融合为一体的宣传单片共计 24 万张，向参展参会人员全方位展示青浦“上善之城”的城市魅力，以此吸引留住各方人士，继续放大“6 + 365”进博效应，协同地方政府为客户提供邮政综合服务，实现金融、邮务、寄递协同发展。

（屈嘉婧）

■打好便民服务“组合拳”　邮政青浦分公司坚持贯彻落实“一二三”产业融合发展的理念，促进产业融合发展。与上海先福蔬果专业合作社建立合作机制，依托企业分销二大平台（销售平台、积分换礼平台），引入大米、蔬菜、梨、草莓等农产品并配套邮政一揽子寄递服务，为区域市民的日常生活提供便利。

（屈嘉婧）

第三届“进博会”期间，随证件寄递封套一同发放的青浦宣传单片

（邮政青浦分公司供稿）

综　述

2020年，区住房保障和房屋管理工作坚持稳中求进的工作总基调，统筹抓好疫情防控和工作推进，紧紧围绕区政府挂图作战任务清单，较好地完成了年初既定的各项目标任务，顺利收官全区住房发展"十三五"规划。年内，动迁安置房项目开工7个、面积50.3万平方米，竣工2个、面积19.1万平方米，完成动迁过渡安置316户；农民相对集中居住签约1005户；农民建房批复722户，农村低收入户危旧房改造14户；"美丽家园"建设完成47.37万平方米旧住房综合改造；4个城中村改造项目有序推进；完成13个存量基地和38个新开基地征收补偿。人民群众的住房条件、生活环境得到进一步改善，获得感、幸福感得到进一步提升。　（薛瑾瑜）

住房保障

■概况　2020年，青浦区继续扎实推进"四位一体"住房保障体系建设，进一步解决城镇居民中、低收入家庭的住房困难，给困难群体家庭注入获得感、幸福感。　（薛瑾瑜）

■市大型居住社区　至年底，新开工保障性住房366.92万平方米、51345套，已全部交付并投入使用。计划新建大居内配套项目215个，已开工179个，已竣工173个。市推进办下达的24项内配套目标任务，已完成23项，额外完成3项。　（薛瑾瑜）

■廉租住房　租金补贴做到应保尽保。全年新增91户廉租住房租金配租家庭的租赁补贴。至年底，全区累计享受租金补贴家庭526户，共计发放租金补贴805.79万元；实物配租做到愿配尽配，累计完成廉租住房实物配租家庭231户，因自身原因退出26户。　（薛瑾瑜）

■共有产权保障房　上海市户籍第七批次签约67套、销售金额5157.85万元，第八批次审核登录79户。非上海市户籍第一批次签约7套，销售金额202.34万元；二批次受理10户。全年累计87户购房家庭完成满5年上市转让事宜，金额7134.63万元。　（薛瑾瑜）

■公共租赁住房　全年计划新增筹措477套、具备供应条件440套。至年底，已全部完成新增筹措和供应任务，将全部优先用于区人才公寓。　（薛瑾瑜）

■区属动迁安置房　全年完成开工7个项目、50.33万平方米，竣工2个项目、

12月30日，青浦区第八批（2020年）共有产权保障住房选房活动现场　（区住房保障和房屋管理局供稿）

6 月底，已竣工的华新二期动迁安置房基地
（区住房保障和房屋管理局供稿）

19.11 万平方米，安置动迁过渡户 316 户。（薛瑾瑜）

■保障房 5% 配建 规范实施配建房源筹措工作，全年落实配建签约项目 12 个、5 万平方米、784 套。（薛瑾瑜）

房屋管理

■概况 2020 年，青浦区从切实加强住宅小区“美丽家园”建设、深入实施“城中村”改造、加快推进国有土地上房屋征收补偿、启动实施既有多层住宅加装电梯等方面，服务百姓安居，不断提升房屋管理水平。（薛瑾瑜）

■住宅小区“美丽家园”建设 2020 年是“美丽家园”建设三年行动计划（2018—2020）的收官之年，市局下达的计划目标任务共 23 项，青浦区涉及 20 项，主要分为持续精准补齐民生短板、加快完善服务市场机制、进一步健全社区共治机制等方面内容，通过层层分解任务、细化指标、强化职责、推进落实等步骤，持续精准补齐民生短板，所涉任务均顺利完成。（薛瑾瑜）

■旧住房综合改造 全年计划实施改造 16 个项目、70.79 万平方米，其中：2020 年新工房综合改造项目 7 个、61.7 万平方米，已完成 6 个项目、47.37 万平方米，1 个项目因概算调整，预计到 2021 年 4 月完工；2019 年旧里（卫生设施）改造项目 3 个、2.79 万平方米，已顺利完成改造；2020 年旧里（卫生设施）改造项目 6 个、6.3 万平方米，已全面启动实施。（薛瑾瑜）

■“城中村”改造 在不影响历史风貌保护的基础上，深入实施徐泾老集镇、徐泾蟠龙、盈浦、重固 4 个在建项目的“城中村”改造工作，并调整优化华新、赵巷、朱家角、金泽、徐泾、重固 6 个新筹建项目的实施方案。（薛瑾瑜）

■国有土地上房屋征收管理 持续推动国有土地上房屋的依法征收工作，按照依法征收的流程及时间节点，持续推进上海精元重工机械有限公司、赵巷星皇化油器制造有限公司、上海海霸王有限公司、重固消防器材厂、白鹤捷成小区、白鹤糖业烟酒集团有限公司、上海海琪有限公司、上海百岁行药业有限公司 8 个项目的依法征收工作；同时，严格按照流程规范计划启动徐泾佳齐服装有限公司、徐泾舒陆有限公司、徐泾昊元有限公司 3 个新的依法征收项目，并认真建档、多方协调、持续推进相关工作。（薛瑾瑜）

■既有多层住宅加装电梯 区内首部加装电梯（晨兴花园 5 号楼）于 6 月 2 日正式复工，于 10 月建成并验收通过；10 月，盈浦街道城北新村 17 号单元、青溪新村 16 弄 1 号单元、2 号东单元既有多层住宅加装电梯正式开工，为“悬空老人”带来了实实在在的福利。同时，全区启动各住宅小区门栋加装电梯评估工作。（薛瑾瑜）

房地产开发

■概况 2020 年，青浦区继续坚持“房子是用来住的、不是用来炒的”定位，落实两个“不是权宜之计”要求，加快建立“购租并举”的住房体系，房产市场总体保持平稳。（薛瑾瑜）

■房地产市场监管 认真贯彻落实房地产市场宏观调控的各项政策措施，加强对商品住房销售价格和变动幅度等的指导和审核。同时，应对疫情影响，加大对房地产行业的关心和支持力度，主动跨前，通过实地走访现场、约谈企业负责人等方式，了解区内新建商品住宅施工进度，引导企业尽早上市，确保房产市场回归正常、保持平稳。全年共对 61 家注册在区内的房地产开发企业进行年度信用档案检查，受理新申请房地产开发资质 11 家、升级 2 家，办理房地产经纪公司登记备案延期手续 35 家，办理新登记备案 51 家，发放预售许可证 43 份、现房销售备案证明 33 份。（薛瑾瑜）

■住宅产业化 稳步推进装配式住宅力度及过程管理。根据市政府要求，总建筑面积 10000 平米以上新建居住建筑应全部采用装配式建筑，以提升居住环境品质。全年共计完成 25 个装配式住宅项目的认定，计 168 幢住宅，建筑面积 84.51 万平方米，比上年（46.24 万平方米）增长 82.8%。（薛瑾瑜）

■住宅质量处置 全面启动第三方房屋质量检测服务，在发生房屋质量问题难以界定等疑难杂症时，从单一的督促开发商落实维保责任转化为具有针对性的专业化行业服务指导，牵头相关主管部门、第三方检测单位共同介入，踏勘、排查现场；明确开发商的维修主体

责任，责成其制定合理维修方案并通过第三方技术服务单位审核，明确维修节点；落实各相关职能部门台账梳理、日常巡查和监管责任，通力协作消除安全隐患。全年共10个项目引入第三方咨询及检测服务。（薛瑾瑜）

■新建住宅交付 至年底，完成25个住宅项目、124.48万平方米的新建住宅交付使用许可审批工作，比上年减少9%，其中实际交付全装修住宅交付58.76万平方米、保障性住宅交付27.64万平方米。（薛瑾瑜）

■商品住宅交易 2020年，房地产市场运行总体平稳，全年全区新建商品住宅共批准上市76.71万平方米，比上年减少30.64%；共成交106.5万平方米，比上年增加9.30%；成交金额513.25亿元，比上年增加11.48%；成交均价48199元/平方米，比上年上涨2.00%。存量房共成交128.54万平方米，比上年增加31.7%；成交均价24718元/平方米，比上年上涨2.83%。（薛瑾瑜）

■不动产权证登记管理 全年发放不动产证35704件、预告登记5043件、抵押登记27795件；注销登记10654件；协助法院办理司法查封1557件、解封833件；房屋状况查询7826件、房地产登记查询26835件；限购审核6480件。签订二手房网上合同3567件、租赁合同备案2653件。（薛瑾瑜）

■公建配套管理 合理安排城市基础设施配套项目全年审核签订公建配套用房建设协议29份，涉及建设面积24670平方米；验收并完成协议交付16个项目的公建用房，涉及公建配套用房16585.65平方米；签订配套费支付协议24份，实际征收额4.5亿元。（薛瑾瑜）

■权属认定 对建筑区划内依法属于全体业主共有的公共场所、公共设施和物业服务用房等一并申请登记，全年共认定26件；在开发企业预售和物业招投标之前，对物业用房和业委会用房进行落实，全年共确认22件。（薛瑾瑜）

■住房租赁管理 年初目标任务为新建和转化租赁房源4500套、新增代理经租房源4000套。年内，完成新建和转化租赁房源7535套，完成率167.44%；筹措代理经租房源4717套（间），完成率117.93%。（薛瑾瑜）

住宅物业管理

■概况 2020年，青浦区充分发挥行业管理作用，注重制度设计科学合理，管理体制切实有效，真正解决我区在物业行业监管、维修资金监管等工作中存在的实际问题。（薛瑾瑜）

■房屋违法使用整治 牵头协调全区“群租”整治工作，指导各街镇对“群租”情况进行排摸，根据排摸情况制定相应治理措施；牵头开展保障性住房违规出租使用整治工作，全年完成保障房违规使用检查200户。（薛瑾瑜）

■行业检查整治 牵头各职能部门联合开展行业检查整治工作，共检查房地产中介企业37家、物业服务企业25家、房地产开发企业24家、维修资金违规使用12家，确保人居环境和品质得到稳步提升，行业规范保持和谐稳定。（薛瑾瑜）

■“车库改居”整治 按照《青浦区“车库改居”整治工作实施方案》要求，在3年内（2020—2022年）完成全区1971户“车库改居”顽疾整治。特别是针对6月中旬重固镇夏阳金城一期架空层的部分业主、租户反映的小区架空层改变使用性质的整治问题，在关注媒体报道、掌握舆论动态的基础上，在做好弱势群体极端问题事件防控的前提下，继续通过行政执法手段稳步推进该小区“车库改居”专项整治。（薛瑾瑜）

■房屋行政监督 根据新修订的《上海市城市管理执法条例实施办法》规定，区房管局全部行政处罚权限自3月1日起全部划转区城管执法局实施。在学习研究新法规的同时，积极与区城管执法局沟通，做好工作衔接，并联合出台了《关于建立青浦区城市管理相对集中行政处罚权精准对接实施方案（房屋管理领域）》，明确房屋管理领域的全部行政处罚事项划转至城市管理执法部门集中行使，由城管执法部门集中行使调查取证、立案查处、责令改正、处罚决定等行政处罚权。全年完成行政诉讼8件、行政复议1件。（薛瑾瑜）

■维修资金管理 全区商品住宅项目专户上线总面积2162.23万平方米，项目总金额18.57亿元；全区上线开户的业主大会242个，业主大会账户总余额15.99亿元。全年全区归集维修资金合计1.68亿元，支取使用维修资金3862.36万元，公共收益入账5003.64万元。（薛瑾瑜）

■物业行业制度 理顺行业监管模式，完善物业服务市场机制，制定并实施《青浦区创建住宅小区“放心物业”实施意见》（青府办发〔2020〕33号），同步下发《青浦区住宅小区物业服务管理规范（试行）》《青浦区住宅小区物业管理工作考核指导意见（试行）》《青浦区住宅小区物业服务满意度测评方案（试行）》《青浦区物业服务企业信用信息管理办法（试行）》《青浦区住宅小区物业分类管理办法》等配套文件，通过引导、宣传、评估等一系列手段不断提升业主的花钱买服务的理念、提高物业企业的服务意识，从根本上改善小区管理。（薛瑾瑜）

■物业行业监管 严格落实“五查制度”（即小区经理日查、物业服务企业双周查、属地街镇月查、区房管局每月抽查、市房管局抽查），加强行业日常工作动态管理，全年涉及记分物业服务企业5家，项目经理30人；委托第三方开展一年两次的物业服务满意度测评；做好街镇、房管所、物业企业、业委会等各层面人员的培训工作，全年共计开展4次培训，共计5次约1200人；落实各项常态化检查工作，根据季节特点及日常管理需要将防汛防台、小区安全防范、消防安全、电瓶车充电桩管理、垃圾分类等各类检查纳入常态化管理；强化“创文”“创卫”（创建国家卫生城市）等各项创建工作，落实人员负责制，加强“创文”点位的监督检查以及相关街镇“创卫”工作指导。（薛瑾瑜）

■解决居民诉求 进一步加强物业诉求平台建设，加快解决居民诉求，全年区“962121”物业呼叫平台分中心受理维修、咨询、投诉案件共12004件，区房屋应急维修中心受理房屋漏、堵、水电等应急维修问题共6614件，全部完成报修指令，切实做到“民有所呼、我有所应”。（薛瑾瑜）

公租房建设及经营管理

■概况 至2020年末，全区范围具备供应条件的公租房源累计达2905套，房源主要分布在青浦新城区、徐泾国家会展中心周边、华新、赵巷、朱家角地区。累计入住1712套（含预供应），服务单位超280家，覆盖人员2000余人。（胡蝶飞）

■公租房建设 2020年，新增筹措公租房源382套，新增具备供应条件公租房源440套。全年实施8批次人才公寓申请供应工作，新增入住516套，新增续租373套。（胡蝶飞）

■公租房管理 受上海青浦房屋管理有限公司委托，青浦区公共租赁住房运营有限公司积极开展本区直管公房日常管养工作，全年受理直管公房系统业务（包括过户、地址变更、差价换房、换证）221户，开具产权证明165户；非居房源续租229户；完成日常维修5832单、应急维修22户；完成安全检测22户；配合街镇开展“留房走人”（即腾空老城区房屋为日后修缮做准备）工作。（胡蝶飞）

综　述

2020年,是青浦区"十三五"规划的收官之年,区信息化工作按照相关目标任务,全力推进信息产业发展,进一步夯实信息基础设施建设,建立健全信息安全保障体系,加强信息网络配套建设与推广应用,助力疫情防控攻坚战。至年底,全区固定电话总数达22.8万户,累计开通5G基站1537个。国家会展中心及周边区域实现5G信号全覆盖,城市光网接入用户32.6万户。
（张　峰）

信息化建设

■概况　2020年,青浦区坚持完善数字化基础设施建设,加快推进5G、Wifi、物联网等信息基础设施建设应用。积极加强政策扶持引导、优化产业集聚布局、推动全区软件信息服务业提质增效。全区软件信息服务业累计销售额达829.9亿元,比上年增长94.7%;实现税收36.9亿元,比上年增长27.4%。
（张　峰）

■信息网络配套建设与推广应用　凸显人工智能、5G、大数据等信息通信技术作用,积极配合区政府开展视频会议系统的调试安装与有序开展。联合区民政局开展返青人员登记平台开发应用,加强政务平台等网络信息安全工作,为疫情防控工作提供可靠支撑。组织协调上海信息消费节云峰汇青浦专场"科技焕新传统"相关活动。通过"青浦区'抗疫情'创新学习平台"发布"两化融合"(即信息化和工业化的高层次深度结合)等网上培训课件,供区内企业免费学习。
（张　峰）

■发展软件和信息服务业　全面推进市西软件信息园等开发建设,围绕产业集群与基地创建、开办与项目认定资助、研发投入补贴等方面,加大对各专业领域的扶持力度,鼓励企业在引导和扶持资金的支持下不断加大研发投入,争取更多的技术创新和产品产业化突破,促进软件信息服务业持续快速发展。全区全年软件和信息服务业累计销售额达829.9亿元,比上年增长94.7%;实现税收36.9亿元,比上年增长27.4%。
（张　峰）

■推进"两化融合"和大数据产业　完成"两化融合"管理体系自评估企业1356家、"两化融合"管理体系贯标企业11家。开展2019年度上海市大数据产业专项统计工作,30家企业被列入市大数据企业基本名录。完成2019年区两化融合扶持项目扶持资金拨付工作,共对41个项目拨付扶持资金290万元。
（张　峰）

■健全电子政务云安全防护体系　进一步增强青浦区电子政务云计算平台的安全防范能力,从技术和管理层面入手,有序落实整改措施,完善多层次、立体式、一体化的电子政务云安全防护体系。有序实施三级等保专项整治项目,持续提升运维水平,保障政务内外网、政务平台、三大机房等稳定运行。
（张　峰）

■信息化应用服务　按照云平台容量提升、服务能力提升、业务承载范围扩大的目标,推动政务云扩容项目建设并试运行。深化视频共享平台建设,推进资源汇聚及数据整合,实现青浦区总平台、网格中心分平台、视频联网公安分平台等互联互通。坚持问题导向,强化数据归集与采集应用,着力打通跨区域、跨部门、跨层级数据壁垒,推进城市运行管理平台系统建设。启动港、澳、台人员新版社保卡、全年龄段网上申领工作。完成沪籍人员新版社保卡换发率98%以上、非沪籍参保人员换发率80%以上。
（张　峰）

■信息化基础设施建设　加快建设5G网络,大力推进5G基站在西虹桥、市西软件信息园等重点区域优先覆盖,国家会展中心及周边区域实现5G信号全覆盖。年内,新建5G基站1514个,全区累计建设5G基站1648个。
（张　峰）

■无线电管理工作　探索无线电管理工作模式,利用门户网站、电视台、电梯广告及发放宣传册等形式,开展无线电知识进社区、进学校宣传活动,宣传有关无线电管理法律法规知识,普及社区居民的无线电管理和频谱资源基本常识,增强社区居民对无线电频谱资源和无线电管理工作的认知度、认可度。联系市无线电监测站对全区的高考考场进行电磁环境监测,在高考前夕对各考场听力考试的收听频率进行考前测试和收听指导。
（张　峰）

10 月 31 日,区科委在上海沪工焊接集团股份有限公司开展“迎进博——网络安全进企业”活动 (区科委供稿)

■举办信息安全活动周 9—10 月,开展以“网络安全为人民,网络安全靠人民”为主题的 2020 年青浦区信息安全活动周。承办“青吴嘉”网络攻防大赛,经过网选预赛,青浦、吴江、嘉善三地共 15 支队伍参加了网络安全技术人员 CTF 夺旗赛;开展网络安全宣传“四进”活动,组织人员或制作展板进机关、进社区、进企业、进学校进行网络安全宣传;举办“迎进博”网络安全知识竞赛活动及展示活动。共有 5000 人次参加活动,共计发放宣传资料 3000 份。

(张　峰)

电　信

■概况 2020 年,中国电信股份有限公司上海青浦电信局(以下简称青浦局)在市场环境变化频繁、企业转型不断深入的情况下,紧紧围绕疫情防控及集团公司“三大目标、三大任务、三化转型”(三大目标指建设网络强国、打造一流企业、共筑美好生活,三大任务指加强信息化基础设施建设、深化四个融合、提升全要素生产力,三化转型指网络智能化、业务生态化、运营智慧化)发展战略,持续推进上海公司“1234”工作主线(“1”指可感知的产品、网络和服务的品质为中心,“2”指持续抓好保存量、激增量两大核心工作,“3”指积极践行“行之有效的方法论、务实创新的实践论和量收效匹配的结果论”,“4”指完善项目管理办公室制度、重点工作和专项工作、能力共享与效率提升平台、干部“在状态”和员工“幸福感”四大保障体系),统筹推进市场经营拓展及通信基础建设,以客户服务为中心,精准助力推进各行各业复工复产,坚持实践“强党建、优服务、拓规模、重价值”全年工作目标,不断激发员工活力,持续保持市场份额稳定,超额完成全年经营和发展目标。

2020 年,青浦局下设三处(市场服务处、人力资源处、计划财务处)、两办[办公室(含行政保卫处)、党群办(含企业文化处、纪委办公室)]、四分局(城厢分局、徐泾分局、白鹤分局、朱家角分局)、六中心[客响支撑中心、维护中心、营维渠道运营中心、政企客户中心、销售支撑中心、客户服务保障中心(含实体渠道运营中心)]。全年经营收入完成率 100.2%,市场份额收入达 39.08%。

(金　炜)

■助力抗疫守护家国 2020 年,青浦局一面抓疫情防控,一面抓业务发展,统筹好联防联控工作;积极组建“双守双共”党员支援队、“青翼抗疫”青年突击队、“青翼丽人”志愿队驰援抗疫一线,同心共筑社区“防疫墙”;同时,依托自身优势,创新通信抗疫产品,保障复工复产,将疫情危机转化为市场商机,用信息化力量进一步加固疫情防控战线。

(金　炜)

■拓展新兴业务谋求高质量发展 围绕“拓规模、重价值”工作目标,持续优化“指挥、执行、支撑”三大作战体系。年内,公客(即公众客户)业务存量收入保有富有成效;积极拓展政企(即政府及企业)业务市场,顺利中标某公司云呼 & 云总机项目,拿下集团智能语音平台在物流行业内第一单。同时,积极拓展新兴业务,高质量获取信息化收入。DICT[DI(即大数据时代 Data Technology 与信息技术产业 Information techonology 的英文缩写)、CT(即通信技术产业 Communication techonology 的英文缩写)]类业务结构持续优化,以政务外网改造为切入点,积极拓展电信“云、网、

2 月 6 日,青浦电信局举行参加青浦区“双守双共”战“疫”支援队出征仪式 (青浦电信局供稿)

数”(指计算机网络用语)在政务网、政务云和大数据方面的应用落地,成功中标某视频智能化改造及算力提升项目,积极发力后续的智慧交通项目。在疫情期间转危为机,形成热成像、智能门磁、大喇叭、三网短信、智能语音外呼等应用方案近225个,成功实施近110套热成像项目,确保了新业务市场的份额。 (金 炜)

■提升服务品质 坚守“人民邮电为人民”的初心,依托“三全”(即全员、全过程、全方位)客户服务体系,践行以客户为中心、以员工为中心的大服务;建立问题倾听渠道及服务月报机制,建立“四层”(即综合支撑、资源支撑、专业支撑、面向客户层)责任体系,制订大服务推进实施方案(即《关于青浦局践行以客户为中心的大服务体系工作的通知》),完善各部门大服务职责,推进八大服务关键任务单及各项服务指标管控,网络质量满意率、客户满意率及服务综合指标都位于区域行业前列。 (金 炜)

■主动作为助力两大战略 坚决履行国有企业政治责任,不遗余力开展扶贫攻坚、提速降费、携号转网等工作。以推进区域信息化能力提升为使命,持续推动长三角一体化示范区“新基建”;在第三届“进博会”保障中,网络、服务、综合保障小组协同配合,严格落实疫情防控责任,保障期间累计出动保障人员1512人次,高质量完成各项保障任务,被总公司授予第三届“进博会”保障先进单位。 (金 炜)

9月4日,青浦电信局拆铜缆项目施工现场安全检查 (青浦电信局供稿)

■夯实基础建设持续优化网络品质 不断夯实精品网络优势,全年固网、移动网络持续优化,完成开通150个4G室分常规RRU(射频拉远单元)、223个4G PRRU(即射频拉远单元的英文简称);同时,5G建设覆盖不断加速,有效提升用户网络感知。深化降本增效资源效能提升工作,全年电费压降卓有成效,光资源PON(即无源光纤网络的英文缩写)口盘活381个,退铜增收900余万元。 (金 炜)

■安全生产工作 青浦局深入学习贯彻公司安全生产检查及专项工作一系列指示和要求,牢固树立“红线”意识和“底线”思维,贯彻落实“一岗双责”(即工作岗位既有行政岗位的工作职责又含安全生产的首问责任),扎实开展安全履职考核,中层干部安全责任书签订率100%。组织开展各项安全检查12次,检查出安全隐患23处,已全部实施整改。全年组织安全线下培训会4次,安全演练4次,共涉及200余人次;组织线上培训及安全考试,做到青浦局安全教育全员覆盖。 (金 炜)

■党建工作 面对突如其来的疫情影响,青浦局坚持党建统领,统筹推进疫情防控和生产经营,全体上下同心协力、共克时艰,扎实开展支部“四个平台”(即把支部打造成共同学习和交流的平台、工作改进和能力提升的平台、相互帮助和贴近现场的平台、党的建设和团队凝聚的平台)建设,深化“五个融入”(即从思想融入、责任融入、实践融入、价值融入、评价融入五方面着手,推动党建深度融入中心工作,积极探索统领落地的路径和方法),打造“书记有约”“书记直通车”等党建品牌,做实相互帮助和贴近现场平台,完善党员积分管理办法,不断探索创新“四史”学习教育方案,固化“不忘初

11月,青浦局服务保障第三届“进博会”工作人员在现场 (青浦电信局供稿)

心、牢记使命”主题教育成果，不断探索党建工作的赋能创新，推动高质量党建促进高质量发展。坚持作风建设，认真贯彻执行中央八项规定精神和公司党委关于深化作风纪律建设部署要求，统筹推进教育监督、制度监督、监督执纪、整改反馈工作；以“六个强化”（即强化思想政治建设聚焦系统化、强化党建深度融入聚焦同步化、强化全面从严治党聚焦常态化、强化人才队伍转型聚焦项目化、强化支部基础建设聚焦品牌化、强化群团组织建设聚焦标准化）部署青浦局2020年党风廉政建设和反腐败工作，层层落实责任，强化“四责协同”（即党委主体责任、纪委监督责任、党委书记第一责任、领导人员“一岗双责”），以分类监督做实大监督格局，形成风清气正的工作氛围。（金　炜）

移动通信

■概况　2020年，上海移动青浦分公司（以下简称青浦移动）下设综合部、市场部、政企客户部、建设客响部和城中区域运营部、西虹桥区域运营部。营业厅总数15家，覆盖青浦区主要街镇，有员工215人。全年营业收入7.37亿元（其中集团信息化收入7023万元），客户总数96.5万户（其中5G客户数6.9万户）。

5月，青浦移动正式成立分公司四大区域网格——朱金练网格、香盈夏网格、华徐网格、赵重白网格。全面贯彻落实集团公司创世界一流“力量大厦”总体部署，以支撑网格价值经营为目标，充分发挥激励引导作用，进一步加强面向CHBN[即个人市场（C）、家庭市场（H）、政企市场（B）、新兴市场（N）]四大市场的复合型人才队伍建设，着力打造能力高、合力强、活力足的一线运营队伍。（徐晨怡）

■网络建设　青浦移动开展精确建设，强化与地方政府等合作方的对接，着力推动站点的落地，聚焦替换站、重点站的推进，专人跟踪全流程各专业进度，全力解决热点区域的信号覆盖需求，不断提升用户感知和网络满意度。比上年增设268个5G站点、124个FDD1800站点；新增家庭宽带覆盖7.7万户，千兆小区资源数增长至15.48万户。（徐晨怡）

■助力疫情防控工作　青浦移动积极响应区委组织部“关于成立‘双守双共’区级战‘疫’支援队”的号召，主动发挥运营商平台和资源优势，利用信息化手段助力“抗疫”志愿活动。广大党员干部带头，配合做好疫情防控宣传、抗“疫”物资分派、门岗道口守护、居家观察人员保障等志愿服务，协助落实好“守好入村道口、守好小区门岗、守好集聚场所、守好出租房、守好楼道、守好家门”等工作，为抗击疫情尽一份“绵薄之力”。（徐晨怡）

■5G技术赋能“智慧城市”建设　青浦移动聚焦属地“智慧城市”Wifi建设，实现全区78个公共场所新建无线Wifi网络覆盖，与前期30处已覆盖场所实现无缝双向漫游，通过便民服务向民众展示青浦区域自身属性、特色生态、政府办事章程和流程等，提升民众对特色青浦建设的参与感和认同感。同时，围绕长三角一体化建设和“进博会”两大国家战略，结合5G技术，在环城水系驿站、国家会展中心、朱家角古镇打造智慧景点应用，形成智慧会展、智慧社区、客流大数据的成熟解决方案，率先在青浦形成5G示范效应，进一步提升青浦“智慧城市”能级水平，强化属地5G亮点品牌。（徐晨怡）

■护航“进博会”　青浦移动深入贯彻落实习近平总书记重要指示精神，紧紧围绕“越办越好”的总目标，精益求精，持续作战，全力以赴服务好第三届“进博会”。一方面积极配合国家会展中心（上海）、公安青浦分局，完成若干信息化业务的开通。完成互联网专线的开通、固定电话申请开通、互联网专线升速需求、EDI专线（进博局网站）互联网带宽升速及IP地址变更需求、相关保障单位若干本地电路开通等，用于“进博会”5G应用需求展示；推动“智慧安防”社区项目的建设、验收及保障，完成公安执法记录仪项目等，用信息化技术保障第三届“进博会”顺利召开。另一方面，全面落实“客户为本，服务为本”的服务理念，践行服务承诺，在“进博会”前期就召集全体服务人员进行业务、服务规范培训、现场踩点、投诉预处理机制、安全管理等进行演练，旨在为客户提供最优的服务；在开展期间，专门设立“进博会”服务专柜与英语专席，配备一支服务水准高、业务能力强的营业厅“进博会”服务队伍，日均接待客流量约200人次。在2020年常态化疫情防控形势下，服务人员在此期间按照轮岗排班的方式开展现场服务工作，及时响应参展商和客户的需求。（徐晨怡）

第三届“进博会”期间，青浦移动与上海移动网优中心开展支部共建活动

（青浦移动供稿）

联合网络通信

■概况 2020年，上海联通青浦分公司（以下简称青浦联通）坚持以习近平新时代中国特色社会主义思想为指导，深入贯彻落实党的十九大和十九届二中、三中、四中、五中全会精神，增强“四个意识”、坚定“四个自信”、做到“两个维护”。全力助力脱贫攻坚和疫情防控战，积极宣传贯彻《上海联通企业文化建设三年行动纲要（2020—2022年）》，强化员工对文化理念的认知与理解。深化数字化转型，落实划小改革（让人力资本参与财富分配，适应高质量发展阶段的新要求）。紧扣越办越好要求，全力以赴做好第三届“进博会”服务保障工作。下设政企渠道中心、大客户中心、政要客户中心、综合营服一、二、三中心和网络部、营销部、办公室，有营业厅23家，覆盖青浦区主要街镇；有员工152人。（杨　焜）

■助力疫情防控工作 面对疫情考验，青浦联通按照党中央的统一部署，遵循习近平总书记提出的“疫情就是命令，防控就是责任，生命重于泰山”的指示要求，迅速开展疫情防控工作。一是强化组织引领。支部书记带领党员、干部第一时间响应市委、区委号召，快速组建了一支13人的志愿队伍，并向区政府递交请愿书，申请支援青浦区“双守双共、联防联控”行动。志愿者每天8:00—22:00轮班值守，累计180人次，用自己的身躯为居民拉起一道防控“安全线”。二是织牢防控网络。为加强高速路口、交界处等道口的疫情防控工作，党员带头多次连夜赶赴各个道口安排加装监控设备。在疫情前面，青浦联通党员冲锋在前，坚决保证各项任务的准时交付，为防疫工作筑起一道道坚实的防线，牢牢守护着上海的“西大门”，也充分体现了青浦联通的责任担当。（杨　焜）

■5G建设 在联通、电信5G网络全面共建共享的背景下，青浦作为承建区，建设任务规模超过400个，建设量全市最高。青浦联通与青浦电信建立5G网络建设沟通群，形成项目经理、三级经理和分管副总的逐级沟通机制，确保沟通渠道的畅通。同时，形成日交流和周例会制度，确保各项配合工作的有效落地。秉承早部署、早启动的原则开展建设工作，积极协调各方资源，定期沟通市公司、铁塔公司、电信及其他相关部门，全年完成5G基站开通任务460个，完成5G融合并网97个，秉承“三同步”（即同步规划、同步建设、同步运行）原则，对已开通验收站点实现对电信的100%共享。（杨　焜）

11月5日，上海联通公司总经理沈洪波（前排左十）慰问青浦联通“进博会”工作人员时合影（青浦联通供稿）

■提升服务能力 高度重视客户感知问题，全面提升客户满意度，强化过程管控，建立全过程管理体系，对问题服务进行剖析和改进。通过自查自纠、明查暗访，对存在服务不规范情况进行通报，做到立行立改；关注窗口服务质量，严禁出现推诿、服务态度问题；针对用户投诉，应采取有效措施，妥善处理用户问题。“创全”“进博会”关键时期，营业厅全面按照电信行业规范要求进行环境打造、营造宣传氛围；4家重保厅、8家自营厅设立“进博”专席、徐泾厅配备双语人员，张贴“新七不”（即马路不乱穿、车辆不乱停、垃圾不乱扔、宠物不扰邻、餐食不浪费、言语不喧哗、守序不插队）公益海报等全力打造“进博会”宣传氛围。领导小组轮班值守，定时报送服务保障情况，全面提升窗口服务能力。（杨　焜）

■抓好安全生产 年初，青浦联通与各级人员签订安全生产责任书并制订年度安全工作计划。细化各职能部门、合作单位安全工作职责，明确安全工作任务安排等，并通过细化安全生产月活动方案、组织消防培训演练等方式强化安全意识。同时，为确保第三届“进博会”的信息安全，于7月成立“进博会”安全保障小组，并对“进博会”周边营业网点和机房基站开展精细化的安全大检查，严格执行上级要求规范，杜绝安全风险。（杨　焜）

■志愿服务工作 青浦联通有8家营业厅设有“户外职工爱心接力站”，让越来越多的户外职工切实感受上海这个城市和青浦联通这个企业的温度；响应上海联通市公司号召，组织5名员工参与无偿献血；在“雷锋日”和“国际消费者权益日”组织员工参加志愿服务活动，发扬“奉献、友爱、互助、进步”的志愿者精神；青浦联通党支部主动在春节、重阳等节日走访结对的赵巷崧鑫社区，看望慰问孤寡老人，为困难群众送上温暖。（杨　焜）

■护航“进博会” 第三届“进博会”期间，青浦联通承担了“进博会”主线路、开幕式视频会议和直播的保障工作，以及国家会展中心大客流监测与处理、AR（即增强现实的英文缩写）全景等项目。基于视频智能化场景应用经验，结合“进博会”周边客流及车流管控难点，推出“西虹桥会展运营保障管理平台”，将客

11 月 4 日，青浦联通工作人员在进行第三届“进博会”开幕式的网络保障测试工作　（青浦联通供稿）

流车流量、热力图、预警信息等分析结果进行可视化呈现，实现巡查模式由人力密集型向人机交互型转变，管理问题由被动处置型向主动发现型转变。该技术在“进博会”服务保障工作中成为会展保障的亮丽风景，得到市领导高度认可和新华社等媒体的广泛关注。青浦联通被上海市通信管理局授予“第三届进口博览会工作成绩突出集体”。

（杨　焜）

■助力“创全”工作　为积极贯彻落实青浦区创建全国文明城区的工作要求，8 月 20 日起，青浦联通每天安排青年党团员和干部轮流到港隆广场开展“创全进行时，青浦联通在行动”志愿者活动，志愿者们以清除广场附近垃圾、发放“创全”宣传物品等行为，带动身边的人从自我文明行为做起加入到“创全”工作中。　（杨　焜）

8 月中下旬，青浦联通志愿者每天在港隆广场进行卫生保洁助力“创全”工作　（青浦联通供稿）

综 述

2020年,青浦教育围绕服务青浦“双城”定位、全面跨越式高质量发展、打响三大教育服务品牌的时代要求,统筹新冠肺炎疫情防控和教育改革发展工作,发扬“抢拼实善”精神,抓推进抓落实,完成年度各项目标任务。年内,青浦区有公办教育单位134个,其中:幼儿园53所;早教指导中心1个;小学28所;初中16所;九年一贯制学校5所;高中6所;特殊学校2所;中职校2所;少年业余体育学校1所;成人教育院校13所;校外教育单位2个;其他教育单位5个。有民办学校42所,其中:九年一贯制学校3所;十二年一贯制学校2所;民办二级幼儿园12所;民办三级幼儿园25所。全区在校学生90144人,其中:高中学生6087人;初中学生17796人;小学生34339人;在园幼儿27572;在托幼儿670人;中职学生3388人;特殊教育292人。全区在编教职工8446人,其中专任教师6664人(正高级职称教师12人;副高级职称教师1006人;中级职称教师4256人)。

2020年,区科技工作全力为疫情防控提供科技支撑,统筹抓好疫情防控和创新驱动发展。继续以贯彻落实加快建设具有全球影响力的科技创新中心为契机,围绕“服务好一个中心,凝聚三股合力,实施双轮驱动”的主线,坚持以自主创新能力建设为中心,推动青浦科创“一带三中心”建设与长三角一体化科技创新协同发展。全区纳入高新技术产业统计企业346户,实现工业总产值916.2亿元,占全区规模以上工业产值的57.6%。全区软件和信息服务业累计销售额达829.9亿元,比上年增长94.7%;实现税收36.9亿元,比上年增长27.4%。全区产学研合作立项40项,新增在孵企业350家,认定技术交易额80.8亿元,比上年增长188.9%,全部完成预定目标。年内,全区新增14家高新技术研究开发中心。 (曹佳凤 张 峰)

教育改革与管理

■概况 2020年,青浦教育统筹新冠肺炎疫情防控和教育改革发展工作,按照市、区统一部署,全力维护校园安全稳定,不断深化体制机制创新,强化干部人才队伍培养,加快构建教育发展新格局。

打赢校园疫情防控阻击战。坚持两手抓、两促进。一手抓疫情防控,建立“1+8”(1个疫情防控领导小组、8个疫情防控工作小组)防控组织架构和三级工作网络,全覆盖配备热成像体温快速筛查保障系统,落实防疫举措与物资保障,实施4批次返校复课,组织师生接种新冠疫苗,对教育系统集会实行申报备案审批管理,全覆盖地开展学校检查以及培训机构复课监管;一手抓教育教学,制定在线教学工作实施方案、教材发放工作指导意见、区级教研支持工作方案等,指导学校教学平台建设以及线上教学、线上教研和家校工作,做到学生智慧终端全覆盖,完成800节市级课摄制任务,在线教学家长满意度高于市平均水平。

教育改革发展任务持续深化落实。推进招生考试制度改革,执行义务教育

9月9日,以“榜样力量·大爱无疆”为主题的青浦区第36个教师节主题活动举行 (区教育局供稿)

招生新政，完成学前与义务教育阶段招生入学；做好疫情期间初高中毕业班在线教学与复习指导，落实考场空调安装、理化实验考场建设等要求。8个镇紧密型学区化办学格局初步构建，筹建青浦世外教育集团、青浦兰生复旦教育集团，深化公民办教育融合发展。全面总结本轮（2015—2020年）教育综合改革工作成效，研究持续深化教育综合改革的思路和举措。科学编制《青浦教育改革发展“十四五”规划》，开展全区教育设施布局以及青浦新城教育资源布局专项规划研究。推进区域教育一体化发展，与吴江、嘉善合作交流，做好对云南、新疆、青海教育帮扶工作。

建设高质量教育人才队伍。深入开展“守初心、严师德、铸师魂”主题系列活动，组织《新时代上海市中小学幼儿园教师职业行为十项准则》专题学习教育，开展2018—2019学年师德师风项目的终期评估，举行第36个教师节主题庆祝活动，选树区首届教书育人楷模10名、提名奖20名。完善《关于加强校级干部管理使用的实施意见（试行）》，调整校（园）级岗位干部78名，遴选第二期教育管理人才59名，选派4名机关干部到基层学校挂职培养，举办教育系统党政干部培训班、管理人才“青训营”。出台《关于全面深化新时代教师队伍建设改革的实施办法》，完善《青浦区教育人才引培激励办法》，夯实“引进、培养、稳定、流动”四大工程体系，试点实施双一流高校校园招聘，开展第六届名优教师分层分类梯队培养，新增上海市特级教师4名、正高级教师8名。（曹佳凤）

■市、区领导调研 2月5日，副市长陈群检查指导朱家角中学疫情防控工作。

2月21日，副市长陈群调研青浦区教育系统疫情防控、在线教学准备等工作，市政府副秘书长虞丽娟、市教委主任陆靖陪同，区委常委、副区长孙挺参加调研。

3月2日，区委书记赵惠琴，区委副书记杨小菁，区委常委、副区长孙挺一行到全市初中英语在线教学录制点——东方中学查看在线教学工作。

3月2日，区委常委、副区长孙挺先后到毓秀学校、崧文小学、御澜湾学校、实验中学调研疫情防控和在线教育工作。

3月4日，区委常委、政法委书记赵明一行到教育局开展教育系统疫情防控稳定工作专题调研。

3月9日，区委常委、副区长孙挺调研复旦附中青浦分校、复旦五浦汇实验学校。

3月10日，区委常委、组织部部长蒋仁辉到教育局调研教育系统疫情防控工作。

4月20日，区委副书记杨小菁到上海工商信息学校、实验中学西校区检查学校开学准备工作。

4月21日，区委常委、副区长孙挺到佳禾小学、尚美中学、清河湾中学检查学校开学准备工作。

4月21日，区人大常委会副主任陶夏芳到实验小学御澜湾校区、复旦附属中学青浦分校、清河湾中学调研学校疫情防控与开学复课准备情况。

4月22日，区委书记赵惠琴，区委副书记杨小菁，区委常委、副区长孙挺一行到青浦高级中学、毓秀学校，检查开学准备工作。

4月23日，区委常委、统战部部长干凌宇到实验小学青湖校区、青教院附中检查学校开学准备工作。

4月24日，区委副书记、区长余旭峰一行先后到青浦一中、香花桥小学、香花桥幼儿园实地检查学校开学前准备工作。

5月11日，区委常委、副区长孙挺到青浦世外学校和青浦世外幼儿园调研。

5月18日，区委常委、副区长孙挺到青浦托普培训学校、上海宏润博源培训学校有限公司检查培训机构线下服务工作。

5月29日，区委副书记杨小菁到瀚文小学、盈星幼儿园检查开学准备工作。

6月2日，区委常委、副区长孙挺到实验幼儿园、夏雨幼儿园、佳佳幼儿园、毓秀幼儿园检查开学准备工作。

6月9日，区政协副主席董永元出席“义务教育优质均衡发展”界别协商暨教科卫体委员会提案促办会，听取教育局相关工作汇报，实地调研复旦五浦汇实验学校、崧文小学。

6月19日，区委副书记杨小菁到青教院附中调研，并召开强基行动校园长座谈会。

6月29日，区委常委、副区长孙挺到教育局调研“创全”未成年人思想道德建设专项工作情况。

7月6日，区委书记赵惠琴一行先后到教育考试服务中心、青浦一中考点巡查高考准备工作。

9月15日，区委常委、副区长孙挺到尚泰幼儿园、凤雅幼儿园、凤溪中学、凤溪小学、凤溪幼儿园调研。

9月16日，区委常委、副区长孙挺到博文学校、白鹤中学、白鹤小学、白鹤幼儿园调研。

10月26日，区人大常委会主任会议成员调研区0—3岁儿童早期教育发展情况，实地察看阳阳幼儿园和圣地雅歌幼儿园托班运行情况，并召开座谈会。区人大常委会主任朱明福出席并讲话，区人大常委会副主任陶夏芳、胡海民、赵宏林参加调研。

10月29日，区委常委、政法委书记赵明到教育局开展青浦区服务保障第三届进口博览会决战阶段暨十九届五中全会期间信访维稳工作专项督查。

11月10日，区人大常委会副主任陶夏芳调研学校体育场馆向社会开放工作。

11月16日，区委常委、副区长孙挺，副区长彭一浩到清河湾中学实地调研学校物业管理社会化服务试点工作。

（曹佳凤）

■市教委专题调研 3月6日、4月27日、5月6日、5月18日、6月2日，市教委总督学平辉带领督导室、青保处、信访办、后保处等相关同志，检查指导青浦区学校疫情防控和各批次返校复课工作。平辉一行先后到朱家角中学、初等职校、上海工商信息学校、复旦附中青浦分校、上海复旦五浦汇实验学校、青浦一中、尚美中学、实验小学青湖校区、崧文小学、徐和路幼儿园、徐泾幼儿园实地查看学生进校、班级教学情况，了解线上线下教学、学生食宿、卫生消毒、物资保障、应急处置等情况。9月17日，市教委副主任贾炜及发展规划处、人事处、基教处、财务处有关人员到青浦调研指导教育“十四五”规划编制工作。区教育工作党委书记、教育局局长、副局长及相关科室负责人参加调研。（曹佳凤）

■庆祝第36个教师节主题活动举行 9月9日，区首届教书育人楷模表彰会暨青浦区庆祝第36个教师节主题活动在复旦大学附属中学青浦分校举行，活动以“榜样力量，大爱无疆”为主题。活动现场进行青浦区首届教书育人楷模颁奖；原创青浦教师之歌《点亮星空》MV正式首发。（曹佳凤）

■区委教育工作领导小组会议召开 9月25日，区委教育工作领导小组会议召开，讨论《青浦区教育改革和发展“十四五”规划》、教育系统校级领导干部队伍建设有关情况，部署安排下阶段主要工作。区委副书记、教育工作领导小组组长杨小菁主持会议并讲话，区委常委、副区长孙挺就下阶段重点工作作部署。会议强调，要切实坚持高起点高标准，谋划和推动好“十四五”期间青浦教育发展，从教育的本质、青浦自身发展、当前教育面临的新形势新要求三个维度来思考谋划教育事业新蓝图；要着力提升教育治理能力现代化水平，加强校内校外监管，强化教育人才队伍建设，为推动教育事业优先发展提供强有力支撑；要全面加强党对教育工作的领导，发挥党组织的领导核心作用，压实工作责任、凝聚工作合力，营造支持教育发展的良好氛围，共同为加快实现教育现代化、办好人民满意的教育而不懈努力。（曹佳凤）

■参加上海教育博览会“区域教育大直播”青浦教育访谈 10月8日，青浦区教育局局长程卫国参加上海教育博览会“区域教育大直播”，与国家教育咨询委员会委员、原上海市教委副主任张民生，上海教育电视台主持人徐丽遐共同围绕“一名好老师是如何炼成的——打造‘绿色成长’的生态链”主题进行探讨。（曹佳凤）

■举行第二期“教育管理人才”培养人选培训班 8月2—8日，青浦区教育系统“青训营”在东方绿舟举行，59名“教育管理人才”培养人选（第二期）参训。“青训营”为期7天，围绕党性修养、理论涵养、专业素养3个专题组织开展专题讲座、小组研讨、辩论赛等学习交流活动。（曹佳凤）

■名优教师培养工程及培训 11月27—28日，第六届区名优教师培养工程“拔尖计划”中期交流暨“领航计划”培训活动举行。30名特级校长、特级教师和正高级教师参加。“拔尖计划”各团队分组围绕项目攻坚、团队建设、岗位实践、辐射引领等方面进行汇报交流，教育部中学校长培训中心主任代蕊华、教育部“国培计划”专家陈飚、上海师范大学国际与比较教育研究院研究员王洁、基础教育特聘教授金荣生、原上海市教委教研室副主任陆伯鸿、上海市黄浦区教育学院院长奚晓晶、徐汇区教育学院课程教学研修中心副主任高永娟、宝山区教育学院高中英语教研员徐继田参与各组研讨并过程指导。“领航计划”邀请中国国防大学政治学院教授、博士生导师顾伟，复旦大学经济学院教授、博士生导师马涛分别作政治经济形势讲座。（曹佳凤）

■支教工作 3月27日、8月14日，区教育局分别召开援疆、援滇支教工作座谈会，3位援疆教师、8位援滇教师和派出学校领导，以及上一批援疆、援滇教师参加座谈。（曹佳凤）

基础教育

■概况 2020年，青浦教育坚持“立德树人”根本任务，不断深化内涵建设，持续推进基础教育优质均衡发展。

一是强化德育先行。持续建设“上善系列”课程，不断完善“六进”协同机制；开设“上善思政大讲堂”。召开学校德育综合改革行动展示推进会议，制定《青浦区新时代“上善”立德专项行动计划（2020—2022）》；成立区家庭教育指导和研究中心，持续打造“上善父母学堂”；启动区级学校少年宫创建，成立学生社会实践基地联盟，实施七年级“上善实践营”；完成市心理健康教育达标校、示范校创建工作，完善危机干预及预警机制、医教协同机制，做优心理健康教育活动月，推进生涯教育课程一体化建设。

二是促进各类教育协调发展。制定实施《青浦区学前教育三年行动计划（2020—2022年）》，19所幼儿园等级复验，2所幼儿园争创市一级，托班增至38个，基本实现全区11个街镇普惠性托育照护服务全覆盖，普惠性学前教育在园幼儿占比超过85%。完成义务教育“五项标准”建设任务，推进“县域义务教育优质均衡发展区”创建达标整改，小学生校内课后看护服务全覆盖，推进初中学业质量绿色指标评价改进教育教学工作，建立健全学业质量监测体系，推进公办初中强校工程。贯彻落实中央《关于新时代推进普通高中育人方式改革的指导意见》，青浦一中接受市特色普通高中创建复评，青浦二中开展创建工作，青浦高级中学完成上海市实验性示范性高中发展性督导复评工

6月2日，低年级学生复学首日商榻小学师生合影 （区教育局供稿）

作。完成《青浦区特殊教育三年行动计划(2018－2020)》相关指标和任务,学前特教点实现各街镇全覆盖,随班就读学生5人以上的普通学校全部配置资源教室,建立学校与医院合作途径。加强民办三级园动态监管,对10所民办幼儿园开展办园绩效评估,落实民办学校公共资源规范管理要求;加强培训市场综合治理,审批46家培训机构变更项目、23家新申请设立,协同相关部门加强对民办培训机构的监督检查和风险防范。（曹佳凤）

■青浦区"上善思政大讲堂"第一讲 9月1日,区"上善思政大讲堂"开讲暨中学生共产主义学校、区家庭教育研究指导中心揭牌仪式在朱家角中学举行,区委书记赵惠琴作青浦区"上善思政大讲堂"第一讲。市教育卫生工作党委委员、市教委总督学平辉,团市委副书记上官剑,青浦区委副书记杨小菁,区委常委、副区长孙挺等出席。（曹佳凤）

■区领导调研早期教育发展情况 10月26日,区人大常委会主任会议成员集体调研区内0—3岁儿童早期教育发展情况,并召开调研座谈会。区人大常委会主任朱明福出席并讲话。调研座谈会上,区教育局从本区0—3岁儿童早期教育发展情况的基本概况、工作开展情况、存在的主要问题与困难、改进思考与发展建议等四个方面进行汇报;区卫健委、区市场监管局、区妇儿工委办进行补充汇报,与会人员围绕全区0—3岁儿童早期教育工作展开讨论并提出意见与建议。（曹佳凤）

■2020年未成年人思想道德建设工作会议召开 7月10日,2020年未成年人思想道德建设工作会议在实验小学青湖校区召开。会议部署青浦区2020年未成年人暑期工作和未成年人思想道德建设专项督政工作。区委常委、宣传部部长姜道荣出席会议并讲话。区内相关部门、各街镇分管领导及文明办负责人,教育系统各中小学、中职校、相关中心党政负责人及教育局科室负责人等参加会议。（曹佳凤）

■举行课程教学季 11月2日,"实验"改革:课程领导保障课程建设信息技术赋能教学实施——2020年青浦区课程教学季开幕式暨提升学校课程领导力行动项目推进会在青浦区实验中学报告厅举行。课程教学季历时三个多月,活动分为八大板块,16场专项活动;各学科共开展课例研究210节,参与教师3000余人;组织名优教师团队教学主题展示活动75场、"长三角生态绿色一体化发展"示范区名师学术交流系列活动28场,12名教师赴吴江参加优秀教师课堂展示;37所学校校级活动加入课程教学季系列活动。（曹佳凤）

■高中教学工作会议召开 9月15日,高中教学工作会议在青浦区教师进修学院召开。会议通报区2020年高考招生录取情况,对2020届高三教学基本情况作分析与工作建议,对区域高中"双新"研究和培训工作作指导,各高中交流学校教学工作计划。（曹佳凤）

■接受上海市"初中强校工程"中期评估 12月21日,市教委在珠溪中学对青浦区开展上海市"初中强校工程"中期评估。区教育局局长全面汇报具体做法与成效,并交流下一步工作举措安排。专家组指出,青浦区初中强校工程取得阶段性成果,建议进一步深化教学改革和评价改革,加强学科建设以及新课程新课标研究,将信息技术融入教育教学,推动学校办学质量稳步提升。（曹佳凤）

■学校德育综合改革活动 12月29—31日,2017—2020学年青浦区学校德育综合改革行动现场交流活动在青浦区教师进修学院举行。活动为期3天,分6场。全区63所公民办中小学、中职校、特殊教育学校校长(书记)回顾2017—2020年期间学校德育综合改革行动开展情况,并围绕各个方面进行总结。（曹佳凤）

职业教育

■概况 2020年,青浦职业教育坚持"集团化办专业"工作思路,围绕"产教融合校企合作",开展高素质技能型人才培养。加强中职教育平台建设,推进产教融合共建共享,区内中职校加强自身硬件建设,制定《关于进一步促进青浦区中等职业学校校企合作基地建设的实施意见》。继续开展现代学徒制、双证融通、中高职贯通、中本贯通等试点工作。加强特聘兼职教师队伍建设,推进专业教师到企业实践,加大对来自行业企业技术人员和能工巧匠参与教学和技能指导的力度,出台《青浦区职业教育集团特聘兼职教师管理办法》,备案特聘兼职教师25人,其中团队2个。实施《长三角生态绿色一体化发展示范职业教育一体化平台建设方案》,区内中职校依托"长三角一体化职教联盟",招收首批长三角地区学生。（曹佳凤）

12月10日,青浦区见习教师规范化培训成果展示活动举行（区教育局供稿）

■**中本贯通课程标准研讨会举行** 1月7日，上海工程技术大学贯通培养基础课校际教学研讨会暨上海工程技术大学中本贯通课程标准研讨会在上海工商信息学校举行。会议就中本贯通基础课程“统一考”、课标制定情况以及数学、物理等课程“统一考”情况进行讨论。上海工程技术大学、上海城市科技学校、上海工商信息学校、上海市高级技工学校、上海市杨浦职业技术学校、思博学院相关负责老师参加会议。

（曹佳凤）

■**上海工商信息学校学子在全国职业院校技能大赛中获奖** 11月14日，全国职业院校技能大赛改革试点赛机器人技术应用（中职组）比赛在山东省安丘职业技术学校举行，来自全国36省市地区的36支代表队、72名选手参加比赛。上海工商信息学校钱宇恒、沈之杰两名学生组成的团队获上海市选拔赛第一名，代表上海出征。比赛分为工业机器人系统的安装与调试、集成应用以及维护维修三大模块，两位学生获全国职业技能大赛中职组机器人技术应用赛项团体二等奖。（曹佳凤）

成人教育

■**概况** 2020年，青浦区深化“学习型社会”建设，扎实开展社区教育。有机融合青浦地域特点、文化特色、“非遗”项目等，完成“崧泽文化”微课项目建设。组织开展2020年社区教育课程体系修订，申报23门课程大纲参与市级评比。完善“车厢课堂”项目实施，推进金泽镇蔡浜村学习型乡村建设，开展青浦市民终身学习人文行走活动。加强市民终身学习体验基地和学生社区实践指导站建设，组织参加手工编织作品大赛、社区国画、书法比赛等市级终身学习活动。持续打造老年学习团队品牌，创建老年教育居（村）委示范学习点11个、社会学习点4个和养教结合点3个。（曹佳凤）

■**青吴嘉成校合作联盟联展活动** 12月30日，青吴嘉成校合作联盟诗、书、画、剪纸联展活动启动仪式在夏阳文化活动中心举行。仪式上，三地民间艺术团体代表作交流发言，举行《美哉·长三角青吴嘉三地成校诗书画联展作品集》《今日水乡·长三角青吴嘉成校合作联盟市民终身学习剪纸艺术作品集》赠书仪式以及青吴嘉成校合作联盟秘书长轮值交接仪式。（曹佳凤）

■**开展终身学习人文行走志愿者培训** 11月6日、11日，终身学习人文行走志愿者培训举行，各成人学校人文行走联络员与通讯员、各学习点志愿者以及学习团队志愿者等80余人参加。培训对青浦区人文行走项目以及市区两级人文行走线路等进行解读，邀请市委党校孙叶青教授作“弘扬志愿精神，共建美丽中国”主题报告，东方电视台节目主持人侯中华分享志愿锦囊，黄浦区第五社区教育中心主任方茵介绍“海派黄浦，红色崛起”人文行走线路。

（曹佳凤）

科艺体卫教育及其他

■**概况** 2020年，青浦教育凝聚各方共识、强化多方联动，合力促进学生全面发展，提升教育规范化管理水平。

一是学校“科艺体卫劳”教育不断强化。重视学生体质健康与国防教育，落实“三课、两操、两活动”，推进2021年体育中考改革，豫才中学被命名为2020年全国校园篮球特色学校，制定并实施2020年区级《国家学生体质健康标准》。推进美育教育，开展“美育云端课堂”活动，参加市级艺术比赛，获中小学生和幼儿62项金银铜奖。推进科技教育普及工作，组织学生参加2020年市头脑奥林匹克云活动、第35届上海市青少年科技创新大赛等活动。加强劳动教育，贯彻落实中央《关于全面加强新时代大中小学劳动教育的意见》，组织学生参与校内外集体劳动体验，开展节粮活动。二是“强基行动”取得成效。落实“大抓制度、大抓管理、大抓作风”三大主要任务，对现有制度进行梳理和查漏补缺，修订完善学校新冠疫情防控、队伍建设、教育教学管理、未成年人保护、安全管理、议事决策、重大突发事件处置等关键制度，强化制度执行，推进教育系统完善管理、改进作风。压实校园安全与未保责任闭环管理，修订完善《青浦区加强中小学幼儿园安全风险防控工作制度》《青浦区学校未成年人保护工作制度》等，开展未成年人保护和校园安全专项整治，全面完成全区“依法治校”创建工作，完善教育综管中心视频安防监控平台功能。办理信访件175件、受理“12345”市民热线1755件；接待群众来信来访199件次。三是完成“创文”工作。落实《全国文明城区测评指标体系操作手册》和《全国未成年人思想道德建设工作测评体系操作手册》，成立未成年人专项工作专班，细化分解指标内容，将任务落实到各相关委办局和街镇，建立健全“创文”重点点位“点位长”机制，开展3轮“地毯式”全覆盖检查指导。推进文明校园（单位）创建，形成动态管理机制，构建四级文明校园序列。四是完善教育督导评价。探索发挥督学专业督导和专业引领作用，完成30所学校的办学水平综合督导评估。高质量迎接政府依法履行教育责任综合督政，督导组实地走访14家单位、访座谈交流108人次、查阅资料1144卷，对青浦城乡义务教育一体化暨优质均衡发展工作和未成年人思想道德建设工作成效予以肯定。五是推进教育信息化。落实《教育信息化2.0行动计划》，推进区域网络学习空间应用。根据在线教学需求，做好技术支持保障，利用现有中、高考视频会议系统，为相关工作做好服务。朱家角中学启动建设“上海市信息化标杆校”。六是加强教育项目管理和建设。思源小学、绿地时代名邸幼儿园建设完成，徐泾北大居初中、南横村幼儿园等6个项目加紧建设。在清河湾中学开展学校物业服务社会化试点。联合规资局、建管委、房管局印发实施意见，启动全区学校不动产权确权补证工作。

（曹佳凤）

■**接受依法履行教育责任综合督政** 10月20—22日，市教委、市政府教育督导室组织督政组对青浦区开展政府依法履行教育责任综合督政。市教委总督学平辉，市教卫工作党委原巡视员、督政组组长李瑞阳和督政组成员出席区政府自评汇报会和反馈会。青浦区委副书记、区长余旭峰出席自评会并致辞，副区长孙挺作题为《推进教育优质均衡发展　全力打造教育服务品牌》自评报告。实地督导为期3天，青浦区城乡义务教育一体化暨优质均衡发展

工作和未成年人思想道德建设工作得到肯定。（曹佳凤）

第十七届青浦区未来工程师大赛举行 10月16日，“以智慧和行动，创新每一天”为主题的第十七届青浦区未来工程师大赛在青少年活动中心举行。大赛采用线上形式举行，设置轻量座椅、应急医疗救护站、仿生机器人、登月着陆器机构设计以及智能硬件随身盒五大项目，全区20余所中小学校、中职校近150名学生参赛。（曹佳凤）

科技管理

概况 2020年，青浦区继续实施科技型企业培育发展计划，培育民营科技企业、高新技术企业等科技型企业队伍。7家企业被认定为市科技小巨人（含培育）企业；认定301家市高新技术企业，全区有高新技术企业达到758家。认定登记技术交易合同314项，成交金额80.8亿元，同比增长93.2%。新增在孵企业350家，累计孵化企业达1844家。（张　峰）

推动“科技+金融”有效融合 不断深化“3+X”科技信贷融资服务体系，鼓励银行等机构为受疫情影响的企业提供无还本续贷、贷款展期等金融服务，解决企业实际经营困难。走访申请履约贷款企业87家，其中审批通过57家，获授信额度共计2.7亿元。全区12家企业获贷款贴息支持，获贴息金额共计26.2万元；39家企业获保费减免共计165.2万元。（张　峰）

承接推进“外专”服务工作 设立运行区外国人工作居留单一窗口，落实外国人来华工作许可“不见面”审批。全年办理《外国人工作许可证》数量：A类130份，B类908份，C类2份，合计1040份，工作总量（含变更、注销、补办等）1239份。（张　峰）

4个项目获上海市科技进步奖 5月19日，2019年度上海市科学技术奖励大会在上海展览中心召开。会议表彰奖励获得2019年度上海市科学技术奖的项目和个人。上海华测导航股份有限公司、上海光谱电子仪器有限公司、上海悠络客电子科技有限公司和上海置信电气非晶有限公司等四家企业参与完成的项目分别获得2019年度上海市科技进步一、二、三等奖。（张　峰）

科技创新

概况 2020年，青浦区有4个项目获上海市产学研合作优秀项目奖三等奖。39个项目被认定为市高新技术成果转化项目；1个项目获市高新技术成果转化项目自主创新十强；76个项目获市创新资金项目立项；8个项目获市“科技创新行动计划”相关领域项目立项；1个项目获市工业互联网创新发展专项资金项目立项。（张　峰）

推动科技创新赋能疫情防控 制定实施抗疫科研专项。加强“青惠17条”等政策宣传解读，指导科技企业、孵化器、科普基地等有序复工复产。制定实施青浦区“抗疫”科研专项，8个立项项目共计获扶持资金350.1万元。重点支持针对新冠疫情防控急需、短期内可投入实际应用的技术和产品，鼓励科技型企业加强联合攻关与成果应用。（张　峰）

推动长三角一体化科技创新协同发展 布局科技部重大研究计划，开展青吴嘉三地青西湿地生态研究合作，推动上师大环地学院院士（专家）工作站建设。长三角生态绿色一体化发展示范区湿地生态系统上海市野外科学观测研究站获批首个国家科技创新基地。会同吴江区科协、嘉善县科协，联合发布《科协赋能长三角一体化协同创新发展宣言》。组织近百家企业参加“长三角生态绿色一体化发展示范区”科协联盟年会、第三届长三角国际创新挑战赛青吴嘉示范区专场赛等系列活动。（张　峰）

加快北斗导航产业发展 承接市科创中心建设重大战略专项，全力打造北斗导航研发与转化功能型平台，促进北斗导航产业化。完成卫星信号采集管理系统、低速无人系统试验验证平台（无人车）、空间数据统一存储与计算服务平台建设等项目建设。北斗西虹桥基地企业实现产值39.1亿元，比上年增长74.1%，实现税收1.4亿元，比上年增长64.1%。（张　峰）

深化“双创”建设 全区新增孵化企业350家，累计孵化企业1844家，上缴税收1.8亿元。上海赞道实业有限公司获国家级科技企业孵化器认定。年内，全区经认定备案的孵化器（众创空间）达47家，其中国家级科技企业孵化器3家、市级科技企业孵化器7家。举办2020年“创业在上海”国际创新创业大赛青浦赛区比赛，组织开展“科技孵

9月1日，青浦区外国人来华工作、居留许可单一窗口揭牌仪式举行（区科委供稿）

化大讲堂”系列活动4期,各孵化器(众创空间)举办各类创新创业活动441场,参与1.8万人次。 (张 峰)

■**推进进口博览会服务保障工作** 推进进口博览会服务保障工作。开展进口博览会信息化项目稽查工作,推进进口博览会信息化配套项目建设,组织协调通信运营商做好第三届中国国际进口博览会通信保障工作。 (张 峰)

知识产权

■**概况** 2020年,青浦区稳步开展知识产权创新激励、执法保护、运用推动和宣传培训工作。全年全区专利申请量9971件,其中发明专利申请量2453件,比上年增长31.81%;专利授权量7728件,比上年增长40.71%,完成每月挂图作战目标;有效专利拥有量28546件,比上年增长23.40%,其中有效发明专利拥有量3136件,比上年增长11.05%。全区商标申请量为24685件,注册量为14882件;商标有效注册量为91185件,比上年增长15.91%。 (胡开明)

4月24日,青浦区、吴江市、嘉善县三地签订知识产权保护合作备忘录 (区市场监管局供稿)

■**参与长三角知识产权保护协作** 年内,强化同吴江市、嘉善县两地市场监管部门互通交流。4月24日,青吴嘉三地市场监管部门签订《长三角示范区知识产权领域的合作备忘录》,发布第一批《青吴嘉三地重点商标保护名录》。开展长三角跨地区知识产权专项保护行动。区市场监管部门、检察机关、公安机关到吴江市相应部门研究商讨。根据《长三角示范区知识产权保护行动计划书》,牵头青浦区知识产权保护和促进联盟,对纳入示范区重点商标保护名录的青浦区商标权利人进行走访调研并出具报告、提出建议。 (胡开明)

■**完善网上申报** 年内,以邮箱在线即时受理方式开展上半年知识产权资助申报受理工作,对325家企事业单位1776件资助申请给予资助688.6万元。9月1—30日,受理397家企业2150件知识产权资助申请。经初审,通过393家企业2125件知识产权资助申请。 (胡开明)

■**完善纠纷多元化解决机制** 联合区司法局支持知识产权人民调解机制建设,新设立6家知识产权纠纷调解工作室,选址辐射虹桥商务区和长三角示范区。完善专家库,建立专家咨询机制。 (胡开明)

■**聚焦“进博会”服务保障** 开展“迎进博”百日执法行动,以“进博会”展馆、主要交通干道及商业街区、商品市场、旅游景点、接待宾馆、交通枢纽(机场、车站、地铁)为重点区域,坚持“线上线下”监管治理相结合,打击未经许可擅自使用“进博会”名称、标识、吉祥物“进宝”及销售假冒“进博会”特许商品和其他侵犯知识产权的违法行为。出动执法人员2057人次,检查经营单位5889户次,检查电子商务经营者358户次。发现侵权违法线索10个,立案22件,结案6件,罚没款金额6.4153万元。 (胡开明)

11月6日,第三届“进博会”期间,区市场监管局协助上海市知识产权维权援助中心开展工作 (区市场监管局供稿)

综 述

2020年,区文化和旅游局在全力做好行业防疫工作的基础上,深入学习贯彻习近平总书记关于文化和旅游工作重要论述,围绕两大国家战略和青浦区委全面跨越式高质量发展要求,以融合发展为主线,以改革创新为动力,以全面从严治党为保障,扎实推进文化旅游产业转型升级、长三角生态绿色一体化发展、江南文化示范区建设、国家全域旅游示范区创建和第三届中国国际进口博览会服务保障等各项重点工作。开展江南文化研究院实体化运作可行性研究,设立10个复旦知名教授牵头的江南文化名家工作室。筹建青溪园知道书院暨青浦名人馆。举办百场戏曲展演、市民文化节、读书节、2020上海青浦淀山湖文化艺术节暨旅游购物节、朱家角水乡音乐节、"决胜全面小康决战脱贫攻坚"全国文明城区文艺巡演、"市民大舞台"天天演等重点活动。扩大公共文化服务覆盖面,开展专题文化配送、经典老电影展映等活动。开展2020年文化事业发展基金、中央补助地方公共文化服务体系建设专项资金发放工作。以文旅产业扶持资金为引导,提升文旅产业发展能级。开展文创资金推荐申报,推动产业园区品牌经济发展。恪守文保安全底线,加强文化遗产保护,协助上海博物馆成立青龙镇遗址考古工作站。非物质文化遗产"吴歌"项目被评为2019—2021年度上海市"非遗在社区"示范项目。开展"桥遇青吴嘉"长三角生态绿色一体化示范区百桥打卡活动,并进行"长三角寻宝记"小程序宣传。

2020年,青浦区融媒体中心坚持"围绕中心、服务大局"宣传理念,开创宣传思想工作新局面。中心按"1+11+X"融媒体集群工作框架,推进融媒体街镇分中心建设。本年度挂牌建立青浦区水务局分中心等9家分中心,建立工作微信群组,发布文件、政策、宣传口径、策划主题宣传,推动媒体融合发展构建全媒体传播格局。制定《上海市青浦区融媒体中心制度规范》《上海市青浦区融媒体中心内部控制规范》等文件。 (周丹丹 何 敏)

文化设施建设

■概况 2020年,区文化和旅游局推进图书馆总分馆制建设工作,完成100家村居的图书配送工作,所有图书纳入区级总分馆系统平台管理,与民政局联合打造区内第一个城市书房。结合美丽乡村整治工作,对30个整治村开展村(居)综合文化活动室(中心)星级复评,组织实地验收。 (周丹丹)

■图书馆二期扩容装修工程 年内,完成消防验收、电子监控设备、弱电整合、消防设施融合等相关内容。完成RFID芯片信息转换、网络设施、智能设备的安装调试。正式启动标识导视系统项目、读者餐厅项目和窗口辅助岗位第三方购买服务工作。 (周丹丹)

文化产业及市场管理

■概况 2020年,区文化和旅游局以文旅产业扶持资金为引导,提升文旅产业发展能级。落实"上海文化企业20条"工作措施,向区内各文化创意园区及企业转发、宣传"上海文化企业20条"文件精神,并对相关政策措施进行答疑。开展文创资金申报,22个文创项目获得总扶持资金3222万元(其中市级扶持资金1611万元,区级扶持资金1611万元),预计带动社会投资总额达1.9068亿元。组织旅游企业申报旅游专项资金,完成11个项目共计514万元资金的拨付,鼓励支持旅游标准化建设、地接旅游、项目建设等。完成区现代服务业实施细则文旅产业政策修订,重点对区级文创资金独立支持项目,文创产业园区(楼宇、空间)创建,乡村民宿和旅游厕所建设等方面进行充实和完善。开展市级文创园区、示范楼宇和示范考核评估,培育并推动区级文创园区优质发展,推动市级品牌文创园区建设,推荐文创企业参加长三角文创大赛,指导张马村成功入选第二批全国乡村旅游重点村名单,指导推荐上海联怡枇杷乐园报送文旅部度假休闲旅游发展示范案例。推进行政审批事项目录梳理工作。完成"一网通办"政务服务事项办事指南的修订。积极配合区行政服务中心,做好综合窗口建设工作。加快推进"一网通办"行政审批事项网上办理。利用市、区各级平台,实现审批制证全过程电子化操作。实现将行政许可事项承诺时限压缩80%、平均跑动次数0次、即办程度达到30%的目标。推进开网吧、开游戏厅、开KTV"一件事"工程。 (周丹丹)

■组织发动企业参加上海园区品牌推选活动 指导推荐区内优秀企业参加

上海园区品牌推选活动，经上海产业园区（运营机构）自主申报、区经（商）委、区文创办等上级主管机构推荐和盖章，推选活动组委会办公室预审，专家答辩会初审，评审委员会终审，媒体公示等环节，青浦现代农业园区入选“上海品牌园区”、尚之坊文化创意园和移动智地文化创意产业园入选“上海品牌特色园区”，1 位园区主要负责人入选“上海品牌园区优秀掌门人”。（周丹丹）

■组织企业参加市级设计引领示范企业评选 年内，组织区内文创企业参加2020 年度市级工业设计中心认定及首批市级设计引领示范企业创建评选。经市、区两级评审，速珂智能科技（上海）有限公司设计中心、奥特博格汽车工程工业设计中心成功入选 2020 年度市级工业设计中心，速珂智能科技（上海）有限公司、上海荣泰健康科技股份有限公司、书香门地（上海）美学家居股份有限公司成功入选 2020 年度市级设计引领示范企业。（周丹丹）

■开展三级联动以查代训活动 制定三级联动工作计划，分别于 9 月 23、24、25 日，在练塘、香花桥、徐泾三镇开展青浦区文化市场三级联动日常监管“以查代训”活动，重点对各类歌厅包房、互联网上网服务经营场所等企业控烟、安全、规范性经营情况进行检查。全区各街镇 61 名三级联动巡查员参加活动。（周丹丹）

■开展文化市场专项行动 贯彻落实青浦区全国文明城区十项“创全”专项行动工作要求，开展校园周边网吧等娱乐场所专项治理行动。结合国家法定节假日、“进博会”等重大活动保障要求，开展侵权盗版专项治理、有害信息封堵、文化场所安全生产检查、旅游市场执法监管、宾旅馆控烟监督检查等文化市场专项联合执法行动。会同相关职能部门开展游泳场所专项执法检查。围绕住宿业是否主动提供一次性日用品六小件开展生活垃圾专项执法行动。与“扫黄打非”专项行动相结合，加大对出版物市场监管检查。联合区交通委执法大队开展省际旅游包车行业专项整治行动。联合相关职能部门联合开展控烟联合执法行动。（周丹丹）

文化艺术活动

■概况 2020 年，区文化馆通过“线上”和“线下”相结合的方式，围绕作品创作、市民文化节、“青浦有戏”、上海青浦淀山湖文化艺术节暨旅游购物节等重大活动，开展各项文化艺术活动。结合市民文化节云上服务日，以直播形式带市民观展，“3·28”市民文化节“文化云”直播展厅获得 187628 人次的点击量，位列全市第二。“文化和自然遗产日”当天，举办云上活动，展示舞台演艺类、抗疫题材类、传统体育套路演示类、传统医药养生类、民俗类、传统技艺类等视频演播。丰富市民在抗疫期间的精神文化生活，利用抖音平台发布“艺起前行”栏目短视频 7 个；联合青浦区融媒体中心推出上海（青浦）市民文化节挑战答题等活动，参与人数 11000 余人次。举办上海青浦淀山湖文化艺术节暨旅游购物节、上海（青浦）市民文化节等区级重大文化活动。举办“幸福小康路，戏曲惠万家”百场戏曲展演、“市民大舞台”桥梓湾广场天天演、“银晖共聚齐抗疫，众志同心护平安”长三角老干部工作联盟抗疫作品联展、“新时代、新江南、新跨越”青浦区摄影艺术优秀作品展览、“疫情下”——青浦区抗战疫情主题展、抗击疫情·守护平安——纪实摄影作品展、长三角“我与质量共成长”绘画作品展等。组织开展青浦区群众文艺原创作品展评展演活动、“放歌淀山湖”青年歌手大赛、“匠心逐梦”长三角“非遗”嘉年华等活动。区原创田山歌《哪嘎会什嘎》受邀参加“美丽长三角，共创新时代——第十七届吴江区域文化联动暨长三角群众文化优秀节目展演”，并与吴江、嘉善两地的田歌队联唱《美丽好家园》。5 月，青浦区“吴歌”项目被评为 2019—2021 年度上海市“非遗在社区”示范项目。

全面开展公共文化资源配送。完成“三个一”文化配送。完成市级配送共计 180 场，受众 9769 人次；全年区级配送共计 209 场，受众 1.48 万人次。开展文化“三下乡”活动，深入乡村，走进社区，共配送文艺演出 35 场。开展农村公益电影、流动电影影展活动，公益流动电影累计放映 1761 场，受众 46643 人次。加强社会主义核心价值观宣传教育，全区农家书屋保持 100% 全覆盖。对 182 个农家书屋统一配送《小康中国》《习近平讲话》《中华人民共和国民法典（含草案说明）》《伟大的开端》等新时代书籍 2 千多册。对 48 个流通性较高的农家书屋补充更新各类书籍 5 千余册。向白鹤镇杜村配送农耕博览专柜 300 余册。向练塘镇徐练村配送红色经典专柜 300 余册。向张马村农家书屋分站——旅游公共服务中心休息室配送旅游休闲和少儿益智类图书 1500 册，莲湖村农家书屋分站——旅游公共服务休息室配送少儿益智、时政文学等图书 1000 册。（周丹丹）

“青浦有戏”百姓戏曲展演中的锡剧表演《清风亭》（区文旅局供稿）

■举办 2020 上海(青浦)市民文化节系列活动 3 月 23 日,2020 上海(青浦)市民文化节以“云上文化服务日”的形式在“文化上海云”平台启动。以“域精彩”“云展厅”“云讲堂”“云剧场”等多个频道开展线上文化服务。组织参赛“海上美谈”上海市民演讲大赛,4 月 22 日,演讲大赛落幕。青浦区赵巷镇文体中心选送的杨迪和练塘镇文体中心选送的张晨 2 人获评百位“市民演讲达人”,杨迪入选全市“海上美谈”市民演讲推广大使。3 月 28 日—7 月 25 日,2020 年中外家庭戏剧大赛举行。大赛分为初赛(线上报名评选)、复赛(线下展演)和决赛(电视录播)三个阶段,青浦共有 6 组家庭作品参赛,青浦区作品《寒号鸟》《雨霖铃》最终获得“上海市民文化节百强”称号与荣誉证书。4—9 月,上海老建筑短视频大赛举行。区文化馆选送的《青龙古寺》《江南第一茶楼》《金泽古桥》《万寿塔》《小西门万福桥》入围“百个优秀短视频”;文物保护系列作品《普济桥》获“十佳精彩短视频”。年内,组织参加 2020 年上海市市民文化节市民舞蹈创作大赛,白鹤镇文化体育服务中心《稻花香》荣获“优秀节目奖”。

10 月 20 日,青浦区“放歌淀山湖”青年歌唱大赛在青浦文化剧场举行。大赛吸引百余人报名,经过海选、复赛和决赛,决出金银铜奖、最具潜力奖和最佳人气奖等各类奖项。徐泾镇文化体育服务中心、白鹤镇文化体育服务中心、盈浦街道文化体育服务中心获优秀组织奖。10 月 24 日,上海市民合唱大赛决赛举行,青浦赵巷镇崧韵合唱团、青浦区教育局“馨享”合唱团、华新镇物流企业中通合唱团、徐泾镇合唱团、夏阳街道七月合唱团等五支合唱团代表青浦参加比赛。12 月 21 日,“生活美·时代红”上海市民文化节故事大赛百强颁奖典礼举行,青浦区《平民英雄关立平》等 5 个纪实故事,《与命运抗争的人》等 15 个新故事荣获百强称号。

(周丹丹)

■开展系列专题文化配送活动 开展“展乡村之美,品文化之韵”文化专题配送 20 场,受众 1140 人次;“劳动最光荣,文化暖人心”文化专题配送 5 场,受众 1086 人次;开展“护航进博会,共赴小康路”专题配送,传播江南文化,护航进博盛会,共配送文艺演出 35 场。开展影视公益电影专题展映、红色胶片老电影放映。 (周丹丹)

■举办青浦区创建全国文明城区群众文艺宣传巡演 7 月 24 日—8 月 28 日,青浦区创建全国文明城区群众文艺宣传巡演举行。以“同创共建文明城 携手奋进奔小康”为主题,以沪剧、越剧、快板、表演唱等戏曲形式,共开展 14 场演出,覆盖全区 11 个街镇。 (周丹丹)

■举办“幸福小康路·戏曲惠万家”百场戏曲展演 9 月 5 日,“青浦有戏”百姓戏曲展演颁奖典礼暨“幸福小康路 戏曲惠万家”百场戏曲展演启动仪式在青浦文化剧场举行。展演期间,青浦文化馆组织专家和戏迷代表对十四个剧团打分,青浦区青锡艺术团、青浦鹤音艺术团和青浦太浦韵艺术团获得“人气戏曲奖”,青浦区白鹤镇金项艺术团等七家剧团获得“潜力戏曲奖”。

(周丹丹)

■举办上海青浦淀山湖文化艺术节暨旅游购物节 10 月 3—30 日,2020 年上海青浦淀山湖文化艺术节暨旅游购物节举行,节日以“金秋江南乐游购,美好生活‘艺’起享”为主题。10 月 3 日,《“青”新江南醉金秋》主题旅游线路发布,对 2020“文化名家工作室”进行授牌并举行“金秋购物季”启动仪式。淀山湖文化艺术节暨旅游购物节期间文艺演出、艺术展览、征文比赛、故事赛讲、市民讲座、才艺展示、购物旅游等文商旅综合活动竞相举办,共计开展 11 项重点特色活动和 43 项系列活动。10 月 3—4 日,由世界音乐、爵士音乐、民俗展演、河道巡游,文创、美食等多元化体验组成主要内容的第十四届朱家角水乡音乐节举行。10 月 3—4 日,由青浦区文化和旅游局、嘉善县文化和广电旅游体育局、吴江区文体广电和旅游局主办,青浦区文化馆、嘉善县文化馆、吴江区公共文化艺术中心承办的“匠心逐梦”2020 长三角“非遗”嘉年华在朱家角古镇珠玑阁举行,活动分为“匠·心传统技艺”“舌·味水乡美食”“声·韵文艺展演”三个板块。10 月 30 日,2020 年青浦淀山湖文化艺术节暨旅游购物节闭幕式在青浦区文化剧场举行。作为闭幕式活动的 2020 青浦区“放歌淀山湖”青年歌唱大赛决赛举行。

(周丹丹)

10 月 3—4 日,上海青浦淀山湖文化艺术节暨旅游购物节“‘非遗’嘉年华”现场 (区文旅局供稿)

■文艺巡演助阵第三届中国国际进口博览会 2020“市民大舞台”桥梓湾天天演活动 10—11 月,“助力进博展风采 同心聚力奔小康”青浦区服务保障中国国际进口博览会文艺宣传巡演在全区11个街镇举行。巡演围绕“进博会”、决胜小康等内容，推出一批包含宣卷、快板、小品、上海说唱、沪剧表演与歌舞节目等“进博会”主题文艺作品。巡演活动深入全区村居，演员人数近100人，观看人数3000余人次。（周丹丹）

■举办“市民大舞台”桥梓湾天天演 10月8—13日，“市民大舞台”天天演活动在桥梓湾广场举行。11个街镇的7个艺术团队创作并演出18场，包含戏剧、舞蹈、小品、时装秀、歌伴舞、器乐小合奏等节目。（周丹丹）

图书馆事业

■概况 2020年，青浦区图书馆围绕市民读书节、世界读书日、上海书展青浦分会场等重大活动，不断拓展阅读体验形式，推进图书馆总分馆制建设，推动全民阅读，举办“青浦市民读书节”“青浦区世界读书日活动”“2020长三角阅读马拉松大赛”等活动。因新冠疫情1月24日起实行闭馆，3月17日恢复开放成人借阅室，并视疫情发展逐步开放办证、室内阅读、自习、咨询等服务。疫情期间开展线上活动，开放线上图书、期刊、有声读物等超多数字资源，24小时不间断服务。

全年新增图书藏量3.1万册；新办读者证2417张，累计有效证51300张；接待读者14万人次，借还图书86143册；社区还书箱及馆际流通便民还书7550册；举办各类读书活动130余场，参与人数4万多人次；累计为57家馆外服务点服务3次，提供图书711册；在数字资源方面（包括电子书），总访问量1392328人次，检索量113740，资源下载7万余次。持续做好“小鸡book”爱·智慧阅读成长计划、“青溪讲坛”等线上线下阅读推广。做好青浦阅读推广联盟工作，现有成员单位17家，全年开展线上线下阅读推广活动204场，参与人数及网络点击量60000人次。（周丹丹）

■举办第十四届青浦区市民读书节系列活动 4月21日，青浦市民读书节在线上全面启动，分为“爱生活、智生活、汇生活”三大板块，开展青浦区图书馆、吴江区图书馆、嘉善县图书馆共同主办的“长三角‘书香三城·百书微荐’全民征集活动”。开展“阅读的力量”长三角阅读摄影大赛、亲子朗读声音档案大征集、“阅读，照亮童年”残障儿童阅读礼包赠阅等活动，各镇、街道社区共计开展250多场活动。区图书馆联合区融媒体中心在“绿色青浦”APP推出“清阅朴读·与你共读”4.23世界读书日答题挑战活动，9873人参与活动。（周丹丹）

2020年上海书展薄荷香农家书屋活动现场（区文旅局供稿）

■举办2020年上海书展青浦分会场活动 年内，青浦区分会场围绕书展主题“我爱读书，我爱生活”，以线上+线下形式开展青溪讲坛、文化展览、绘本故事会及亲子手工活动等三十场全民读书活动。其中，青浦图书馆区级品牌“青溪讲坛”推出“e线童心”线上系列讲座，连续三日开展专家公益讲座。在“城中书房”邀请儿童文学作家王轶美引导孩子们如何养成良好的阅读习惯。全区各街镇、农家书屋、新华书店在书展期间开展各类读书活动。（周丹丹）

■开展“小鸡Book”爱·智慧阅读成长计划 开展“图书馆知识胶囊”微课堂栏目。微课堂围绕“图书馆的秘密”、书籍装帧、0—3岁亲子共读、中小学生信息检索四个主题展开。活动微信浏览3826人次，微博浏览28180人次，学习强国视频播放1004次，1189人次参与到“挑战答题”环节。开展“阅读，照亮童年”残障儿童阅读礼包赠阅活动，向全区0—7岁180户残障儿童家庭进行阅读礼包赠阅。开展21天阅读打卡活动。7月27日，“小鸡Book·21天暑期打卡”线上活动启动，根据不同年龄段孩子的阅读需求，分别设计低幼宝宝家长打卡圈、少儿绘本亲子打卡圈、“小书虫”少年打卡圈开展主题打卡，300余人加入打卡圈，导读视频网点击量突破5000人次。（周丹丹）

文博事业

■概况 2020年，区文化和旅游局紧紧围绕习近平总书记关于文物工作重要论述和敦煌研究院座谈会重要讲话精神，贯彻《关于加强文物保护利用改革的若干意见》《关于实施革命文物保护利用工程（2018—2022年）的意见》《关于进一步加强文物安全工作的实施意见》精神，推进全区文化遗产保护利用、研究展示和博物馆社会教育工作。起草编制《青浦区文物事业“十四五”发展规划》《青浦区博物馆“十四五”学术研究规划》。筹建知道书院暨青浦名人馆，12月底建成开放。推进文物修缮保护工作，完成修缮项目11项，投入文物维修专项财政资金1500余万元。调整和重新划定44处区级文物保护单位，保护范围1月由区政府公布。实施遗址保护工作。朱家角凌家角遗址、赵巷千步村遗址在勘探的基础上形成考古勘探报告。完成王昶家族墓、陆伯琨

6月12日,上海博物馆青龙镇遗址考古工作站挂牌成立　（区文旅局供稿）

家族墓文物埋藏区考古勘探。协助上海博物馆成立青龙镇遗址考古工作站,推动海丝申遗三年行动计划,推动青龙镇遗址保护规划的编制工作,协助推进青龙镇遗址、福泉山遗址保护规划内的村庄改造项目。新发现并原地保护圆通庵明万历年石碑。处置徐泾蟠龙古镇发现的古钱币45枚并入藏区博物馆保管。配合市文物局完成2019年度文物保护工程统计、文物保护专项资金填报、“建筑可阅读”出版物资料整理工作。出版《月朗山高——青浦元代任仁发家族文物集萃》;开展《淀滨寄隐图》册页释读、整理、研究,形成初稿。做好“一网通办”文物行政前期审批。做好文物档案工作。加强文物征集,科学管理文物藏品。年内,接受青浦博物馆馆长王辉捐赠土布13件、编剧陆寿钧捐赠作品《张自申传》手稿、福泉山村钱家泾村民戴锦明发现的清代铁权1枚和吕嵘《17.07.18》、萧四五《陈云先生》水墨画各1幅;完成2020年青浦碑刻拓碑和拓片装裱项目。开展馆藏书画修复工程,完善青浦博物馆历史文献数据库。

探索线上服务方式,开设“云听青博”微信音频栏目。博物馆恢复开放后举办“丝路遗韵·五彩龟兹——龟兹壁画艺术展”“青龙衔翠——龙泉窑青瓷收藏展”“境象——萧四五人文书画作品全球巡回展(上海回顾展)”“丝路经纬——津门老毯精品收藏展”“与物无际——2020吕嵘当代艺术作品展”,其中与上海博物馆、苏州考古研究所、太仓博物馆联合举办“沧浪帆影——太仓樊村泾元代遗址出土文物展”。举办“青龙衔翠——龙泉青瓷收藏展”拓展活动、“江南雅韵,青博风尚”暑期系列活动、“打卡青博,遇见传统”淀山湖文化艺术节系列活动、“沧浪帆影——太仓樊村泾元代遗址出土文物展”拓展活动。加强社会服务,制作《水乡桥话》网络视频讲座,组织人员赴学校作《上海之源·福泉神韵——福泉山遗址解读》讲座。录播《青浦文化》讲座。　（周丹丹）

■举办2020“文化和自然遗产日”云上“非遗”活动　6月13日,第四个“文化和自然遗产日”活动举行,区文化馆依托“文化云青浦”“上海市青浦区文化馆”官方抖音号举办云上“非遗”活动。活动以“非遗传承　健康生活”为主题,通过新媒体途径,舞台演艺、抗疫类题材作品、传承人互动、传统体育套路、传统医药养生、民俗、传统技艺等7大类共18个“非遗”影像与观众见面。　（周丹丹）

■新增6名市级“非遗”代表性传承人

5月,青浦区开展第六批上海市非物质文化遗产代表性项目代表性传承人申报和推荐工作,青浦区“非遗”保护分中心正式推荐上报。10月,第六批上海市非物质文化遗产代表性传承人名单公布。青浦区吴歌项目代表性传承人吴阿多、吴阿妹、王叶忠,宣卷项目代表性传承人潘玲珍,小刀会传说项目代表性传承人钱昌萍,淀山湖传说项目代表性传承人李溪溪列为第六批上海市非物质文化遗产代表性传承人。　（周丹丹）

青浦“非遗”表演唱《水乡杨柳青》　（区文旅局供稿）

新媒体

■概况　2020年，青浦区融媒体中心以提升“绿色青浦”影响力为基本点，扩大“绿色青浦”传播力为关键点，优化新媒体传播渠道，拓展自身影响力，契合时代主题，推广“绿色青浦”微信公众号、微博、短视频平台。优化微信矩阵，根据各街镇和各处级单位68家微信公众号的关注数、报送数、点赞数、评论数等，形成《“绿色青浦”政务新媒体传播影响力专报》，全年编发12期。

（何　敏）

■增强传播力影响力　全年推送“绿色青浦”微信公众号微信4800条，平均每天推送三波、每波4条，粉丝数14.2万人，增粉近7.3万，增幅104%；“绿色青浦”微博发布微博16300条，增幅118%，粉丝数11.1万人，增幅28%；“绿色青浦”客户端下载量65.3万次，增幅756%，注册用户数10.3万人，增幅554%；“绿色青浦”抖音、快手发布短视频344条，增幅420%，抖音粉丝数约9.2万人，快手粉丝数约14.1万人。在市网信办发布的“影响力和传播力”双榜排名中，“绿色青浦”微信公众号居全市前七，其中4月份、7月份传播力排名全市第三，5月份双榜排名均第五。“绿色青浦”移动客户端在全市融媒指数排名居全市前五，1—7月份下载数居全市前三。（何　敏）

■疫情防控宣传　年内，“绿色青浦”发布防疫信息6038条，阅读量约2.86亿次，其中“绿色青浦”APP发布相关稿件1191篇，阅读量225万次，设计发布4张“疫情防控”开机海报；“绿色青浦”微信公众号发布相关推送1172篇，阅读量约318万次；“绿色青浦”微博发布推送3560篇，阅读量2312万次；制作防疫短视频115条，阅读量2.57亿次；制作“防疫承诺”H5动画1条，总访问量10.7万次；除夕夜发布“除夕夜，青浦医疗队15名勇士奔赴武汉”短视频，约8150万次阅读量。

（何　敏）

■丰富宣传方式　年内，举办“这场战‘疫’，感谢有你暨长三角青少年艺术风采展示征集活动”“为青浦创全加油”“首届青浦区教书育人楷模推选活动”“‘放歌淀山湖’青浦区青年歌手评选大赛”“主持人大赛”等线上主题活动。“绿色青浦”移动客户端上线景区预约、抽奖答题、积分商城、美食优惠券、报纸订阅、每日菜价、疫情防控问题收集平台等十多项新功能。开设“大品牌在青浦，惠享品质let′s go!”直播栏目，共13期，观看人数场均超过1千人次；开设“上海之门进博眼”系列直播，6天发布7场。（何　敏）

广播影视

■概况　2020年，广播影视宣传工作坚持正确导向，不断提升舆论引导水平，发挥正面宣传力量。全年，电视直播时长4964小时，广播播出时长5361.5小时。“评书节目”“行走世界”“为您服务”“最后一小时”等栏目发布748期。

（何　敏）

■影视制作　播发记者自采新闻2259条，特约记者652条。重点内容有：“围绕疫情防控和夺取双胜利”“创建全国文明城区”“‘四史’学习教育”“生态绿色一体化”“护航进博会”“人民城市人民建”“走向我们的小康生活”“潮涌长三角奋进示范区”等。市级媒体发稿近250篇（包括上海电视台、上海发布、看看新闻网客户端等），中央电视台发稿4篇，多篇稿件被新华社录用。通过自办联办方式，制作播放电视专题《青浦纪事》《青浦党建》《对话青东》等71期。通过外购加编辑等方式，播出电视剧37部1635集、纪录片22部371集、动画片27部1289集、专题片29部232集、公益广告120条。（何　敏）

■广播节目　向上海经济区新闻协作网和上海东广交通台等平台发稿350条，被东广交通台录用69条。播音主持人员参与区委、区府、局行所和镇（街道）等各类活动主持153人次。参与“太湖之恋”长三角生态绿色一体化示范区联合大直播。完成年度广播电视节目创优评选工作，创作“2020年全面建成小康社会”广播文艺《我有一个舞台梦，我的小康我幸福》；创作广播新闻《莲湖擦亮“莲”名片，乡村振兴展新颜》。

（何　敏）

■主题活动　年内，举办“走向我的小康生活”新闻主题竞赛，征集媒体融合类作品35部、媒体创意类作品14部、电视新闻类作品18部、宣传视频类作品80部，共计147部，评选出67部入围作品，其中一等奖8部、二等奖19部、三等奖40部。举办“民星话小康”青浦区首届主持人大赛，设“普通话”“沪语”两个组别。（何　敏）

青浦报

■概况　2020年，《青浦报》围绕抗击新冠疫情、服务两大国家战略、创建全国文明城区、乡村振兴等宣传重点，编发各类稿件，完成全年刊发任务；按照扩大扩容扩展要求，谋划和实施《青浦报》整体改版工作，形成《青浦报》整体改版方案，完善《青浦报》整体改版模板设计并进行改版试刊。（何　敏）

■主题宣传　《青浦报》全年编发105期，430个版面（包含各个专版）。先后开设《坚决打赢疫情防控阻击战》《奋进新时代勇夺双胜利》《聚焦长三角、相看青吴嘉》《进博会倒计时》《不忘初心、牢记使命》《同创全国城区、共建青浦美丽家园》《实施乡村振兴战略》《在习近平新时代中国特色社会主义思想指引下》《走向我们的小康生活》《青浦力量扶贫印记》等专栏，其中《坚决打赢疫情防控阻击战》专栏发布信息540篇；《不忘初心、牢记使命》专栏专版信息65篇；《进博会倒计时》专栏发布信息40篇；《聚焦长三角、相看青吴嘉》专栏报道45篇；《同创全国城区、共建青浦美丽家园》专栏报道52篇；《在习近平新时代中国特色社会主义思想指引下》专栏报道30篇；《走向我们的小康生活》专栏报道38篇；《实施乡村振兴战略》专栏发布信息22篇，刊登各类公益广告42篇。（何　敏）

综　述

2020年，青浦区卫生健康委坚持人民至上、生命至上，举全系统之力，坚决打赢新冠疫情防控阻击战，全力做好长三角生态绿色一体化发展示范区建设和第三届中国国际进口博览会两大国家战略卫生健康保障，以全面提升群众就医满意度为目标，集中力量办好群众关切的民生实事。年内，青浦区各级各类卫生机构413所，卫生技术人员6143人。全区各级各类卫生机构门急诊人次数523.99万人次，同比下降15.53%；出院病人数为53435人，同比下降5.12%；手术人次数为37200人次，同比上升14.63%；床位使用率为75.96%，同比下降11.95个百分点。青浦地区户籍人口期望寿命85.05岁、孕产妇死亡率0、婴儿死亡率2.06‰。

2020年，青浦体育统筹抓好疫情防控和全年重点工作，推进全民健身、竞技体育、体育产业协调发展，全面较好完成“十三五”规划各项目标任务。推进群众体育工作。按市局疫情防控有关要求调整全年赛事计划，举办迎新徒步活动、商圈定向赛、线上运动会等赛事活动，全年组织开展各级各类赛事282项次，15.03万人次参与。促进青少年体育发展。组织青少年参加MAGIC3上海市青少年三对三超级篮球赛获男子组冠军。全年752名运动员参加市青少年体育精英系列赛等各类赛事，获26金、40银、43铜。推进体育产业发展。完善现代服务业体育扶持政策，9家单位获得资金扶持；落实好因疫情影响的体育企业财政政策补贴工作；举办2020年“RIDE LIKE A PRO”长三角公开赛、2021年赛艇世锦赛测试赛暨2020年全国赛艇锦标赛等品牌赛事。完善公共体育设施。完成市政府实事工程5条健身步道、5片市民球场和30处益智健身苑点，推进步道、球场、苑点和活动室等“四个一”项目建设，行政村“四个一”覆盖率达20%。

（田青华　蔡丽萍）

医政管理

■概况　2020年，建设完善“东—中—西”区域医疗服务圈：青东地区以德达医院、冬雷脑科医院和远大健康城为重点，完成徐泾北大居社区卫生服务中心开办，规划建设一家公立二级综合性医院；青中地区以复旦大学附属中山医院青浦分院和青浦区中医医院为重点，推进复旦大学附属中山医院青浦分院二期建设，谋划在青浦新城引进建设一家三级医院；青西地区以朱家角人民医院为重点，立足长三角一体化示范区发展，加快复旦大学附属妇产科医院青浦分院建设与使用，完成长三角（上海）智慧互联网医院开办，推动上海市儿童医院在青浦落地。加强行风政风建设，进一步推进落实“九不准”“十项不得”和整治医药产品回扣“1+7”配套文件，整治医疗购销领域及医疗服务中存在的不正之风等问题。持续对全区15家公立医疗机构开展督导巡查，重点检查各医疗机构和医务人员“九不准”“十项不得”落实情况。根据《上海市2020年医疗行业作风建设工作专项行动实施方案》《上海市2020年纠正医药购销领域和医疗服务中不正之风工作要点》等文件要求，规范医务人员诊疗行为，加强药品、医用耗材管理，合理控制医疗费用，加强医疗场所管理，坚决杜绝医疗机构存在商业贿赂问题。（田青华）

■长三角示范区优质医疗资源共建共享　10月，签订“青浦、吴江、嘉善急救联盟”，加大硬件投入，提升“青浦—吴江—嘉善”三地及区域交界公共卫生服务供给便利化程度和应急医疗救援效率。（田青华）

■二级以上医疗机构患者满意度测评　3月起，开展年度满意度测评工作，制定《青浦区卫生健康委医疗机构公众满意度测评实施方案》并下发，测评范围覆盖辖区内15家公立医疗机构，分别就其门急诊服务、住院服务、家医服务、后勤服务、医疗服务和质量监管等进行全方位测评。以医疗服务监管平台为支撑，强化医疗服务质量监管；持续深化优质护理服务；成立医疗服务监督员工作小组，完善行风建设监督员队伍督查机制；开展满意度测评，强化第三方社会监督作用，全年共计开展督查150余次，反馈意见800余条。8月，召开街镇座谈会，收集社会各界人士意见建议65条。11月底完成满意度测评报告，报告提示2020年全区二级及以上医院满意度总分秋季的平均值为94.56分，比2019年秋季高出2.20分。2020年全区社区满意度秋季平均值为91.81分，高出2019年秋季4.89分，实现年度目标。（田青华）

■推进公立医院改革　建立现代医院管理制度。规范薪酬分配制度建设，推进公立医院绩效工资改革,探索实施公立医院主要负责人目标年薪制,规范医院职工薪酬发放。加强医疗联合体发展规划,完善分级诊疗体系。中山青浦分院、朱家角人民医院和11家社区卫生服务中心签约组建紧密型医联体,加强医联体内合作,推进青浦区卒中中心和胸痛中心建设。开展青东五镇医疗联动,青东五镇社区卫生服务中心分别与上海德达医院和冬雷脑科医院完成签约。（田青华）

■推进医疗付费“一件事”改革 8月25日,按期完成区内15家公立医疗机构医疗付费“一件事”改革工作。各单位按照市医疗付费“一件事”专班工作计划开展医保五期的接口开发、增加必要的服务器和网络安全设备、优化和再造医疗机构内部就医付费流程,协助患者通过上海市“随申办市民云”移动端的“信用就医,无感支付”,选择一家银行签约开通支付业务,引导患者在就诊付费时通过自助机、医生工作站或者“随申办”APP的医院H5页面,使用“医保电子凭证”或“随身码”医保结算付费。（田青华）

■社会急救医疗体系建设 强化医疗急救中心、分中心二级网络建设,9月14日,完成国展中心分中心建设。10月26日,完成青浦、吴江、嘉善三地急救联盟签约,11月20日起在示范区完成2辆新生儿救护专用车辆配置。启动社会急救体系建设。以朱家角镇为重点,完成100台AED布点及1000名医务人员、3000名社会志愿者AED使用培训。组织各医疗卫生单位开展公共卫生、医疗急救、安全保障等卫生应急队伍培训及演练。（田青华）

■中医科教管理 推进第四轮学科建设和人才培养三年行动计划,组织和验收各类科研课题项目。支持市级医学重点专科等建设。开展知识产权周活动。推进疫情下的医学教学。推广中医药适宜技术。加强中医医联体建设和中医合作发展,与上海市卫健委、上海市中医医院及青吴嘉两区一县共同签订示范区“区域中医医联体”;签订上海市中医医院和青浦区医联体协议。推进复旦大学中西医结合研究院与青

10月26日,长三角生态绿色一体化发展示范区“青浦—吴江—嘉善”应急医疗救援联合演练暨三地院前急救区域联动合作框架签约仪式在朱家角市民广场举办（区卫健委供稿）

浦区中医医院合作,加强复旦大学中西医结合研究院青浦临床基地建设,发挥中西医结合研究院派出专家的专家门诊作用。加强人才培养和跟师带徒,通过复旦大学中西医结合院合作,加强对区中医医院业务支撑。强化中医药宣传,加强中医药文化建设。推广中医药适宜技术。完善社区卫生中医药服务网络建设。加强金泽、徐泾两家社区卫生服务中心入围新一批市中医药特色示范社区卫生服务中心试点单位建设。（田青华）

疾病预防和控制

■概况 加强新冠疫情防控。完善公共卫生体系建设,强化疾病预防控制体系建设,推进慢性传染病防治示范社区建设。巩固国家慢性病综合防控示范区建设成果,加强高血压、糖尿病等综合防治服务体系建设。强化严重精神障碍患者日常管理。落实重大公共卫生项目。做好学校传染病、公共卫生突发事件管理及学校疾病预防控制督导。加强妇幼保健服务管理。优化婚前保健服务,深入推进全覆盖孕产妇保健管理项目,全面开展全覆盖孕情监测。推动社会心理健康服务体系建设试点。推进儿童早期发展基地建设。（田青华）

■加强新冠疫情防控 区委、区政府成立防控工作领导小组,由区委书记、区长为双组长,下设办公室和九个专项组,坚持“四早”(早发现、早报告、早诊断、早隔离),严防输入和扩散反弹,守好陆路道口、水上卡口,加强长三角疫情联防联控,实行境外抵青人员全程闭环管理。完善“人物并防”,持续加强冷链食品、重点场所环境、重点人群、重大活动和特殊机构防控措施。加强道口检疫,第一时间启动道口防疫查控措施,累计选派医护人员1.6万余人,配合公安部门“逢车必检逢人必查”,在全区25个道口检查车辆194.43万余辆次、测温457.27万余人,妥善处置体温异常人员142人,劝返车辆6000余辆次、人员1.1万余人次。加强集中管理,全区筹建19个集中医学观察点,全年累计集中隔离29469人。做好重点人员排查,居家隔离38955人。做好医疗救治,规范开展可疑病例筛查、诊治和处置。累计确诊本地病例6例(治愈6例)、境外输入性确诊病例38例,累计排除本地疑似病例73例、境外输入性疑似病例1例。成立医疗救治专家组。加强医疗卫生队伍应急保障,组织22名医务人员奔赴武汉抗疫前线、64名核酸采样护士协助海关核酸采样。全年监督检查各级各类医疗机构1186户次。新增发热哨点诊室9个。加强核酸检测能力建设。开展冷链食品加工、储存环境新冠病毒监测采样及应急处置。开展秋冬、冬春季爱国卫生专项行动。做好方舱医院、转换医院、医疗救治

战斗队伍、物资储备等相关应急准备。
（田青华）

■完善公共卫生服务体系建设 落实健康青浦建设暨公共卫生大会精神，全面推进公共卫生应急管理体系与疾控体系建设。制定《青浦区加强公共卫生体系建设三年行动计划（2020—2022年）》，加强应急管理、能力提升、惠民服务、支持保障等项目建设。推进疾病预防控制体系建设，推进人员编制、硬件设施、实验室检测、信息化、科研和学科人才建设等重点领域建设任务。区疾病预防控制中心迁建工程列入发改委政投项目2021年新开项目；推进疾控中心实验室系统硬件建设，实验室检测参数提高至525项，完成新项目验收；推动公共卫生学科人才建设。
（田青华）

■开展第三届"进博会"医疗保障 制定区级进博疫情防控工作方案。聚焦"人、物、馆"等工作重点，关注入城口、居住地、流动中、展馆门、活动点和监测哨等关键节点，实施"全程闭环管理、全链条可追溯、全量核酸检测、全部查验准入、全面环境清消"等措施，严密构筑"城市、区域和展区"疫情防控线。组织系统内医疗、病媒、预防、监督等条线保障演练和桌面推演，做好区级传染病防控、紧急医学救援队等人员队伍准备，组织医疗卫生机构督导。开展国家流感哨点监测、疑似预防接种异常反应、涉禽场所人感染禽流感、不明原因肺炎、手足口病病原等哨点监测。开展疫源地消毒。完善预案编制、人员组建、风险评估、人员培训等。落实严重精神障碍患者综合风险评估和分级分类服务管理。
（田青华）

■开展社会心理服务体系建设 全面创建基层心理服务平台。11家社区卫生服务中心全部开设心理咨询点，完成率100%。建设徐泾镇北大居、练塘镇东庄、赵巷镇巷佳3个居（村）委心理咨询示范点，创建心理咨询室212家；创建党政机关企事业单位心理咨询工作室44家。全区中小学校69家，100%建有心理辅导室。充分发挥区心理健康服务中心的专业优势，开展社会心理服务体系建设，全年心理咨询门诊服务198人次。与青浦监狱、青浦看守所、夏阳戒毒所、多家学校签订双相服务协议，定期为重点人员开展精神心理问题指导及心理干预。
（田青华）

■加强精神卫生服务管理 强化严重精神障碍患者日常管理，举办全科医生精神卫生知识基本技能及综合风险评估培训指导，开展综合风险评估，按照分级分类管理原则，落实公安、综治、卫生三方共管，完成病例筛检、复核诊断、应急处置、个案管理等。加强严重精神障碍患者救治救助，实施严重精神障碍患者门诊免费服药及贫困住院医疗费用减免，落实以奖代补和外来"三无"病人住院经费保障。切实推行患者使用长效治疗药物，制定社区严重精神障碍患者使用长效治疗药物工作方案，组织社区培训，开展长效药物使用。加强宣传教育积极做好社区康复，以各种主题宣传日为契机，组织讲师团进社区、学校、上街等做好宣传教育，与区关爱社工事务所签约，制定《青浦区精神卫生中心医务社工管理制度》，规范康复服务工作流程，成立由青浦区疾病预防控制精神卫生分中心社工、康复科护士、安保人员和志愿社工组成的康复服务小组，定期开展园艺、农疗、融合等一系列活动。
（田青华）

■强化孕产妇健康管理 强化孕产妇全覆盖管理，与综治办、人口办和街镇政府等建立沟通协调机制，明确各部门孕情排摸、信息上报和追踪管理流程，加强督导质控，及时掌握流动孕产妇动态并纳入管理体系。做实妊娠风险预警评估精细化管理，对重点孕妇采取分级分类管理，加强对高风险及不宜妊娠孕妇的管理力度，督导落实动态监测和随访管理，及早发现影响母婴安全的风险信息，进行干预。加强产科质量管理，开展专题会议、业务培训和抢救演练，加强危重评审，完善院内危重孕产妇抢救专家组会诊、启动抢救预案及绿色通道等工作。落实危重孕产妇抢救补助奖励机制，为病情危重且因经济原因拒绝治疗的孕产妇提供经费补助。
（田青华）

■深化儿童保健管理 推进儿保门诊温馨化建设。按照上海市儿童保健工作规范，11家社区卫生服务中心硬件设施落实到位，有体检室、测量室、智测室、听力室、眼保健室和宣教室等，配备信息化建设、测量、体检和基本筛查工具；儿保条线工作人员按照要求参加市级新进人员培训、听力、眼保健等，做到持证上岗。加快儿童早期发展基地建设。3月，区儿早基地正式入选上海市儿早基地创建单位名单，复旦大学附属中山医院青浦分院为建设单位，青浦区妇幼保健所和盈浦街道社区卫生服务中心为联合建设单位。5月，区卫健委成立儿童早期发展基地建设工作领导小组，下发《关于加强青浦区儿童早期发展基地建设的通知》（青卫健预防〔2020〕10号），明确各单位及委各科室工作职责，制定年度建设计划。12月底，完成终期验收。
（田青华）

■长三角一体化发展 推进长三角地区公共卫生联盟建设。10月15—16日，筹备召开"2020年吴江、嘉善、青浦联盟公共卫生应急论坛"。加强公共卫生应急体系建设，完善三地疫情、舆情互通互联，探索联防、联控机制。
（田青华）

■强化社区慢病服务管理 做好在管糖尿病患者随访工作，提高辖区糖尿病患者规范管理率和糖化血红蛋白检测率；完善糖尿病防治体系建设，糖尿病前期高危人群筛查、并发症筛查和前期患者管理、诊断工作按计划有序推进，完成糖尿病高危筛查4259人，糖尿病并发症筛查7129人，筛查随访2323人。提升高血压、心脑血管急性事件登记报告质量，完善区域心脑血管防治体系建设。实施脑卒中高危筛查、心血管高危筛查，新增脑卒中高危人群筛查1840人，随访16888人；35岁以上居民首诊测压157785人，高血压患者随访79003人次。加强肿瘤报告质控、漏报调查、癌症早期筛查及肿瘤登记报告日常规范管理。金泽镇、白鹤镇、香花桥街道三家社区卫生服务中心开展"社区居民大肠癌筛查"，完成初筛工作，累计筛查33532人，完成肠镜1177例。
（田青华）

■切实做好牙防、眼防工作 推进视觉健康综合服务管理体系建设，做好儿童青少年近视调查及儿童屈光发育监测、60岁以上老年人眼健康档案建立工作，成立区级视觉健康规范诊治中心，儿童青少年屈光和视力筛查覆盖率100%，65岁及以上老人建档率80%，规范管理率74.50%；开展儿童青少年口腔疾病预防与干预，做好学生龋齿充填与适龄儿童窝沟封闭，口腔疾病干预的儿童覆盖率40.94%，适龄儿童窝沟封闭率30.28%，学生恒牙充填率70%。（田青华）

■落实“两病筛查”工作 加强妇科病、乳腺病筛查工作的质控、管理以及对专业人员的培训及复训。年内，对徐泾、赵巷、香花桥、夏阳、盈浦和朱家角6个街镇育龄妇女、退休及生活困难妇女开展妇科病、乳腺病筛查，共筛查23538人，筛查率为86.59%，发现癌症8例，癌前病变3例，重点疾病270例，均进行规范的治疗和随访。（田青华）

卫生监督与执法

■概况 围绕全力做好新冠肺炎防控、保障城市公共卫生安全这一工作主线展开卫生监督。现有卫生监督员59名，社区卫生服务中心监督协管员46人，辖区内共有卫生监督服务相对人7498户。完成许可项目45674件，开展监督检查6455户次，行政处罚案件337件，罚款金额总计121.0710万元，没收违法所得12.0549万元。受理投诉举报348件，发布各类媒体新闻信息229件。（田青华）

■推进长三角示范区卫生监督一体化建设 成立示范区卫生监督综合执法联动办公室，落实联合执法和演练，开展“绿亮1号联合打击非法医美行动”“绿亮2号餐饮具消毒企业联合检查”“绿亮3号进博会保障联合演练”行动。（田青华）

■建立和推进医疗卫生行业综合监管机制 研究出台青浦区医疗卫生行业综合监管会商工作机制，制定《上海市青浦区医疗卫生行业综合监管会商机制》（青卫健监督〔2020〕12号），明确由区卫健委牵头，区发展改革委、区市场监管局、区医保局、区公安分局等31个委办局、成员单位配合，建立联络员制度，全面整理2018年以来涉及医疗卫生行业综合监管的各项工作落实情况，接受市级督察考核。在年度工作基础上，推进医疗卫生行业综合监管各项措施。（田青华）

■做好第三届“进博会”公共卫生监督保障工作 在总结前两届“进博会”保障经验基础上，进一步梳理保障思路，制定完善保障工作方案，明确各阶段工作任务清单。日常监督检查结合专项行动、集中整治。对国家会展中心4号馆水质在线监测装置进行现场验收，并对二次供水卫生状况进行监督检查。对国家会展中心、住宿等重点场所集中空调通风系统进行监督抽检。抽检集中空调通风系统样品1295件、环境空气353件、公共用品用具样品1756件、二次供水72件，合格率98.9%。针对存在问题单位，出具责令改正通知书39份，立案处罚39户，均已完成整改。（田青华）

■完善法治建设 推进和完善法治政府建设，制定重大行政执法决定法制审核管理办法和公平竞争审核办法，开展案件法制审核。落实行政诉讼主要负责人出庭应诉制度，行政复议案件2件，1件维持，1件驳回，行政诉讼1件，二审庭审后上诉人主动撤回。落实行政执法“三项制度”。（田青华）

■深入推进行政审批改革工作 完善审批服务架构，成立区卫健委行政审批服务领导小组，下设行政审批服务办公室。形成审批工作分级分类方案，对审批中的问题形成收集、研判、评估、解决机制；借力区内质控、监督执法专家组，形成专家指导联审机制；借力基层监督协管力量，从传统宣传指导模式拓展为点对点、个性化宣贯模式。深化“一网通办”改革工作，梳理26个行政审批事项，将91个情形全部纳入一网通办平台，网办率提升至92.3%；落实“双减半”工作，“减时间”平均为90.9%，即办情形58个，即办率达到63.7%；落实公共服务项目，完成公共服务事项推送106项；落实创新试点工作，参与“一件事”“智慧审批”等项目；优化疫情防控期间政务服务措施，探索不见面审批办理。（田青华）

■全面加强事中事后监管 完成“双随机、一公开”监督抽查842户。联合区市场监督管理局对区内医疗美容服务开展联合整治行动，完成辖区内46家社会办口腔专科医疗机构监督检查及综合评估工作。开展打击非法行医和打击代孕专项行动，完成区域打击无证行医三年行动计划（2018—2020），出动人员1218人次，监督检查451户次，立案24件，罚款81.3万元，没收违法所得11.7685万元，收缴药品50箱、医疗器械341件。2名涉嫌非法行医罪人员移送至公安部门，全年未发生涉嫌无证行医非正常死亡案件。（田青华）

职业安全健康监督管理

■完成职业病危害现状调查（国家级） 6月，全国职业病危害现状调查工作启动，共计完成4618家企业摸底调查，完成职业病危害现状调查技术报告和工作报告各1份。（田青华）

■在冶金、化工、建材等重点行业领域开展专项执法工作 联合区总工会、区人力资源社会保障局等九部门下发《关于印发青浦区尘肺病防治攻坚行动实施方案的通知》（青卫健监督〔2020〕5号）文件，明确由区公共卫生联席会议负责全区职业健康工作组织协调，与11个街镇及青浦工业园区签订尘肺病防治攻坚行动目标责任书。组织监督所在冶金、化工、建材等重点行业领域开展专项执法工作，共监督检查尘毒用人单位60家，合格30户，对27户企业开具责令改正通知书，其中粉尘申报率为96%，定期检测率为95%，接尘劳动者在岗期间职业健康检查率为96.5%，用人单位负责人培训率为96%，职业健康管理人员培训率为96%，接尘劳动者培训率为95%。对辖区内重点行业用人单位（粉尘、噪声危害）开展监督检查，联合区建管委对辖区内的18家建筑施工企业复工复产情况进行专项检查。（田青华）

■建立尘肺病康复点 12月30日，华新镇叙南村、叙中村，白鹤镇响新村3

家村卫生室尘肺病康复点完成设置。制定尘肺病康复点工作管理制度,配置专用房屋,配备指脉压检测仪、血压检测仪等检查设备,配备哑铃、沙袋和弹力带等康复训练用设备,发放呼吸操视频,组织村医生开展康复对象筛查,3个村涉及尘肺病人70人,完筛查建档69人,1人拒绝,确认康复对象40人,已开展康复指导。 (田青华)

■落实职业健康防治常态化管理 开展一系列职业病防治法宣传周活动,开展33家重点职业病危害因素企业监测,开展尘肺病主动监测、尘肺病主动筛查市级试点项目,落实重点职业病监测与职业健康风险评估中央专项补助基金项目。至11月30日,累计报告职业病病例152例,其中死亡2例、失访4例;报告农药中毒病例25例,其中生产性中毒1例,非生产性中毒24例,死亡1例。制定进搏会期间突发职业中毒事件卫生应急处置预案。联合区总工会、区人力资源和社会保障局,开展职业卫生技能竞赛。 (田青华)

基层卫生服务

■概况 加强疫情防控工作,夯实社区卫生服务网络,建设社区发热哨点诊室,推进社区卫生服务机构建设,开展“优质服务基层行”活动;完成智慧健康驿站建设,提前实现街镇全覆盖。常住人口、重点人群签约率提升。以60岁以上老年人和慢性病病人等重点人群为“1+1+1”优先签约对象。开展家庭医生签约服务专项质控,探索“家庭医生助理”工作。推进乡村振兴示范村建设,完成村卫生室功能改造升级。 (田青华)

■发热哨点诊室建设 3月起,建成并投入使用8家社区发热哨点诊室,全部开展核酸检测服务,4月起,落实医务人员3875人次,接诊2560人次,转诊区域指定医院1023人次,转诊其他上级医院63人次。 (田青华)

■做实家庭医生签约服务 年内,全区常住人口签约34.04万人,签约率31.78%,重点人群签约为19.87万人,签约率为83.41%,开具延伸处方70914张,涉及金额2001.99万元。构建家庭医生签约服务质控管理机制。以“1+1+1”签约居民健康档案为切入点,梳理并完善健康档案管理,重点关注签约服务落实情况、签约居民对家庭医生知晓率、满意度等指标。 (田青华)

■基层医疗卫生服务机构标准化建设 12月,徐泾北(华新拓展)大型居住社区卫生服务中心建设项目投入使用;4家社区卫生服务中心的房屋及配套设施修缮和功能提升工程正在建设,其中重固镇、赵巷镇社区卫生服务中心已完成修缮,华新镇和练塘镇社区卫生服务中心进入项目收尾拟竣工验收阶段;金泽镇社区卫生服务中心商榻分中心迁建项目进入施工许可办理前期准备阶段;白鹤镇社区卫生服务中心迁建项目进入施工招标阶段。 (田青华)

■推进乡村振兴示范村卫生健康建设 年内,朱家角镇张马村、重固镇徐姚村和练塘镇东庄村被列为乡村振兴市级示范村。按照《青浦区乡村振兴示范村卫生健康服务建设实施意见》相关要求,全部按计划完成基础建设和内部装修,家庭医生团队每周定期前往村卫生室开展诊疗、慢病随访、健康宣教等服务,指导乡村开展卫生健康服务。 (田青华)

■开展“优质服务基层行”活动 开展“优质服务基层行”活动。在区内11家社区卫生服务中心在国家卫生健康委“优质服务基层行”申报系统开展的自评和申报工作基础上,由市级卫生健康行政部门复核。年内,华新镇、练塘镇、徐泾镇、重固镇4家社区卫生服务中心达到推荐标准。 (田青华)

■试点探索“家庭医生助理” 5月,启动以盈浦街道社区卫生服务中心为试点的购买“家庭医生助理”工作。至年底,常住人口签约提升至30.17%。 (田青华)

爱国卫生和健康促进工作

■概况 推进健康青浦建设。贯彻落实《健康青浦2030规划纲要》《健康青浦行动(2020—2030年)》文件要求。推进全国健康促进区创建各项工作,组织多次联合督导,梳理示范展示线路,开展重点点位培育,加快验收材料整理,建设环城水系健康步道和健康主题公园,推进健康村镇试点。完成26家无烟党政机关创建。推进生命全程健康管理工作模式,梳理练塘、赵巷、重固3个社区试点工作。开展爱国卫生工作,加强环境卫生整治、病媒生物防制、血防联防等,广泛开展科普宣传,推行市民健康公约。落实国家卫生区

11月12日,青浦区病媒生物防制和环境消毒队伍圆满完成“进博会”保障任务 (区卫健委供稿)

及赵巷、朱家角卫生镇巩固和长效常态管理。（田青华）

■全国健康促进区创建 组织各创建工作领导小组成员单位召开健康促进工作创建推进会，邀请专家教授讲解健康融入万策工作。健康促进场所数量上各种类均已达到标准要求，落实各成员单位主体责任。对各街镇各场所开展4次联合督导。梳理确立两条示范建设线路，开展重点点位培育和区级材料整理。（田青华）

■国家卫生区、镇迎复审 通过国家卫生区复审市级验收，完成卫生区复审国家级考评申报。完成朱家角镇和赵巷镇国家卫生镇迎复审工作。8月，牵头组织区各职能部门对2个复审镇开展区级考评暗访。10月，通过国家卫生镇复审市级验收。年底通过国家卫生镇复审国家级抽查验收。（田青华）

■爱国卫生 4月，开展以“爱国爱家爱卫生，扮靓扮美扮环境”为主题的第32个爱国卫生月之城乡清洁美化提升行动。8月，与区教育局联合开展2020年秋季开学（园）前校园爱国卫生工作，进行校园环境卫生清洁、重点环境病媒生物防制、区域预防性消毒、疫情防控健康宣教等。开展“进博会”病媒生物防制及应急保障工作。（田青华）

12月15日，青浦区2021年冬春季爱国卫生运动暨健康科普宣传启动仪式在青浦区宝龙广场举行（区卫健委供稿）

■市级健康村镇试点建设 开展首批市级健康村镇试点建设，全区3个镇18个村居开展试点建设，建设周期2年。1—3月，各试点单位在项目中期督导和评估基础上，进一步调整、完善各单位建设方案。4—10月，实施试点方案，每季度召开工作交流和推进会。11—12月，开展项目终期督导和评估，形成健康村镇建设评价指标体系（2020版），确定全市第一批健康村镇名单。（田青华）

■控烟宣贯 举办第33届世界无烟日主题宣传系列活动，开展控烟知识竞赛和志愿者巡查。加大无烟党政机关建设，新创无烟党政机关26家均已通过区级验收。加强集中执法活动，全年累积处罚吸烟违规场所27处，处罚个人违规行为9起。第三届“进博会”期间，参与市健康促进中心、市控制吸烟协会、上海健康医学院共同组建的爱国卫生与健康促进志愿者队伍，开展疫情防控健康提示宣教。联合区教育局发动全区中小学、幼儿园开展控烟漫画征集活动，共征集漫画作品500余份、控烟主题短视频50余部，获奖控烟主题动漫短片在全区各公共场所和微信平台上投放，优秀控烟漫画作品制作成电子版在微信平台健康360上发布。在联合执法过程中，累积处罚吸烟违规场所27处，开具罚单10起，共处罚金2万余元。组织区级宣传活动15场。（田青华）

6月2日，青浦区第33个世界无烟日主题宣传活动暨中山医院青浦分院第53期名医面对面活动举行（区卫健委供稿）

主要医院

■中山医院青浦分院 2020年，面对严峻的新冠疫情防控任务，医院广大干部职工在青浦区委、区政府、区卫健委的领导和复旦大学、中山医院的大力支持下，全力以赴打好疫情防控阻击战，以建设复旦大学附属医院为契机，全面有序地加快医院建设步伐，提升医院整体内涵质量，完成全年目标任务。

全面落实疫情防控救治任务。医院根据上级文件精神，落实抓好疫情期间的医疗救治和医疗服务工作。一是医院发布《中山医院青浦分院新型冠状病毒肺炎医疗救治及防控工作方案》，落实单位主要领导和各部门岗位工作责任制，成立疫情防控工作领导小组和医疗救治组、疾病防控教育组、后勤保障组和舆论宣传引导组。落实每日领导小组会议机制，全年共组织开展新冠肺炎防控工作领导小组会议 237 次。二是组建对外对内支援队伍。选派 10 名队员分两批次赴鄂进驻武汉金银潭医院抗疫；组建青浦区新冠肺炎防控专家组。协调医护力量支援疫情防控一线工作，先后选派 61 名护理人员支援海关等方面新冠病毒核酸采样工作，14 名医护人员参与区域内疫苗接种点医疗保障工作（6000 人次/日）。三是新建和改建发热门诊。新发热门诊总面积 2005 ㎡，于 6 月 8 日投入使用。对原有传染科（4 号楼）的布局和流程进行改造，做到发热门诊就诊患者“六不”出门，对发热患者实行严格的闭环管理。四是根据复工复产复学要求，设置新冠病毒核酸检测采样点。4 月 20 日起开展新冠病毒血清抗体检测，5 月 18 日起正式开展新冠病毒核酸检测和血清抗体检测，共测核酸 80400 人次、血清抗体 28656 人次。年内，该院发热门诊共接诊发热病例 28819 例，其中 1493 例有可疑流行病学史，37 例密切接触者。发热隔离留观病房先后收治核酸阳性患者 45 例，其中成人 41 例，儿童 4 例；经区内专家组会诊、市区两级 CDC 复测评估后转公卫中心及儿科医院。

推进公立医院改革。年初，在医院公立医院改革领导小组下设七个工作组，按照公改要求，逐步推进各项重点工作。一是全面预算根据公立医院改革总体要求，围绕医院发展改革目标，继续深化医院全面预算管理工作，落实“全过程、全方位、全员参与”全面预算管理。二是绩效考核与薪酬分配工作。医院坚持以公益性为导向，以信息化手段为依托，以调动员工积极性和促进医院可持续发展为目标，不断推进医院绩效管理工作。确定由专门部门负责三级医院绩效考核工作，将 56 项指标全部分解落实到相关责任部门，要求正确采集相关指标数据，监管指标结果并不断改善。将国家三级医院绩效考核指标与医院内部考核指标相结合，不断调整完善院、科二级绩效考核指标，通过绩效考核推进医院全面发展。三是医疗质量、医保管理和费用控制工作。为深化医保管理工作可持续发展，医院高度重视医保管理工作，落实医保五期网络切换，持续推进医疗付费“一件事”，推进医保病案首页工作。落实各项疫情防控相关的医保政策，保障居民享受疫情期间医保政策福利，履行工作职责维护基金安全。四是信息化建设工作。结合疫情防控，引入门诊扫健康码登记系统，建立发热门诊排队叫号、健康管理中心新冠病毒核酸检测自助套餐，增加自助机上便民核酸检测门诊，自主研发发热门诊患者信息登记功能，实现门诊分时段预约功能等项目。五是医联体建设工作。坚持资源下沉，夯实“全+专”医疗途径。推动区域分级诊疗及双向转诊工作，完善转诊路径，落实预约优先、分时段就诊的预约诊疗模式。推进区域医联体内信息化平台建设，通过建立“全+专”微信联系平台，为家庭医生提供专业技术支持。加强区域影像中心、临床检验中心的建设和运行，推动区域资源共享体系，落实数据互联、互通、互认。全年共派出 24 位专家，下沉至 10 个社区开展全加专门诊，服务约 3628 人次。继续加强与朱家角人民医院合作共建，全年共派出 19 位专家至朱家角人民医院坐诊，出诊次数 827 人次，派出团队人员 485 人次，开展专科共建 1056 人次，临床带教 30 人次，业务指导咨询 388 人次，教学查房 209 次，会诊 60 人次。医院与区内相关医疗机构签署区域医联体合作和青浦区卒中中心、胸痛中心合作协议，牵头组建“青浦区复旦大学附属中山医院青浦分院医联体理事会”。与赵巷镇社区卫生服务中心共建“糖糖之家”之延伸俱乐部——“甜蜜之家”，探索实行专科医生指导下的社区医生管理模式，对社区糖尿病患者进行医院—社区—家庭全程无缝式管理。六是医疗服务满意度提升工作，达到年度挂图作战目标。七是行风建设工作组加强药品、耗材、设备等重点领域监管，建立医院层面行风、纪检齐抓共管的有效机制。

3 月 31 日，医院 10 名医疗队员完成援鄂抗疫救治任务并返沪

（中山医院青浦分院供稿）

通过三级乙等综合医院复评审。坚持“以评促建、以评促改、评建并举、重在内涵”评审指导思想，按照《上海市三级综合医院评审标准（2018 版）》要求，深入推进复评工作，并对存在问题进行持续改进。通过消项管理，改进问题 100 余项。严格落实十八项医疗核心制度，执行各类规范流程，促进医院整体质量内涵不断提高。7 月，通过上海市卫健委和市综合医院评审中心组织的现场评审。

加强医疗质量与安全管理，提升医疗服务能力。落实诊疗规范及核心制度，保障医疗安全。注重环节质量管理，每月医疗质量检查、每季度科室医疗质量讲评，促进医疗质量持续改进。通过加强不良事件报告、高风险行政谈话、监管临床科室质量管理小组活动等形式，深化患者安全目标管理，加强对围手术期、有创操作和危重、疑难病例等重点环节督查，保障患者医疗安全。经院医疗技术临床应用管理委员会评审，年内共立项79个新技术新项目，对科室拟开展的4项限制类技术进行审核论证。临床路径管理已涵盖19个专业、99个病种，每月对各科室临床路径工作指标、效率指标、效果指标、抗菌药物使用指标及卫生经济学指标分析，并进行绩效考核。全年入临床路径数11918例，完成数11660例，入径率97.84%，完成率97.10%，完成路径人数占医院出院人数比例为33.76%。完成老年科病房及门诊改建工作，市保健局于12月25日同意该院开展干部保健医疗工作。重视中医学科发展，以发展中西医结合抗肿瘤诊疗为主要业务方向，形成肺癌病、肠癌病、胃癌病等三个中医优势病种诊疗方案。

7月15日，上海市三级综合医院等级复评审专家组到医院现场评审
（中山医院青浦分院供稿）

推进医院“六个中心”和区域“两个中心”建设。以“六个中心”为医院建设和发展主动力，进一步完善“六个中心”内涵建设。创伤急救中心采取多学科、多部门联动协调机制，全年共收治创伤患者178例；脑卒中中心开展脑血管造影59例、取栓47例、颅内动脉支架植入术28例、颅内动脉瘤栓塞术17例、颅内动脉球扩术8例、溶栓92例；内镜微创中心在扩大内镜检查的基础上，加快内镜下治疗的发展，完成胃肠镜22468例，其中无痛胃肠镜9278例，ERCP101例；妇幼儿童中心依托复旦大学附属医院优势资源加入产科、儿科医联体，享受三甲医院同质化医疗服务，儿科开设呼吸病专科、内分泌专科，同时新生儿科分科，发挥孕产、新生儿诊治优势；肾病透析中心成为上海市新一轮重点专科，已开放90台血透机，开展双滤过血浆置换、自动化腹膜透析机技术等新技术、新项目；胸痛中心开展心内科介入治疗1217例，其中经皮冠状动脉介入治疗（PCI）426例、冠脉造影571例，同时开展支架再狭窄药物球囊治疗等新技术，建立区域协同救治体系。区域“两个中心”有序运行。全年影像中心完成阅片38280例，同比下降15.69%；检验中心完成检验标本57733人次，同比增加9.70%，项目数量422941例，同比增加6.11%。

精细化管理，提升护理质量。完善护理三级网络质量监控体系，遴选扩充护理质控专家组人员5名，对督查存在的问题进行反馈、追踪；结合新技术、新项目的不断开展，修订护理常规、操作规程共20项；对标国家护理质量数据平台，监测13项指标，细化为22项分指标，其中72.72%指标超过或接近全市50%水平；加强对急诊预检分诊质量跟踪，加快胸痛中心、卒中中心流程再造，完成心电图采集时间小于5分钟，cTNT化验时间小于20分钟，缩短心梗患者从入院至导管室的时间；推进护士专科化培养，年内培养专职胸痛护士8人，25%急诊科护士、73%心内科护士取得BLS证书。

推进公共卫生工作。加强医院感染组织管理，按照《医院感染监测规范》要求，监测重点环节、重点人群与高危险因素指标，降低医院感染风险，对37088人次住院患者进行监测，发生院内感染292例，院感发生率为0.79%。强化医院感染知识培训，落实院内感染各项检查，及时整改相关问题。建立多重耐药菌医院感染管理协作机制，加强多重耐药菌医院感染诊断、监测、预防和控制。强化医院感染暴发监测，建立医院感染暴发报告与处置流程。完善落实传染病报告制度、疫情防控管理制度、传染病信息报告工作方案。完成对密接医务人员登记报告约1200人次，报告传染病1947例次，传染病报告率100%。加强犬伤门诊信息化管理。切实做好高血压、糖尿病等重点慢性病防治和规范化管理，持续开展各项监测报告工作。

科教研协同，持续推进复旦大学附属医院建设。该院在2020年推荐科研项目申报279项、立项61项，课题验收90项、科研成果登记工作54项、成果鉴定1项，完成91项在研项目，60项新立项项目开题汇报；完成新一轮学科与人才项目开题与年度评估，其中学科36项、人才70名。全年发表论文199篇，其中核心期刊44篇、SCI30篇、中华2篇、CSCD9篇、统计源期刊27篇。推进附属医院建设，创新教学方式方法。获复旦大学教改课题3项、护理课题2项、管理课题2项；完成教改课题结题1项。疫情期间，完成复旦大学主干课程《诊断学C》《外科学B》《妇产科学C》《外科微创学》以及《旅行中的医学》的线上教学和考核等相关工作，完成招录科博1名、科硕2名、专硕1名和在职硕士研究生1名工作。3名硕士研究生毕业，其中2名获复旦大学优秀毕业生。推进疫情下住院医师规范化培训工作，招录2020级住院医师17名，完成年度上海市住院医师规范化培训结业综合考核临床技能考核工作，2名全科住院医师和16名助理全科医生毕业。

强化多部门联动机制，推进应急管理体系建设。年内，完成第三届“进博会”医疗保障任务。在前两届保障经验基础之上，结合疫情防控工作要求，进一步完善制定医院“进博会”医疗保障工作总体方案以及批量伤员救治、公共卫生防控、安全维稳等专项保障工作方案。第三届“进博会”期间,该院承担2号、5号和24号临时观察处置点三个医疗点的保障任务,26名医务人员参与医疗保障工作。组织医疗保障队员参加现场急救培训、院内急诊病种培训、急救设备及卫生防控专项培训3次,参加国展中心大型多部门协同拉动演练2次。20天共接诊298人,占场馆提供医疗服务总人数的51%,完成医疗保障任务。落实应急年度培训演练计划,组织开展新进总值班培训、新冠肺炎诊疗方案线上培训、等级医院复评审应知应会培训及新冠肺炎防控和医疗救治桌面推演、病区消防疏散、新冠肺炎检测流程、血透中心停电联合、设备故障应急、危重孕产妇抢救、电梯故障等演练10余次;参与青浦区两会医疗保障、青浦区学生“春考”、中考、事业单位笔试参考人员等医疗保障6次。处置交通事故、坠落伤、工地伤、安全生产等突发事件共23起。

承担社会责任,坚持公立医院公益性。按照国家卫健委对口帮扶任务要求,结合发展需求,持续加强对云南省保山市昌宁县人民医院开展帮扶支援工作。2020年,该院共派驻10位医疗队员援滇,门诊诊疗病人828人次,急诊诊疗病人273人次;开展手术499例,手术示教88次;教学查房67次;开展危重、疑难、死亡病例讨论及会诊132人次;举办各种学术讲座59次,业务培训1551人次,开展远程会诊10人次。截至年底,已累计派驻10批医疗队,50名专业技术人员。年内,该院专家医疗队到云南省德宏州芒市、陇川等地开展现场义诊咨询活动,共义诊211人次、教学查房18次、院内讲座23次,并向芒市人民医院捐赠6万元神经外科手术设备。7月,由区卫生健康委与该院组成的医疗队奔赴班玛县人民医院进行援助活动,其中义诊36人次,为30余名武警官兵开展诊疗咨询服务,培训医务人员46人次。

至年底,医院占地面积9.4万平方米,建筑面积11.6万平方米,核定床位1000张,实际开放床位1000张。在编人员1568人,其中卫技人员1391人(含:医师数475人);卫技高级职称178人(其中正高58人、副高120人);(卫技)博士32名,硕士239名。门急诊总量171万人次,比上年同期下降18.98%;出院病人3.7万人次,比上年同期下降10.25%;手术(手术+操作)2.26万人次,比上年同期下降2.71%。床位周转率39.38次/每床,同比下降14.24%,床位使用率88.01%,比上年同期下降14.54%;平均住院日8.25天,同比增长0.08天。医疗收入126678.68万元,同比下降3.31%;医院业务支出143679.32万元,同比下降2.74%。

(徐　媛)

■青浦区中医医院　2020年,医院深入贯彻落实习近平总书记“健康中国战略”,落实疫情防控,规范医疗行为,提高医疗质量及患者满意度。中医工作再上新台阶,不断开创医院工作新局面。

加强新冠肺炎疫情防控。加强组织领导。成立疫情防控领导小组,主要领导全面负责疫情防控工作的统一领导和指挥。领导小组下设医疗救治组、传染病防控组等5个工作组落实具体工作;建章立制。制定医院配套文件及预检、诊治等相关流程和工作提示;落实防控措施。开设发热哨点诊室,加强预检分诊及病房不明原因肺炎筛查,规范疑似病例发现及报告流程,加强消毒隔离、个人防护、物资储备、人员保障及医护人员培训;响应上级号召。派遣4名医务人员援鄂参与医疗救治,1名主治医生支援兄弟医院发热门诊,7名护理人员支援机场海关等核酸采样工作;结合疫情形势,做好常态化疫情防控工作。全面恢复开展正常医疗服务,助力复工复产。服务第三届“进博会”,提供医疗保障。

开展门诊、住院患者分时段预约诊疗、落实高峰时段就诊服务举措、开展住院患者心理疏导、深化优质护理服务内涵等,定期对医院门急诊各科室、住院部各病区进行全方位的调查测评。患者满意率从5月份的93.54%,上升至12月93.55%。

医院迎等级复评审工作。完善医院迎评实施方案及评审工作实施细则,根据任务清单,按照等评标准及细则,层层落实责任到科室及个人,召开等评再动员会、推进会等。

落实各项医政监管指标。开展实名制挂号,全年实名制诊疗率达到98.49%;召开专题会听取医患对年内医院床位使用率下降的意见,通过加强重点学科建设、加快新技术新项目开展。

推进区域中医医联体建设。持续深入推进与复旦大学中西医结合研究院合作共建临床基地,进一步推进呼吸科、肿瘤科等6个专科及国医传承与教育研究室等学科建设。开设老年科、颈肩腰腿痛专科门诊,确定妇科学科建设规划目标,开展盆底障碍等优势病种的培育。在该院举行市中医医院与青浦区签约成立区域中医医联体仪式,建立上海市名老中医、全国名老中医学术传承工作室青浦工作站,推进肛肠科、心病科、骨伤科等专病专科建设。加强与社区联动,承担社区基层中医药人才培养工作。

推动区域内中医药工作,推进第三轮上海市中医药事业发展三年行动计划项目,落实对口支援工作。继续落实青浦区中医药适宜技术推广基地工作,组织中医药适宜技术推广线上、线下课程培训46次,其中中医药适宜技术推广讲座9次、中医对口支援讲座8次、社区推广员培训5次;举办第四届适宜技术推广周活动;结合冬令进补等开展古法阿胶糕制作活动和中医养生培训4次;推动2项中医优势病种培育和1项中医特色诊疗技术提升项目。推动1名杏林新星项目。强化“治未病”服务内涵建设,推动“治未病”科服务能力建设项目。

加强中医药文化建设。持续做好竿山何氏中医文化的保护、传承和发展;医院竿山何氏陈列馆创建上海市第三届健康科普文化基地。优化陈列馆布局,实行外馆改造,增设中医科普体验区,包括中药识别、体质辨识、敷贴体验等在建项目;开展围绕冬病夏治、冬令进补等系列宣传活动。

强化医政管理内涵建设。提升医政管理能级。发挥各专业管理委员会职能,落实委员会制度、职责,做好医疗质量考核工作。加强中医护理管理工作,推广中医护理方案,开展中医护理技术操作,落实中医护理评价工作,提炼实施过程中的中医护理经验;加强中医护理队伍建设,开展各级各类护理人员的中医药知识和技能岗位培训及考核,全年共计各类培训50次,5168人次参加;做好中医护理技术社区推广,为金泽社区服务中心提供老年护理、中医护理操作等多方面的培训。加强药事管理工作。开设药学门诊,提供个性化用药咨询服务,指导患者合理用药;持续推进基本药物制度的实施,落实处方点评。加强预防保健工作,发挥健教工作组织机构和网络功能,贯彻落实医院控烟工作,落实开展健康促进医院的创建和评审工作。提高应急能力建设,多载体、多形式宣传普及应急知识;组织应急工作理论知识和技能培训;开展各类应急演练;完成各项医疗保障、救援工作。

做好教育科研和管理工作。推进科教管理核心制度,完善复旦大学中西医结合研究院专家结对指导等机制,做好市、区、院级科研课题的申报、验收工作。完成各级各类50项课题的申报,其中2项市级课题立项,6项区科委课题立项,9项区卫健委课题立项;遴选出137篇论文并参加区医学会论文交流,其中发表国内外核心期刊论文35篇、发表SCI论文2篇。加强学术交流培训。举办医院第二届学术月活动,包括"竿山何氏"国医传承与研究专题名医论坛及医务人员专业知识、科学素养、基金申请、论文发表等主题的培训、讲座45场,培训近3500人次,授予继续教育学分。

信息化基础建设。推进医院"智慧健康"信息化建设,开展"互联网+"医疗便民惠民服务,完成付费"一件事"、HIS系统升级改造等项目,推进门诊预约诊疗和电子病历的信息化建设。

医院是龙华中医医院集团成员单位、上海市中医药大学实习医院、上海市住院医师规范化培训首批教学基地、上海市第一人民医院"医联体"单位。9月,成为上海市中医医院西部中医医联体共建单位。医院占地面积27.08亩(18036.15平方米),建筑面积20662平方米,核定床位300张,开放床位308张。年内,门急诊量476171人次,比上年减少24.90%;出院5384人次,比上年减少33.26%;手术2150人次,比上年减少35.78%;业务总收入22760.15万元,比上年减少17.36%(其中:医疗收入10150.59万元,比上年减少21.18%;药品收入7871.59万元,比上年减少18.59%)。 (陆闻婷)

■朱家角人民医院 2020年,朱家角人民医院加快建立现代医院管理制度、落实公立医院改革和改善医疗服务行动计划(2018—2020)确立的各项任务,依托与中山医院青浦分院的合作共建,完成医院年度预期指标任务。推出多项便民举措,提升患者满意度。

打赢疫情防控战。一是选派1名呼吸内科医生和3名护士参加援鄂医疗队。二是加强发热门诊管理。完善发热门诊医师工作站、挂号收费、检验等相关设备运转,落实"五不出门"。至年底,共收治患者3488人次。三是加强院内感染控制。加装电子测温系统,做到"一人一码一问一测"。

长三角(上海)智慧互联网医院建设。5月26日,医院专班成立。8月26日取得营运牌照。10月24日,长三角(上海)智慧互联网医院正式投入运行。医院由青浦区人民政府与复旦大学附属中山医院共同建设,在青浦区朱家角人民医院原有基础上进行改建,依托复旦大学附属中山医院业务支撑。医院通过互联网技术远程与复旦大学附属中山医院、浙江省嘉兴市嘉善县第二人民医院、江苏省苏州市吴江区第五人民医院以及青浦区域内医疗机构对接,完成对患者的诊治;支持长三角生态绿色一体化发展示范区三地居民诊疗信息的互联互通,支持三地医保免备案异地结算等;使用互联网电子票据。一期投资1.2亿元,2700平方米,包括展示服务大厅、智慧门诊和智慧病房。主要功能包括互联网医院、远程医疗协同平台、数据互联互通平台。智慧病区配备18张病床和4张ICU床。至年底,接受远程门诊病人2人,互联网医院门诊挂号547人次,智慧病房收治病人22人。

公立医院改革。一是做好医院年度全面预算工作,一至三季度数量预算完成率为57.76%。二是开展分级诊疗工作。年内,开展社区健康讲座5次,下企业健康义诊咨询2次,服务人次321人。三是优化门诊服务。推进预约诊疗,鼓励患者预约诊疗。

医联体建设。一是继续开展与中山青浦分院合作共建。推进人员进修、人员柔性流动、检验影像平台使用等合作。全年门诊专家坐诊累计26人,出诊次数1289次,诊治患者12970人次。全年开展科内讲课数167次,业务指导咨询360次,三级查房197次,手术30人次,上转113人次,下转9人次,会诊49人次,疑难病例讨论97例,放射科CT阅片1780张。二是开展与复旦大学中山医院、复旦大学附属儿科医院康复科、市六院骨科的专科建设。

科研工作和新技术开发。1个区科委及2个区卫健委项目完成验收。获区科委立项2项,区卫健委立项2项。完成咨询项目验收1项。完成成果登记1项。已公开发表统计源论文4篇,其中SCI论文发表1篇。国家发明专利1项。参加医学会第十一届学术论文交流共计26篇,获1等奖1名,二等奖和三等奖各4名。

医疗信息化工作。一是完善自助挂号收费。全年自助机使用总人次数为118238人次。二是完善预约挂号工作及叫号改造。根据医院实际需要开发分时段预约功能。社区、医院双向转诊开展,预约1974人次。三是推进医疗付费"一件事"工作。

公共卫生工作。全年体检总量71729人次,其中入职体检6467人次、健康体检455人次、健康证办理25217人次、看守所羁押人员体检5924人次、看守所采样4573人次、驾驶员体检7200人次、老年人体检19140人次、残疾人体检4017人次、妇女病普查13999人次、高端体检1285人次。

医疗保障工作。承担各类医疗保障任务。年内,为春考、中考、足球赛、会展中心提供医疗保障,派驻医护人员307人次,救治病人394人。

至年底,朱家角人民医院总建筑面积22718万平方米,核定床位200张,实际开放床位数188张。医院急诊人次30494人次,门诊人次169170人次,入院人次2953人次,出院人次2998,住院手术人次1368人次。平均住院日14.16天,床位使用率70.51%。 (杨忆晴)

食品药品管理

■概况 2020年,青浦区夯实食品生产经营监管基础,解决食品安全突出问题,确保疫情防控期间的食品安全和药品安全。至年底,全区持有效证食品经营单位16620家,其中食品流通9791家,餐饮单位6829家。药品生产企业

21家，药包材生产企业1家，药品批发企业3家，连锁总部3家，药品零售企业199家，各级各类医疗机构390家，化妆品生产企业23家（停产4家），医疗器械生产企业76家，医疗器械经营企业3905家。（胡开明）

■深化隐患排查治理 组织开展元旦春节、“五五购物节”、学校食堂及校园周边、保健食品、生猪产品、酒类商品、固体饮料以及控烟集中执法等16余项专项行动，检查食品经营单位36356户次，责令改正2504户次；抽检各类食品及食用农产品4907批次，不合格76批次，问题发现率1.55%；开展快速检测13462项次，阳性率2.46%；立案查处355户、罚没款364.01万元。完成食品生产企业监督检查374家次，发现问题数147家次，未发现问题数227家次，发现问题的企业均已按要求提交整改报告，落实整改措施。全年抽检食品及原料600批次，不合格1批次，合格率达到99.8%，不合格产品已完成核查处置并立案处罚。（胡开明）

■聚焦餐饮综合治理 制定“创全”实施方案及迎检工作要求，健全完善“创全”督查通报制度、问题销项制度、整改反馈制度。开展餐饮单位培训19454人次，制发“创全”海报及桌贴等19万余份，检查餐饮单位40783户次，发现问题5128户次、整改率达100%，累计作出警告336件，罚款94件，罚没款484244.63元，停业整顿37户。组织区内大型饭店召开“制止餐饮浪费”宣贯大会，发布倡议书，签订承诺书。（胡开明）

■推进食品经营示范创建 持续开展食品经营示范创建。至年底，全区守信超市区级达标率100%、放心餐厅87.6%、放心大型职工食堂100%、放心医院食堂100%、放心学校食堂100%；2017—2020年获得市级守信大卖场称号5家、守信标准超市6家、守信便利店6家、上海市食品安全放心肉菜示范超市5家。（胡开明）

■加强冷链食品监管 对全区821个批发市场、农贸市场、大型超市、餐饮企业的自建自备冷库，以及第三方冷库开展排摸工作，建立工作台账。制发《关于开展进一步加强冷链食品安全监管工作的通知》，落实常态化防控机制。出动执法人员5373户次，检查相关食品经营单位23510户次，下架问题冻虾5批次168.3公斤，对137家企业督促整改。落实冷链食品信息追溯制度，全年应上传冷冻冷藏肉品食品安全追溯信息户数342户，上传率100%；应上传水产品食品安全信息追溯户数320户，上传率100%。督促批发企业建立电子批发销售台账。（胡开明）

2月3日，区市场监管局执法人员开展药店防疫物品检查

（区市场监管局供稿）

■巩固无证无照食品经营治理成果 制定《青浦区2020年无证无照食品生产经营治理工作方案》，采取街镇食安办交叉互查和区食药安办抽查相结合方式开展治理工作督查。全区无证无照食品经营底数86户，落实疏导办证55户，转为小餐饮备案5户，清退或转行25户，行政处罚15户，责令停业1户。（胡开明）

■推进“互联网+食品”监管 年内，区内4家大米生产企业、21家涉进口冷链食品生产企业、4家保健食品生产企业100%实现食品安全信息追溯平台的注册和使用；完成98家企业369名食品从业人员食品安全知识抽查考试；组织开展98家食品生产企业食品安全自查工作。推进食品生产企业生产过程智能化追溯工作，至年底，完成14家企业的系统建设，完成总体目标的85%。（胡开明）

■落实小餐饮备案管理 年内，与区食药安委各成员单位开展工作对接。每月对小餐饮备案情况进行摸底，现行有效备案户数360户，其中新增备案户数62户，延期备案户数154户，备案转许可户数23户，注销户数79户。（胡开明）

■开展食品安全宣传教育 年内，在11个街镇同步开展宣传活动。开展设摊咨询、“七进”宣传活动、“食安封签”推广培训会、“制止餐饮浪费”宣贯暨食品安全工作会议、网络知识竞赛、探秘食品药品科普站、打卡食安云课堂等活动。加强科普站建设和管理。9月8日，举办东方绿舟食品药品科普站启动仪式。（胡开明）

■加强药品零售企业检查 监督检查药店，共完成检查1652家次，重点检查药品进货渠道和购销记录、进货查验情况、药品追溯情况、药品运输存储是否符合要求、处方药管理制度执行情况、人员上岗考勤和在岗服务情况，加强对“双黄连口服液”“莲花清瘟胶囊”等药品、消毒产品的监督检查。指导并督促药店通过“零售药店发热患者登记直报系统”及时上报“退烧止咳药”销售情况。3月25日起，将退热咳嗽药销售情况纳入特殊管理药品信息化监管系统。

7 月 14 日，区市场监管局执法干部在超市张贴“创全”宣传海报

（区市场监管局供稿）

对全区 42 家口罩定点投放药店开展检查巡查，重点检查进销记录。完成六轮口罩投放。（胡开明）

■开展药品化妆品专项整治 年内，开展网络销售违法违规行为专项、药品集中采购和使用中选药品专项、第二类精神药品生产经营专项、妇女儿童用药专项抽检、中药饮片质量专项、“迎进博”药械化安全稽查专项、药品零售企业执业药师“挂证”专项等各类专项整治。处罚药品案件 6 件，罚没款 10.3 万元；化妆品案件 13 件，罚没款 530 万元。

（胡开明）

■加强医用防疫物资监督检查和企业服务 年内，累计出动医疗器械执法人员 2200 余人次，排查医疗器械企业 1460 余户。加强网络监测工作，对开展防疫物资网络销售的企业进行排摸。为 10 余家企业转型防疫物资生产出力。

（胡开明）

群众体育

■概况 2020 年，青浦区群众体育工作以市民需求为导向，以增强市民体质、提高市民健康水平为目标，不断满足人民群众日益增长的体育健身需要。年内，组织开展各级各类体育赛事活动 282 项次，15.03 万余人次参与。（蔡丽萍）

■举办赛事活动 按市局疫情防控有关要求，调整全年赛事计划，举办迎新徒步活动、商圈定向赛、双拥篮球赛、足球联赛、篮球联赛、线上运动会等活动。全年组织开展各级各类赛事 282 项次，15.03 万人次参与。（蔡丽萍）

■承办赛事活动 落实国家体育锻炼达标办赛任务，动员组织承办区镇两级预选赛。参加上海市第三届市民运动会，承办舞龙舞狮、空手道、跳绳、龙舟、帆船等 6 项市级总决赛，组织参加各类市级赛事活动 81 项次，获一等奖 6 个、二等奖 9 个、三等奖 12 个及最佳赛区奖。

（蔡丽萍）

■开展健身指导服务 开展科学健身“进街镇”“进企业”活动，1000 余人次参加。提供健身咨询 5632 人次、体质监测 14473 人次、健身指导 2621 人次，举办讲座 17 期，466 人次参与以及沙龙 9 期。举办三级社会体育指导员培训班 11 期，450 名学员参加，全区指导员人数 3784 人。完成第五次国民体质监测、上海全民健身活动状况调查。（蔡丽萍）

■加强服务阵地建设 落实疫情防控要求，延长区健促中心开放时间，全年开放 1792 小时；在区体育中心开展“开放服务月”活动，全年开放 4100 余小时、接待健身群众 27.6 万余人次，其中免费接待 12.2 万余人次。（蔡丽萍）

■完成实事工程建设 完成市政府实事工程。年内，建成健身步道 5 条、市民球场 5 片和益智健身苑点 30 处，协助完成智慧健康小屋年度建设任务。依托乡村振兴示范村、美丽乡村等重大项目，推进步道、球场、苑点和活动室等“四个一”项目建设，行政村“四个一”覆盖率达 20%。（蔡丽萍）

■加强设施督查管理 疫情期间，按市体育局有关指引，开展温水泳池开放检查 40 余次、对 70 家体育企业开展复工备案实地核查 140 余人次、对 113 家线下培训机构开展审核。开展全区新增体育场地调查，以“网格志愿”方式对社区健身设施开展检查。（蔡丽萍）

9 月 26 日，上海市第一届农民体育健身活动周农民龙舟比赛暨 2020 年青浦区龙舟公开赛在环城水系公园水城门举行（区体育局供稿）

青少年体育

■概况 2020年,青浦区努力深化体教结合工作,完善业余训练布局,提升业余训练的质量和管理水平。年内,752名运动员参加市青少年体育精英系列赛等各类青少年体育赛事,获26金40银43铜。 (蔡丽萍)

■推进业训工作 新增注册运动员475人,累计注册运动员1532人。向上输送运动员20人;8个项目17名运动员入围2020年上海市青少年运动员奖学金获奖名单;开展二、三级运动员审批21人次。年内,752名运动员参加市青少年体育精英系列赛等各类青少年体育赛事,获26金40银43铜;青浦区代表团获"优秀组队奖",5名运动员获"最佳运动员"称号;帆船、帆板两个项目获得"单项最快进步奖"。制定《社会力量参与青浦区青少年体育业余训练合作办法》。跆拳道、马术、帆船等项目在市级比赛中获13金12银13铜。 (蔡丽萍)

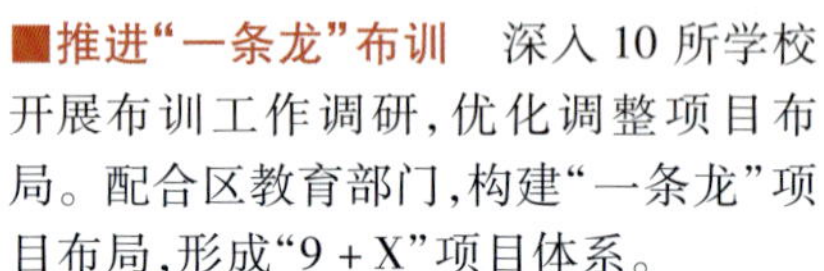

■推进"一条龙"布训 深入10所学校开展布训工作调研,优化调整项目布局。配合区教育部门,构建"一条龙"项目布局,形成"9+X"项目体系。 (蔡丽萍)

10月31日,长三角一体化示范区周年赛——光明乳业"百帆迎客,桨下江南"比赛在元荡湖青浦吴江贯通水域举行 (区体育局供稿)

■深化公益培训活动 推进公益培训活动。重点优化提高,形成17个项目51校次项目布局。组织青少年参加MAGIC3上海市青少年三对三超级篮球赛区级比赛,获得男子组冠军。 (蔡丽萍)

■开展督训工作 建立督训工作小组,完善督训工作机制,开展田径、游泳、击剑等11个项目的督训。开展专家专项督训,提高项目技战术水平和各项目教练员带教能力。 (蔡丽萍)

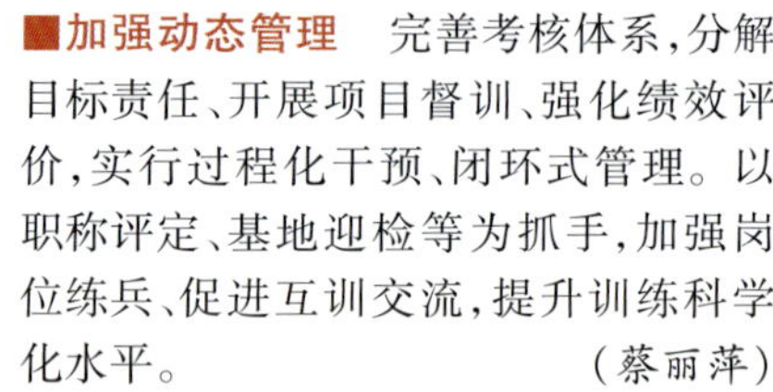

■加强动态管理 完善考核体系,分解目标责任、开展项目督训、强化绩效评价,实行过程化干预、闭环式管理。以职称评定、基地迎检等为抓手,加强岗位练兵、促进互训交流,提升训练科学化水平。 (蔡丽萍)

体育产业

■概况 2020年,青浦区体育产业工作结合区情实际,不断优化发展环境。举办2020年"环意RIDE LIKE A PRO"长三角公开赛等赛事。完善现代服务业体育扶持政策,落实好因疫情影响的体育企业财政政策补贴工作。 (蔡丽萍)

■体育影响不断扩大 举办2020年"环意RIDE LIKE A PRO"长三角公开赛、2021年赛艇世锦赛测试赛暨2020年全国赛艇锦标赛、青浦龙舟公开赛等赛事。立足环淀山湖体育联盟,办好第三届"环淀山湖"篮球邀请赛、长三角跳绳锦标赛等赛事活动。 (蔡丽萍)

■优化产业环境 扩大现代服务业体育扶持政策覆盖面和支持力,9家单位获得经费补贴,扶持金额较上一年度增加84.1%。全区92个体彩网点共累计销售体育彩票24814万元,销量位列全市第五,增幅列全市第4,完成率为136%。 (蔡丽萍)

11月21—22日,2020年"环意RIDE LIKE A PRO"长三角公开赛举行 (区体育局供稿)

综　述

2020 年,青浦区实施就业优先政策和着眼稳就业大局,在克服疫情等诸多不利因素影响下,通过加大企业就业服务力度、深化重点群体就业帮扶、积极落实就业创业政策、持续做好沪滇就业扶贫,各项目标任务有序推进。至年底,城镇登记失业人员控制数 4123 人,始终控制在市下达指标 4750 人内;年内,全区户籍新增就业人数(稳定就业 3 个月以上)完成 26778 人,完成指标的 140.9%,其中农村富余劳动力 9410 人,完成指标的 235.3%;帮扶引领成功创业完成 530 人,完成指标的 117.8%,其中青年大学生创业人数 435 人,完成指标的 161.1%;帮助长期失业青年就业创业 243 人,完成指标的 115.7%;收集发布就业岗位信息 60182 个,完成指标的 109.4%;开展各类招聘活动 253 场,完成指标的 253%;开展就业创业政策宣传 196 场,完成指标的 148.5%。创业见习完成 110 人,完成指标的 100%;创业培训完成 378 人,完成指标的 114.5%;职业见习完成 308 个,完成指标的 102.7%。全区职业技能培训 40194 人次,其中企业职工线上培训 29784 人次,农民非农培训 8086 人,完成全年工作目标 7200 人的 112%;开展企业新型学徒制项目企业 11 家,学徒制培养 682 人,完成全年工作目标 410 人的 166%。城乡居保挂图作战目标为完成人社部社会保障精准扶贫指标 100%,至 12 月底,全区贫困人员参保目标 2341 人,已参保 2422 人,完成指标率 103.5%。

2020 年,青浦深化社会福利体系建设,推进养老设施建设与特殊群体未成年人的权益保障。以“兜底线、织密网、建机制”为总要求,发挥好社会救助工作联席会议协调功能,加强部门合作,持续完善制度,开展常规救助工作。

（姚芳芳　李健飞）

劳动就业

■概况　2020 年,青浦区加强就业服务,多途径做好重点群体就业工作。年内,通过多方式技能培训,进一步提高职工的职业技能,通过制定下发区级和谐劳动关系创建活动方案,宣传劳动保障法律法规,维护劳动关系稳定。（姚芳芳）

■落实就业扶持政策　贯彻落实上级应对疫情影响出台的各项阶段性就业扶持政策,结合实际完善“1 + 1 + N”区级促进就业政策体系,制定出台 3 项稳岗援企特殊政策,年内兑现市、区两级补贴政策资金近 1 亿元,涉及企业 2.2 万家。搭建线上线下政策宣传新平台,线上开发就业稳岗补贴政策小程序,推出补贴电子券;线下结合普法系列活动,深入“园区、社区、村居”上门宣传,开展各类政策宣传活动 201 场。

（姚芳芳）

■拓宽就业渠道　建立应届青浦籍大学生微信群,定向发布岗位和政策信息,组织开展职业指导、专场招聘。全年全区应届高校毕业生就业率达 85.3%。关注农村富余劳动力,针对性输送岗位,拓宽就业补贴范围。全年全区农村富余劳动力新增就业 9410 人,其中青西三镇占 54%。利用大数据平台和村

10 月 19 日,区人社局举办 2020 年青浦区秋季大型招聘会　（区人社局供稿）

12 月 17 日，青浦区第五届创业大赛颁奖典礼暨青浦创业大赛五周年活动举行
（区人社局供稿）

居基层力量，线下探索开展村居小型面试活动，线上探索建立“不见面”引才工作机制，做好“云小二”服务保障。全年累计提供就业岗位 64557 个，开展各类招聘活动 262 场。（姚芳芳）

■提升技能培训 开展企业线上培训和以工代训，推进企业稳岗扩岗专项支持计划。联动示范区三地开展创业大赛和职业技能竞赛，推进“青能浦卓”重点培训项目，创建两个市级竞赛集训基地，并组队代表上海市参加全国扶贫技能大赛，1 人获优胜奖。全年帮助成功创业 530 人，完成农民非农就业技能培训 8279 人。（姚芳芳）

■精准对口扶贫协作 联合云南德宏州多次开展劳务协作线上线下招聘面试会，组织达成意愿人员来青就业，全年帮助实现来沪就业并稳定三个月以上 163 人。组织技能培训专家赴对口地区开展技能援教，帮助技能培训 1853 人次。（姚芳芳）

■完善信息预警机制 建立劳动关系矛盾预警机制，加强与多部门沟通联系、协同联动，动态掌握企业经营变动、税收、社保、水电煤欠缴、12345 热线和信访等信息。第三届“进博会”期间，牵头成立突出劳资纠纷矛盾化解工作领导小组。（姚芳芳）

■根治农民工欠薪 贯彻落实《保障农民工工资支付条例》，推进工程建设领域工资支付保障制度全覆盖。强化监察仲裁联动机制和公安司法行刑衔接机制，落实重大违法行为社会公布制度和拖欠农民工工资“黑名单”管理制度，打击涉嫌拒不支付劳动报酬犯罪。全年办结监察案件 1965 件，欠薪移送公安 3 件，纳入黑名单企业 14 户，追讨各类工资 10054 万元。（姚芳芳）

■夯实劳资纠纷调解基础 坚持“预防为主、基层为主、调解为主”的处置方针，加强基层调解组织实体建设，指导建立 11 个街镇基层调解中心和青浦区快递物流行业劳动争议调解委员会，年内 71% 以上劳动争议案件在基层受理化解，全区综合调解率达 75.51%，结案率达 93.82%。（姚芳芳）

■创建和谐劳动关系 发挥区劳动关系三方作用，引导企业以集体协商、调整工时、轮岗轮休等方式减少退工，保留岗位，并对 5 人以上企业开展 23 轮全覆盖排摸，发现存在隐患企业 246 家，及时化解矛盾 193 家。全年办理其他工作时间审批 1624 件，涉及职工 126509 人，共有 665 家企业创建市和谐劳动关系达标企业。（姚芳芳）

社会保险

■概况 2020 年，青浦区继续加大城乡居民养老保险参保续缴力度，稳步调整相关保障待遇。（姚芳芳）

■推进各项社会保障工作 坚持贫困人员养老保险“应保尽保、应发尽发”，联合街镇村居引导扩大参保覆盖面，全年新增无账户人员纳保 339 人，贫困人员参保 2422 人，完成人社部社会保障精准扶贫指标 103.5%。贯彻新《土地管理法》，研究制定区内被征地人员社会保障业务经办流程。调整全区四类体制外人员养老待遇，发放一次性节日补贴 458.61 万元。（姚芳芳）

■调整发放各类保障待遇 调整年度全区征地养老人员、未参保城镇老年人、未参保自理口粮户老年人、原乡镇企业中原居民户口退休（职）人员 2020 年养老待遇，调整后征地养老人员养老金平均增加 167.4 元/月，增加后的平均标准为 2234.02 元/月；原乡镇企业中原居民户口退休（职）人员养老金平均增加 143.5 元/月，增加后的平均标准为 2540.9 元/月；未参保城镇老年人和未参保自理口粮户老年人养老补贴标准由原来的每人每月 980 元调整为每人每月 1070 元。同时在 2021 年春节前及时发放一次性节日补贴。（姚芳芳）

■调整工伤人员伤残津贴和社会护理费标准 4 月，规定 2019 年 12 月 31 日前发生工伤且伤残一级至四级工伤人员的伤残津贴在原享受标准的基础上调整，其中，致残一级增加 485 元/月、致残二级增加 440 元/月、致残三级增加 419 元/月、致残四级增加 386 元/月；调整后的伤残津贴最低标准为：致残一级 7871 元/月、致残二级 7351 元/月、致残三级 6903 元/月、致残四级 6468 元/月。生活护理费调整情况为：生活完全不能自理增加 407 元/月、生活大部分不能自理增加 326 元/月、生活部分不能自理增加 244 元/月；调整后的生活护理费标准为：生活完全不能自理 4790 元/月、生活大部分不能自理 3832 元/月、生活部分不能自理 2874 元/月。（姚芳芳）

■医疗保险 年内，全区参加上海市基本医疗保险共计62.15万人，其中职工基本医疗保险49.52万人，城乡居民基本医疗保险12.63万人。共计支付医疗保险基金18.76亿元，其中支付定点医疗机构17.28亿元、定点零售药店1.21亿元、零星报销1633.79万元、互助帮困1047.43万元。至年底，全区享受长期护理保险待遇失能老人共计2.22万人，其中享受居家照护服务2.05万人，享受养老机构照护1640人，全年共计支付定点长护险基金3.35亿元。 （陶丙星）

社会福利

■概况 2020年，青浦社会福利工作以“扩面、提质、增能”为工作着力点，聚焦老年人、残疾人和儿童，深化社会福利体系建设。 （李健飞）

■推进养老设施建设 年内，新增1049张养老床位，新增2家社区综合为老服务中心、6家老年人日间服务中心、25家老年活动室、10家助餐场所，改建认知障碍照护床位142张。探索养老机构公建民营发展的运作模式，至年底，夏阳街道、赵巷镇、华新镇、重固镇、白鹤镇、徐泾镇、练塘镇、区级福利院等9家公办养老机构委托社会力量运营管理，涉及床位4401张。 （李健飞）

■特殊群体未成年人的权益保障 在落实基本生活保障制度的基础上，增加医疗康复保障和教育资助救助内容，至年底，全区在册保障社会散居孤儿4名，纳入基本生活保障困境儿童75名，每人每月享受基本生活补贴1900元。开展“爱伴童行”项目，对43名困境儿童实施帮扶。 （李健飞）

社会救助与慈善事业

■概况 2020年，青浦以“兜底线、织密网、建机制”为总要求，发挥好社会救助工作联席会议协调功能，加强部门合作，持续完善制度，不断优化措施，进一步提升全区社会救助管理和服务水平。 （李健飞）

■发挥社会救助联席会议制度 统筹协调全区社会救助工作，整合各职能部门政策资源，健全社会救助工作“受理、审核、审批”三分离制度，明确区、镇、社区三级职责分工，严格居民经济状况核对标准，规范各项社会救助业务的行政审批流程。 （李健飞）

■开展常规救助工作 面向多类民政困难对象开展元旦春节帮困送温暖活动，帮困约3299人（户）次，投入资金约1223.48万元。年内，为全区城乡低保、重残无业等各类困难对象共发放救助资金1.16亿元，救助人数达14.73万人次。发放残疾人“两项补贴”14.67万人次，累计发放补贴资金3508.29万元。通过专项治理和动态管理，取消城乡低保178户338人。 （李健飞）

■落实社会救助绩效评估工作 7月，对全区11个街镇社会救助工作开展调研走访，按照指标要求，协调相关委办局，梳理青浦区社会救助工作，形成工作台账和措施。 （李健飞）

■医疗救助 年内，全区共发放医疗救助资金1438.3万元，受益救助对象9665人次，其中：发放住院费用医疗救助资金778.6万元，受益1703人次；发放门急诊医疗救助资金522.4万元，受益5652人次；资助低保、低收入对象参加城乡居民医疗保险对象2310人次，涉及资金137.3万元。全区参加年度市民医疗互助帮困计划2139人（市、区两级财政1:1比例支出，例如：全区2020年发放1438.3万元，市财政支出719.15万元，区财政支出719.15万元）。全区资助530名低保家庭子女参加上海市少儿住院互助基金，提供资金7.04万元。全区年度春节帮困送温暖医疗补助共计1048.79万元，惠及困难群众7528人。 （陶丙星）

优抚工作

■概况 2020年，区退役军人事务局围绕“让军人成为全社会尊崇的职业”这一目标，贯彻落实各项优抚政策和文件通知精神，加大政策落实力度、提高服务水平、维护社会稳定。 （韩 林）

■优待抚恤补助工作 年内，为全区退役军人统一购买“平安保”意外伤害保险，开展厨卫改造、健康体检、疗休养等活动。完成全区享受国家抚恤补助优抚对象抚恤补助标准调整，发放抚恤补助3747万元；为全区义务兵及其家属发放优待金755万元；为优抚对象发放元旦春节节日生活补助237.6万元，为全区97名烈士遗属发放烈士纪念日慰问金9.7万元和春节慰问品等。为全区重点优抚对象医疗费减免

9月30日，“烈士公祭日”当天，区四套班子领导、社会各界人士在西乡烈士陵园举行公祭活动 （区退役军人事务局供稿）

76.66万元。对退役军人和其他优抚对象家庭进行困难帮扶和慰问;春节、“八一”期间为退役军人和其他优抚对象家庭发放临时困难补助49.7万元。对18户困难家庭进行突发事件救助,发放救助金3.3万元。对15户家庭进行困难帮扶。签约“关爱功臣”项目服务社会组织9家,各类登记在册社工51人、志愿者联络员513名。全年开展各类主题活动70余场,参加活动2000多人次,上门走访慰问1308人次,电话联络1507人次,提供便民服务1153人次。 (韩 林)

■褒扬纪念工作 年内,为63名抗美援朝老兵颁发“中国人民志愿军抗美援朝出国作战70周年”纪念章。在“9.3”抗战胜利纪念日组织对2名抗战老兵和21名抗战烈士遗属走访慰问。东乡、西乡烈士陵园清明期间接待烈士家属62人,代为祭扫2人。推出“扫码祭扫”,清明期间线上浏览祭扫量逾20000人次。开展“慎重追远 缅怀先烈”集体祭扫。与区文明办、区教育局联合开展区“我们的节日·清明——未成年人清明网上祭英烈”活动,开展线上祭扫及寄语征集活动,收到社会各界寄语1318条。面向全区开展“传承先烈遗志,感恩抗疫有你”主题征稿,评选出6名获奖征文、寄语。区四套班子与社会各界在西乡烈士陵园举行“9.30”公祭活动。 (韩 林)

■军休服务工作 开展“绿色青浦·青暖军休”社会化服务项目,组织军休干部宜兴短途游、广州长途游、无锡华东疗养院健康体检;开展家电保养、家政保洁、助洁、个人保健、康复理疗等服务2333次,帮助15名军休干部签约家庭医生。 (韩 林)

综　述

2020年，青浦区加快形成共建、共治、共享的社区治理格局，在落实疫情防控支持保障服务工作的同时，做好来沪人员就业服务管理工作，青浦社会组织管理坚持培育发展与监督管理并重的思路。年内，青浦区推进健康家庭建设，开展计划生育特殊家庭扶助关怀，落实特殊对象就医绿色通道。青浦区严格按照新的《民法典》以及《上海市婚姻登记工作规范》规范婚姻及收养登记，进一步完善青浦区婚姻登记制度。至年底，办理结婚登记2884对，离婚登记1734对。　（姚芳芳　李健飞）

社区建设

■**概况**　2020年，青浦区社区治理工作聚焦社区治理规范化精细化，加快形成共建共治共享的社区治理格局。（李健飞）

■**加强自治阵地建设**　年内，新建423家客堂间（睦邻点），实现村级全覆盖。开展"客堂间"建设示范村居验收评审工作，至年底，已完成8个街镇的验收评审工作。（李健飞）

■**推进"阳光村务工程"**　年内，建立"阳光村务工程"常态化工作机制，印发《青浦区"阳光村务工程"长效管理办法》。推进"阳光村务工程"规范化建设，建设集服务、参与、监督为一体的覆盖全区所有村委会的有线电视综合平台。（李健飞）

■**推进"社区云"系统建设**　8月，分两批启动全区各村居"幸福云"建设项目，11月，完成"社区治理平台"初始化工作，启用居社互动平台，实现管理、服务、互动功能。（李健飞）

来沪人员工作

■**概况**　2020年，青浦区人社局充分发挥职能作用，做好疫情防控支持保障服务工作的同时，加强就业扶贫，做好来沪人员就业服务管理工作。（姚芳芳）

■**来沪人员就业管理服务**　开展农民工返岗复工"点对点"服务保障工作。按照"政府牵头、属地负责、部门协同、企业主体"工作机制，为区内急需员工返岗的企业提供"点对点"返岗保障服务和指导。做好湖北籍在青就业人员梳理工作，组织平台登记人员回青返岗，企业复工复产。有序推进就业扶贫工作。开展沪滇合作帮扶工作，通过赴云南德宏地区开展现场招聘会、网上招聘会、组织化劳务输出等，完成市政府下达建档立卡贫困户转移就业指标。开展稳就业工作调研。年内，云南德宏州共有组织化输出到区内务工人员160人，其中建档立卡户140人，建档立卡贫困劳动力社保登记满3个月共163人。（姚芳芳）

社会组织管理

■**概况**　2020年，青浦社会组织管理坚持培育发展与监督管理并重的思路，推进青浦社会组织高质量发展，在服务青浦经济社会发展中贡献更大力量。（李健飞）

12月4日，"跨越数字鸿沟，乐享数字生活"老年人智能手机应用培训班举办（区民政局供稿）

■社会组织登记管理 完成社会组织登记、慈善组织认定、志愿服务组织标识等工作。优化社会组织登记流程，更新业务工作流程，加强社会组织名称核查，制定社会组织业务范围指引性清单，推动登记审批更加规范。至年底，全区有社会组织928家，其中社会团体174家，民办非企业单位754家，全年办理登记事项496件。（李健飞）

■推进社会组织培育扶持 深化政府购买社会组织服务供需对接平台推进工作，推进和优化政府购买社会组织服务，推进数据归集和年度项目发布。年内，招募心理志愿者，成立“青浦心理疏导服务热线”，服务近800个小时，发动社会组织捐款捐物近百万元。针对老年人实际需求，设计培训课程；推进公益基地创建工作。至年底，已建成611家公益基地；通过抽查审计、专项检查等手段，对全区80多家重点领域社会组织的“人、财、活动”进行监管，确保每年抽查率不低于10%。（李健飞）

■创新推动公益慈善工作 挖掘区内慈善资源，筹集慈善资金；宣传慈善文化，搭建慈善工作平台；规划设立福彩销售网络，规范销售行为；推进慈善超市布点及标准化建设，打造“1+11”慈善超市建设体系，实行“市场+公益”的运行模式。（李健飞）

计划生育

■概况 2020年，青浦区推进健康家庭建设。加强孕期科普宣传和科学育儿指导。开展计划生育特殊家庭扶助关怀，落实特殊对象就医绿色通道。做好人口监测和人口形势分析、计生协改革、计划生育药具管理服务等。

（田青华）

■全面落实奖励扶助政策 依法落实计划生育家庭奖励扶助政策。全年向27219人发放农村计划生育家庭奖励扶助金4264.72万元；向10915人次计划生育特别扶助对象发放特别扶助金2499.94万元；向8497名独生子女父母发放年老退休时一次性计划生育奖励费4280.57万元。（田青华）

■开展计划生育特殊家庭扶助关怀

为全区1933位计划生育特殊家庭购买“关爱计生特殊家庭保险”。升级计划生育特殊家庭援助服务，全年提供电话关怀9288次，信息、法律、医疗咨询等71次，居家探访服务65次，辅助就医服务2人次。关注计划生育特殊家庭身心健康，为全区1411位60周岁以上对象开展体检服务，为839人提供心理健康检查服务。推进落实计划生育特殊家庭联系人制度、家庭医生签约服务、就医绿色通道“三个全覆盖”。

（田青华）

■提升家庭发展能力建设 开展面向家庭的“生育指导、家庭保健、科学育儿、养老照护、家庭文化”宣传指导服务。举办“守护全民健康，从家庭开始”微信知识竞赛活动和“一颗种子马上就要勇敢冲破泥土”“祝你好‘孕’”等“5·15”国际家庭日主题宣传服务活动；开展“提升健康素养，乐享银龄生活”老年健康周宣传活动。举办“情定淀山湖，爱在军旗下”颁证活动。举办0—3岁家庭线上优生优育公益讲座，全年共开展线上公益讲座15场，累计收看15424人次，留言4133人次。全区现有母婴设施点34家，其中医疗机构17家，其他场所17家。

（田青华）

婚姻与收养

■概况 2020年，青浦区严格按照新的《民法典》以及《上海市婚姻登记工作规范》规范婚姻及收养登记，进一步完善全区婚姻登记制度。持续推进婚姻管理工作标准化和信用体系建设，优化办事流程，加强工作规范。运用互联网技术手段，推进婚姻家庭文化建设。持续做好“暖心阁”婚姻服务品牌建设。

（李健飞）

■婚姻登记方面 至年底，办理结婚登记2884对，离婚登记1734对；办理补领结婚证684对，补领离婚证173份；办结收养登记4例。优化提升“暖心阁”婚姻家庭辅导品牌，举办“情定淀山湖 爱在军旗下”集体颁证仪式。

（李健飞）

双拥工作

■概况 2020年，区退役军人事务局开展“思想政治工作年”和“基层基础基本建设年”活动，践行新时代“枫桥经验”，以构建和谐青浦和增强军政军民团结为目标，注重弘扬优良传统，打造上善特色，落实到位政策法规，策划开展双拥活动，形成“全域覆盖、军地互动、双向奉献”的双拥工作体系和态势，全面推动青浦双拥迈上新台阶。（韩　林）

■宣传教育 加强双拥阵地建设。注重辖区内7个爱国主义教育基地和2个双拥教育示范基地的日常维护管理和示范引领效应。年内，全区接受爱国主义和国防双拥教育18.16万人次。推进以陈云纪念馆、东乡烈士陵园、西乡烈士陵园等特色资源为载体的“三公里服务圈”建设，全年推出专题展览、学习讲座、主题活动等国防教育服务5场次；营造双拥宣传氛围。将国防和双拥宣传教育与全民国防教育日、国防形势报告会、“最美退役军人”宣讲结合起来，在青浦区政务平台、“绿色青浦”公众号开设双拥教育专栏，发布双拥专题报道40余条，充分发挥“双拥路”“双拥街”“双拥林”、双拥宣传公交线路和大型宣传展板、路牌灯箱广告、宣传海报的双拥宣传设施作用，在全区范围内开展建军节、海军节、空军节宣传活动。各镇(街道)、村(居)设有双拥宣传栏；提升双拥宣传内涵。区委宣传部、国教办、双拥办每年研究制订国防和双拥宣传教育计划，采取共学共建、文艺联欢等形式。挖掘宣传退役军人战“疫”先进典型事迹，在“青浦双拥”公众号推送宣传退役军人抗“疫”先进典型78人次，先进退役军人团队6个。（韩　林）

■拥军工作 注重实事拥军。建军节、春节期间，区四套班子领导慰问驻区部队，赠送慰问品320万元；投入110万元用于部队实事项目建设；投入140万元为松青干休所(青浦点)进行“三个中心”改造建设和设施完善。组织驻区部队250名当年度退役官兵开展“上海一日游”活动并赠送青浦服役纪念品。疫情防控期间，区双拥办向驻区部队赠送口罩1100只、疫情防护包35个。开展

8 月 7 日,2020 年长三角一体化三地联动“上善双拥杯”篮球赛举行
(区退役军人事务局供稿)

“情系边海防官兵”家庭“六送”活动,对 16 户边海防军人家庭开展慰问、帮困等活动;强化行业拥军。开展送科技、送文化、送服务、送法律进军营活动;向部队官兵赠送书籍 1500 余册,组织送电影进军营活动 12 场;开展法律常识普及教育,为军人军属提供法律咨询 6 件,提供法律援助 1 件。推动社会拥军。鼓励民营企业、社会组织等与驻区部队开展军民共建活动,引导民营企业、社会组织吸纳退役军人就业。区双退办联合区工商联、侨台办及时组织退役士兵专场招聘会,提供岗位 600 余个。(韩　林)

■服务保障　做好“三后”服务。年内,全区安置军转干部 12 名;坚持和完善区“社工保底”军嫂安置模式,完成 5 名军嫂社工安置,安置率 100%;协调 21 名军人子女入学优待。落实优抚政策。全年发放义务兵及其家属优待金 127 人次 755 万元;为重点优抚对象和农村籍退伍老兵发放各类抚恤、补助、优待金 3747 万元,为烈士遗属发放“烈士纪念日”慰问金 9.7 万元和春节慰问品等。构建服务体系。年内,全区实现 1 个区级服务中心,11 个街镇级服务站,233 个村居服务站的全区三级基层退役军人服务保障体系全覆盖。印制下发《青浦区退役军人服务中心(站)服务规范手册》1000 册,《工作流程图》易拉宝 260 个,优抚安置政策问答、信息采集、法律援助、人才公寓申请等三折页宣传册 7 万余册。制定《区基层服务站建设工作清单(五个一)》《区退役军人服务中心(站)服务清单》《青浦区退役军人服务中心(站)规范化建设工作指导手册(试行)》发放基层退役军人服务站。全年组织街镇基层退役军人服务站站长培训 4 期,410 余人次参加培训。推进就业创业。举办青浦区首届退役军人创新创业大赛,遴选优秀企业参加上海市退役军人创业大赛,获二等奖 1 名,三等奖 2 名,优胜奖 4 名。聘请 5 名各行业顶尖就业创业专家导师组建区退役军人就业创业专家志愿导师团。年内,接收退役士兵 84 人,组织退役军人专场招聘活动 4 次,提供招聘信息 1009 条、企业面试机会 2200 余次,达成初步用工意向 240 余人次。(韩　林)

■共创共建　开展军民共建活动。派出教官 180 人次,为学校学生和企事业单位职工组织军训活动,6939 人受训。组织青、嘉、吴三地退役军人事务局开展“上善双拥杯”篮球友谊赛活动。参与社会稳定防控。驻区部队参加军警联合武装巡逻任务 3000 余人次;第三届“进博会”期间,驻区部队 1000 余名现役官兵与 247 名青浦民兵共同完成入沪道口和“进博会”场馆周边安保任务。助力社会事业发展。开展学雷锋活动,帮助驻地困难户、烈军属义务劳动 958 人次;开展“军徽映夕阳”活动,与全区 17 家公益养护院结对,定期看望慰问老人;推进“军徽照晨曦”助学兴教,组织团以上干部与 10 余名贫困学生结对帮学。(韩　林)

老龄工作

■概况　2020 年,青浦区召开老龄委全体扩大会议,明确青浦区老龄工作委员会工作规则,制定并下发《2020 年青浦区老龄工作要点》。编制老龄事业发展“十四五”规划。开展 2020 老年人心理关爱项目试点工作。协调推进老年健

10 月 22 日,区老龄委在区文化馆举办“孝亲敬老·上善青浦”——青浦区庆祝全国第十一个“敬老月”、上海市第三十三个“敬老日”活动　(区卫健委供稿)

康周、敬老月等系列活动,举办“孝亲敬老·上善青浦”老年节主题宣传活动,开展全国及青浦区敬老爱老助老先进单位和个人申报及评选,协调做好为老健康服务视频宣传资料报送、老年普法活动、老龄信息报送等。 (田青华)

■**推进老年健康发展** 协调组织开展敬老月系列活动。开展以“弘扬养老孝老敬老传统,共建共享老年友好社会”为主题的敬老月系列活动,协调开展走访慰问老年人活动、敬老日为老咨询服务活动、重阳节庆祝活动、重阳圆梦微心愿活动、青浦区“孝亲敬老助老”先进单位和模范家庭评选等工作。组织老年人参与上海老年大学“乐学大讲堂”线上讲座,学习、普及科学的新冠肺炎疫情相关知识。推进“提升健康素养,乐享银龄生活”老年健康周、“银龄法宝”老年普法进社区等活动。(田青华)

■**开展老年健康服务** 全面推进家庭医生签约服务老年人工作,签约家庭医生60岁以上老年人达142533人。辖区内65岁及以上常住居民数108159人,接受健康体检人数76731人。贯彻落实医养结合相关工作,继续推进长护险工作。在赵巷镇巷佳社区开展老年人心理关爱国家试点项目。 (田青华)

残疾人工作

■**概况** 2020年,青浦区共有持证残疾人24439人,全年新增残疾人752人。按类别统计:视力残疾2197人、听力残疾2962人、言语残疾170人、肢体残疾14197人、智力残疾2084人、精神残疾2460人、多重残疾369人。按镇(街道)统计:金泽镇4282人、练塘镇3665人、朱家角镇3191人、白鹤镇2552人、华新镇2326人、香花桥街道1826人、盈浦街道1376人、赵巷镇1365人、徐泾镇1406人、夏阳街道1417人、重固镇1033人。按户籍统计:农业户籍人口10668人,非农业户籍人口13771人。按性别统计:男性11847人,女性12592人。处于就业年龄段的有7150人,占持证残疾人总数的29.26%。

2020年,残疾人工作围绕疫情防控、政府实事项目、残疾人保障救助、残疾人康复、残疾人辅具适配、残疾人就业培训、残疾人宣传文体、残疾人维权工作开展。 (陆晟靖)

2020年青浦区持证残疾人情况表

表65 单位:人

年龄段	总人数	男	女	残疾类别						
				视力残疾	听力残疾	言语残疾	肢体残疾	智力残疾	精神残疾	多重残疾
合计	24439	11847	12592	2197	2962	170	14197	2084	2460	369
0-5岁	12	7	5	0	4	0	7	0	0	1
6-15岁	150	95	55	3	32	2	30	59	10	14
16-55岁	7150	3730	3420	522	748	67	3318	1200	1182	113
56岁以上	17127	8015	9112	1672	2178	101	10842	825	1268	241

(陆晟靖)

■**疫情防控工作** 加强三阳机构、残疾人希望之家、残疾人集中就业企业和扶残涉农经济组织等残疾人相对集中机构地点的防疫管控,出台一系列防疫指导意见;成立新冠肺炎疫情防控期间应急服务队,以微信、短信、电话等方式与残疾人保持联系,主动为有需求的特殊困难残疾人提供应急服务、人文关怀和心理疏导的同时做好舆论引导。 (陆晟靖)

■**政府实事项目** 推进市政府实事项目“为听力、言语障碍残疾人提供信息消费通信优惠套餐服务”,全年为540名听力、言语障碍残疾人开通信息通信优惠套餐。超额完成区政府实事项目“促进400残疾人就业增收”全年共安置残疾人就业467人,其中:分散就业214人;集中就业37人;个体开业11人;其他205人。提前完成区政府实事项目“残疾人家庭无障碍改造”,251户残疾人家庭无障碍改造全部完工。 (陆晟靖)

■**残疾人保障救助工作** 发放一户多残残疾人家庭救助补贴22198户次,金额2372100元;代缴重残无业养老补助1510人次,缴费37750元;重残门诊大病及住院医疗帮困,补贴75人,金额149176.7元;重残门急诊医疗救助,补贴422人,金额269320.9元;重残住院起付段补贴,补贴53人,金额6300元。重残居民养老保险代缴,参保2876人,金额1800000元,重残居民医疗保险代缴,参保3447人、区级投入资金16372580元。发放困难残疾人生活补贴4119人、金额14898330元。享受残疾人交通补贴55525人次,发放金额7603965元。为全区持证残疾人投保大重病医疗和团体意外两份保险,投入金额分别为4188630元、3462919元。市、区两级助学补贴362人,补贴金额1229503.08元。 (陆晟靖)

■**残疾人康复工作** 全年组织12491名残疾人参加免费健康体检,其中重度残疾人上门体检435人。为2318名残疾人提供居家养护服务,为约562名志愿者发放工作补贴。为154名机构养护人员发放重残养护金1145896元。为138名持有阳光宝宝卡的残疾儿童发放康复训练补助金约1314798.21元。实施白内障复明手术329例，投入资金822500元。8711人享受重残护理补贴，投入资金20167950元。36人享受肢体矫治手术及关节置换手术补帖，补贴金额384800元。（陆晟靖）

■残疾人辅具适配工作 全年全额类辅具配发4564件。组合适配上门评估108人，为70人提供个性化适配服务，配发辅具192件。假肢矫形器安装共95例，其中假肢10例、矫形鞋83例、矫形器2例。成人助听器安装171例。现有195名残疾人享受护理用品配发，配发32万余片。为19位肢体残疾人适配电动类辅具，其中电动护理床2件、电动轮椅车17辆。为165名视力残疾人验配眼镜式助视器。为34名残车主发放残车置换补贴165600元。为245辆残车发放油费补贴108108元。12月底，开展残疾人机动（电动）轮椅车查验工作，查验车辆172辆。（陆晟靖）

■残疾人就业培训工作 年内，全区扶残涉农经济组织总数65家，帮扶残疾人数799人，其中签订劳动合同141人、劳务合同658人。组织残疾人专场招聘会36次，帮助残疾登记失业人员实现就业人数35名，设立创客空间运行孵化项目。青浦区残疾人就业帮扶基地揭牌，作为青浦初等职业技术学校的实训基地，定期开展实习、实训。举办残疾人职业培训7期，其中就业孵化班4期、职业培训班3期，合计培训人数463人，其中新增培训数118人。（陆晟靖）

8月24日，夏阳街道开展残疾预防日主题宣传活动（区残联供稿）

■残疾人宣传文体工作 组织开展各类线上线下文化宣传主题活动。邀请中国作协年轻作家王昆开展《火神山系列文学作品》线上直播讲座。5月16日，组织观看“共享芬芳 共筑小康”线上直播活动。9—11月，组织收看由上海市残联官方微博线上直播的《沪剧分享和沪语文化》《手机摄影的艺术和技巧》等系列讲座。5月助残周期间，联合文旅局、图书馆面向全区180名残疾儿童根据不同类别赠送“小鸡BOOK”爱智慧阅读礼包。8月25日，在吾悦广场开展“残疾预防，从儿童早期抓起”第四次全国残疾预防日宣传活动。9月，组织残疾人到环城水系公园和青浦区残疾人就业帮扶基地参观。（陆晟靖）

8月25日，第四次全国残疾预防日主题宣传活动在吾悦广场举办（区残联供稿）

■残疾人维权工作 全年共处理来信7次、来访13次、来电677次、“12345市民热线”83次，窗口服务人员宣传微笑服务。8月，组织各街镇和残疾人共同收看由上海市残联官方微博线上直播的“《民法典》与残疾人”讲座。11月，召开热线手语视频服务赋能基层工作推进会。做好残疾人配偶户口申报、盲人乘车证换证、视力和聋人信息沟通服务等各项日常工作，办理盲人乘车证26例，聋信卡套餐540例，残疾人配偶迁户24例。（陆晟靖）

殡葬管理与服务

■概况 2020年，青浦区扎实开展违建墓地专项整治成果巩固提升行动，持续巩固专项整治成果，坚决遏止墓地违建乱象。严密组织清明冬至祭扫安全防

范和服务保障工作，确保年度祭扫服务保障工作安全文明有序。（李健飞）

殡葬管理 巩固“无烟墓园”创建成效，继续开展“黑殡葬”“黑中介”专项整治。抓实“殡葬代理服务绿色通道”资格审定监督评审，规范殡葬代理机构和从业人员服务管理工作，开展上海经营性公墓（骨灰堂）专项执法行动，完善殡葬监管执法体制机制。深化守灵堂文化品牌建设。（李健飞）

人民生活水平与居住环境

概况 2020年，青浦区城乡居民人均可支配收入53744元，比上年增长4.2%。快于同期全区经济增长速度，高于全市平均增长水平，增速排名在全市郊区靠前。每百户主要汽车拥有量48辆、空调拥有量230台、计算机拥有量75台、移动电话拥有量252部（其中接入互联网223部）。（吴　玮）

就业情况 全年新增就业人数26778人，重点关注农村富余劳动力，针对性输送岗位，拓宽就业补贴范围。年内，全区农村富余劳动力新增就业9410人，其中青西三镇占54%。年内，累计提供就业岗位64557个，开展各类招聘活动262场。年内，帮助成功创业530人，完成农民非农就业技能培训8279人。年内，全区应届高校毕业生就业率达85.3%，帮助长期失业青年实现就业创业243人。城镇登记失业人数始终控制在市下达的指标之内。（吴　玮）

实事工程和重大项目 年内，区政府实事工程项目10项总体基本完成，1件（爱心暑托班）因疫情停办。一是养老助残服务：完成改扩建老年活动室25家、新增老年人日间服务中心6家、老年人助餐点10家、综合为老服务中心分中心3家、认知症照护床位100张；完成残疾人家庭无障碍设施改造250户；促进残疾人就业增收400人。二是医疗卫生服务：完成新增智慧健康小屋6个、急救分站1家；新增AED急救设备100台，新建AED急救设备管理系统，开展培训4000人。三是教育保障服务：开设爱心暑托班30个，提供2000名青浦学籍小学生暑期看护服务（因疫情原因调出）；完成开设公办幼儿园托班16班。四是劳动就业创业服务：完成户籍新增就业人数19000人，其中农村富余劳动力4000人；帮助成功创业450人；农民非农就业技能培训7000人。五是农村生态环境改善：完成农村生活污水改造3441户。六是交通设施改善：完成新改建公交候车亭305座（其中新建205座，更新100座）、公交港湾式站台12座。七是美丽家园建设：完成居民住宅二次供水设施改造1000户。八是人居环境改善：完成城区改造街心花园面积10000平方米。九是住房保障服务：完成老旧小区综合改造47万平方米；完成住宅小区新增电动车充电设施500个。十是公共文化服务：完成开放使用环城水系驿站17个，投入使用青溪书院1个。（吴　玮）

环境保护 全年空气质量指数（AQI）达到二级及优于二级的天数有313天，空气质量指数AQI优良率为85.5%，较上年提高8.0个百分点。水环境持续保持，19个市考断面达标率为100%，与去年相同。年内，青浦区10个街镇（除赵巷镇外）通过上海市生活垃圾分类示范街镇评估和复核，青浦区成功通过垃圾分类示范区复核。全年干垃圾日均量488.33吨，比市级指标700吨/日减少30%；湿垃圾日均量569.73吨，比市级指标381吨/日增加50%；干、湿垃圾分类实效明显提升；村居累计设置再生资源回收点605个，建成中转站8座，建成集散场1座，“两网融合”收运处体系逐步健全，日收运量319.41吨，比市级指标255吨/日增加25%。建立和完善市、区、街镇和第三方四级垃圾分类监督检查机制，全年对全区683个小区、184个农村及381个六类场所实现全覆盖检查和指导。加强对餐厨废弃油脂管理，申报签约基数3310户，其中：餐饮单位3269户；食品生产企业35户；流通单位为6户。申报数3222户、申报率为98.56%；签约数为3222户、签约率为98.56%；备案数为2986户、备案率为90.21%。三家收运单位全年向上海中器环保科技有限公司运送处置地沟油555.14吨，老油205.69吨。加大单位生活垃圾处理费征收力度，全年累计收费金额9552.97万元，比年度收费指标数7801.1万元增长22.46%。（吴　玮）

绿化建设 全区绿地总面积6956.77万平方米，其中园林绿地面积4029.15万平方米、生产绿地面积为2927.62万平方米。全区绿化覆盖总面积6998.22万平方米，其中园林绿化覆盖面积4070.6万平方米、生产绿地面积为2927.62万平方米。全区公共绿地面积1212.41万平方米，绿地率43.05%，绿化覆盖率43.31%，人均公共绿地面积10平方米/人。（吴　玮）

综 述

2020年,青浦区有赵巷、徐泾、华新、重固、白鹤、朱家角、练塘、金泽8个镇和夏阳、盈浦、香花桥3个街道。辖184个行政村和146个社区居民委员会。区域总面积668.52平方公里,水域及水利设施用地面积156.77平方公里(其中河流65.995平方公里、湖泊51.688平方公里、水库1.997平方公里、坑塘6.158平方公里、养殖塘24.125平方公里、沟渠5.444平方公里、水工建筑1.363平方公里),耕地面积16271.68公顷。11个街镇交通便捷、基础设施较完备,生产保持基本稳定,经济保持健康发展。全区地区生产总值实现1194.01亿元,比上年增长3.8%。其中,第一产业增加值7.97亿元,增长5.6%;第二产业增加值421.62亿元,下降1.5%;第三产业增加值764.42亿元,增长7.1%。三次产业增加值占地区生产总值结构为0.7:35.3:64.0。常住人口127.14万人,户籍人口50.31万人,来沪登记人口79.01万人。全区人均生产总值为9.37万元。

年内,赵巷镇融入服务保障两大国家战略、青东联动发展和新城规划建设,完善软件信息产业服务体系,建设智慧园区;加强招商能力建设开展目录招商,推进带项目土地出让;促进传统产业升级改造,推进建设用地减量化。徐泾镇围绕培育"会展+"现代化服务业核心目标,推动两大国家战略深度融入区域经济,推进楼宇经济高质量发展,重点聚焦楼宇体量、质量、产量"三大维度"升级,提升城市治理水平和治理能力。华新镇积极对接两大国家战略,统筹疫情防控和经济社会发展,全面开展国家物流枢纽建设,韵达总部、中通吉智能制造等项目动工;推进重点区块转型深化,锁定三个产业园区内52个项目地块,在全面开展违法违规行为治理基础上开展收购收储。重固镇深入实施新型城镇化与乡村振兴双轮驱动发展战略,在片区联动、点上创建、产业振兴等方面进行探索实践;提出社会治理创新举措,完善城市运行管理体制机制,提高镇域治理样板新水平。白鹤镇启动打造"安亭·花桥·白鹤"城镇圈,加快白鹤跻身跨越式高质量发展行列;坚持城镇更新和乡村振兴"双轮驱动",着力改变白鹤城乡面貌;青龙镇遗址入选第八批全国重点文物保护单位。朱家角镇开展疫情防控工作,推进复工复产复市;长三角一体化示范区(上海)金融产业园、长三角(上海)投资公司、浦发银行长三角一体化示范区管理总部落户朱家角;张马村成功创建市级乡村振兴示范村。练塘镇强化顶层设计实施乡村振兴战略工作,统筹规划朱枫公路乡村振兴片区,打造"新时代江南田园示范区",推进乡村振兴示范村建设,东庄村乡村振兴示范村建设通过市级复核,徐练村被列为第三批市级乡村振兴示范村。金泽镇持续推进乡村振兴战略实施,35个村居人居环境整治均达标;主动对接苏、浙等毗邻地区,参与环淀山湖战略协同区建设,华为研发中心项目在西岑社区开工建设;综合为老服务中心正式开业。夏阳街道全力开展疫情防控工作,推进"美丽家园""美丽乡村""美丽街区"建设,助力青浦区成功创建第六届全国文明城区,创新社会治理打造基层共治共享新模式。盈浦街道着力推进"平安盈浦"建设,推进市域社会治理现代化试点工作,优化社区共治平台,开展重点人员、重点目标、重点区域管控,保障城市运行安全;完善文化服务体系,持续加强文化品牌建设,深化"寻觅老城厢历史·对接新城区文明"主题。香花桥街道推进乡村振兴及生态建设,完成郊野单元(村庄)规划编制,开展"美丽香约·宜居家园"创建系列活动;利用"文化云盒"平台和数字移动阅读平台,提升公共文化数字化服务能力;提升安防能力建设,加大技防投入力度,确保城市运行平稳安全。

(何 磊 金樱樱 李伟虹 杨 佳 朱 鹰 丁砚涛 钱怡琼 俞薇薇 张婷婷 凌佳晨 周一萍)

赵巷镇

■概况 位于青浦境域东部,东与徐泾镇毗邻,西与夏阳、香花桥街道接壤,南与松江区泗泾、佘山镇交界,北与重固、华新镇相依。水陆交通便捷,基础设施完善。G50沪渝高速、轨道交通17号线、318国道、盈港东路、崧泽大道横跨东西;嘉松中路、赵重公路、山周公路贯穿南北;油墩港、淀浦河、新通波塘等河流纵横交错,是苏、浙两省的重要水上枢纽。总面积40.47平方公里。

下辖方夏、和睦、沈泾塘、崧泽、中步、金汇、南崧、垂姚8个村民委员会和金葫芦社区、金葫芦第二社区、北崧社区、赵巷社区、新镇社区(涉农村)、巷佳社区、崧鑫社区、崧涵社区、崧湖社区、佳福东社区、华沁社区、华秀社区、佳昱社区、龙联社区、秀景社区、佳辉社区、佳煌社区17个居民委员会。户籍人口33056人，其中：男性16444人、女性16612人，60岁以上老人10182人。

历史人文资源丰富，有崧泽和刘夏两处古文化遗址。崧泽古文化遗址位于崧泽村，为新石器时代遗址，有6000多年历史。崧泽遗址博物馆于2014年对外开放。刘夏古文化遗址位于方夏村（由原方东、方西、刘夏三村合并而成），为新石器时代晚期古遗址，被列为市级文物保护单位。

2020年，实现全口径税收收入26.67亿元，比上年减少1.08%，完成考核目标的106.2%；包括市西软件园的2020年全镇实现全口径税收收入28.27亿元，完成考核目标的102.8%；社会消费品零售总额113.14亿元，比上年增长6.6%，完成年度考核目标的104.6%；全社会固定资产投资58.35亿元，比上年增长13%，完成年度考核目标的138.9%。

融入长三角一体化发展，以市西软件信息园建设为重点，拓展新产业、新业态，做实做强软件信息上下游产业。推动商业商务区转型升级；聚焦软件信息园，落实项目准入机制，提高项目准入门槛，加快推进项目开工建设，推动土地收储、劳动力安置等工作。

赵巷镇人民政府驻地：赵巷镇赵兴路90号。（何　磊）

■疫情防控　第一时间成立疫情防控领导小组和工作专班，制定工作方案，落实到每一个环节和责任人。利用各类平台，在社区、商圈等场所开展宣传工作，普及防范意识。通过织密网格，守牢交通枢纽、商圈、农贸市场、文化场所、村居道口和小区入口，其中全镇村居出入口设立封闭式道口131道、设防卡口153道，有效防止疫情传播。在赵华路470号原赵巷镇敬老院设立临时隔离点，全镇防疫成效显著，未有相关隔离人员入驻隔离点。（何　磊）

■支持企业复工　出台《赵巷镇关于抗击新冠肺炎疫情支持企业发展的意见》，帮助企业共渡难关。走访企业并向企业发放告知书。制定并实施企业“白名单”“灰名单”的分类管理，分批逐步推进企业复工。严格落实企业主体责任，做到“进企业、进车间、进宿舍”全覆盖核查，确认企业口罩、测温枪、消毒液等防疫物资准备到位，对人员的疫情筛查和健康防护予以监督。全镇工业企业全部复工，涉及生产职工约1500人，产能100%恢复。（何　磊）

■重点项目有序推进　漕河泾赵巷科技绿洲项目整体进入全面施工阶段，一期项目部分地块实现竣工，二期、三期项目进入施工阶段。网易上海国际文创科技园项目完成最后一幅地块出让，于6月启动项目建设。虹桥创智港项目主体工程达到“正负零”（地下施工基本完成楼搭出地面）。北斗时空智能产业园项目完成地块出让。熙菱信息大数据产业园项目处于土地出让前期准备工作阶段。绿地吉盛伟邦转型项目取得重大进展，于2021年1月4日，在原址举行绿地上海市西科技园启动仪式。（何　磊）

■营商环境持续优化　贯彻“放管服”改革理念，开展企业大调研，走访实地型、注册型企业2043家。发扬“店小二”精神，做好第三届“进博会”服务保障。加大招商引资和服务企业力度，举办高质量融入两大国家战略招商推介会。支持经济小区健康发展，新注册企业增长26.3%。鼓励消费拉动经济增长，配合举办“五五购物节”青浦购物季活动。研究解决百联奥特莱斯广场、山姆超市的周边交通、停车、餐饮等配套问题，奥特莱斯连续7年蝉联行业销售冠军。6月29日，网易上海国际文创科技园项目开工仪式举行，项目由网易（上海）网络有限公司投资，总投资50亿元，占地面积15.33公顷。（何　磊）

■规划建设升级　规划引领作用持续凸显，推进特色居住区H4街坊住宅用地等4个控详规划、隆平寺等3个专项规划编制工作，开展2035规划宣传进市民活动。重点加快产业配套和基础设施建设，推进网易等地块周边佳康路、崧泾河等6个配套项目建设，新建业绣路等3条道路。动迁安置房一期项目完成土地出让。集镇区赵华路等7条道路美丽街区建设按时完工。沈泾塘村便民服务中心开工建设，推进方夏村、和睦村、中步村、新镇居委会4个便民服务中心新建项目。启动文体中心综合改造。刘夏路等3条示范道路创建，垂姚支路等3条道路提档升级，市政道路、居民小区等11处雨污分流改造，赵巷路白改黑，以及“美丽家园”、金葫芦一区“幸福小区”建设顺利完工。（何　磊）

■乡村振兴项目　完成郊野单元规划成果入库，推进“1+4”（赵巷镇全域+4个保留村：和睦村、方夏村、崧泽村、中步村）乡村振兴战略规划顶层设计与定位研究，编制和睦、方夏、中步、崧泽4个保留村庄的策划方案。和睦村加快创建市级乡村振兴示范村步伐，启动提

2月14日，区委书记赵惠琴（前右二）一行走访赵巷镇南淀浦河菜场、崧泽华城社区和方夏村，图为南淀浦河菜场（青浦发展集团供稿）

升改造项目建设，总投资近5000万元。方夏村高分获评市级美丽乡村示范村，中步村准备市级乡村振兴示范村申报前期工作，崧泽村推进区级美丽乡村建设。引入社会资本参与，“一稻”刘夏（方夏村引入的社会资本项目——刘夏产业科技园项目）、“乐稻乐道”（和睦村引入的社会资本项目，为上海六甲公司投资建设的休闲农业项目）等项目开始运营并有收益。打造农业精品项目，20.53公顷高标准设施菜田开工建设，粮食烘干点1个（设于方夏村）投入使用。（何　磊）

9月18日，赵巷镇高质量融入两大国家战略招商推介会举行　（赵巷镇供稿）

■社会事业　开展爱国卫生运动，推进垃圾分类管理工作，通过国家卫生镇复审。全面实施农村地区一体化保洁。加大教育资源供给规划，新增3所学校列入新一轮区政府社会事业设施三年行动计划。做强“巷心力”文化品牌融合崧泽文化，推进新时代文明实践分中心建设。加快体育公共设施建设，体育公园完成全镇首个智能化球场改造，新建健身步道1条、健身苑点2处。健全科普网络，巩固推动国家、市、区三级科普教育基地建设。（何　磊）

■领导调研　3月7日上午，区委书记赵惠琴一行到赵巷镇调研疫情防控工作，先后走访赵巷镇新城一站大居社区委员会龙联居委会、佳昱居委会、佳福东居委会、德康居委会筹备组、崧湖居委会、和瑞居委会筹备组。4月9日，云南省德宏州梁河县委书记张益伟率领梁河县党政班子成员到赵巷镇考察，参观考察市级美丽乡村示范村——和睦村。4月15日，区委书记赵惠琴一行到赵巷镇和睦参加爱国卫生主题活动，区人大常委会副主任何强，副区长彭一浩，市管二级巡视员徐英等参加活动。5月18日下午，区委书记赵惠琴、区委副书记杨小菁、副区长金俊峰等先后到赵巷镇和睦村、重固镇徐姚村、朱家角镇张马村、练塘镇东庄村，调研乡村振兴示范村建设工作。5月29日，区委书记、第一总河长赵惠琴实地巡查环城水系公园三期建设和区河道水环境治理工作落实情况，区委常委、副区长姜爱锋陪同。6月16日，市委书记李强到赵巷镇中步村调研基层社区建设，市委秘书长诸葛宇杰、副市长彭沉雷、区委书记赵惠琴等参加调研。（何　磊）

■赵巷镇高质量融入两大国家战略招商推介会举行　9月18日下午，赵巷镇高质量融入两大国家战略招商推介会暨2020年赵巷镇产业项目集中签约仪式举行。镇领导以及区相关职能部门负责人出席推介会。会上，市西软件信息园和漕河泾赵巷科技绿洲分别作推介。上海普利特复合材料股份有限公司、上海熙菱数据技术有限公司集团、上海瑞星达智能科技有限公司、上海太平洛克品牌发展有限公司、科顺防水科技股份有限公司工程建材集团5家企业与赵巷镇人民政府举行集中签约仪式。（何　磊）

2020年赵巷镇经济与社会发展基本情况表

表66

项目	计量单位	数值	比上年增长(%)	备注
工业总产值	万元	158834	6.7	—
农业总产值	万元	3875	131.3	—
税收收入(税务口径)	万元	244255.3	1.3	—
区级税收收入	万元	88666.36	11.7	—
镇结算财力收入(剔除教育统筹)	万元	86833.9	2.5	—
合同外资	万美元	14136.8	16.4	—
外方到位金额	万美元	10592.2	62.2	—
新增内资企业注册资金	万元	—	—	—
内资到位金额	万元	—	—	—
固定资产投资总额(在地)	万元	583530	13	—

（续表）

项目	计量单位	数值	比上年增长(%)	备注
社会消费品零售总额	亿元	113.14	6.6	—
主要农副产品产量				
粮食	吨	2265.3	4.9	—
油菜籽	吨	—	—	—
生猪出栏数	头	—	—	—
家禽	万羽		—	—
鲜蛋	吨		—	—
淡水产品	吨		—	—
蔬菜	吨	139.2	-51	—
教育事业				
其中：成校（职校）	所	—	—	其中1所为辅读学校
高中	所	—	0	—
初中	所	1	0	—
小学	所	1	0	—
幼儿园	所	1	0	—
在校生（含幼儿园）	人	3127	-0.02	—
教职工	人	327	0.07	—
教育事业财政支出	万元		—	—
文化事业				
图书馆（室）	个	2	100	—
文化馆（室）	个	0	0	—
影剧院（场）	个	1	0	—
文化事业财政支出	万元	268	-14	—
医疗、卫生、体育事业				
卫生院（所）	所	1	0	—
卫生室	所	10	0	—
总床位	张	76	-7.3	—
医技人员	人	122	-0.8	—
体育场馆	座	1	0	—
健身苑（点）	个	64	5	—

（何　磊）

2020年赵巷镇经济和社会发展各类指标情况表

表67

类别	序号	指标名称		单位	完成情况	
					总量	增幅(%)
经济实力	1	税收	税收总收入	亿元	24.43	1.3
			区级税收收入	亿元	8.87	11.7
	2	规模以上工业总产值		亿元	15.88	6.7
	3	社会消费品零售总额		亿元	113.14	6.6
	4	招商引资	合同外资	万美元	14136.8	16.4
			外方到位资金	万美元	10592.2	62.6
	5	引大引强引实(含总部企业)		户	16	166.7
	6	内资实体型项目注册资金		亿元	0	
	7	全社会固定资产投资(属地)		亿元	58.35	13
		其中:工业固定资产投资		亿元	0	
		商贸服务业固定资产投资		亿元	10.54	-12.5
	8	开发区单位土地全口径税收产出增幅		%	—	—
创新转型	9	有效专利拥有量		件	—	—
	10	农业经营	家庭农场	个	—	—
			集体农场	个	—	—
			农业布局合规率	%	—	—
	11	产业结构调整项目数	调整企业数	个	2	-89.47
			调整面积数	公顷	1.907	-65.61
	12	清洁能源替代	锅炉	台	8	14.3
			窑炉	台	—	—
	13	土地减量化		公顷	12.08	20.8
社会民生	14	城乡居民可支配收入		元	—	—
	15	新增就业岗位		个	1424	34.2
		其中:非农就业岗位		个	1035	—
		残疾人就业安置岗位		个	13	-43.5
	16	帮助长期失业青年就业		人	16	6.7
	17	帮助成功创业		个	36	12.5
	18	城镇登记失业人员控制数		人	347	—
	19	青年职业见习人数		个	18	66.7
	20	中高层次职业技能培训人数		个	—	—
		其中:高级及以上		个	—	—
	21	城乡居保中农村居民参保	续缴率	%	—	—
			扩覆率	%	—	—
	22	实有人口总量控制数		万人	15.59	—
		其中:实有人口(来沪人员)总量控制数据		万人	8.67	—

（续表）

<table>
<tr><th rowspan="2">类别</th><th rowspan="2">序号</th><th colspan="2" rowspan="2">指标名称</th><th rowspan="2">单位</th><th colspan="2">完成情况</th></tr>
<tr><th>总量</th><th>增幅(%)</th></tr>
<tr><td rowspan="8">生态文明</td><td rowspan="2">23</td><td rowspan="2">工业能耗</td><td>综合能源消费控制量</td><td>万吨标煤</td><td>0.4741</td><td>-9.36</td></tr>
<tr><td>规模以上工业万元产值能耗下降率</td><td>%</td><td>-15.02</td><td>—</td></tr>
<tr><td>24</td><td colspan="2">主要污染物排放量削减率(二氧化硫、化学需氧量、氨氮、氮氧化物)</td><td>%</td><td>—</td><td>—</td></tr>
<tr><td rowspan="2">25</td><td rowspan="2">污水处理</td><td>城镇污水处理率</td><td>%</td><td>—</td><td>—</td></tr>
<tr><td>截污纳管户数</td><td>户</td><td>—</td><td>—</td></tr>
<tr><td rowspan="2">26</td><td rowspan="2">生态造林</td><td>新增森林面积</td><td>公顷</td><td>40</td><td>-66</td></tr>
<tr><td>陆域森林覆盖率</td><td>%</td><td>22.8</td><td>11</td></tr>
<tr><td>27</td><td colspan="2">主要农产品“三品”认证率(有机、绿色及无公害产品)</td><td>%</td><td>100</td><td>0</td></tr>
</table>

（何　磊）

徐泾镇

■概况　位于青浦境域东部，东与虹桥机场为邻；西与赵巷镇毗邻；南与松江区九亭镇、泗泾镇交界；北与华新镇、闵行区华漕镇接壤。G50沪渝高速、318国道、崧泽大道、北青公路平行横贯全镇，G15沈海高速纵向贯通，构成“丰”字型国家级公路网，轨道交通有2号线、17号线；全镇面积38.55平方公里。

为国家卫生镇、市综合经济实力十强镇、市标兵乡镇、市文明镇、青浦区经济和社会发展龙头镇。2020年，获得第六届全国文明镇称号。辖区内蟠龙古镇历史悠久，有古单孔石拱桥香花桥、程家祠堂和普门教寺遗迹。在1993年成立全区首个国家经济开发区——西郊经济技术开发区，逐步形成电子信息、纺织服装、机械制造、化工等众多产业。国家会展中心于2014年试运营首展，总面积86公顷，展览面积50万平方米，产业集聚效应显著。2018年11月，首届进口博览会在国家会展中心举行。会展服务业以及贸易、物流、仓储、总部、咨询、电子商务、创意文化等“大会展经济”得到发展。有上海国家会计学院、上海核建科创园、中国北斗产业技术创新西虹桥基地、中国神华华东总部等产业。

镇域内水、电、煤气、通信等设施齐全。建有日供水量7万吨级的自来水厂、日处理5万吨的污水处理厂、储备量60万立方米的管道煤气储气站、3.5万伏变电站2座、2万门IDD国家程控电话交换机房。

下辖光联、民主、联民、前明、金云、二联、金联、连庵、陆家角9个村民委员会和徐泾、宅东、蟠龙、京华、龙阳、徐安第一、徐安第二、徐安第三、徐安第四、卫家角第一、卫家角第二、卫家角第三、高泾、玉兰清苑、尚泰路、尚鸿路、尚茂路、仁恒西郊社区居民委员会18个社区居委会。户籍人口15341户、44027人，其中：男性21784人、女性22243人；60岁以上老人13046人。

全年地区生产总值118.3亿元，比上年下降3.5%；规模以上工业总产值61.15亿元，比上年下降10.3%；社会消费品零售总额53.94亿元，比上年下降7.5%；全社会固定资产投资86.78亿元，比上年增长4.2%；镇级财力完成17.13亿元，比上年增长22.53%。

徐泾镇人民政府机关所在地：徐泾镇盈港东路1800号。　（金樱樱）

■疫情防控工作　制定新冠肺炎疫情防控应急预案，成立防疫领导小组，实行社区“限时封闭管理”和“红黄蓝三色证”管理制度，指导各小区、企业、工地开展防疫工作。组织发动1577名各级财供人员、1056名在职党员和1200多名社会志愿者到基层一线，参加疫情防控和各项保障工作。全年向各基层单位发放口罩、耳温枪等各类物资75.1万份；集中观察人员126人，派驻机场、留验点接待检测人员900人次；实施居家医学隔离观察8170人，医学隔离解除8114人，境内人员“零感染”。落实《徐泾镇关于抗击新冠肺炎疫情支持企业发展的意见》，推动企业复工达产，落实补助专项资金8878万元、实际拨付5586万元，梳理镇村两级集体资产减免租金1663万元，协助38家企业申请贷款12.6亿元、发放4.1亿元，申请产业扶持项目19个。

（金樱樱）

■经济持续发展　制定《徐泾镇2020年度招商工作实施方案》《徐泾镇2020年招商手册》，推进“四个一批”重点产业项目，山鹰国际、浙江天圣完成土地出让，名岑实业、灿辉国际开工建设。推进“医疗器械、会展商贸、创新金融、在线经济”四大产业集群发展，聚焦以麦迪睿为代表的生物医药百亿级产业集群和中昊百亿级进出口贸易产业园区建设。协办首届中国国际公共采购论坛，推动联合国亚洲采购中心和世界中小企业联合会项目落地。推进企业转型升级，帮助椰岛等3家楼宇企业创建特色产业园区。实现驻点服务、政策宣解、工商申报等“服务窗口”前移。“一网通办”全年接单473件，其中符合受理214件，办结事项214件，办结率100%。推进徐泾镇“十四五”规划编制工作，完成镇区A4、A15街坊局部调整规划、镇绿色工业园区控制性详细规划(G15以西)修编工作，区块内15家企业完成自主转型。完成产业结构调整13.93公顷、调整企业21家。

（金樱樱）

■城乡融合发展 老集镇“城中村”改造项目完成二期3宗土地出让，蟠龙“城中村”改造项目完成二期4宗土地出让。全年实施各级财政投资项目171个，总投资30.95亿元。储备项目20个。申报创建金云村2020年市级美丽乡村示范村。围绕主题，确立金云村环境形态提升项目，启动15个项目建设，村委会涂装改造、生态廊道建设、“孝贤园”围墙改造项目完工。

（全樱樱）

■社会民生 全年完成全镇114座垃圾箱房和300个垃圾分类投放点的标准化配备，完成居住区72处分类投放点顶棚设施改造和1处大分流设施建设。完成15处心理咨询室建设并通过验收。完成蟠龙“城中村”181户动迁居民190套安置房提前异地分房工作。全年新增就业岗位1364个，帮助创业33家，举办线上线下招聘会68期，完成见习、培训50人次，推进劳资纠纷化解，成功调解1793件，完成社会救助7740人次、661.48万元。落实各类优抚政策，发放抚恤补助金98万元，完成1325名退役军人信息采集工作，悬挂光荣牌1310块。完成1522万元的慈善资金发放和1441万元慈善捐款募集。为430人提供居家养老上门服务。新建徐泾镇老乐惠社区长者食堂，全年提供老年助餐服务。完成供销社“美丽家园”老旧小区改造项目和广虹商苑“车库改居”整治工作。完成65个业委会组建换届工作，完成民主村、徐泾居委、玉兰清苑3个村居的“房管家”联盟试点。服务窗口全年受理各类事项6.1万件，接待1.26万人次，办结率100%。

（全樱樱）

■城市治理 实施“一网统管”联勤联动一体化闭环式勤务模式，整合公安、城管、市场监管、网格化中心等部门力量，实行7×24小时城市运行联勤联动响应处置机制。全年网格化案件立案39419件，结案38507件，结案率97.6%。推行信访代理工作站机制，化解信访件351件，受理调处各类民事纠纷1472件，调解成功率100%。完成中国国际工业博览会、中国国际纺织面料及辅料（秋冬）博览会等30场次的服务保障工作，客流量超218万人次。推进扫黑除恶专项斗争，运用智慧安防等科技信息化手段，提升社会治安防控智能化、信息化水平。完成龙联汽配城清场任务，拆除11栋厂房，清退58户147人。强化第三届“进博会”期间的管控督导，全年配置1200名平安志愿者参与219个重要点位的管理。公共安全综合整治工作，整治12处地块60余家企业，出动各类检查、执法力量500人次，开具处罚整改单100余份。“三大整治”工作，清理“宅前屋后”“立面”等不规范区域7543处，清理“垃圾”“杂地”4090处。25个村居通过“人居环境先进村居”创建，通过率92.5%。开展“五违”整治工作，完成“无违建先进街镇”创建验收，拆除各类违法建筑174处，56228.47平方米。

（全樱樱）

■金云村获得上海市美丽乡村称号 于2014年启动美丽乡村创建工作。累计投入资金1.58亿（其中镇、村资金0.51亿元），实施村庄规划，开展环境整治、绿化提升、基础设施及配套建设工作。完成村民集中居住，将26个自然村落归并为6个村民集中居住小区，统一规划、统一配套设施。完成生活污水改造、环卫设施改造、中小河道整治、田容田貌治理等项目，改善人居环境。开展“五违四必”“农村人居环境整治”专项行动，拆除违章建筑50150平方米，清理垃圾7000余吨，复垦土地14.13公顷，建成以桃花岛为中心的桃溪柳岸景观核心区，配套市级和区级生态廊道。集中小区配套路灯、天然气、自来水、停车场等设施。河道整治8条段，新建护岸3166米、亲水平台2座。水利工程新建5项小型农田水利和1座灌溉泵站。改造老年活动室、篮球场、党群服务站、村民卫生室等多处公共场所，新建新时代文明实践站、睦邻点、健身小广场等活动场所。高标准设施菜田53.33公顷，实现规模化、集约化、智慧化、工厂化为发展方向的全链式都市型现代种植示范区。生态休闲农业实现农事体验、林果采摘、生态旅游、民宿旅居、户

市级美丽乡村金云村俯瞰 （徐泾镇供稿）

外团建、拓展活动等集于一体的融合发展，有龙头企业牵然农庄和福临农庄。引导和规范管理民宿经营，户均年经营性收入近20万元。成为青浦区实现村民富裕的村庄典型之一。年内，获得上海市美丽乡村称号。（金樱樱）

■罗家锦苑动迁房分房到户 1月5日，办理登记手续的罗家锦苑小区动迁房动迁户385户，以各类安置方式分配到住房551套。现场采取二次摸签的办法进行，第一次按登记号摸签顺序号，第二次按顺序号摸签房号，现场办理预约登记交房手续。罗家锦苑动迁房是区政府重点实事工程，小区容积率2.0，整体空间大，绿化面积35%以上。由六幢住宅楼，一幢综合配套楼和KP站配套用房组成，地下车库和地上车位500多个。（金樱樱）

■获得第六届"全国文明镇"称号 11月20日，在北京举行的全国精神文明建设表彰大会上，徐泾镇被授予第六届"全国文明镇"称号。2018—2020年，徐泾镇培育"新泾彩"党建品牌，线下打造以"寻根讲堂"为核心的品牌，形成"兰馨书院""仁恒小讲堂"等思想政治联合体。线上打造音频《金句朗读》、视频《乡音传党声，徐泾半月谈》。开展"感动徐泾"风尚人物评选，以身边好人引领向上向善精神，开展宣传展示活动436场次，受众17.2万人次。7人获全国道德模范（提名）、中国好人榜等称号。建立全覆盖的城市服务管理网格，推进"泾善泾美"市民修身行动，培育十大特色项目，获评"全国四个100"最佳志愿服务项目，获评上海市"创新、创优"社区志愿服务示范中心。有群文团队110余支，举办8届新徐泾人才艺大赛、10届中外文化交流节、12届徐泾艺术节。市级"非遗""徐泾汤炒"编入"上海'非遗'美食地图"，徐泾"江南丝竹"成为市级传承基地。（金樱樱）

12月25日，徐泾北大居社区卫生服务中心试运行（徐泾镇供稿）

■北大居社区卫生服务中心试运行 12月25日，位于徐泾镇乐高路19号的徐泾北大居社区卫生服务中心试运行，占地面积5499.8平方米，建筑面积6596平方米，有五层。一层设挂号/收费、预防接种区、儿童保健科、预检导诊台、药剂科、西药房、抢救室、保卫科；二层设全科门诊、专家门诊（西医）、儿科门诊、妇产科门诊、简易门诊、外科换药室、检验科、放射科、B超室、心电图室、输液室、注射室、PICC室、便民服务中心、智慧健康驿站、家庭医生工作室；三层设中医科、康复科、中药房、心理咨询门诊、健康体检中心等。有医护人员42人。

（金樱樱）

2020年徐泾镇经济与社会发展基本情况表

表68

项目	计量单位	数值	比上年增长（%）	备注
工业总产值	万元	611500	-10.3	—
农业总产值	万元	4958.2	46.78	—
税收收入（税务口径）	万元	526900	2.68	—
区级税收收入	万元	184100	-3	—
镇结算财力收入（剔除教育统筹）	万元	171300	22.53	—
合同外资	万美元	12837	-12	—
外方到位金额	万美元	7655	-51.7	—
新增内资企业注册资金	万元	60.9	30.4	—
内资到位金额	万元	—	—	—
固定资产投资总额（在地）	万元	86.78	4.2	—

（续表）

项目	计量单位	数值	比上年增长(%)	备注
社会消费品零售总额	亿元	53.94	-7.5	—
主要农副产品产量				
粮食	吨	556	-7.55	—
油菜籽	吨	—	—	—
生猪出栏数	头	—	—	—
家禽	万羽	—	—	—
鲜蛋	吨	—	—	—
淡水产品	吨	72	-11.1	—
蔬菜	吨	11639	4.46	—
教育事业				
其中:成校(职校)	所	1	0	—
高中	所	—	—	—
初中	所	1	0	—
小学	所	3	0	—
幼儿园	所	6	20	—
在校生(含幼儿园)	人	7048	16.15	—
教职工	人	772	27.18	—
教育事业财政支出	万元	—	—	—
文化事业				
图书馆(室)	个	1	0	—
文化馆(室)	个	1	0	—
影剧院(场)	个	—	—	—
文化事业财政支出	万元	—	—	—
医疗、卫生、体育事业				
卫生院(所)	所	2	100	—
卫生室	所	13	0	—
总床位	张	99	-3.88	—
医技人员	人	264	39.68	—
体育场馆	座	4	0	—
健身苑(点)	个	26	-7.14	—

（金樱樱）

2020年徐泾镇经济和社会发展各类指标情况表

表69

类别	序号	指标名称		单位	完成情况	
					总量	增幅(%)
经济实力	1	税收	税收总收入	亿元	52.69	2.68
			区级税收收入	亿元	18.41	-3
	2	规模以上工业总产值		亿元	61.15	-10.3
	3	社会消费品零售总额		亿元	53.94	-7.5
	4	招商引资	合同外资	亿美元	1.28	-12
			外方到位资金	亿美元	0.77	-51.7
	5	引大引强引实(含总部企业)		户	—	—
	6	内资实体型项目注册资金		亿元	—	—
	7	全社会固定资产投资(属地)		亿元	86.78	4.2
		其中:工业固定资产投资		亿元	2.46	-11.4
		商贸服务业固定资产投资		亿元	9.38	27.4
	8	开发区单位土地全口径税收产出增幅		%	—	—
创新转型	9	有效专利拥有量		件	—	—
	10	农业经营	家庭农场	个	—	—
			集体农场	个	—	—
			农业布局合规率	%	—	—
	11	产业结构调整项目数	调整企业数	个	34	—
			调整面积数	公顷	28.45	—
	12	清洁能源替代	锅炉	台	7	—
			窑炉	台	—	—
	13	土地减量化		公顷	2.62	—
社会民生	14	城乡居民可支配收入		元	—	—
	15	新增就业岗位		个	2257	—
		其中:非农就业岗位		个	112	—
		残疾人就业安置岗位		个	17	—
	16	帮助长期失业青年就业		人	24	—
	17	帮助成功创业		个	39	—
	18	城镇登记失业人员控制数		人	421	—
	19	青年职业见习人数		个	22	—
	20	中高层次职业技能培训人数		个	209	—
		其中:高级及以上		个	—	—
	21	城乡居保中农村居民参保	续缴率	%	—	—
			扩覆率	%	—	—
	22	实有人口总量控制数		万人	23.96	—
		其中:实有人口(来沪人员)总量控制数据		万人	16.49	—

（续表）

类别	序号	指标名称		单位	完成情况	
					总量	增幅(%)
生态文明	23	工业能耗	综合能源消费控制量	万吨标煤	3.8	-40.16
			规模以上工业万元产值能耗下降率	%	32.35	—
	24	主要污染物排放量削减率(二氧化硫、化学需氧量、氨氮、氮氧化物)		%	—	—
	25	污水处理	城镇污水处理率	%	100	—
			截污纳管户数	户	515	—
	26	生态造林	新增森林面积	公顷	1.01	—
			陆域森林覆盖率	%	21.13	—
	27	主要农产品“三品”认证率(有机、绿色及无公害产品)		%	34	—

（全樱樱）

华新镇

■概况 位于青浦境域东北部，东与闵行区接壤，西与重固镇、白鹤镇交界，南与徐泾镇、赵巷镇相邻，北与嘉定区安亭镇相望。水陆交通便捷，基础设施完善。沪宁高速公路、北青公路、纪鹤公路横跨全镇东西；嘉松公路、徐华公路、嘉金高速公路贯穿南北，分别与318国道、312国道连接，与G1503上海绕城高速相通。镇域内建有G2京沪高速公路、S26沪常高速公路上下匝道口，有市区公交车与华新相通。新通坡塘纵贯全镇。总面积47.6平方公里。

被国家六部委列为全国重点镇，被市政府列为上海市郊22个中心镇之一，是全国城镇建设先进镇、小城镇建设示范镇、国家级卫生镇、全国文明镇、全国亿万农民健身活动先进镇、市科普示范镇、市文明示范标志区域。有光荣的革命斗争历史，青浦区最大的烈士墓地——东乡革命烈士陵园坐落于镇内火星村。

下辖徐谢、火星、周浜、嵩山、北新、朱长、淮海、新木桥、叙中、陆象、坚强、华益、凌家、白马塘、新谊、马阳、杨家庄、秀龙、叙南19个村民委员会和华新、凤溪、华腾、春江、星尚湾、悦欣、华府、宝龙、新丰、瑞和锦庭、金瑞苑、西郊半岛12个居委会和凤溪社区。全镇户籍人口12432户，46778人，来沪流动人口170957人，境外人员569人。

2020年，全口径税收59.68亿元，比上年增长11%；区级财政收入14.29亿元；规模以上工业总产值179.2亿元。

华新镇人民政府驻地：华新镇华新街318号。（李伟虹）

■疫情防控工作 执行“三个覆盖”（推动入沪人员信息登记全覆盖、重点地区人员医学观察全覆盖、管理服务全覆盖）“三个一律”（对进入上海的人员一律测量体温、对来自重点地区的人员一律实施医学观察、对其他外来地区人员要求由其所在单位一律申报相关信息），组织基层防控网络，设防设卡198处，启用集中隔离点3个（新大洲公司职工宿舍、迪利特大酒店、金狮湾酒店），发动志愿者1万余名，累计排查20余万人，开展集中观察5900余人，居家医学观察1.3万人。主动帮助企业协调防疫物资，推进复工复产。（李伟虹）

■华新镇首个集中隔离医学观察点正式启用 利用原新大洲公司职工宿舍，改造成为华新镇集中隔离医学观察点。2月5日，集中隔离医学观察点竣工验收。主体为3栋楼，每栋6层，设置152个独立房间可供收纳观察对象。按照医学防控要求，严格分为清洁区、半污染区和污染区。隔离人员的房间为“污染区”，走廊、电梯等隔离观察人员活动过的区域为“半污染区”，清洁区为平时医生、护士、志愿者工作休息的地方。配备医学疾控专家2人，镇社区卫生服务中心医生和护士各1人。医护人员每天向隔离人员了解有无发烧、咳嗽等情况，做好各项身体指标登记，24小时随时待命。（李伟虹）

■生态环境治理 推进市级重点生态廊道建设，森林（陆域）覆盖率14.04%，加强第三方公益林养护监管考核。成功创建生活垃圾分类示范镇，完成67个投放点改造，17个垃圾分类精品场所实效显著，生活垃圾收运体系基本建立。加强固体废物闭环管理，整改问题点位55处。完成环保违法违规建设项目整治79家，中小河道周边企业污染源整治复核96家。完成40公里河道整治，打通3条断头河，开展各级河长巡河2738次，中小河道轮疏达标率100%，市考断面水质目标达标率100%，全面消除劣V类河道，市级河长制标准化街镇创建工作全面完成。

（李伟虹）

■综合整治 年内，推动“三大整治”，累计拆除违法建筑22.97万平方米，30个村居成功创建区“人居环境先进村（居）”，开展群众大讨论活动320场次。开展“五违四擅”（“五违”即：违规改建冷链仓储、仓库、冷库，不符合消防安全条件；违规改变建筑使用性质或用途；违规搭建夹层、分隔或者住人等；违规施工动火作业；违规占用消防通道和防火间距。“四擅”即：擅自改扩建、擅自堆放、擅自动火作业、擅自占用）专项整治与“1+5+8”安全综合治理，排查全镇626个实地经营区域1348家企业，约谈严重隐患企业 62 户，立案 23 件，查封严重隐患企业 8 户，拆除违规占用防火间距空间 27 处 4.39 万平方米；推动“厂改冷库”专项治理，疏堵结合关停整治违法冷库 20 个。开展殡葬领域突出问题专项整治，清理乱埋乱葬 81 穴。

（李伟虹）

■华新镇城市新形象正式发布 1 月 12 日下午，在 2020 年各界人士新春团拜会上，华新镇城市新形象正式发布。城市品牌建设工作于 2018 年启动。新形象概括华新镇城市精神，即“通达华新，和你一起”。“通达”是城市精神的核心，体现华新人民通情达理、华新城市互融互通、华新产业通达四海；“和你一起”，则代表华新城市发展过程始终坚持共建、共享、共赢的理念。

（李伟虹）

5 月 13 日，华新镇“红动·育才”优秀青年梯队培育项目发布会暨“拜师学艺”“一线淬炼”仪式举行 （华新镇供稿）

■“红动·育才”华新镇优秀青年梯队培育项目启动 5 月 13 日，华新镇“红动·育才”优秀青年梯队培育项目发布会暨“拜师学艺”“一线淬炼”仪式举行。由镇班子领导一对一带教 14 名优秀青年，19 名优秀青年到村担任协理员。33 名青年均是 80 后和 90 后，以全日制本科学历为主。 （李伟虹）

■华新镇劳动人事争议联合调解中心及巡回仲裁庭挂牌成立 5 月 29 日，全区首家将调解与仲裁相结合的华新镇劳动人事争议联合调解中心正式挂牌成立，调解中心人员配置采取 A + B 联动模式（A 为专职调解员，B 为劳动监察协管员），14 名劳动监察协管员，以 2 人一组网格为单位，轮岗轮班在窗口接待受理业务；2 名专职调解员负责与当事人双方协商沟通，促使达成和解协议。中心附近设有劳动人事争议巡回仲裁庭，当事人就近参加庭审。至年末，调解中心及巡回仲裁庭受理案件 618 户，其中调解成功 507 户、仲裁 111 户，为当事人追讨各类资金 1419.56 万元，调解成功率 82.04%。 （李伟虹）

5 月 29 日，华新镇劳动人事争议联合调解中心正式挂牌成立 （华新镇供稿）

■2020 华新镇第五届运动会“安能杯”第十四届篮球联赛 8 月 27 日，2020 华新镇第五届运动会“安能杯”第十四届篮球联赛总决赛在凤溪公园篮球场举行。6 支球队参加总决赛。白马塘村获得联赛冠军，华益村和朱长村分别获得亚军和季军。篮球联赛是华新镇的“一镇一品”精品体育赛事，2007 年举办首届，连续举办十三届。 （李伟虹）

■青浦区首家“法理堂” 9 月 10 日，在杨家庄村正式揭牌启用。“法理堂”是“大事讲法、小事讲理、杂事讲情”为目标，以村民自治为背景，成为“法治与情理相融合、法治与德治相结合”的法治文化阵地。“讲理堂”占地 48 平方米，设有调解处、咨询点、图书角等不同功能区，是群众反映利益诉求、解决矛盾纠纷的重要窗口。 （李伟虹）

2020年华新镇经济与社会发展基本情况表

表 70

项目	计量单位	数值	比上年增长(%)	备注
工业总产值	万元	1791677	-4.4	—
农业总产值	万元	6422	-0.59	—
税收收入(税务口径)	万元	596801	11.9	—
区级税收收入	万元	142908	2.5	—
镇结算财力收入(剔除教育统筹)	万元	86015	-5.1	—
合同外资	万美元	3812	-90	—
外方到位金额	万美元	6121	-8	—
新增内资企业注册资金	万元	13086	74.7	—
内资到位金额	万元	—	—	—
固定资产投资总额(在地)	万元	634000	23	—
社会消费品零售总额	亿元	57	-11	—
主要农副产品产量				
粮食	吨	3309	31.48	—
油菜籽	吨	—	—	—
生猪出栏数	头	—	—	—
家禽	万羽	—	—	—
鲜蛋	吨	—	—	—
淡水产品	吨	—	—	—
蔬菜	吨	8998	-49	—
教育事业				
其中:成校(职校)	所	1	0	—
高中	所	—	0	—
初中	所	2	0	—
小学	所	3	0	—
幼儿园	所	6	50	—
在校生(含幼儿园)	人	7273	-11.25	—
教职工	人	709	5.51	—
教育事业财政支出	万元	168.65	-19.38	—
文化事业				
图书馆(室)	个	1	100	—
文化馆(室)	个	1	100	32个文化室

（续表）

项目	计量单位	数值	比上年增长（%）	备注
影剧院（场）	个	—	—	—
文化事业财政支出	万元	136.83	-84.80	—
医疗、卫生、体育事业				
卫生院（所）	所	1	0	—
卫生室	所	19	0	—
总床位	张	70	0	—
医技人员	人	162	-3.57	—
体育场馆	座	0	-100	—
健身苑（点）	个	66	0	—

（李伟虹）

2020年华新镇经济和社会发展各类指标情况表

表71

类别	序号	指标名称		单位	完成情况	
					总量	增幅（%）
经济实力	1	税收	税收总收入	亿元	59.68	12
			区级税收收入	亿元	14.29	2.5
	2	规模以上工业总产值		亿元	179.2	10
	3	社会消费品零售总额		亿元	57	-12
	4	招商引资	合同外资	万美元	3812	
			外方到位资金	万美元	6121	
	5	引大引强引实（含总部企业）		户	12	9
	6	内资实体型项目注册资金		亿元	1.31	75
	7	全社会固定资产投资（属地）		亿元	63.4	23.18
		其中：工业固定资产投资		亿元	8.4	197
		商贸服务业固定资产投资		亿元	7.6	-55.29
	8	开发区单位土地全口径税收产出增幅		%	—	—
创新转型	9	有效专利拥有量		件	—	—
	10	农业经营	家庭农场	个	—	
			集体农场	个	10	-17
			农业布局合规率	%	100	—
	11	产业结构调整项目数	调整企业数	个	60	-42.3
			调整面积数	公顷	22.67	-54.16
	12	清洁能源替代	锅炉	台	10	—
			窑炉	台	—	—
	13	土地减量化		公顷	38.23	-3.87

（续表）

类别	序号	指标名称		单位	完成情况	
					总量	增幅(%)
社会民生	14	城乡居民可支配收入		元	—	—
	15	新增就业岗位		个	1979	—
		其中:非农就业岗位		个	702	—
		残疾人就业安置岗位		个	66	8.2
	16	帮助长期失业青年就业		人	19	5.56
	17	帮助成功创业		个	56	-1.75
	18	城镇登记失业人员控制数		人	368	7.92
	19	青年职业见习人数		个	37	-17.78
	20	中高层次职业技能培训人数		个	417	—
		其中:高级及以上		个		—
	21	城乡居保中农村居民参保	续缴率	%	98	—
			扩覆率	%	93.8	—
	22	实有人口总量控制数		万人	21.83	2
		其中:实有人口(来沪人员)总量控制数据		万人	17.10	2
生态文明	23	工业能耗	综合能源消费控制量	万吨标煤	8.12	3.7
			规模以上工业万元产值能耗下降率	%	-3	—
	24	主要污染物排放量削减率(二氧化硫、化学需氧量、氨氮、氮氧化物)		%	—	—
	25	污水处理	城镇污水处理率	%	—	—
			截污纳管户数	户	—	—
	26	生态造林	新增森林面积	公顷	31.46	-75.16
			陆域森林覆盖率	%	14.03	5.33
	27	主要农产品“三品”认证率(有机、绿色及无公害产品)		%	13.35	—

（李伟虹）

重固镇

■概况 位于青浦城东北，东临华新镇，西连香花桥街道、青浦工业园区，南接赵巷镇，北靠白鹤镇，处于G1503上海绕城高速公路、苏虹公路交通大动脉的交汇处。水陆交通极为便利。南靠318国道，北近312国道和A11沪宁高速公路，同三国道贯穿南北，苏虹公路横卧东西。位于境内的油墩港，南通黄浦江，北连苏州河，可供300吨级船舶通航。镇域面积30.21平方公里，耕地面积1513.09公顷。

下辖郏店、毛家角、中新、回龙、新丰、章堰、新联、徐姚、福泉山9个村民委员会和福泉、泉山、福定、泉华4个居委会，另有泉祥、福兆2个居民区筹备组。2020年，在册实有人口70712人，实际居住在重固的户籍人口16708人，来沪人口数53888人。

有被称为“上海历史年表”的福泉山古文化遗址，完整保留距今6000—7000年历史的各个时期文化叠压遗存，于2001年6月被国务院命名为国家重点文物保护单位。2009年，被列为上海市爱国主义教育基地。2010年，成为国家AAA级旅游景区。2013年，被认定定为全国150处大遗址之一。

全年全口径税收32.1亿元，因全区收入调节因素，实际入库29.73亿元，完成调整预算的99.1%，比上年增长0.7%。提升就业保障水平，开展就业创业政策宣传活动13场，面试会18场；加强与周边地区企业协调，挖掘适合岗位；全面开展线上线下招聘活动，新增就业1021人，完成全年目标任务800人的127.6%，失业人数控制在131人。推进城乡居民最低生活保障等工作。全年发放各类救助金850.34万元，一次性困难补助金365.89万元，惠及各类大病、重病、天灾人祸等自负万元以上有特殊困难的家庭1989人次。全面推广老年人睦邻点建设，年末有标准化老年活动室11家，示范睦邻点36家。

重固镇人民政府驻地：重固镇福泉山路628号。（杨　佳）

■防控疫情工作 成立疫情防控领导小组，制定防控方案，创新实施“五村”

（福泉山村、回龙村、新丰村、中新村、章堰村5个村，涉及北青公路以北徐山路、华重路、秀横路等镇级道路道口）联动方法、“四色”管理方法（重固镇对各类来沪人员根据地区分类划分红橙黄绿四个管控等级，并采取相应管控措施）、线上线下工作法等，推动疫情防控闭环管理。组织机关科级干部、青年志愿者赴村居基层一线蹲点，协助村居开展疫情防控工作，创新实施领导干部夜间督查、分片包干制度，全面强化社会面防控。在职党员、楼组长、小区物业、志愿者等组建特色服务小分队，为居民提供心理疏导、物品购买等服务。成立1个镇级工作专班，负责协调入境人员转运和隔离具体事项，组织人员24小时轮流值守，做好与机场、集中隔离点（上海金狮湾酒店）、专车及社区“三人”小组（公安、卫生、村居）工作人员的对接工作。安排1辆专车、1名司机及1名医务人员每天24小时待命，负责入境人员的转运。至年末，集中隔离观察153人，居家观察7405人。编发简报41期，督查专报编发72期。（杨　佳）

■优化营商环境　筹建科创社区服务管理中心，强化招商引资全过程服务。推荐上海诺力智能科技有限公司等13家企业申报2020年度上海市中小企业创新项目，推荐萨康电子（上海）有限公司等3家企业申报2020年度上海市中小企业升级项目。协助申通快递有限公司、上海华培动力科技股份有限公司、上海燕龙基再生资源利用有限公司等20余家企业申报企业技术中心认定、科技小巨人等49项专项扶持资金项目。强化产业平台招商，城郊翔农危化交易平台、医疗器械园平台、生物科技平台实现税收3.84亿元。开展重固镇纳税百强企业表彰走访活动，镇党政、人大班子领导走访申通快递有限公司、上海华培动力科技股份有限公司、上海巧厨商贸有限公司等纳税明星、优秀企业。组织开展落户企业培训，参加600人次。（杨　佳）

■支持企业复工复产　制定班子领导定向联系走访企业制度，走访110余家重点企业，走访过程中企业反馈的防疫物资紧缺、青昆（青浦、昆山）通勤证办理、资金周转困难等14个问题全部解决。成立企业复工核查领导小组，落实具体责任和明确分工。制定出台《重固镇贯彻落实抗击新冠肺炎疫情支持企业健康发展17条意见的工作措施》《重固镇关于抗击新冠肺炎疫情期间支持企业健康发展若干意见》等文件。利用区级倾斜资金，释放政策支持效应。（杨　佳）

■社会事业发展　全面推进健康镇创建工作，培育市级健康村1个、健康促进企业1家、健康社区10个、健康促进机关2个、健康自我管理小组14个、健康家庭15户，新建健康路1条。建立健全社会心理健康服务体系，全年新建心理咨询室18个。推进市容环境综合管理示范镇创建，完成回龙、章堰、徐姚3个村市容环境综合管理示范村创建任务，推进全域一体化养护保洁工作。巩固垃圾分类示范创建成果，推进3个村、6家单位、10个居住区的精品创建，在全市年度街镇垃圾分类综合考评中排名第6。推进学区化办学，研究制定学区化办学特色项目。围绕“乡愁·乡恋·乡情”系列开展各类线上线下文化宣传活动30场，结合区情、镇情完成原创作品16件，组织开展“申通快递·福泉山杯”上海市第八届社区健身操大赛暨长三角健身操交流大赛、创建全国文明城区文化三下乡巡演等一批群众性文化体育活动。完成重艾祁港市民健身步道、徐姚村园团湾健身步道、重固镇综合运动场等3个新增健身苑点建设。（杨　佳）

7月29日，重固镇回龙村廉政教育示范点揭牌。图为区、镇、村纪检干部参观廉政教育示范点（重固镇供稿）

■乡村振兴建设　徐姚村通过第二批市级乡村振兴示范村验收，章堰村启动第三批市级乡村振兴示范村建设，乡村振兴创新实践项目有序推进。中新、回龙、新丰3个村申报第四批市级乡村振兴示范村。完成乡村振兴片区联动策划方案和风貌设计方案编制，启动中新、新丰、回龙3个村村庄设计，初步形成北部片区生态联动、风貌联动、产业联动、设施联动和组织联动“五村联动”发展态势。强化南、中、北部片区产业转型、城市更新和乡村振兴联动发展。依托共创委员会、村企结对合作等平台，加强产业项目导入。徐姚依托重徐商业管理平台有上海旨乐实业有限公司等10家企业成功落地，启动实施乡村人才公寓、乡创坊、新零售网红直播基地、乡村星巴克田园店等项目。章堰核心区引入中版书房、创城网络等11家企业。借助镇企结对平台，新丰村有雍英企业管理等2个项目落地，中新村有江南酒“非遗”体验等2个项目落地，回龙村正与沪升集团洽谈桂花山庄项目。镇级集体经济发展平台“新云尚”置业公司成功收购科创社区企业，回购动迁基地商铺，与上海重徐商业管理有限公司合作成立项目公司，参与中建八局章堰古村落保护修复项目。村级集体经济于2015年完成产权制度改革，至2020年，合作社累计分红总额突破700万元。（杨　佳）

■青浦首个镇级廉政教育示范点揭牌　2017年起，探索党风廉政宣传教育工作，先后打造“百村千人”廉政课堂、“廉政微广播”“廉政书屋”“廉政文化长廊”“廉政故事大讲堂”“廉政教育示范点”等宣传平台，通过“重固家园”微信公众号的“清风拂泉”栏目，每周推送廉政信息和案例教育，形成重固特色的“重廉·固基”廉政教育品牌。7月29日，2020年青浦区“百村千人”党员干部廉政教育活动重固专场暨重固镇回龙村廉政教育示范点揭牌仪式在重固镇回龙村举行，该示范点为全区首个镇级廉政教育示范点、“重廉·固基”廉政教育品牌的一个内容。阵地面积35平方米，主要由小型廉政文化展览(包括5个篇章)、回龙村微广播节目“廉政微广播”和“廉政读书角”组成。

(杨　佳)

■创新社会治理工作　结合疫情防控期间发现的社会治理短板问题，召开“五星、四责、三色”创新社会治理工作启动大会。针对基层“神经末梢”管理“短板”，发布《重固镇村(居)民小组(长、户)五星考评管理工作实施方案》，实施村(居)民小组(长)“五星”(即星级)考评工作机制，全镇179个村(居)民小组(长)全部纳入“五星”考评。针对出租房管理“短板”，实施“四责管理、三色挂牌”出租房管理机制(四责管理：即“房东主体之责、租客履约之责、村居管理之责、政府监管之责”四项责任；三色挂牌制度：红色为存在“五违问题”、各类安全隐患、违法犯罪行为等严重情况或不符合出租标准的房屋，需整改或开展综合执法的；黄色为存在的违法行为或安全隐患以及不规范行为问题处于整改中或未整改到位的，或属于“大型租赁户”监控探头及消防灭火器未配备到位的；绿色为符合两个“合法稳定”居住条件标准，遵章守纪，安全有序的)，全镇所有出租房均纳入“四责、三色”管理机制并挂牌，其中“绿色房屋”25510间、“黄色房屋”327间、“红色房屋”31间。针对城市管理“短板”，启用重固城市管理精细化“微管家”公众参与社会治理激励平台，市民上传问题受理15500条，完成处置14880条，处置率96%、反馈率100%，市民完成积分兑换250人次，兑换积分45600分。

(杨　佳)

■城市管理　深化城市运行“一网统管”，完成重固镇城市运行管理平台建设，完成徐姚村试点村级城运分中心建设。全年重固镇辖区内政务微信激活率100%，上报案件59276件，结案59027件，结案率99.58%。市民热线工单受理2927件，办结2910件。先行联系率97.88%，实际解决率76.40%，市民满意率78.01%，比上年上升21.81%。推进信访矛盾攻坚，销项率实现100%，完成镇、村居信访人民满意窗口标准化创建工作。开展平安重固建设，完成9个村智能安防硬件设施建设，申报区平安示范单位18家、区平安单位12家、区平安示范小区14家、区平安小区17家。筹建镇应急联动中心，完善突发应急事件发现、上报、处置能力。

(杨　佳)

■环境治理　巩固“三大整治”、“四查”(自查、普查、抽查、督查)长效管理机制，全年拆除各类违法建筑252处、70076.06平方米，占年度目标任务100%。清理三乱7136平方米，清理违规户外设施8196块、乱设摊、乱兜售239处，清理村内河沟(塘)3269.825米。开展“1+5+8”公共安全综合整治和区级重点整治地块整治，3个区级重点地块全面完成整治并通过区级验收。排查点位56672处，发现安全隐患2442处，消除安全隐患2338处，隐患消除率95.74%。建立“重固智水”无人机航拍及掌上微信端系统，实现对全镇117条河道和152个小微水体巡查监测全覆盖，镇级以上4个考核断面水质保持稳定，市级锁定的6条消劣河道全部消劣。强化农业面源污染治理，启动上海市生态绿色示范镇创建。

(杨　佳)

■乡村振兴招商推介会举行　8月28日，“打造未来绿色乡村，开启创新产业原型——重固镇乡村振兴招商推介会暨中建章堰项目招商答谢会”举行，由重固镇人民政府和中建(上海)新型城镇化投资发展有限公司联合主办。会上，由重固镇政府、中建八局和同济大学共建的五村片区乡村振兴共创委员会揭牌仪式举行。60余家优秀企业参加活动。波克科技股份有限公司、上海华仓通信技术有限公司、苏州觅家文化创意设计工作室、上海菌菇天茸合作社、上海申创中小企业合作交流促进中心等10家企业和重固镇签署意向进驻协议。重固镇5家镇级招商公司分别与章堰村、新丰村、回龙村、中新村、徐姚村等重固镇北部5个村签订乡村振兴产业开发结对帮扶协议。招商公司在招商引资、手续办理、产业培育方面给北部5个村提供帮扶，推动北部5个村联动发展。

(杨　佳)

■青浦区首家“少数民族志愿者服务站”揭牌　12月24日，青浦区首家少数民族志愿服务站——青浦区少数民族重固镇志愿者服务站正式揭牌。于

8月28日，重固镇乡村振兴招商推介会暨中建章堰项目招商答谢会上，重固镇和10家企业举行意向商户签约仪式

(重固镇供稿)

2019年筹备建设,学习全市首家村级少数民族工作站的经验,整合多方资源,探索新型少数民族服务社会发展模式。服务站位于重固镇芦花浜路29号二楼,面积100平方米(其中包含养护院二层活动室),志愿者50余人,有书法班、便民服务队、歌舞队等团队。

(杨　佳)

2020年重固镇经济与社会发展基本情况表

表72

项目	计量单位	数值	比上年增长(%)	备注
工业总产值	万元	67361	-22.9	—
农业总产值	万元	7908	-2.3	—
税收收入(税务口径)	万元	297293	0.7	—
区级税收收入	万元	78997	0.2	—
镇结算财力收入(剔除教育统筹)	万元	78637	3.4	—
合同外资	万美元	1268.8	-83.7	—
外方到位金额	万美元	5829.3	156.1	—
新增内资企业注册资金	万元	—	—	—
内资到位金额	万元	18279	631.2	—
固定资产投资总额(在地)	万元	106172	-26.9	—
社会消费品零售总额	亿元	16.07	-5.3	—
主要农副产品产量				
粮食	吨	6159.8	-6.8	—
油菜籽	吨	—	—	—
生猪出栏数	头	—	—	—
家禽	万羽	0.0125	-97.5	—
鲜蛋	吨	—	—	—
淡水产品	吨	—	—	—
蔬菜	吨	22900	9.5	—
教育事业				
其中:成校(职校)	所	1	0	—
高中	所	—	—	—
初中	所	1	0	—
小学	所	1	0	—
幼儿园	所	2	0	公办1所,民办1所
在校生(含幼儿园)	人	3708	-1.49	—
教职工	人	425	-17.73	—
教育事业财政支出	万元	186.59	10.2	—
文化事业				

（续表）

项目	计量单位	数值	比上年增长(%)	备注
图书馆(室)	个	1	0	—
文化馆(室)	个	—	—	—
影剧院(场)	个	1	0	—
文化事业财政支出	万元	1142.05	74.1	
医疗、卫生、体育事业				
卫生院(所)	所	1	0	—
卫生室	所	10	0	—
总床位	张	25	0	—
医技人员	人	74	-2.63	—
体育场馆	座	—	—	—
健身苑(点)	个	41	-6.81	—

（杨　佳）

2020年重固镇经济和社会发展各类指标情况表

表73

类别	序号	指标名称		单位	完成情况	
					总量	增幅(%)
经济实力	1	税收	税收总收入	亿元	29.73	0.7
			区级税收收入	亿元	7.9	0.2
	2	规模以上工业总产值		亿元	6.6	-10
	3	社会消费品零售总额		亿元	16.07	-5.3
	4	招商引资	合同外资	万美元	1268.8	-83.7
			外方到位资金	万美元	5829.3	156.1
	5	引大引强引实(含总部企业)		户	14	27.3
	6	内资实体型项目注册资金		亿元	—	—
	7	全社会固定资产投资(属地)		亿元	10.6	-27
		其中:工业固定资产投资		亿元	4.14	—
		商贸服务业固定资产投资		亿元	—	—
	8	开发区单位土地全口径税收产出增幅		%	—	—
创新转型	9	有效专利拥有量		件	—	—
	10	农业经营	家庭农场	个	34	-5
			集体农场	个	2	—
			农业布局合规率	%	—	—
	11	产业结构调整项目数	调整企业数	个	3	—
			调整面积数	公顷	5.93	—
	12	清洁能源替代	锅炉	台	—	—
			窑炉	台	—	—
	13	土地减量化		公顷	13.17	—

（续表）

类别	序号	指标名称		单位	完成情况	
					总量	增幅(%)
社会民生	14	城乡居民可支配收入		元	—	—
	15	新增就业岗位		个	1021	—
		其中:非农就业岗位		个	530	—
		残疾人就业安置岗位		个	19	—
	16	帮助长期失业青年就业		人	8	—
	17	帮助成功创业		个	20	—
	18	城镇登记失业人员控制数		人	131	—
	19	青年职业见习人数		个	24	—
	20	中高层次职业技能培训人数		个	215	—
		其中:高级及以上		个	—	—
	21	城乡居保中农村居民参保	续缴率	%	—	—
			扩覆率	%	100	—
	22	实有人口总量控制数		万人	—	—
		其中:实有人口(来沪人员)总量控制数据		万人	—	-
生态文明	23	工业能耗	综合能源消费控制量	万吨标煤	0.31	-45.8
			规模以上工业万元产值能耗下降率	%	—	—
	24	主要污染物排放量削减率(二氧化硫、化学需氧量、氨氮、氮氧化物)		%	—	—
	25	污水处理	城镇污水处理率	%	—	—
			截污纳管户数	户	—	—
	26	生态造林	新增森林面积	公顷	13.93	-15.7
			陆域森林覆盖率	%	12.44	2.25
	27	主要农产品“三品”认证率(有机、绿色及无公害产品)		%	27.13	17.04

（杨　佳）

白鹤镇

概况　地处青浦境域北部与江苏省交界之处。东与华新镇、重固镇毗邻,西与昆山市石浦镇、花桥镇交界,南与香花桥街道相接,北与嘉定区安亭镇接壤。北靠312国道和G42沪蓉高速公路,南临苏虹公路和318国道。越境而过的南北向道路有G1503上海绕城高速公路、外青松公路、新胜路和青赵公路,东西向的有S26沪常高速公路、纪鹤公路、白石路。水运有大盈江、油墩港和吴淞江。总面积58.57平方公里,耕地面积2492.02公顷。

历史悠久,文化底蕴深厚,物产丰富,民风淳朴。有青龙寺、青龙塔及塘湾桥等名胜古迹,青龙镇遗址入选2016年全国十大考古新发现。白鹤镇是中国民间艺术之乡、中国草莓之乡和上海非物质文化(沪剧)传承基地。有白鹤草莓文化节。

下辖朱浦、金项、王泾、新江、白鹤、沈联、鹤联、青龙、塘湾、胜新、杜村、赵屯、江南、南巷、太平、红旗、曙光、梅桥、响新、五里、万狮21个村民委员会和白鹤第一、第二、赵屯、新江、白虬江5个居委会。2020年,实有人口9.36万人,其中来沪人员6.48万人。

全年工业产值1087258万元,比上年增长2%;社会消费品零售总额17.19亿元,比上年下降14.3%;镇区级税收收入4.21亿元,比上年下降1.4%;镇结算财力收入7.23亿元,比上年增长22.7%。9月19日上午,2020年“安亭—花桥—白鹤”城镇圈一体化高质量发展联席会议在花桥国际博览中心举行。10月28日,在青浦区委党校举行的市第三十二届木兰拳总决赛暨2020年青浦区第十六届“白鹤杯”木兰拳比赛上,白鹤镇新江居委会和赵屯居委会两支队伍获得一等奖。

白鹤镇人民政府驻地:外青松公路2723弄69号。　（朱　鹰）

白鹤草莓产业　2020年,白鹤镇草莓种植面积353.08公顷,受疫情影响,年产量6979.93吨,比上年减少9.95%;年销售额0.97亿元,比上年减少26.51%。主要草莓品种有“雪兔”“红颜”“章姬”“白雪公主”等。草莓绿色

3月28日，在第十一届上海青浦白鹤草莓文化节暨"互联网+"开幕式上，区委书记赵惠琴(左五)向在疫情期间帮助白鹤莓农脱困的单位送上鲜花，莓农代表献上锦旗　　(白鹤镇供稿)

认证面积112.06公顷。草莓种植户949户，草莓合作社53家。有大型草莓合作社5家，分别是上海红鹤蔬果专业合作社、上海绿延有机农产品专业合作社、上海孰美农业投资有限公司、上海金瓶蔬果专业合作社、上海永胜瓜果专业合作社。其中上海绿延有机农产品专业合作社年产值450万元，年利润45.5万元。白鹤草莓研发中心示范草莓病虫害绿色防控技术1.33公顷，繁育草莓组培生产120万株。年内完成2个休闲农庄的点位选址、初步规划设计。疫情期间，白鹤镇党委、政府通过光明随心订APP、"直播带货"等形式扩大草莓线上销售平台，加强与每日优鲜、盒马生鲜等平台合作，借助电商平台拓宽网络销售市场。　　(朱　鹰)

■第11届白鹤草莓文化节　3月28日，"莓香飘上'云'，'莓'好新愿景"——2020第十一届上海青浦白鹤草莓文化节暨"互联网+"活动在白鹤镇举行。多项活动搬至互联网。区委书记赵惠琴，新民晚报党委书记、社长朱国顺，市农业农村委副主任叶军平，区委副书记杨小菁，市农科院副院长赵志辉，副区长金俊峰、顾骏，新民晚报副总编辑杜旻，安信农业保险股份有限公司党委副书记、总经理石践，光明乳业股份有限公司董事长濮韶华等出席活动。受疫情影响，白鹤草莓销路不畅。光明随心订紧急通过光明随心订APP上架白鹤草莓，销售草莓0.8万公斤。新民晚报社与白鹤镇联合发起助农献爱心活动，帮助解决莓农销路。仪式上，赵惠琴书记代表青浦区向在疫情期间帮助白鹤莓农脱困的5家单位送上鲜花并表示感谢，莓农代表赠送锦旗。白鹤镇人民政府与光明乳业股份有限公司签订战略框架协议。　　(朱　鹰)

■白鹤镇少儿沪剧暑期培训班　8月11日上午，在镇文体中心开班。特邀上海沪剧院国家一级演员吉燕萍与钱思剑授课。白鹤少儿沪剧暑期培训连续举办21年。每年暑假期间举行，镇文体中心承办，从中小学、幼儿园中招录小学员，邀请沪剧院名角和镇内一线沪剧骨干开班授课，教授沪剧表演的基本知识、声腔技能及经典唱段，成为白鹤镇的文化名片。　　(朱　鹰)

■领导调研　10月30日上午，国家信访局副局长林完红一行到白鹤镇，考察调研白鹤镇村居深化"人民满意窗口"创建、打造信访工作"家门口"服务体系。12月4日下午，市经济信息化工作党委书记、陆晓春一行到白鹤镇专题调研上海迪伐新能源设备制造有限公司，参观公司生产车间和生产设备，听取公司董事长傅家勤汇报。　　(朱　鹰)

■千灯、白鹤、香花桥三地联合举办"12·4"国家宪法日主题活动　12月4日下午，昆山市千灯镇、青浦区白鹤镇和香花桥街道三地司法所在千灯镇会议中心联合举办"12·4"国家宪法日主题活动暨"红法先锋"联盟成立仪式。活动以"千灯—白鹤—香花桥"跨省城镇圈共建发展为契机，探索"党建+司法行政"工作新模式，成立"红法先锋"联盟，依托"日知堂""法理堂""法治公园"三大阵地，设立"普法宣传""法治服务""矛盾调处""社会治理"4支先锋队。实现学习教育资源共享、法治服务平台共创、矛盾纠纷处置共调、矫正安帮人员共管、普法宣传工作共推、民主

上海绿延有机农产品专业合作社员工分装草莓　　(白鹤镇供稿)

法治建设共促、社会管理机制共优、和谐稳定氛围共建八大目标。青浦区司法局、昆山市司法局、白鹤镇、香花桥街道、千灯镇领导,三地司法行政部门负责人及村书记代表出席活动。

（朱　鹰）

■"安亭—花桥—白鹤城镇圈体育系列活动"——2020 白鹤杯乒乓球邀请赛举行　12 月 5 日,乒乓球邀请赛在白鹤镇赵屯社区文化活动中心举行。由青浦区体育局指导,白鹤镇人民政府主办,白鹤镇文化体育服务中心承办。安亭、花桥、白鹤三地的 6 支队伍、60 余名乒乓球爱好者参加。花桥一队、白鹤鹤笑俱乐部、白鹤"鹤乒"队分别获得第一、第二、第三名。

（朱　鹰）

■2 家专业合作社获得全国草莓大赛金银奖　12 月 23 日,在第 19 届中国（句容）草莓文化旅游节暨中国精品草莓擂台赛活动中,白鹤镇上海绿延有机农产品专业合作社"越秀"品种草莓获得金奖,"章姬"品种草莓获得银奖;白鹤镇上海红鹤蔬果专业合作社的"粉玉"草莓品种获得金奖。

（朱　鹰）

2020 年白鹤镇经济与社会发展基本情况表

表 74

项目	计量单位	数值	比上年增长(%)	备注
工业总产值	万元	1087258	2	—
农业总产值	万元	33957	-6.6	—
税收收入(税务口径)	万元	127523	-5.2	—
区级税收收入	万元	42140	-1.4	—
镇结算财力收入(剔除教育统筹)	万元	72310	22.7	—
合同外资	万美元	203	-80	—
外方到位金额	万美元	626	-42.6	—
新增内资企业注册资金	万元	1350	100	—
内资到位金额	万元	0.26	-45.9	—
固定资产投资总额(在地)	万元	243970	86	—
社会消费品零售总额	亿元	17.19	-14.3	—
主要农副产品产量				
粮食	吨	7769	3	—
油菜籽	吨	—	—	—
生猪出栏数	头	—	—	—
家禽	万羽	0.36	-2	—
鲜蛋	吨	—	—	—
淡水产品	吨	4500	48	—
蔬菜	吨	93895	-5	—
教育事业				
其中:成校(职校)	所	1	0	
高中	所	0	0	—
初中	所	1	0	—
小学	所	2	0	—
幼儿园	所	2	0	—
在校生(含幼儿园)	人	3422	0	—
教职工	人	512	-2.2	—
教育事业财政支出	万元	134.9	-6.6	7826.59 万元区统筹

（续表）

项目	计量单位	数值	比上年增长(%)	备注
文化事业				
图书馆(室)	个	1	0	—
文化馆(室)	个	28	3.7%	—
影剧院(场)	个	—	—	—
文化事业财政支出	万元	123.33	-98.13	—
医疗、卫生、体育事业				
卫生院(所)	所	3	0	—
卫生室	所	23	0	—
总床位	张	50	0	—
医技人员	人	138	8.7%	—
体育场馆	座	3	0	—
健身苑(点)	个	70	16.6%	—

（朱　鹰）

2020年白鹤镇经济和社会发展各类指标情况表

表75

类别	序号	指标名称		单位	完成情况	
					总量	增幅(%)
经济实力	1	税收	税收总收入	亿元	12.75	-5.2
			区级税收收入	亿元	4.21	-1.4
	2	规模以上工业总产值		亿元	69.04	2.0
	3	社会消费品零售总额		亿元	17.19	-14.3
	4	招商引资	合同外资	万美元	203	-80
			外方到位资金	万美元	626	-42.6
	5	引大引强引实(含总部企业)		户	13	62.5
	6	内资实体型项目注册资金		亿元	0.26	-45.9
	7	全社会固定资产投资(属地)		亿元	24.40	86
		其中:工业固定资产投资		亿元	2.77	7.0
		商贸服务业固定资产投资		亿元	3.63	3.5
	8	开发区单位土地全口径税收产出增幅		%	—	—
创新转型	9	有效专利拥有量		件	1759	33.8
	10	农业经营	家庭农场	个	15	36
			集体农场	个	0	0
			农业布局合规率	%	88	12
	11	产业结构调整项目数	调整企业数	个	88	0
			调整面积数	公顷	18.66	5.7
	12	清洁能源替代	锅炉	台	3	-75
			窑炉	台	0	—
	13	土地减量化		公顷	23	100.5

（续表）

类别	序号	指标名称		单位	完成情况	
					总量	增幅(%)
社会民生	14	城乡居民可支配收入		元	—	—
	15	新增就业岗位		个	2349	—
		其中:非农就业岗位		个	1370	—
		残疾人就业安置岗位		个	58	—
	16	帮助长期失业青年就业		人	13	—
	17	帮助成功创业		个	28	—
	18	城镇登记失业人员控制数		人	250	—
	19	青年职业见习人数		个	15	—
	20	中高层次职业技能培训人数		个	563	—
		其中:高级及以上		个	0	—
	21	城乡居保中农村居民参保	续缴率	%	100	—
			扩覆率	%	100	—
	22	实有人口总量控制数		万人	9.36	-3.6
		其中:实有人口(来沪人员)总量控制数据		万人	6.48	4.6
生态文明	23	工业能耗	综合能源消费控制量	万吨标煤	3.74	-8.6
			规模以上工业万元产值能耗下降率	%	-10.4	—
	24	主要污染物排放量削减率(二氧化硫、化学需氧量、氨氮、氮氧化物)		%	—	—
	25	污水处理	城镇污水处理率	%	97	2
			截污纳管户数	户	9964	2
	26	生态造林	新增森林面积	公顷	1.51	—
			陆域森林覆盖率	%	12.67	0.03
	27	主要农产品"三品"认证率(有机、绿色及无公害产品)		%	20	100

（朱　鹰）

朱家角镇

■概况　位于淀山湖畔,东与盈浦街道、夏阳街道接壤;西依淀山湖,与金泽镇相连;南与练塘镇和松江小昆山镇、佘山镇交界;北与江苏省昆山市淀山湖镇毗邻。交通便利,处于上海市与江苏省交界处,是上海通往江苏、浙江的重要通道。东西向有318国道、G50沪渝高速公路、沈砖公路,南北向有珠溪路、朱枫公路、复兴路,依傍G15沈海高速,南接G60沪昆高速公路,北通G2沪京高速公路。水路有拦路港、淀浦河、华田泾、朱泖河、西大盈港,其中拦路港为3级航道,可通行1000吨船只,直通黄浦江,并与太湖水系相通。全境总面积136.85平方公里(含水域),耕地面积3766公顷。

下辖周荡、横江、盛家埭、张家圩、新旺、新华、万隆、小江、周家港、沙家埭、薛间、山湾、庆丰、淀峰、创建、山海桥、淀山湖一村、水产、安庄、先锋、沈巷、张马、李庄、建新、王金、林家、新胜、张巷28个村民委员会和东井街、北大街、大新街、胜利街、东湖街、西湖新村、大淀湖、东大门、沈巷社区、泰安第一社区、泰安第二社区、淀湖社区、珠湖社区、珠溪社区14个社区居委会。年末,全镇户籍总人口59724人;来沪人口登记总人数49148人,其中男性31109人、女性18039人;境外人员166人。

历史悠久,1700多年前的三国时期形成村落,宋、元时形成集市,名朱家村。明万历年间正式建镇,名珠街阁,又称珠溪。曾以布业著称江南,号称"衣被天下",成为江南巨镇。明末清初,朱家角米业突起,带动百业兴旺,"长街三里,店铺千家",老店名店林立,南北百货,各业齐全,"乡脚"遍及苏、浙两省百里之外,有"三泾(朱泾、枫泾、泗泾)不如一角(朱家角)"之说。清嘉庆年间编纂的《珠里小志》,把珠里定为镇名,俗称角里。1991年,被列为上海市四大文化名镇之一。2004年,古镇旅游区成为国家AAAA级景区。2006年,先后获得全国小城镇建设示范镇、全国环境优美镇和国家卫生镇等称号。2007年,获得中国历史文化名镇称号。2008年,获得国家园林城镇、国际花园城市等称号。2012年,获得全国文明村镇称号。2015年,再次获得国家卫生镇称号。2016年,入选首批(127个)中国特色小镇,获得全国百佳最美志愿服务社区称号;张马村获"中国特色村"称号。2018年,朱家角镇再获"全国文明镇"称号。2019年,张马村成为国家AAAA级景区。2020年,朱家角镇获得上海市垃圾分类示范镇称号,通过国家卫生镇复审。

旅游资源丰富。有市青少年校外活动基地——东方绿舟、上海张马景区。古镇区有课植园、城隍庙、园津禅院、放生桥、北大街、大清邮局、朱家角人文艺术馆、手工艺展示馆、扎西达娲藏族文化体验馆、全华水彩艺术馆等,9条老街依水傍河,千余栋民宅临河而建,构成一幅"小桥、流水、人家"的江南水墨画卷。其中,北大街又称"一线街",是上海市郊保存得最完整的明清建筑第一街。有朱家角水乡音乐节、夜生活节。2020年,古镇景区全年接待游客259万人次,接待中外来宾125批次1422人次。

基础设施完备。供电属华东电网,建有11万伏变电站1座、3.5万伏变电站3座;有供水服务站1座;有污水处理厂1座,日处理污水6万吨。应用光缆电话通信总装机容量4万门。西气东输的新疆天然气通到朱家角。

全年社会消费品零售额9.01亿元;完成固定资产投入49.82亿元;完成税收收入23.71亿元,比上年增长8.4%,其中区级税收收入9.16亿元,比上年增长20.9%;工业总产值79.45亿元;合同外资1004万美元,实到外资1327万美元。

朱家角镇人民政府驻地:朱家角镇沙家埭路18号。 (丁砚涛)

■疫情防控工作 成立疫情防控领导小组,设立镇疫情防控应急指挥部。1月31日,镇政府委托开发的抗击疫情"双守双共,联防联控"系统上线,为疫情防控提供精准数据、动态疫情。履行防控责任,成立109支党员突击队、5个临时党组织,全镇1190名在职党员、3600名群众支援社区第一线,值守全镇232个道口(其中跨省道口2个)、132个小区,实施全封闭管理;实施科学防疫措施,朱家角镇如家酒店集中医学观察点入住来自重点或重点关注地区的人员160人,至3月23日全部解除集中隔离;至4月7日,全镇重点地区居家隔离累计238户576人,重点关注地区居家观察863户1659人。镇机关、企事业单位480名工作人员下沉到村居协助排查外来人员,消毒公共场所,劝阻人员聚集,宣传防控知识,规范居家观察和集中隔离程序。 (丁砚涛)

■推进企业复工复产 复工企业对企业员工进行全面摸排登记,建立返岗职工"花名册",实行健康状况"一人一档"管理,详细掌握每名员工健康状况和春节假期出行信息。复工期间,员工每日测温、错峰就餐,消毒和防疫物资按时保质发放。至4月8日,朱家角镇复工生产型企业255家,复工率100%,复产率88%,人员到岗率94%。 (丁砚涛)

■企业服务 长三角一体化示范区(上海)金融产业园、长三角(上海)投资公司、浦发银行长三角一体化示范区管理总部落户朱家角。19个产业项目在建、在推进过程中,数量创历年新高。全年招商2980户,比上年增长44%。医疗产业园一期投入使用。中采服务贸易产业园、华院华东互联网产业园、朱家角科创园等平台招商能力持续增强,全年实现税收3.18亿元,比上年增长124.9%。全年落实扶持资金3900多万元,疫情期间为400余家企业发放"援企纾困"专项资金1700余万元,为16家企业减免租金108万元。 (丁砚涛)

■城乡建设 完成祥凝浜路"美丽街区"建设,持续推进"美丽家园""幸福社区"工程,完成珠溪路、课植园路、沵阳路等道路提档升级,城市整体面貌和基础设施全面提升;完成污水厂三期扩建、沈巷文体分中心建设。完成古镇景区消防设施提升、星级厕所改建、景区灯光等工程,基础设施持续完善。打造沈太路乡村振兴示范片区,张马村创建为市级乡村振兴示范村,林家村启动市级乡村振兴示范村建设,张巷、李庄、林家、新胜、建新等5个村成功创建区级美丽乡村。 (丁砚涛)

■社会事业 开展就业培训指导,推广线上招聘服务,组织大型招聘活动2场、小型面试19次,400余人次达成就业意向。开展帮扶帮困工作,对因病致贫、城乡低保家庭、特困人员等发放救助金2300余万元。加强专业养老、居家养老服务,镇综合为老服务中心获得全国敬老文明号称号。"幸福社区"工程涉及14个居住小区,沈巷沵峰苑动迁安置基地投入使用,社区生活品质得到更大提升。双拥优抚工作获2015—2019年度爱国拥军模范镇称号。 (丁砚涛)

■文体事业 启动珠浦电灯厂、席氏厅堂等文物修缮工程,建成朱家角文史馆,成立江南文化研究会,举办长三角"非遗"嘉年华、江南文化交流、环意自行车赛、水乡音乐节、放生桥之声、"环新杯"足球赛等国际、国内文化体育活动。开展"文化三下乡"活动和文艺巡演190余场次,开放市民广场等4个公共场所。张马村、珠溪居委会、寻梦源成功创建2020年度区科普村(居)、科普教育基地。 (丁砚涛)

■市领导慰问朱家角中学新疆班学生 2月5日下午,副市长陈群一行到朱

2月5日下午,副市长陈群到朱家角中学慰问新疆班学生 (朱家角镇供稿)

6月6—30日,朱家角镇首届夜生活节现场　　(朱家角镇供稿)

家角中学检查指导疫情防控工作,慰问298位朱家角中学新疆班学生。市政府副秘书长虞丽娟、区委书记赵惠琴、区委副书记杨小菁等陪同。　(丁砚涛)

■**领导调研**　2月9日上午,区委书记赵惠琴到朱家角镇西湖新村、上海即索实业有限公司检查指导新冠肺炎防控工作。在上海即索实业有限公司生产车间,听取企业负责人的生产介绍,向即索公司在关键时刻转型生产医用口罩表示感谢。2月21日下午,市委常委、统战部部长郑钢森到朱家角镇调研,走访报国寺、朱家角中学新疆班,看望慰问宗教界人士、少数民族师生,实地了解疫情防控等情况。区委书记赵惠琴,市民族宗教局一级巡视员王君力,区委常委、副区长孙挺、区委常委、统战部部长王凌宇等陪同。5月18日下午,区委书记赵惠琴、区委副书记杨小菁、副区长金俊峰等到朱家角镇张马村调研乡村振兴示范村建设工作。　(丁砚涛)

■**与市南电力集团合作签约**　4月24日,市南电力集团与朱家角镇举行战略合作签约仪式,镇党委书记高健、市南电力集团公司党委书记兼董事长姚时忆出席。双方将深化合作关系,在党建联建工作方面开展交流。　(丁砚涛)

■**朱家角镇首届夜生活节**　6月6日晚上,在尚都里广场正式开幕。夜生活节持续至6月30日,由朱家角镇人民政府主办。活动围绕"夜购、夜食、夜娱、夜游、夜秀、夜宿"等六大主题,挖掘古镇历史、文化、民俗、生态等资源,推动古镇旅游转型升级,促进夜间经济与不同行业、多种业态融合发展,联合线上直播平台、生活方式平台等大流量新媒体持续开展"云直播""云展会"等营销促销活动,多维度展现朱家角之夜的魅力。　(丁砚涛)

■**"乐稻心田"周家港研学基地品牌战略发布会**　8月16日上午,"乐稻心田"周家港研学基地品牌战略发布会举行。上海市农业农村委、朱家角镇、区文旅局、区区域发展办等市、区、镇相关领导,企事业单位负责人,以及长三角10余家主流媒体代表出席此次活动。"乐稻心田"周家港研学基地项目,以"乐"为核心,打造"乐游(乡村旅游)、乐学(乡村研学)、乐享(农产品、IP文创产品)"三大产品体系,带动乡村商业体、有机农产品等相关产业联动,开创乡村振兴新模式。一期项目占地1.33公顷,投资1000万元,以乡村研学旅行为主,重点打造红色文化展示核心区、临水风情区、耕读研学体验区、休闲娱乐互动区、乡野田园观光区五大片区。　(丁砚涛)

■**金发科技汽车材料全球研发中心项目启动**　8月28日,金发科技汽车材料全球研发中心及产业化项目正式启动。区委书记赵惠琴、副区长倪向军等项目启动培土。上海金发科技发展有限公司成立于2001年,专业从事先进高分子新材料研发、制造、销售和服务。2019年产值19.07亿元,连续多年被评为上海市民营企业百强、区百强优秀企业。新项目投资6亿元,总建筑面积190355平方米。基地将以车用改性塑料研发为突破口,提高科技创新能力,主动开展技术升级,提高资源利用效率,助推青浦新材料领域"国家新型工业化产业示范基地"建设。　(丁砚涛)

■**2020年上海青浦淀山湖文化艺术节暨旅游购物节暨朱家角水乡音乐节**　10月3日晚上,开幕式在古镇举行。区委副书记杨小菁宣布开幕,区委常委、宣传部部长姜道荣致辞,区人大常委会副主任陶夏芳发布"'青'新江南醉金秋"主题线路。开幕式上,向"文化名家工作室"代表授牌,启动"金秋购物季",举行朱家角水乡音乐节和长三角"非遗"嘉年华。朱家角水乡音乐节由世界音乐、爵士音乐、民俗展演、河道巡游,文创、美食等多元化体验组成。长三角"非遗"嘉年华展示长三角非物质文化项目。　(丁砚涛)

2020年朱家角镇经济与社会发展基本情况表

表76

项目	计量单位	完成数	比上年增长(%)	备注
工业总产值	万元	794517	-4.5	—
农业总产值	万元	27182	17.4	—

（续表）

项目	计量单位	完成数	比上年增长(%)	备注
税收收入(税务口径)	万元	237170	8.4	—
区级税收收入	万元	91618	20.9	—
镇结算财力收入(剔除教育统筹)	万元	—	—	—
合同外资	万美元	1004	-77.76	—
外方到位金额	万美元	1327	-29.34	—
新增内资企业注册资金	万元	102400	1696.49	—
内资到位金额	万元	—	—	—
固定资产投资总额	万元	498217	17	—
社会消费品零售总额	亿元	290052	-16.2	—
主要农副产品产量				
粮食	吨	10855	-2.1	—
油菜籽	吨	—	—	—
生猪出栏数	头	—	—	—
家禽	万羽	0.04	-97.9	—
鲜蛋	吨	0	0	—
淡水产品	吨	2330	-27.2	—
蔬菜	吨	38614	-6.7	—
教育事业				
其中:成校(职校)	所	3	0	其中1所为辅读学校
高中	所	2	-0	—
初中	所	2	0	—
小学	所	2	0	—
幼儿园	所	7	0	—
在校生(含幼儿园)	人	7311	0.59	—
教职工	人	920	1.96	—
教育事业财政支出	万元	25	0	—
文化事业				
图书馆(室)	个	1	0	—
文化馆(室)	个	1	0	—
影剧院(场)	个	1	0	—
文化事业财政支出	万元	1509.48	43.48	—
医疗、卫生、体育事业				
卫生院(所)	所	1	0	—
卫生室	所	22	0	—
总床位	张	20	0	—
医技人员	人	122	3.17	—
体育场馆	座	0	0	—
健身苑(点)	个	80	0	—

（丁砚涛）

2020 年朱家角镇经济和社会发展各类指标情况表

表 77

类别	序号	指标名称		单位	完成情况	
					总量	增幅(%)
经济实力	1	税收	税收总收入	亿元	23.72	8.46
			区级税收收入	亿元	9.16	20.9
	2	规模以上工业总产值		亿元	79.45	-4.5
	3	社会消费品零售总额		亿元	29	-16.2
	4	招商引资	合同外资	万美元	1004	-77.76
			外方到位资金	万美元	1327	-29.34
	5	引大引强引实(含总部企业)		户	14	0
	6	内资实体型项目注册资金		亿元	10.24	1696.49
	7	全社会固定资产投资(属地)		亿元	49.82	17
		其中:工业固定资产投资		亿元	3.5	16.4
		商贸服务业固定资产投资		亿元	—	—
	8	开发区单位土地全口径税收产出增幅		%	—	-
创新转型	9	有效专利拥有量		件	—	—
	10	农业经营	家庭农场	个	117	-7.87
			集体农场	个	1	0
			农业布局合规率	%	95	5.93
	11	产业结构调整项目数	调整企业数	个	31	-22.5
			调整面积数	公顷	16.57	-49.36
	12	清洁能源替代	锅炉	台	16	-15.79
			窑炉	台	0	—
	13	土地减量化		公顷	18.82	-76.98
社会民生	14	城乡居民可支配收入		元	—	—
	15	新增就业岗位		个	3284	17.6
		其中:非农就业岗位		个	1185	—
		残疾人就业安置岗位		个	51	37.84
	16	帮助长期失业青年就业		人	26	13.04
	17	帮助成功创业		个	66	6.45
	18	城镇登记失业人员控制数		人	584	25.86
	19	青年职业见习人数		个	30	-6.25
	20	中高层次职业技能培训人数		个	554	-3.97
		其中:高级及以上		个	—	—
	21	城乡居保中农村居民参保	续缴率	%	—	—
			扩覆率	%	—	—
	22	实有人口总量控制数		万人	10.89	2.06
		其中:实有人口(来沪人员)总量控制数据		万人	4.91	4.91

（续表）

类别	序号	指标名称		单位	完成情况	
					总量	增幅(%)
生态文明	23	工业能耗	综合能源消费控制量	万吨标煤	3.14	5.7
			规模以上工业万元产值能耗下降率	%	—	—
	24	主要污染物排放量削减率(二氧化硫、化学需氧量、氨氮、氮氧化物)		%	—	—
	25	污水处理	城镇污水处理率	%	97	—
			截污纳管户数	户	1970	—
	26	生态造林	新增森林面积	公顷	61.75	3.84
			陆域森林覆盖率	%	20.51	3.8
	27	主要农产品“三品”认证率(有机、绿色及无公害产品)		%	91	1

（丁砚涛）

练塘镇

■概况　练塘镇地处上海市西南沪、浙交界地区。镇东与松江区石湖荡镇毗邻，东南与松江区新浜镇接壤，东北与朱家角镇张马村国家旅游景区隔泖河相望；西与浙江嘉善县丁栅镇毗邻，西北与金泽镇境域相接；南与金山区枫泾镇毗邻；北与朱家角镇境域相连。属太湖流域黄浦江水系，主要航道有红旗塘、大蒸港、俞汇塘、太浦河、拦路港、泖河等，其中红旗塘、大蒸塘、俞汇塘是杭嘉湖平原水系汇入黄浦江的骨干河道，太浦河是太湖洪水东泄入黄浦江的主要通道，拦路港、泖河西连淀山湖、东接黄浦江。区域总面积93.66平方公里，其中耕田面积3284公顷、水面积1572公顷。

于2001年由原练塘、小蒸、蒸淀三镇撤并建成。全镇包括练塘片区、小蒸片区、蒸淀片区和工业园区。下辖练东、泾珠、北埭、金前、泖甸、太北、叶港、朱庄、东泖、东田、联农、双菱、泾花、东淇、长河、大新、东库、张联、徐练、浦南、蒸浦、东庄、蒸夏、芦潼、星浜25个行政村和蒸淀、小蒸、湾塘、下塘、三里塘5个居委会。全镇有人口总数56520人，其中来沪人员23192人。

历史悠久、民风淳朴，是老一辈无产阶级革命家陈云同志的故乡。“绿色、红色、古色”为练塘镇独有的特色、亮点。“红色”体现革命传统文化的主旋律，主要代表是陈云纪念馆，有“国家一级博物馆”“全国爱国主义教育示范基地”“国家AAAA级旅游景区”和“全国重点红色旅游景区”称号。“绿色”表现为田多、林多、水多，空气清新，是盛产稻米、茭白的江南水乡，“练塘牌”茭白为“国家地理标志保护产品”，1200公顷涵养生态林是上海市郊最大的人造森林。“古色”表现为古镇历史遗存和文化底蕴丰富，练塘历史风貌区规划范围总面积为57.5公顷，其中核心保护范围面积约为16.5公顷，四大历史建筑集聚区（陈云故居、上塘街、下塘街、李华港）总面积超10万平方米，集中反映上海郊区商业街市、河市结合的传统江南城镇风貌特点。先后被评为“中国历史文化名镇”“全国环境优美乡镇”“国家生态镇”“国家AAAA级旅游景区”“中国最美村镇”。有练塘茭白节。

2020年，全镇规模以上工业总产值91.99亿元，比上年减少3.45%。完成税收总收入24.29亿元，比上年减少5.27%；完成区级税收7.65亿元，比上年减少3.34%。全社会固定资产投资完成8.13亿元，比上年减少42.27%。社会消费品零售总额12.80亿元。“引大引强引实”项目完成18个。新增招商户数2184户。完成产业结构调整项目36个，面积12.49公顷，分别比上年减少32.08%、23.34%。服务保障第三届“进博会”。“进博会”期间，开展招商与采购，练塘采购小组签订采购合同1.7亿元。

练塘镇人民政府驻地：练塘镇章练塘路900号。（钱怡琼）

■疫情防控工作　制定新冠肺炎疫情防控工作方案，成立防疫工作领导小组，建立健全发热门诊、集中医学观察点，实行抵练人员全程闭环管理，集中医学观察45人（在区集中医学观察学点凯博农庄、锦江之星）、居家隔离观察1513人。严防输入和严防扩散反弹，守好陆路道口、水上卡口（包括村居道口98个、省界道口6个、无名道口9个、水上卡口9个）。在全区率先推行“户长制”（即在村组架构的基础上，将村组分成片区，再将片区分成若干个中心户，每10户形成一个小网格，分为三级：“一级户长”由村党支部书记、村委会主任担任；“二级户长”由村两委班子成员担任；“三级户长”由小组内党员、村民小组长、村民代表担任），开展“三守护”（即守护家人、守护家园、守护家国）全民行动，全面强化社会防控、群防群控。全镇无本地确诊病例、无境外输入病例。（钱怡琼）

■复工复产　落实分类复工复产复市方案，开展领导集中走访，联系走访企业3260家，加强重点企业、重大项目协调服务，深入一线解决难点问题30余项，较早实现全面复工复产复市。落实“青惠17条”政策，开展援企稳岗稳就业行动，镇财政拨付企业扶持资金3319万元，协助提供低利率贷款2.87亿元。加强舆论引导、监测和先进典型宣传。完善服务企业机制，建立服务专员队伍，

市美丽乡村东庄村一景　　（练塘镇供稿）

提升安商稳商力度与广度。（钱怡琼）

■推进长三角一体化示范区战略　坚持示范区建设"练塘主体地位不可无"的意识，发挥协同主体作用，成立练塘镇青西协同发展领导小组，谋划协同思路，形成调研成果，理清项目清单。加快战略资源储备，推进沪苏湖高铁（练塘段）征收补偿工作；集建区外建设用地减量化立项33.24公顷、验收26.14公顷，超额完成年度目标任务。设立长三角"一网通办"专窗，推广电子证照应用，简化办事流程。（钱怡琼）

■乡村振兴战略　东庄村乡村振兴示范村建设通过市级复核，徐练村乡村振兴示范村建设完成总体进度的50.5%，启动第四批乡村振兴示范村申报工作。启动7个市级美丽乡村创建，其中太北村获2020年度上海市美丽乡村示范村称号，累计成功创建6个市级美丽乡村示范村。成功通过3个区级美丽乡村示范村验收，推进芦潼、浦南2个村区级美丽乡村创建，累计成功创建10个区级美丽乡村示范村。完成练东、星浜、蒸夏3个村村庄改造。（钱怡琼）

■镇村建设　聚焦政府性投资项目，完成蒸庄路农村公路中修、练新路西段中修、蒸庄路（南段）大中修工程；新建泖甸路完工，开工建设长楼村路（章练塘路－蒸淀路），启动章练塘路（工业园区段）"白改黑"工程改造。推进5条农村公路提档升级，建设"四好农村公路"（即建好、管好、护好、运营好）。老太浦河桥工程实现通车。"美丽街区"建设任务完成。练塘镇前进街、下塘街旧里（含卫生设施）改造完成总进度70%，推进住宅小区"放心物业"管理。完成泖甸村生活污水集中处理工程、练塘污水处理厂进水总管改造工程、生态林健身步道二期工程。调整"村村通"公交线路2条，增设站点4个。（钱怡琼）

■生态文明建设　完成第七轮环保三年行动计划的各项目标任务。完成30台燃油燃气锅炉提标改造、治理工业挥发性有机物企业12家。实现223家固定污染源企业排污许可备案登记全覆盖。大新、张联垃圾堆场完成生态修复。深化河长制，完成河长制标准化镇创建，设立8个村居河长工作站。实施5轮河道捕鱼"清网行动"（清理河道内擅自设置的捕鱼网具和设施）、治理断头河7条；消除劣Ⅴ类水体13个，国考、市考水质断面全部达标。推进农村生活污水处理设施改造。建设重点生态廊道29.08公顷，陆域森林覆盖率21%。落实中央、市级环保督察反馈问题整改。强化环境监察执法和行政处罚，检查企业121户次，消除隐患12处，处罚金额10万元。（钱怡琼）

■民生保障工作　推进养老服务设施建设，新增老年人日间照护中心4家，累计19家；新增助餐场所1家。完成40家示范睦邻点建设。发放各类困难对象救助资金2782.5万元、残疾人"两项补贴"（即困难残疾人生活补贴、重度残疾人护理补贴）553万元。规范长护险申请、评估和服务。规范管理扶残涉农合作社，新增残疾人就业84人，完成区级标准化残疾人辅具服务社创建，"阳光家园"新址正式投入使用。建设27个村居级退役军人服务站。农民相对集中居住项目实施方案获得市级批复，完成农民建房批复145户。超额完成新版社保卡换发任务。（钱怡琼）

■社会治理工作　推进交通秩序综合治理，提升百姓交通文明素质，全年查纠各类交通违法行为30574起。打击突出刑事犯罪，全年"110"报警电话下降54%，打击违法犯罪人员330人。建立非警务类警情分流处置联动机制。组建350人的村居平安志愿者队伍，建设31个点位的综治视频会议系统。加大初信初访办理力度，完善"家门口"信访服务体系，立案受理群众信访164件次，比上年下降51.9%。网格化管理考核位于全区前列，12345市民服务热线平台满意率比上年上升11.6%。（钱怡琼）

■社会事业发展　助力全区创建第六届全国文明城市。落实第三轮社会事业三年行动计划。组建特级教师（校长）工作室1个。实施学前教育三年行动计划，完成普惠性托育点建设，开设幼儿园托班2个。完成社区卫生服务中心提标改造，家庭医生服务重点人群签约率86.22%。开设中医家庭医生工作室2家，完成东庄村智慧卫生室提标改造、智慧健康驿站投入使用。强化急救工作，完成3台AED（即自动体外除颤器）布点。完成20家村居心理咨询室建设。新建、更新市民健身苑点12个。"可·美术馆"入选首批上海市民"家门口的好去处"。深化学区化办学工作，持续打造颜安小学"苗苗评弹团"和颜安中学"跆拳道"等"一校一品"特色项目建设。依法落实计划生育各项奖励扶助政策。（钱怡琼）

■提升精细化管理水平　推进"三大整治"专项行动，拆除违法建筑11.5万平方米，超额完成年度目标任务，通过市级"无违镇"复核验收;完成4个区级公共安全重点地块整治;巩固人居环境整治成果,配合完成农村人居环境试点区创建任务。深化一体化养护保洁工作,推进"席地而坐"示范道路建设,创建4个村容环境示范村。深化"一网统管",成立城运平台,开发2个应用系统和10类应用场景,建立联勤联动工作站和7×24小时应急处置队伍,划分4个责任网格、34个管理单元。启动幸福社区建设,开展东庄村、徐练村社区中心建设试点。启动村居智慧社区建设,基本完成"社区云""社区通"平台建设。生活垃圾全程分类体系逐步完善,创建21个垃圾分类精品场所。（钱怡琮）

■领导调研 2月29日,区委书记赵惠琴,区委常委、统战部部长王凌宇到练塘镇调研企业疫情防控和复工复产工作,走访威贸电子公司、巴安水务公司、创始实业(集团)公司。（钱怡琮）

■《解放日报》专版文章介绍练塘镇 4月28日出版的《解放日报》刊登题为《练塘:穿越千年乡愁,大城市旁难得的生态美景》专版文章,在上观新闻网上同步发布,专版介绍练塘镇"唯实唯干"的陈云精神、"敢为人先"的富民精神、生态环境建设、文化旅游发展、实施乡村振兴战略等情况。（钱怡琮）

■东庄村精品民宿项目签约 5月21日,衡山集团—练塘镇东庄村精品民宿项目签约仪式在练塘镇政府举行。练塘镇领导王永根、范国强,衡山(集团)有限公司党委书记、董事长陆洋等出席签约仪式。签约仪式后,陆洋一行到东庄村现场踏勘乡村振兴示范村建设、民宿选址点位。双方确定依托东庄村得天独厚的乡村风味、自然环境和人文环境,从"传承红色文化、振兴乡村风貌、提倡绿色康养"着手,启动精品民宿建设项目。项目由1栋游客接待中心和4栋民宿组成,集接待、餐饮、住宿、康养诸多功能为一体,总建筑面积1050平方米。（钱怡琮）

■2020年上海练塘茭白节暨古镇旅游丰收购物节举行 9月30日,在练塘镇举行。活动以"千茭百态,游练塘"为主题,以茭白为媒,展示练塘深厚的文化底蕴、良好的绿色生态环境、丰富多样的农产品特色以及独具特色的乡风民俗。活动为期5天,主会场设在老朱枫公路连接地段,4个分会场分别设在陈云纪念馆、古镇老街、九洲涵养林和美丽乡村东庄。设3个拓展活动地点,分别为阿特麦体验文化园、"可·美术馆"、练溪文化苑。由十一大主题项目构成,分别为茭白节开幕式、生态徒步行、中华老字号馆、美丽乡村"田间超市"、美丽乡村"红色一日游"、田间直播间、生活好市集、"一带一路"美食专列、亲子嘉年华、乡村"茭"响乐、"最美练塘人"表彰。接待游客2.6万余人次,实现销售额近320万元。（钱怡琮）

5月21日,衡山集团——练塘镇东庄村精品民宿项目签约仪式举行（练塘镇供稿）

2020年练塘镇经济与社会发展基本情况表

表78

项目	计量单位	完成数	比上年增长(%)	备注
工业总产值	万元	1000742	-3.56	—
农业总产值	万元	59365	15.33	—
税收收入(税务口径)	万元	242855	-5.27	—
区级税收收入	万元	76476	-3.34	—
镇结算财力收入(剔除教育统筹)	万元	—	—	—
合同外资	万美元	14283	86.46	—
外方到位金额	万美元	6275	-57.59	—
新增内资企业注册资金	万元	—	—	—

（续表）

项目	计量单位	完成数	比上年增长(%)	备注
内资到位金额	万元	—	—	—
固定资产投资总额	万元	81334	-42.27	—
社会消费品零售总额	亿元	12.80	-17.52	—
主要农副产品产量				
粮食	吨	10513.10	-13.11	—
油菜籽	吨	—	—	—
生猪出栏数	头	—	—	—
家禽	万羽	1.82	-51.59	—
鲜蛋	吨	—	—	—
淡水产品	吨	2737	1.56	—
蔬菜	吨	151777	18.78	—
教育事业				
其中:成校(职校)	所	1	0	—
高中	所	0	0	—
初中	所	1	0	—
小学	所	3	0	—
幼儿园	所	3	0	—
在校生(含幼儿园)	人	2419	-1.51	—
教职工	人	330	-17.71	—
教育事业财政支出	万元	8541.87	0.4	—
文化事业				
图书馆(室)	个	1	0	—
文化馆(室)	个	0	0	—
影剧院(场)	个	1	0	—
文化事业财政支出	万元	438.27	-34.77	—
医疗、卫生、体育事业				
卫生院(所)	所	1	0	—
卫生室	所	43	0	—
总床位	张	85	0 -	—
医技人员	人	124	-0.8	—
体育场馆	座	0	0	—
健身苑(点)	个	94	2.17	—

（钱怡琼）

2020 年练塘镇经济和社会发展各类指标情况表

表 79

<table>
<tr><th rowspan="2">类别</th><th rowspan="2">序号</th><th rowspan="2" colspan="2">指标名称</th><th rowspan="2">单位</th><th colspan="2">完成情况</th></tr>
<tr><th>总量</th><th>增幅(%)</th></tr>
<tr><td rowspan="12">经济实力</td><td rowspan="2">1</td><td rowspan="2">税收</td><td>税收总收入</td><td>亿元</td><td>24.29</td><td>-5.27</td></tr>
<tr><td>区级税收收入</td><td>亿元</td><td>7.65</td><td>-3.34</td></tr>
<tr><td>2</td><td colspan="2">规模以上工业总产值</td><td>亿元</td><td>81.99</td><td>-3.45</td></tr>
<tr><td>3</td><td colspan="2">社会消费品零售总额</td><td>亿元</td><td>12.80</td><td>-17.52</td></tr>
<tr><td rowspan="2">4</td><td rowspan="2">招商引资</td><td>合同外资</td><td>万美元</td><td>14283</td><td>86.46</td></tr>
<tr><td>外方到位资金</td><td>万美元</td><td>6275</td><td>-56.40</td></tr>
<tr><td>5</td><td colspan="2">引大引强引实(含总部企业)</td><td>户</td><td>18</td><td>80</td></tr>
<tr><td>6</td><td colspan="2">内资实体型项目注册资金</td><td>亿元</td><td>—</td><td>—</td></tr>
<tr><td rowspan="3">7</td><td colspan="2">全社会固定资产投资(属地)</td><td>亿元</td><td>8.13</td><td>-22.27</td></tr>
<tr><td colspan="2">其中:工业固定资产投资</td><td>亿元</td><td>3.30</td><td>-11.04</td></tr>
<tr><td colspan="2">商贸服务业固定资产投资</td><td>亿元</td><td>—</td><td>—</td></tr>
<tr><td>8</td><td colspan="2">开发区单位土地全口径税收产出增幅</td><td>%</td><td>—</td><td>—</td></tr>
<tr><td rowspan="9">创新转型</td><td>9</td><td colspan="2">有效专利拥有量</td><td>件</td><td>—</td><td>—</td></tr>
<tr><td rowspan="3">10</td><td rowspan="3">农业经营</td><td>家庭农场</td><td>个</td><td>36</td><td>-35.7</td></tr>
<tr><td>集体农场</td><td>个</td><td>—</td><td>—</td></tr>
<tr><td>农业布局合规率</td><td>%</td><td>—</td><td>—</td></tr>
<tr><td rowspan="2">11</td><td rowspan="2">产业结构调整项目数</td><td>调整企业数</td><td>个</td><td>36</td><td>-32.08</td></tr>
<tr><td>调整面积数</td><td>公顷</td><td>14.37</td><td>-23.34</td></tr>
<tr><td rowspan="2">12</td><td rowspan="2">清洁能源替代</td><td>锅炉</td><td>台</td><td>30</td><td>—</td></tr>
<tr><td>窑炉</td><td>台</td><td>—</td><td>—</td></tr>
<tr><td>13</td><td colspan="2">土地减量化</td><td>公顷</td><td>33.24</td><td>0.73</td></tr>
<tr><td rowspan="14">社会民生</td><td>14</td><td colspan="2">城乡居民可支配收入</td><td>元</td><td>—</td><td>—</td></tr>
<tr><td rowspan="3">15</td><td colspan="2">新增就业岗位</td><td>个</td><td>3332</td><td>219.5</td></tr>
<tr><td colspan="2">其中:非农就业岗位</td><td>个</td><td>1486</td><td>258.1</td></tr>
<tr><td colspan="2">残疾人就业安置岗位</td><td>个</td><td>84</td><td>44.8</td></tr>
<tr><td>16</td><td colspan="2">帮助长期失业青年就业</td><td>人</td><td>25</td><td>8.7</td></tr>
<tr><td>17</td><td colspan="2">帮助成功创业</td><td>个</td><td>60</td><td>5.3</td></tr>
<tr><td>18</td><td colspan="2">城镇登记失业人员控制数</td><td>人</td><td>363</td><td>4.3</td></tr>
<tr><td>19</td><td colspan="2">青年职业见习人数</td><td>个</td><td>32</td><td>0</td></tr>
<tr><td rowspan="2">20</td><td colspan="2">中高层次职业技能培训人数</td><td>个</td><td>—</td><td>—</td></tr>
<tr><td colspan="2">其中:高级及以上</td><td>个</td><td>—</td><td>—</td></tr>
<tr><td rowspan="2">21</td><td rowspan="2">城乡居保中农村居民参保</td><td>续缴率</td><td>%</td><td>—</td><td>—</td></tr>
<tr><td>扩覆率</td><td>%</td><td>—</td><td>—</td></tr>
<tr><td rowspan="2">22</td><td colspan="2">实有人口总量控制数</td><td>万人</td><td>—</td><td>—</td></tr>
<tr><td colspan="2">其中:实有人口(来沪人员)总量控制数据</td><td>万人</td><td>2.22</td><td>4.39</td></tr>
</table>

（续表）

类别	序号	指标名称		单位	完成情况	
					总量	增幅(%)
生态文明	23	工业能耗	综合能源消费控制量	万吨标煤	38070	-8.81
			规模以上工业万元产值能耗下降率	%	0.0464	-5.69
	24	主要污染物排放量削减率(二氧化硫、化学需氧量、氨氮、氮氧化物)		%	—	—
	25	污水处理	城镇污水处理率	%	100	—
			截污纳管户数	户	8729	—
	26	生态造林	新增森林面积	公顷	29.07	-72.4
			陆域森林覆盖率	%	21.00	3.00
	27	主要农产品“三品”认证率(有机、绿色及无公害产品)		%	82.6	—

（钱怡琼）

金泽镇

■概况 位于青浦境域西南，地处苏、浙、沪三地交界处，东与朱家角镇接壤，东南与练塘镇相接，西南与浙江省嘉善县丁栅镇、大舜镇毗邻，西北与江苏省吴江市莘塔镇、昆山市周庄镇和锦溪镇交界。水陆交通便捷，是苏、浙、沪的重要交通枢纽。318国道和G50沪渝高速公路贯穿全镇。国家级主航道太浦河、急水港是通往苏、浙、皖等省的重要航道、黄浦江的黄金水道。全镇总面积108.49平方公里，耕地面积2092.33公顷，水域面积27.98平方公里。

自然资源丰富，湖泊星罗棋布，河港纵横交错，是典型的江南水乡古镇。拥有上海最大的淡水湖——淀山湖。风景秀丽、水质清纯、土壤肥沃，盛产香糯、杂交水稻等优质大米。有国家AAAA级旅游景点——上海大观园。

有源远流长的庙桥文化，承载着“桥桥有庙，庙庙通桥”的独特文化景观，有古桥7座。有“江南第一桥乡”称号，被誉为“古桥梁博物馆”。著名书法、篆刻家钱君匋曾题词“金泽古桥甲天下”。宋代的普济桥是上海地区保存最完整、年代最早的单孔石拱桥。延续千年的一年两次的金泽庙会(农历三月廿八和九月初九)，衍生出民俗、饮食、演艺等地方文化，有市级非物质文化遗产“宣卷”“商榻阿婆茶”“田山歌”，有“打莲湘”等民间文化活动。

下辖新港、莲湖、爱国、东天、龚都、任屯、田山庄、钱盛、淀湖、岑卜、西岑、三塘、育田、河祝、徐李、新池、金泽、东西、杨湾、建国、金姚、蔡浜、东星、淀西、王港、双祥、沙港、南新、雪米、陈东30个行政村和西岑、莲盛、金溪、金杨、商榻5个社区居委会。户籍人口有23849户、62272人，其中男性30558人、女性31714人，60岁以上(含60岁)老人22331人；常住来沪流动人口13730人。实现规模以上工业总产值54.04亿元，比上年下降6.36%；实现税收收入28.24亿元，比上年增长27.46%。

4月23日，金泽镇创建上海市首批健康镇、村试点工作推进会暨全国健康促进区、巩固国家卫生区复审工作动员大会举行，复旦大学公共卫生学院教授傅华等到场指导。8月12日，区委第二巡察组巡察金泽镇村居工作动员会举行。9月10日，金泽镇市无烟党政机关典型样板建设启动会举行，金泽镇为青浦区唯一一家试点单位。

金泽镇人民政府驻地：金泽镇金中路5号。 （俞薇薇）

■疫情防控工作 严守陆路道口205处、水上卡口2处，因时因势调整道口守势，实现长三角疫情联防联控，严守上海“西大门”。严防境外输入和扩散反弹，抽调优秀青年干部84人次支援机场和留验点，加强属地对接，实现境外到金泽镇人员闭环管理。启用1处医学观察隔离点(上海纺织职工淀山湖疗养院)，集中观察870人；实施居家隔离医学观察点位114个，观察295人。推行“户长制”，外省市到金泽镇人员全部实行扫码登记，完善“租管家”大数据管理平台。暂停民间自办宴席和集体聚餐活动，实施农村自办酒席退办户和丧事简办户疫情期间补助，发放55.75万元，阻断病毒交叉传染的风险。防疫物资筹措得当，物资管理模式成为全区推广样板。 （俞薇薇）

■规划建设 高标准编制“十四五”规划。推进西岑科创中心控详规划，完成华为二期专项规划编制及大观园、商榻地区规划前期研究工作。协助开展市级耕地和永久基本农田保护专项规划，完成金泽镇A类永久基本农田及储备地块核实举证。西岑科创中心建设正式启动，华为项目于2020年9月27日正式开工，西岑动迁安置基地主体结构基本完成；岑卜路新改建工程项目完成60%；西岑科创中心水质净化厂、商榻养护院、莲盛市民活动中心、安置基地配套道路等工程有序推进。 （俞薇薇）

■土地空间腾退工作 赋能长三角示范区建设与青西协同发展，加速空间腾退。完成卫生服务中心商榻分中心迁建、西岑社区1号地块、东航路新改建工程、环元荡岸线景观工程(1.2公里先行示范段)等征收补偿工作。推进龚都村95户农民集中居住项目，一周内完成签约。启动沪苏湖铁路(金泽段)项目前期征收补偿，50户征收对象全部完成评估，签约44家。推动土地集约利用，完成土地减量化立项33.34公顷、复垦验收40.02公顷;区级产业结构调整35家,面积215.77亩,完成区下达的目标任务。华为周边重点区域调整专项通过市级验收,获得4676万元扶持资金。（俞薇薇）

莲湖村河道（金泽镇供稿）

■**乡村振兴** 35个村居人居环境整治均达标;陈东村、南新村河道整治项目正式启动;淀西村562户村庄改造项目通过区级验收;王港村、沙港村区级美丽乡村创建成功。推动农民建房试点工作,完成审批222户,开工建设143户,结构封顶21户,验收7户。薄弱村综合帮扶项目运行平稳,360万元投资收益划拨到位,泽时雨公司代管减量化资金收益分配217万元。完善镇级集体经济"造血"机制,购置赵巷镇"移动智地"物业6300平方米,扩大村级集体经济收益渠道。加速产业振兴,全镇56家合作社、22家小餐饮有序规范经营;吸引长江三峡集团等一批有实力的社会资本,投资乡村振兴项目,助力乡村逐步实现"五大振兴"(产业振兴、人才振兴、文化振兴、生态振兴、组织振兴)。（俞薇薇）

■**城市精细化管理** 落实全国文明城区创建任务清单。成功创建市级垃圾分类示范镇,高分通过国家卫生镇复审。争创市容环境综合管理示范镇、市首批健康镇。深化"三大整治"专项行动,拆除违法建筑14.3万平方米,超额完成年度目标任务;开展"1+5+8"安全综合整治,消除隐患3021处,完成商榻农贸市场周边沿街商铺"三合一"(人员住宿场所与加工、生产、仓储、经营等场所设置在同一建筑内的多合一场所)整治和全镇4个重点公共安全地块整治任务。实行一体化养护保洁(涉及道路保洁、绿化养护、河道保洁等),通过村民自治与市场两种模式,实现村居一体化保洁全覆盖。推进环卫设施改造,完成新改建垃圾房6座、环卫公厕34座。持续推进商榻"美丽街区"建设,加强街面环境秩序精细化管理。生活垃圾全程分类体系逐步完善,启动有机垃圾处理站建设,创建区级垃圾分类精品单位8个、精品村4家、精品小区3个,垃圾清运项目在区"第七届劳动最光荣技能竞赛"中获三等奖。加强防汛工作,成功抵御"黑格比"台风及多次强降雨侵袭。（俞薇薇）

9月24日,金泽镇综合为老服务中心揭牌仪式举行（金泽镇供稿）

■**镇人大基层立法联系点成为市人大常委会基层立法联系点** 4月,金泽镇人大基层立法联系点正式成为市人大常委会基层立法联系点。8月28日,市人大常委会基层立法联系点(金泽镇人大)揭牌。金泽镇坚持"以人民为中心"的工作理念,打造"立得住、行得通、真管用"的基层立法联系点,为公众参与立法过程以及提高立法质量搭建平台。建立健全《学习制度》《工作规则》等工作机制,编制《社情民意登记簿》《人才库花名册》等制度。完善"3+1+X"的队伍架构("3"为专业人才队伍、法律顾问队伍、基层联络员队伍;"1"为签约合作单位上海政法学院;"X"为基层信息员队伍)。采用多元化合作机制,与区人大、区政协、区司法局等部门联合开展调研和法制宣传;与上海政法学校签署共建协议,加强《上海市促进家庭农场发展条例》《上海市公共文化服务保障与促进条例》等草案的解读和意见汇总;与外区、环淀山湖战略协同区域的西塘、姚庄、黎里、周庄、锦溪、朱家角、练塘等七镇人大互动交流,探讨基层立法联系点的建设经验。（俞薇薇）

■**金泽镇综合为老服务中心正式开业** 9月24日,金泽镇综合为老服务中心正式开业。区民政局、金泽镇领导出席开业典礼,部分村居书记、民政干部代表参加活动。中心位于金泽镇金中路2号,健康主题公园内。由原金泽镇成人学校改建而成。总建筑面积1200平方米,投资68.27万元。内设健康小屋、康复室、健身室、助浴室、图书室、活动室、助餐点等服务点,主要为金泽镇60岁以上的老年人提供日间生活照料、康复训练、休闲娱乐、助餐等服务。（俞薇薇）

■获得市首批河长制标准化街镇称号

6月,市河长办授予金泽镇河长制标准化街镇称号。金泽镇河道纵横,水域广阔,大小河湖353条。2019年启动"市级河长制标准化街镇创建"工作,提前至2018年全面完成全镇46条劣V类水体消除工作,通过2019年的市级复核,国考、市考断面水质持续稳定达标,水环境状况满意率测评超过90%,完成全市首批河长制标准化街镇建设的创建工作。（俞薇薇）

2020年金泽镇经济与社会发展基本情况表

表80

项目	计量单位	数值	比上年增长(%)	备注
工业总产值	万元	715979	-5.96	
农业总产值	万元	41418	22.95	
税收收入(税务口径)	万元	282487	27.46	
区级税收收入	万元	86084	25.94	
镇结算财力收入(剔除教育统筹)	万元	112670.8	17.35%	
合同外资	万美元	10122	770.30	
外方到位金额	万美元	42009	10811.61	
新增内资企业注册资金	万元	—	—	
内资到位金额	万元	—	—	
固定资产投资总额(在地)	万元	157281	6.04	
社会消费品零售总额	亿元	12.47	-14.58	
主要农副产品产量				
粮食	吨	14568	4.42	
油菜籽	吨	—	—	
生猪出栏数	头	—	—	
家禽	万羽	—	—	
鲜蛋	吨	—	—	
淡水产品	吨	6144	-2.11	
蔬菜	吨	17368	3.08	
教育事业				
其中:成校(职校)	所	1	0	
高中	所	—	—	
初中	所	1	0	
小学	所	3	0	
幼儿园	所	3	0	
在校生(含幼儿园)	人	1193	0	
教职工	人	358	0	
教育事业财政支出	万元	6703.55	0	
文化事业				

（续表）

项目	计量单位	数值	比上年增长(%)	备注
图书馆(室)	个	3	0	
文化馆(室)	个	1	0	
影剧院(场)	个	1	0	
文化事业财政支出	万元	743.07	29.45%	
医疗、卫生、体育事业				
卫生院(所)	所	1	0	
卫生室	所	39	-2.5%	
总床位	张	90	0	
医技人员	人	161	-0.62%	
体育场馆	座	1	0	
健身苑(点)	个	96	-3.03%	

（俞薇薇）

2020 年金泽镇经济和社会发展各类指标情况表

表 81

类别	序号	指标名称		单位	完成情况	
					总量	增幅(%)
经济实力	1	税收	税收总收入	亿元	28.24	27.46
			区级税收收入	亿元	8.61	25.94
	2	规模以上工业总产值		亿元	54.04	-6.36
	3	社会消费品零售总额		亿元	12.47	-14.58
	4	招商引资	合同外资	万美元	10122	770.30
			外方到位资金	万美元	42009	10811.61
	5	引大引强引实(含总部企业)		户	10	100
	6	内资实体型项目注册资金		亿元	—	—
	7	全社会固定资产投资(属地)		亿元	15.72	6.04
		其中:工业固定资产投资		亿元	2.07	29.40
		商贸服务业固定资产投资		亿元	—	—
	8	开发区单位土地全口径税收产出增幅		%	—	—
创新转型	9	有效专利拥有量		件	485	-26.96
	10	农业经营	家庭农场	个	46	-22.03
			集体农场	个	—	—
			农业布局合规率	%	100	—
	11	产业结构调整项目数	调整企业数	个	35	-38.60
			调整面积数	公顷	215.77	573.44
	12	清洁能源替代	锅炉	台	2015 年已完成三年行动计划	
			窑炉	台		
	13	土地减量化		公顷	36	-55

（续表）

类别	序号	指标名称		单位	完成情况	
					总量	增幅(%)
社会民生	14	城乡居民可支配收入		元	—	—
	15	新增就业岗位		人	3670	146.80
		其中：非农就业岗位		人	2027	270.3
		残疾人就业安置岗位		个	59	101.7
	16	帮助长期失业青年就业		人	23	4.55
	17	帮助成功创业		个	55	110
	18	城镇登记失业人员控制数		人	417	38.54
	19	青年职业见习人数		个	25	100
	20	中高层次职业技能培训人数		个	668	111
		其中：高级及以上		个	—	—
	21	城乡居保中农村居民参保	续缴率	%	425	108.31
			扩覆率	%	44	137.50
	22	实有人口总量控制数		万人	5.5	-28.20
		其中：实有人口(来沪人员)总量控制数据		万人	1.35	-3.57
生态文明	23	工业能耗	综合能源消费控制量	万吨标煤	3.129	-7.50
			规模以上工业万元产值能耗下降率	%	-1.22	—
	24	主要污染物排放量削减率(二氧化硫、化学需氧量、氨氮、氮氧化物)		%	完成区下达任务	—
	25	污水处理	城镇污水处理率	%	85	-12.63
			截污纳管户数	户	—	—
	26	生态造林	新增森林面积	公顷	55.56	-28.37
			陆域森林覆盖率	%	20.66	3.20
	27	主要农产品“三品”认证率(有机、绿色及无公害产品)		%	>40	—

（杨 佳）

夏阳街道

■概况 位于青浦区境域中心。东接赵巷镇，西连朱家角镇、盈浦街道，南邻松江区佘山镇、天马山镇，北依香花桥街道。G50沪渝高速、318国道横贯东西，G1503上海绕城高速、外青松公路纵贯南北；境内河港纵横交错，主要航道有淀浦河、西大盈港和油墩港，皆为六级以上航道，北连苏州河，南接黄浦江。辖区总面积35.71平方公里，耕地面积584.68公顷。

为青浦区人民政府所在地，是全区政治、经济、文化和教育的中心。有青浦博物馆、区科技活动中心、区广电大楼、区信息大楼、青浦图书馆、青浦体育场、中山医院青浦分院等；上海工商信息学校、青浦高级中学、青浦第一中学、青浦区实验中学(东校区)、青浦区实验小学青湖校区、青浦实验幼儿园等24所学校；有万寿塔等名胜古迹和泰来桥天主堂、青浦基督教易容显光堂等宗教文化场所，有环城水系公园、上海人文公园——福寿园公墓。

下辖城南、太来、金家、塘郁、塔湾、新阳、王仙、枫泾8个村民委员会和东盛、东方、章浜、青城、祥龙、界泾港、新青浦、桂花园、华骥苑、青湖、夏阳湖、千步泾、佳乐苑、仓桥、宜达、青平、青松、青华、青乐、青安、青园、青泽、南箐园、青科24个社区居委会。2020年末，户籍人口21710户、53541人，其中：男性26442人、女性27099人，60岁以上老人13332人。塘郁村获得国家森林乡村称号。

夏阳街道办事处驻地：青浦区外青松公路6300号。（张婷婷）

■疫情防控工作 成立新冠肺炎疫情防控领导小组及32个疫情防控工作指导组，下发工作提示110份；1月25日启动青浦区第一个针对重点人群的集中隔离观察点(凯博农庄)，并被用作区级层面的集中隔离观察点，观察并安全解除413人。制定管控方案，组建夏阳之光疫情防控突击队和疫情防控青年突击队(机关组)。在职党员、楼组长、小区物业、志愿者等组建特色服务小分队，为居民提供心理疏导、物品购买等服务；组织124名机关干部到31家村居开展“双守双共”志愿服务，1724名在职党员参与到防疫工作。发动“四个一”（干群“一条心”、密织“一张网”、输堵“一盘棋”、管服“一条龙”）暖心行动，保障居家隔离人员日常生活。建立农副产品采购及配送机制，配送蔬菜961份。居民小区物业公司消杀防护全覆盖。推行外卖快递送—存—拿“零接触”分类机制，安装货架212个。1月31日起，连续52天开展防疫工作监督检查，形成督查报告47份，反馈问题120个，提出意见建议118条，全街道分享经验做法19条。（张婷婷）

■沿街商铺复工开业“三色”精准化管理 根据青浦区委、区政府关于新冠病毒管控工作要求，沿街商铺复工需进行申报，由街道审批通过后方可复工。在全面监管的基础上，采用“复工申请二维码”“举报二维码”等信息化技术手段，加强社会面信息告知和商铺信息采集登记工作。线上申报和审核材料，线下现场审查合格后才能批准复工。采用“三色”可视化管理模式，对复工审查通过的经营商铺张贴绿色复工开业告知书，对未开业但在准许经营范围内的商铺张贴黄色复工申报告知书，对应暂停开业的经营商铺张贴红色暂停开业告知书。组织网格巡查员、特保等人员对沿街商铺进行巡查，发现违法违规行为的，立即督促单位进行整改，对于整改不力或不予配合的，立即上报相关职能部门，依法联合处置。疫情期间完成沿街商铺防疫精准化管理。（张婷婷）

■城市设施建设 2020年，政府性项目完成总投资9468.87万元。公益林抚育项目竣工，完成抚育面积15.29公顷；美丽街区整治工程完成，等待验收，重点建设3条道路，背街小巷重点建设9条道路；一般损坏房屋修缮工程总建筑面积7445平方米。农民相对集中居住累计完成签约任务110户，超额完成任务（103户）。推进征收工作，完成丝绸新村、华青路东侧08地块（中纺热力厂）、搬迁安置房基地（02地块）、青昆路（北段）拓宽项目等4个基地的签约工作。（张婷婷）

■乡村振兴战略 王仙村获得2020年上海市美丽乡村示范村称号，枫泾村获得2020年区级美丽乡村示范村称号；王仙泾河道入围第三届上海市“最美河道”。农村人居环境整治工作达标，8个村全部通过区级先进村验收考核，各村启动一体化养护保洁项目。塘郁村、枫泾村村庄改造项目完成建设，城南、金家、太来、塔湾等4个村的农村生活污水改造以及福寿泾等14条河道的轮疏工作接近完工。王仙村路创建“四好农村路”示范道路将接受市级验收。成功创建水稻绿色生产示范基地1个，水稻病虫绿色防控基地2个。夏阳南湾稻米专业合作社大米获绿色食品证书，“青香软粳”品种荣获青浦区第八届薄稻米品鉴会银奖。上海农交所农村土地流转交易中心夏阳分中心公开交易流转市场124.322公顷土地完成交易。夏阳街道与上海宇培（集团）有限公司签署“宇培·夏塘椿居文旅康养产业综合体”项目投资框架协议，推进塘郁村项目落地。（张婷婷）

■建立网格管理街面工作站 2020年，制定出台《关于夏阳街道做实管理网格工作的实施方案》和《夏阳街道做实管理网格中街面工作站的实施方案》。在3个责任网格内分别建立3个街面工作站、5个工作站点位和3个联勤联动工作站。在疫情防控、全国文明城区创建和“进博会”期间，3个街面工作站顺利运行，街面管理工作正常开展。（张婷婷）

■拓宽群众反映渠道 选址街道党群服务中心挂牌青浦区政协委员夏阳街道协商联络站，实施人大代表和政协委员“双联动”（下基层听取民意、了解民情）工作机制，建立区政协委员、人大代表定期“组团式”走进基层接待群众制度，拓宽群众反映利益诉求的渠道。（张婷婷）

■环境综合治理 拆除无证建筑185处、66068.38平方米，完成11个村居人居环境先进村居创建任务。河道水质得到提升，市级考核断面3处（淀浦河—318国道桥、东大盈港—东大盈港桥、上达河—汇金路桥）水质提升，87条水质为劣V类的河道全部完成消劣（消除劣V类）工作，完成“清四乱”（乱堆、乱占、乱建、阻水障碍物）点位39处。区级市容管理和环卫作业实效综合排名全区第一；创建垃圾分类精品场所40个，垃圾分类定时定投点位169个，升级“两网融合”（生活垃圾分类收运体系和生活源再生资源回收体系两网融合）回收点位17个；开展“绿色账户积分兑换”活动60余场，兑换绿色账户积分3500万分。（张婷婷）

■民生保障 新增就业2340人，完成全年指标的146%；帮助成功创业66家，完成全年指标的110%。举办面试会21场，为社区居民提供就业创业政策咨询1237人次；开展招聘会3场，提供岗位985个，招聘2500多人。开展

5月12日，夏阳街道王仙村“全国民主法治示范村”揭牌（夏阳街道供稿）

“夏阳民生有约”政策宣传活动18次，提供政策咨询近800人次。开展受疫情影响停工企业线上培训16家，涉及2252人次，补贴120.88万元。面向城乡低保户、特困人员、孤儿及困境儿童、特殊救济对象、重残无业人员等发放救助金3144人次、519.03万元。春节帮困送温暖走访慰问涉及困难类型28类，惠及3199人次、金额246.77万元。（张婷婷）

■完善文化服务体系 组织参加上海市民文化节抗疫作品创作比赛、海上美谈演讲比赛以及古建筑视频征集等赛事，分别获得作品奖、入围奖、市级“百强”等称号。开展广场文化周周演系列活动32场次，完成村居文化配送30场、农村数字电影和流动电影378场，线上启动“书润·夏阳”悦读节系列活动。组织“非遗”项目“水印版画”进乡村，王仙村被评为区级“非遗进社区”示范点。组队参加长三角“环淀山湖杯”羽毛球邀请赛、市级太极拳总决赛等30项体育赛事，主承办第三届市民运动会空手道项目总决赛、区级羽毛球团体赛等6项赛事。开展社区全民健身系列活动24场次，科学健身讲座20场，市民体质测试1018人。新建塔湾村和新阳村2处益智健身苑点。（张婷婷）

■“平心·客堂间”社区自治品牌 对各家客堂间进行专业化培训和工作指导。8个村全部获得区级“客堂间”示范村称号；55家客堂间中，5星级11家、4星级13家、三星级31家。9月28日，解放日报刊发《为民生加分，为幸福加速——夏阳街道四大平台扩大社会治理“朋友圈”》，就街道“平心·客堂间：谈笑风生间，化解‘急难愁’”进行报道。（张婷婷）

9月10日，夏阳街道办事处与上海宇培（集团）有限公司夏塘椿居文旅康养产业综合体投资合作签约仪式举行（夏阳街道供稿）

■讲好夏阳故事 夏阳视点微信公众号发布推文1257条，单条最高点击量1.3万次，41条被人民网等市级以上媒体转载报道。“居委会为隔离人员代购服务”短视频在快手APP上获点赞10.6万次，“‘风筝汇夏阳’手绘幸福河湖进学校”在新华社上海频道浏览量39.4万余人次，“双胜利”“走乡村话振兴”等系列主题报道均被学习强国平台转载。解放日报分别以《集中力量，办好“小角落”里的“大民生”》《为民生加分，为幸福加速》为题，两次整版报道街道社会治理特色做法。（张婷婷）

■新时代文明实践中心揭牌仪式举行 6月22日，2020年夏阳街道“创全”誓师动员会暨新时代文明实践分中心揭牌仪式举行。区委常委、宣传部部长姜道荣等出席。夏阳街道分中心为全区首家新时代文明实践分中心，位于青昆路100号1层107室，有工作人员2人，实名注册志愿者11271人、志愿服务团队65支。承担供需对接、注册认证、资源整合、活动组织、能力建设、指导监督、激励保障、宣传引导、服务配送等九大功能。建立立体化实践阵地，打造“1+32+X”（“1”为街道实践分中心，“32”为村居实践站，“X”为宣传、组织、文化、教育、体育、科技等公务服务阵地实践点）文明实践联合体。建立多元化志愿者队伍，构建“10+92+N”（“10”为街道志愿服务总队，“92”为村居志愿者队伍，“N”为社会志愿者）文明实践志愿服务体系。提供精准化服务，建立服务项目清单库，实现“菜单式”供需对接。（张婷婷）

2020年夏阳街道经济与社会发展基本情况表

表82

项目	计量单位	完成数	比上年增长(%)	备注
工业总产值	万元	—	—	
农业总产值	万元	9254.6	-33.84	
财政收入	万元	79329.18	60.90	农民集中居住项目4.12亿
其中：街道财政收入	万元	79329.18	60.90	农民集中居住项目4.12亿
财政支出	万元	80769.51	58.33	农民集中居住项目4.12亿

（续表）

项目	计量单位	完成数	比上年增长(%)	备注
利用外资金额	万美元	—	—	
外资到位金额	万美元	—	—	
固定资产投资额	万元	93839	10.10	
社会消费品零售总额	万元	515851	-15.70	
主要农副产品产量		—	—	
粮食	吨	2451	-6.80	
油菜籽	吨	—	—	
生猪出栏数	头	—	—	
家禽	万羽	0.72	—	
鲜蛋	吨	—	—	
淡水产品	吨	123	-36.92	
蔬菜	吨	12087	0.79	
教育事业				
其中:成校(职校)	所	3	—	
高中	所	3	—	
初中	所	4	—	
小学	所	3	—	
幼儿园	所	11	—	
在校生(含幼儿园)	人	—	—	
教职工	人	—	—	
教育事业财政支出	万元	—	—	
文化事业		—	—	
图书馆(室)	座	32	0	
文化馆(室)	座	32	0	
影剧院(场)	座	1	0	
医疗、卫生、体育事业		—	—	
社区服务中心(所)	所	1	—	
卫生室	所	8	—	
总床位	张	0	—	
医技人员	人	143	10	
体育场馆	座	1	0	
健身苑(点)	个	90	1.02	

（张婷婷）

2020 年夏阳街道经济和社会发展各类指标情况表

表 83

类别	序号	指标名称		单位	完成情况	
					总量	增幅(%)
经济实力	1	税收	税收总收入	亿元	—	—
			区级税收收入	亿元	—	—
	2	规模以上工业总产值		亿元	—	—
	3	社会消费品零售总额		亿元	51.59	-15.7
	4	招商引资	合同外资	亿美元	—	—
			外方到位资金	亿美元	—	—
	5	引大引强引实(含总部企业)		户	—	—
	6	内资实体型项目注册资金		亿元	—	—
	7	全社会固定资产投资(属地)		亿元	9.38	10.1
		其中:工业固定资产投资		亿元	2.12	77.7
		商贸服务业固定资产投资		亿元	—	—
	8	开发区单位土地全口径税收产出增幅		%	—	—
创新转型	9	有效专利拥有量		件	—	—
	10	农业经营	家庭农场	个	9	0
			集体农场	个	1	0
			农业布局合规率	%	—	—
	11	产业结构调整项目数	调整企业数	个	7	28
			调整面积数	亩	111.84	52
	12	清洁能源替代	锅炉	台	14	71
			窑炉	台	—	—
	13	土地减量化		公顷	—	—
社会民生	14	城乡居民可支配收入		元	—	—
	15	新增就业岗位		个	2662	—
		其中:非农就业岗位		个	367	—
		残疾人就业安置岗位		个	36	28.6
	16	帮助长期失业青年就业		人	27	8
	17	帮助成功创业		个	66	3.1
	18	城镇登记失业人员控制数		人	408	-45.2
	19	青年职业见习人数		个	40	0
	20	中高层次职业技能培训人数		个	—	—
		其中:高级及以上		个	—	—
	21	城乡居保中农村居民参保	续缴率	%	—	—
			扩覆率	%	—	—
	22	实有人口总量控制数		万人	—	—
		其中:实有人口(来沪人员)总量控制数据		万人	—	—

（续表）

类别	序号	指标名称		单位	完成情况	
					总量	增幅(%)
生态文明	23	工业能耗	综合能源消费控制量	万吨标煤	—	—
			规模以上工业万元产值能耗下降率	%	—	—
	24	主要污染物排放量削减率(二氧化硫、化学需氧量、氨氮、氮氧化物)		%	—	—
	25	污水处理	城镇污水处理率	%	—	—
			截污纳管户数	户	—	—
	26	生态造林	新增森林面积	公顷	21.542	2.45
			陆域森林覆盖率	%	2.32	8.07
	27	主要农产品"三品"认证率(有机、绿色及无公害产品)		%	—	—

（张婷婷）

盈浦街道

■概况 位于青浦境域中部，原青浦镇城厢地区。东与夏阳街道接壤；西与朱家角镇和江苏昆山市淀山湖镇交界；南至淀浦河，与夏阳街道相望；北与香花桥街道相连。交通便捷，临近的318国道、G50沪渝高速公路和苏虹公路与市区及周边省市连接，轨道交通17号线及东、西大盈港和淀浦河贯穿境内；区域内的盈港路、公园路、城中路和漕盈路、城中南路、青安路构成了三纵三横的主要交通网络；西大盈港双桥，既是交通要道，又是区域标志性建筑。辖区总面积16.36平方公里，耕地面积208.62公顷。

是青浦城区商业、服务业、行政机关的聚集地。历史悠久，文化底蕴深厚。有始建于明万历元年(1573)的城隍庙和建于乾隆十年(1745)的曲水园，有被列为历史风貌保护区的北门街，有福泉街、县前街、聚星街等老街。有百联桥梓湾购物广场、吾悦广场、北极星广场、怀盛生活广场、世纪联华和悠迈生活广场等集休闲、购物、餐饮、娱乐为一体的大型商城，新建的万达茂、东渡蛙城等文旅商综合体，复旦附中青浦分校紧邻青浦城区。

下辖贺桥、天恩桥、南横、俞家埭、南厍5个村民委员会和庆华、庆新、城北、龙威、复兴、解放、三元河、西部花苑、尚美、万寿、盈港、盈中、盈联、上达、民乐、民佳、绿舟、浩泽、民欣、华浦、怡澜、双桥、东渡、赵屯浦、崧子浦、贺桥、淀山浦、漕盈28个社区居委会。有大小居住区158个、各类学校25所。实有人口13.46万人，其中常住户籍人口9.44万人、来沪人员3.98万人、境外人员386人。

盈浦街道办事处驻地：青浦区环城东路128号。（凌佳晨）

■疫情防控工作 建立街道领导班子成员联系包管制、职能部门负责人区块包干制、机关干部下沉包岗制、村居干部责任包片制、楼组长和志愿者包组包楼制、党员干部包户制的"六包区块链"管理模式。组织协调防疫物资等供应保障。开展宣传动员，印发告知书、张贴海报6万余份，3203名党员、3522名志愿者参与一线防疫，党员交纳特殊党费28万余元。严密社区防控，对小区出入口、各村路口实施物理拦守、志愿驻守、特保固守、视频巡守、空户蹲守等"五守"防控模式。对重点地区、重点行业、重点关注地区人员实施居家医学观察2027人。在锦江之星设立全区首批集中隔离观察点，成立临时党支部，集中隔离362人。设立锦江之星、万达美华酒店两个市入境人员隔离中转站，集中隔离人员5261人。严守盈淀路省际道口开展防疫检查。成立街道复工领导小组，下设8个分队，探索商贸体一站式备案复工机制，摄制复工防疫宣教片，加强对33个建筑工地的防疫措施，持续对商场、菜场、楼宇、企业等场所开展防疫督查，对接做好学校复课防疫保障。落实企业在线培训补贴等惠企扶持政策。（凌佳晨）

■成功创建"全国文明单位" 2020年，配合全国文明城区创建工作，实施3150万元升级改造项目，完善各居村基础设施建设。结合"三五行动日"，机关干部全员下沉参与，68家驻区单位、两千余名志愿者入点位开展志愿服务。开展"最美系列"评选活动、32场社区纳凉晚会、18场"盈浦故事"宣讲活动，提高全国文明城区创建知晓率、支持率、参与率。做好第四轮国家卫生区复审，健全常态长效管理机制。推进市垃圾分类示范街镇建设，创建12家垃圾分类精品小区、2家精品村、18家精品单位，庙前街等区域新设智能垃圾箱房设施，天恩村、南厍村、俞家埭村全面试行农村一体化保洁。11月，被中央精神文明建设委员会授予"全国文明单位"称号。（凌佳晨）

■城市运行安全 制定落实街道"1+5+8"安全整治方案，梳理并推进两批25个安全整治点位。完成重点企业安全生产、消防安全检查全覆盖，检查企业215户次。开展"生命通道"攻坚整治，108个封闭小区全面完成消防车道标志标线施划，消防车登高面标志标线施划60处，消防车道障碍物清理90处，40个小区建立微型消防站。完成14个小区电动自行车充电桩设置。拆除各类违规或存在安全隐患户外设施近100处。做好防汛防台、地下空间管理等安全工作，确保人民群众生命财产安全。开展人口综合管理服务，运用“租管家”等平台，加强对出租户登记管理。开展第七次全国人口普查工作。（凌佳晨）

■提升城市管理水平 推进“一网统管”试点，完成淀湖路联勤联动站试点建设，实施非警务类警情全天候、全流程处置，基本建成3个片区“一网统管”城运网格体系。推动“三大整治”，制定“三大整治”常态长效整治实施意见，完成10个居村区级验收、10个居村“回头看”验收工作。拆除经营性存量违法建筑9处、1647.94平方米，完成率100%。完成2020年天井专项整治工作，涉及456个点位、5097.15平方米。实施限额以下及手续不全建设工程监督管理。划定永久基本农田224.63公顷，加强违法用地、设施农用地整治。加快创建河长制示范街道，对辖区72条河道全面实行“河长制”巡河。（凌佳晨）

11月27日，盈浦街道“社校联动助力创建共建美丽家园”展示活动在社区文化活动中心举行（盈浦街道供稿）

■推进“三个美丽”建设 开展“美丽家园”建设，实施万寿一、二、三、四区等老旧小区综合改造。启动城北新村、青溪新村3栋楼加装电梯试点工程。实施“美丽街区”和“背街小巷”升级改造，对城中南北路、城中东西路、公园路等5条主次干道、10条背街小巷建筑外立面、店招店牌等进行改造。开展雨污混接改造，完成2019年宝宜苑等5个小区雨污混接改造工程。推进“美丽乡村”建设，推进2019—2020年农民相对集中居住工作，协调落实房源安置、资金保障和交房等事宜，研究落实渔民（无地农民）安置整改措施。推进苏州河环境综合整治四期工程中小河道治理、断头河疏通等项目。应对稻飞虱等病虫灾害，保障粮食安全。（凌佳晨）

■拓展社区自治共治 7月9日，街道五届三次社区代表大会举行，138名正式代表、67名列席代表、17名特邀人员出席会议。街道管理办、平安办等责任部门落实代表提出的16条意见和建议。12家小区业委会完成换届，3家小区业委会新建。试点推进3个小区物业费调价，做好6个小区维修资金续筹（再次筹集）工作。提升物业管理水平，解决居民停车难、停车乱等问题。开展佳邸别墅周边综合改造管理整治，改善人居环境。组织业委会成员、楼组长、物业公司人员等开展社区治理和物业管理能力培训。（凌佳晨）

10月15日，盈浦街道既有多层住宅加装电梯开工仪式在城北新村举行（盈浦街道供稿）

■基本民生保障 新增就业2156人，帮助成功创业58家。城镇登记失业人员577人，控制在区下达指标内。创建和谐劳动关系，调用处理各类劳资纠纷212件。发放各类帮困金950万余元，惠及群众9000余人。开展“社校联动”项目，加强未成年人教育，配合做好教育综合督政。加强双拥工作，做好退役军人安置，志愿军战士夏志辉被授予中国人民志愿军抗美援朝出国作战70周年纪念章。加强长护险试点工作，让失能失智老人得到优质精准的服务保障。对口帮扶云南省盈江县盏西镇脱贫攻坚。（凌佳晨）

■公共服务 推进“一网通办”建设，提高便民利民服务水平。盈浦养护院项目正式动工，启动新建盈中老年人助餐点项目，推进社区综合为老服务中心建设，重阳节慰问397名老年人。做实家庭医生签约服务机制，签约36521人，开具处方7505张。开展“微家医”服务，解放、庆华、西部花苑“微家医”工作室门诊诊疗10760人次。新建淀山浦“微家医”工作室。打造健康社区15分钟生活圈,新建6处健身苑点、新增26件、更新64件健身器材。举办第七届社区龙舟赛,开展“我们的节日”系列活动。11月12日,位于胜利路195弄1—3号的盈浦街道慈善超市开业。加强阳光家园等助残场所设施更新。实施早餐车工程,于9月14日全区第一辆早餐车率先在悠迈广场营运,推进另外两辆早餐车营运,提升便民服务水平。（凌佳晨）

2020年盈浦街道经济与社会发展基本情况表

表84

项目	计量单位	数值	比上年增长(%)	备注
工业总产值(规模以上)	万元	—	—	—
农副业总产值　农业总产值	万元	987.5	-6	—
财政收入	万元	—	—	—
其中:街道财政收入	万元	—	—	—
财政支出	万元	79506.8	93.77	—
利用外资金额	万美元	—	—	—
外资到位金额	万美元	—	—	—
固定资产投资总额	万元	—	—	—
社会消费品零售总额	万元	623433	-13.3	—
主要农副产品产量				
粮食	吨	1061	-2.84	—
油菜籽	吨	—	—	—
生猪出栏数活猪	头	—	—	—
家禽肉禽	万羽	0.1	—	—
鲜蛋禽蛋	吨	0.15	—	—
淡水产品	吨	15	-40	可食用
蔬菜(不包括食用菌)	吨	1886	6.04	—
教育事业				
其中:成校(职校)	所	1	0	—
高中	所	1	0	—
初中	所	6	0	—
小学	所	5	0	—
幼儿园	所	12	0	—
在校生(含幼儿)	人	—	—	—
教职工	人	—	—	—
教育事业财政支出	万元	—	—	—
文化事业				
图书馆(室)	个	33	0	—
文化馆(室)	个	32	0	—
影剧院(场)	所	4	0	—

（续表）

项目	计量单位	完成数	比上年增长(%)	备注
文化事业财政支出	万元	—	—	—
医疗、卫生、体育事业				
卫生院(所)	所	1	0	—
卫生室	所	2	0	—
总床位	张	—	0	—
医技人员	人	131	4.8	—
体育场馆	座	—	—	—
健身苑(点)	个	96	5.49	—
农村居民可支配收入	元	53744	4.2	区统筹

（凌佳晨）

2020年盈浦街道经济和社会发展各类指标情况表

表85

类别	序号	指标名称		单位	完成情况	
					总量	增幅(%)
经济实力	1	税收	税收总收入	亿元	—	—
			区级税收收入	亿元	—	—
	2	规模以上工业总产值		亿元	—	—
	3	社会消费品零售总额		亿元	62.34	-13.3
	4	招商引资	合同外资	亿美元	—	—
			外方到位资金	亿美元	—	—
	5	引大引强引实(含总部企业)		户	—	—
	6	内资实体型项目注册资金		亿元	—	—
	7	全社会固定资产投资(属地)		亿元	—	—
		其中:工业固定资产投资		亿元	—	—
		商贸服务业固定资产投资		亿元	—	—
	8	开发区单位土地全口径税收产出增幅		%	—	—
创新转型	9	有效专利拥有量		件	—	—
	10	农业经营	家庭农场	个	14	
			集体农场	个	1	—
			农业布局合规率	%	85	—
	11	产业结构调整项目数	调整企业数	个	2	-60
			调整面积数	公顷	1.03	-65.67
	12	清洁能源替代	锅炉	台	—	—
			窑炉	台	—	—
	13	土地减量化		公顷	1.2	-60.26

（续表）

类别	序号	指标名称		单位	完成情况	
					总量	增幅(%)
社会民生	14	城乡居民可支配收入		元	53744	4.2
	15	新增就业岗位		个	2442	—
		其中:非农就业岗位		个	108	
		残疾人就业安置岗位		个	27	3.85
	16	帮助长期失业青年就业		人	28	12
	17	帮助成功创业		个	58	16
	18	城镇登记失业人员控制数		人	491	-34.62
	19	青年职业见习人数		个	30	-3.23
	20	中高层次职业技能培训人数		个	327	—
		其中:高级及以上		个	—	—
	21	城乡居保中农村居民参保	续缴率	%	—	—
			扩覆率	%	10	—
	22	实有人口总量控制数		万人	13.46	-1.03
		其中:实有人口(来沪人员)总量控制数据		万人	3.98	-6.13
生态文明	23	工业能耗	综合能源消费控制量	万吨标煤	0.83	-9.78
			规模以上工业万元产值能耗下降率	%	—	—
	24	主要污染物排放量削减率(二氧化硫、化学需氧量、氨氮、氮氧化物)		%	—	—
	25	污水处理	城镇污水处理率	%	95.88	3.61
			截污纳管户数	户	—	—
	26	生态造林	新增森林面积	公顷	0	100
			陆域森林覆盖率	%	18.59	9.93
	27	主要农产品“三品”认证率(有机、绿色及无公害产品)		%	85	-5.88

（凌佳晨）

香花桥街道

■**概况** 行政区域东至重固镇、赵巷镇，南至盈浦街道、夏阳街道、赵巷镇，西至白鹤镇、盈浦街道，北至白鹤镇。区域位置优越，交通便捷。南连318国道和G50沪渝高速；北接S26沪常高速公路。南北向的G1503上海绕城高速公路与街道相连，与上述高速公路形成环网。辖区面积62.18平方公里，耕地总面积1434.6公顷。

2020年，下辖杨元、袁家、七汇、陈桥、盈中、石西、胜利、天一、新姚、新桥、向阳、郏一、朝阳、曹泾、金星、泾阳、大联、金米、爱星、东方、东斜、燕南22个村民委员会，青山、大盈、香花桥、金巷、民惠、都汇华庭、民惠二居、桃源埔、清河湾、友爱、民惠三居、玫瑰湾、玉兰花园13个社区居民委员会。年末，户籍人口12363户、37343人；来沪人员81546人，境外人员112人。实有人口107093人。2020年，规模以上工业总产值1025.27亿元，比上年增长0.93%；社会消费品零售总额63.52亿元，比上年下降11.9%。

香花桥街道办事处所在地：青浦区新桥路786号。（周一萍）

■**民生保障** 2020年，发放各类对象节日慰问及补助金2311人次354.57万元；“蓝天下的至爱”募捐工作募集善款114.15万元；完成新增残疾人就业44人，达全年指标的110%；完成辅助器具组合适配4人、成人助听器安装14人、成人助视器配发14人、无障碍进家庭7户；完成退伍军人社保接续工作和残疾军人换证工作，为两名重点优抚对象申请厨卫改造项目；为3名新增百岁老人发放百岁老人奖杯和慰问金；为11名困难退伍军人申请突发事件救助共2万元；为37名残疾人进行白内障复明手术；为8户在沪非户籍人员困难家庭申请“温暖小手”项目共1.28万元；为10名低收入家庭申请“爱心助老”项目共1万元；为22户残疾人家庭申请“扶残助学春雨行动”共8.35万元。　（周一萍）

■乡村振兴及生态建设　17个村居通过市、区农村人居环境整治验收。爱星村列入2020年区级美丽乡村示范村创建名单。累计拆除违建268处106221.87平方米。4个重点地块整治稳步推进。减量立项27.0467公顷，处置38宗违法用地。河长巡河发现并整改问题25处。农村环卫一体化全覆盖。5个生活垃圾分类精品小区、9个精品单位通过区级验收。　（周一萍）

■美丽街区建设　坚持贯彻高效率、高质量、高标准要求，完成香花桥集镇、大盈集镇、祥腾街及民惠广场4个区域内8条主要道路、1条商业街、2个文化广场的绿化、机动车停车位、无障碍设施、路面、店招店牌、建筑物外立面等设施项目的维护改造工作，投入资金15375.87万元。探索“美丽街区”新三年建设工作思路，推进清河湾地区、外青松公路和北青公路等路段1.4平方公里区域美丽街区建设。　（周一萍）

■推进农村公路建设　完成钱曹路（泾阳港桥—徐山路）、新金路（姚泾路—成宏家纺）、泾溪支路（G1503下穿孔—钱曹路）全长6.72公里农村公路道路整治工程；启动天辰路（外青松公路—漕盈路）农村公路道路整治工程，涉及道路全长2.588公里；启动新胜路（秀横公路—北青公路）、北盈路（青赵公路—久业路）、久业路（天一路—北盈路）3条农村公路路提档升级工程，全长8.9公里。　（周一萍）

■安全整治工作　排查企业356家次，查出安全隐患262条，督促完成整改安全隐患252条。开展厂房仓库等消防重点场所检查787家次，开展企业约谈3家，整治关闭经营场所2家，对1家企业处罚，处罚金额1.5万元。联合整治食品安全事件112起，出动联勤队员986人次、车辆149辆次。管好39家“百佳好”早餐点，对新增点位严把交通关，确保所供食品新鲜、安全；配合交警、派出所民警开展大整治工作，查处交通安全违法行6478起。辖区内37辆“僵尸车”，对其中车主未自行处置的17辆僵尸车牵引至集中停放点，统一保管。　（周一萍）

美丽街区项目整治后的香花桥街道池泾浜路　（香花桥街道供稿）

■综治工作　推进防范电信网络诈骗专项行动。在街道办事处大楼、综治大楼、社区文化活动中心等多处电子屏持续滚动播放电信网络诈骗防范宣传短片、防范提醒标语；在党政机关、村居、农贸市场、小区和道口等宣传阵地张贴海报500余张；发挥微信公众号矩阵作用，在“香花桥”微信公众号及派出所警务通平台推送宣传短片、发布防范提醒微文60余条。维护重要节点期间社会面的稳定。制定街道社会面防控工作“1+4”方案（《第三届中国国际进口博览会香花桥街道社会面防控工作方案》+《香花桥街道公交站点巡逻守护工作方案》《香花桥街道关于做好重点人群稳控的工作方案》《香花桥街道陆上无名道口、水上支流河口管控工作方案》《香花桥街道重点目标守护工作方案》），在重要点位安排民警、保安、志愿者等力量，每日组织平安志愿者500人次开展社会面防控工作。开展青山社区“租管家”服务站建设试点工作，确保规范农村地区房屋租赁市场，摸清租住人员底数信息，提高登记率。服务站基础建设及制度上墙工作基本完成，各项工作按照实施方案要求的时间节点推进中。开展禁毒控毒工作。禁毒排查282次，出动排查772人次，排查村级企业473家，排查闲置废弃仓库、厂房、房屋、饲养场、苗圃、果园等偏僻区域165间；开展禁种铲毒宣传教育活动36次、组织检查400人次、出动警力90人次，出动网格员、志愿者等其他人员1165人次，通过群众举报发现3起种植毒品原植物罂粟案事件。　（周一萍）

■与昆山市淀山湖镇联合举行“两地三村”界河联席会议　9月16日，会议在香花桥水务管理所举行。会上，昆山市淀山湖水利（水务）站、淀山湖镇河长办与青浦区香花桥水务管理所、香花桥街道河长办的相关负责人分别介绍各自河道水系的特点、治河管水的做法、推进长三角一体化发展的现状，交流探讨在长三角一体化发展的大背景下，推动联合开展界河治理、水环境保护、水生态修复的措施和方案。淀山湖镇双护村与香花桥街道东斜村、金米村联合签订"两地三村"界河联合巡河治河协议书，涉及石浦江、长连泾、白米泾、斜泾4条界河的治理。

（周一萍）

■《青浦孔宅》新书首发仪式　10月30日，"沧桑兴废忆孔宅　前赴后继兴文化"——《青浦孔宅》新书首发式在书香门地美学家居股份有限公司举行。《青浦孔宅》主编张林根、书香门地美学家居股份有限公司副总裁徐青以及"青浦孔宅"文化爱好者、学校代表等出席活动。《青浦孔宅》有10章，主要内容为孔子衣冠冢及孔宅历史、康熙南巡与孔宅历史渊源、孔宅的建筑及特色、孔宅的儒学群体等。

（周一萍）

10月30日，《青浦孔宅》新书首发式在书香门地美学家居股份有限公司举行

（香花桥街道供稿）

2020年香花桥街道经济与社会发展基本情况表

表86

项目	计量单位	完成数	比上年增长(%)	备注
工业总产值	万元	10252700	0.93	—
农业总产值	万元	6652.3	-26.7	—
税收收入(税务口径)	万元	—	—	—
区级税收收入	万元	—	—	—
镇结算财力收入(剔除教育统筹)	万元	—	—	—
合同外资	万美元	—	—	—
外方到位金额	万美元	—	—	—
新增内资企业注册资金	万元	—	—	—
内资到位金额	万元	—	—	—
固定资产投资总额(在地)	万元	—	—	—
社会消费品零售总额	亿元	63.52	-11.9	—
主要农副产品产量				
粮食	吨	6146.55	0.23	—
油菜籽	吨	—	—	—
生猪出栏数	头	—	—	—
家禽	万羽	2.18	0.1	—
鲜蛋	吨	—	-20	—
淡水产品	吨	2	—	—
蔬菜	吨	13089	5.22	—

（续表）

项目	计量单位	完成数	比上年增长(%)	备注
教育事业				
其中:成校(职校)	所	1	0	—
高中	所	0	0	—
初中	所	2	0	—
小学	所	2	0	—
幼儿园	所	11	0	—
在校生(含幼儿园)	人	5517	-18.75	—
教职工	人	677	0.89	—
教育事业财政支出	万元	9.75	-50	0-3岁婴幼儿早教
文化事业				
图书馆(室)	个	1	0	—
文化馆(室)	个	0	0	—
影剧院(场)	个	0	0	—
文化事业财政支出	万元	62	-24	—
医疗、卫生、体育事业				
卫生院(所)	所	1	0	—
卫生室	所	15	13.33	—
总床位	张	20	0	—
医技人员	人	132	4.76	—
体育场馆	座	—	—	—
健身苑(点)	个	57	24	—

（周一萍）

2020年香花桥街道经济和社会发展各类指标情况表

表87

类别	序号	指标名称		单位	完成情况	
					总量	增幅(%)
经济实力	1	税收	税收总收入	亿元	—	—
			区级税收收入	亿元	—	—
	2	规模以上工业总产值		亿元	—	—
	3	社会消费品零售总额		亿元	—	—
	4	招商引资	合同外资	万美元	—	—
			外方到位资金	万美元	—	—
	5	引大引强引实(含总部企业)		户	—	—
	6	内资实体型项目注册资金		亿元	—	—
	7	全社会固定资产投资(属地)		亿元	—	—
		其中:工业固定资产投资		亿元	—	—
		商贸服务业固定资产投资		亿元	—	—
	8	开发区单位土地全口径税收产出增幅		%	—	—

（续表）

类别	序号	指标名称		单位	完成情况	
					总量	增幅(%)
创新转型	9	有效专利拥有量		件	—	—
	10	农业经营	家庭农场	个	2	—
			集体农场	个	—	—
			农业布局合规率	%	—	—
	11	产业结构调整项目数	调整企业数	个	15	-61.5
			调整面积数	公顷	57.22	-37.1
	12	清洁能源替代	锅炉	台	—	—
			窑炉	台	0	—
	13	土地减量化		公顷	31.0827	186.24
社会民生	14	城乡居民可支配收入		元	—	—
	15	新增就业岗位		个	2143	—
		其中：非农就业岗位		个	715	—
		残疾人就业安置岗位		个	44	—
	16	帮助长期失业青年就业		人	34	—
	17	帮助成功创业		个	46	—
	18	城镇登记失业人员控制数		人	375	—
	19	青年职业见习人数		个	41	—
	20	中高层次职业技能培训人数		个	720	—
		其中：高级及以上		个	—	—
	21	城乡居保中农村居民参保	续缴率	%	109.3	—
			扩覆率	%	10	—
	22	实有人口总量控制数		万人	—	—
		其中：实有人口（来沪人员）总量控制数据		万人	8.055656	—
生态文明	23	工业能耗	综合能源消费控制量	万吨标煤	—	—
			规模以上工业万元产值能耗下降率	%	—	—
	24	主要污染物排放量削减率（二氧化硫、化学需氧量、氨氮、氮氧化物）		%	—	—
	25	污水处理	城镇污水处理率	%	—	—
			截污纳管户数	户	—	—
	26	生态造林	新增森林面积	公顷	25.694	3.68
			陆域森林覆盖率	%	11.53	3.69
	27	主要农产品“三品”认证率（有机、绿色及无公害产品）		%	21	320

（周一萍）

国家级先进集体

获奖单位(项目)	奖项名称	颁奖单位及时间
上海市青浦区检察院	全国先进基层检察院	最高人民检察院、2020 年
上海市青浦区检察院	2020 年度全国检察宣传先进单位	最高人民检察院、检察日报社、2020 年 10 月

国家级先进个人

获奖个人者(所在单位)	奖项名称	颁奖单位及时间
姜兴全(上海市青浦区白鹤镇沈联村村民委员会)	全国爱国拥军模范个人	全国双拥工作领导小组、人力资源社会保障部、退役军人事务部、中央军委政治工作部、2020 年 10 月
孙刚(上海金发科技发展有限公司)	全国劳动模范	中国共产党中央委员会、中华人民共和国国务院、2020 年 11 月
倪鸿(上海市青浦区人民法院执行局)	全国法院办案标兵	最高人民法院、2020 年 12 月
许钱晨(上海复旦五浦汇实验学校少先队员)	2020 年度全国优秀少先队员	共青团中央、教育部、全国少工委、2020 年 12 月
潘美芳(上海市青浦区少先队总辅导员)	2020 年度全国优秀少先队辅导员	共青团中央、教育部、全国少工委、2020 年 12 月
上海市青浦区实验小学五(1)小蚂蚁中队	2020 年度全国优秀少先队集体	共青团中央、教育部、全国少工委、2020 年 12 月

市级先进集体

获奖单位(项目)	奖项名称	颁奖单位及时间
上海市青浦区	2019 年度上海市平安城区	中共上海市委政法委员会、2020 年 2 月
上海市青浦区	上海市双拥模范城	中共上海市委、上海市人民政府、上海警备区、2020 年 3 月

获奖单位(项目)	奖项名称	颁奖单位及时间
上海市青浦区练塘镇综治办	2018—2019年度上海市社会治安综合治理先进集体	中共上海市委政法委员会、上海市人力资源和社会保障局、2020年1月
上海市青浦区排水管理所	2019年度上海市重点工程实事立功竞赛优秀团队	上海市重点工程实事立功竞赛领导小组、2020年1月
上海市青浦区水利管理所	2019年度上海市重点工程实事立功竞赛优秀团队	上海市重点工程实事立功竞赛领导小组、2020年1月
中共青浦区委党校离退休支部	上海市离退休干部示范党支部	中共上海市委老干部局、2020年1月
上海市青浦区赵巷镇崧鑫居委会	上海市离退休干部先进集体	中共上海市委组织部、中共上海市委老干部局、2020年1月
中山医院青浦分院常青松志愿服务队	上海市离退休干部先进集体	中共上海市委组织部、中共上海市委老干部局、2020年1月
上海市青浦区朱家角镇社区建设办公室退役军人服务站	爱国拥军模范街道(乡镇)	中共上海市委、上海市人民政府、上海警备区、2020年3月
上海市青浦区夏阳街道	上海市爱国拥军模范街道	中共上海市委、上海市人民政府、上海警备区、2020年3月
上海市青浦区夏阳街道青安居委会	上海市爱国拥军模范单位	上海市双拥工作领导小组、2020年3月
上海市青浦区金泽镇人民政府	上海市爱国拥军模范街道(乡镇)	中共上海市委、上海市人民政府、上海警备区、2020年3月
上海市青浦区金泽镇网格化综合管理中心	上海市爱国拥军模范单位	上海市双拥工作领导小组、2020年3月
上海市青浦区	上海市双拥模范城	中共上海市委、上海市人民政府、上海警备区、2020年3月
上海市青浦区卫健委	上海市爱国拥军模范单位	上海市双拥工作领导小组、2020年3月
上海市青浦区文化和旅游局	上海市爱国拥军模范单位	上海市双拥工作领导小组、2020年3月
上海市青浦区就业促进中心	爱国拥军模范单位	上海市双拥工作领导小组、2020年3月
上海市青浦区就业促进中心	上海市巾帼文明岗	上海市巾帼建功活动领导小组,上海市妇女联合会、2020年3月
上海市水环境监测中心青浦分中心水质监测科	上海市巾帼文明岗	上海市巾帼建功活动领导小组、上海市妇女联合会、2020年3月
上海农商银行青浦支行团委	上海市五四红旗团委	团市委、2020年4月
上海市青浦区禁毒办	2018—2019年度上海市禁毒工作先进集体	上海市人力资源和社会保障局、上海市禁毒委员会、2020年4月
上海市青浦区民政局团支部	上海市五四红旗团支部称号	共青团上海市委员会、2020年4月
国家会展中心治安派出所	上海市信访系统先进集体	中共上海市委、上海市人民政府、2020年6月
上海市青浦区未成年人检察办案组青年团队	上海市青年五四奖章集体	上海市人力资源和社会保障局、共青团上海市委员会、2020年11月
上海市青浦区夏阳司法所	2018—2019年度上海市司法行政工作先进集体	上海市人力资源和社会保障局、上海市司法局、2020年11月
上海市青浦区夏阳街道人民调解委员会东盛人民调解工作室	2018—2019年度上海市司法行政工作先进集体	上海市人力资源和社会保障局、上海市司法局、2020年11月
青浦交警支队责任区机动二大队青年突击队	2020年度上海市青年五四奖章	上海市人力资源和社会保障局、共青团上海市委员会、2020年11月
上海市青浦区人民武装部	军事训练先进单位	上海警备区、2020年12月
上海市青浦区徐泾镇民兵综合应急排	民兵工作先进单位	上海警备区、2020年12月
上海市青浦区朱家角镇人民武装部	基层武装工作先进单位	上海警备区、2020年12月

市级先进个人

获奖个人者（所在单位）	奖项名称	颁奖单位及时间
周依尔（上海市青浦区委政法委）	2018—2019 年度上海市社会治安综合治理先进个人	中共上海市委政法委员会、上海市人力资源和社会保障局、2020 年 1 月
朱鹏程（上海市青浦区重大项目建设办公室）	2019 年度上海市重点工程实事立功竞赛建设功臣	上海市重点工程实施立功竞赛领导小组、2020 年 1 月
任兴军（上海市青浦区夏阳街道平安办）	2018—2019 年度上海市社会治安综合治理先进个人	中共上海市委政法委员会、上海市人力资源和社会保障局、2020 年 1 月
张维（上海市青浦区人力资源和社会保障局）	2018—2019 年度上海市信访系统先进个人	中共上海市委信访办公室、上海市人民政府信访办公室、上海市人力资源和社会保障局、2020 年 2 月
蒋春华（上海市青浦区财政局）	上海市爱国拥军模范个人	上海市双拥工作领导小组、2020 年 3 月
唐千根（上海市青浦区盈浦街道社区管理办）	上海市爱国拥军模范个人	上海市双拥工作领导小组、2020 年 3 月
高祎（上海市青浦区香花桥街道社区服务办）	上海市爱国拥军模范个人	上海市双拥工作领导小组、2020 年 3 月
邵红光（上海市青浦区赵巷镇中步村）	上海市爱国拥军模范个人	上海市双拥工作领导小组、2020 年 3 月
姜兴全（上海市青浦区白鹤镇沈联村村民委员会）	上海市爱国拥军模范个人	上海市双拥工作领导小组、2020 年 3 月
唐千根（上海市青浦区盈浦街道）	上海市爱国拥军模范个人	上海市双拥工作领导小组、2020 年 3 月
魏欣悦（国网上海市电力公司青浦供电公司）	2018—2019 年度上海市优秀志愿者	上海市精神文明建设委员会、2020 年 4 月
沈俊华（上海市青浦区河道水闸管理所）	2018—2019 年度上海市优秀志愿者	上海市精神文明建设委员会、2020 年 4 月
汪影音（上海市青浦区执法支队）	2018—2019 年度上海市优秀志愿者	上海市精神文明建设委员会、2020 年 4 月
刘沛（上海市青浦区河湖管理事务中心）	2019 年上海市重点工程实事立功竞赛优秀建设者	上海市重点工程实事立功竞赛领导小组、2020 年 4 月
李夏东（上海市青浦区白鹤镇禁毒办）	2018—2019 年度上海市禁毒工作先进个人	上海市人力资源和社会保障局、上海市禁毒委员会;2020 年 4 月
顾舜丽、严欣慰（上海市青浦区融媒体中心）	第 29 届上海新闻奖三等奖	市记协、2020 年 6 月
陈霖（上海市青浦区夏阳街道办事处）	上海市侨联系统先进个人	上海市归国华侨联合会、2020 年 6 月
史德方（上海市青浦区夏阳街道侨联、青浦区尚美中学）	上海市归侨侨眷先进个人	上海市归国华侨联合会、上海市人民政府侨务办公室、2020 年 6 月
顾婕（上海市青浦区夏阳街道章浜居委会）	上海市优秀共产党员	中共上海市委、2020 年 9 月
周锋（复旦大学附属中山医院青浦分院）	上海市优秀共产党员	中共上海市委、2020 年 9 月
徐孝芳（上海市青浦区盈浦街道）	上海市优秀共产党员	中共上海市委、2020 年 9 月
李伟（上海市青浦区朱家角中学）	“上海市特级教师”荣誉称号	上海市人民政府、2020 年 9 月
毛金华（上海市青浦区东方中学）	“上海市特级教师”荣誉称号	上海市人民政府、2020 年 9 月
杨玲（上海市青浦高级中学）	“上海市特级教师”荣誉称号	上海市人民政府、2020 年 9 月
陈薇（上海市青浦区庆华小学）	“上海市特级教师”荣誉称号	上海市人民政府、2020 年 9 月
伦德奎（arl－Fredrik Lundqvist）（福维克集团）	2020 年上海市白玉兰纪念奖	上海市人民政府、2020 年 9 月
王月华（上海市青浦区华新镇）	上海市离退休干部先进个人	上海市委老干部局、2020 年 10 月
顾舜丽（上海市青浦区融媒体中心）	上海市青年五四奖章	共青团上海市委员会、2020 年 11 月
沈竹林（共青团上海市青浦区委员会）	2020 年度上海市青年五四奖章	上海市人力资源和社会保障局、共青团上海市委员会、2020 年 11 月

获奖个人者(所在单位)	奖项名称	颁奖单位及时间
潘颖颖(上海市青浦区金泽镇金姚村)	上海市青年五四奖章	共青团上海市委员会、2020 年 11 月
许琛(中国邮政集团有限公司上海市青浦区青浦镇支局)	上海市劳动模范	中共上海市委、上海市人民政府、2020 年 12 月
沈引新(上海市青浦区练塘镇徐练村党总支书记、主任)	上海市劳动模范	中共上海市委、上海市人民政府、2020 年 12 月
邵红光(上海市青浦区赵巷镇中步村)	上海市劳动模范	中共上海市委、上海市人民政府、2020 年 12 月
张小芹(上海美蓓亚精密机电有限公司)	上海市劳动模范	中共上海市委、上海市人民政府、2020 年 12 月
吴志峰(上海乔治费歇尔亚大塑料管件制品有限公司)	上海市劳动模范	中共上海市委、上海市人民政府、2020 年 12 月
徐霞(上海中通吉网络技术有限公司)	上海市劳动模范	中共上海市委、上海市人民政府、2020 年 12 月
王铮(上海福寿园实业发展有限公司)	上海市劳动模范	中共上海市委、上海市人民政府、2020 年 12 月
夏健(上海青浦新城发展(集团)有限公司)	上海市劳动模范	中共上海市委、上海市人民政府、2020 年 12 月
田爱萍(上海美都环卫服务有限公司)	上海市劳动模范	中共上海市委、上海市人民政府、2020 年 12 月
姚建国(上海市青浦区徐乐路派出所)	上海市劳动模范	中共上海市委、上海市人民政府、2020 年 12 月
夏妍(上海市青浦区夏阳街道青华居委会)	“上海市先进工作者”荣誉称号	中共上海市委、上海市人民政府、2020 年 12 月
孙武(上海市青浦区人民武装部)	军事训练先进个人	上海警备区、2020 年 12 月
陆军(上海市青浦区人民武装部)	安全管理工作先进个人	上海警备区、2020 年 12 月
黄巍峰(上海市青浦区夏阳街道人民武装部)	上海市优秀专武干部	上海警备区、2020 年 12 月
武杰(上海市青浦区特种运输连)	上海市优秀民兵	上海警备区、2020 年 12 月

中共上海市青浦区委员会文件目录

文号	标题
青委〔2020〕1 号	关于成立青浦区第五届人民代表大会第四次会议临时党委的通知
青委〔2020〕2 号	关于 2019 年度贯彻落实河长制湖长制工作情况的报告
青委〔2020〕3 号	中共青浦区委关于五届区委九次全会召开情况的报告
青委〔2020〕4 号	关于学习贯彻十一届市委八次全会精神的报告
青委〔2020〕5 号	关于转发《关于加强党的领导、为打赢疫情防控阻击战提供政治保证的通知》的通知
青委〔2020〕6 号	关于切实加强党的领导为打赢疫情防控阻击战提供坚强政治保证的通知
青委〔2020〕7 号	关于调整青浦区新型冠状病毒感染的肺炎疫情防控工作领导小组的通知
青委〔2020〕9 号	关于设立中共上海市青浦区区域发展办公室党组等有关事项的通知
青委〔2020〕15 号	关于调整青浦区新型冠状病毒肺炎疫情防控工作领导小组及职责分工的通知
青委〔2020〕16 号	关于调整青东联动发展领导小组办公室的通知
青委〔2020〕18 号	关于设立青浦区“十四五”规划工作领导小组及其组成人员的通知
青委〔2020〕19 号	印发《青浦区关于服务国家战略，开展“先领”行动，推进机关党的建设高质量内涵式发展的实施意见》的通知
青委〔2020〕22 号	关于 2019 年青浦区计划生育工作情况的报告
青委〔2020〕23 号	关于调整青东联动发展领导小组的通知
青委〔2020〕24 号	中共青浦区委印发《关于加强新时代人民政协党的建设工作的实施意见》的通知
青委〔2020〕39 号	2019 年度青浦区整治生态分析报告
青委〔2020〕40 号	关于调整青浦区老龄工作委员会的通知
青委〔2020〕41 号	关于调整青浦区巩固国家卫生区领导小组的通知
青委〔2020〕45 号	关于调整青浦区纪委监委派驻机构监督单位的通知
青委〔2020〕46 号	关于印发推动青东联动发展的若干意见的通知
青委〔2020〕47 号	关于调整青浦区安全生产委员会组成人员的通知
青委〔2020〕48 号	关于成立青浦区新时代文明实践中心的通知
青委〔2020〕49 号	关于成立青浦区新时代文明实践志愿服务总队的通知
青委〔2020〕50 号	关于设立中共青浦区委“四史”学习教育领导小组的通知
青委〔2020〕51 号	关于成立青浦区“扫黄打非”工作小组暨文化市场管理工作领导小组的通知
青委〔2020〕55 号	关于设立中共上海市青浦区城市运行管理中心党组及其有关事项的通知
青委〔2020〕88 号	中共青浦区委青浦区人民政府印发关于推动人才高质量发展服务长三角生态绿色一体化发展示范区建设的若干意见的通知
青委〔2020〕95 号	关于通报表扬青浦区新冠肺炎疫情防控工作优秀共产党员、先进基层党组织的决定

青委〔2020〕96 号　中共青浦区委　中共吴江区委　中共嘉善县委印发关于以组织体系建设为重点推进长三角生态绿色一体化发展示范区党建高质量创新发展的意见的通知

青委〔2020〕100 号　关于调整青浦区服务保障中国国际进口博览会前线指挥部组织架构及运行机制的通知

青委〔2020〕101 号　中共青浦区委关于召开五届区委十次全会相关情况的报告

青委〔2020〕103 号　中共青浦区委关于学习贯彻十一届市委九次全会精神的报告

青委〔2020〕123 号　中共青浦区委青浦区人民政府印发《关于完善重大疫情防控体制机制健全公共卫生应急管理体系的实施意见》的通知

青委〔2020〕124 号　中共青浦区委青浦区人民政府关于印发《健康青浦 2030 规划纲要》的通知

青委〔2020〕129 号　中共青浦区委　青浦区人民政府印发《关于全面深化新时代教师队伍建设改革的实施办法》的通知

青委〔2020〕130 号　关于设立中共青浦区委宣传思想工作领导小组等的通知

青委〔2020〕132 号　关于申报 2020 年度评比达标表彰项目的报告

青委〔2020〕147 号　中共青浦区委关于成立加强和创新社会治理领导小组的通知

青委〔2020〕148 号　中共青浦区委　青浦区人民政府印发《关于高质量建设新时代青浦幸福社区推进社区治理体系和治理能力现代化的意见》的通知

青委〔2020〕149 号　中共青浦区委关于成立农村工作领导小组的通知

青委〔2020〕150 号　中共青浦区委印发《关于贯彻〈中国共产党宣传工作条例〉的实施细则》的通知

青委〔2020〕161 号　青浦区 2020 年推进军民融合发展工作报告

青委〔2020〕162 号　全面落实属地责任　积极应对疫情挑战全力展现服务保障第三届“进博会”主场担当——青浦区关于服务保障第三届中国国际进口博览会工作的报告

青委〔2020〕163 号　中共青浦区委青浦区人民政府关于成立青西协同发展领导小组的通知

青委〔2020〕164 号　2020 年青浦区意识形态工作责任制落实情况报告

青委〔2020〕165 号　关于中共上海淀山湖新城发展有限公司委员会更名等有关事项的通知

青委〔2020〕198 号　中共青浦区委　青浦区人民政府关于 2020 年度贯彻落实河长制湖长制工作情况的报告

青委〔2020〕199 号　关于在长三角生态绿色一体化发展示范区试点开展干部交流工作的实施意见（试行）

青委〔2020〕200 号　关于设立中共上海青浦文旅发展（集团）有限公司委员会等有关事项的通知

青委〔2020〕205 号　中共青浦区委批转《区人大常委会党组关于召开青浦区第五届人民代表大会第七次会议的请示》的通知

青委〔2020〕206 号　中共青浦区委关于同意召开区政协五届五次会议的批复

青委〔2020〕208 号　全面贯彻新发展理念　主动服务新发展格局　奋力推动全面跨越式高质量发展迈入现代化新征程——中共青浦区委关于召开五届区委十一次全会深入学习贯彻十一届市委十次全会精神的报告

青委〔2020〕211 号　2020 年青浦区食品安全工作情况报告

青委〔2020〕212 号　青浦区关于 2020 年推进乡村振兴战略实施情况的报告

青委发〔2020〕1 号　中共青浦区委印发《中共青浦区委常委会 2020 年工作要点》的通知

青委发〔2020〕2 号　关于新时代加强和改进人民政协工作的实施意见

青委发〔2020〕5 号　关于深入贯彻落实“人民城市人民建，人民城市为人民”重要理念　提升党领导区域治理的能力和水平　加快实现全面跨越式高质量发展的意见

青委发〔2020〕6 号　中共青浦区委关于加强新时代人大工作充分发挥人大在推进区域治理现代化加快实现青浦全面跨越式高质量发展中的作用的实施意见

青委发〔2020〕8 号　中共青浦区委关于制定青浦区国民经济和社会发展第十四个五年规划和二〇二五年远景目标的建议

中共上海市青浦区委员会办公室文件目录

青委办〔2020〕1 号	关于印发 2020 年青浦区加强招商引资和产业项目推进实施方案的通知
青委办〔2020〕3 号	关于印发《区领导联系各街镇做好新型冠状病毒感染的肺炎疫情防控专项工作方案》的通知
青委办〔2020〕5 号	印发《关于统筹做好疫情防控和经济社会发展开展领导干部集中走访企业工作方案》的通知
青委办〔2020〕6 号	关于印发《中共青浦区委常委会 2020 年工作要点责任分工方案》的通知
青委办〔2020〕7 号	关于印发《2020 年青浦区优化营商环境工作要点》的通知
青委办〔2020〕9 号	关于印发 2020 年度中共青浦区委同各民主党派、无党派人士政党协商计划的通知
青委办〔2020〕10 号	关于印发青浦政协 2020 年度协商计划的通知
青委办〔2020〕11 号	关于印发 2020 年度区委重点工作目标任务的通知
青委办〔2020〕12 号	关于印发中共青浦区委全面深化改革委员会 2020 年工作要点的通知
青委办〔2020〕13 号	关于印发青浦区创新社会治理加强基层建设 2020 年工作要点的通知
青委办〔2020〕14 号	关于成立青浦区城市运行“一网统管”工作领导小组及其组成人员的通知
青委办〔2020〕15 号	印发青浦区关于建设新时代文明实践中心试点工作的实施方案的通知
青委办〔2020〕16 号	关于印发 2020 年青浦区城市运行“一网统管”建设工作要点的通知
青委办〔2020〕17 号	中共青浦区委办公室印发关于深入开展党史、中华人民共和国史、改革开放史、社会主义发展史学习教育的推进方案的通知
青委办〔2020〕18 号	关于印发 2020 年青浦区深化“一网通办”改革工作要点的通知
青委办〔2020〕19 号	关于印发 2020 年青浦区实施乡村振兴战略工作方案的通知
青委办〔2020〕21 号	中共青浦区委办公室　青浦区人民政府办公室印发《青浦区关于实行审计全覆盖的实施意见》的通知
青委办〔2020〕22 号	中共青浦区委办公室　青浦区人民政府办公室关于印发青东联动发展三年行动计划（2020—2022年）的通知
青委办〔2020〕25 号	关于印发 2020 年中共青浦区委委托各民主党派开展专项监督的方案的通知
青委办〔2020〕26 号	关于调整青浦区住宅小区综合管理联席会议成员单位名单的通知
青委办〔2020〕27 号	关于转发青浦区重点档案管理暂行办法（试行）的通知
青委办〔2020〕28 号	关于印发区委办公室（区委研究室、区委保密办）领导班子成员工作分工的通知
青委办〔2020〕33 号	中共青浦区委办公室印发《中共青浦区委关于党委（党组）落实全面从严治党主题责任的实施方案》的通知
青委办〔2020〕35 号	中共青浦区委办公室　青浦区人民政府办公室印发《关于全面加强和改进本区基层法治建设的实施意见》的通知
青委办〔2020〕36 号	中共青浦区委办公室　青浦区人民政府办公室关于印发上海市青浦区建设和管理委员会职能配置、内设机构和人员编制规定的通知
青委办〔2020〕37 号	中共青浦区委办公室印发《关于落实意识形态工作责任制的实施细则》的通知
青委办〔2020〕38 号	中共青浦区委办公室　青浦区人民政府办公室关于印发《青浦区人民建议征集工作实施办法》的通知

上海市青浦区人民代表大会常务委员会文件目录

青会〔2020〕1 号	关于青浦区第五届人民代表大会第六次会议情况的报告
青会〔2020〕2 号	青浦区人大常委会 2020 年度工作要点
青会〔2020〕3 号	青浦区人民代表大会常务委员会关于同意《青浦区重固镇国土空间总体规划（2017—2035）》的决议
青会〔2020〕6 号	青浦区人民代表大会常务委员会关于同意青浦区人民法院增加人民陪审员名额的决定
青会〔2020〕15 号	青浦区人民代表大会常务委员会关于批准《青浦区 2019 年区本级决算》的决议

青会〔2020〕21 号　青浦区人民代表大会常务委员会关于同意《青浦区白鹤镇国土空间总体规划（2019—2035）》的决议

青会〔2020〕22 号　青浦区人民代表大会常务委员会关于批准青浦区 2020 年区本级预算调整方案的决议

上海市青浦区人民代表大会常务委员会办公室文件目录

青会办〔2020〕1 号　关于本区生活垃圾全程分类体系建设“两网融合”评价报告的函

青会办〔2020〕2 号　关于 2020 年度区人大常委会组成人员分组联系走访区人大代表活动安排的通知

青会办〔2020〕3 号　关于印发《2020 年度青浦区人大常委会机关工作目标任务一览表》的通知

青会办〔2020〕4 号　关于印发《青浦区人民代表大会常务委员会关于对本区贯彻实施 < 关于全力做好当前新型冠状病毒感染肺炎疫情防控工作的决定 > 情况进行监督检查的工作方案》的通知

青会办〔2020〕7 号　关于转交区人大常委会关于持续跟踪监督推进本区垃圾分类工作代表议案审议结果报告的函

青会办〔2020〕8 号　关于通报区五届人大常委会第三十四次会议对区人民检察院副检察长履职情况满意度测评结果的函

青会办〔2020〕9 号　关于印发《青浦区人大常委会关于开展“十四五”规划专题调研的工作方案》的通知

青会办〔2020〕11 号　关于通报区五届人大常委会第三十五次会议对区人力资源社会保障局局长履职情况满意度测评结果的函

青会办〔2020〕15 号　关于印发《关于开展“凝心聚力促发展、担当作为再出发”代表履职实践活动——人大代表护航第三届“进博会”百日行动的方案》的通知

青会办〔2020〕16 号　关于印发《关于补选青浦区第五届人民代表大会代表办法》的通知

青会办〔2020〕17 号　关于印发《青浦区人大常委会关于支持和保障上海市人大常委会基层立法联系点（金泽镇人大）工作的意见（试行）》的通知

青会办〔2020〕18 号　关于转送《区人大代表评议区政府上半年工作有关意见建议》的函

青会办〔2020〕20 号　关于通报区五届人大常委会第三十六次会议对区经济委员会主任履职情况满意度测评结果的函

青会办〔2020〕21 号　关于通报区五届人大常委会第三十六次会议对区市场监督管理局局长履职情况满意度测评结果的函

青会办〔2020〕25 号　关于通报区五届人大常委会第三十八次会议对区政府办理落实《区五届人大常委会第二十八会议关于本区贯彻实施 < 上海市居民委员会工作条例 > 情况的审议意见》满意度测评结果的函

上海市青浦区人民政府文件目录

青府发〔2020〕1 号　关于授予上海中通吉网络技术有限公司等企业“2019 年度上海市青浦区百强优秀企业”“2019 年度上海市青浦区优秀平台企业”“特别贡献奖”荣誉称号的通知

青府发〔2020〕2 号　关于授予日立电梯（上海）有限公司等企业“青浦区制造业十强”“青浦区服务业十强”荣誉称号的通知

青府发〔2020〕3 号　关于抗击新冠肺炎疫情支持企业健康发展的十七条意见

青府发〔2020〕7 号　关于印发青浦区加强长期护理保险试点工作实施方案的通知

青府发〔2020〕8 号　关于在市场监管领域全面推行部门联合“双随机、一公开”监管的实施意见

青府发〔2020〕28 号　关于印发《青浦区 2020 年民兵组织整顿方案》的通知

青府发〔2020〕29 号　关于命名第四批“无违居村”的通知

青府发〔2020〕40 号　关于贯彻落实《上海市重大行政决策程序规定》及配套文件的若干意见

青府发〔2020〕50 号　关于印发《青浦区划转部分国有资本充实社保基金实施方案》的通知

上海市青浦区人民政府办公室文件目录

青府办发〔2020〕1 号　关于印发 2020 年区政府挂图作战重点工作任务清单的通知
青府办发〔2020〕2 号　关于成立青浦区新型冠状病毒感染的肺炎疫情防控工作领导小组的通知
青府办发〔2020〕4 号　关于合并成立青浦区产业园区和结构调整工作领导小组的通知
青府办发〔2020〕6 号　转发《关于加强青浦区“车库改居”整治工作的实施方案》的通知
青府办发〔2020〕8 号　关于印发 2020 年青浦区经济和社会发展指导性计划目标及分解任务的通知
青府办发〔2020〕10 号　关于印发《青浦区创建全国健康促进区实施方案》的通知
青府办发〔2020〕11 号　关于公布区级行政规范性文件制定主体清单的通知
青府办发〔2020〕13 号　关于成立青浦区第七次全国人口普查领导小组的通知
青府办发〔2020〕14 号　转发区规划资源局关于《青浦区 2020 年违法用地综合整治行动工作方案》的通知
青府办发〔2020〕16 号　关于成立国家火炬青浦先进结构与复合材料特色产业基地工作联席会议的通知
青府办发〔2020〕18 号　关于印发 2020 年区政府重点工作挂图作战督查测评实施方案的通知
青府办发〔2020〕19 号　关于印发《青浦区开展第七次全国人口普查实施方案》的通知
青府办发〔2020〕20 号　关于转发区住房保障房屋管理局制定的《青浦区 2020—2022 年区属动迁安置房(含农民集中居住安置房)建设三年行动计划》的通知
青府办发〔2020〕23 号　关于印发《2020 年青浦区政务公开工作要点》的通知
青府办发〔2020〕24 号　关于成立青浦区创建全国健康促进区领导小组的通知
青府办发〔2020〕25 号　关于印发修订后的《青浦区处置火灾事故专项应急预案》的通知
青府办发〔2020〕26 号　关于印发《青浦区扩大有效投资稳定经济发展行动方案》的通知
青府办发〔2020〕27 号　转发区发展改革委关于青浦区政府性社会事业设施建设三年行动计划(2020—2022 年)的通知
青府办发〔2020〕29 号　印发关于做好 2020 年青浦区无偿献血工作意见的通知
青府办发〔2020〕33 号　关于转发区住房保障房屋管理局制定的《青浦区创建住宅小区“放心物业”实施意见》的通知
青府办发〔2020〕34 号　关于印发《青浦区促进在线新经济发展行动方案(2020—2022 年)》的通知
青府办发〔2020〕35 号　关于转发《2020 年青浦区迎接国家卫生区复审工作实施方案》的通知
青府办发〔2020〕36 号　关于转发区教育局制定的《青浦区学前教育三年行动计划(2020—2022 年)》的通知
青府办发〔2020〕38 号　转发区人力资源社会保障局关于青浦区群体性劳资纠纷突发事件应急处置预案的通知
青府办发〔2020〕39 号　转发区卫生健康委关于《青浦区医患纠纷突发事件应急处置预案》的通知
青府办发〔2020〕40 号　关于印发《青浦区基本公共服务领域区与镇财政事权和支出责任划分改革方案》的通知
青府办发〔2020〕43 号　关于印发《青浦区加强中小学幼儿园安全风险防控体系建设的实施方案》的通知
青府办发〔2020〕45 号　印发《关于加强青浦区疾病预防控制体系现代化建设的实施办法》的通知
青府办发〔2020〕46 号　转发区经委区财政局制定的《青浦区进一步支持经济小区健康发展若干措施(试行)》的通知
青府办发〔2020〕48 号　转发区发展改革委关于青浦区推进新型基础设施建设行动方案(2020—2022 年)的通知
青府办发〔2020〕49 号　关于成立青浦区粮食安全工作领导小组的通知
青府办发〔2020〕50 号　关于转发区农业农村委制定的《青浦区美丽乡村长效管理考核办法》的通知
青府办发〔2020〕51 号　关于转发区农业农村委区财政局制订的《青浦区农业绿色生产发展补贴专项资金管理办法》的通知
青府办发〔2020〕52 号　关于成立青浦区新城规划建设推进领导小组的请示
青府办发〔2020〕53 号　关于印发青浦区储备粮管理体制机制改革方案的通知
青府办发〔2020〕54 号　关于印发《青浦区消防安全责任制实施办法》的通知
青府办发〔2020〕55 号　关于成立青浦区新城规划建设推进领导小组的通知
青府办发〔2020〕56 号　关于转发区经委制定的《青浦区支持氢能产业发展激发“青氢”绿色动能实施办法》的通知
青府办发〔2020〕57 号　关于转发区经委制定的《上海市青浦区氢能及燃料电池产业发展规划》的通知
青府办发〔2020〕58 号　关于进一步加强本区行政规范性文件管理的若干意见
青府办发〔2020〕60 号　关于印发政务公开等工作考核细则的通知

青府办发〔2020〕62 号　关于成立青浦区农村乱占耕地建房专项整治工作领导小组的通知
青府办发〔2020〕64 号　转发区应急管理局关于《青浦区应对雨雪冰冻灾害专项应急预案》的通知
青府办发〔2020〕65 号　关于成立青浦区生物医药产业发展领导小组的通知
青府办发〔2020〕66 号　转发区应急管理局关于《青浦区自然灾害应急救助预案》的通知
青府办发〔2020〕69 号　关于本区开展第一次自然灾害综合风险普查的通知
青府办发〔2020〕71 号　关于废止《上海市青浦区人民政府办公室转发区建设管理委关于进一步规范青浦区公共资金建设工程施工招标投标活动的若干规定的通知》等文件的通知
青府办发〔2020〕72 号　关于转发区建设管理委制订的《青浦区农村房屋安全隐患排查整治工作方案》的通知

政协上海市青浦区委员会文件目录

青协〔2020〕1 号　政协上海市青浦区委员会关于区政协五届四次会议选举结果的公告
青协〔2020〕2 号　关于印发《青浦区政协 2020 年工作要点》的通知
青协〔2020〕3 号　关于调整区政协各专门委员会对口联系区职能部门和有关单位、团体的通知
青协〔2020〕4 号　关于印发《政协上海市青浦区委员会优秀提案评选表彰办法》的通知
青协〔2020〕5 号　关于印发《政协上海市青浦区委员会地区委员活动小组工作办法（试行）》的通知
青协〔2020〕6 号　关于钱震杰同志免职的通知
青协〔2020〕7 号　关于印发《政协上海市青浦区委员会专门委员会工作条例》的通知
青协〔2020〕8 号　关于印发《政协上海市青浦区委员会提案工作条例》的通知
青协〔2020〕9 号　关于印发《政协上海市青浦区委员会反映社情民意信息工作条例》的通知
青协〔2020〕10 号　关于加快推进我区乡村振兴产业高质量发展的建议案
青协〔2020〕13 号　关于印发《政协上海市青浦区委员会关于加强和改进凝聚共识工作办法（试行）》的通知
青协〔2020〕14 号　关于印发《中国人民政治协商会议上海市青浦区第五届委员会不再担任委员名单》通知
青协〔2020〕15 号　关于印发《中国人民政治协商会议上海市青浦区第五届委员会委员增补名单》的通知
青协〔2020〕16 号　关于印发《青浦区政协关于开展政协委员读书活动的方案》的通知

政协上海市青浦区委员会办公室文件目录

青协办〔2020〕1 号　关于政协委员在五届四次会议上讨论《区政府工作报告》所提意见建议情况的函
青协办〔2020〕2 号　关于印发《青浦区政协办公室、专门委员会办公室内设科室工作职责》的通知
青协办〔2020〕4 号　关于印发《青浦区政协办公室领导班子成员工作分工》的通知
青协办〔2020〕3 号　关于申请替代一批固定资产的函
青协办〔2020〕5 号　关于“加强物业管理，提升群众满意度”专项监督的报告
青协办〔2020〕6 号　关于政协委员讨论《区政府关于上半年工作情况和下半年重点工作安排的报告》所提意见建议的函

2020 年青浦区经济社会主要指标情况表

表 88

指标	单位	2020 年	2019 年
(一)地区生产总值	亿元	1194.01	1166.25
第一产业	亿元	7.97	7.60
第二产业	亿元	421.62	433.69
#工业	亿元	401.06	413.83
第三产业	亿元	764.42	724.96
#批发和零售业	亿元	108.67	113.01
交通运输、仓储和邮政业	亿元	134.57	125.65
金融业	亿元	49.67	45.63
房地产业	亿元	124.57	146.35
(二)财政、金融			
一般公共预算收入	亿元	583.09	580.68
#地方一般公共预算收入	亿元	210.10	207.19
一般公共预算支出	亿元	336.76	339.91
#教育	亿元	31.12	29.00
科学技术	亿元	4.76	3.93
卫生健康	亿元	15.89	14.74
农林水	亿元	34.73	38.17

2020 年青浦区经济发展情况表

表 89

指标	数值	比 1980 年增长倍数	比 1990 年增长倍数	比 2000 年增长倍数
地区生产总值	1194.01 亿元	438.4 倍	86.8 倍	8.5 倍
一般公共预算收入	5830925 万元	766.5 倍	235.2 倍	23.8 倍
工业总产值(现行价)	17909191 万元	505.8 倍	59.1 倍	4.0 倍
农业总产值(现行价)	212622 万元	11.3 倍	2.2 倍	—
社会消费品零售总额	5190797 万元	362.9 倍	107.7 倍	10.1 倍
年末人均储蓄存款	199991 元	4566.2 倍	185.8 倍	14.7 倍

2020 年青浦区相关行业一天的产值、产出量等情况表

表 90

地区生产总值	32713	万元
农业总产值	583	万元
规模工业总产值	44642	万元
一般公共预算收入	15975	万元
社会消费品零售总额	14221	万元
外贸出口创汇	10697.3	万元
全社会固定资产投资额	16399	万元
全社会用电量	1830	万千瓦时
自来水供水量	43.4	万吨
门急诊人次	13579	人次
出生人口	7	人
死亡人口	11	人
结婚人数	8	对

2020 年青浦区行政区划面积情况表

表 91

镇(街道)	区域面积(平方公里)	居委会数(个)	居民小组(个)	村委会数(个)	村民小组(个)
全区	668.49	146	3848	184	2506
赵巷镇	40.44	17	293	8	156
徐泾镇	38.73	18	370	9	145
华新镇	47.41	12	271	19	228
重固镇	30.21	4	53	9	139
白鹤镇	58.74	5	149	21	323
朱家角镇	136.85	15	390	28	284
练塘镇	93.89	5	59	25	408
金泽镇	108.42	5	55	30	424
夏阳街道	35.93	24	816	8	77
盈浦街道	15.59	28	1248	5	57
香花桥街道	62.30	13	144	22	265

2020 年年末青浦区户籍总户数、总人口情况表

表 92　　单位：户、人

镇(街道)	年末总户数	年末总人口	男	女	18 岁以下	18—35 岁	35—60 岁	60 岁以上	非农业人口	年平均人口	平均每户人口
总计	183206	503148	247663	255485	59150	78524	200288	165186	382884	499662	2.75
赵巷镇	12009	33354	16581	16773	4517	5339	13236	10262	28603	32236	2.78
徐泾镇	15341	44027	21784	22243	6674	7252	17055	13046	43464	42849	2.87
华新镇	12432	40097	19762	20335	4782	5870	16084	13361	32220	39759	3.23
重固镇	7034	21187	10495	10692	2197	2994	8601	7395	12613	21015	3.01
白鹤镇	15079	47326	22984	24342	3995	6343	19093	17895	25244	47322	3.14
朱家角镇	21797	61738	30310	31428	5456	9176	25341	21765	45632	61485	2.83
练塘镇	21895	54325	26753	27572	4278	8241	22425	19381	33174	54464	2.48
金泽镇	23850	62273	30552	31721	4775	9282	26482	21734	37569	62413	2.61
夏阳街道	21649	53353	26325	27028	10258	10391	19428	13276	48003	53126	2.46
盈浦街道	19785	47367	23689	23678	9180	7939	17074	13174	46278	46959	2.39
香花桥街道	12335	38101	18428	19673	3038	5697	15469	13897	30084	38038	3.09

2020 年青浦区户籍人口变动情况表

表 93　　单位：人

镇(街道)	出生人口	男	女	死亡人口	男	女	迁入人口	迁出人口	移入人口	移出人口	出生率(‰)	死亡率(‰)	自然增长率(‰)
总计	2624	1347	1277	4004	2115	1889	3873	637	11859	6743	5.25	8.01	-2.76
赵巷镇	254	141	113	230	131	99	498	15	2335	605	7.88	7.13	0.74
徐泾镇	347	178	169	321	169	152	813	59	3139	1562	8.10	7.49	0.61
华新镇	201	101	100	331	165	166	348	8	890	423	5.06	8.33	-3.27
重固镇	105	49	56	179	88	91	196	8	484	254	5.00	8.52	-3.52
白鹤镇	214	110	104	424	223	201	277	16	414	457	4.52	8.96	-4.44
朱家角镇	301	149	152	530	285	245	232	18	922	400	4.90	8.62	-3.72
练塘镇	235	131	104	498	267	231	102	24	64	156	4.31	9.14	-4.83
金泽镇	288	155	133	536	272	264	83	11	52	156	4.61	8.59	-3.97
夏阳街道	302	156	146	282	165	117	784	454	1372	1267	5.68	5.31	0.38
盈浦街道	273	125	148	325	184	141	313	15	1734	1163	5.81	6.92	-1.11
香花桥街道	104	52	52	348	166	182	227	9	453	300	2.73	9.15	-6.41

2020 年青浦区地区生产总值(GDP)情况表

表 94　　单位:亿元

指标	2020 年	增长(%)
青浦区生产总值	1194.01	3.8
按产业分		
第一产业	7.97	5.6
第二产业	421.62	-1.5
第三产业	764.42	7.1
按行业分		
农林牧渔业	8.55	7.8
工业	401.06	-1.7
建筑业	23.21	2.9
批发和零售业	108.67	-4.1
交通运输、仓储和邮政业	134.57	9.8
住宿和餐饮业	10.95	-13.8
金融业	49.67	8.7
房地产业	124.57	-15.9
其他服务业	332.76	20.8
信息传输、软件和信息技术服务业	161.72	51.6
租赁和商务服务业	32.32	-10.2
科学研究和技术服务业	12.47	5.2
居民服务、修理和其他服务业	16.14	-3.3
文化、体育和娱乐业	3.54	-28.8
水利、环境和公共设施管理业	9.75	1.4
教育	41.38	2.8
卫生和社会工作	23.95	5.2
公共管理、社会保障和社会组织	31.49	3.3
三次产业比重	0.7:35.3:64.0	

2020 年青浦区全社会固定资产投资完成情况表

表 95　　单位:个、万元

指标	本年投资项目数(个)	投资完成额		
		2020 年	2019 年	比上年增长(%)
总计	706	5985511	5918612	
一、建设项目分类				
基本建设	361	1703265	1775577	
更新改造	139	489351	235385	
房地产开发建设项目	200	3735432	3791997	
其他固定资产投资	6	57463	115653	

（续表）

指标	本年投资项目数（个）	投资完成额		
		2020 年	2019 年	比上年增长（%）
二、建设项目产业分类				
第一产业	2	421	1141	
第二产业	261	658935	467807	
#工业	261	658935	467807	
第三产业	443	5326155	5449664	
#批零和住餐业	3	16745	39755	
交通运输、仓储和邮政业	14	309300	413554	
房地产业	200	3735432	3791997	
三、建设项目性质分类				
新建	491	5181444	5134154	
扩建	68	249218	432499	
改建、技改	139	489351	235385	
单纯购置设备	6	57463	115653	
其他	2	8035	921	

2020 年青浦区社会消费品零售总额情况表

表 96

单位：万元

指标	2020 年	所占比重（%）
社会消费品零售总额	5190797	
一、按商品用途分		
吃的商品	1433184	27.6
穿的商品	927587	17.9
用的商品	2558623	49.3
烧的商品	271403	5.2
二、按经济类型分		
有限责任公司	875922	16.9
股份有限公司	470491	9.1
私营企业	3539082	68.2
港澳台商投资	114466	2.2
外商投资	182078	3.5
其他	8758	0.2
三、按企业标准分		
限额以上企业零售额	2543780	49.0
限额以下法人零售额	1243347	24.0
个体户零售额	1403670	27.0

2020年青浦区限额以上住宿餐饮业基本情况表

表97

指标	单位	2020年	2019年
一、经营状况			
单位数	户	106	98
客房数	间	9427	6764
床位数	张	15407	10257
营业额	万元	141629	166295
客房收入	万元	44553	57484
餐费收入	万元	91215	99519
商品销售额	万元	967	735
其他营业收入	万元	4893	8557
二、财务状况			
营业收入	万元	140832	160129
营业成本	万元	75339	82332
税金及附加	万元	1104	1439
营业利润	万元	-28556	-3475
利润总额	万元	-26485	-748
销售费用	万元	35554	38221
管理费用	万元	54249	39225
财务费用	万元	4209	3381
流动资产合计	万元	163677	120609
固定资产原价	万元	183713	202368
资产总计	万元	306424	271575
负债合计	万元	318591	268426
所有者权益合计	万元	-12038	3149
三、年末拥有餐位数	个	25380	22639
年末餐饮营业面积	平方米	147506	127080

2020年青浦区A级旅游景点、旅行社接待情况表

表98

指标	单位	2020年	2019年	增长(%)
A级景点个数	个	9	8	12.5
A级景点接待游客	万人次	171.0	322.2	-46.9
A级景点旅游收入	亿元	1.2	1.7	-30.4
旅行社组织接待人次	万人次	5.8	22.4	-73.9
旅行社营业收入	亿元	8.7	19.0	-54.5

2020 年青浦区星级宾馆基本情况表

表 99

指标	单位	合计	五星级	四星级	三星级	二星级
宾馆数	个	11	1	2	8	
客房数	间	1765	189	617	959	
营业收入	万元	20256	2765	5218	12274	
接待人数	万人	20.51	2.24	8.83	9.43	
客房平均出租率	%	40.2	31.7	40.4	42.1	

2020 年青浦区居民人均收支情况表

表 100

指标	单位	2020 年	2019 年	指标
人均可支配收入	元	53744	51563	人均可支配收入
工资性收入	元	35182	34413	工资性收入
经营净收入	元	828	950	经营净收入
财产净收入	元	7277	6930	财产净收入
转移净收入	元	10457	9270	转移净收入
人均生活消费支出	元	31404	36530	人均生活消费支出
食品烟酒	元	10374	10542	食品烟酒
衣着	元	1539	1876	衣着
居住	元	8376	7708	居住
生活用品及服务	元	1553	1689	生活用品及服务
交通通信	元	4434	7767	交通通信
教育文化娱乐	元	2194	3167	教育文化娱乐
医疗保健	元	2286	2639	医疗保健
其他用品及服务	元	647	1142	其他用品及服务

青浦区第七次全国人口普查主要数据公报[1]
（第一号）

根据国务院的决定，我国以2020年11月1日零时为标准时点进行了第七次全国人口普查。在国务院、市政府、区政府的统一领导和全体居民的配合下，通过全区5000多名普查工作人员的艰苦努力，圆满完成普查现场登记和复查任务。现将普查主要数据公布如下：

一、常住人口

全区常住人口[2]为1271424人，同第六次全国人口普查的1081022人相比，十年共增加190402人，增长17.6%。平均每年增加19040人，年平均增长率为1.6%。

全区常住人口中，外省市来本区常住人口为724106人，占比57.0%，同第六次全国人口普查的604984相比，十年共增加119122人，增长19.7%。平均每年增加11912人，年平均增长率为1.8%。

全区常住人口中，居住在城镇[3]的人口为946567人，占74.4%；居住在乡村的人口为324857人，占25.6%。

二、户别人口

全区常住人口中，共有家庭户[4]519276户，集体户42998户，家庭户人口为1141674，集体户人口为129750人。平均每个家庭户的人口为2.20人，比2010年第六次全国人口普查的2.43人减少0.23人。

三、性别构成

全区常住人口中，男性人口为694529人，占54.6%；女性人口为576895人，占45.4%。常住人口性别比（以女性为100，男性对女性的比例）由2010年第六次全国人口普查的113.65上升为120.39。

四、年龄构成

全区常住人口中，0－14岁人口为112701人，占8.9%；15－59岁人口为947150人，占74.5%；60岁及以上人口为211573人，占16.6%，其中65岁及以上人口为146966人，占11.6%。

与2010年第六次全国人口普查相比，0－14岁人口的比重下降0.8个百分点，15－59岁人口的比重下降5.3个百分点，60岁及以上人口的比重提高6.2个百分点，65岁及以上人口的比重提高4.6个百分点。

五、受教育程度

全区常住人口中，拥有大学（指大专及以上）文化程度的人口为289925人；拥有高中（含中专）文化程度的人口为214306人；拥有初中文化程度的人口为453389人；拥有小学文化程度的人口为211799人（以上各种受教育程度的人包括各类学校的毕业生、肄业生和在校生）。

与2010年第六次全国人口普查相比，每10万人中拥有大学文化程度的由9147人上升为22803人；拥有高中文化程度的由14192人上升为16856人；拥有初中文化程度的由45321人下降为35660人；拥有小学文化程度的由21490人下降为16658人。

全区常住人口中，文盲人口（15岁及以上不识字的人）为39424人，与2010年第六次全国人口普查相比，文盲人口减少12955人，文盲率[5]由4.85%下降为3.10%，下降1.75个百分点。

注释：

[1]本公报数据均为初步汇总数据。

[2]常住人口包括：居住在本乡镇街道且户口在本乡镇街道或户口待定的人；居住在本乡镇街道且离开户口登记地所在的乡镇街道半年以上的人；户口在本乡镇街道且外出不满半年或在境外工作学习的人。

[3]城镇、乡村是按国家统计局《统计上划分城乡的规定》划分的。

[4]家庭户是指以家庭成员关系为主、居住一处共同生活的人组成的户。

[5]文盲率是指常住人口中15岁及以上不识字人口所占比重。

青浦区第七次全国人口普查主要数据公报[1]
（第二号）

根据第七次全国人口普查结果，现将2020年11月1日零时我区8个镇、3个街道的常住人口[2]有关数据公布如下：

一、各街镇常住人口

全区常住人口为1271424人。分区域[3]看，青东地区人口为698675人，占比55.0%；青西地区人口为192513人，占比15.1%；夏阳街道人口为149517人，占比11.8%；盈浦街道人口为128691人，占比10.1%；香花桥街道人口为102028人，占比8.0%。

青浦区各街镇历年常住人口一览

单位：人、%

地区	常住人口		比重	
	2020年	2010年	2020年	2010年
全区	1271424	1081022	100.0	100.0
赵巷镇	143350	74409	11.3	6.9
徐泾镇	198376	127936	15.6	11.8
华新镇	200124	153203	15.7	14.2
重固镇	65695	39756	5.2	3.7
白鹤镇	91130	92288	7.2	8.5
朱家角镇	94067	94351	7.4	8.7
练塘镇	53929	68485	4.2	6.3
金泽镇	44517	67735	3.5	6.3
夏阳街道	149517	137321	11.8	12.7
盈浦街道	128691	118708	10.1	11.0
香花桥街道	102028	106830	8.0	9.9

二、各街镇人口变化

分区域看，与2010年第六次全国人口普查相比，青东地区人口所占比重增加9.8个百分点，青西地区人口所占比重下降6.2个百分点，夏阳街道人口所占比重下降0.9个百分点，盈浦街道人口所占比重下降0.9个百分点，香花桥街道人口所占比重下降1.9个百分点。

说明：

因数据四舍五入的原因，部分数据可能存在加总后小数点位差异。

注释：

[1]本公报数据均为初步汇总数据。

[2]常住人口包括：居住在本乡镇街道且户口在本乡镇街道或户口待定的人；居住在本乡镇街道且离开户口登记地所在的乡镇街道半年以上的人；户口在本乡镇街道且外出不满半年或在境外工作学习的人。

[3]青东地区是指：赵巷、徐泾、华新、重固、白鹤镇，青西地区是指朱家角、练塘、金泽镇。

说 明

（1）本索引分条目索引、表格索引、串文图片索引和串文照片索引4个部分。

（2）条目索引采用主题分析索引方法，按主题词汉语拼音字母顺序排列。索引名称后的数字表示内容所在的页码，数字后面的a、b、c表示每页中栏别排序，其中：页面上有两列的，左为a，右为b；页面上有三列的，左为a，中为b，右为c。

（3）在主题分析索引下，为便于读者检索，在青浦的党政机关、企事业单位和在青浦发生的事件名称前的"上海""青浦"字样，除易产生歧义者外一般予以省略；内容有交叉的，将重复出现。

（4）表格索引、串文图片索引和串文照片索引按页码顺序排列。

条目索引

A

B

C

D

E

F

G

H

J

K

L

M

N

P

Q

R

S

T

W

X

Z

表格索引

图片索引

照片索引